山东薛河流域系统考古调查报告

中国国家博物馆田野考古研究中心
山东大学考古学系 编著

科学出版社
北京

内 容 简 介

本书是2010~2012年中国国家博物馆与山东大学合作进行的薛河流域区域系统考古调查的工作成果。刊布的160余处遗址和遗物分布区的调查材料，反映了该地区北辛文化至秦汉时期的宏观聚落形态及变迁情况。

本书可供历史学、考古学方面的专家学者和大专院校相关专业师生参考、阅读。

图书在版编目（CIP）数据

山东薛河流域系统考古调查报告 / 中国国家博物馆，田野考古研究中心，山东大学考古学系编著. —北京：科学出版社，2016.7
ISBN 978-7-03-049566-2

Ⅰ. ①山… Ⅱ. ①中…②山… Ⅲ. ①考古调查–调查报告–山东 Ⅳ. ①K872.52

中国版本图书馆CIP数据核字（2016）第189478号

责任编辑：刘　能 / 责任校对：彭　涛
责任印制：肖　兴 / 封面设计：美光制版

科学出版社 出版
北京东黄城根北街16号
邮政编码：100717
http://www.sciencep.com

中国科学院印刷厂 印刷
科学出版社发行　各地新华书店经销

*

2016年7月第 一 版　　开本：889×1194　1/16
2016年7月第一次印刷　　印张：26 1/4　插页：33
字数：756 000

定价：368.00元
（如有印装质量问题，我社负责调换）

目 录

第一章 概论 (1)

第一节 薛河流域及环境 (1)
一、地貌与河道变迁 (1)
二、气候与资源 (4)

第二节 历史沿革 (4)

第三节 枣滕地区的考古工作历程 (6)

第四节 项目缘起、工作进程与方法、报告体例 (10)
一、项目缘起 (10)
二、工作过程 (11)
三、田野调查与资料整理的方法 (14)
四、报告图文体例的说明 (17)

第二章 遗址、遗物分布区和散点区 (19)

第一节 概述 (19)
一、分布情况与保存现状 (19)
二、采集遗物情况 (19)

第二节 遗址和遗物分布区 (21)
一、横岭埠北遗址 (21)
二、海子西北遗物分布区 (24)
三、海子北遗物分布区 (24)
四、海子西南遗址 (25)
五、海子东遗址 (26)
六、后台遗址 (27)
七、东江遗址 (34)
八、龙塘西遗物分布区 (39)
九、龙塘东遗物分布区 (39)
十、小岩头西遗址 (40)
十一、大岩头西北遗物分布区 (41)
十二、大岩头遗址 (41)

十三、羊山东南遗物分布区 …………………………………………………………（41）
十四、庄里西北遗址 ……………………………………………………………（43）
十五、庄里西南遗址 ……………………………………………………………（43）
十六、西江南遗物分布区 ………………………………………………………（43）
十七、庄里南遗址 ………………………………………………………………（44）
十八、前台南遗址 ………………………………………………………………（45）
十九、前台东南遗物分布区 ……………………………………………………（49）
二十、西江西遗物分布区 ………………………………………………………（50）
二十一、羊山东北遗物分布区 …………………………………………………（51）
二十二、宋屯东遗址 ……………………………………………………………（51）
二十三、宋屯西遗物分布区 ……………………………………………………（52）
二十四、宋屯西南遗物分布区 …………………………………………………（52）
二十五、小赵庄西遗物分布区 …………………………………………………（53）
二十六、东南庄东南遗物分布区 ………………………………………………（53）
二十七、西南庄西南遗物分布区 ………………………………………………（53）
二十八、沈井东南遗物分布区 …………………………………………………（55）
二十九、尚屯东北遗物分布区 …………………………………………………（55）
三十、尚屯西遗物分布区 ………………………………………………………（55）
三十一、自庄西北遗址 …………………………………………………………（57）
三十二、王杭南遗址 ……………………………………………………………（57）
三十三、羊庄西北遗址 …………………………………………………………（59）
三十四、史屯西遗物分布区 ……………………………………………………（59）
三十五、大北塘南遗址 …………………………………………………………（59）
三十六、民庄西南遗址 …………………………………………………………（60）
三十七、民庄南遗址 ……………………………………………………………（67）
三十八、后沙冯西南遗址 ………………………………………………………（67）
三十九、后沙冯东南遗物分布区 ………………………………………………（68）
四十、前沙冯西遗址 ……………………………………………………………（69）
四十一、前沙冯东南遗址 ………………………………………………………（73）
四十二、前毛堌东北遗物分布区 ………………………………………………（74）
四十三、孟庄北遗址 ……………………………………………………………（74）
四十四、孟庄西遗址 ……………………………………………………………（76）
四十五、孟庄东北遗址 …………………………………………………………（76）
四十六、东薛河北遗址 …………………………………………………………（77）
四十七、西薛河西遗址 …………………………………………………………（82）
四十八、于坡北遗物分布区 ……………………………………………………（83）
四十九、杨坡北遗物分布区 ……………………………………………………（83）

五十、东南王庄东北遗物分布区 …………………………………………………………（83）
五十一、大计河西遗址 ……………………………………………………………………（84）
五十二、前南宿遗址 ………………………………………………………………………（84）
五十三、大计河西南遗物分布区 …………………………………………………………（89）
五十四、朱屯南遗址 ………………………………………………………………………（90）
五十五、刘庄东南遗址 ……………………………………………………………………（91）
五十六、吴庄南遗物分布区 ………………………………………………………………（91）
五十七、西集东北遗物分布区 ……………………………………………………………（92）
五十八、西集东遗址 ………………………………………………………………………（92）
五十九、庙后东北遗址 ……………………………………………………………………（102）
六十、建新遗址 ……………………………………………………………………………（103）
六十一、前伏西北遗物分布区 ……………………………………………………………（105）
六十二、豹山东北遗址 ……………………………………………………………………（105）
六十三、范村东南遗址 ……………………………………………………………………（107）
六十四、常山东北遗物分布区 ……………………………………………………………（109）
六十五、胡村遗址 …………………………………………………………………………（109）
六十六、杜家堂北遗址 ……………………………………………………………………（114）
六十七、洪村遗址 …………………………………………………………………………（117）
六十八、西辛庄西北遗址 …………………………………………………………………（118）
六十九、格山东遗址 ………………………………………………………………………（119）
七十、陶山遗址 ……………………………………………………………………………（120）
七十一、张庄东南遗址 ……………………………………………………………………（124）
七十二、张庄北遗址 ………………………………………………………………………（124）
七十三、张庄西南遗物分布区 ……………………………………………………………（125）
七十四、高村北遗址 ………………………………………………………………………（125）
七十五、昌虑故城遗址 ……………………………………………………………………（125）
七十六、东南王庄南遗址 …………………………………………………………………（133）
七十七、吴小庄南遗物分布区 ……………………………………………………………（134）
七十八、新宅子西南遗址 …………………………………………………………………（134）
七十九、西于南遗物分布区 ………………………………………………………………（135）
八十、小王宫遗址 …………………………………………………………………………（136）
八十一、望河庄南遗址 ……………………………………………………………………（136）
八十二、小河东北遗物分布区 ……………………………………………………………（143）
八十三、三山遗址 …………………………………………………………………………（143）
八十四、高村西遗物分布区 ………………………………………………………………（144）
八十五、东洪林南遗址 ……………………………………………………………………（146）
八十六、北辛东北遗址 ……………………………………………………………………（146）

八十七、北辛遗址 …………………………………………………………………（152）
八十八、坝上西遗址 ………………………………………………………………（156）
八十九、落凤山南遗址 ……………………………………………………………（161）
九十、位庄西遗物分布区 …………………………………………………………（162）
九十一、东台东北遗址 ……………………………………………………………（162）
九十二、西台西遗址 ………………………………………………………………（164）
九十三、东莱东遗址 ………………………………………………………………（166）
九十四、前莱西南遗址 ……………………………………………………………（168）
九十五、大韩村东遗址 ……………………………………………………………（169）
九十六、大韩村西南遗址 …………………………………………………………（173）
九十七、中韩村西南遗物分布区 …………………………………………………（176）
九十八、西公桥北遗址 ……………………………………………………………（176）
九十九、东公桥东南遗物分布区 …………………………………………………（177）
一〇〇、大康留东北遗址 …………………………………………………………（178）
一〇一、小康留东遗址 ……………………………………………………………（190）
一〇二、西康留遗址 ………………………………………………………………（191）
一〇三、小康留西遗址 ……………………………………………………………（198）
一〇四、官桥西北遗址 ……………………………………………………………（201）
一〇五、太平庄南遗址 ……………………………………………………………（202）
一〇六、史庄北遗址 ………………………………………………………………（203）
一〇七、东周时期的西康留—北辛遗址 …………………………………………（203）
一〇八、前管庄西遗址 ……………………………………………………………（205）
一〇九、北辛南遗址 ………………………………………………………………（205）
一一〇、刘村西遗物分布区 ………………………………………………………（207）
一一一、南辛东南遗址 ……………………………………………………………（208）
一一二、大庙遗址 …………………………………………………………………（211）
一一三、胡楼北遗址 ………………………………………………………………（212）
一一四、柴胡店北遗址 ……………………………………………………………（215）
一一五、柴胡店南遗址 ……………………………………………………………（216）
一一六、后黄庄遗址 ………………………………………………………………（216）
一一七、小石楼北遗址 ……………………………………………………………（221）
一一八、小石楼东南遗址 …………………………………………………………（222）
一一九、沙岗东遗址 ………………………………………………………………（222）
一二〇、杨庄遗址 …………………………………………………………………（225）
一二一、沙庄东南遗物分布区 ……………………………………………………（226）
一二二、后湾北遗物分布区 ………………………………………………………（226）
一二三、安上村遗物分布区 ………………………………………………………（228）

一二四、孔庄北遗址 ………………………………………………………………………（229）
一二五、奚村北遗物分布区 ………………………………………………………………（232）
一二六、吴村北遗物分布区 ………………………………………………………………（233）
一二七、吴村南遗物分布区 ………………………………………………………………（233）
一二八、后井亭东北遗址 …………………………………………………………………（234）
一二九、后井亭西遗物分布区 ……………………………………………………………（234）
一三〇、西仓桥遗址 ………………………………………………………………………（234）
一三一、皇殿东北遗址 ……………………………………………………………………（238）
一三二、前掌大遗址 ………………………………………………………………………（239）
一三三、薛故城遗址 ………………………………………………………………………（250）
一三四、张庄西北遗址 ……………………………………………………………………（267）
一三五、杨仓西遗址 ………………………………………………………………………（268）
一三六、丁楼北遗物分布区 ………………………………………………………………（268）
一三七、张汪东北遗物分布区 ……………………………………………………………（270）
一三八、张汪西遗物分布区 ………………………………………………………………（270）
一三九、前坝桥西遗址 ……………………………………………………………………（270）
一四〇、张汪南遗址 ………………………………………………………………………（276）
一四一、陈楼东北遗址 ……………………………………………………………………（277）
一四二、安村北遗物分布区 ………………………………………………………………（278）
一四三、杜村东遗址 ………………………………………………………………………（278）
一四四、年庄西遗物分布区 ………………………………………………………………（280）
一四五、陶庄东北遗物分布区 ……………………………………………………………（281）
一四六、杨桥遗物分布区 …………………………………………………………………（281）
一四七、小于东遗物分布区 ………………………………………………………………（282）
一四八、小辛庄北遗址 ……………………………………………………………………（282）
一四九、徐集北遗址 ………………………………………………………………………（283）
一五〇、西官庄东南遗物分布区 …………………………………………………………（283）
一五一、辛庄遗址 …………………………………………………………………………（283）
一五二、坦山后西遗址 ……………………………………………………………………（286）
一五三、坦山后东遗址 ……………………………………………………………………（287）
一五四、王楼北遗物分布区 ………………………………………………………………（287）
一五五、王楼东遗址 ………………………………………………………………………（288）
一五六、赵庄西遗址 ………………………………………………………………………（289）
一五七、四李庄北遗址 ……………………………………………………………………（289）
一五八、五所楼北遗址 ……………………………………………………………………（289）
一五九、王格庄南遗物分布区 ……………………………………………………………（290）
一六〇、段楼西北遗物分布区 ……………………………………………………………（290）

    一六一、段楼东南遗址……………………………………………………………………（291）
    一六二、渊子崖北遗物分布区……………………………………………………………（293）
    一六三、东邵桥西遗址……………………………………………………………………（293）
    一六四、南闫楼遗址………………………………………………………………………（293）
  第三节 各时期遗址、遗物分布区与散点区的初步分析……………………………………（296）
    一、后李文化时期…………………………………………………………………………（296）
    二、北辛文化时期…………………………………………………………………………（297）
    三、大汶口文化时期………………………………………………………………………（301）
    四、龙山文化时期…………………………………………………………………………（307）
    五、岳石文化时期…………………………………………………………………………（313）
    六、商代时期………………………………………………………………………………（317）
    七、西周时期………………………………………………………………………………（323）
    八、东周时期………………………………………………………………………………（327）
    九、秦汉时期………………………………………………………………………………（332）

第三章 结论……………………………………………………………………………………………（339）

  第一节 薛河流域古代聚落的宏观形态…………………………………………………………（339）
    一、各时期聚落的宏观形态………………………………………………………………（339）
    二、宏观聚落形态的变迁及其特点………………………………………………………（352）
  第二节 薛河流域全新世地貌演变………………………………………………………………（359）
    一、薛河流域的区域地貌特征……………………………………………………………（359）
    二、遗址的地貌分析与分布格局的演变…………………………………………………（363）
    三、遗址分布的区域差异…………………………………………………………………（368）
  第三节 余论：对调查方法和结论的一些思考…………………………………………………（372）
    一、影响地面调查全面揭示古代遗址的因素……………………………………………（372）
    二、对聚落形态和聚落性质的解释………………………………………………………（374）

附表……（376）

  附表一 北辛文化遗址、遗物分布区和重点散点区汇总表……………………………………（376）
  附表二 大汶口文化遗址、遗物分布区和重点散点区汇总表…………………………………（377）
  附表三 龙山文化遗址、遗物分布区和重点散点区汇总表……………………………………（378）
  附表四 岳石文化遗址、遗物分布区和重点散点区汇总表……………………………………（380）
  附表五 商代时期遗址、遗物分布区和重点散点区汇总表……………………………………（382）
  附表六 西周时期遗址、遗物分布区和重点散点区汇总表……………………………………（384）
  附表七 东周时期遗址、遗物分布区和重点散点区汇总表……………………………………（386）
  附表八 秦汉时期遗址、遗物分布区和重点散点区汇总表……………………………………（392）

后记……（400）

插图目录

图一	薛河流域地形	（2）
图二	调查区域薛河水系详情	（3）
图三	薛河流域系统考古调查涉及区域	（12）
图四	各时代"遗址"、"遗物分布区"和散点区的划分	（16）
图五	报告图例	（17）
图六	薛河流域调查区域的遗址和遗物分布区	（20）
图七	横岭埠区域遗址总图	（22）
图八	横岭埠区域东周—秦汉时期遗址分布图	（22）
图九	横岭埠北遗址遗物标本	（23）
图一〇	海子北遗物分布区东周时期遗物标本	（24）
图一一	后台区域遗址总图	（25）
图一二	海子东遗址遗物标本	（26）
图一三	后台区域龙山文化时期遗址分布图	（27）
图一四	后台区域西周时期遗址分布图	（28）
图一五	后台区域东周时期遗址分布图	（29）
图一六	后台区域秦汉时期遗址分布图	（30）
图一七	后台遗址龙山文化遗物标本	（31）
图一八	后台遗址岳石文化、西周时期遗物标本	（32）
图一九	后台遗址东周时期遗物标本	（33）
图二〇	后台遗址秦汉时期遗物标本	（33）
图二一	东江区域遗址分布总图	（34）
图二二	东江区域西周时期遗址分布图	（35）
图二三	东江区域东周—秦汉时期遗址分布图	（36）
图二四	东江遗址大汶口文化等时期遗物标本	（36）
图二五	东江遗址西周时期遗物标本	（37）
图二六	东江遗址东周时期遗物标本	（38）
图二七	小岩头西、大岩头遗址遗物标本	（40）
图二八	庄里区域遗址分布总图	（42）
图二九	庄里区域东周—秦汉时期遗址分布图	（42）

图三〇	庄里西南、庄里南遗址遗物标本	（44）
图三一	庄里区域北辛文化—龙山文化时期遗址分布图	（46）
图三二	庄里区域商代—西周时期遗址分布图	（46）
图三三	前台南遗址北辛文化时期遗物标本	（47）
图三四	前台南遗址大汶口文化等时期遗物标本	（48）
图三五	前台东南遗物分布区遗物标本	（49）
图三六	西江西区域遗物分布区总图	（50）
图三七	西江西区域秦汉时期遗物分布区图	（50）
图三八	宋屯区域遗址分布总图	（51）
图三九	宋屯区域东周—秦汉时期遗址分布图	（52）
图四〇	宋屯西南遗物分布区遗物标本	（53）
图四一	西南庄区域遗物分布区图	（54）
图四二	西南庄区域秦汉时期遗物分布区图	（54）
图四三	西南庄西南遗物分布区遗物标本	（55）
图四四	尚屯区域遗址分布图	（56）
图四五	尚屯区域东周—秦汉时期遗址分布图	（56）
图四六	羊庄北区域遗址分布总图	（57）
图四七	羊庄北区域东周—秦汉时期遗址分布图	（58）
图四八	王杭南遗址遗物标本	（58）
图四九	史屯西遗物分布区遗物标本	（60）
图五〇	民庄区域遗址分布总图	（61）
图五一	民庄区域北辛文化—大汶口文化时期遗物分布区图	（61）
图五二	民庄区域西周时期遗址分布图	（62）
图五三	民庄区域东周—秦汉时期遗址分布图	（62）
图五四	民庄西南遗址北辛文化时期遗物标本	（63）
图五五	民庄西南遗址大汶口文化时期遗物标本	（64）
图五六	民庄西南遗址商代等时期遗物标本	（65）
图五七	民庄西南遗址东周等时期遗物标本	（66）
图五八	民庄南、后沙冯西南遗址遗物标本	（67）
图五九	后沙冯东南遗物分布区遗物标本	（68）
图六〇	前沙冯区域遗址分布图	（69）
图六一	前沙冯区域商代—西周时期遗址分布图	（70）
图六二	前沙冯区域东周—秦汉时期遗址分布图	（70）
图六三	前沙冯西遗址商代、西周时期遗物标本	（71）
图六四	前沙冯西遗址东周时期遗物标本	（72）
图六五	前沙冯东南遗址遗物标本	（74）
图六六	孟庄区域遗址分布总图	（75）

图六七	孟庄区域东周—秦汉时期遗址分布图	（75）
图六八	孟庄北遗址遗物标本	（76）
图六九	孟庄区域西周时期遗址分布图	（77）
图七〇	东薛河北遗址总图	（78）
图七一	东薛河北西周时期遗物分布区图	（79）
图七二	东薛河北东周—秦汉时期遗址图	（79）
图七三	东薛河北遗址西岸区域遗物标本	（80）
图七四	东薛河北遗址东岸区域遗物标本	（81）
图七五	于坡区域遗址分布总图	（82）
图七六	于坡区域东周—秦汉时期遗址分布图	（83）
图七七	前南宿区域遗址分布总图	（85）
图七八	前南宿区域岳石文化—西周时期遗址分布图	（86）
图七九	前南宿区域东周—秦汉时期遗址分布图	（86）
图八〇	前南宿遗址龙山文化等时期遗物标本	（87）
图八一	前南宿遗址岳石文化时期遗物标本	（88）
图八二	朱屯区域遗址分布总图	（89）
图八三	朱屯区域东周—秦汉时期遗址分布图	（89）
图八四	大计河西南遗物分布区遗物标本	（90）
图八五	朱屯南、刘庄东南遗址遗物标本	（91）
图八六	西集区域遗址分布总图	（92）
图八七	西集区域大汶口文化时期遗址分布区图	（93）
图八八	西集区域岳石文化—西周时期遗址分布图	（93）
图八九	西集区域东周—秦汉时期遗址分布图	（94）
图九〇	西集东遗址大汶口文化时期遗物标本（一）	（95）
图九一	西集东遗址大汶口文化时期遗物标本（二）	（96）
图九二	西集东遗址大汶口文化时期石器标本	（97）
图九三	西集东遗址岳石文化、商代时期遗物标本	（98）
图九四	西集东遗址西周时期遗物标本	（99）
图九五	西集东遗址东周时期遗物标本	（100）
图九六	西集东遗址秦汉时期遗物标本	（101）
图九七	后伏区域遗址分布总图	（102）
图九八	后伏区域大汶口文化时期遗址分布图	（103）
图九九	后伏区域东周—秦汉时期遗址分布图	（104）
图一〇〇	建新遗址遗物标本	（104）
图一〇一	范村区域遗址分布总图	（105）
图一〇二	范村区域大汶口文化—龙山文化时期遗址分布图	（106）
图一〇三	范村区域岳石文化—西周时期遗址分布图	（107）

图一〇四	范村区域东周—秦汉时期遗址分布图	（107）
图一〇五	范村东南遗址遗物标本	（109）
图一〇六	胡村遗址大汶口文化时期遗物标本（一）	（111）
图一〇七	胡村遗址大汶口文化时期遗物标本（二）	（112）
图一〇八	胡村遗址龙山文化等时期遗物标本	（113）
图一〇九	杜家堂北遗址后李文化等时期遗物标本	（115）
图一一〇	杜家堂北遗址龙山文化时期遗物标本	（116）
图一一一	杜家堂北遗址东周时期遗物标本	（117）
图一一二	洪村区域遗址分布总图	（117）
图一一三	洪村区域商代遗物分布区图	（118）
图一一四	洪村区域东周—秦汉时期遗址分布图	（119）
图一一五	陶山区域遗址分布总图	（120）
图一一六	陶山区域大汶口文化时期遗址分布图	（121）
图一一七	陶山区域西周时期遗址分布图	（122）
图一一八	陶山区域东周—秦汉时期遗址分布图	（122）
图一一九	陶山遗址遗物标本	（123）
图一二〇	昌虑故城遗址总图	（126）
图一二一	昌虑故城区域西周时期遗址分布图	（127）
图一二二	昌虑故城遗址东周时期分布图	（128）
图一二三	昌虑故城遗址秦汉时期分布图	（129）
图一二四	昌虑故城遗址大汶口文化等时期遗物标本	（129）
图一二五	昌虑故城遗址西周时期遗物标本	（130）
图一二六	昌虑故城东周时期遗物标本	（131）
图一二七	昌虑故城秦汉、唐代时期遗物标本	（132）
图一二八	羊庄南区域遗址分布总图	（133）
图一二九	羊庄南区域东周—秦汉时期遗址分布图	（134）
图一三〇	新宅子西南遗址遗物标本	（135）
图一三一	西王宫区域遗址分布总图	（135）
图一三二	西王宫区域大汶口文化—龙山文化时期遗址分布图	（137）
图一三三	西王宫区域岳石文化—西周时期遗址分布图	（138）
图一三四	西王宫区域东周—秦汉时期遗址分布图	（139）
图一三五	望河庄南遗址大汶口文化等时期遗物标本	（140）
图一三六	望河庄南遗址西周时期遗物标本	（141）
图一三七	望河庄南遗址东周、秦汉时期遗物标本	（142）
图一三八	洪林南区域遗址分布总图	（144）
图一三九	洪林南区域西周时期遗物分布区图	（145）
图一四〇	洪林南区域东周—秦汉时期遗址分布图	（145）

图号	名称	页码
图一四一	高村西遗物分布区、东洪林南遗址遗物标本	（146）
图一四二	北辛区域遗址分布总图	（147）
图一四三	北辛区域北辛文化—龙山文化时期遗址分布图	（148）
图一四四	北辛区域岳石文化—西周时期遗址分布图	（148）
图一四五	北辛区域秦汉时期遗址分布图	（149）
图一四六	北辛东北遗址大汶口文化时期遗物标本	（150）
图一四七	北辛东北遗址北辛文化时期等遗物标本	（151）
图一四八	北辛东北遗址东周时期遗物标本	（151）
图一四九	北辛遗址北辛文化时期遗物标本	（154）
图一五〇	北辛遗址大汶口文化等时期遗物标本	（155）
图一五一	坝上西遗址北辛文化等时期遗物标本	（158）
图一五二	坝上西遗址西周时期遗物标本	（159）
图一五三	坝上西遗址东周时期遗物标本	（160）
图一五四	坝上西遗址秦汉时期遗物标本	（161）
图一五五	位庄区域遗址分布总图	（162）
图一五六	位庄区域西周时期遗物分布区图	（163）
图一五七	位庄区域东周—秦汉时期遗址分布图	（163）
图一五八	西台区域遗址分布总图	（164）
图一五九	西台区域西周时期遗址分布图	（165）
图一六〇	西台遗址东周—秦汉时期遗址分布图	（165）
图一六一	西台西遗址遗物标本	（166）
图一六二	东莱区域遗址分布总图	（167）
图一六三	东莱区域西周时期遗物分布区图	（167）
图一六四	东莱区域秦汉时期遗址分布图	（168）
图一六五	东莱东遗址遗物标本	（168）
图一六六	大韩村区域遗址分布总图	（169）
图一六七	大韩村东区域大汶口文化—龙山文化时期遗址分布图	（170）
图一六八	大韩村区域岳石文化—西周时期遗址分布图	（171）
图一六九	大韩村区域东周—秦汉时期遗址分布图	（171）
图一七〇	大韩村东遗址遗物标本	（172）
图一七一	大韩村西南遗址大汶口文化等时期遗物标本	（174）
图一七二	大韩村西南遗址龙山文化时期遗物标本	（175）
图一七三	大康留区域遗址分布总图	（177）
图一七四	大康留东北遗址剖面清理地点	（178）
图一七五	大康留东北遗址剖面清理情况	（181）
图一七六	大康留区域龙山文化时期遗物分布区图	（182）
图一七七	大康留区域西周时期遗址分布图	（182）

图号	标题	页码
图一七八	大康留区域东周—秦汉时期遗址分布图	（183）
图一七九	大康留东北遗址地面采集大汶口文化等时期遗物标本	（184）
图一八〇	大康留东北遗址剖面采集岳石文化遗物标本（一）	（185）
图一八一	大康留东北遗址剖面采集岳石文化遗物标本（二）	（186）
图一八二	大康留东北遗址地面采集西周时期遗物标本	（187）
图一八三	大康留东北遗址地面采集东周时期遗物标本	（188）
图一八四	大康留东北遗址剖面采集龙山文化等时期遗物标本	（189）
图一八五	小康留东遗址遗物标本	（191）
图一八六	官桥区域遗址分布总图	（192）
图一八七	官桥区域北辛文化—龙山文化时期遗址分布图	（193）
图一八八	官桥区域岳石文化—西周时期遗址分布图	（194）
图一八九	官桥区域东周—秦汉时期遗址分布图	（195）
图一九〇	西康留遗址东南区域钻探发掘图	（195）
图一九一	西康留遗址北辛文化时期等采集遗物	（196）
图一九二	西康留遗址大汶口文化等时期遗物标本	（197）
图一九三	小康留西遗址龙山文化、商代时期遗物标本	（199）
图一九四	小康留西遗址西周时期遗物标本	（200）
图一九五	小康留西遗址东周时期遗物标本	（201）
图一九六	官桥西北遗址、前管庄西遗址遗物标本	（201）
图一九七	太平庄区域遗址分布总图	（202）
图一九八	太平庄区域东周—秦汉时期遗址分布图	（203）
图一九九	东周时期的西康留—北辛遗址	（204）
图二〇〇	前管庄区域遗址分布总图	（205）
图二〇一	前管庄区域北辛文化分布区图	（206）
图二〇二	前管庄区域东周—秦汉时期遗址分布图	（206）
图二〇三	北辛南遗址遗物标本	（207）
图二〇四	南辛区域遗址分布总图	（208）
图二〇五	南辛区域西周时期遗址分布图	（208）
图二〇六	南辛区域东周—秦汉时期遗址分布图	（209）
图二〇七	南辛东南遗址遗物标本	（210）
图二〇八	大庙区域遗址分布总图	（211）
图二〇九	大庙区域西周时期遗址分布图	（213）
图二一〇	大庙区域东周—秦汉时期遗址分布图	（213）
图二一一	大庙遗址遗物标本	（213）
图二一二	胡楼北遗址遗物标本	（214）
图二一三	后黄庄区域遗址分布总图	（215）
图二一四	后黄庄区域商代—西周时期遗址分布图	（217）

图二一五	后黄庄区域东周—秦汉时期遗址分布图	（217）
图二一六	柴胡店北遗址遗物标本	（217）
图二一七	后黄庄遗址商代时期遗物标本	（219）
图二一八	后黄庄遗址西周、东周时期遗物标本	（220）
图二一九	杨庄区域遗址分布总图	（222）
图二二〇	杨庄区域东周—秦汉时期遗址分布图	（223）
图二二一	沙岗东遗址遗物标本	（224）
图二二二	杨庄遗址遗物标本	（226）
图二二三	安上村区域遗物分布区总图	（227）
图二二四	安上村区域东周—秦汉时期遗物分布区图	（227）
图二二五	后湾北、安上村遗物分布区遗物标本	（228）
图二二六	孔庄区域遗址分布总图	（229）
图二二七	孔庄区域大汶口文化—龙山文化时期遗址分布图	（230）
图二二八	孔庄区域东周—秦汉时期遗址分布图	（231）
图二二九	孔庄北遗址遗物标本	（232）
图二三〇	奚村北、吴村南遗物分布区与后井亭东北遗址遗物标本	（233）
图二三一	西仓桥区域遗址分布总图	（235）
图二三二	西仓桥区域西周时期遗址分布区图	（235）
图二三三	西仓桥区域东周—秦汉时期遗址分布图	（236）
图二三四	西仓桥遗址遗物标本	（237）
图二三五	皇殿东北遗址遗物标本	（239）
图二三六	薛故城—前掌大区域遗址分布总图	（240）
图二三七	薛故城—前掌大区域龙山文化时期遗物分布区图	（241）
图二三八	薛故城—前掌大区域商代时期遗址分布图	（242）
图二三九	薛故城—前掌大区域西周时期遗址分布图	（242）
图二四〇	薛故城—前掌大区域东周时期遗址分布图	（243）
图二四一	薛故城—前掌大区域秦汉时期遗址分布图	（244）
图二四二	前掌大遗址与前期发掘情况	（245）
图二四三	前掌大遗址岳石文化、商代时期等遗物标本	（246）
图二四四	薛故城—前掌大遗址前掌大区域西周时期遗物标本	（247）
图二四五	薛故城—前掌大遗址前掌大区东周时期遗物标本	（248）
图二四六	前掌大遗址秦汉、唐代时期遗物标本	（249）
图二四七	薛故城遗址聚落格局	（251）
图二四八	薛故城遗址城内区西周时期遗物标本（一）	（256）
图二四九	薛故城遗址城内区西周时期遗物标本（二）	（257）
图二五〇	薛故城遗址城外区西周时期遗物标本	（258）
图二五一	薛故城遗址城内区东周时期遗物标本（一）	（260）

图二五二	薛故城遗址城内区东周时期遗物标本（二）	（261）
图二五三	薛故城遗址城外区东周时期遗物标本（一）	（263）
图二五四	薛故城遗址城外区东周时期遗物标本（二）	（264）
图二五五	薛故城遗址城内区秦汉时期遗物标本	（265）
图二五六	薛故城遗址城外区秦汉时期遗物标本	（266）
图二五七	张庄西北遗址、张汪西遗物分布区遗物标本	（268）
图二五八	丁楼北遗物分布区遗物标本	（269）
图二五九	陈楼区域遗址分布总图	（271）
图二六〇	陈楼区域大汶口文化时期遗址分布图	（271）
图二六一	陈楼区域西周时期遗址分布图	（272）
图二六二	陈楼区域东周—秦汉时期遗址分布图	（272）
图二六三	前坝桥西遗址北辛文化等时期遗物标本	（273）
图二六四	前坝桥西遗址大汶口文化时期遗物标本	（274）
图二六五	张汪南遗址遗物标本	（277）
图二六六	陈楼东北遗址遗物标本	（278）
图二六七	杜村东遗址遗物标本	（280）
图二六八	杨桥区域遗址分布总图	（281）
图二六九	杨桥区域东周—秦汉时期遗址分布图	（282）
图二七〇	小辛庄北、徐集北遗址遗物标本	（283）
图二七一	辛庄区域遗址分布总图	（284）
图二七二	辛庄区域东周—秦汉时期遗址分布图	（285）
图二七三	辛庄遗址遗物标本	（285）
图二七四	王楼区域遗址分布总图	（287）
图二七五	王楼区域东周—秦汉时期遗址分布图	（288）
图二七六	王楼东、五所楼北遗址遗物标本	（288）
图二七七	段楼区域遗址分布总图	（290）
图二七八	段楼区域东周—秦汉时期遗址分布图	（291）
图二七九	段楼东南遗址、渊子崖北遗物分布区遗物标本	（292）
图二八〇	南闫楼区域遗址分布总图	（294）
图二八一	南闫楼区域东周—秦汉时期遗址分布图	（294）
图二八二	南闫楼遗址遗物标本	（295）
图二八三	调查区域后李文化遗物采集区分布图	（296）
图二八四	薛河中上游地区北辛文化散点区分布图	（298）
图二八五	薛河中游地区北辛文化散点区分布图	（298）
图二八六	薛河中下游地区北辛文化散点区分布图	（299）
图二八七	薛河下游地区北辛文化散点区分布图	（299）
图二八八	薛河中上游地区大汶口文化散点区分布图	（302）

图二八九	薛河中游地区大汶口文化散点区分布图	（302）
图二九〇	薛河中下游地区大汶口文化散点区分布图	（303）
图二九一	薛河下游地区大汶口文化散点区分布图	（303）
图二九二	薛河中上游地区龙山文化散点区分布图	（308）
图二九三	薛河中游地区龙山文化散点区分布图	（308）
图二九四	薛河中下游地区龙山文化散点区分布图	（309）
图二九五	薛河下游地区龙山文化散点区分布图	（309）
图二九六	薛河中上游地区岳石文化散点区分布图	（314）
图二九七	薛河中游地区岳石文化散点区分布图	（314）
图二九八	薛河中下游地区岳石文化散点区分布图	（315）
图二九九	薛河下游地区岳石文化散点区分布图	（315）
图三〇〇	薛河中上游地区商代散点区分布图	（319）
图三〇一	薛河中游地区商代散点区分布图	（319）
图三〇二	薛河中下游地区商代散点区分布图	（320）
图三〇三	薛河下游地区商代散点区分布图	（320）
图三〇四	薛河中上游地区西周时期散点区分布图	（324）
图三〇五	薛河中游地区西周时期散点区分布图	（324）
图三〇六	薛河中下游地区西周时期散点区分布图	（325）
图三〇七	薛河下游地区西周时期散点区分布图	（325）
图三〇八	薛河中上游地区东周时期散点区分布图	（329）
图三〇九	薛河中游地区东周时期散点区分布图	（329）
图三一〇	薛河中下游地区东周时期散点区分布图	（330）
图三一一	薛河下游地区东周时期散点区分布图	（330）
图三一二	薛河中上游地区秦汉时期散点区分布图	（333）
图三一三	薛河中游地区秦汉时期散点区分布图	（334）
图三一四	薛河中下游地区秦汉时期散点区分布图	（335）
图三一五	薛河下游地区秦汉时期散点区分布图	（336）
图三一六	薛河流域调查区域细石器文化—后李文化聚落分布图	（340）
图三一七	薛河流域调查区北辛文化聚落分布图	（342）
图三一八	薛河流域调查区大汶口文化聚落分布图	（343）
图三一九	薛河流域调查区龙山文化聚落分布图	（345）
图三二〇	薛河流域调查区岳石文化聚落分布图	（346）
图三二一	薛河流域调查区商代聚落分布图	（348）
图三二二	薛河流域调查区西周时期聚落分布图	（350）
图三二三	薛河流域调查区东周时期聚落分布图	（插页）
图三二四	薛河流域调查区秦汉时期聚落分布图	（插页）
图三二五	薛河流域调查区域石室墓分布图	（353）

图三二六	薛河流域调查区汉代以后至宋元时期遗物采集区分布图	（354）
图三二七	薛河流域古代聚落的分化和规模	（357）
图三二八	薛河流域各个时代不同等级聚落的比例	（358）
图三二九	薛河流域三维立体图	（360）
图三三〇	薛河中游断面图	（360）
图三三一	薛河下游冲积扇剖面	（361）
图三三二	薛河下游冲洪积平原地貌结构示意图	（362）
图三三三	薛河流域地貌图	（362）
图三三四	薛河流域地貌分析涉及的主要遗址	（363）
图三三五	胡村遗址阶地剖面	（364）
图三三六	陶山遗址示意剖面图	（365）
图三三七	坝上遗址和北辛遗址示意剖面图	（365）
图三三八	大康留东北遗址T2阶地沉积剖面	（366）
图三三九	后李时期的古地貌	（367）
图三四〇	后李—北辛期间的古地貌	（367）
图三四一	北辛—岳石期间的古地貌	（368）
图三四二	河流二次下切和一级阶地形成	（368）
图三四三	商周—汉唐时期至今的地貌	（368）

插表目录

| 表一 | 调查区域各地貌区聚落统计表 | （369） |

图版目录

图版一　薛河河道及流域地貌（一）
图版二　薛河河道及流域地貌（二）
图版三　薛河河道及流域地貌（三）
图版四　薛河故道及官桥遗迹
图版五　薛河流域部分晚期遗迹
图版六　薛河流域现代环境
图版七　调查人员合影
图版八　调查人员合影及工作照
图版九　调查工作照
图版一〇　后台遗址
图版一一　东江遗址
图版一二　前台东南遗物分布区
图版一三　宋屯东遗址
图版一四　王杭南、羊庄西北遗址及史屯西遗物分布区
图版一五　民庄西南遗址及石室墓群
图版一六　后沙冯西南、孟庄西、东薛河北遗址
图版一七　前南宿、西集东遗址
图版一八　建新、范村东南遗址
图版一九　胡村遗址
图版二〇　杜家堂北、陶山遗址
图版二一　张庄东南遗址石室墓及昌虑故城
图版二二　昌虑故城
图版二三　新宅子西南遗址及西于南遗物分布区
图版二四　望河庄南遗址
图版二五　三山遗址
图版二六　北辛遗址
图版二七　坝上西遗址
图版二八　西台西、东莱东、大韩村东遗址
图版二九　大康留东北遗址（一）

图版三〇　大康留东北遗址（二）
图版三一　西康留、北辛南遗址
图版三二　南辛东南、大庙及胡楼北遗址
图版三三　柴胡店南、后黄庄遗址
图版三四　沙岗东、孔庄北遗址
图版三五　后井亭东北、西仓桥遗址
图版三六　前掌大遗址（一）
图版三七　前掌大遗址（二）
图版三八　薛故城城墙（一）
图版三九　薛故城城墙（二）
图版四〇　薛故城城墙（三）
图版四一　薛故城城墙（四）
图版四二　薛故城遗迹（一）
图版四三　薛故城遗迹（二）
图版四四　薛故城遗迹及丁楼北遗物分布区
图版四五　张汪西遗物分布区及前坝桥西遗址
图版四六　王楼北遗物分布区及南闫楼遗址
图版四七　段楼西北遗物分布区及段楼东南遗址
图版四八　后台、东江、庄里西南遗址遗物标本
图版四九　前台南、民庄西南、东薛河北遗址及前台东南遗物分布区遗物标本
图版五〇　前沙冯西、前沙冯东南遗址遗物标本
图版五一　朱屯南、前南宿、西集东遗址及西集南散点区遗物标本
图版五二　范村东南、胡村、杜家堂北、陶山遗址遗物标本
图版五三　昌虑故城、北辛东北、北辛遗址遗物标本
图版五四　坝上西遗址遗物标本
图版五五　东莱东、大韩村西南遗址遗物标本
图版五六　大康留东北遗址遗物标本
图版五七　西康留、小康留西遗址遗物标本
图版五八　后黄庄、孔庄北遗址遗物标本
图版五九　前掌大遗址遗物标本
图版六〇　薛故城遗址遗物标本（一）
图版六一　薛故城遗址遗物标本（二）
图版六二　薛故城遗址遗物标本（三）
图版六三　薛故城遗址及丁楼北、张汪西遗物分布区遗物标本
图版六四　前坝桥西、杜村东遗址遗物标本

第一章 概 论

第一节 薛河流域及环境

一、地貌与河道变迁

　　位于鲁南中部的枣滕地区，地处淮河重要支流泗河的中游，整体分布于我国北方最大的淡水湖——微山湖的东岸，是鲁中南山地丘陵西南部与黄淮平原的交接地带。这一地区的地势总体为东北高西南低，地形依次为低山、丘陵、平原、湖滨。受地势影响，此地区的白马河、界河、北沙河、城河、薛河等河流也均为东北—西南向流淌，先后注入微山湖。

　　薛河位于本区南部，是枣滕地区最重要的河流之一，总长度81千米，流域总面积960平方千米。根据薛河流域的地貌差异，可将其分为上游、中游、下游三个区域。其中薛河上游区域为尼山低山丘陵区，海拔多在100~500米，最高点为海拔624.2米的翼云山。此段薛河干流有两支，一支是发源于枣庄市山亭区柴山前的西江，一支是发源于山亭区米山顶的东江，二者在山亭区海子村东南（即东江村村西）汇合。海子村以下为薛河中游区域，它主要是由龙山、落凤山等丘陵余脉包围形成的一片较宽阔的山间盆地，其海拔则从100米左右逐渐下降至50~60米。此段薛河又接纳了由西集、羊庄等方向汇入的几条重要支流。自滕州市北辛村东以下为薛河下游，其地形基本为平原，海拔继续下降到30~50米。此段薛河的现代干流分为两支：西侧一支为新薛河，其在济宁市微山县前八屯村东又纳小魏河，东侧一支为大沙河，其在枣庄市薛城区陶庄镇皇殿村南又纳蟠龙河，两者均最终在微山县注入微山湖[①]（图一、图二；图版一~图版三）。

　　薛河河道在历史上并非一如现状。据成书于明代万历十三年（公元1585年）的《滕县志》记载："南四十里曰薛河。其源本西江，水出自宝峰山东诸山泉。南过青□步，左过高山西，折过山亭，纳永丰、凤凰二泉，又西至于薛山名为薛河。受悟真岩茶泉，循悟真岩南至于云龙山，会东江水。东江出自胡陵山，西流至吴戬山下伏不见，过铁脚山至柳泉涌出，至观山前潴为濯笔渊，至于云龙山入西江水，同为薛河。南至于斩蛟台，折而西，经昌虑城南陶山下，潴为刁潭。西纳玉花泉水，又西纳沂河水（今'小魏河'上游）、三山泉水，西南迳丰山，东过官桥，迳薛城至于东邺，入于微山湖。旧经山阳湖（今'昭阳湖'），从金沟入泗。漕东徙

---

① 山东省滕州市地方史志编纂委员会：《滕县志》，中华书局，1989年，66~72页；枣庄市地方志史编纂委员会：《枣庄市志》，中华书局，1993年，141~142页。

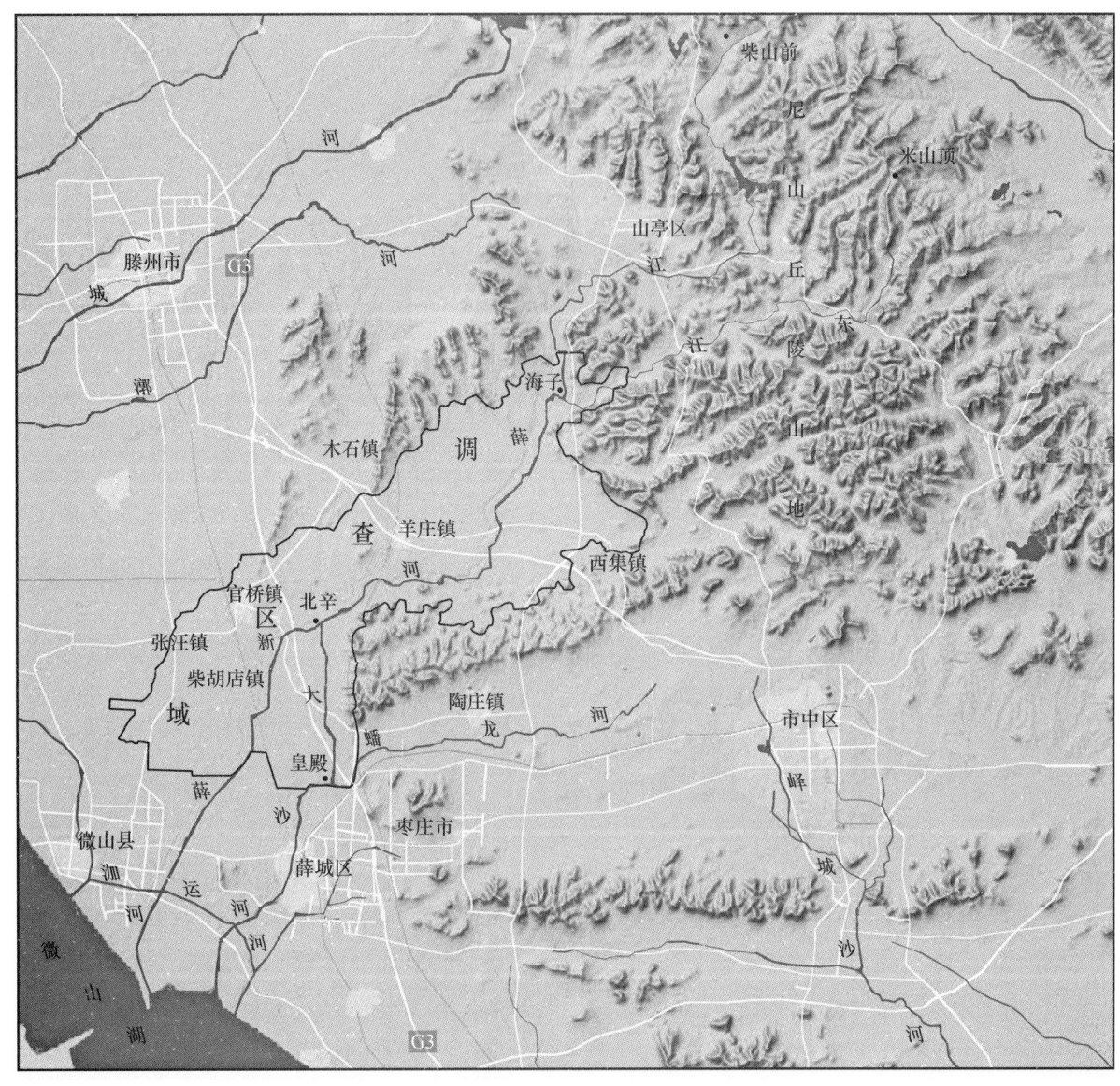

图一　薛河流域地形

恐沙为漕害，筑石坝于东邵遏之南流（应为'使南流'）。又恐水为坝害，别开支河于奚公山西。导入南明河（今'蟠龙河'）。"① 由此段记载可知，当时薛河上游河道与现代基本一致，但下游河道自北辛村起，是沿村北的故道西流至大康留村北，又经官桥镇东南折，沿今小魏河河道南过东邵桥村西，一直向南注入微山湖的。而现代的大沙河则是隆庆元年（公元1567年）工部尚书朱衡治理运河后导薛河水入蟠龙河形成的支河。当然，上述记载的也只是明代后期薛河河道的情况。在此之前，根据上文的记载，薛河下游曾沿现东邵桥村北的故道经三河口入昭阳湖，且这条故道在大官口村北还曾纳小苏河（古"石桥泉河"）。而在田野调查中，我们还发现了前南宿村西至新宅子村南、于坡北至羊庄等多条使用年代尚不明确的故道，并且了

---

① （明）杨承父、王元宾修纂：《滕县志·山川志》，万历十三年版。

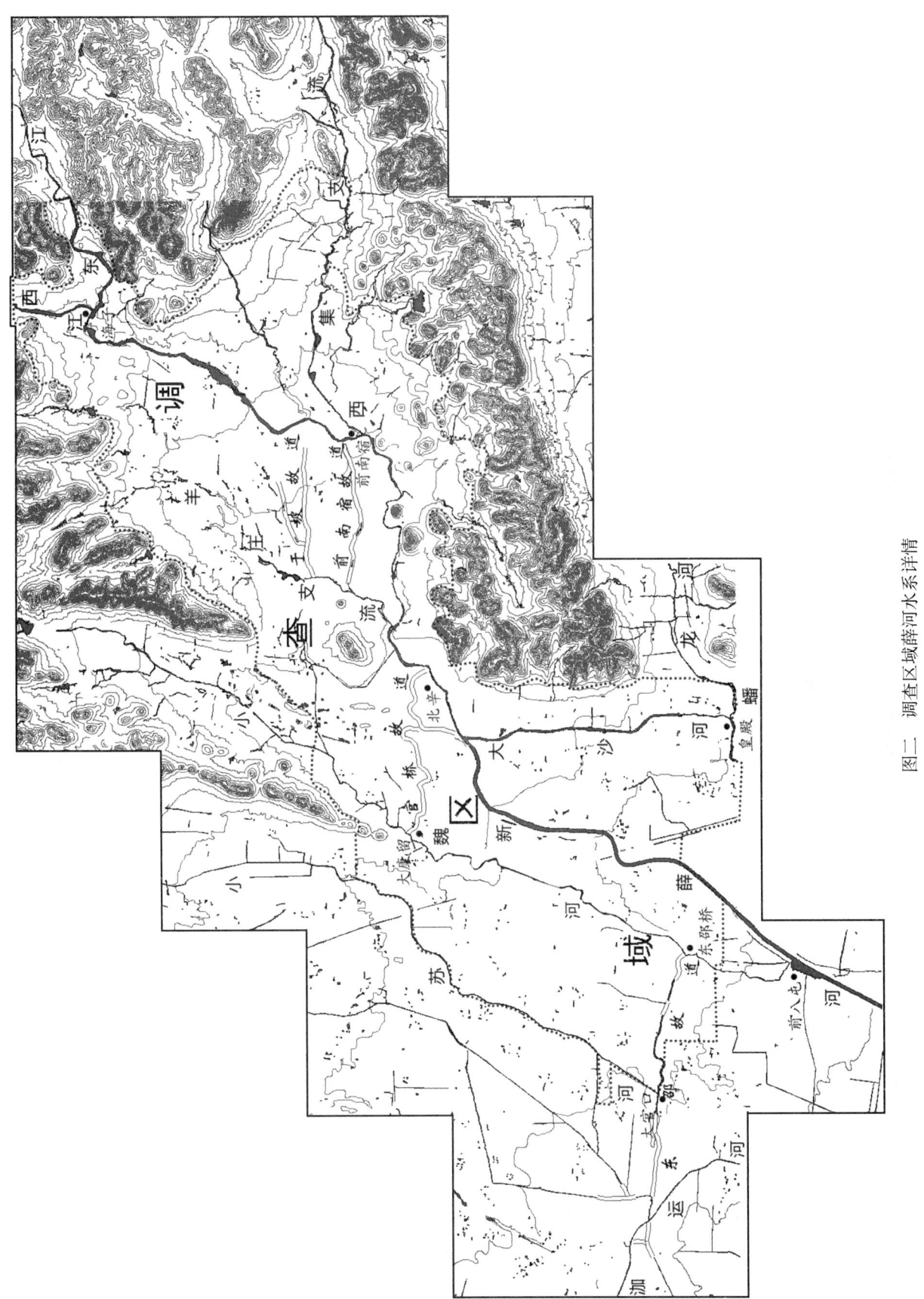

图二 调查区峄薛河水系详情

解到现在薛河下游的"新薛河"是1957~1958年开挖的新河道①。总之，综合上述情况可以推测，薛河中下游河道在历史上应有多次变动。但总体看来薛河流域的总体范围始终变化不大，且它与南侧的蟠龙河及北侧的小苏河在历史上联系紧密，整体可以视作一个大的薛河流域（图二；图版四，1、2）。

二、气候与资源

薛河流域位于我国暖温带半湿润地区的南部，季风型大陆性气候明显，流域总体气候特征是四季分明，光照充足，雨量适中，温暖湿润。按季节分，春季回暖快，降雨少，多风，蒸发量大；夏季炎热，多雨，潮湿，易涝；秋季降温较快，天高气爽，雨量骤减，晚秋易旱；冬季漫长，气候干燥，雨雪稀少。这一地区年均日照时长为2383小时；年平均气温13.6℃，最热月为7月，平均气温26.9℃，最冷月为1月，平均气温-1.8℃；年平均冻土期107天；无霜期197天。薛河流域及周边区域全年平均年降水量773.1毫米，降雨多集中于6~9月，年平均降水日为81.8天，以7月份最多，1月份最少，平均降雪日数7天。这一地区3~11月盛行东南风，12月至次年2月盛行西北风和东北风。

薛河流域的自然资源较丰富。其中矿产资源以煤炭、石灰石、花岗岩和河沙最为突出，铝矾土、石英石、白云石、黑色胆石、萤石等也有一定的储量。水资源充足，除地下水和薛河及支流外，还有羊庄、魏庄等泉群。本地区的农作物品种繁多，近代以来的主要粮食作物有小麦、玉米、地瓜、高粱、谷子、小杂粮等②。

第二节 历史沿革

薛河流域及邻近地区历史悠久，自新石器时代以来就是人口密集、文化发达的历史文化小区。

关于本区域夏代以前的历史，《国语·晋语四》中记载："凡黄帝之子，二十五宗，其得姓者十四人，为十二姓。姬、酉、祁、己、滕、箴、任、荀、僖、姞、儇、依是也。"③其中的滕、任二姓可能与本区后世的滕国、薛国有关。

夏商时期的奚仲、仲虺据记载也活动在薛河流域。《左传·定公元年》载："薛之皇祖奚仲，居薛，以为夏车正。奚仲迁于邳，仲虺居薛以为汤左相。"④

周代时期，薛河流域及周边区域主要属于滕、薛、邾三个诸侯国。三国的分封，多以为在

---

① 山东省滕州市地方史志编纂委员会：《滕县志》，中华书局，1989年，275~276页。
② 同①，65~80页；枣庄市地方志史编纂委员会：《枣庄市志》，中华书局，1993年，125~176页。
③ 《国语·晋语四》。
④ 《左传·定公元年》。

武王克商之后。如《世本八种·秦嘉谟辑补本》言："滕氏，周文王第十四子滕侯之后，子孙以国为氏"，"武王复以其（仲虺）胄为薛候，历三代，凡六十四世"，"周武王封其苗裔邾侠为附庸"，西周晚期，邾又分为大小二邾，"邾颜居邾，肥徙郳"①（一说分为邾、小邾、滥三国，《公羊传·昭公三十一年》）。至战国时期，三国分别为宋、齐、楚等国所灭。1949年以来，考古工作者分别在东江、薛故城和滕故城三处遗址发现较多带有邾/郳、薛、滕铭文的青铜器，对三国的史迹多有印证。

秦代及以后，薛河流域的历史沿革较为明确和详细。

秦始皇统一六国后，废分封置郡县，在此置滕县、薛县。汉初，高祖析小邾置蕃县。治所在今县城西北处，隶属豫州刺史部鲁国。汉武帝时改滕县为公邱县。东汉时，公邱县属豫州刺史部沛国。汉献帝建安三年（公元198年），分东海郡，于昌虑县置昌虑郡，不久又改为昌虑县。

三国时，滕境各县属魏，魏沿袭秦制。魏景初二年（公元238年），以公邱县并沛郡的杼秋、丰、广戚等县为豫州部沛王国，蕃县、薛县仍属鲁国，昌虑县仍属东海郡。西晋仍袭汉制，蕃县、薛县、公邱县都属豫州部鲁郡。晋惠帝元康年间，将蕃县、薛县改属徐州部彭城国，将东海郡的昌虑县改属徐州部兰陵郡。东晋十六国时，战争频繁。晋安帝义熙五年（公元409年），晋克复青、徐，撤销薛县、戚县，将其地划入蕃县，属兖州部。

南北朝时，北魏太安三年（公元457年），撤公邱县，置阳平县，属兖州部鲁郡。北魏孝昌二年（公元526年），于徐州部始置蕃郡，领蕃城、永兴、永福三县，郡治蕃城。东魏元象二年（公元539年），撤销蕃郡，并入彭城郡。东魏武定五年（公元547年），又置蕃郡，复置薛县，属豫州部彭城郡，昌虑县属徐州部兰陵郡，阳平县属兖州部鲁郡。北齐废蕃郡设蕃县，撤销薛、阳平、合乡、昌虑、永兴、永福县，将其辖地划入蕃县，另将沛、高平、南武阳等县部分地区划归蕃县，县属徐州部彭城郡，辖区面积空前扩大。

隋初，开皇六年（公元586年），改蕃县为滕县。开皇十六年（公元596年），升滕县为滕郡，郡治滕县，不久又将滕郡改为滕县，县治在蕃县故城，属徐州部彭城郡。滕作为县级行政区的名称，从此沿用至今。那时的县境，东南至抱犊岗，南到今徐州市贾汪，西过微山湖，北与邹县接壤，东北至城前。大致包括今天的滕州市、微山县、山亭区、薛城区以及峄城区、台儿庄区、铜山县、邹县的部分地区。滕县的境域从隋至民国大体未变。

唐代滕县属河南道徐州。元和年间，县城东移二里筑新城（今县城的旧城区），五代因之。北宋兼置滕阳军。至金代，大定二十二年（公元1182年），置滕阳州。大定二十四年（公元1184年），改为滕州，辖滕、沛、邹县和陶阳镇，属山东西路。元因之。

明代，洪武二年（公元1369年），废除滕州，滕县隶属山东布政使司济宁府。洪武十八年（公元1385年），升兖州为府，降济宁为州，滕县改属兖州府。清沿明制。

民国时期，行政区划变更频繁，滕县曾前后属岱南道、济宁道、伪山东省公署鲁西道、鲁西南第一行政督察区等。

中华人民共和国成立后，滕县属鲁中南行政公署尼山专员公署。1950年，尼山专区和台

---

① 《世本八种·秦嘉谟辑补本》。

枣专区合并改为滕县专区。1953年撤销滕县专署，滕县改属济宁专署。1960年，将滕县临城公社的164个自然村划归枣庄市。1962年，始建省辖枣庄市薛城区。1979年，滕县改属枣庄市。1983年，枣庄市齐村区改为山亭区，并将滕县东部的店子、冯卯、辛庄、徐庄、辛召、山亭、桑村、城头8个公社划归此区。1988年，经国务院批准，撤销滕县，建立滕州市[①]。

第三节　枣滕地区的考古工作历程

薛河流域所在的枣滕地区是中国较早开展田野考古工作的区域之一。

1933年春，位于滕县东部安上村的村民挖掘出一座铜器大墓，时任山东省立图书馆馆长的王献唐闻讯后随即前往收集古物，并在附近区域进行了调查。此行中他调查的墓山画像石墓、官桥画像石和黄沟村古墓即位于薛河中下游地区（图版四，3）。同年10月，中央研究院历史语言研究所和山东省政府合组的山东古迹研究会发掘了安上村遗址，除清理周代残墓和其他遗迹外，他们还在遗址下层发现了龙山文化遗存。此外，这次工作他们还在临近区域清理了"曹王墓"在内的几处汉代画像石墓，并在调查中于蟠龙河流域的临城凤凰台又发现一处龙山文化遗址[②]。在王献唐和刘咸先生的协调下，本年度山东大学的8名在校学生也参加了安上村遗址的发掘工作，国文系学生许星园和马维新还撰写了长篇发掘纪要，登载于1934年创刊的山东大学《励学》杂志[③]。

新中国建立之后，枣滕地区的田野考古工作较早恢复并逐步开展起来。

20世纪五六十年代，相关单位在滕县进行了一系列重要的考古调查。1952~1953年，山东省文物管理处的王献唐、卫志珍在滕县岗上村发现彩陶片，此为山东地区的首次发现[④]。1961年，山东省文物管理处、山东大学历史系和中国科学院考古研究所山东队发掘了岗上遗址，清理了8座墓葬，获得了一批大汶口文化的遗存，但囿于当时的认识，发掘者仍将其归入龙山文化系统[⑤]。此外，1957年1月下旬至2月上旬春节期间，山东大学刘敦愿先生带领2名学生，在张知寒的引领下，调查了滕县岗上遗址和宫庄、后堌堆的龙山文化遗址[⑥]。1957年，第一次全国文物普查期间，滕县文化馆组织了滕县的文物普查工作，发现古遗址多处。中国科学院考古研究所对滕县遗址的大规模调查以及枣庄市文物管理站对枣庄南部地区的调查也始于此时[⑦]。而

---

① 山东省滕州市地方史志编纂委员会：《滕县志》，中华书局，1989年，47~51页；枣庄市地方志史编纂委员会：《枣庄市志》，中华书局，1993年，99~124页。
② 卫聚贤：《中国考古学史》，上海书店，1984年，164页；梁思永：《龙山文化——中国文明的史前期之一》，《考古学报》第七册，1954年。
③ 许星园、马维新：《滕县安上遗址发掘纪要》，《励学》创刊号，1934年。
④ 《山东第一次发现彩陶》，《文物参考资料》1954年2期。
⑤ 山东省博物馆：《山东滕县岗上村新石器时代墓葬试掘报告》，《考古》1963年7期。
⑥ 刘敦愿：《滕县新石器时代遗址调查》，《文物参考资料》1958年1期。
⑦ 中国社会科学院考古研究所山东队、滕县博物馆：《山东滕县古遗址调查简报》，《考古》1980年1期；枣庄市文物管理站：《枣庄市南部地区考古调查纪要》，《考古》1984年4期。

通过对滕县遗址的全面调查和复查，考古研究所山东队在这一时期发现了早于大汶口文化遗存的线索，曾提出"北辛类型""西桑园类型"的命名。

本阶段枣滕地区其他的重要考古工作还有：后黄庄（井亭煤矿）发现了一批重要的商代铜器和陶器等遗物[①]；中国科学院考古研究所山东队对薛故城和滕故城进行了全面调查[②]；木石公社南台大队在取土中发现了一件西周时期的重要铜器杞伯鼎[③]；峄县文化馆征集到一件战国时期的重要铜器邳伯罍[④]；山东省博物馆发掘了柴胡店汉墓群，清理了东汉时期的石椁墓66座，获得了大量遗物[⑤]。上述工作也大多集中于薛河流域。

20世纪七八十年代，随着"文革"的结束，枣滕地区的田野考古调查和发掘工作步入了快速发展的轨道。

1972~1978年，中国社会科学院考古研究所山东队在滕县又连续进行了五次考古调查，1973~1980年，枣庄市文物管理站在枣庄南部地区也开展了四次调查[⑥]。上述田野考古调查工作，在枣滕地区发现了大批不同时代的古遗址，为该地区考古研究和古文化遗址的保护工作奠定了坚实的基础。

这一时期的考古发掘工作则主要集中薛河流域的薛故城、北辛和前掌大等遗址。

1973年，薛故城东城墙内出土了薛仲赤簠、薛子仲安簠等4件春秋时期的铜簠[⑦]。1979年中国历史博物馆与山东博物馆合作发掘了薛故城内的皇殿岗冶铁遗址。1978、1984~1986年，济宁市文物管理局和山东省文物考古研究所对薛故城遗址进行了大规模的整体勘探和重点试掘，大体理清了城址的布局及沿用时间，发现了位于大城东南部的早期小城和龙山文化至周代时期的连续堆积，并清理了多座以周代为主的大中小型墓葬，获得了一批丰富的铜器、陶器等遗物[⑧]。

1978~1979年，中国社会科学院考古研究所山东队和滕县文化馆两次发掘北辛遗址。发现丰富的早于大汶口文化的遗存，遂提出了"北辛文化"的命名[⑨]。

1981年，中国社科院考古研究所山东队和滕县博物馆开始对前掌大遗址进行勘探和试掘，此后，1985、1987、1991、1994、1998、2001年又对该遗址进行过多次发掘，清理出大批重要

[①] 山东省文物管理处、山东省博物馆：《山东文物选集》，文物出版社，1959年；孔繁银：《山东滕县井亭煤矿等地发现商代铜器及古遗址、墓葬》，《文物》1959年12期。

[②] 庄东明：《滕县古薛城发现战国时代冶铁遗址》，《文物参考资料》1957年5期；中国科学院考古研究所山东队：《山东邹县滕县古城址调查》，《考古》1965年12期。

[③] 滕县文化馆：《山东滕县出土杞薛铜器》，《文物》1978年4期。

[④] 王献唐：《邳伯罍考》，《考古学报》1963年2期。

[⑤] 山东省博物馆：《山东滕县柴胡店汉墓》，《考古》1963年8期。

[⑥] 中国社会科学院考古研究所山东队、滕县博物馆：《山东滕县古遗址调查简报》，《考古》1980年1期；枣庄市文物管理站：《枣庄市南部地区考古调查纪要》，《考古》1984年4期。

[⑦] 同③。

[⑧] 同③；山东省济宁市文物管理局：《薛国故城勘查和墓葬发掘报告》，《考古学报》1991年4期；张学海：《滕县薛国故城》，《中国考古学年鉴·1987》，文物出版社，1988年。

[⑨] 中国社会科学院考古研究所山东工作队：《山东滕县北辛遗址发掘报告》，《考古学报》1984年2期。

遗迹，有壕沟、夯土建筑基址、墓葬、车马坑等。其中大中小型墓葬多达百余座，大型墓葬更是有带墓道及墓上建筑者，获得了一批重要的铜礼器、车马器、漆木器、玉器和青瓷器等遗物[①]。

除薛河流域外，这一时期枣滕地区其他区域也有一些重要发现。其中滕州东部的后荆沟、庄里西、西寺院、杜庄等地点出土了不嬰簋及带有"滕侯"铭文的多件两周时期滕国铜器[②]。枣庄博物馆发掘了市中区的渴口汉墓群，清理了两汉时期的中小型墓葬126座，发现大量随葬品和画像石[③]。山东大学历史系与枣庄市博物馆发掘了蟠龙河上游的中陈郝瓷窑遗址，获得了自北朝晚期至宋元时期的大量瓷器等丰富遗存[④]。

20世纪90年代至21世纪初，是枣滕地区开展田野考古工作数量最多、范围最广的时期。这一阶段，考古发掘工作基本遍布整个区域，尤以薛河流域最为集中。第三次全国文物普查也自2007年起在全国范围内展开。这一阶段取得的考古成果也是全时段性的。

旧石器时代考古方面，峄城阴平、山亭东江、薛城夏庄等地点发现的打制石器及细石器，填补了枣滕地区旧石器时代考古的空白[⑤]。

新石器时代考古方面，1997、1998、2006年山东省文物考古研究所等三次发掘枣庄山亭区建新遗址，发现了丰富的大汶口文化和龙山文化遗存[⑥]。1991~1992年，中国社会科学院考古研究所山东队和枣庄市博物馆两次发掘枣庄峄城区二疏城遗址，发现丰富的龙山文化和周代遗存[⑦]。1992、1999年，山东省文物考古研究所和滕州市博物馆勘探和发掘了西康留遗址，发现了丰富的北辛文化和大汶口文化遗存[⑧]。1995年，山东省文物考古研究所发掘了庄里西遗址，发现了丰富的龙山文化遗迹，除陶器、石器等遗物外，还取得了炭化稻米等大量植物、动物遗

---

① 中国社会科学院考古研究所山东队：《滕州前掌大商代墓葬》，《考古学报》1992年3期；中国社会科学院考古研究所山东队：《山东滕州前掌大商周墓地1998年发掘简报》，《考古》2000年7期；中国社会科学院考古研究所：《滕州前掌大墓地》，文物出版社，2005年；滕州市博物馆：《滕州前掌大村南墓地发掘报告（1998~2001）》，《海岱考古》（第三辑），科学出版社，2010年。

② 滕县博物馆：《滕县后荆沟出土不嬰簋等青铜器群》，《文物》1981年9期；滕县博物馆：《山东滕县发现滕侯铜器墓》，《考古》1984年4期。

③ 山东省枣庄市博物馆：《山东枣庄市渴口汉墓》，《考古学集刊·14》，文物出版社，2004年。

④ 山东大学历史系考古专业、枣庄市博物馆：《山东枣庄中陈郝瓷窑址》，《考古学报》1989年3期。

⑤ 燕生东、尹秀娇、王琦：《20世纪枣滕地区考古发现与研究》，《枣庄师专学报》2001年第1期。

⑥ 山东省文物考古研究所、枣庄市文化局：《枣庄建新——新石器时代遗址发掘报告》，科学出版社，1996年；山东省文物考古研究所、枣庄市文物管理委员会办公室、枣庄博物馆：《枣庄建新遗址2006年发掘报告》，《海岱考古》（第三辑），科学出版社，2010年。

⑦ 中国社会科学院考古研究所、枣庄市博物馆：《枣庄市二疏城遗址发掘简报》，《海岱考古》（第四辑），科学出版社，2011年。

⑧ 山东省文物考古研究所鲁中南考古工作队、滕州博物馆：《山东滕州西康留遗址调查、发掘简报》，《考古》1995年3期；山东省文物考古研究所、枣庄博物馆：《山东滕州西康留遗址调查、钻探、试掘简报》，《海岱考古》（第三辑），科学出版社，2010年。

存，并进行了相关研究①。1998年，山东省文物考古研究所发掘了滕州西公桥遗址，发现丰富的大汶口文化居址和墓葬②。

商周考古方面，这一时期前掌大遗址又进行了多次大规模发掘，详见上文介绍。1992～1994年及2002年，山东省文物考古研究所对薛故城遗址又进行了一系列钻探和发掘，在原小城内又发现了一座更小的城址，这一阶段的工作基本确认了大城始建年代为战国时期，而东南部小城和新发现小城的始建年代可能为春秋时期和西周早期③。2002～2003年，枣庄市博物馆勘探和发掘了山亭区东江遗址，发现了夯土城墙，而从清理的6座大型墓葬的铜器铭文分析，东江遗址即为小邾国的始封地郳④。1989、1995年，滕州博物馆、山东省文物考古研究所在庄里西遗址发现30余座滕国贵族墓葬⑤。2009年，枣庄市博物馆等单位在峄城区徐楼村抢救清理了两座春秋时期贵族墓葬，其中出土青铜器近200件，从铜器铭文分析，两座墓葬应为渷公及夫人的异穴合葬墓⑥。此外，这一阶段山东省文物考古研究所和滕州市博物馆还在东小宫、东康留等地点清理了200余座两周时期的小型墓葬⑦。

历史时期考古方面，山东省文物考古研究所、滕州博物馆等这一时期在滕州市的小山、车站、庄里西、东小宫、封山、东郑庄及薛城区、市中区、峄城区的多个地点发现了数百座两汉时期的中小型墓葬，这些墓葬的形制主要为土坑墓和石室墓两种，从中获得了大量陶器等随葬

---

① 刘延常、李鲁滕：《滕州庄里西遗址考古发掘获重要成果》，《中国文物报》1996年7月28日；孔昭宸、刘长江、何德亮：《山东滕州市庄里西遗址植物遗存及其在环境考古学上的意义》，《考古》1999年7期；宋艳波、宋嘉莉、何德亮：《山东滕州庄里西龙山文化遗址出土动物遗存分析》，《东方考古》（第9集），科学出版社，2012年。

② 山东省文物考古研究所：《山东滕州西公桥大汶口文化遗址发掘简报》，《考古》2000年10期；山东省文物考古研究所：《山东滕州西公桥遗址考古发掘报告》，《海岱考古》（第二辑），科学出版社，2007年。

③ 孙波、燕生东：《滕县薛国故城》，《中国考古学年鉴·1994》，文物出版社，1995年；冀介仁：《滕州市薛国故城龙山文化及其商周城址》，《中国考古学年鉴·1995》，文物出版社，1996年；崔圣宽：《薛故城》，《中国考古学年鉴·2002》，文物出版社，2003年。

④ 李光雨、张云：《山东枣庄春秋时期小邾国墓地的发掘》，《中国历史文物》2003年5期；李光雨、郭宝华：《枣庄市东江春秋墓地及城墙》，《中国考古学年鉴·2004》，文物出版社，2005年；枣庄市博物馆、枣庄市文物管理办公室：《枣庄市东江周代墓葬发掘报告》，《海岱考古》（第四辑），科学出版社，2011年。

⑤ 刘延常、李鲁滕：《滕州庄里西遗址考古发掘获重要成果》，《中国文物报》1996年7月28日；杜传敏、张东峰、魏慎玉等：《1989年山东滕州庄里西西周墓发掘报告》，《中国国家博物馆馆刊》2012年1期。

⑥ 枣庄市博物馆、枣庄市文物管理委员会办公室、枣庄市峄城区文广新局：《山东枣庄徐楼东周墓发掘简报》，《文物》2014年1期；枣庄市博物馆、枣庄市文物管理办公室、峄城区文广新局：《枣庄市峄城徐楼东周墓葬发掘报告》，《海岱考古》（第七辑），科学出版社，2014年。

⑦ 山东省文物考古研究所：《山东滕州市东小宫东周代、两汉墓地》，《考古》2000年10期；山东省文物考古研究所、滕州市博物馆：《山东滕州东康留周代墓地发掘简报》，《文物》2013年4期。

品及丰富的画像石①。此外，滕州博物馆还在滕州市夏楼村发掘了一座西晋元康九年的中型墓葬，发现了西晋时期的画像石②。

总之，经过80多年的田野考古调查、勘探和发掘工作，薛河流域考古学文化的发展序列基本建立起来，不同时期考古遗存的文化面貌和特征也比较清晰，为进一步开展区域社会考古研究奠定了良好的基础。

第四节 项目缘起、工作进程与方法、报告体例

一、项目缘起

泗河是淮河下游一条极为重要的支流，其源于蒙山山脉，西过泗水、曲阜、兖州、邹城、微山、滕州、枣庄后，进入江苏徐州。泗河中上游地区，历史悠久，文化灿烂，从旧石器时代晚期开始，这里就有人类繁衍生息。尤为引人注目的是，在这一不大的区域之中，田野考古工作成果丰硕，为国内所罕见。如今已正式出版的田野考古报告专集就有《山东王因》《邹县野店》《兖州六里井》《枣庄建新》《泗水尹家城》《兖州西吴寺》《滕州前掌大》《曲阜鲁国故城》《鲁南汉墓》《鲁荒王墓》等10部之多，待出版的还有滕州薛国故城、滕国故城、邹城邾国故城和九龙山汉墓、泗水天齐庙等大型考古报告，以及滕州北辛和西公桥、枣庄二疏城和东江小邾国墓地、曲阜西夏侯等一批中型考古报告。

位于上述区域南部的薛河，虽然河流不长，流域面积不大，但区域内有一系列重要的新石器时代和商周秦汉时期的遗址，其中国家级文物保护单位就有北辛、前掌大和薛城三处，在北辛和前掌大之间还有一处山东省文物保护单位——西康留遗址，而西公桥、建新、东江小邾国故城等遗址也在这一流域之内。所以，薛河流域曾被一些学者看做是山东乃至中国北方古代文化遗存最为丰富的小区域之一。在我们开展区域系统调查之前，薛河流域就发现了数量较多的新石器时代至青铜时代遗址。

进入21世纪以来，中国国家博物馆计划在适当的区域筹建一处考古研究基地，而地处山东中南部的滕州是一个备选地点。2009年11月，中国国家博物馆副馆长张威和综合考古部主任杨林及王睿研究员等到滕州协商此事。期间滕州方面提出，希望由中国国家博物馆帮助滕州市做一个国家级文物保护单位——北辛遗址的保护规划，为下一步建立国家考古遗址公园创造条件。作为北辛文化命名地的北辛遗址，就坐落在薛河流域中段。为此，在滕州市领导和文化、

---

① 山东省枣庄市文物管理委员会办公室：《山东枣庄市小山西汉画像石墓》，《文物》1997年12期；山东省文物考古研究所鲁中南考古队、滕州市博物馆：《山东滕州市官桥车站村汉墓》，《考古》1999年4期；山东省文物考古研究所：《山东滕州市东小宫东周代、两汉墓地》，《考古》2000年10期；山东省文物考古研究所：《鲁中南汉墓》，文物出版社，2009年，15～194页；燕生东、尹秀娇、王琦：《20世纪枣滕地区考古发现与研究》，《枣庄师专学报》2001年1期。

② 滕州市文化局、滕州博物馆：《山东滕州市西晋元康九年墓》，《考古》1999年12期。

文物部门相关人员的陪同下，大家专程到北辛遗址进行了现场考察，规划事宜遂确定下来。在后续讨论中，我们认为应该把薛河流域作为一个整体加以研究和保护，而保护的前提是彻底搞清楚整个流域不同时期各类遗址的数量、分布和保存现状，进而可以作为一个样板来探讨小区域古代文化的演进和变迁过程，为中国文明起源和古代社会发展研究增添新的资料和例证。

为了落实薛河流域的区域调查和制订北辛遗址的保护规划等事项，2010年1月，中国国家博物馆综合考古部杨林、王睿、李嵘和山东大学东方考古研究中心主任栾丰实等一行6人专程到滕州，实地考察了北辛遗址和薛河流域部分地段，与滕州市和官桥镇文化文物部门的相关人员，探讨了具体的工作方案。协商后确定，由中国国家博物馆田野考古研究中心和山东大学东方考古研究中心合作，全面勘探北辛遗址，为保护规划提供基础资料。同时在薛河流域开展为期三年的区域系统考古调查，自2010年春开始实施，滕州市文广新局和官桥镇政府全力支持这一工作。

二、工作过程

薛河流域系统考古调查的调查区域为薛河的中游、下游的上半区和上游部分地区，在行政区划上主要涉及滕州市以及山亭区、薛城区的部分地区。其中，上游地区主要涉及山亭区山城街道办事处的西南部，中游地区主要涉及山亭区西集镇西部和滕州市羊庄镇大部、木石镇西南部、官桥镇大部，下游地区主要涉及滕州市柴胡店镇大部、张汪镇东部以及薛城区陶庄镇西部。调查区域内共涉及现代村落、厂矿区等280余处（图三）。调查遗存以新石器时代至秦汉时期为主，兼顾部分汉代之后至明清时期、甚至某些近现代的遗存（图版五、图版六）。

区域系统考古调查项目于2010年3月份正式启动，同期在北辛遗址进行系统勘探，此后2011年和2012年又持续开展了两年较大规模的系统考古调查。2012年后，项目主要转入室内整理阶段，其中2014年11月和2015年4月又进行了两次小规模的补充调查。

2010年3月5~8日，在北辛遗址进行了4天的系统勘探，对遗址的分布范围、堆积情况等有了比较清楚的了解，为后续保护规划的制订奠定了基础。勘探工作参加人员有：中国国家博物馆王睿，山东大学考古学系08级研究生聂政，滕州市博物馆李鲁滕、杨光海、魏慎玉，技工杨爱国、陈孔利等10余人，以及官桥镇文化站站长徐守运等。

2010年3月6~28日，进行田野调查工作23天，调查范围主要为薛河中下游前南宿村以下至新薛河干道以西、薛国故城南城墙之间的区域。调查人员有中国国家博物馆王睿、李嵘，山东大学考古学系栾丰实、史本恒，07级博士生崔英杰，09级博士生郭明建，07级研究生张小雷，08级研究生聂政、黄苑，09级研究生闫凯凯、曹冬蕾、曲新楠、吴文婉，06级本科生樊榕、王永磊。本年度调查人员分为两组，第一组为李嵘、史本恒、崔英杰、曲新楠、吴文婉、王永磊，第二组为郭明建、张小雷、聂政、黄苑、曹冬蕾、闫凯凯、樊榕。

2011年3月8~26日，进行田野调查工作19天，调查范围主要为薛河中上游前南宿村以上至东江之间的区域以及薛河下游新薛河干道以西、薛国故城南城墙至东邵桥村西故道以北的区域。调查人员有中国国家博物馆王睿，山东大学考古学系栾丰实、王强、陈章龙，09级研究生

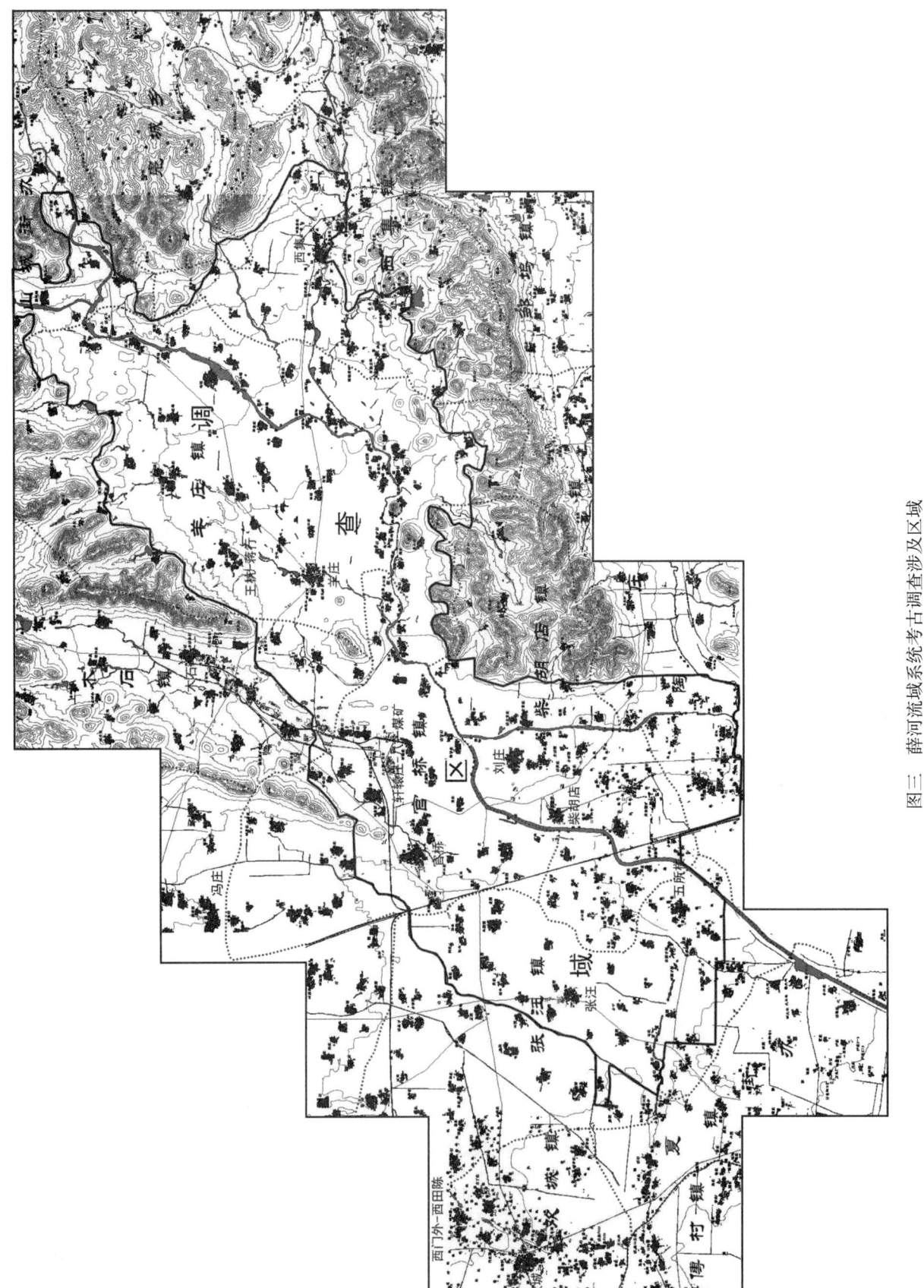

图三 薛河流域系统考古调查涉及区域

闫凯凯、曹冬蕾、曲新楠、王海玉，10级研究生樊榕、王永磊，11级研究生姜仕炜、孙启锐，08级本科生高义夫、王培栋、邹闽兵、贺可洋、刘江涛、部先强、赵国靖、海立冬、马川。本年度调查人员分为四组，第一组为王强、樊榕、高义夫、王培栋、邹闽兵，第二组为曲新楠、姜仕炜、贺可洋、刘江涛，第三组为陈章龙、王海玉、王永磊、部先强、赵国靖，第四组为曹冬蕾、闫凯凯、孙启瑞、海立冬、马川。

2012年4月1~15日，进行田野调查工作15天，调查范围主要为薛河中游地区范村以南地区、羊庄以北的落凤山山前地带，以及薛河下游东邵桥村西故道以南区域和新薛河以东至大沙河以东的区域。调查人员有中国国家博物馆王睿，山东大学考古学系栾丰实，09级博士生郭明建，11级博士李建，09级研究生闫凯凯、曹冬蕾、曲新楠，10级研究生樊榕，11级研究生付鑫、王雯雯、田冬梅，12级研究生陆青玉，武汉大学11级博士生余杰，11级研究生袁飞勇。本年度调查人员分为两组，第一组为郭明建、李建、余杰、曲新楠、付鑫、陆青玉，第二组为闫凯凯、曹冬蕾、樊榕、袁飞勇、王雯雯、田冬梅。

2014年11月4~13日，中国国家博物馆郭明建、山东大学13级研究生武昊、14级研究生唐海源又赴薛河流域，对以往调查发现的古遗址进行了重点复查，并清理了轩辕村南薛河故道南岸的取土坑剖面。

2015年3月28~4月1日，山东大学13级研究生武昊、郑秀文，14级研究生唐海源、李金斗和杨琳琳又赴薛河流域，对西康留、西公桥、建新等10余处存有疑问的遗址进行了重点复查，补充了新的调查资料。

5次田野调查工作期间，均由山东大学栾丰实教授对采集的全部遗物，按后李文化、北辛文化、大汶口文化、龙山文化、岳石文化、商代、西周、东周、秦汉、北朝、隋唐、宋元、明清13个时代进行断代、分类和统计，然后挑选出各遗址不同时代、不同类别的典型标本。

2012年前3次较大规模田野调查工作结束之后，项目立即转入了全面核对调查资料，确定遗址的类别和范围，对各类遗物标本绘图、照相、拓片以及撰写调查报告为主要内容的资料整理阶段。本阶段参加绘图和拓片工作的人员有济南市文物局刘善沂，山东大学09级研究生闫凯凯、曲新楠、曹冬蕾，10级研究生樊榕、李贝，11级研究生姜仕炜、孙启锐、王清刚，12级研究生陆青玉、张圆、饶小艳。参加电脑制图和资料核对的人员有郭明建、武昊、唐海源、15级研究生魏娜。本报告的遗址外景照片由郭明建、武昊拍摄，遗物标本照片由李金斗、杨凡拍摄（图版七；图版八，1、2）。调查报告的编写由郭明建统一负责，武昊复核了全部遗址和遗物资料。

此外，在田野调查过程中，山东大学考古学系靳桂云教授和北京大学城市与环境学院夏正楷教授等还两次前往薛河流域，进行现场调查和采样工作，开展调查区域内植物考古和古代地形地貌的变迁等方面的研究。

本项目的部分调查结果前期曾以简报的形式发表[①]。本报告编辑过程中，对前期资料整理的部分结果及结论进行了若干修订，项目调查和研究的最终成果均以本报告为准。

---

① 中国国家博物馆、山东大学历史文化学院：《山东薛河流域区域系统考古调查简报》，《中国国家博物馆馆刊》2015年3期。

三、田野调查与资料整理的方法

1. 田野调查和记录的方法

本项目田野调查和记录的方法与我国已开展的其他区域系统考古调查项目大同小异[①]（图版八，3；图版九）。

本项目在前3个季度的田野调查中，均以调查小组为单位。每一小组均由组长1名和队员3～5名组成，小组配备1∶10000的大比例地图，每名队员配备手持GPS和对讲机各一部，以便记录和联系。在确定好当日调查区域后，调查小组的队员首先相互间隔50米分散开，然后大家以直线或"S"型线路同步前进，往返以覆盖整个调查区域。大比例地图、GPS和WGS-84坐标系的结合使用，保证了本项目队员间距和前进路线的精准性。

本项目遗物的采集则以50米×50米为一个基础采集区，其中前一个50米为两名相邻队员之间的横向间距，后一个50米则是从采集到第一件遗物以后开始计算的纵向直线距离；即从采集到第一件遗物以后50米直线距离之内的遗物都归于一个采集区，之外的遗物则归于其他采集区。本项目要求调查队员对每个采集区内新石器时代至汉代——具体分为后李文化、北辛文化、大汶口文化、龙山文化、岳石文化、商代、西周、东周、秦汉9个时期——的遗物进行系统抽样采集，即每个时期的遗物都应有选择性的采集，对汉代之后的遗物则不要求系统采集，可以只采集瓷片、钱币等特殊遗物，普通的砖瓦等遗物不必采集。一个采集区的遗物采集完毕后，统一收装到封口袋中并填写标签；若某一采集区内只发现了文化层或遗迹，而没有采集到遗物，也作为一个采集区填写标签和相关记录。

本项目每个采集区标签的内容包括：

（1）采集区的编号，一般以"采集日期"加"采集者汉语拼音首字母"加"采集区顺序号"的形式命名，如20100322YKK008。

（2）具体位置，一般为"村庄名"加"方向"的形式，如前掌大村南，或加上更细致的位置，如胡村东河岸断崖上。

（3）坐标，以采集到的第一件遗物的坐标计，采用WGS84坐标，包括经度、纬度和高程。

（4）采集区面积，若采集区内仅有一件遗物，即以1平方米计算；若有2件及2件以上遗物，则以采集到的第一件至最后一件遗物距离的平方计算。因为精确计算所有采集区的面积需要耗费很大精力，且一般情况下并无必要，所以这一数据一般是目测估算的，在遗物较多的遗址核心区域，这一面积均按50米×50米计算。

（5）地形地貌情况，如山前坡地、平原、河流阶地等。

（6）植被覆盖情况，如麦地、林地、荒地等。

（7）发现文化堆积情况，包括文化层和具体遗迹类别、大体范围、结构、包含物等信息。

[①] 如中国国家博物馆田野考古研究中心等：《运城盆地东部聚落考古调查与研究》，文物出版社，2011年；中美日照地区联合考古队：《鲁东南沿海地区系统考古调查报告》，文物出版社，2012年。

（8）遗物类别，如陶器、石器、瓷器等。

（9）遗物丰富程度，是指一个采集区内系统抽样采集后装袋遗物的丰富程度，而非采集区内所有遗物或采集者可见到遗物的丰富程度。本项目将其划分为三个级别：若一个采集区内仅采集到1~4件遗物，则其遗物丰富程度为"不丰富"；若能采集到到5~9件遗物，则遗物丰富程度为"一般"；若能采集到10件及以上的遗物，则遗物丰富程度为"丰富"。

（10）备注，其他有用信息。

2. 遗址划分的方法

据学界较统一的认识，"遗址"应为古代人类活动的地点，在田野考古中，"遗址"界定的标准一般为存在遗迹或文化层的地点。但在田野调查中，尤其是在薛河流域调查区域内，有遗迹或文化层暴露的地点极少，我们也不能对地表分布有古代遗物的区域逐一钻探。所以同多数区域系统调查项目一样，大多数情况下本项目仅能根据地表遗物分布的密集程度区分这一区域是否为"遗址"。虽然如大家所知，这种方法主要是依据我们以往的工作经验确定的——即地面上遗物分布较密集的区域为遗址的可能性较大，反之较小；此种方法只有概率上的判断意义，不具有决定性功能——任何区域在进行钻探发掘之前，其实均不能确定是否存在文化层或遗迹。但总体来说，在不能开展进一步工作的前提下，这仍是目前确定遗址最可行的一种方法。

本项目遗址划分的具体手段则主要利用Arcview软件进行，即首先将地图矢量化，并将采集区的所有信息录入电脑，然后设定一套标准，利用软件进行计算、分析和划定。不过由于薛河流域的古代遗存特别丰富，本项目采集遗物的时代跨度又较大，所以遗址划分的具体方法与我国其他区域系统调查项目差别较大。

本项目遗址划分的特点以及具体的标准、步骤如下：

第一，对于北辛文化至秦汉时期的遗址，本项目是首先按照时代，划定出每一时代中各个"遗址"的范围，然后综合考察某一区域内所有时代"遗址"情况，确定出这一区域内通常意义上的、不分时代（北辛文化至秦汉时期）的遗址的范围及使用年代。这样做是因为薛河流域的遗址密集，且很多"遗址"的范围在不同时代中不断变迁，与周围遗址多有交叉重合，如果不按这一步骤划分，调查区域内很多遗址只能划归为几个极大的遗址。对于汉代之后的遗址，由于本项目并未系统采集遗物，则没有根据地表遗物分布情况进行遗址的划分。

第二，不同于以往区域系统调查项目大多只区分出"遗址"和非遗址的"散点"两者情况，本项目根据调查区域地表遗物采集区的密度在每个时代（北辛文化至秦汉时期）均划分出"核心分布区""一般分布区"和"散点区"三种地表遗物分布情况。这种做法也是由于本区域古代遗物特别密集的情况决定的，如果只划分为两种情况，则有很多区域难以抉择。三种情况的划分的具体标准如下：①"核心分布区"，即在这种区域内，每个采集区与距它最近的一个采集区之间的距离都≤100米；②"一般分布区"，即在这样的区域内，每个采集区与距它最近的一个采集区之间的距离都在100~300米；③"散点区"，即与其他所有采集区距离都≥300米的一个采集区，或者有2个（适用于北辛文化至西周时期的分析）或3个（适用于东

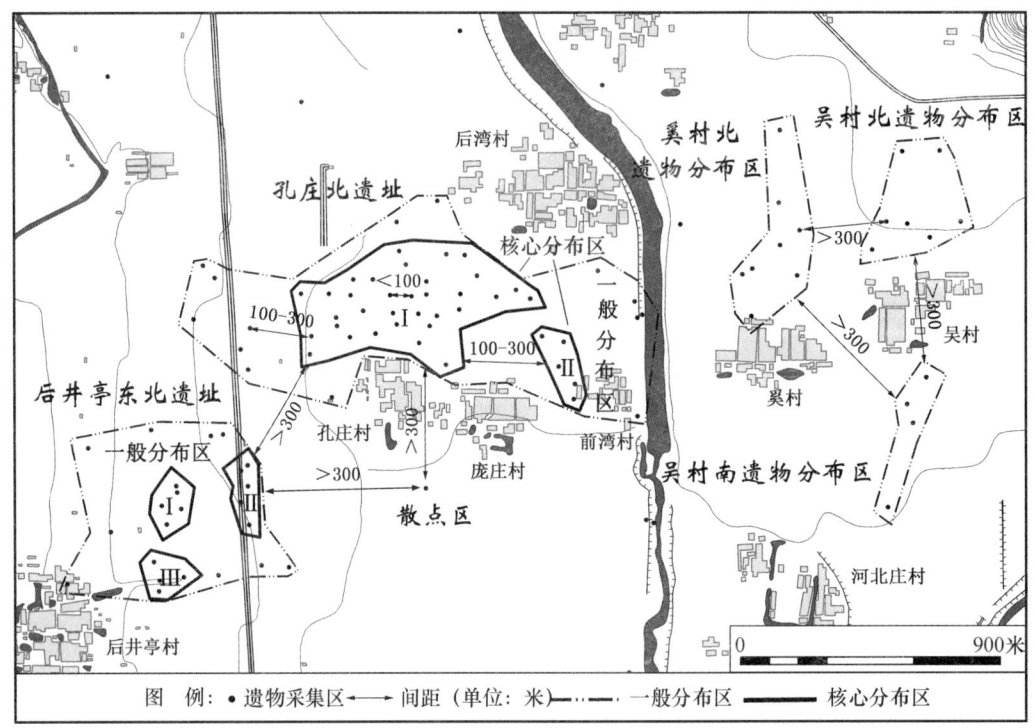

图四 各时代"遗址"、"遗物分布区"和散点区的划分
（以孔庄区域秦汉时期情况为例）

周和秦汉时期的分析）采集区——它们之间的最小距离＜300米，但它们与其他所有采集区距离都≥300米——组成的区域（图四）。

第三，在划分上述三种情况的基础上，本文划定的每个时代（北辛文化至秦汉时期）的"遗址"，除前期曾勘探发掘或此次调查发现文化堆积者外，即有"核心分布区"的区域；而如果两个或多个"核心分布区"之间的最小距离＜300米，我们即把它们划归为同一个遗址；且在大多数情况下遗址的"核心分布区"会被一个"一般分布区"包围，我们均将它们归为同一遗址的组成部分。根据对很多遗址的观察，我们认为这种情况是非常符合古代遗物散布和搬运规律的——现在经常可以看到，很多前期遗址由于后期建筑、道路等的阻隔，都会被分割成几个核心区域的情况，而且遗址中的遗物也会由于耕地、施肥等原因被搬运很远，造成其遗物较原生地距离越远密度越低的一般分布区域。除"遗址"外，对于每个时代内单独存在的、没有包围"核心分布区"的"一般分布区"，报告称为"遗物分布区"。此外，每个时代还存在若干"散点区"。

第四，如上所述，在划定了各个时代的"遗址""遗物分布区"和"散点区"后，本项目最后综合所有时代的情况，划分出一般意义上的不分时代（北辛文化至秦汉时期）的"遗址""遗物分布区"。其中，"遗物分布区"即各个时代均为遗物分布区的区域；"遗址"即在其中某个或多个时代为遗址的区域。至于不分时代的遗址和遗物分布区的范围划定，除了依据各个时代"遗址"和"遗物分布区"的划分标准外，由于它们在各个时代的范围不同、多有变化，且相邻的遗址和遗物分布区之间经常有交叉重合区域，本项目均是综合各个时代的详情，视具体情况而划分的。如前掌大遗址和薛国故城遗址的划分，其实两者在西周和东周时期均为同一个遗址，但在不分时代遗址的划分中，我们仍以小魏河为界将其划为两个遗址。对于在各个时代为"散点区"的遗物采集区，我们则根据它们与其他遗物采集区的距离，距离≤100米或在100～300米之间者，划入不分时代"遗址"和"遗物分布区"中，距离＞300者，则为不分时代的"散点区"。

四、报告图文体例的说明

除各章节的具体内容外，本报告还有一些统一的体例和说明，兹表如下：

第一，本报告主要介绍后李文化至秦汉时期所有遗址、遗物分布区以及重要散点区的具体情况，对于汉代之后的采集遗物，仅在相关的不分时代遗址及遗物分布区中做简要介绍，并对这一时期的聚落格局在报告最后进行总体概括。

第二，本报告第二章第二节将全面介绍各个不分时代遗址和遗物分布区的所有信息。除遗物标本图外，各个遗址和遗物分布区均分别配有2～4幅插图说明。其中包括不分时代总图1幅，图中标示遗址或遗物分布区中的所有采集区，包括仅采集到秦汉之后至宋元时期遗物的采集区，并以不同图例表示采集区的遗物丰富程度；遗址和遗物分布区的分时代范围图1～3幅，多数情况下一幅标注遗址或遗物分布区北辛文化至龙山文化时期遗物采集区的分布范围，一幅标注遗址或遗物分布区岳石文化至西周时期遗物采集区的分布范围，一幅标注遗址或遗物分布区东周和秦汉时期遗物采集区的分布范围，少数大型遗址分时代图更加详细。而对于遗址或遗物分布区在某个时代只有散点区，或者虽有其他证据证明此区域为遗址，但其地表遗物采集区仍呈"散点区"状态的情况，则不对这一时代的遗物采集区范围进行标示。上述所有插图，除有特殊说明者外，其方向均为正北方向，图例均按下图统一标示，不再在每幅插图中一一说明（图五）。

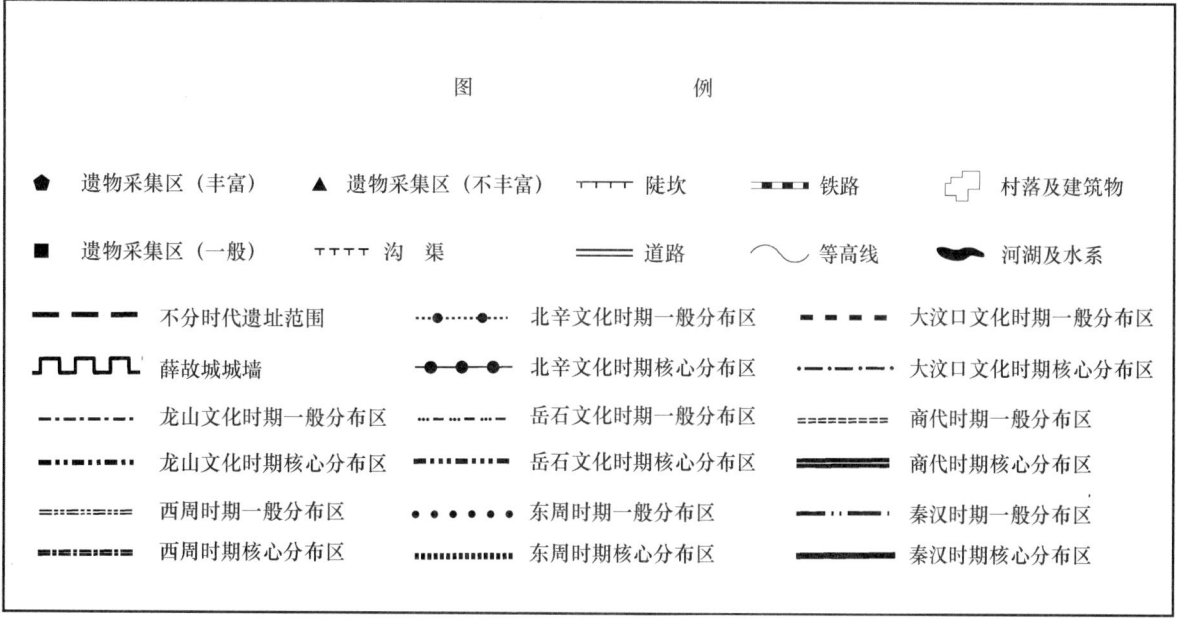

图五 报告图例

第三，报告使用的地图底图，绝大多数为1979年的测绘地图。图中内容与现在相比，其中很多标示物，如道路、沟渠等，尤其是村落已经发生很大变化。这必然会对读者的阅读分析造成一定影响，如有些遗址由于近年新建道路的阻隔被分为了多个区域，我们划定的区域也是如此，但这些道路报告底图上未能显示；有些遗址由于近二三十年来周边村落的不断扩大，被占压面积也随之增大，导致我们在底图上确定的现遗址范围可能偏小。但这种变化在早期的底图中不能完全体现。

第四，本项目采集的遗物标本，报告第二章第二节是首先将其归纳到各个不分时代的遗址或遗物分布区中，然后按时代顺序统一详述，而未首先将其归纳到各个时代的遗址或遗物分布区，然后分别介绍。

第二章 遗址、遗物分布区和散点区

第一节 概　　述

经过2010~2012年三次大规模的区域系统调查，本项目覆盖调查区域面积约253平方公里，确定了北辛文化至秦汉时期不分时代的遗址107处、遗物分布区57处及大量散点区（图六）。本节对它们的情况做一总体介绍。

一、分布情况与保存现状

根据本项目调查结果总体来看，薛河流域古代遗址、遗物分布区及散点区遍及调查区域各个小区。其中遗址和遗物分布区尤以东江—前南宿—北辛—小康留—东邵桥一线的古薛河主干道两侧，及小魏河中游东台—大韩村区域最为密集；其他区域则相对稀疏，尤其羊庄镇中部至西集镇中部落凤山前至薛河间的区域有较大空白。相对于遗址和遗物分布区，本项目散点区的分布相对分布较均匀，遍布调查区域各处。

从微观地貌看，调查区域发现的古代遗址和遗物分布区，多数位于河流阶地或平原之上，只有少数位于低山丘陵的山前坡地或台地上。从社会环境看，目前这些遗址和遗物分布区多数靠近村庄，甚至很多被村庄占压；遗址和遗物分布区现今地表一般为农田，而由于本项目的田野调查工作都是在初春时节进行的，当时农田种植的作物以小麦为主，只有少部分为菜地、林地或荒地，地表遗物可见度较好。不过，伴随着现代村庄的扩大和工业化进程等活动，调查区域内的很多遗址正在逐步遭到破坏或被进一步占压。薛河流域调查区域遗址和遗物分布区的上述现状，与我国北方地区黄土地带其他遗址的情况均较相似。

二、采集遗物情况

在田野调查工作中，本项目要求调查队员对每个采集区内新石器时代至汉代——即后李文化、北辛文化、大汶口文化、龙山文化、岳石文化、商代、西周、东周、秦汉9个时期——的遗物都做系统抽样采集，即根据地表遗物的数量，上述时代的遗物均要部分采集。对于汉代之后的遗物，则要求调查队员主要采集瓷片、钱币等特殊遗物，普通的砖瓦等遗物则不必采集。总体来看，本项目采集的遗物以陶器为主，石器、骨器、瓷器、金属器等数量均较少。在陶器

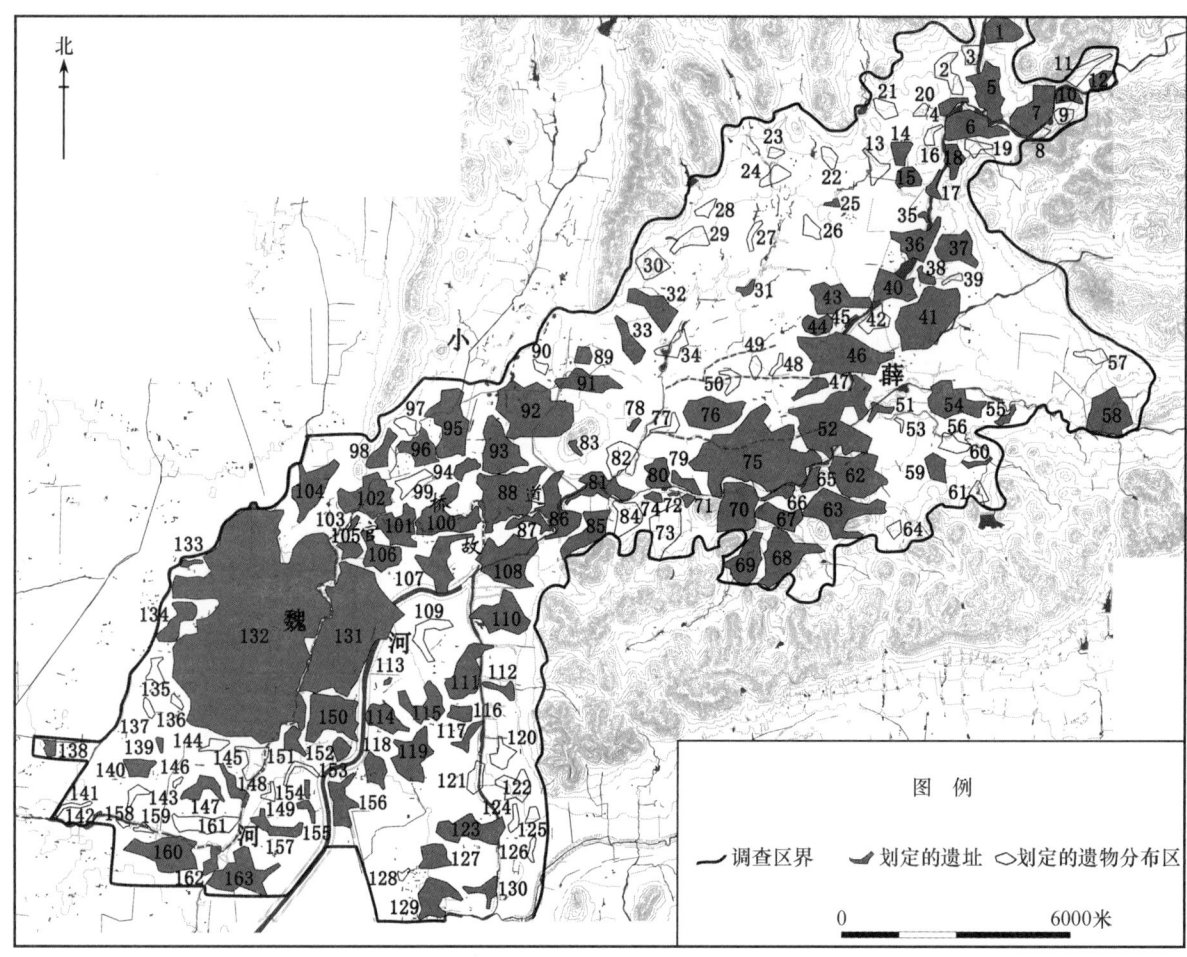

图六　薛河流域调查区域的遗址和遗物分布区

1. 横岭埠北　2. 海子西北　3. 海子北　4. 海子西南　5. 海子东　6. 后台　7. 东江　8. 龙塘西　9. 龙塘东　10. 小岩头西　11. 大岩头西北　12. 大岩头　13. 羊山东南　14. 庄里西北　15. 庄里西南　16. 西江南　17. 庄里南　18. 前台南　19. 前台东南　20. 西江西　21. 羊山东北　22. 宋屯东　23. 宋屯西　24. 宋屯西南　25. 小赵庄西　26. 东南庄东南　27. 西南庄西南　28. 沈井东南　29. 尚屯东北　30. 尚屯西　31. 自庄西北　32. 王杭南　33. 羊庄西北　34. 史屯西　35. 大北塘南　36. 民庄西南　37. 民庄南　38. 后沙冯西南　39. 后沙冯东南　40. 前沙冯西　41. 前沙冯东南　42. 前毛堌东北　43. 孟庄北　44. 孟庄西　45. 孟庄东北　46. 东薛河北　47. 西薛河西　48. 于坡北　49. 杨坡北　50. 东南王庄东北　51. 大计河西　52. 前南宿　53. 大计河西南　54. 朱屯南　55. 刘庄东南　56. 吴庄东　57. 西集东北　58. 西集东　59. 庙后东北　60. 建新　61. 前伏西北　62. 豹山东北　63. 范村东北　64. 常山东北　65. 胡村　66. 杜家堂北　67. 洪村　68. 西辛庄西北　69. 格山东　70. 陶山　71. 张庄东南　72. 张庄北　73. 张庄西南　74. 高村北　75. 昌虑故城　76. 东南王庄南　77. 吴小庄东　78. 新宅子西南　79. 西于南　80. 小王宫　81. 望河南　82. 小河东北　83. 三山　84. 高村西　85. 东洪林南　86. 北辛东北　87. 北辛　88. 坝上西　89. 落凤山南　90. 位庄西　91. 东台北　92. 西台西　93. 东莱东　94. 前莱西南　95. 大韩村东　96. 大韩村西南　97. 中韩村西南　98. 西公桥北　99. 东公桥东北　100. 大康留东北　101. 小康留东　102. 西康留　103. 小康留西　104. 官桥西北　105. 太平庄北　106. 史庄北　107. 前管庄西　108. 北辛南　109. 刘村西　110. 南辛东南　111. 大庙　112. 胡楼北　113. 柴胡店北　114. 柴胡店南　115. 后黄庄　116. 小石楼北　117. 小石楼东南　118. 沙岗东　119. 杨庄　120. 沙庄东南　121. 后湾北　122. 安上村　123. 孔庄北　124. 奚村北　124. 吴村北　126. 吴村南　127. 后井亭东北　128. 后井亭西　129. 西仓桥　130. 皇殿东北　131. 前掌大　132. 薛故城　133. 张庄西北　134. 杨仓西　135. 丁楼北　136. 张汪东北　137. 张汪西　138. 前坝桥西　139. 张汪南　140. 陈楼东北　141. 安村北　142. 杜村东　143. 年庄西　144. 陶庄东北　145. 杨桥　146. 小于东　147. 小辛庄北　148. 徐集北　149. 西官庄东南　150. 辛庄　151. 坦山后西　152. 坦山后东　153. 王庄北　154. 王庄东　155. 赵庄西　156. 四李庄北　157. 五所楼北　158. 王格庄南　159. 段楼西北　160. 段楼东南　161. 渊子崖北　162. 东邵桥西　163. 南闫楼

中，东周之前采集者多为日用器皿的残片，东周和秦汉时期，筒瓦、板瓦则成为大宗，日用器皿残片为少数。

根据资料整理的最终结果统计，本项目调查区域内共有采集区9710处。按照采集区的遗物丰富程度区分，其中遗物丰富的（10件及以上）采集区有673处，比例为6.9%；遗物丰富程度一般的（5~9件）采集区2306处，比例为23.7%；遗物不丰富的采集区（1~4件）6732处，比例为69.3%。三者的相对比例大体为1:3.4:10，遗物不丰富的采集区占2/3强，遗物丰富的采集区则数量很少。本项目采集的绝大部分遗物均采自地表，仅有极少数出自遗址剖面或其他。从遗物时代分析，本项目调查采集遗物以东周和秦汉时期遗物为大宗，其中含东周遗物的采集区占采集区总数的59.9%，含秦汉时期遗物的采集区占采集区总数的58.4%。包括其他时代遗物的采集区均相对较少，其中有后李文化遗物的采集区仅有1个；含北辛文化遗物的采集区占采集区总数的0.9%；含大汶口文化遗物的采集区占采集区总数的3.3%；包含龙山文化遗物的采集区占采集区总数的3.1%；含岳石文化遗物的采集区占采集区总数的1%；含商代遗物的采集区占采集区总数的2.9%；含西周遗物的采集区占采集区总数的12%；含汉代以后至宋元时期遗物的采集区占采集区总数的5.6%。

第二节 遗址和遗物分布区

本节将大体按照从上游到下游的顺序，逐一介绍薛河流域调查区域不分时代遗址和遗物分布区的详细情况。

一、横岭埠北遗址

遗址位于山亭区山城街办横岭埠村北，西侧紧邻薛河西江，东侧延伸至山前，所处地形为山前坡地，地表主要为麦田和林地。遗址总面积51.1万平方米，共有遗物采集区45个。遗物多分布在近河的遗址西半部，遗物丰富、一般及不丰富的采集区数量分别为6、15和24个。采集遗物时代包括大汶口文化、西周、东周、秦汉、隋唐和宋元多个时期，以东周和秦汉时期遗物为主，其他可划分时期（北辛文化至秦汉时期，下同）均为散点区（图七）。此外，遗址西部河边断崖上发现石室墓1座，较残破，形制为双室，时代应为西汉晚期至东汉初期。

东周时期为遗物分布区，面积6.8万平方米，共有遗物采集区4个。采集遗物共8件，均为陶器，可辨器形有鬲、罐和盆（图八）。

秦汉时期遗址面积48.2万平方米，共有遗物采集区43个。其中核心分布区1个，位置与东周时期遗物分布区相近，但范围扩大，面积24万平方米，包括遗物采集区35个；一般分布区面积24.2万平方米，包括遗物采集区8个。采集遗物共216件，均为陶器，可辨器形有筒瓦、板瓦、井圈、地砖、罐、瓮和盆（图八）。

西周时期遗物标本，2件。

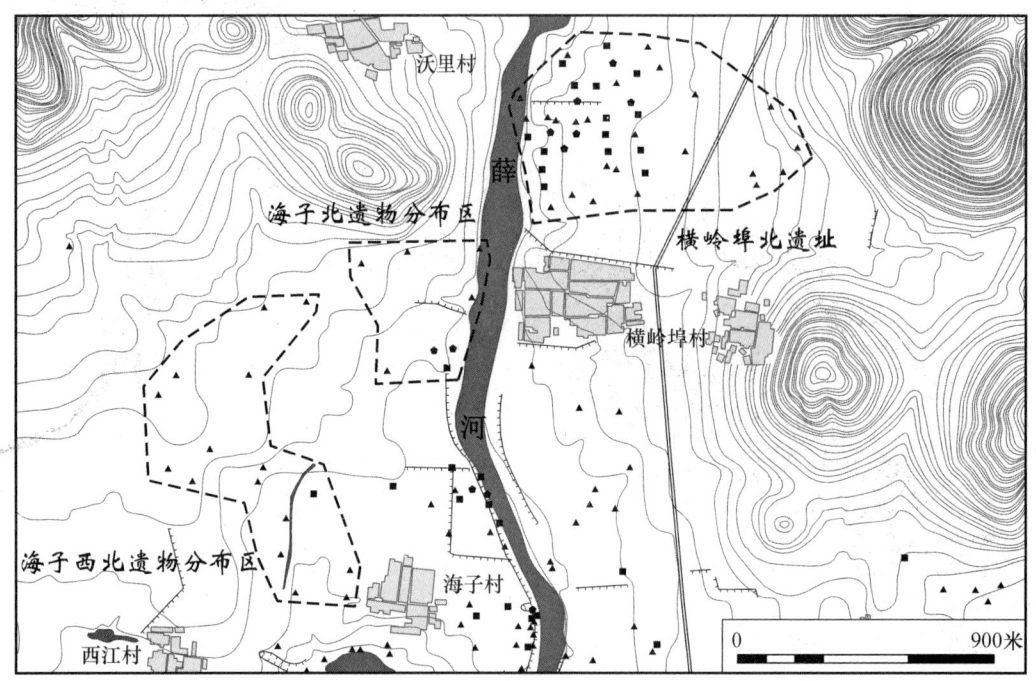

图七　横岭埠区域遗址总图

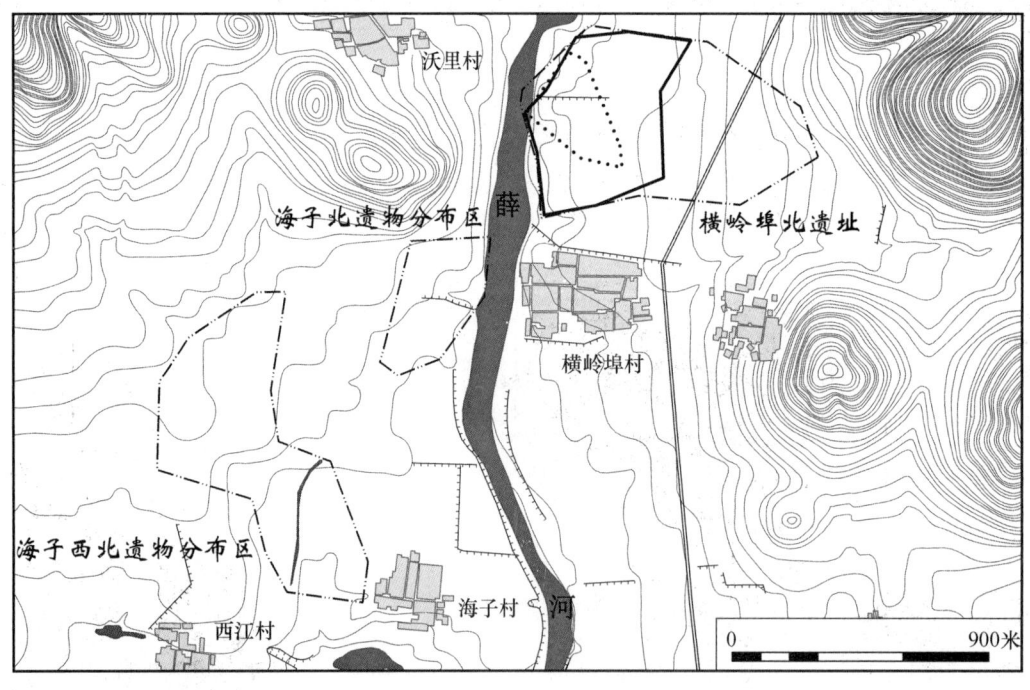

图八　横岭埠区域东周—秦汉时期遗址分布图

110319MC012-1，鬲足。夹砂红褐陶，局部灰黑。高实足尖，足底较平。通体饰绳纹。残高8.8厘米（图九，2）。

110319YKK009-1，簋。泥质灰陶，内壁灰黑。残存底部，弧腹，圜底，矮圈足。素面。圈足直径7.4、残高3.8、厚0.7厘米（图九，1）。

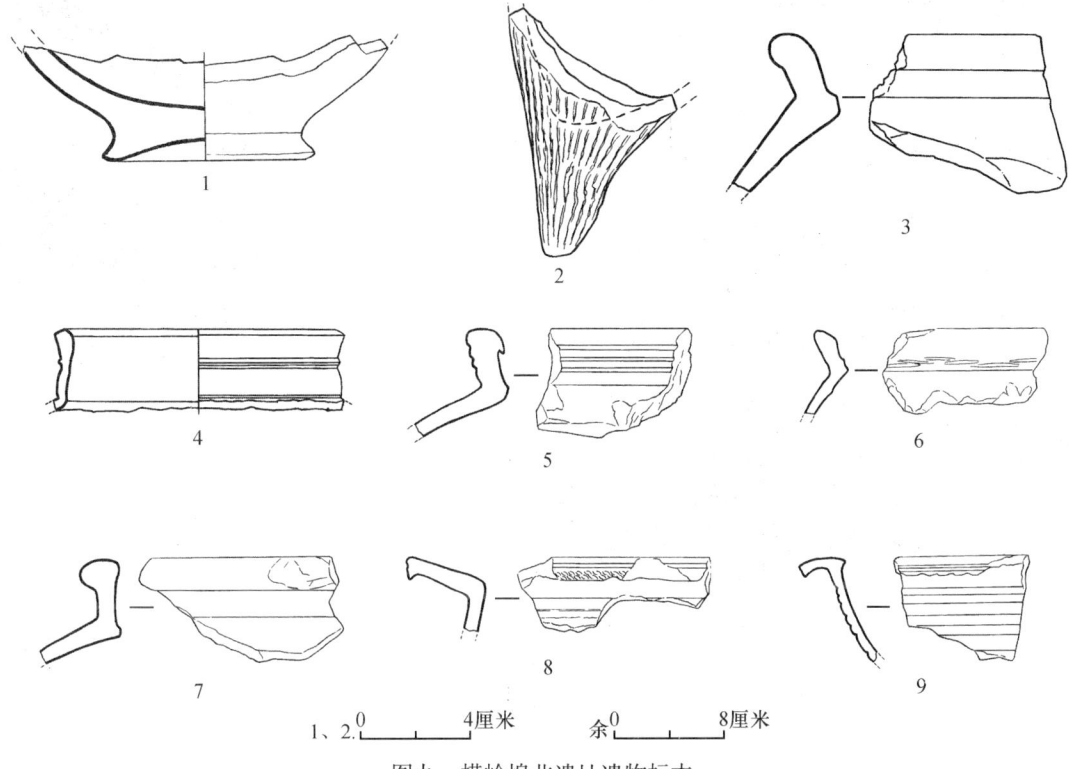

图九　横岭埠北遗址遗物标本

1. 簋（110319YKK009-1）　2. 鬲足（110319MC012-1）　3. 瓮口沿（110319MC011-2）　4. 罐口沿（110319SQR017-1）
5. 瓮口沿（110319MC011-1）　6. 罐口沿（110319SQR018-1）　7. 瓮口沿（110319YKK011-1）
8. 盆口沿（110319YKK013-1）　9. 盆口沿（110319MC010-1）

秦汉时期遗物标本，7件。

110319SQR017-1，罐口沿。夹砂灰黑陶。近直口，高领，领中部一周凸棱。轮制。口径19.6、残高5.7、厚0.7~1厘米（图九，4）。

110319SQR018-1，罐口沿。泥质灰陶。侈口，圆方唇，斜肩。素面。残高6、残宽11.2、厚0.8~1.5厘米（图九，6）。

110319MC011-2，瓮口沿。夹粗砂灰陶。侈口，圆唇，折沿，斜肩。素面。轮制。残高11.3、残宽14.4、厚1.4~2.8厘米（图九，3）。

110319MC011-1，瓮口沿。夹砂灰陶。侈口，圆唇，折沿，矮领，广肩。领外侧有三周凹槽。残高7.7、残宽11.4、厚1.1~1.8厘米（图九，5）。

110319YKK011-1，瓮口沿。泥质灰陶。直口微侈，圆唇，折沿，广肩。素面。残高7.5、残宽14.4、厚1.1~1.5厘米（图九，7）。

110319YKK013-1，盆口沿。夹砂灰黑陶。敛口，方唇，宽斜折沿。唇面一周凹槽，凹槽下饰绳纹。残高5.3、残宽14.1、厚1.1厘米（图九，8）。

110319MC010-1，盆口沿。泥质黄褐陶。口微敛，方唇，唇面微内凹，宽折沿，沿面弧凸，斜弧腹。腹部饰瓦棱纹。轮制。残高7.5、残宽9.9、厚0.8~0.9厘米（图九，9）。

二、海子西北遗物分布区

分布区位于山亭区山城街办海子村西北,西北侧延伸至山前,所处地形为山前坡地,地表主要为麦地。分布区总面积42.1万平方米,共有遗物采集区16个。遗物丰富、一般及不丰富的采集区数量分别为0、1和15个。采集遗物时代包括东周和秦汉2个时期,以秦汉时期遗物为主,东周时期为散点区(图七)。

秦汉时期遗物分布区面积38.2万平方米,共有遗物采集区15个。采集遗物共20件,均为陶器,可辨器形有板瓦、筒瓦、罐、瓮(图八)。

三、海子北遗物分布区

分布区位于山亭区山城街办海子村北,东侧紧邻薛河西江,西北侧延伸至山前,所处地形为山前坡地,地表主要为麦地。分布区总面积19.1万平方米,共有遗物采集区8个。遗物丰富、一般及不丰富的采集区数量分别为2、1和5个。采集遗物时代包括东周、秦汉和隋唐3个时期,以秦汉时期遗物为主,东周时期为散点区(图七)。

秦汉时期遗物分布区面积12.1万平方米,共有遗物采集区5个。采集遗物共8件,均为陶器,可辨器形有板瓦、筒瓦和盆(图八)。

东周时期遗物标本,6件。

110318WQ008-5,鬲足。夹砂灰黑陶。锥状实足尖。外表饰绳纹。残高5.6厘米(图一〇,3)。

110318WQ008-6,鬲足。夹砂灰黑陶。锥状实足尖,足尖平。外表饰浅绳纹。残高4.8厘米(图一〇,6)。

110318WQ008-1,罐口沿。夹砂灰黑陶。直口微敛,斜方唇,短颈,斜肩。肩部饰交错绳纹。残高7.6、残宽13.6、厚0.5~0.9厘米(图一〇,1)。

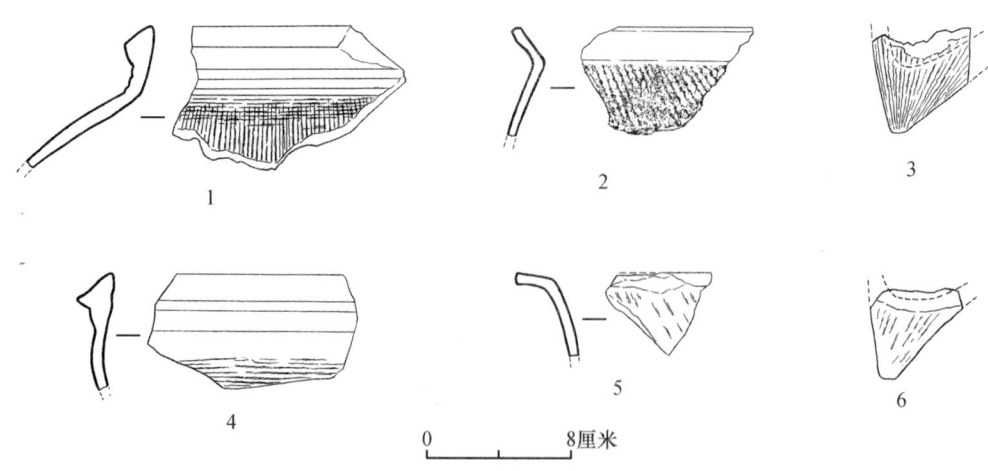

图一〇 海子北遗物分布区东周时期遗物标本
1. 罐口沿(110318WQ008-1) 2. 罐口沿(110318WQ008-3) 3. 鬲足(110318WQ008-5)
4. 罐口沿(110318WQ008-4) 5. 盆口沿(110318WQ008-2) 6. 鬲足(110318WQ008-6)

110318WQ008-3，罐口沿。夹粗砂红褐陶，局部灰黑。侈口，方唇，斜折沿，溜肩。肩部饰斜绳纹。残高5.9、残宽9.5、厚0.5~0.6厘米（图一〇，2）。

110318WQ008-4，罐口沿。夹砂灰陶。口微敛，方唇，弧腹。腹部饰横向绳纹。残高6.2、残宽12、厚0.6厘米（图一〇，4）。

110318WQ008-2，盆口沿。泥质灰陶。敞口，方唇，宽沿斜折。颈部饰手抹绳纹。残高4.5、残宽5.9、厚0.6~0.8厘米（图一〇，5）。

四、海子西南遗址

遗址位于山亭区山城街办海子村和西江村之间，东北侧紧邻海子村，南侧为薛河，所处地形为河流阶地，地表主要为林地。遗址总面积17.8万平方米，共有遗物采集区13个。遗物丰富、一般及不丰富的采集区数量分别为0、1和12个。采集遗物时代包括东周、秦汉和隋唐3个时期，以秦汉时期遗物为主，东周时期为散点区（图一一）。

秦汉时期遗址面积8.6万平方米，共有遗物采集区12个。其中核心分布区1个，面积1万平方米，包括遗物采集区4个；一般分布区面积7.6万平方米，包括遗物采集区8个。采集遗物共27件，均为陶器，可辨器形有筒瓦、板瓦、铺地砖、罐和盆（图一一）。

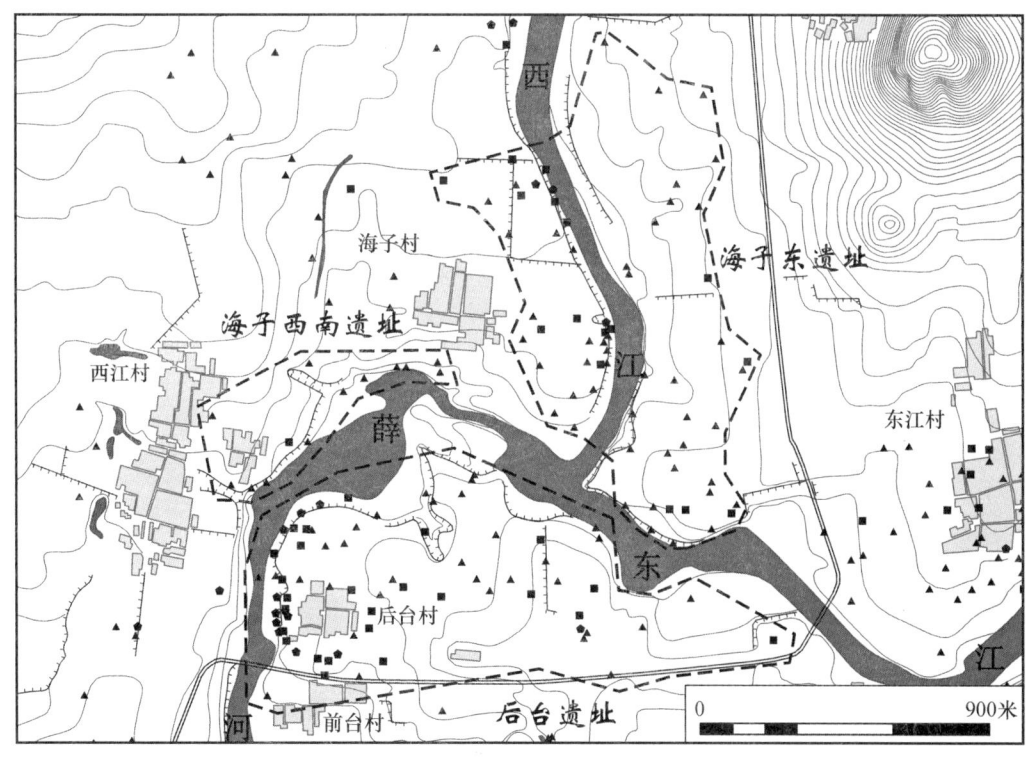

图一一　后台区域遗址总图

五、海子东遗址

遗址位于山亭区山城街办海子村东，横跨薛河西江东西两侧，南侧延伸到东江和西江的交汇处，所处地形为河流阶地和缓坡地，地表主要为麦地、林地和荒地。遗址总面积81万平方米，共有遗物采集区66个。遗物丰富、一般及不丰富的采集区数量分别为3、16和47个。采集遗物时代包括龙山文化、西周、东周、秦汉、隋唐和宋元多个时期，以东周和秦汉时期遗物为主，其他可划分时期均为散点区。此外，遗址南部东江北岸断崖上发现石室墓1座，时代不明（图一一）。

东周时期遗址面积46万平方米，共有遗物采集区18个。其中核心分布区1个，位于薛河西江西岸，面积4000平方米，包括遗物采集区4个；一般分布区面积42.6万平方米，包括遗物采集区14个。采集遗物共47件，均为陶器，可辨器形有板瓦、筒瓦、鬲、罐、盆、钵（见后文图一五）。

秦汉时期与后台遗址、前台南遗址为一体，详见后台遗址。

龙山文化时期遗物标本，1件。

110318FR001-1，罐口沿。夹砂褐胎黑皮陶。侈口，方唇，有领，束颈，广肩。素面。残高4.4、残宽6.3、厚0.5～0.6厘米（图一二，1）。

西周时期遗物标本，1件。

110317CDL006-1，鬲足。夹细砂红陶。外表饰绳纹。残高3.3厘米（图一二，2）。

秦汉时期遗物标本，2件。

110318ZMB004-1，瓮口沿。夹砂灰陶，局部灰黑。敛口，矮领，斜肩。肩上部饰一周由刻划"S"形纹组成的带状纹饰。轮制。口径39、残高10.4、厚0.8～1.4厘米（图一二，4）。

110318WQ001-1，盆口沿。泥质灰胎黑皮陶。口微敛，方唇，唇面一周凹槽，宽斜沿，弧腹。腹部饰瓦棱纹。轮制。残高7、残宽14.2、厚0.9～1.25厘米（图一二，3）。

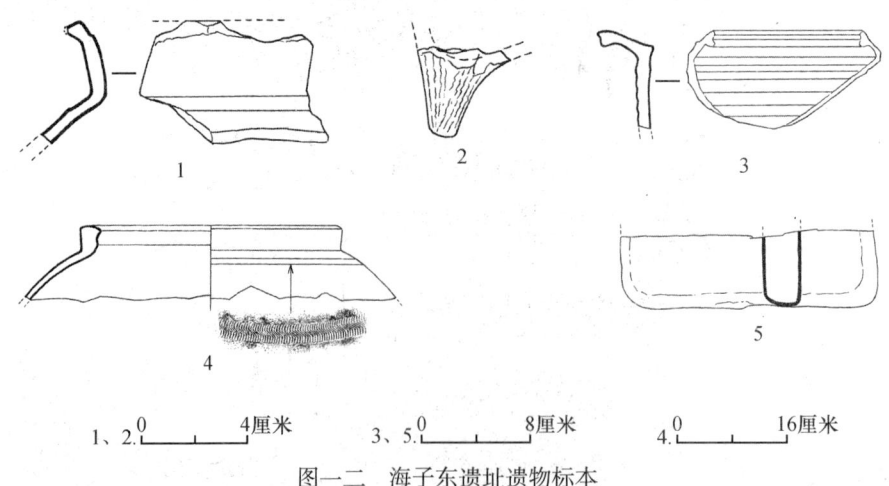

图一二　海子东遗址遗物标本

1. 罐口沿（110318FR001-1）　2. 鬲足（110317CDL006-1）　3. 盆口沿（110318WQ001-1）　4. 瓮口沿（110318ZMB004-1）
5. 石磨盘（110317YKK003-1）

时代不详石器，1件。

110317YKK003-1，磨盘。砂岩。整体扁平。长18.8、残宽5.8、厚2.8~3.2厘米（图一二，5）。

六、后台遗址

遗址位于滕州市羊庄镇后台村四周，西侧和北侧紧邻薛河，据遗物分布情况判断，遗址部分面积还应被后台村压占。遗址所处地形为河流阶地和山前坡地，地表主要为麦地和林地。遗址总面积83万平方米，共有遗物采集区69个。遗物丰富、一般及不丰富的采集区数量分别为12、25和32个。采集遗物时代包括龙山文化、西周、东周、秦汉、隋唐和宋元多个时期，以龙山文化、西周、东周和秦汉时期遗物为主（图一一）。此外，20世纪中国社会科学院考古研究所山东队曾调查过此遗址，亦发现龙山文化、西周、东周和汉代遗存，并发现有陶文的东周陶器数件[①]。本次调查在遗址西部近薛河东岸的断崖上发现数处文化层堆积和灰坑等遗迹，有的文化层中可见汉代陶片等遗物；遗址东南部发现两座石室墓，其中一座为三室墓，另一座有菱格、垂帐及穿壁纹画像石；遗址附近的水渠上也散见铺首衔环画像石，其年代应为东汉时期（图版一〇）。

龙山文化时期遗址面积24.9万平方米，共有遗物采集区23个。其中核心分布区有三区：Ⅰ区面积4.3万平方米，包括遗物采集区9个；Ⅱ区面积9500平方米，包括遗物采集区7个；Ⅲ区面积2.2万平方米，包括遗物采集区5个。一般分布区面积17.4万平方米，包括遗物采集区2个。采集遗物共100件，均为陶器，可辨器形有鼎、甗、鬶、罐、盆、盘、圈足盘、三足盆、匜、杯、豆、器盖和纺轮（图一三）。

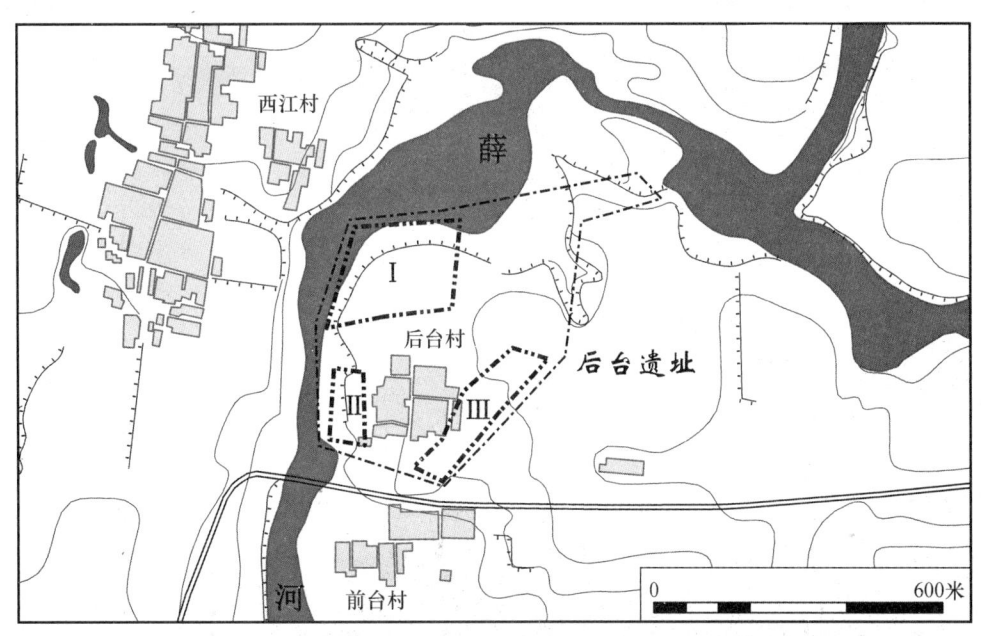

图一三　后台区域龙山文化时期遗址分布图

---

① 中国社会科学院考古研究所山东队、滕县博物馆：《山东滕县古遗址调查简报》，《考古》1980年1期。

西周时期遗址面积4.1万平方米，共有遗物采集区5个。其中核心分布区1个，位置与龙山文化时期遗址核心分布区Ⅱ区相近，面积6200平方米，包括遗物采集区4个；一般分布区面积3.5万平方米，包括遗物采集区1个。采集遗物共17件，均为陶器，可辨器形有鬲、罐和盆（图一四）。

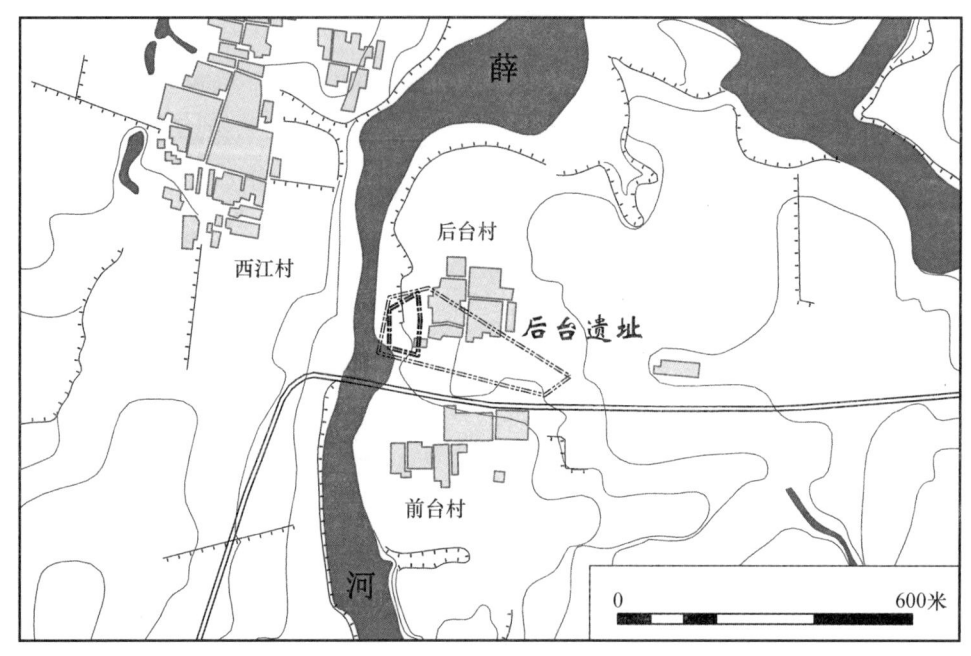

图一四　后台区域西周时期遗址分布图

东周时期南部与前台南遗址为一体，面积87.4万平方米，共有遗物采集区76个。其中核心分布区有四区，Ⅰ、Ⅱ区属后台遗址范围，Ⅲ、Ⅳ区属前台南遗址范围。Ⅰ区范围与龙山文化时期后台遗址核心分布区Ⅰ、Ⅱ区相近，面积10.2万平方米，包括遗物采集区26个；Ⅱ区位置与龙山文化时期后台遗址核心分布区Ⅲ区相近，面积1.4万平方米，包括遗物采集区4个；Ⅲ区面积2.1万平方米，位置与西周时期前台南遗址相近，包括遗物采集区6个；Ⅳ区面积6.8万平方米，位置与西周时期庄里东遗址相近，包括遗物采集区16个。一般分布区面积66.9万平方米，包括遗物采集区24个。采集遗物共197件，均为陶器，可辨器形有板瓦、筒瓦、鬲、罐、盆、甑和豆（图一五）。

秦汉时期与海子东遗址、前台南遗址为一体。据遗物分布情况判断，遗址中部部分应被后台村压占。遗址总面积189.4万平方米，共有遗物采集区142个。其中核心分布区有12个。1~4区均属海子东遗址范围：1区面积4.6万平方米，包括遗物采集区10个；2区位置与海子东遗址东周时期核心分布区相近，但范围扩大，面积4.5万平方米，包括遗物采集区12个；3区面积1.8万平方米，包括遗物采集区4个；4区面积7万平方米，包括遗物采集区12个。5~9区均属后台遗址范围，5、6区位置、范围与东周时期后台遗址两核心分布区大体相同，7~9区为新增核心分布区：5区面积11.7万平方米，包括遗物采集区28个；6区面积2.1万平方米，包括遗物采集区5个；7区面积1.5万平方米，包括遗物采集区4个；8区面积3.9万平方米，包括遗物采集区6个；9区面积1.3万平方米，包括遗物采集区5个。10~12区均属前台南遗址范围，10、11区与东周时

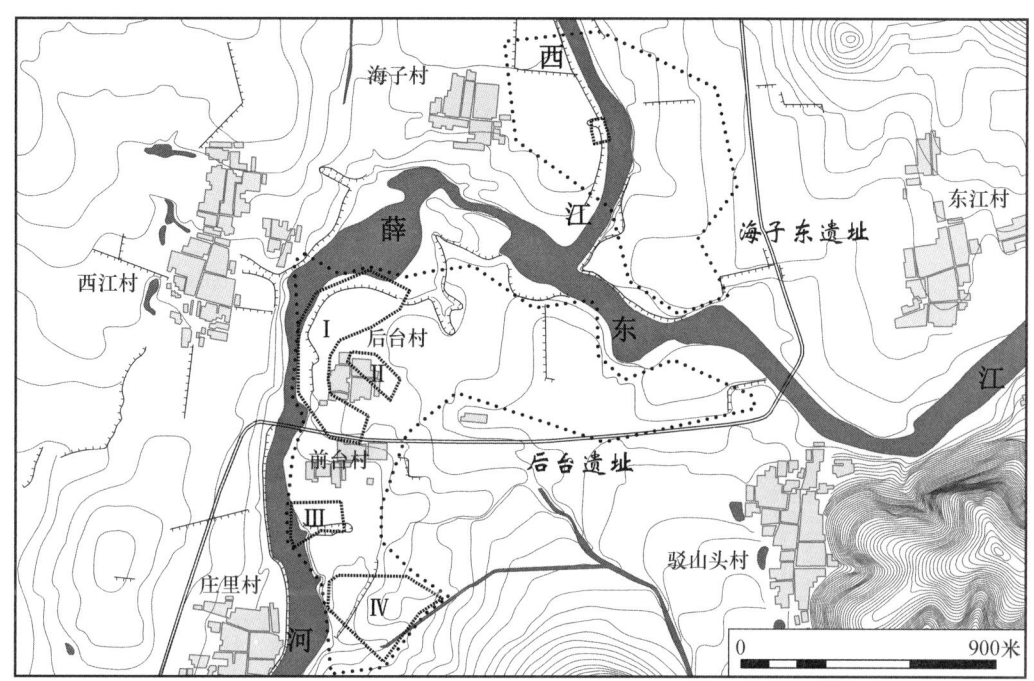

图一五　后台区域东周时期遗址分布图

期前台南遗址两核心分布区位置相近，12区为新增核心分布区：10区面积3.2万平方米，包括遗物采集区9个；11区面积5万平方米，包括遗物采集区10个；12区面积1.1万平方米，包括遗物采集区4个。一般分布区面积141.7万平方米，包括遗物采集区33个。采集遗物共393件，均为陶器，可辨器形有板瓦、筒瓦、井圈、罐、盆、瓮和甑（图一六）。

龙山文化遗物标本，15件。

110317WYL001-2，鼎口沿。夹砂黑陶。侈口，圆唇，折沿，溜肩。素面。轮制。复原口径15、残高3.8、厚0.4厘米（图一七，1）。

110316ZGJ013-1，鼎足。夹砂灰陶。简化鸟首形足，横截面近长方形。素面。残高4.5厘米（图一七，15）。

110317WYL007-7，鼎足。细砂灰褐陶，内侧灰黑。凿形足。竖堆纹，上饰捺窝。残高3.8厘米（图一七，14；图版四八，2）。

110317WYL007-8，鼎足。夹砂褐胎灰皮陶。扁凿形足。正面有两道竖凹槽。残高5.2厘米（图一七，8；图版四八，4）。

110316WYL022-1，鬶把手。细砂红陶。宽带状。正面有三道竖凹槽。残高5.7、残宽3.65、厚1.25厘米（图一七，13）。

110317WYL009-1，罐底。夹砂灰黑陶。斜腹，平底。素面。复原底径10.4、残高2.5、厚0.8厘米（图一七，5）。

110317WYL007-3，高领罐。细砂黄褐陶，内壁黑。直口，圆方唇，沿内侧有一周凹槽，直颈，广肩以下残。颈部两周凹槽。轮制。复原口径12、残高4.2、厚0.4厘米（图一七，6；图版四八，3）。

110317WYL009-4，三足盆底。泥质夹心胎陶，由内而外为灰、褐、黑。斜腹，平底，下

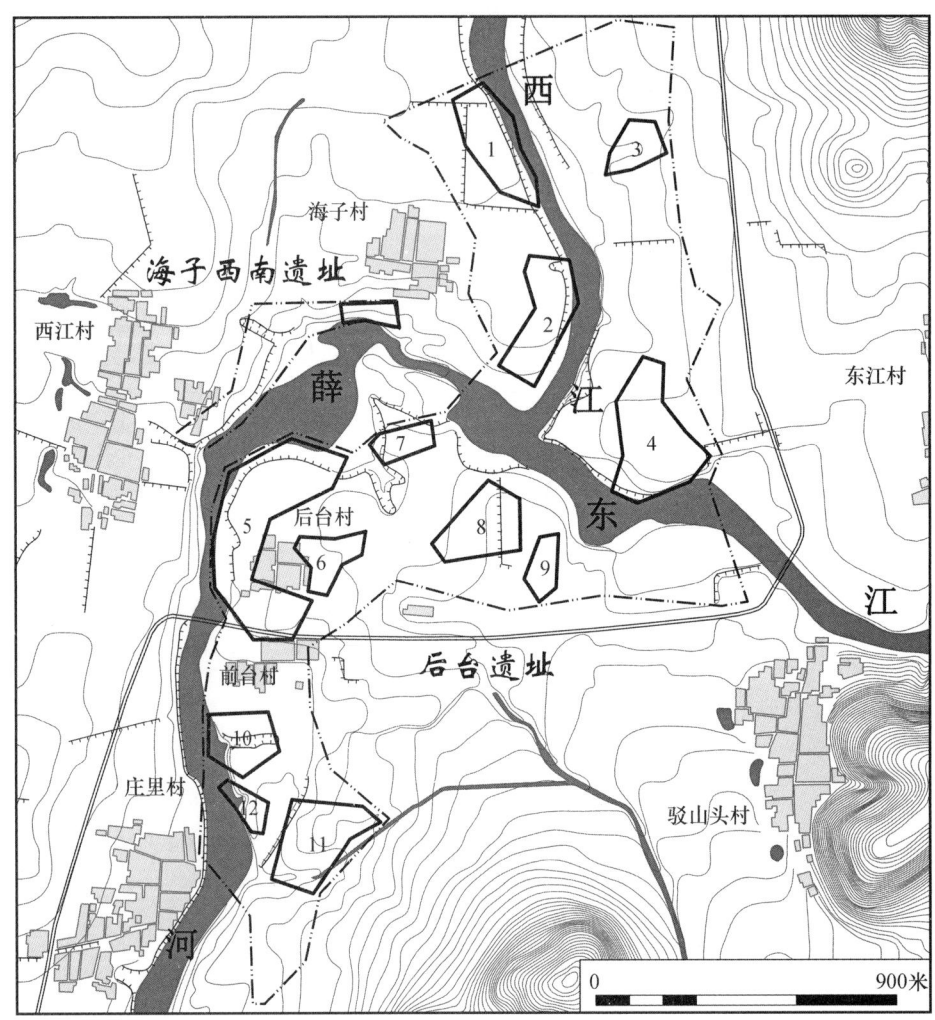

图一六　后台区域秦汉时期遗址分布图

接舌形足，足正面有一排5个捺窝。残高5.6厘米（图一七，9）。

110317WYL007-5，盆口沿。细砂黑陶。敞口，圆唇，斜腹。素面。残高6.4、残宽5.1、厚0.5厘米（图一七，7）。

110317WYL009-3，圈足盘。泥质黄褐陶。敛口，方唇，折沿，弧腹。素面。残高3.9、残宽8.6、厚0.6~0.8厘米（图一七，2）。

110317WYL008-1，盘口沿。夹砂黄褐陶，内壁灰黑。敛口，圆唇，斜腹。素面。残高5、残宽7、厚0.9厘米（图一七，3）。

110317WHY001-6，杯腹片。泥质黑陶。斜直腹，腹中部一周凸棱。轮制，磨光。残高6、残宽4.5、厚0.1厘米（图一七，11；图版四八，5）。

110317WYL007-6，器盖。夹砂灰黑陶。覆碗形，圆唇，沿内侧一周凹槽，斜腹，小平顶。素面。轮制。复原口径13、顶径4.6、高5.1、厚0.3~0.9厘米（图一七，4；图版四八，1）。

110317WYL009-5，器耳。夹砂灰陶，内壁深灰。弧腹，横耳，耳上有两道平行凹槽。残高7.4、残宽7.5、厚0.6厘米（图一七，10）。

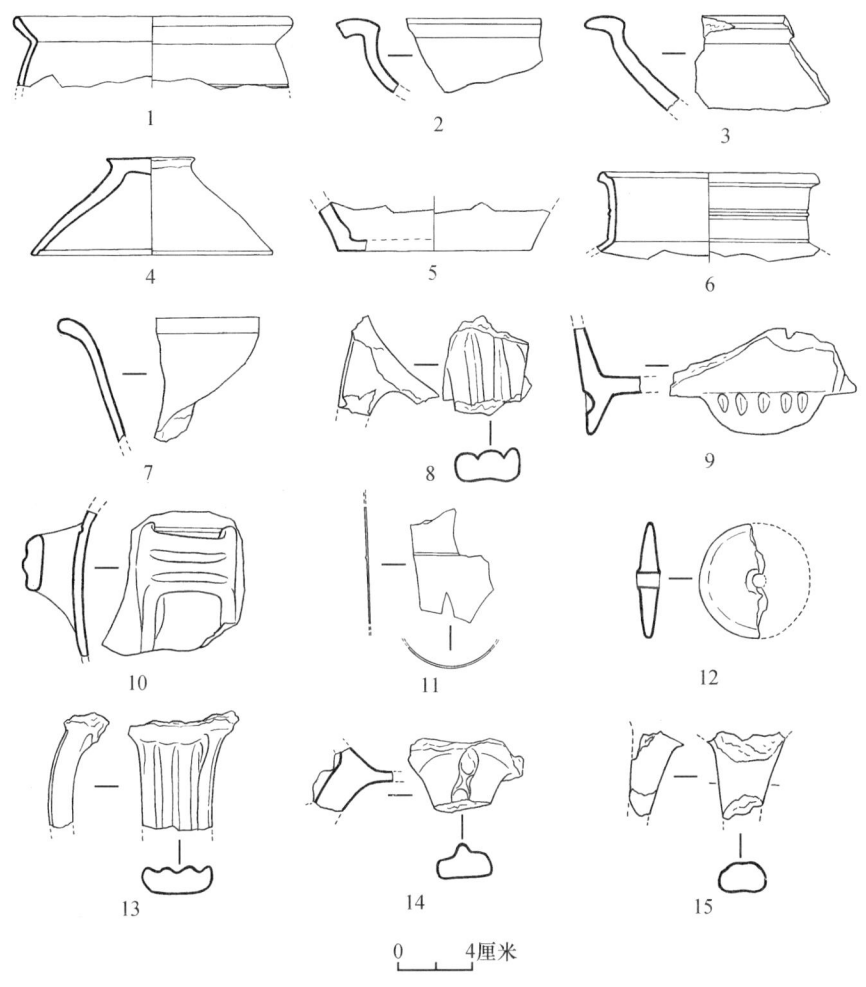

图一七　后台遗址龙山文化遗物标本

1. 鼎口沿（110317WYL001-2）　2. 圈足盘（110317WYL009-3）　3. 盘口沿（110317WYL008-1）
4. 器盖（110317WYL007-6）　5. 罐底（110317WYL009-1）　6. 罐口沿（110317WYL007-3）
7. 盆口沿（110317WYL007-5）　8. 鼎足（110317WYL007-8）　9. 三足盆（110317WYL009-4）
10. 器耳（110317WYL009-5）　11. 杯腹片（110317WHY001-6）　12. 纺轮（110317WYL007-1）
13. 鬶把手（110316WYL022-1）　14. 鼎足（110317WYL007-7）　15. 鼎足（110316ZGJ013-1）

110317WYL007-1，纺轮。细砂白陶。圆饼形，一侧残，中间一圆形穿孔。复原直径6、孔径0.8、厚0.5~1.1厘米（图一七，12）。

岳石文化遗物标本，2件。

110317CZL004-1，豆圈足。泥质灰褐陶。喇叭形圈足。圈足上残存三周凹槽。残高2.5、残宽7.3、厚1厘米（图一八，8）。

110317WYL010-2，腹片。刻划纹。残长4.5、残宽3、厚1厘米（图一八，5）。

西周时期遗物标本，6件。

110317WYL001-5，罐口沿。泥质灰褐陶。侈口，圆方唇，折沿。颈下有抹细绳纹。复原口径27、残高5、厚0.7~1厘米（图一八，1）。

110317WYL001-7，罐口沿。夹砂褐胎灰皮陶。近直口，束颈。颈部保存抹绳纹。复原口

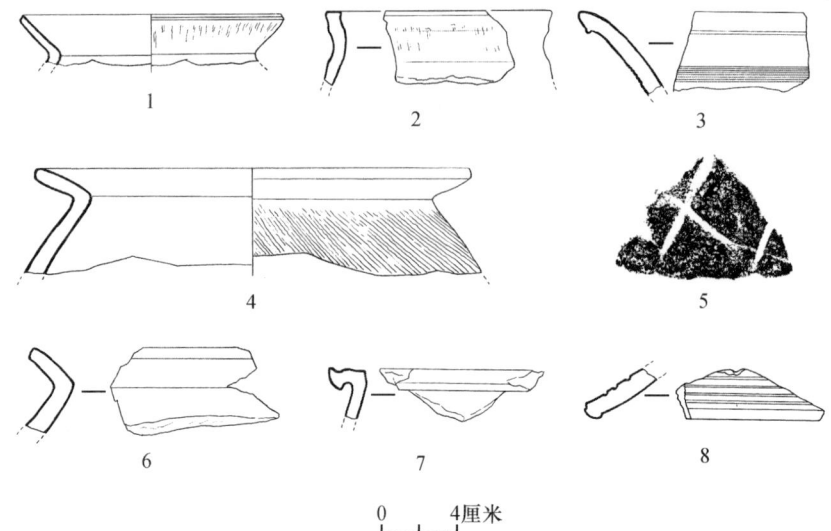

图一八 后台遗址岳石文化、西周时期遗物标本
1. 罐口沿（110317WYL001-5） 2. 罐口沿（110317WYL001-7） 3. 盆口沿（110317WYL001-3）
4. 罐口沿（110317WYL002-6） 5. 腹片（110317WYL010-2） 6. 罐口沿（110317WYL002-7）
7. 罐口沿（110317WYL002-8） 8. 豆圈足（110317CZL004-1）

径12、残高3.8、厚0.7厘米（图一八，2）。

110317WYL002-6，罐口沿。夹砂黑陶。侈口，方唇，折沿，溜肩。颈下饰斜绳纹。复原口径22.8、残高5.4、厚0.5~0.8厘米（图一八，4）。

110317WYL002-7，罐口沿。夹砂灰陶。侈口，方唇，折沿。素面。残高4.7、残宽8、厚0.5~1.2厘米（图一八，6）。

110317WYL002-8，罐口沿。夹细砂灰陶。口微内敛，圆方唇，平折沿，沿面一周凹槽。素面。残高2.7、残宽8.6、厚0.7厘米（图一八，7）。

110317WYL001-3，盆口沿。泥质浅灰陶，内壁灰黑。敞口，圆方唇，斜腹。外壁饰一组细密凹弦纹。轮制。残高4.1、残宽7、厚0.9厘米（图一八，3）。

东周时期遗物标本，8件。

110317WHY001-5，鬲口沿。夹砂灰陶。侈口，圆唇，折沿。沿外表饰竖绳纹。残高4、残宽10.3、厚0.4~0.8厘米（图一九，3）。

110317WYL003-2，鬲足。夹砂红褐陶，内壁黑。外表饰细绳纹。残高6.6厘米（图一九，7）。

110317WYL003-7，罐口沿。夹砂灰胎黑皮陶。侈口，方唇，折沿。残高3.7、残宽5.7、厚0.7厘米（图一九，4）。

110317WYL004-3，盆口沿。泥质灰陶。敛口，方唇，唇面一周凹槽，宽折沿，弧腹。腹部饰瓦棱纹。复原口径38、残高8.2、厚0.8~1.2厘米（图一九，1）。

110317WYL008-2，盆口沿。细砂灰陶。敛口，方唇，唇面内凹，宽沿斜折，弧腹。腹部饰细横绳纹。残高10、残宽9.7、厚0.6~1厘米（图一九，6）。

110317WYL004-2，钵。泥质灰陶。口微敞，弧腹，底残。素面。口径13.4、残高6.8、厚1厘米（图一九，8）。

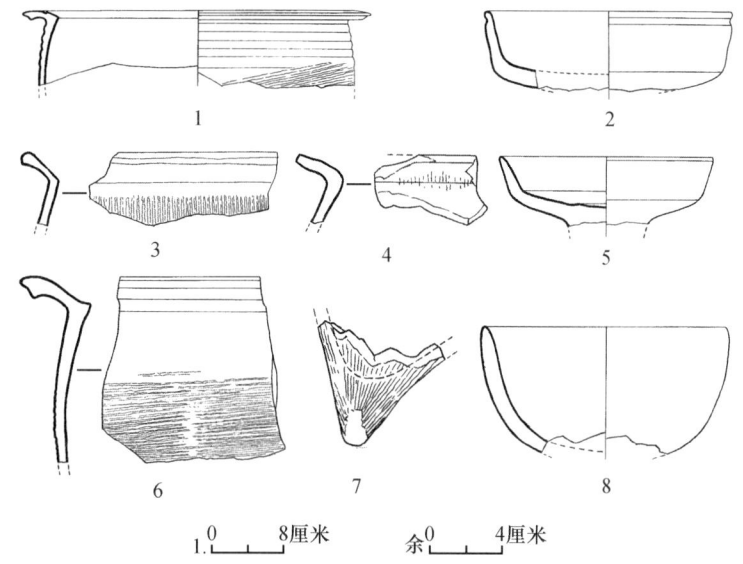

图一九　后台遗址东周时期遗物标本

1. 盆口沿（110317WYL004-3）　2. 豆盘（110317WYL008-5）　3. 鬲口沿（110317WHY001-5）
4. 罐口沿（110317WYL003-7）　5. 豆盘（110317WHY001-7）　6. 盆口沿（110317WYL008-2）
7. 鬲足（110317WYL003-2）　8. 钵口沿（110317WYL004-2）

110317WYL008-5，豆盘。泥质灰陶。近直口，口外侧有一周凹槽，底角圆折。复原口径14、残高4.1、厚0.4~1厘米（图一九，2）。

110317WHY001-7，豆盘。泥质灰胎灰褐皮陶。敞口，底角圆折，近平底。素面。复原口径12、残高3.8、厚2.7厘米（图一九，5）。

秦汉时期遗物标本，5件。

110317WYL001-8，罐口沿。泥质灰陶。直口，直领，斜肩。素面。复原口径15、残高8.5、厚0.7~1厘米（图二〇，3）。

110316WYL023-2，罐口沿。细砂浅灰陶，内壁灰黑。直口微敛，方圆唇，短颈，斜肩。颈下饰竖绳纹。残高5.5、残长16、厚0.7~0.9厘米（图二〇，4）。

110316WYL023-1，瓮口沿。泥质灰陶。直口微敛，圆唇，直领，广肩。素面。残高6.6、残宽11.6、厚0.6~1厘米（图二〇，2）。

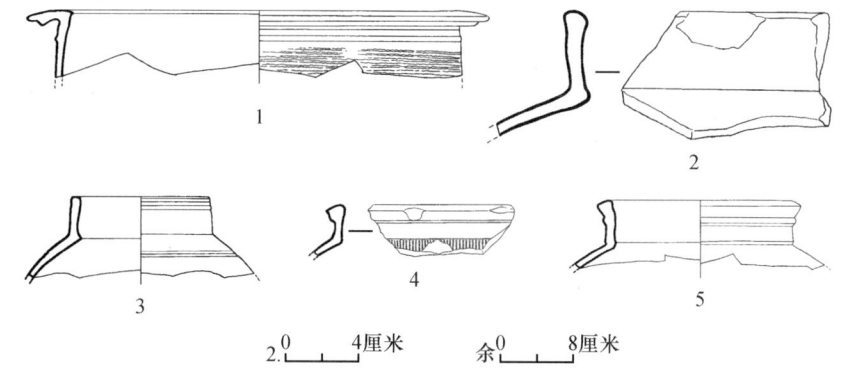

图二〇　后台遗址秦汉时期遗物标本

1. 盆口沿（110317WYL004-1）　2. 瓮口沿（110316WYL023-1）　3. 罐口沿（110317WYL001-8）
4. 罐口沿（110316WYL023-2）　5. 瓮口沿（110316ZGJ014-1）

110316ZGJ014-1，瓮口沿。泥质灰陶。直口微侈，圆方唇，广肩。颈部有两周凸棱。复原口径20、残高7、厚0.5～1厘米（图二〇，5）。

110317WYL004-1，盆口沿。泥质灰陶。口微敛，方唇，唇面内凹，宽折沿，弧腹。腹部饰横绳纹。复原口径20、残高7、厚0.7～1.6厘米（图二〇，1）。

七、东江遗址

遗址位于山亭区山城街办现东江村南，原东江村之上及四周，东侧和南侧紧邻薛河东江，北侧延伸至山前。遗址所处地形为山前坡地，地表主要为林地和麦地。遗址总面积92.3万平方米，共有遗物采集区88个。遗物丰富、一般及不丰富的采集区数量分别为14、27和47个。采集遗物时代包括大汶口文化、西周、东周、秦汉、隋唐和宋元多个时期，以西周、东周和秦汉时期遗物为主，大汶口文化时期为散点区（图二一）。2002～2003年，由于遗址东南台地墓地发生盗掘，枣庄市文管办等单位遂在此发掘清理了春秋早期墓葬6座，并在墓地西北部发现了同时期的城墙。发掘者认为，这6座墓葬应为3组夫妻并穴合葬墓。而其中随葬品丰富的3座单墓道大墓出土邾友父鬲、邾友君圆壶、郳庆鬲、郳庆匜鼎、邾公子害簠等有铭铜器，推断这一墓地应为东周时期小邾国前三代国君及夫人墓地，东江遗址应为小邾国的初封地郳。此外，此次发掘在东周城墙下的原生土层中还发现细石器遗存[①]。本次调查也在遗址中发现多处文化层堆积和遗迹，其中遗址中部的断崖上发现了含有汉代陶片等遗物的文化层堆积；遗址西部断崖上发

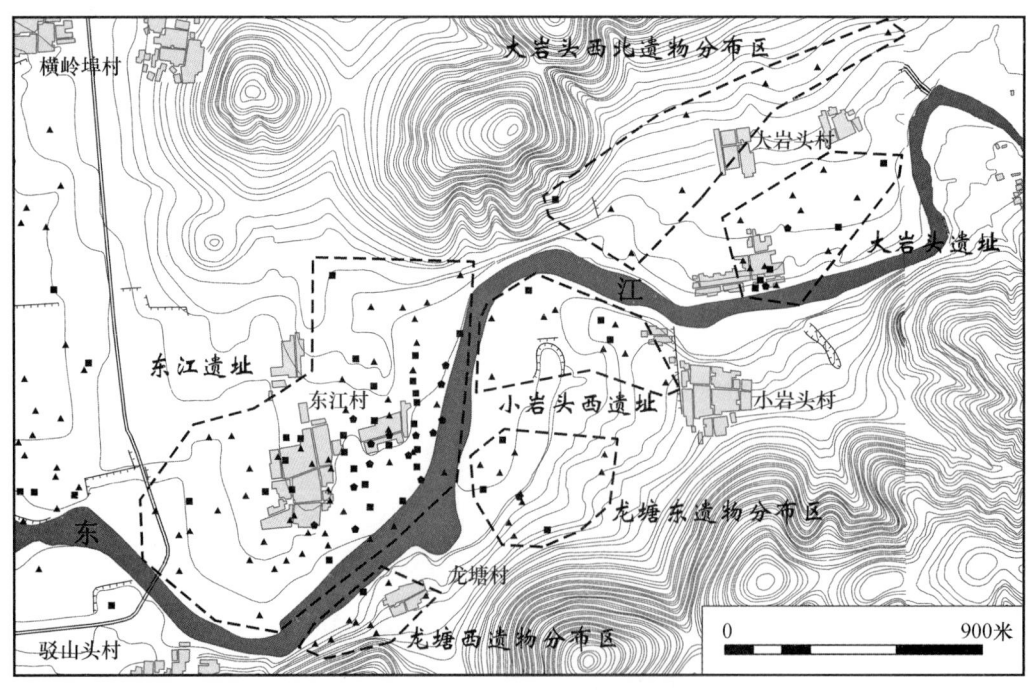

图二一　东江区域遗址分布总图

---

① 李光雨、张云：《山东枣庄春秋时期小邾国墓地的发掘》，《中国历史文物》2003年5期；枣庄市博物馆、枣庄市文物管理办公室：《枣庄市东江周代墓地发掘报告》，《海岱考古》（第四辑），科学出版社，2011年。

现有疑似夯土的遗迹；遗址范围内还发现石室墓两座，均为单室墓，都较残破，其时代应为东汉时期；而遗址西部的发现盗洞和其他地点发现的人骨均说明这些地点都可能有汉代或时代更早的墓葬存在（图版一一）。

据前期发掘成果，该区域细石器文化时期应为遗址，但本次调查未发现细石器遗存。

西周时期遗址面积31.2万平方米，共有遗物采集区19个。其中核心分布区有两区：Ⅰ区面积7700平方米，包括遗物采集区3个；Ⅱ区面积6万平方米，包括遗物采集区9个。一般分布区面积24.4万平方米，包括遗物采集区7个。采集遗物共46件，均为陶器，可辨器形有鬲、甗、豆、罐（图二二）。

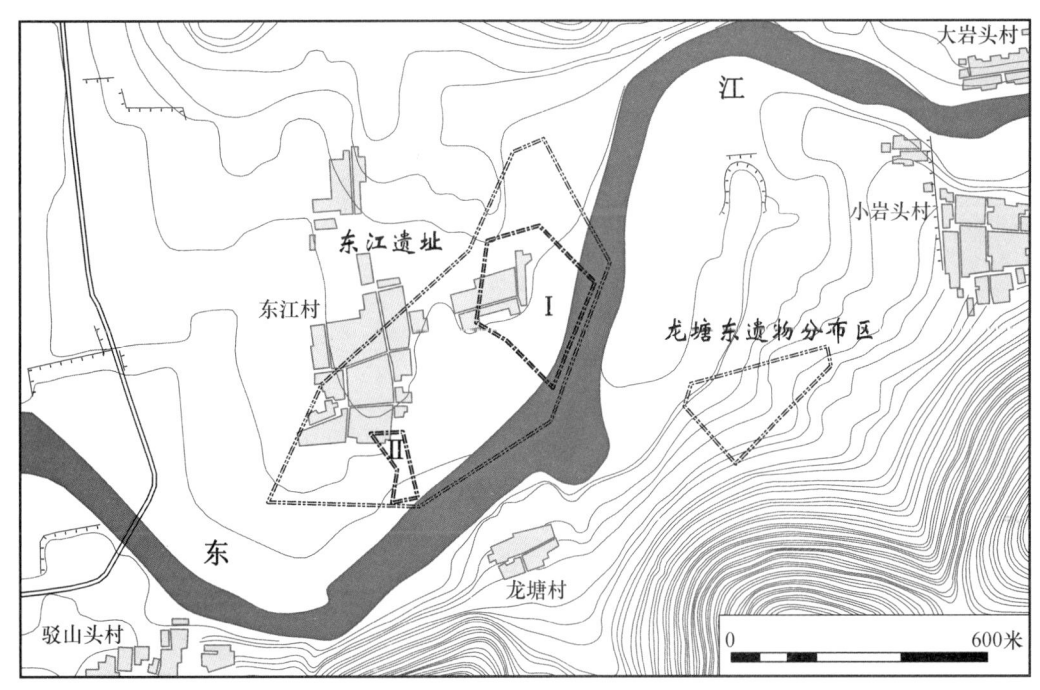

图二二　东江区域西周时期遗址分布图

东周时期遗址面积86.9万平方米，共有遗物采集区68个。其中核心分布区1个，范围与西周时期遗址相近，面积42.7万平方米，包括遗物采集区54个；一般分布区面积42.2万平方米，包括遗物采集区14个。采集遗物共265件，均为陶器，可辨器形有板瓦、筒瓦、瓦当、鬲、罐、盆、瓮、豆、钵、纺轮（图二三）。

秦汉时期遗址面积70.4万平方米，共有遗物采集区50个。其中核心分布区有三区：Ⅰ区面积26万平方米，包括遗物采集区30个；Ⅱ区面积4.5万平方米，包括遗物采集区7个；Ⅲ区面积2.2万平方米，包括遗物采集区4个。一般分布区面积37.7万平方米，包括遗物采集区9个。采集遗物共112件，均为陶器，可辨器形有筒瓦、板瓦、砖、罐、豆和盆（图二三）。

大汶口文化时期遗物标本，4件。

110318HLD006-4，鼎足。夹砂红陶。侧装三角形锥形足。残高9.6厘米（图二四，1；图版四八，7）。

110318HLD006-5，鼎足。夹砂黄褐陶。侧三角鸭嘴形足，足尖残。残高6.7厘米（图二四，2）。

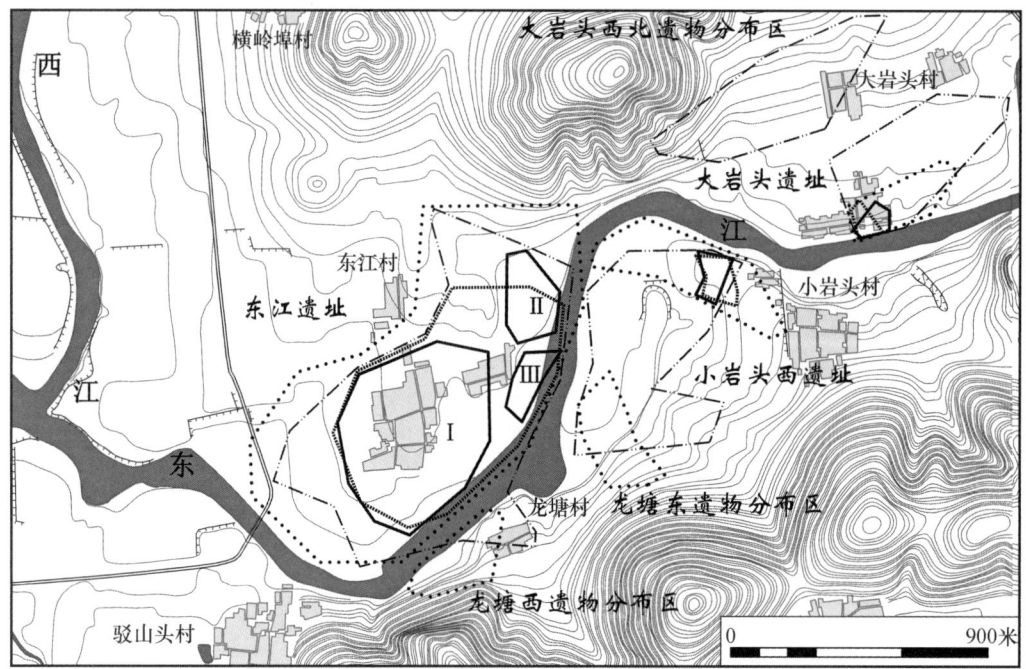

图二三　东江区域东周—秦汉时期遗址分布图

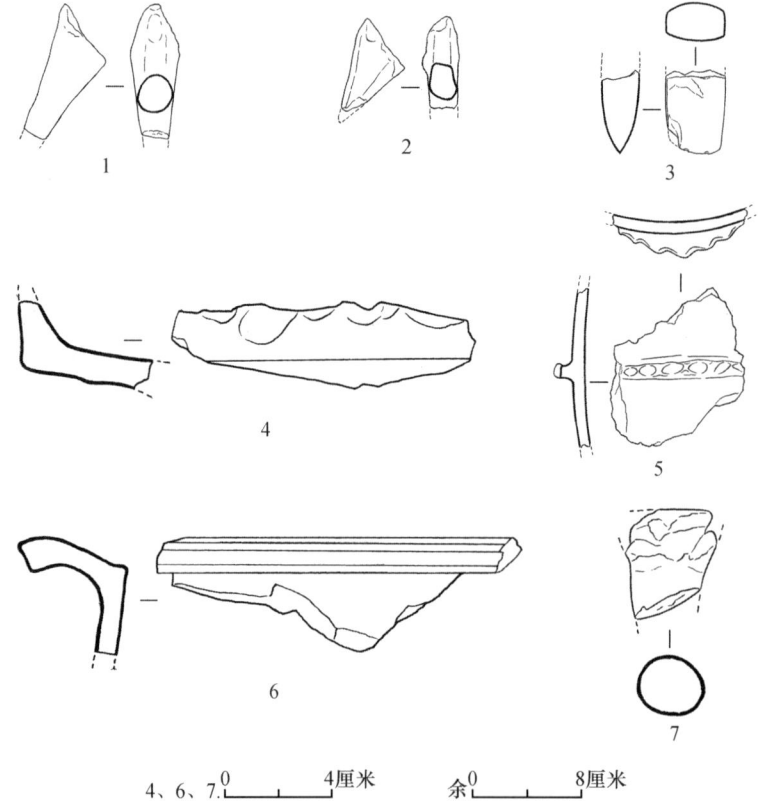

图二四　东江遗址大汶口文化等时期遗物标本

1. 鼎足（110318HLD006-4）　2. 鼎足（110318HLD006-5）　3. 石斧（110318NZ011-1）
4. 豆盘（110318SQR008-3）　5. 罐腹片（110318NZ017-1）　6. 盆口沿（110318SQR008-1）
7. 鼎足（110318SQR007-1）

110318SQR007-1，鼎足。夹砂褐陶。截面呈椭圆形。残高4厘米（图二四，7）。

110318NZ017-1，罐腹片。夹砂黄褐陶。一鸡冠耳。残高11.2、残宽9.8、厚1厘米（图二四，5）。

西周时期遗物标本，8件。

110318MC004-1，鬲口沿。泥质灰胎黑皮陶。口微敛，方唇，宽折沿。残高2.7、残宽3.7、厚0.6厘米（图二五，2）。

110318NZ011-2，甗腰。夹砂灰陶。腰部饰一周加按窝的附加堆纹，腰以上饰绳纹。残高4.9、残宽7.8、厚0.8~2.2厘米（图二五，4）。

110318SQR003-2，罐口沿。细砂灰黑陶。敞口，圆唇，折沿。残高2.7、残宽4.8、厚0.6厘米（图二五，1）。

110318NZ011-3，罐腹片。夹砂红褐陶。外表有附加堆纹及绳纹。残长4.9、残宽4.9、厚0.6厘米（图二五，8）。

110318SQR003-1，罐口沿。泥质黄褐陶。方唇，折沿，腹外斜。颈下饰斜绳纹。残高5.3、残宽5、厚0.6~1.3厘米（图二五，6）。

110318HLD006-9，罐腹片。细砂黄褐陶。外表饰一周附加堆纹及绳纹。残长6.9、残宽5.5、厚0.8厘米（图二五，7）。

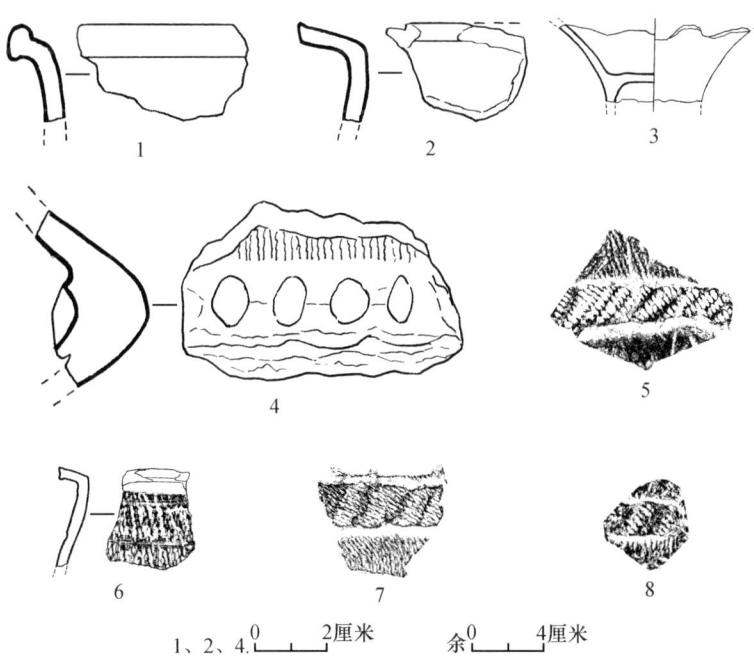

图二五　东江遗址西周时期遗物标本

1. 罐口沿（110318SQR003-2）　2. 鬲口沿（110318MC004-1）　3. 豆（110318HLD006-7）
4. 甗腰（110318NZ011-2）　5. 罐腹片（110318MC005-3）　6. 罐口沿（110318SQR003-1）
7. 罐腹片（110318HLD006-9）　8. 罐腹片（110318NZ011-3）

110318MC005-3，罐腹片。夹砂灰陶。外表饰一周附加堆纹。残长10.1、残宽7.2、厚0.8~1厘米（图二五，5）。

110318HLD006-7，豆。泥质灰胎黑皮陶。上下均残，盘壁较斜，平底，粗柄。素面磨光。豆盘底径5.8、残高4.2、厚0.4~1.2厘米（图二五，3）。

东周时期遗物标本，10件。

110318YKK006-3，鬲足。夹砂褐胎黑皮陶。足尖较平。外表饰绳纹。残高4.2厘米（图二六，6）。

110318YKK007-2，鬲足。夹砂深灰陶。实足尖。外表饰绳纹。残高7.1厘米（图二六，9；图版四八，8）。

110318NZ015-1，罐口沿。泥质灰陶，外壁灰黑。口微侈，方唇，短直颈，斜肩。肩部饰竖绳纹。残高5.7、残宽7.3、厚0.9~1.1厘米（图二六，1）。

110318HLD006-2，瓮口沿。泥质灰陶。直口，方唇，有领，圆肩。颈部三周凸棱。复原口径22.2、残高7.4、厚0.7~1.3厘米（图二六，4）。

110318YKK007-8，盆底。夹砂灰陶。平底。外表饰绳纹。残高2.9、残宽8.3、厚1~2厘米（图二六，7）。

110318HLD006-3，钵。泥质浅灰陶。直口微敛，折腹，平底内凹。素面。复原口径16、复原底径7、高8.4、厚0.6~1.4厘米（图二六，3）。

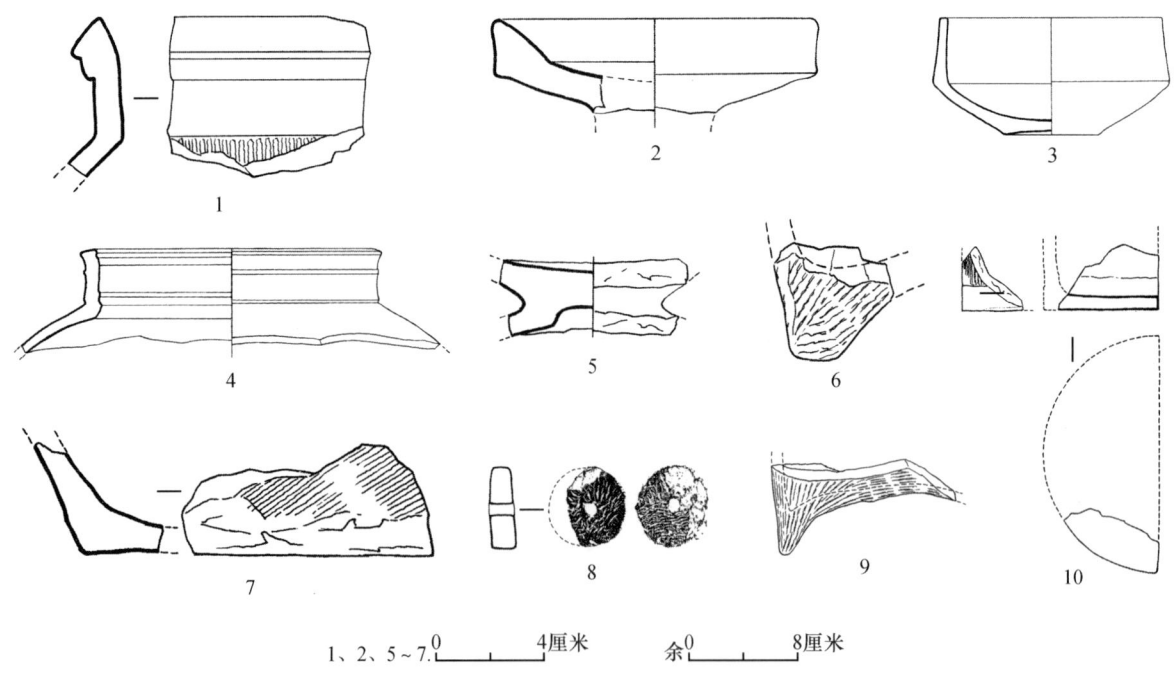

1、2、5~7. 0 ____ 4厘米　　余 0 ____ 8厘米

图二六　东江遗址东周时期遗物标本

1. 罐口沿（110318NZ015-1）　2. 豆盘（110318HLD006-8）　3. 钵（110318HLD006-3）　4. 瓮口沿（110318HLD006-2）
5. 豆柄（110318YKK007-10）　6. 鬲足（110318YKK006-3）　7. 盆底（110318YKK007-8）　8. 纺轮（110318YKK016-1）
9. 鬲足（110318YKK007-2）　10. 半瓦当（110318CDL004-5）

110318HLD006-8，豆盘。泥质灰陶。近直口，浅盘折腹。复原口径12、残高3.4、厚1.1~1.3厘米（图二六，2）。

110318YKK007-10，豆柄。泥质灰陶，豆盘内圜底。素面。残高2.9厘米（图二六，5）。

110318CDL004-5，半瓦当。夹砂灰陶。瓦身残留粗绳纹。复原半径8.5厘米（图二六，10）。

110318YKK016-1，纺轮。泥质红褐陶。圆饼形，中间有一圆形穿孔。正反面饰指甲纹。直径5.8、孔径0.8、厚1.8厘米（图二六，8；图版四八，6）。

秦汉时期遗物标本，2件。

110318SQR008-1，盆口沿。细砂灰陶。口微敛，方唇，宽折沿，沿面弧凸。残高4.3、残宽13.1、厚0.8厘米（图二四，6）。

110318SQR008-3，豆盘。泥质灰陶。口残，浅盘，折腹。残高3.2、残宽11.5、厚0.8~1.5厘米（图二四，4）。

时代不详石器，1件。

110318NZ011-1，石斧。弧刃，两面刃。残长6、宽4.5、厚2.8厘米（图二四，3）。

八、龙塘西遗物分布区

分布区位于山亭区山城街办龙塘村西，西北侧紧邻薛河东江，所处地形为山坡，地表主要为林地。分布区总面积8万平方米，共有遗物采集区9个。遗物丰富、一般及不丰富的采集区数量分别为0、1和8个。采集遗物时代包括东周、秦汉和宋元3个时期，以东周时期遗物为主，秦汉时期为散点区（图二一）。

东周时期遗物分布区面积5.6万平方米，包括遗物采集区6个。采集遗物共13件，均为陶器，可辨器形有板瓦、筒瓦、鬲和罐（图二三）。

九、龙塘东遗物分布区

分布区位于山亭区山城街办龙塘村东北，西北侧靠近薛河东江，所处地形为山坡，地表主要为麦地和林地。分布区总面积16.3万平方米，共有遗物采集区13个。遗物丰富、一般及不丰富的采集区数量分别为1、3和9个。采集遗物时代包括西周、东周和秦汉3个时期（图二一）。此外，遗址中部及河边断崖上发现4座石室墓，暴露者均为单室墓，均较残破，时代应为西汉晚期至东汉初期。

西周时期遗物分布区面积4.3万平方米，包括遗物采集区3个。采集遗物共5件，均为陶器，可辨器形有鬲（图二二）。

东周时期遗物分布区范围与西周时期遗物分布区有所变化，面积6.2万平方米，包括遗物采集区8个。采集遗物共43件，均为陶器，可辨器形有鬲、罐、盆和豆（图二三）。

秦汉时期与小岩头西遗址为一体，详见后者。

十、小岩头西遗址

遗址位于山亭区山城街办小岩头村西,北侧和西侧紧邻薛河东江,所处地形为山前坡地,地表覆盖主要为麦地和林地。遗址总面积18.8万平方米,共有遗物采集区11个。遗物丰富、一般及不丰富的采集区数量分别为0、3和8个。采集遗物时代包括西周、东周和秦汉3个时期,以东周和秦汉时期遗物为主,西周时期为散点区(图二一)。

东周时期遗址面积11.6万平方米,共有遗物采集区9个。其中核心分布区1个,面积1.6万平方米,包括遗物采集区5个;一般分布区面积10万平方米,包括遗物采集区4个。采集遗物共27件,均为陶器,可辨器形有板瓦、筒瓦、铺地砖、鬲和罐(图二三)。

秦汉时期与龙塘东遗物分布区为一体,遗址总面积28万平方米,共有遗物采集区11个。其中核心分布区1个,位置、范围与东周时期遗址核心分布区相近,面积1.4万平方米,包括遗物采集区4个;一般分布区面积26.6万平方米,包括遗物采集区7个。采集遗物共17件,均为陶器,可辨器形有筒瓦、板瓦、罐和盆(图二三)。

西周时期遗物标本,2件。

110318CZL008-2,鬲足。夹砂红陶。实足尖平。饰斜向绳纹。残高7.4厘米(图二七,4)。

110318BXQ005-1,鬲足。夹砂红陶。绳纹。残高6.8厘米(图二七,5)。

东周时期遗物标本,2件。

110318CZL008-1,鬲足。夹砂灰陶。饰斜向绳纹。残高4.4厘米(图二七,1)。

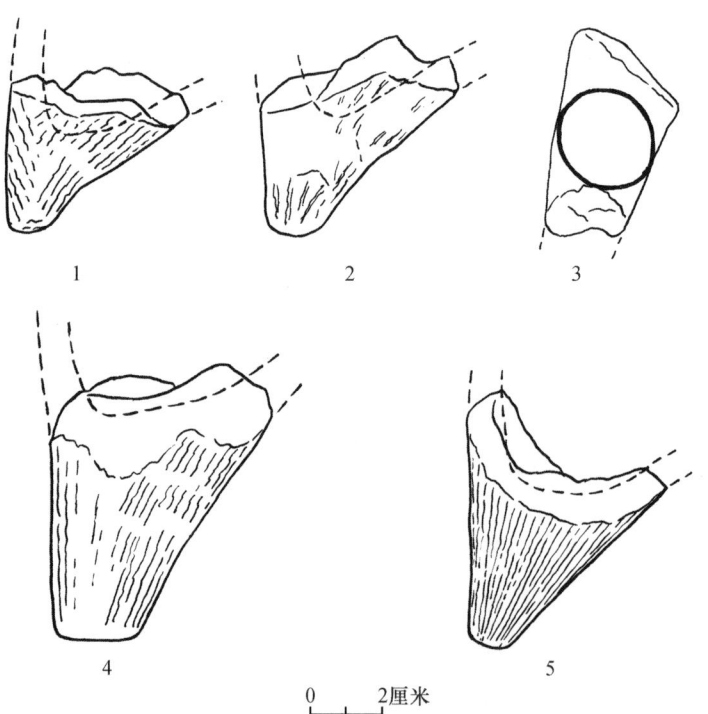

图二七 小岩头西、大岩头遗址遗物标本
1. 鬲足(110318CZL008-1) 2. 鬲足(110318WYL008-1) 3. 鼎足(110319CDL002-1)
4. 鬲足(110318CZL008-2) 5. 鬲足(110318BXQ005-1)

110318WYL008-1，鬲足。夹砂黄褐陶，内部灰黑。饰少量浅绳纹。残高5.3厘米（图二七，2）。

十一、大岩头西北遗物分布区

分布区位于山亭区山城街办现大岩头村西北，所处地形为山坡，地表主要为麦地。分布区总面积30万平方米，共有遗物采集区8个。遗物丰富、一般及不丰富的采集区数量分别为0、1和7个。采集遗物时代包括东周和秦汉2个时期，以秦汉时期遗物为主，东周时期为散点区（图二一）。另外，还在分布区中部发现石室墓一座，为单室墓，时代不明。

秦汉时期遗物分布区面积18.5万平方米，包括遗物采集区5个。采集遗物共9件，均为陶器，可辨器形有筒瓦、板瓦、罐和盆（图二三）。

十二、大岩头遗址

遗址位于山亭区山城街办现大岩头村北，原大岩头村上及东北，遗址南侧紧邻薛河，北侧近山，所处地形为山前坡地，地表主要为林地。遗址总面积19万平方米，共有遗物采集区17个，遗物丰富、一般及不丰富的采集区数量分别为2、5和10个。采集遗物时代包括大汶口文化、东周、秦汉和宋元多个时期，以东周和秦汉时期遗物为主，大汶口文化时期为散点区（图二一）。此外，遗址西南部河岸断崖处发现石室墓一座，为单室墓，保存较完整，时代应为西汉晚期至东汉初期。

东周时期遗址面积5万平方米，共有遗物采集区6个。其中核心分布区1个，面积7300平方米，包括遗物采集区4个；一般分布区面积4.3万平方米，包括遗物采集区2个。采集遗物共17件，均为陶器，可辨器形有罐和盆（图三）。

秦汉时期遗址面积16.7万平方米，共有遗物采集区12个。其中核心分布区1个，位置、范围与东周时期遗址核心分布区相近，面积9500平方米，包括遗物采集区4个；一般分布区面积15.8万平方米，包括遗物采集区8个。采集遗物共43件，均为陶器，可辨器形有筒瓦、板瓦、罐和盆（图二三）。

大汶口文化时期遗物标本，1件。

110319CDL002-1，鼎足。夹砂红褐陶。锥形足。残高5.4厘米（图二七，3）。

十三、羊山东南遗物分布区

分布区位于滕州市羊庄镇羊山村东南，西侧紧邻一条季节性河道，东北侧近山，所处地形为山前坡地，地表主要为麦地。分布区总面积24.9万平方米，共有遗物采集区10个，均为遗物不丰富区。采集遗物时代包括东周、秦汉和宋元3个时期，以秦汉时期遗物为主，东周时期为散点区（图二八）。

秦汉时期遗物分布区面积12.7万平方米，包括遗物采集区6个。采集遗物共6件，均为陶器，可辨器形有板瓦和罐（图二九）。

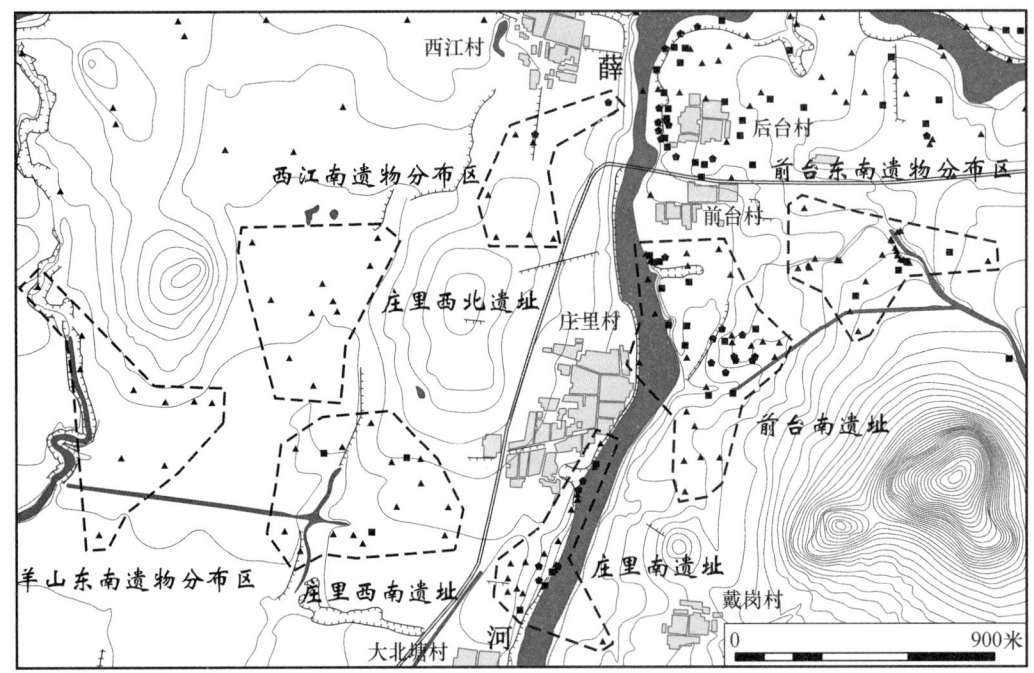

图二八　庄里区域遗址分布总图

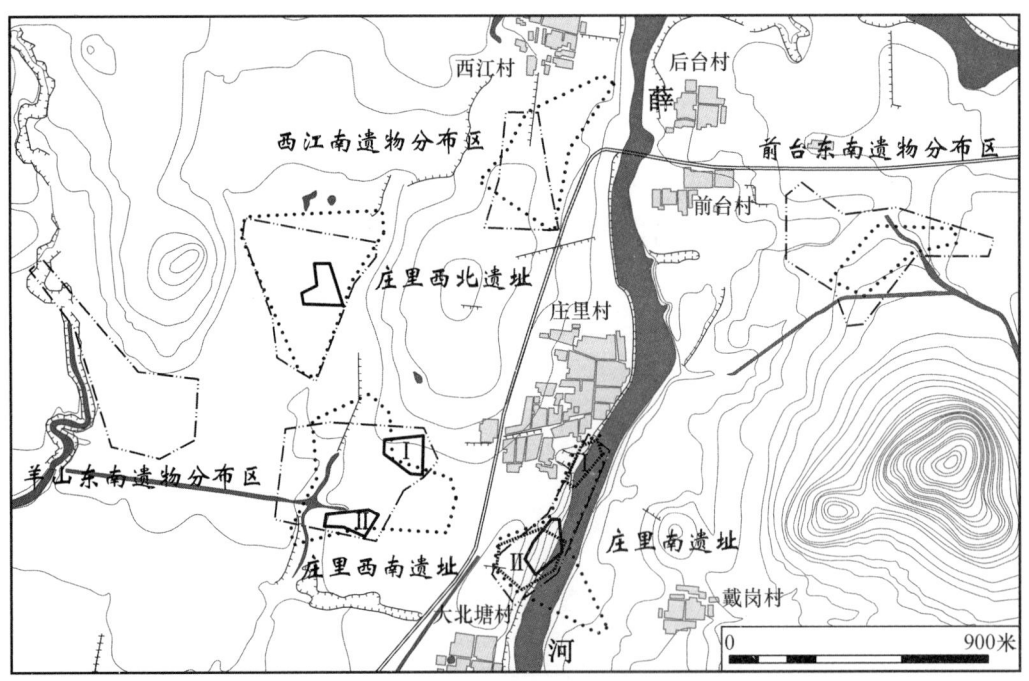

图二九　庄里区域东周—秦汉时期遗址分布图

十四、庄里西北遗址

遗址位于滕州市羊庄镇庄里村西北,所处地形为两低缓山包鞍部,地表主要为林地和麦地。遗址总面积23.2万平方米,共有遗物采集区10个,均为遗物不丰富采集区。采集遗物时代包括东周、秦汉和宋元3个时期,以东周和秦汉时期遗物为主(图二八)。

东周时期为遗物分布区,面积16.3万平方米,包括遗物采集区5个。采集遗物共5件,均为陶器,可辨器形有筒瓦和罐(图二九)。

秦汉时期遗址范围与东周时期遗物分布区相近,面积14.6万平方米,共有遗物采集区9个。其中核心分布区1个,面积1.3万平方米,包括遗物采集区4个;一般分布区面积13.3万平方米,包括遗物采集区5个。采集遗物共14件,均为陶器,可辨器形有筒瓦、板瓦和罐(图二九)。

十五、庄里西南遗址

遗址位于滕州市羊庄镇庄里村西南,所处地形为山前坡地,其西南侧有一较大的冲沟,地表主要为果园和麦地。遗址总面积27.5万平方米,共有遗物采集区17个,遗物丰富、一般及不丰富的采集区数量分别为0、3和14个。采集遗物时代包括东周、秦汉和宋元3个时期,以东周和秦汉时期遗物为主(图二八)。

东周时期为遗物分布区,面积17.1万平方米,包括遗物采集区7个。采集遗物共9件,均为陶器,可辨器形有板瓦、罐、盆和陶拍(图二九)。

秦汉时期遗址范围与东周时期遗物分布区相近,面积17万平方米,共有遗物采集区13个。其中核心分布区有两区:Ⅰ区面积1.4万平方米,包括遗物采集区4个;Ⅱ区面积1万平方米,包括遗物采集区4个。一般分布区面积14.6万平方米,包括遗物采集区5个。采集遗物共35件,均为陶器,可辨器形有筒瓦、板瓦、罐和瓮(图二九)。

东周时期遗物标本,1件。

110313FR008-1,陶拍。细砂褐胎灰黑皮陶。拍面呈等腰梯形,圆柱形柄。拍面刻划叶脉状纹饰,柄近顶处一周凹槽,一侧有手捏凸棱,顶端戳印纹饰。残长5.6、残宽2.5~5.5、残高4.5厘米(图三〇,8;图版四八,9)。

十六、西江南遗物分布区

分布区位于滕州市羊庄镇西江村南,南部靠近一低缓残丘,东部靠近薛河,所处地形为山前坡地,地表主要为林地和荒地。分布区总面积11.8万平方米,共有遗物采集区8个,遗物丰富、一般及不丰富的采集区数量分别为2、0和6个。采集遗物时代包括东周和秦汉2个时期(图二八)。

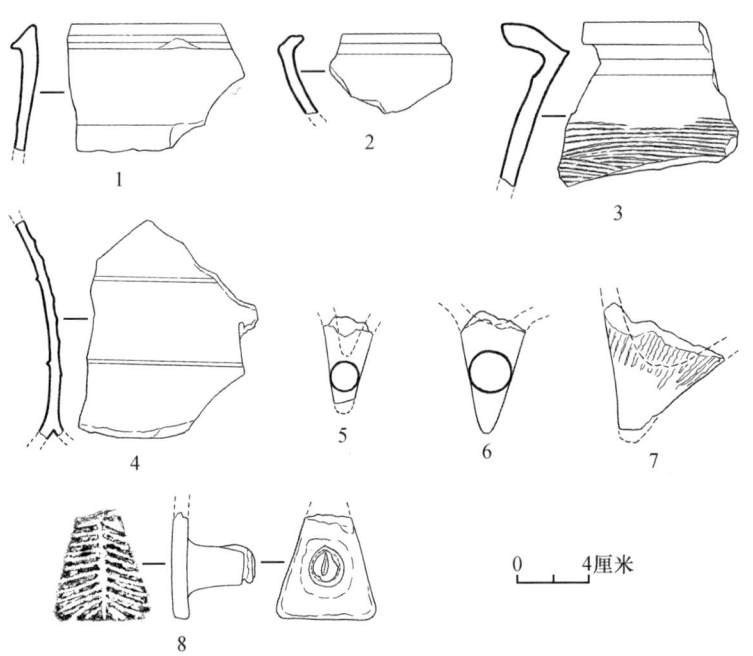

图三〇 庄里西南、庄里南遗址遗物标本
1. 盆口沿（110313GYF004-1） 2. 匜口沿（110313FR002-3） 3. 罐口沿（110313GYF004-2）
4. 圈足（110313FR002-2） 5. 鬶足（110313FR002-7） 6. 鬶足（110313FR002-6）
7. 鬲足（110313FR003-1） 8. 陶拍（110313FR008-1）

东周时期遗物分布区面积9.9万平方米，包括遗物采集区4个。采集遗物共16件，均为陶器，可辨器形有筒瓦和罐（图二九）。

秦汉时期遗物分布区面积9.9万平方米，包括遗物采集区6个。采集遗物共26件，均为陶器，可辨器形有板瓦、筒瓦和罐（图二九）。

十七、庄里南遗址

遗址位于滕州市羊庄镇庄里村南，北侧紧邻庄里村，东侧紧邻薛河，遗物采集区沿河呈带状分布。遗址所处地形为河流阶地，地表主要为林地和荒地。遗址总面积13.8万平方米，共有遗物采集区25个，遗物丰富、一般及不丰富的采集区数量分别为6、4和15个。采集遗物时代包括龙山文化、商代、东周、秦汉、隋唐和宋元多个时期，以东周和秦汉时期遗物为主，其他可划分时期均为散点区（图二八）。

东周时期遗址面积11万平方米，共有遗物采集区16个。其中核心分布区分为两区：Ⅰ区面积9500平方米，包括遗物采集区4个；Ⅱ区面积3.1万平方米，包括遗物采集区11个。一般分布区面积6.5万平方米，包括遗物采集区1个。采集遗物共68件，均为陶器，可辨器形有板瓦、鬲、罐、豆、盆（图二九）。

秦汉时期遗址面积7.8万平方米，共有遗物采集区12个。其中核心分布区1个，位置与东周遗址核心分布区Ⅱ区相近，面积1.3万平方米，包括遗物采集区5个；一般分布区面积6.5万平方米，包括遗物采集区7个。采集遗物共22件，均为陶器，可辨器形有筒瓦、板瓦、罐、盆、瓮（图二九）。

龙山文化时期遗物标本，4件。

110313FR002-7，鬶足。泥质白陶。圆锥形实足尖。残高4.7厘米（图三〇，5）。

110313FR002-6，鬶足。夹砂黄褐陶，内壁灰黑。圆锥形实足尖。残高6.6厘米（图三〇，6）。

110313FR002-3，匜口沿。夹砂黑陶。敛口，圆唇，弧腹。素面。轮制。残高4.3、残宽7、厚0.7厘米（图三〇，2）。

110313FR002-2，圈足盘圈足。泥质橙黄陶。外表有两周凸棱，内壁呈瓦棱状。残高11.8、残宽10.1、厚0.7厘米（图三〇，4）。

商代时期遗物标本，1件。

110313FR003-1，鬲足。夹砂红褐陶。锥形实足尖。足尖以上外表饰绳纹。残高6.9厘米（图三〇，7）。

东周时期遗物标本，2件。

110313GYF004-2，罐口沿。夹砂灰陶。侈口，圆唇，斜折沿，沿面微鼓，弧腹。腹部饰一周凸棱及横向绳纹。轮制。残高8.9、残宽10.1、厚0.9~1.2厘米（图三〇，3）。

110313GYF004-1，盆口沿。夹砂灰陶。直口，圆唇，上腹近直。素面。残高6.9、残宽9.9、厚0.6~0.9厘米（图三〇，1）。

十八、前台南遗址

遗址位于滕州市羊庄镇前台村南，西侧紧邻薛河，北侧紧邻前台村，所处地形为河流阶地和山前坡地，地表主要为麦地和林地。遗址总面积29.4万平方米，共有遗物采集区45个，遗物丰富、一般及不丰富的采集区数量分别为10、11和24个。采集遗物时代包括北辛文化、大汶口文化、龙山文化、商代、西周、东周、秦汉、隋唐和宋元多个时期，以北辛文化、龙山文化、商代、西周、东周和秦汉时期遗物为主，大汶口文化时期均为散点区（图二八）。此外，遗址北部断崖上发现长约1米的陶片层堆积，但未清理，时代不明；遗址南部发现石室墓2座，时代应为西汉晚期至东汉初期。

北辛文化时期遗址面积12.2万平方米，共有遗物采集区14个。其中核心分布区1个，面积2.5万平方米，包括遗物采集区10个；一般分布区面积9.7万平方米，包括遗物采集区4个。采集遗物共46件，均为陶器，可辨器形有鼎、罐和钵（图三一）。

龙山文化时期为遗物分布区，位置、范围与北辛文化时期遗址相近，面积3.3万平方米，包括遗物采集区4个。采集遗物共6件，均为陶器，可辨器形有鼎、罐和器盖（图三一）。

商代时期遗址面积6.4万平方米，共有遗物采集区7个。其中核心分布区1个，位置与北辛文化时期遗址核心分布区相近，面积3万平方米，包括遗物采集区6个；一般分布区面积3.4万平方米，包括遗物采集区1个。采集遗物共31件，均为陶器，可辨器形有鬲、甗、鼎、罐、簋、盆、豆（图三二）。

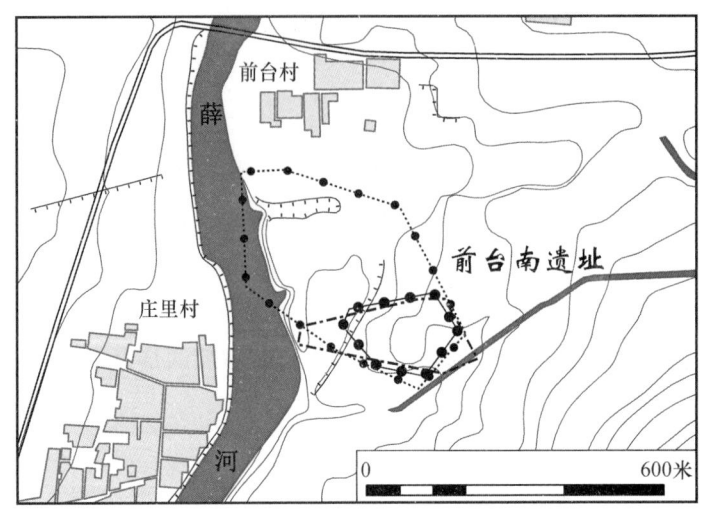

图三一　庄里区域北辛文化—龙山文化时期遗址分布图

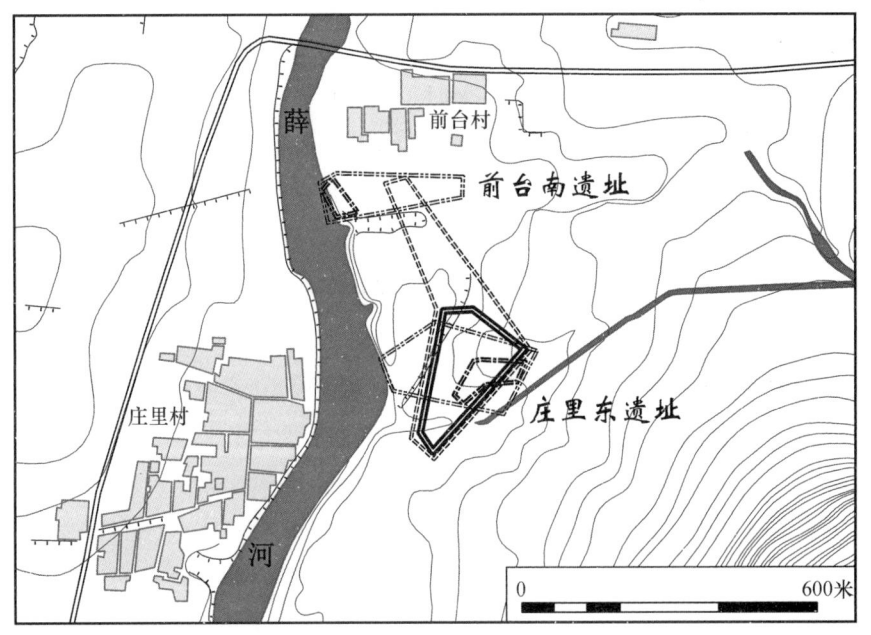

图三二　庄里区域商代—西周时期遗址分布图

西周时期分为2个遗址。北部为前台南遗址，遗址总面积2万平方米，共有遗物采集区4个。其中核心分布区1个，面积2700平方米，包括遗物采集区3个；一般分布区面积1.3万平方米，包括遗物采集区1个。采集遗物共5件，均为陶器，可辨器形有鬲和罐。南部为庄里东遗址，位置、范围与北辛文化时期遗址相近，遗址面积3.7万平方米，共有遗物采集区7个，其中核心分布区1个，面积6300平方米，包括遗物采集区5个；一般分布区面积3.1万平方米，包括遗物采集区2个。采集遗物共38件，均为陶器，可辨器形为鬲和罐（图三二）。

东周时期与后台遗址为一体，详见后者。

秦汉时期与海子东遗址、后台遗址为一体，详见后台遗址。

北辛文化时期遗物标本，7件。

110316ZGJ001-1，鼎足。夹粗砂红褐陶。残存足根部分，横截面近椭圆形。残高9.5厘米（图三三，4）。

110316CZL007-1，鼎足。夹粗砂红褐陶。两端残缺，横截面为椭圆形。残高4.1厘米（图三三，5）。

110316CZL004-1，鼎足。夹砂黄褐陶。锥状足，两端残，横截面为近圆形。残高6.4厘米（图三三，6）。

110315BXQ003-1，鼎足。夹粗砂黄褐陶。两端残，横截面椭圆形。残高5.9厘米（图三四，11）。

110316ZGJ001-2，罐口沿。夹砂黑陶。侈口，圆唇，卷沿，腹微鼓，腹部残存一段堆纹。残高6.8、残宽6.2、厚0.4～0.7厘米（图三三，1）。

110316WHY002-1，钵口沿。泥质陶，顶部红褐，下部发灰，内壁黄褐色，胎为灰色。敛口，下腹斜收。残高2.5、残宽4、厚0.4厘米（图三三，3）。

110316WYL004-2，腹片。加粗砂黄褐陶，内壁黑色。腹部残片。成组的叶脉状压划纹。残长8.3、残宽5.8厘米（图三三，2）。

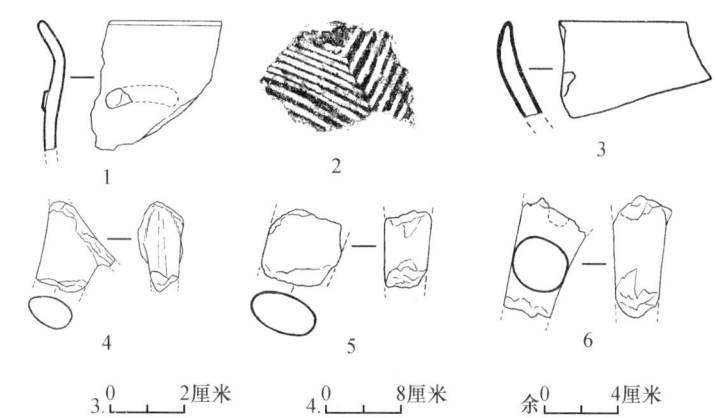

图三三　前台南遗址北辛文化时期遗物标本

1. 罐口沿（110316ZGJ001-2）　2. 腹片（110316WYL004-2）　3. 钵口沿（110316WHY002-1）
4. 鼎足（110316ZGJ001-1）　5. 鼎足（110316CZL007-1）　6. 鼎足（110316CZL004-1）

大汶口文化时期遗物标本，1件。

110315CZL006-5，鼎足。夹砂灰黑陶。舌状足，足根部有3个横排的椭圆形凹窝。手制。残高6.5、残宽7.7厘米（图三四，8；图版四九，1）。

龙山文化时期遗物标本，1件。

110316WHY004-1，鼎足。夹砂红褐陶。铲形足，正面附加一道有凹窝的竖向堆纹。残高7.5厘米（图三四，3；图版四九，3）。

商代时期遗物标本，6件。

110315ZGJ004-1，甗足。夹砂灰黑陶，胎红褐色。磨蚀严重，残存足尖。残高3.7厘米（图三四，9）。

110315WYL009-1，甗腰。夹砂黄褐陶，胎灰色。腰部附加堆纹，其上有绳纹和麦粒状坑

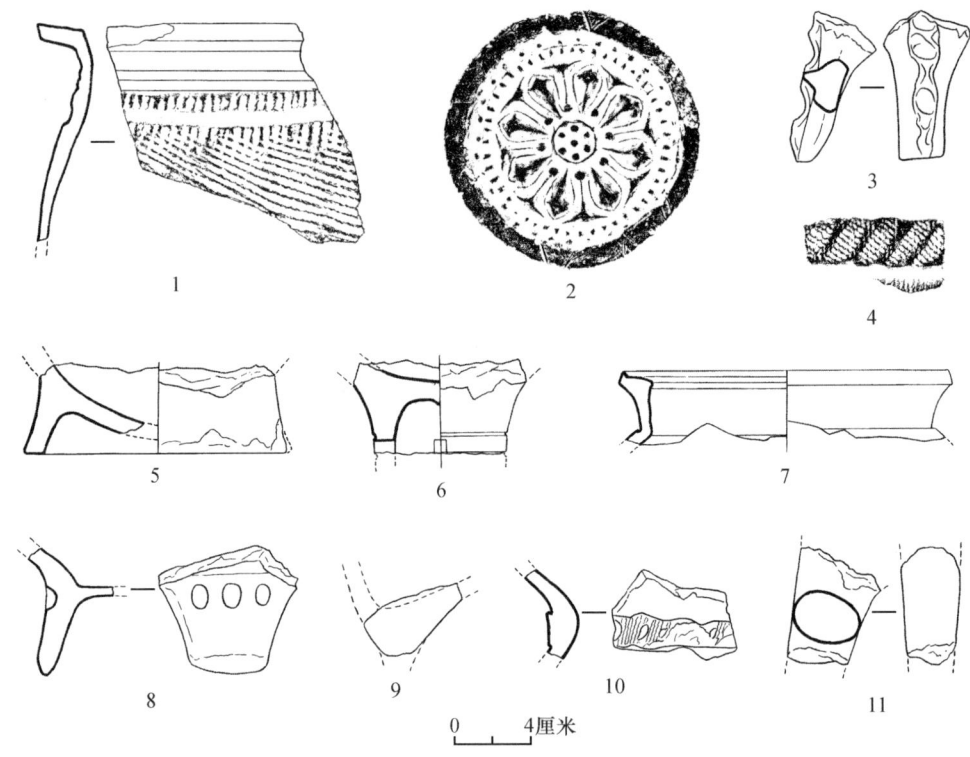

图三四　前台南遗址大汶口文化等时期遗物标本

1. 鬲口沿（110316WYL012-1）　2. 瓦当（110316WYL001-1）　3. 鼎足（110316WHY004-1）　4. 罐腹片（110315BXQ003-4）
5. 簋（110315BXQ003-2）　6. 豆柄（110315WYL009-2）　7. 罐口沿（110315WYL006-1）　8. 鼎足（110315CZL006-5）
9. 甗足（110315ZGJ004-1）　10. 甗腰（110315WYL009-1）　11. 鼎足（110315BXQ003-1）

点纹。残高4.5、残宽6.4厘米（图三四，10）。

110315WYL006-1，罐口沿。泥质黄褐陶。近直口，方唇，沿面有凹槽，短颈，斜肩，下残，颈肩交接处有一周凹槽。口径17.4、残高3.7厘米（图三四，7）。

110315BXQ003-4，罐腹片。夹砂黄褐陶。外表饰附加堆纹及绳纹。残高3.7、残宽7.2、厚0.8厘米（图三四，4）。

110315BXQ003-2，簋。夹砂黄褐陶。残存圈足，圜底，矮圈足外撇，底部有明显轮旋痕迹。圈足径14、残高4.4厘米（图三四，5）。

110315WYL009-2，豆柄。泥质灰陶。弧形盘底，柄较粗，柄上部有4个长方形镂孔，皆残断，镂孔上部施一周凹弦纹。柄径约7.1、残高4.8厘米（图三四，6）。

西周时期遗物标本，1件。

110316WYL012-1，鬲口沿。泥质灰胎红皮陶。侈口，方唇，折沿，束颈，弧腹。颈部有数周凹弦纹，以下饰绳纹。残高11、残宽11、厚0.6～1厘米（图三四，1）。

隋唐时期遗物标本，1件。

110316WYL001-1，瓦当。泥质灰陶。莲花纹瓦当。直径12.8厘米（图三四，2；图版四九，4）。

十九、前台东南遗物分布区

　　分布区位于滕州市羊庄镇前台村东南，所处地形为山前坡地，中部有一条自然冲沟，地表主要为麦地和林地。分布区总面积18万平方米，共有遗物采集区28个，遗物丰富、一般及不丰富的采集区数量分别为0、3和25个。采集遗物时代包括北辛文化、大汶口文化、东周和秦汉多个时期，以东周和秦汉时期遗物为主，其他可划分时期均为散点区（图二八）。此外，本次调查在分布区中发现密集的石室墓群，可分为东西两组。东组位于中部冲沟附近，共12座，多较残破，墓向多为西北—东南方向，形制多为单室，也有双室者，多数墓葬墓壁无图像，只有M8后壁刻划简单的"回"字形几何图案。此组墓葬的年代除M8应为东汉时期外，其余墓葬应为西汉晚期至东汉初期。西组墓葬位于分布区西部，共6座，暴露较少，形制不明。此组墓葬的年代也应为汉代（图版一二）。

　　东周时期遗物分布区面积4.8万平方米，包括遗物采集区4个。采集遗物共8件，均为陶器，可辨器形有罐和豆（图三一）。

　　秦汉时期遗物分布区面积16万平方米，包括遗物采集区27个。采集遗物共24件，均为陶器，可辨器形有板瓦、筒瓦、罐（图三一）。

　　北辛文化时期遗物标本，1件。

　　110316CZL002-1，鼎足。夹蚌红褐陶，偏暗，胎及内壁灰色。锥状足，中部以下残失，上粗下细，足根部有一周指甲状压纹，正面刻划一竖向短凹槽。残高10.2厘米（图三五，3；图版四九，2）。

　　大汶口文化时期遗物标本，1件。

　　110316BXQ002-1，鼎足。加粗砂红褐陶。两端残缺，横截面近椭圆形。侧面有一按窝。手制。残高3.9厘米（图三五，2）。

　　时代不详。石器，1件。

　　110316WYL005-1，似为石铲残片。一面平。残长5.9、残宽3.5、残高3.3厘米（图三五，1）。

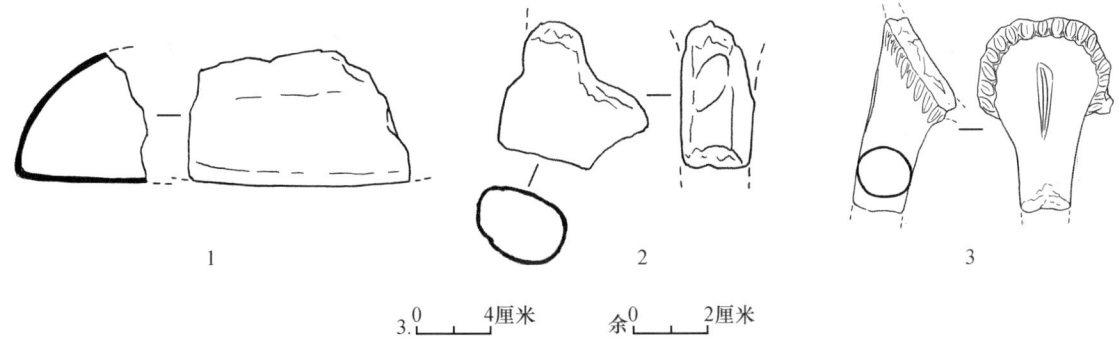

图三五　前台东南遗物分布区遗物标本
1. 石器（110316WYL005-1）　2. 鼎足（110316BXQ002-1）　3. 鼎足（110316CZL002-1）

二十、西江西遗物分布区

分布区位于滕州市羊庄镇西江村西,东侧紧邻西江村,所处地形为山前坡地,地表主要为荒地。分布区总面积10万平方米,共有遗物采集区4个,全部为遗物不丰富采集区。采集遗物时代仅含秦汉时期。采集遗物共5件,均为陶器,可辨器形有筒瓦、板瓦和罐(图三六、图三七)。

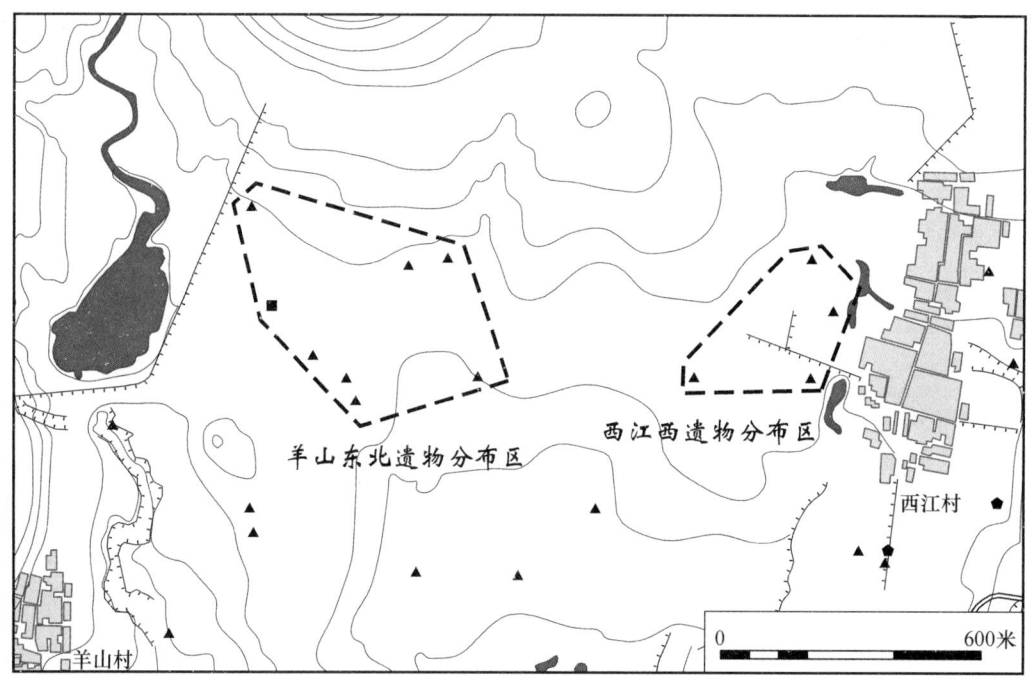

图三六　西江西区域遗物分布区总图

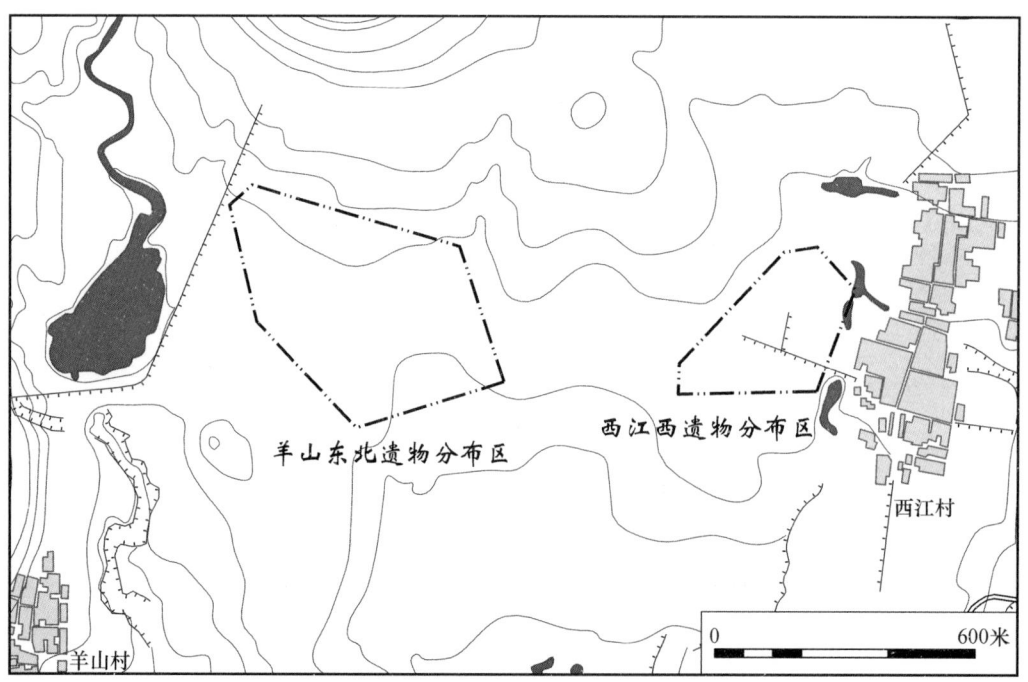

图三七　西江西区域秦汉时期遗物分布区图

二十一、羊山东北遗物分布区

分布区位于滕州市羊庄镇羊山村东北,西北侧近山。分布区所处地形为山前坡地,地表主要为荒地。分布区总面积21.7万平方米,共有遗物采集区8个,遗物丰富、一般及不丰富的采集区数量分别为0、1和7个。采集遗物时代包括东周和秦汉2个时期,以秦汉时期遗物为主,东周时期为散点区(图三六)。

秦汉时期遗物分布区面积21.7万平方米,包括遗物采集区7个。采集遗物共13件,均为陶器,可辨器形有板瓦、筒瓦和罐(图三七)。

二十二、宋屯东遗址

遗址位于滕州市羊庄镇宋屯村东,北侧延伸至山前,所处地形为山前坡地,地表主要为麦地。遗址总面积16.1万平方米,共有遗物采集区13个,遗物丰富、一般及不丰富的采集区数量分别为2、4和7个。采集遗物时代包括东周、秦汉和宋元3个时期,以东周和秦汉时期遗物为主(图三八)。此外,遗址中发现集中的石室墓4座,形制有单室墓和双室墓两种,但墓地附近有清代墓碑,其时代可能较晚(图版一三)。

东周时期遗址面积10.2万平方米,共有遗物采集区7个。其中核心分布区1个,面积1.2万平方米,包括遗物采集区4个;一般分布区面积9万平方米,包括遗物采集区3个。采集遗物共16件,均为陶器,可辨器形有板瓦、筒瓦、罐和豆(图三九)。

秦汉时期遗址面积9万平方米,共有遗物采集区11个。其中核心分布区1个,位置与东周遗

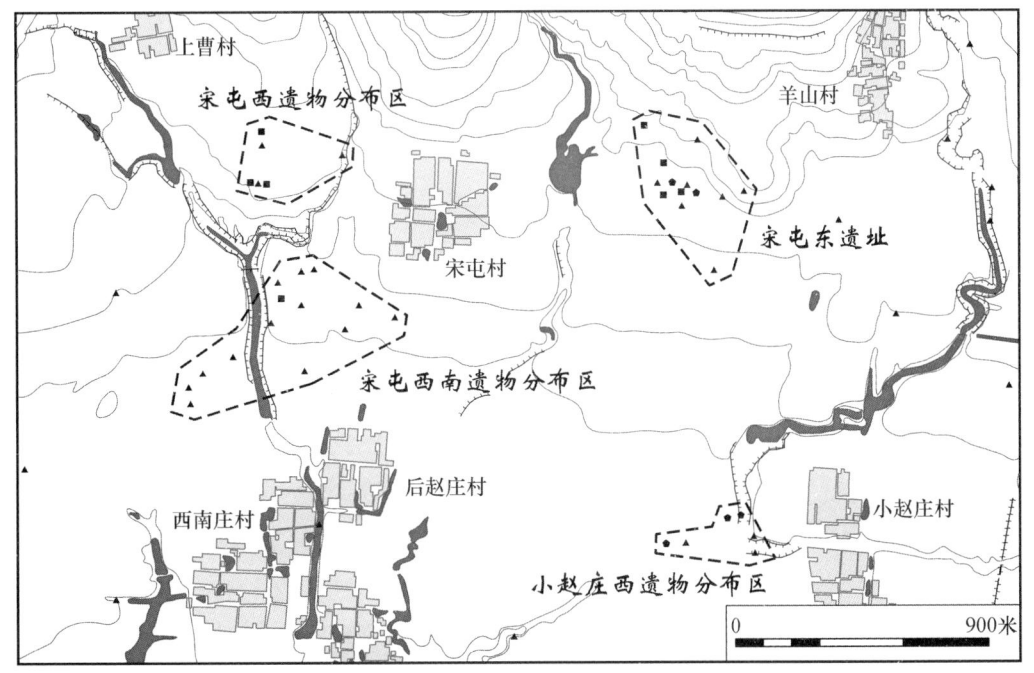

图三八 宋屯区域遗址分布总图

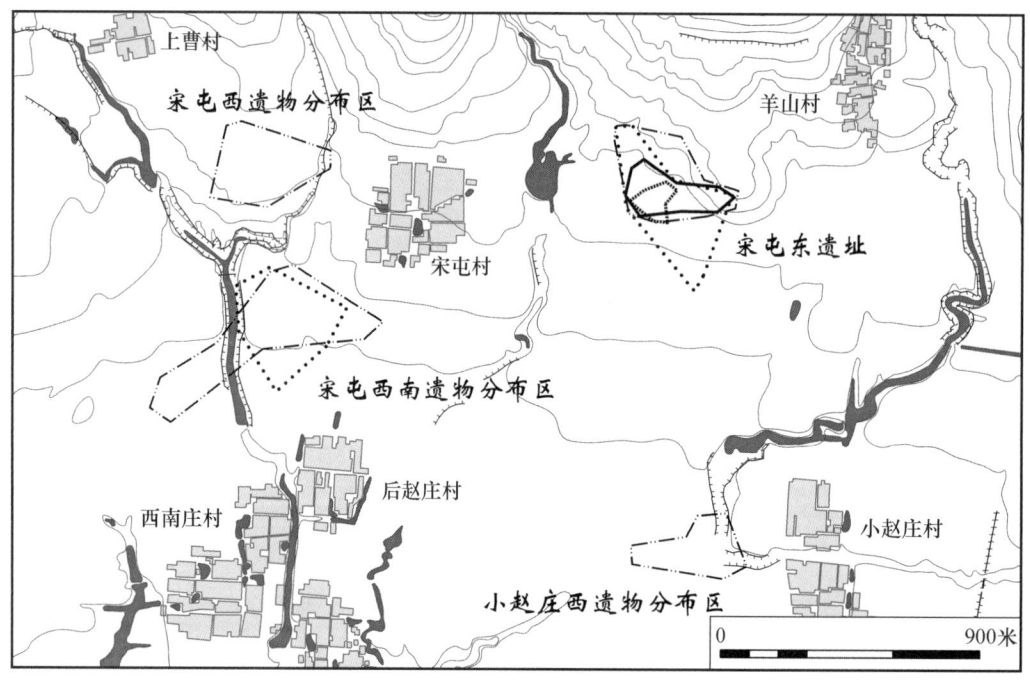

图三九 宋屯区域东周—秦汉时期遗址分布图

址核心分布区相近,但范围扩大,面积4万平方米,包括遗物采集区9个;一般分布区面积5万平方米,包括遗物采集区2个。采集遗物共50件,均为陶器,可辨器形有板瓦、筒瓦、罐和盆(图三九)。

二十三、宋屯西遗物分布区

分布区位于滕州市羊庄镇宋屯村西,所处地形为山前坡地,东西两侧各有一条冲沟,并在其南侧交汇,地表主要为荒地。分布区总面积8.2万平方米,共有遗物采集区6个,遗物丰富、一般及不丰富的采集区数量分别为0、3和3个。采集遗物仅有秦汉时期遗物。采集遗物共31件,均为陶器,可辨器形有板瓦、筒瓦、井圈、罐、瓮(图三八、图三九)。

二十四、宋屯西南遗物分布区

分布区位于滕州市羊庄镇宋屯村西南,所处地形为山前坡地,中部有一条冲沟,地表主要为麦地。分布区总面积23.6万平方米,共有遗物采集区14个,遗物丰富、一般及不丰富的采集区数量分别为0、1和13个。采集遗物时代包括东周和秦汉2个时期(图三八)。

东周时期遗物分布区面积9.8万平方米,包括遗物采集区6个。采集遗物共16件,均为陶器,可辨器形有板瓦、筒瓦、罐和盆(图三九)。

秦汉时期遗物分布区范围较东周时期遗物分布区有所扩大,面积14.1万平方米,包括遗物采集区9个。采集遗物共20件,均为陶器,可辨器形有板瓦、筒瓦、罐、盆(图三九)。

东周时期遗物标本，3件。

110319WYL003-1，罐口沿。夹砂灰陶。侈口，尖圆唇，斜折沿，弧腹。腹部饰瓦棱纹。残高6.7、残宽11.5、厚0.5～0.8厘米（图四〇，3）。

110319WYL004-1，盆口沿。夹砂黄褐陶。敛口，方唇，唇面内凹，宽折沿，弧腹。腹部饰浅斜绳纹。残高6.8、残宽15、厚0.6～1.2厘米（图四〇，1）。

110319ZGJ003-1，盆口沿。夹砂灰陶。近直口，方唇，唇面一周凹槽，弧腹。腹饰横绳纹。残高5、残宽10、厚0.65～1.4厘米（图四〇，2）。

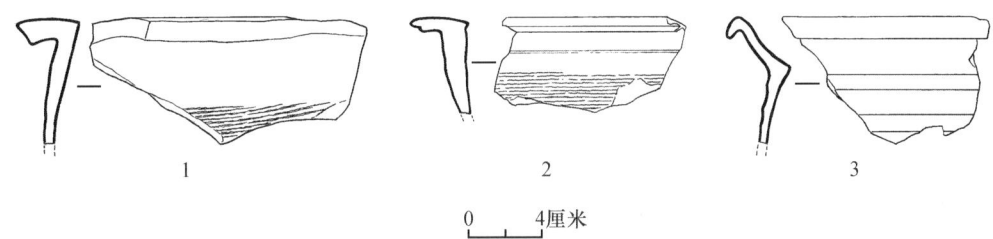

图四〇 宋屯西南遗物分布区遗物标本
1. 盆口沿（110319WYL004-1） 2. 盆口沿（110319ZGJ003-1） 3. 罐口沿（110319WYL003-1）

二十五、小赵庄西遗物分布区

分布区位于滕州市羊庄镇小赵庄村西两条冲沟交汇处，所处地形基本为平地，地表主要为荒地。分布区总面积5.3万平方米，共有遗物采集区6个，遗物丰富、一般及不丰富的采集区数量分别为3、0和3个。采集遗物时代包括东周和秦汉2个时期，以秦汉时期遗物为主，东周时期为散点区（图三八）。

秦汉时期遗物分布区面积4.3万平方米，包括遗物采集区5个。采集遗物共43件，均为陶器，可辨器形有板瓦、筒瓦、罐、盆和瓮（图三九）。

二十六、东南庄东南遗物分布区

分布区位于滕州市羊庄镇东南庄村东南，西北侧紧邻一条冲沟，所处地形基本为平地，地表主要为麦地。分布区面积18.2万平方米，共有遗物采集区6个，遗物丰富、一般及不丰富的采集区数量分别为0、1和5个。采集区仅有秦汉时期遗物，采集遗物共13件，均为陶器，可辨器形有板瓦和筒瓦（图四一、图四二）。

二十七、西南庄西南遗物分布区

分布区位于滕州市羊庄镇西南庄村西南，一条冲沟的两侧，所处地形主要为山前坡地，地表主要为林地。分布区总面积11.4万平方米，共有遗物采集区7个，遗物丰富、一般及不丰富的采集区数量分别为0、1和6个。采集遗物时代包括东周和秦汉2个时期，以秦汉时期遗物为主，

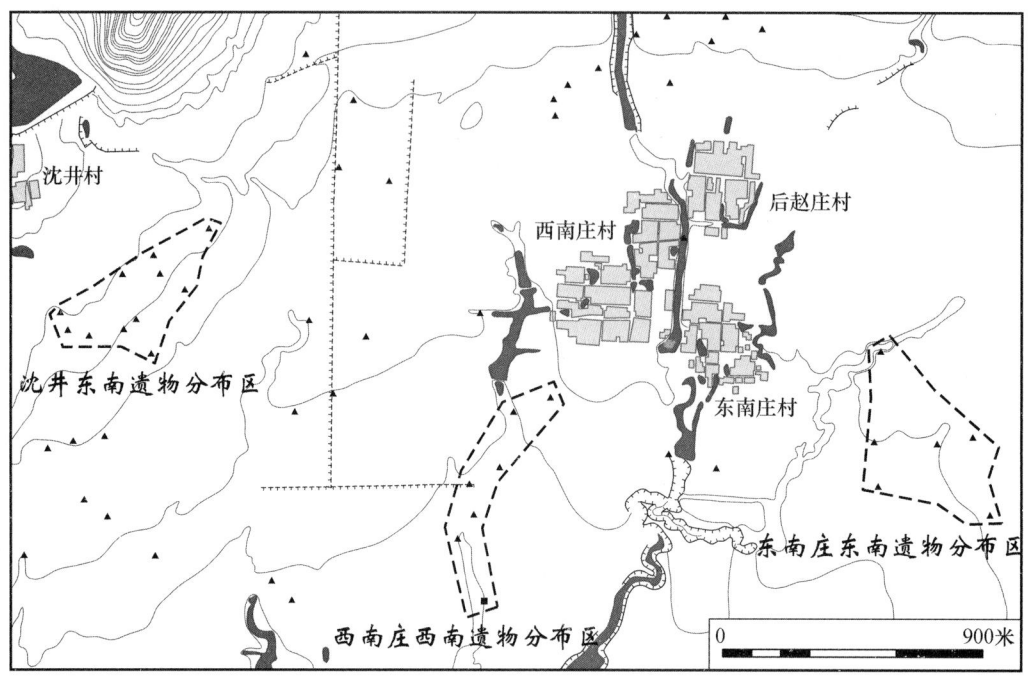

图四一　西南庄区域遗物分布区图

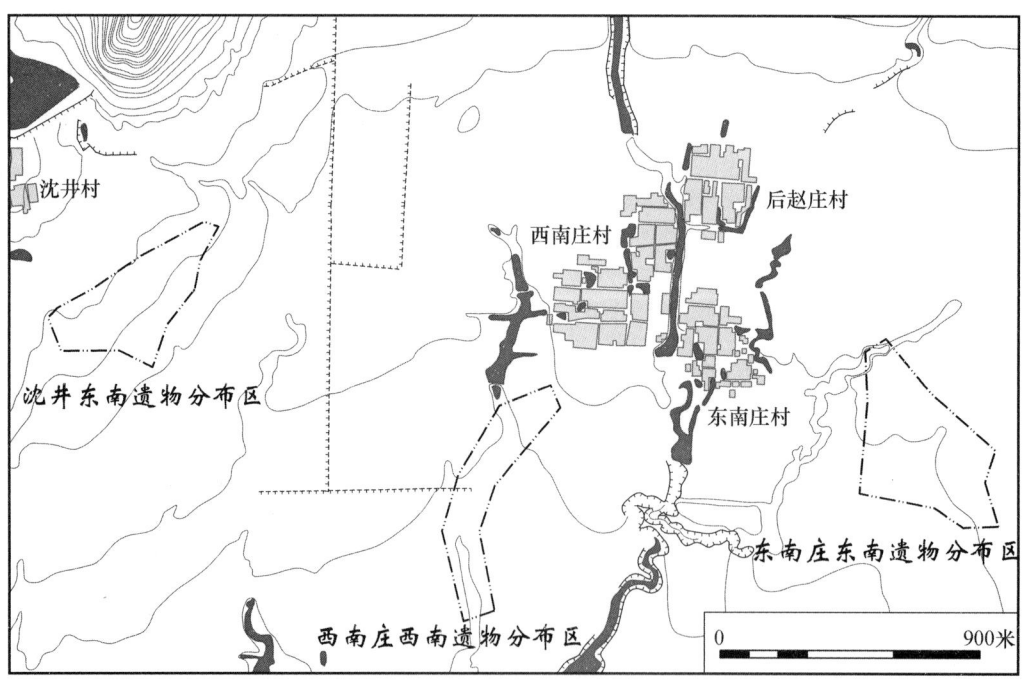

图四二　西南庄区域秦汉时期遗物分布区图

东周时期为散点区（图四一）。

秦汉时期遗物分布区面积11.4万平方米，包括遗物采集区7个。采集遗物共13件，均为陶器，可辨器形有板瓦、筒瓦、罐和盆（图四二）。

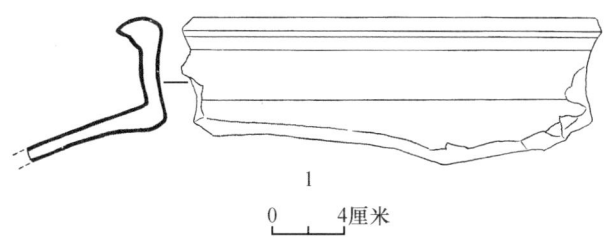

图四三 西南庄西南遗物分布区遗物标本
1. 瓮口沿（110322MC001-1）

秦汉时期遗物标本，1件。

110322MC001-1，瓮口沿。夹砂灰陶。直口微敛，圆唇，短颈，广肩。素面。残高7.8、残宽22.8、厚0.8~1.4厘米（图四三，1）。

二十八、沈井东南遗物分布区

分布区位于滕州市羊庄镇沈井村东南，所处地形为山前坡地，地表主要为麦地。分布区总面积13.3万平方米，共有遗物采集区11个，全部为遗物不丰富采集区。采集遗物时代包括东周和秦汉2个时期，以秦汉时期遗物为主，东周时期为散点区（图四一）。

秦汉时期遗物分布区面积13.3万平方米，包括遗物采集区11个。采集遗物共24件，均为陶器，可辨器形有板瓦、筒瓦、盆（图四二）。

二十九、尚屯东北遗物分布区

分布区位于滕州市羊庄镇尚屯村东北，西南侧紧邻尚屯村，所处地形为山坡，地表主要为荒地。分布区总面积34万平方米，共有遗物采集区11个，全部为遗物不丰富采集区。采集遗物时代包括西周、东周、秦汉、隋唐和宋元多个时期，以秦汉时期遗物为主，其他可划分时期均为散点区（图四四）。

秦汉时期遗物分布区面积13.8万平方米，包括遗物采集区6个。采集遗物共9件，均为陶器，可辨器形有板瓦和筒瓦（图四五）。

三十、尚屯西遗物分布区

分布区位于滕州市羊庄镇尚屯村西，所处地形为山坡，地表现为荒地。遗址总面积42.2万平方米，共有遗物采集区16个，遗物丰富、一般及不丰富的采集区数量分别为0、1和15个。采集遗物时代包括龙山文化、东周和秦汉3个时期，以东周和秦汉时期遗物为主，龙山文化时期为散点区（图四四）。

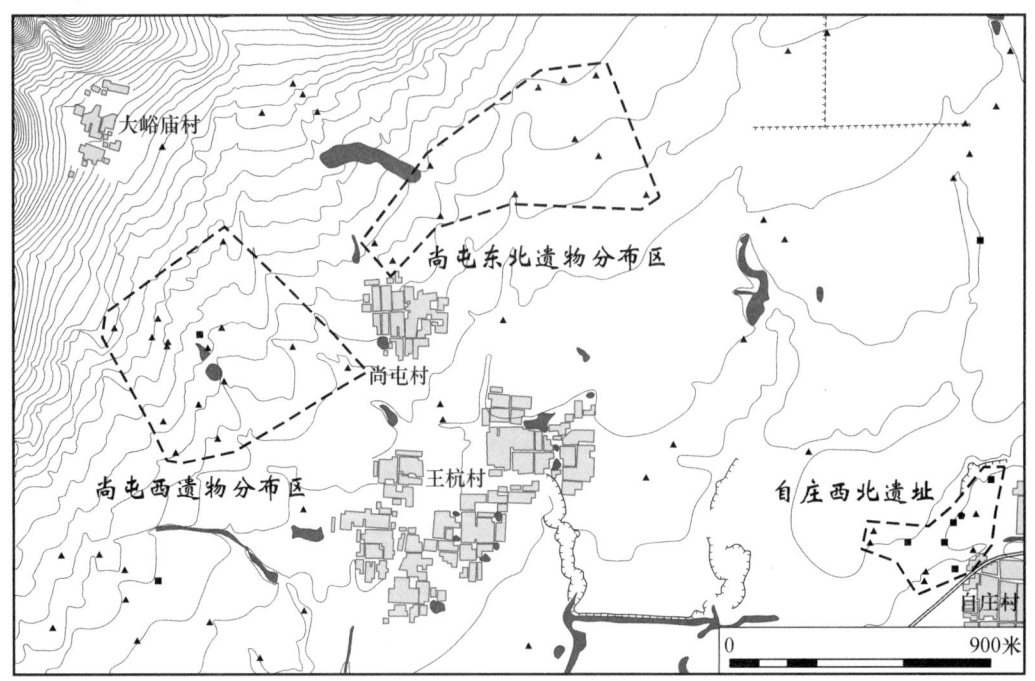

图四四　尚屯区域遗址分布图

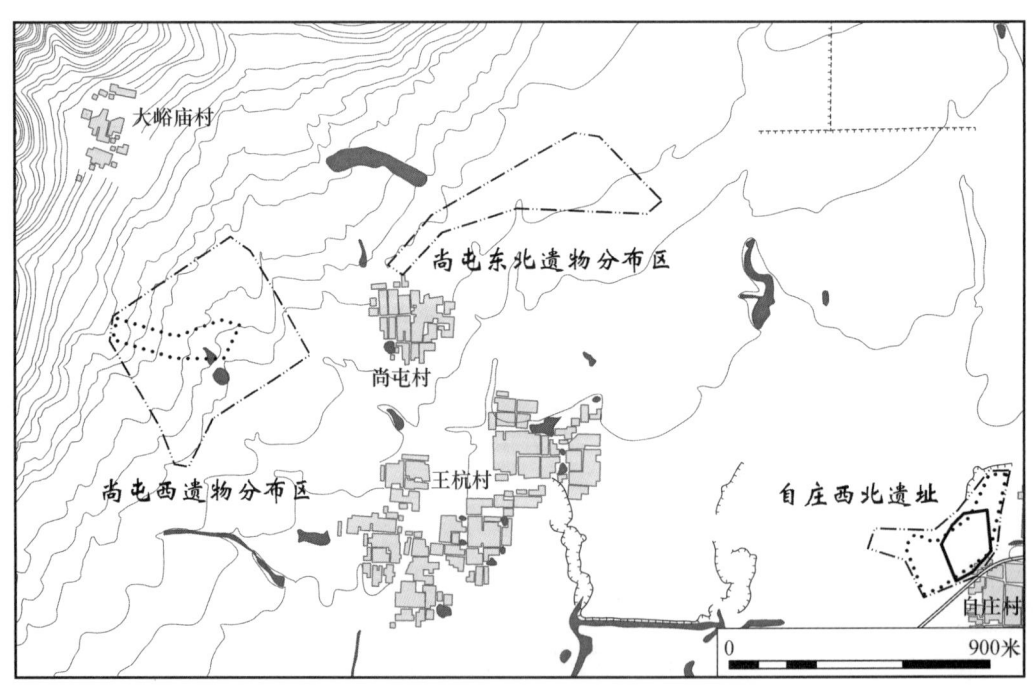

图四五　尚屯区域东周—秦汉时期遗址分布图

东周时期遗物分布区面积为3.7万平方米，包括遗物采集区5个。采集遗物共8件，均为陶器，可辨器形有筒瓦和罐（图四五）。

秦汉时期遗物分布区范围较东周时期遗物分布区大大增加，面积27.3万平方米，包括遗物采集区12个。采集遗物共21件，均为陶器，可辨器形有板瓦、筒瓦和罐（图四五）。

三十一、自庄西北遗址

遗址位于滕州市羊庄镇自庄村西北,东南侧紧邻自庄和后石湾村,所处地形主要为山前坡地,地表主要为麦地。遗址总面积9.7万平方米,共有遗物采集区12个,遗物丰富、一般及不丰富的采集区数量分别为1、5和6个。采集遗物时代包括东周、秦汉和宋元3个时期,以东周和秦汉时期遗物为主(图四四)。

东周为遗物分布区,面积5.7万平方米,包括遗物采集区7个。采集遗物共5件,均为陶器,可辨器形有罐和盆(图四五)。

秦汉时期遗址范围与东周时期遗物分布区相当,面积9.2万平方米,共有遗物采集区12个。其中核心分布区1个,面积2.7万平方米,包括遗物采集区6个;一般分布区面积6.5万平方米,包括遗物采集区6个。采集遗物共14件,均为陶器,可辨器形有板瓦、筒瓦和瓮(图四五)。

三十二、王杭南遗址

遗址位于滕州市羊庄镇王杭村南,所处地形为山前坡地,东部有一条冲沟。遗址总面积62.3万平方米,共有遗物采集区33个。遗物多分布在遗址东部的冲沟两侧,据当地村民反映,陶片多为打井时自地下翻出堆积在此,遗物丰富、一般及不丰富的采集区数量分别为3、6和24个。采集遗物时代包括东周和秦汉2个时期,以秦汉时期遗物为主,东周时期为散点区(图四六;图版一四,1)。

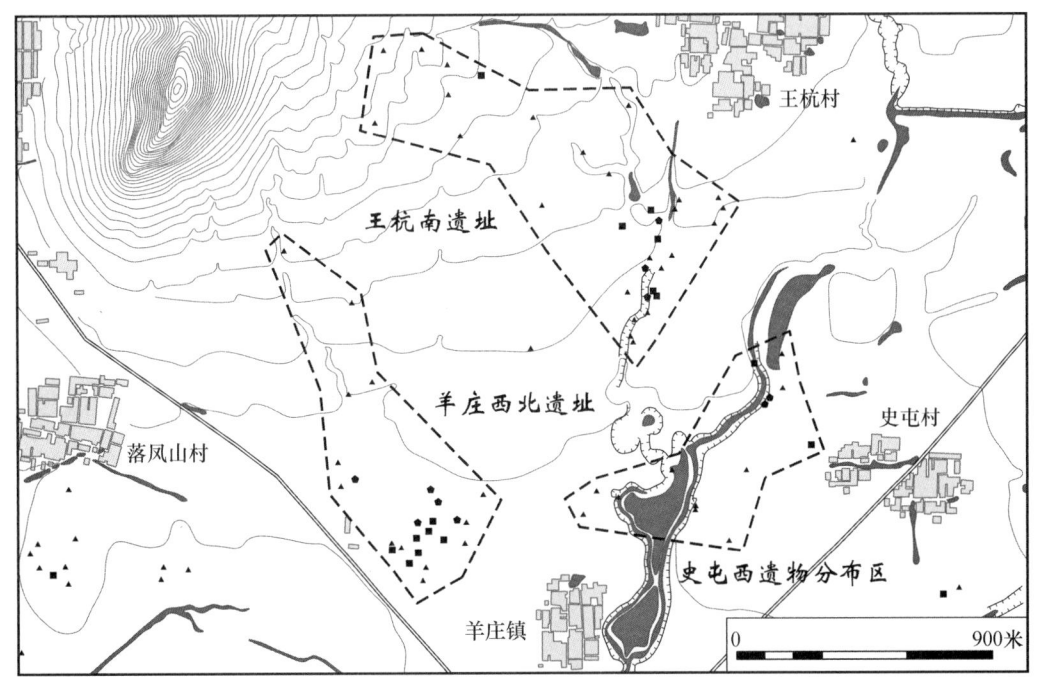

图四六　羊庄北区域遗址分布总图

秦汉时期遗址面积57万平方米，共有遗物采集区29个。其中核心分布区1个，面积7.6万平方米，包括遗物采集区17个；一般分布区面积49万平方米，包括遗物采集区12个。采集遗物共99件，均为陶器，可辨器形有板瓦、筒瓦、罐、盆和瓮（图四七）。

东周时期遗物标本，1件。

120405FX004-1，罐口沿。夹砂灰陶。直口微内敛，颈下饰斜绳纹。残高4、残宽8.3、厚0.8~1.6厘米（图四八，3）。

秦汉时期遗物标本，2件。

120404YJ005-1，罐口沿。泥质灰陶，近直口，圆唇，短颈，斜肩。残高6.5、残宽17.8、厚0.7~2.3厘米（图四八，1）。

120404FX005-1，盆口沿。泥质灰陶，口微敛，方唇，宽折沿，弧腹。腹部饰瓦棱纹。残高9.6、残宽12.5、厚0.8厘米（图四八，2）。

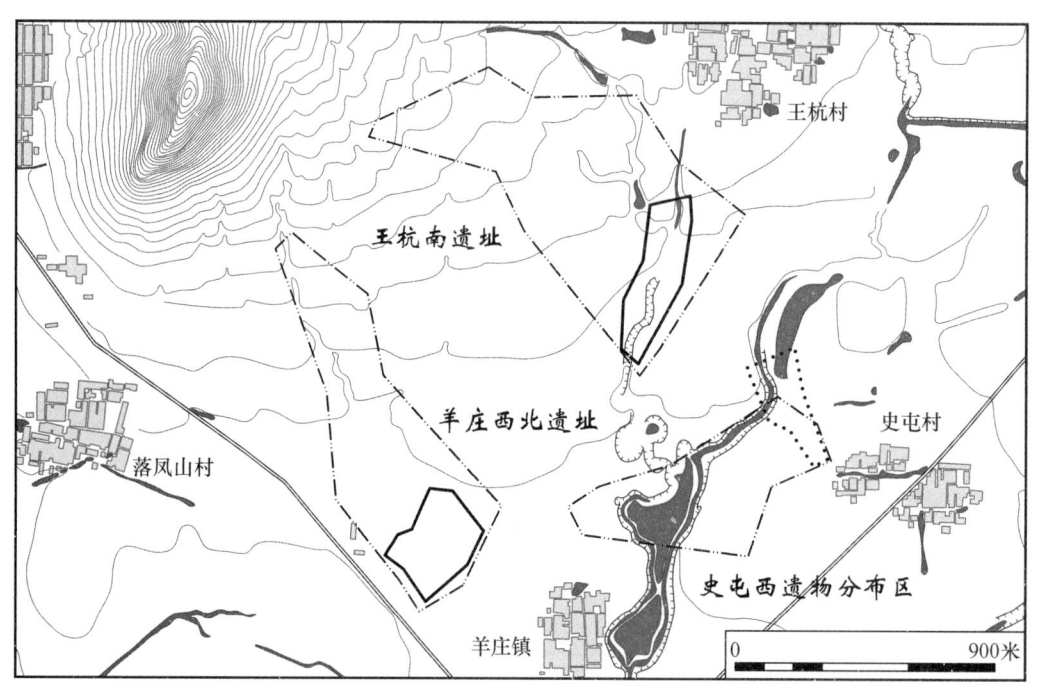

图四七　羊庄北区域东周—秦汉时期遗址分布图

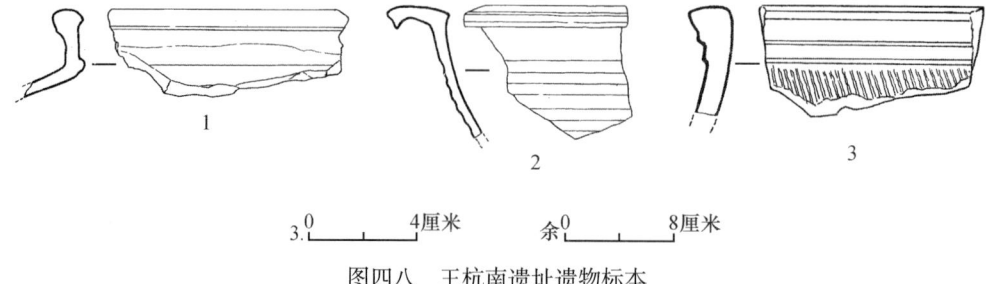

图四八　王杭南遗址遗物标本

1. 罐口沿（120404YJ005-1）　2. 盆口沿（120404FX005-1）　3. 罐口沿（120405FX004-1）

三十三、羊庄西北遗址

遗址位于滕州市羊庄镇西北，所处地形为山前坡地，地表主要为麦地。遗址总面积38.5万平方米，共有遗物采集区25个，遗物丰富、一般及不丰富的采集区数量分别为5、7和13个。采集遗物时代包括东周和秦汉2个时期，以秦汉时期遗物为主，东周时期为散点区（图四六）。此外，遗址中部一沟壁上发现两处疑似灰坑的堆积，可见宽度分别为1.1米和1米，残余深度0.25米，其内填土均为黄褐色黏土，土质较硬，包含炭灰、铁渣、陶片（可辨器形有东周陶罐残片和汉代板瓦）和类似坩埚的遗存，推测可能与冶铁有关（图版一四，2）。

秦汉时期遗址面积26.9万平方米，共有遗物采集区25个。其中核心分布区1个，面积7.1万平方米，包括遗物采集区17个；一般分布区面积19.8万平方米，包括遗物采集区8个，其中发现上述可能与冶铁有关的遗迹。采集遗物共123件，均为陶器，可辨器形有板瓦、筒瓦、罐和瓮（图四七）。

三十四、史屯西遗物分布区

分布区位于滕州市羊庄镇史屯村西，东侧紧邻史屯村，所处地形基本为平地，中部为一条季节性河流，地表主要为麦地、林地和荒地。遗址总面积30万平方米，共有遗物采集区14个，遗物丰富、一般及不丰富的采集区数量分别为2、2和10个。采集遗物时代包括东周和秦汉2个时期。此外，分布区发现4座集中的石室墓，均已残破，其墓室都较大，暴露者似均为单室墓，年代应为汉代（图四六；图版一四，3）。

东周时期遗物分布区面积4.8万平方米，包括遗物采集区6个。采集遗物共31件，均为陶器，可辨器形有板瓦、筒瓦、鬲、罐、盆（图四七）。

秦汉时期遗物分布区面积23.8万平方米，包括遗物采集区11个。采集遗物共25件，均为陶器，可辨器形有板瓦、筒瓦、罐、盆和瓮（图四七）。

东周时期遗物标本，3件。

120404LQY004-1，鬲足。夹砂红褐陶。矮足，外表饰绳纹。残高5.5厘米（图四九，3）。

110322FR001-1，罐口沿。夹砂灰陶。侈口，中高领，宽斜肩，颈部凸棱和凹弦纹各一周，肩部密布细凸弦纹。残高8、残宽7.9、厚0.6~1厘米（图四九，1）。

120404LQY004-2，罐口沿。夹砂褐胎黑皮陶。近直口，方唇，平折沿，沿面三周凹槽。残高1.5、残宽3.7、厚0.65厘米（图四九，2）。

三十五、大北塘南遗址

遗址位于滕州市羊庄镇大北塘村南，东侧紧邻薛河，所处地形为河流阶地，地表主要为荒地。遗址总面积4万平方米，共有遗物采集区6个，遗物丰富、一般及不丰富的采集区数量分别

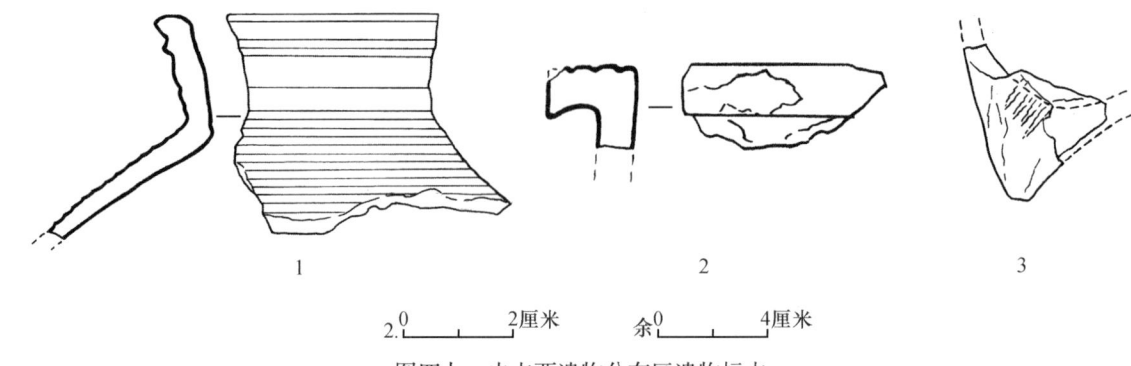

图四九 史屯西遗物分布区遗物标本
1. 罐口沿（110322FR001-1） 2. 罐口沿（120404LQY004-2） 3. 鬲足（120404LQY004-1）

为1、0和5个。采集遗物时代包括东周、秦汉、宋元3个时期，以东周和秦汉时期遗物为主（图五〇）。

秦汉时期遗址面积4万平方米，共有遗物采集区5个。其中核心分布区1个，面积2.2万平方米，包括遗物采集区4个；一般分布区面积1.8万平方米，包括遗物采集区1个。采集遗物共6件，均为陶器，可辨器形有板瓦、筒瓦和罐（见后文图五三）。

三十六、民庄西南遗址

遗址位于滕州市羊庄镇民庄西南，跨越薛河两岸，西南侧紧邻南塘村，所处地形为河流阶地和平地，地表主要为麦地、林地和荒地。遗址总面积66.6万平方米，共有遗物采集区108个，遗物丰富、一般及不丰富的采集区数量分别为14、16和78个。采集遗物时代包括北辛文化、大汶口文化、商代、西周、东周、秦汉和宋元多个时期，以北辛文化、大汶口文化、西周、东周和秦汉时期遗物为主，商代时期为散点区（图五〇）。此外，20世纪中国社会科学院考古所山东队等也曾调查过此遗址，在南塘村东北约80米发现西周时期的遗存[①]。此次调查在遗址中部一取土坑内发现石室墓16座，多数残破较甚，形制有单室、双室和三室三种，多数墓葬墓壁为素面，只有M8、M10刻划有铺首衔环、十字穿璧等图案，此组墓葬的年代除M8、M10应为东汉时期外，其他墓葬的年代应为西汉晚期至东汉初期（图版一五）。

北辛文化时期为遗物分布区，面积8100平方米，包括遗物采集区3个。采集遗物共21件，均为陶器，可辨器形有鼎、罐和小口双耳壶（图五一）。

大汶口文化时期为遗物分布区，位置与北辛文化遗物分布区相近，面积8700平方米，包括遗物采集区3个。采集遗物共34件，均为陶器，可辨器形有属于大汶口文化中期的鼎、罐、钵和器盖（图五一）。

西周时期遗址面积13.5万平方米，共有遗物采集区12个。其中核心分布区有三区：Ⅰ区与大汶口文化时期遗物分布区相近，面积6100平方米，包括遗物采集区3个；Ⅱ区面积5700平方米，包括遗物采集区3个；Ⅲ区面积6500平方米，包括遗物采集区4个。一般分布区面积11.7

---

① 中国社会科学院考古研究所山东队、滕县博物馆：《山东滕县古遗址调查简报》，《考古》1980年1期。

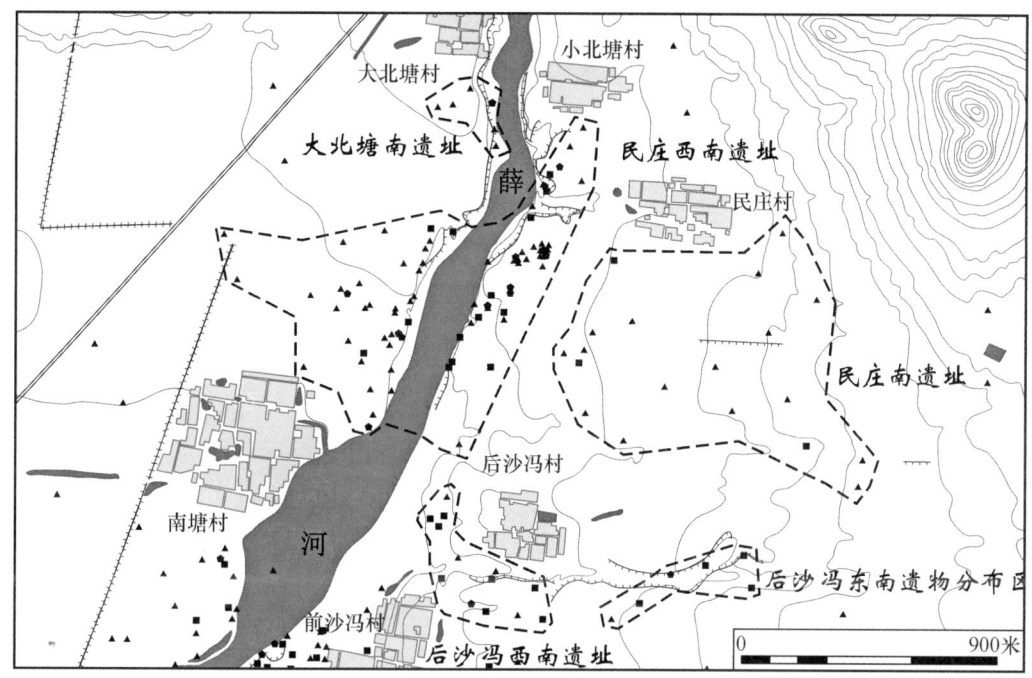

图五〇　民庄区域遗址分布总图

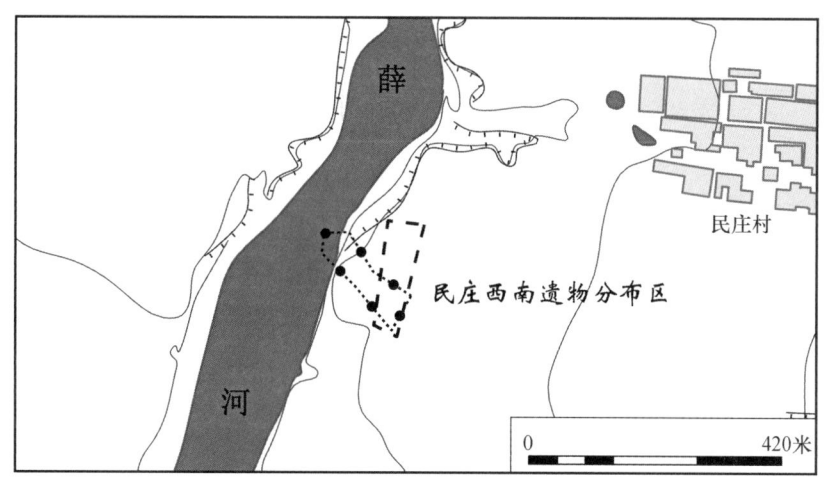

图五一　民庄区域北辛文化—大汶口文化时期遗物分布区图

万平方米,包括遗物采集区2个。采集遗物共38件,均为陶器,可辨器形有鬲、簋和罐(图五二)。

东周时期遗址西北部延伸至大北塘南遗址,面积50.7万平方米,共有遗物采集区44个。其中核心分布区有四区:Ⅰ区面积1.2万平方米,包括遗物采集区5个;Ⅱ区位置与西周时期遗址核心分布区Ⅰ区相近,面积8900平方米,包括遗物采集区5个;Ⅲ区位置与西周时期遗址核心分布区Ⅱ区相近,面积1.1万平方米,包括遗物采集区6个;Ⅳ区分布在薛河西岸,面积6.7万平方米,包括遗物采集区16个。一般分布区面积40.8万平方米,包括遗物采集区12个。采集遗物共122件,均为陶器,可辨器形有板瓦、筒瓦、罐、盆、甗、盂和豆(图五三)。

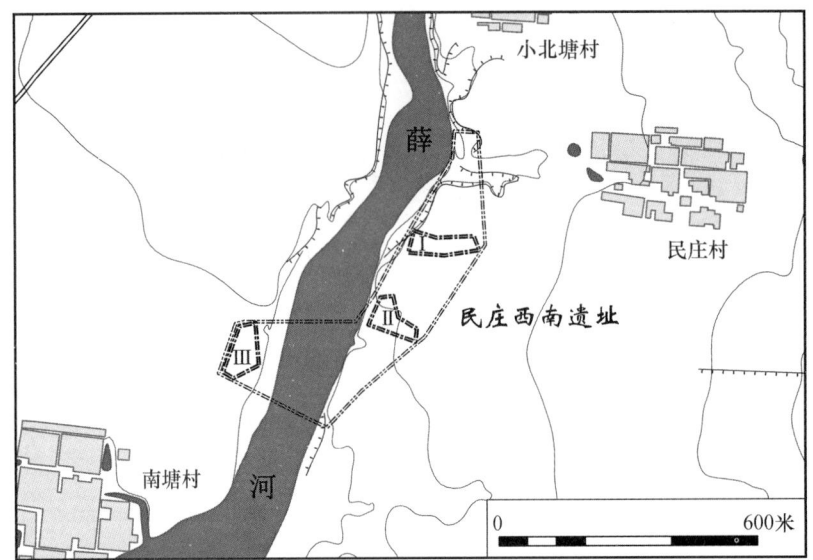

图五二　民庄区域西周时期遗址分布图

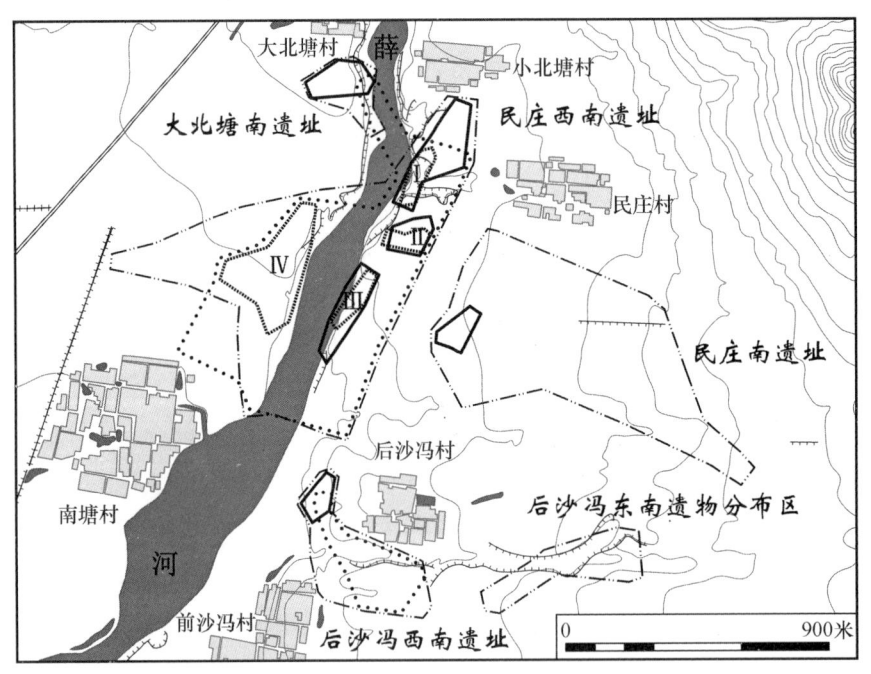

图五三　民庄区域东周—秦汉时期遗址分布图

秦汉时期遗址面积58.5万平方米，共有遗物采集区50个。其中核心分布区有三区，均分布在薛河东岸，三区位置与东周时期遗址的Ⅰ、Ⅱ、Ⅲ核心分布区相近：Ⅰ区面积4万平方米，包括遗物采集区8个；Ⅱ区面积1.5万平方米，包括遗物采集区18个；Ⅲ区面积2.5万平方米，包括遗物采集区7个。一般分布区面积50.5万平方米，包括遗物采集区17个。采集遗物共203件，均为陶器，可辨器形有板瓦、筒瓦、罐、盆、瓮（图五三）。

北辛文化时期遗物标本，5件。

110314ZGJ004-9，鼎口沿。夹砂黄褐陶。釜形，近直口，方唇，近腹微弧。沿下有斜向刻槽，腹中部一周凹槽。残高7.4、残宽7、厚0.3～0.8厘米（图五四，3；图版四九，6）。

110314WYL011-1，罐口沿。夹砂灰胎红陶。近直口。素面。残高5.1、残宽5.2、厚1.2～1.6厘米（图五四，1）。

110314ZGJ004-10，罐耳。粗砂红陶。椭圆形耳，横穿一孔。残高5.2、残宽4.7、孔径0.8厘米（图五四，2；图版四九，8）。

110314ZGJ004-13，腹片。粗砂黄褐陶。器表饰成组窄条状附加堆纹。残长4、残宽5、厚0.7厘米（图五四，4）。

110314ZGJ004-12，腹片。粗砂黄褐陶。篦划纹。残长4、残宽4.5、厚0.9厘米（图五四，5）。

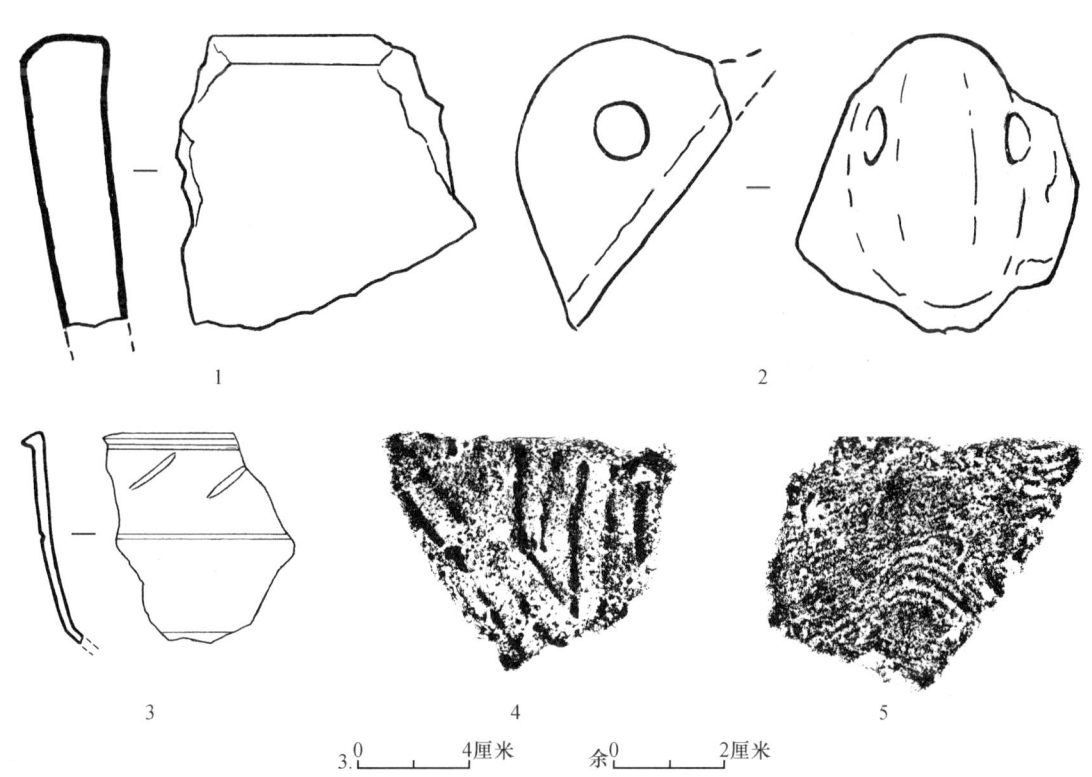

图五四　民庄西南遗址北辛文化时期遗物标本
1. 罐口沿（110314WYL011-1）　2. 罐耳（110314ZGJ004-10）　3. 鼎口沿（110314ZGJ004-9）
4. 腹片（110314ZGJ004-13）　5. 腹片（110314ZGJ004-12）

大汶口文化时期遗物标本，11件。

110314ZGJ004-6，鼎足。夹砂黄褐陶。凿形足，横断面近方形。残高6.1厘米（图五五，7；图版四九，7）。

110314WHY007-1，鼎足。夹砂红陶。凿形足，横断面为椭圆形。残高4.5厘米（图五五，8）。

110314ZGJ004-8，鼎足。夹砂黄褐陶。侧三角形足，横断面近椭圆形。残高6.2厘米（图五五，9）。

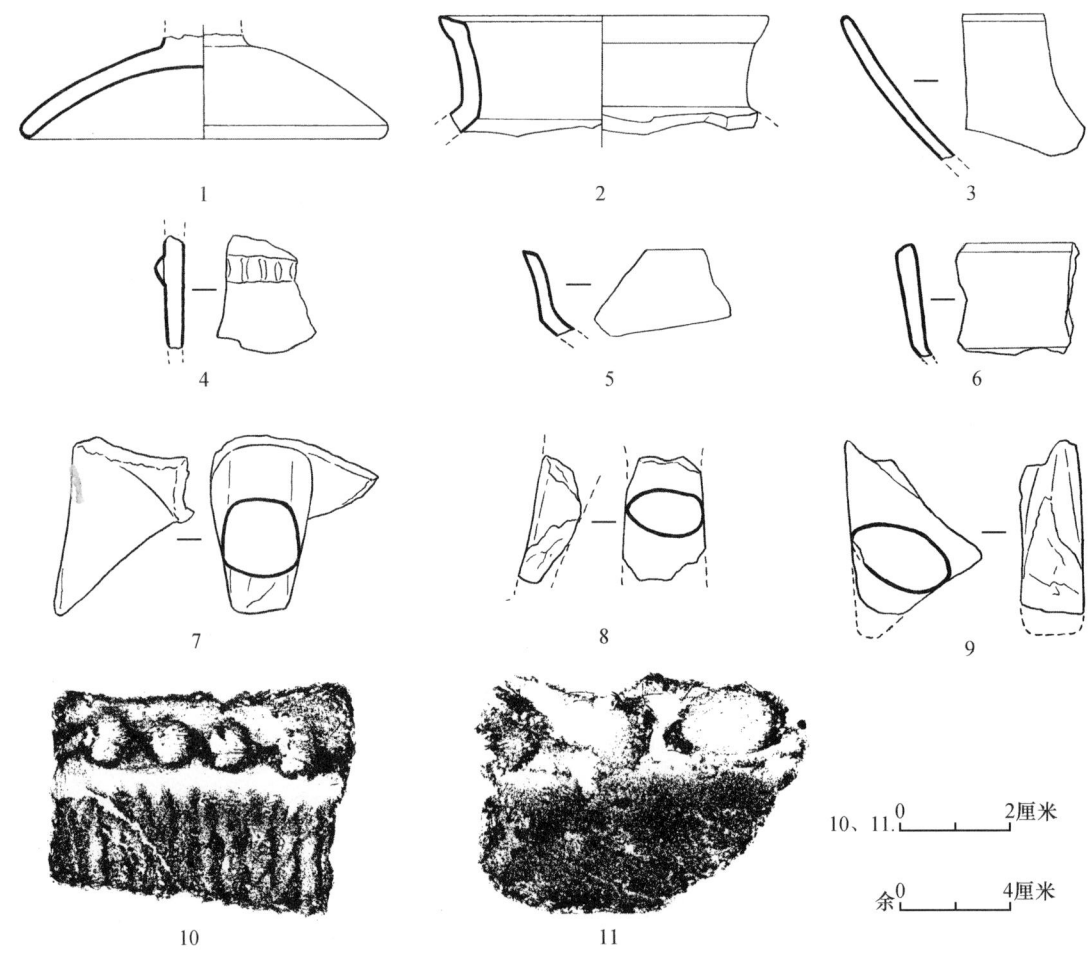

图五五　民庄西南遗址大汶口文化时期遗物标本

1. 器盖（110314ZGJ004-3）　2. 壶口沿（110314ZGJ004-7）　3. 钵口沿（110314ZGJ004-2）　4. 罐腹片（110314ZGJ004-5）　5. 豆盘（110314ZGJ004-4）　6. 钵口沿（110314ZGJ004-1）　7. 鼎足（110314ZGJ004-6）　8. 鼎足（110314WHY007-1）　9. 鼎足（110314ZGJ004-8）　10. 腹片（110314ZGJ004-14）　11. 腹片（110314ZGJ004-11）

110314ZGJ004-5，罐腹片。夹粗砂红陶。一周附加堆纹，上有按窝。残高4、残宽3.5、厚0.6厘米（图五五，4）。

110314ZGJ004-1，钵口沿。夹砂灰褐陶。近直口，微斜腹。素面。残高4、残宽3.9、厚0.5~0.8厘米（图五五，6）。

110314ZGJ004-2，钵口沿。夹砂黄褐陶。敞口，弧腹。素面。残高5、残宽4.6、厚0.5厘米（图五五，3）。

110314ZGJ004-7，壶口沿。泥质黄褐陶。侈口，圆方唇，束颈。素面。复原口径12、残高4.2、厚0.7~1厘米（图五五，2）。

110314ZGJ004-4，豆盘。泥质灰胎黑皮陶。敞口，折腹，以下残失。素面，磨光。残高3、残宽5、厚0.5~0.8厘米（图五五，5）。

110314ZGJ004-3，器盖。夹砂红陶。覆盘形，敞口，弧腹，盖纽残。素面。复原口径13、残高3.7、厚0.5~1.1厘米（图五五，1；图版四九，5）。

110314ZGJ004-14，腹片。夹砂褐胎黑皮陶。一周附加堆纹，其上饰按窝。残长4、残宽5.6、厚0.6厘米（图五五，10）。

110314ZGJ004-11，腹片。夹砂红褐陶。一周附加堆纹，其上饰按窝。残长4、残宽5.9、厚0.8厘米（图五五，11）。

商代时期遗物标本，2件。

110315CZL003-2，鬲足。夹砂红褐陶。锥状实足尖微内勾。上部饰绳纹。残高7.8厘米（图五六，6）。

110315CZL003-1，鬲足。夹砂红褐陶。锥状实足尖微内勾。残高7.7厘米（图五六，8）。

西周时期遗物标本，3件。

110314BXQ002-1，鬲足。夹砂灰褐陶。锥形实足尖。外表饰绳纹。残高6.8厘米（图五六，5）。

110314WYL004-1，鬲足。夹砂灰陶。外表饰浅绳纹。残高5.2厘米（图五六，7）。

110314BXQ002-2，腹片。夹砂灰褐陶。绳纹。残长7、残宽6.5、厚0.6厘米（图五六，4）。

东周时期遗物标本，6件。

110311WPD010-4，鬲足。夹砂灰陶，局部红褐。乳状实足。素面。残高7厘米（图五七，7）。

110314WYL013-1，罐。泥质灰陶。肩以上残，鼓腹，平底内凹。下腹及底部饰交错绳纹。复原底径7.6、残高18、厚0.8～1.4厘米（图五六，1）。

110314CZL009-1，罐。泥质浅灰陶。侈口，卷沿，束颈，窄折肩，斜腹，平底微内凹。器

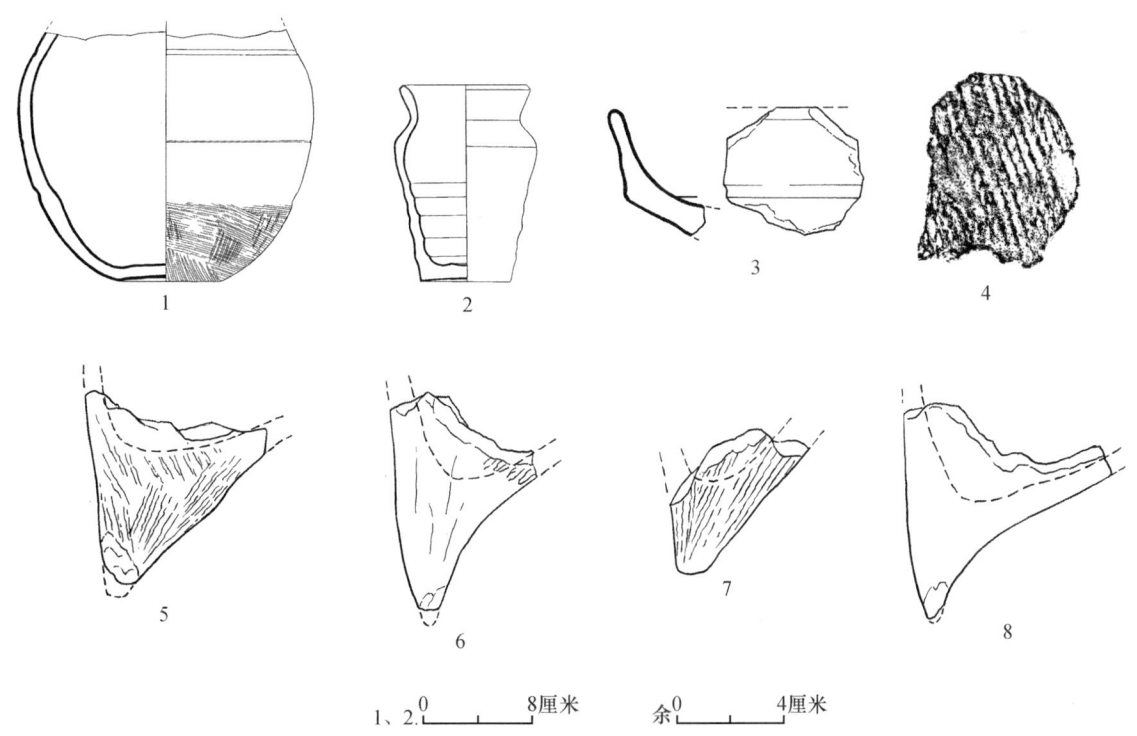

图五六 民庄西南遗址商代等时期遗物标本

1.罐（110314WYL013-1） 2.罐（110314CZL009-1） 3.豆盘（110315CZL003-3） 4.腹片（110314BXQ002-2） 5.鬲足（110314BXQ002-1） 6.鬲足（110315CZL003-2） 7.鬲足（110314WYL004-1） 8.鬲足（110315CZL003-1）

表饰浅凸棱，内壁有轮旋痕迹。口径9.8、底径7、高14.1、厚0.5~1.2厘米（图五六，2）。

110315CZL003-3，豆盘。泥质灰陶。敞口，外折腹，内弧腹。残高4.5、残宽5.3、厚0.5~1.1厘米（图五六，3）。

110312ZMB003-1，盆口沿。夹砂灰陶。直口，方唇，斜折沿，上腹近直，下腹斜收。腹部饰一周宽凹槽。复原口径26、残高4.8、厚0.8~1厘米（图五七，1）。

110312FR004-1，盂。泥质灰陶。直口微敞，折腹，以下残失。残高5.6、残宽5.3、厚0.5~1.1厘米（图五七，2）。

秦汉时期遗物标本，5件。

110314WYL005-1，罐。夹砂红褐陶。敛口，圆唇，卷沿，斜肩，圆腹。素面。残高8、残宽10、厚0.6~2厘米（图五七，9）。

110311WPD010-1，盆口沿。泥质灰陶。平折沿，沿面弧凸，斜直腹。素面。残高12.8、残宽13、厚0.8~2厘米（图五七，3）。

110311WPD010-2，盆口沿。泥质灰黑陶，局部黄褐。近直口，圆唇，卷沿，弧腹。素面。残高6.2、残宽13.2、厚0.4~1.1厘米（图五七，4）。

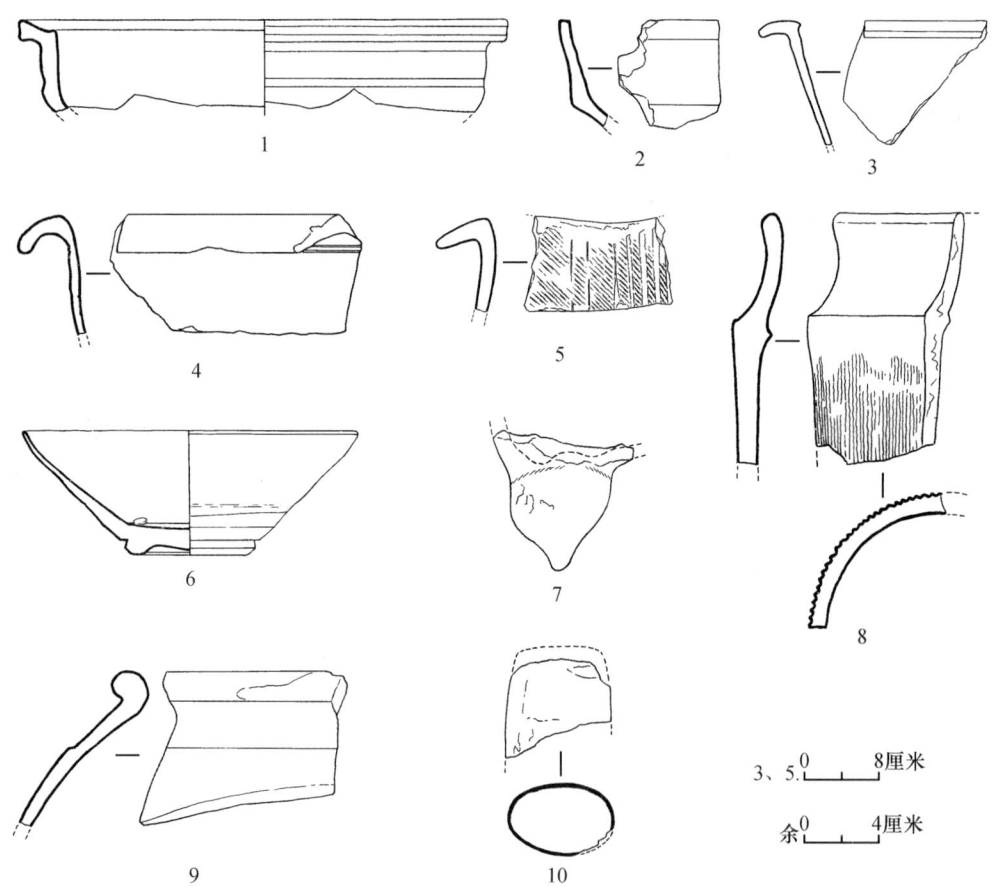

图五七　民庄西南遗址东周等时期遗物标本
1. 盆口沿（110312ZMB003-1）　2. 盂（110312FR004-1）　3. 盆口沿（110311WPD010-1）　4. 盆口沿（110311WPD010-2）
5. 建筑构件（110312GYF002-1）　6. 瓷碗（110312FR006-1）　7. 鬲足（110311WPD010-4）　8. 筒瓦（110311WPD010-3）
9. 罐口沿（110314WYL005-1）　10. 石斧（110314WYL015-1）

110311WPD010-3，筒瓦，残。泥质灰陶。瓦舌较长，圆唇，微束。瓦舌素面，瓦身饰绳纹。模制，内切。残长13、残宽11、厚0.8~2.2厘米（图五七，8）。

110312GYF002-1，建筑构件。泥质深灰陶。一面残留六道凹槽，饰斜绳纹。残长15、残宽9.5、厚1.5厘米（图五七，5）。

宋代时期遗物标本，1件。

110312FR006-1，瓷碗。褐胎黄白色化妆土。敞口，斜腹，矮圈足。复原口径18、复原底径6.8、高6.5、厚0.2~1.5厘米（图五七，6）。

时代不详石器，1件。

110314WYL015-1，石斧，残。横断面呈椭圆形。琢制。残长5.1、残宽5.6、厚4厘米（图五七，10）。

三十七、民庄南遗址

遗址位于滕州市羊庄镇民庄南侧，北侧紧邻民庄村，所处地形为山前坡地，地表主要为麦地、林地和荒地。遗址总面积65.3万平方米，遗物丰富、一般及不丰富的采集区数量分别为0、3和16个。采集遗物时代包括西周、东周、秦汉和宋元多个时期，以秦汉时期遗物为主，其他可划分时期均为散点区（图五〇）。此外，遗址北部发现石室墓1座，但附近有残破的清代墓碑，其时代可能较晚。

秦汉时期遗址面积42.2万平方米，共有遗物采集区14个。其中核心分布区1个，面积1.2万平方米，包括遗物采集区4个；一般分布区面积41万平方米，包括遗物采集区10个。采集遗物共30件，均为陶器，可辨器形有板瓦、筒瓦和罐（图五三）。

东周时期遗物标本，1件。

110314WYL002-1，鬲足。粗砂青灰陶。粗矮锥状实足。残高5.2厘米（图五八，1）。

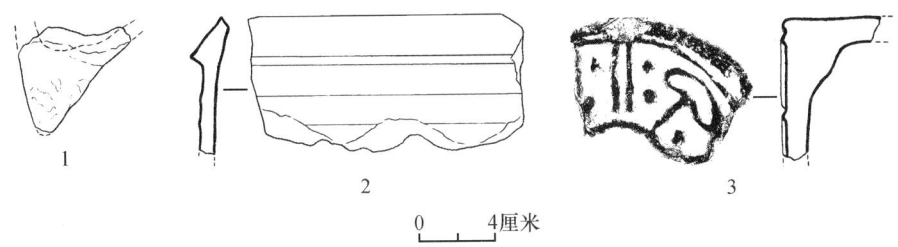

图五八　民庄南、后沙冯西南遗址遗物标本
1. 鬲足（110314WYL002-1）　2. 罐口沿（110312WYL012-1）　3. 瓦当（110312WYL012-2）

三十八、后沙冯西南遗址

遗址位于滕州市羊庄镇后沙冯村西南，北侧紧邻后沙冯村，西南侧紧邻前沙冯村，主要分布于一条较宽冲沟的两侧，地表主要为麦地。遗址总面积11.4万平方米，共有遗物采集区13个，遗物丰富、一般及不丰富的采集区数量分别为1、8和4个。采集遗物时代包括东周和秦汉2

个时期（图五〇；图版一六，1）。

东周时期为遗物分布区，面积6.1万平方米，包括遗物采集区7个。采集遗物共13件，均为陶器，可辨器形有板瓦、罐、豆（图五三）。

秦汉时期遗址面积11.4万平方米，共有遗物采集区11个。其中核心分布区1个，面积1.1万平方米，包括遗物采集区4个；一般分布区面积10.3万平方米，包括遗物采集区7个。采集遗物共69件，均为陶器，可辨器形有板瓦、筒瓦、瓦当、罐（图五三）。

秦汉时期遗物标本，2件。

110312WYL012-1，罐口沿。夹粗砂灰陶。敛口，尖方唇，直颈。颈部有两周细凸棱。残高7、残宽14.5、厚0.7~1.8厘米（图五八，2）。

110312WYL012-2，残瓦当。泥质灰陶。圆瓦当。饰卷云纹和乳钉纹，之间以双短竖线间隔。残长7.3、残宽5.2厘米（图五八，3）。

三十九、后沙冯东南遗物分布区

分布区位于滕州市羊庄镇后沙冯村东南的一条冲沟两侧，地表主要为麦地和林地。分布区总面积6.8万平方米，共有遗物采集区6个，遗物丰富、一般及不丰富的采集区数量分别为1、4和1个。采集遗物时代包括东周和秦汉2个时期，以秦汉时期遗物为主，东周时期为散点区（图五〇）。

秦汉时期遗物分布区面积6.8万平方米，包括遗物采集区6个。采集遗物共40件，均为陶器，可辨器形主要有板瓦、筒瓦、瓦当、罐和瓮（图五三）。

秦汉时期遗物标本，2件。

110312CZL006-1，瓦当，残。夹砂灰陶。饰成组卷云纹和乳钉纹，之间以双竖线间隔。残长11.5、残宽6.5、厚1.5厘米（图五九，1）。

110312CZL006-2，瓦当，残。泥质灰陶。饰卷云纹和乳钉纹，近边缘有一周按压纹。残长8、残宽7.8厘米（图五九，2）。

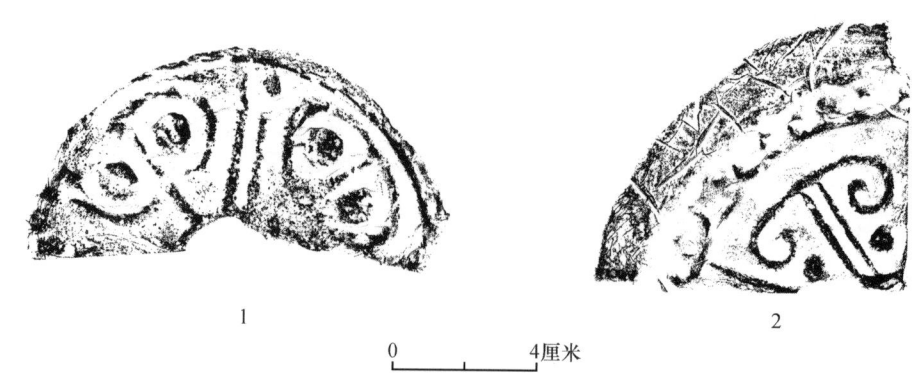

图五九　后沙冯东南遗物分布区遗物标本
1. 瓦当（110312CZL006-1）　2. 瓦当（110312CZL006-2）

四十、前沙冯西遗址

遗址位于滕州市羊庄镇前沙冯村西南，横跨薛河东西两岸，所处地形为河流阶地和平地，地表主要为林地和麦地。遗址总面积63.9万平方米，共有遗物采集区53个。采集区多分布在靠近薛河的区域，遗物丰富、一般及不丰富的采集区数量分别为4、14和35个。采集遗物时代包括商代、西周、东周、秦汉、隋唐和宋元多个时期，以商代、西周、东周和秦汉时期遗物为主（图六〇）。此外，20世纪中国社会科学院考古所山东队等曾在前沙冯西南区域内发现了西周时期遗存，在南塘村南约80米发现了龙山文化和西周时期的遗存[1]。本次调查在遗址中部近河东岸断崖上发现了文化层堆积，其中包含西周和东周时期的陶片、灰烬等遗物，但未在西岸发现龙山文化和西周的遗存；在遗址西部南塘村南发现石室墓1座，为单室墓，其时代应为西汉晚期至东汉初期；在遗址中还发现盗洞和疑似石室墓的石构件。

商代时期遗址面积3.8万平方米，共有遗物采集区6个。其中核心分布区1个，面积8700平方米，包括遗物采集区4个；一般分布区面积2.9万平方米，包括遗物采集区2个。采集遗物共24件，均为陶器，可辨器形有鬲、罐和簋（图六一）。

西周时期遗址面积4.8万平方米，共有遗物采集区6个。其中核心分布区1个，位置、范围与商代遗址相近，面积2.9万平方米，包括遗物采集区5个；一般分布区面积1.9万平方米，包括遗物采集区1个。采集遗物共15件，均为陶器，可辨器形有鬲、罐和豆（图六一）。

东周时期遗址面积46.1万平方米，共有遗物采集区37个。其中核心分布区1个，范围与西

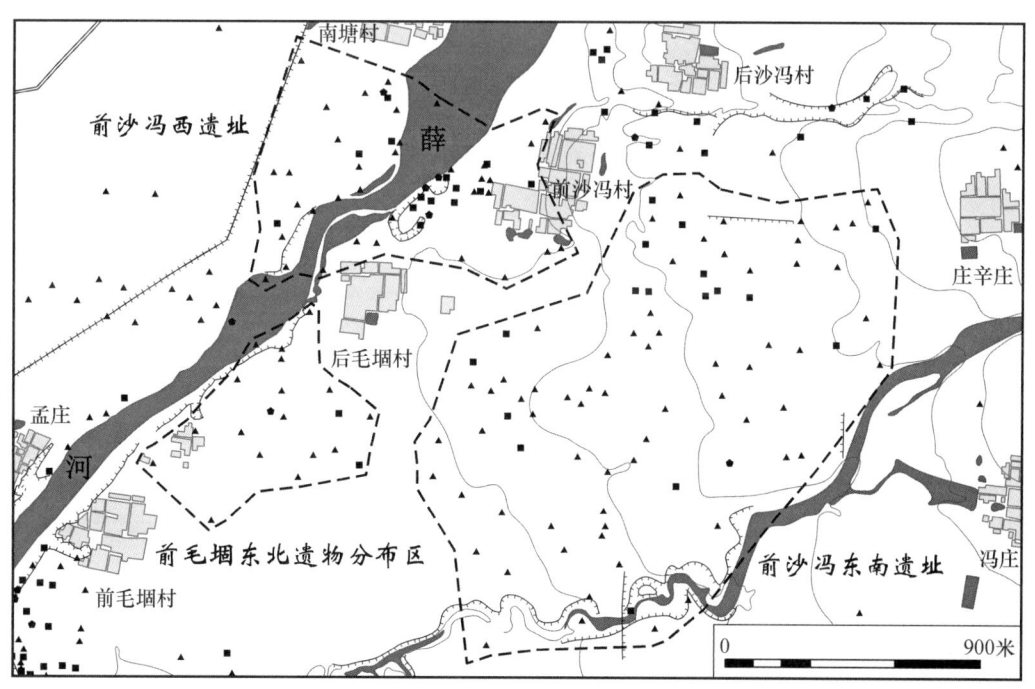

图六〇　前沙冯区域遗址分布图

---

[1] 中国社会科学院考古研究所山东队、滕县博物馆：《山东滕县古遗址调查简报》，《考古》1980年1期。

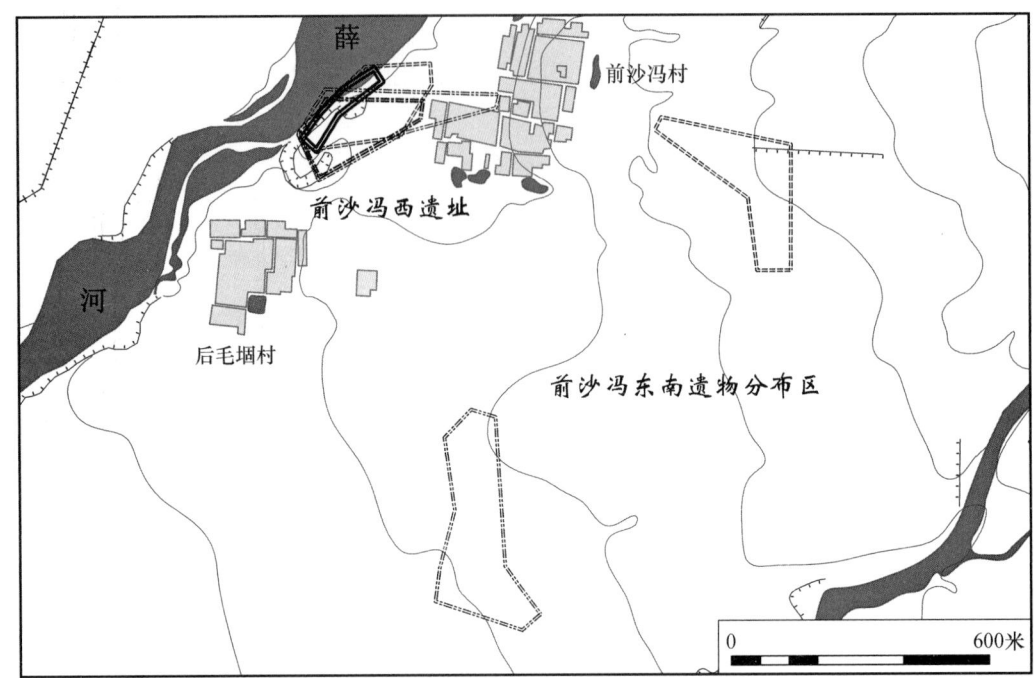

图六一　前沙冯区域商代—西周时期遗址分布图

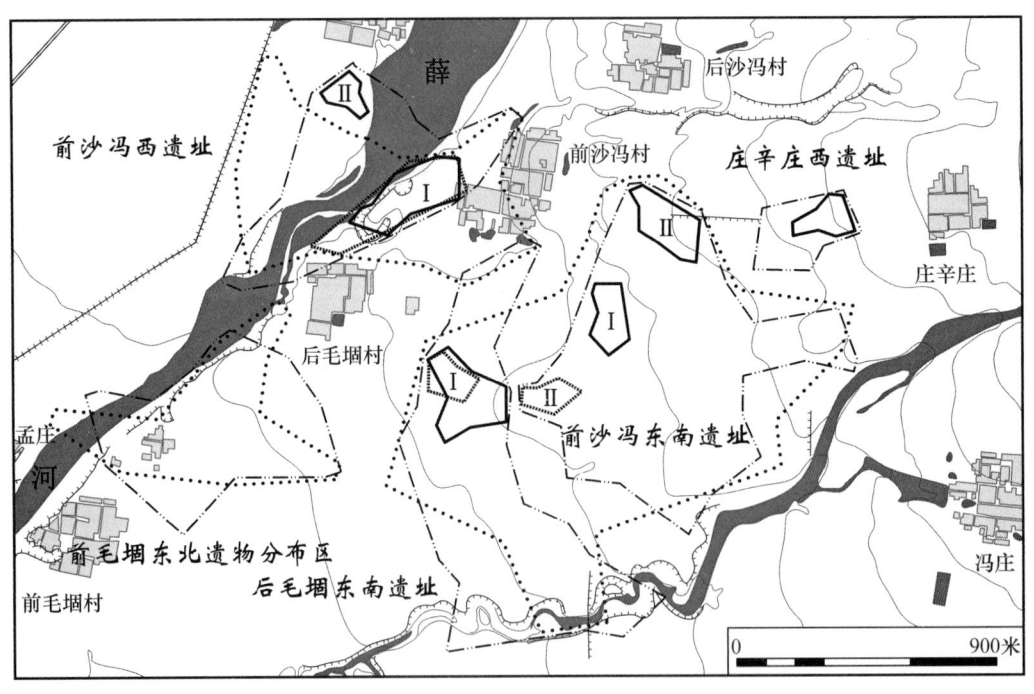

图六二　前沙冯区域东周—秦汉时期遗址分布图

周时期遗址相近,面积7.3万平方米,包括遗物采集区18个;一般分布区面积38.8万平方米,包括遗物采集区19个。采集遗物共98件,均为陶器,可辨器形有板瓦、筒瓦、鬲、罐、尊、盆和豆(图六二)。

秦汉时期遗址面积36.9万平方米,共有遗物采集区29个。其中核心分布区有两区：Ⅰ区位置、范围与东周时期遗址核心分布区相近，面积5.2万平方米，包括遗物采集区13个；Ⅱ区位于薛河西岸、南塘村南，面积1.3万平方米，包括遗物采集区5个。一般分布区面积30.4万平方米，包括遗物采集区11个。采集遗物共73件，均为陶器，可辨器形有板瓦、筒瓦、罐和井圈（图六二）。

商代时期遗物标本，5件。

110311CZL005-1，鬲足。夹砂红陶，内壁灰黑。素面。残高4.1厘米（图六三，3）。

110311WYL004-1，罐腹片。泥质灰陶。腹饰绳纹及按窝。残长7、残宽9、壁厚0.6厘米（图六三，4）。

110311BXQ004-1，腹片。泥质灰陶。两周凹槽，刻划纹及绳纹。残长6.7、残宽4.7、厚0.75~0.9厘米（图六三，5）。

110311BXQ004-2，腹片。夹砂红褐陶。外表饰麦粒状绳纹。残长4、残宽5.4、厚0.75~1.15厘米（图六三，6）。

110311BXQ004-3，腹片。夹砂红陶，内壁黑。外表饰绳纹。残长2.7、残宽3.8、厚1厘米（图六三，7）。

西周时期遗物标本，2件。

110311WYL003-2，鬲足。夹砂褐陶，外壁灰黑。通体饰绳纹。残高4.6厘米（图六三，2）。

110311WYL003-3，罐口沿。泥质灰陶。侈口，束颈，斜折腹，圆腹。肩、腹部分别饰三周和一周凹弦纹。残高7、残宽6.7、厚1厘米（图六三，1）。

东周时期遗物标本，10件。

110311WHY006-2，鬲足。夹砂褐陶，内壁灰黑。粗矮锥形足。通体饰绳纹。残高5.1厘米（图六四，9）。

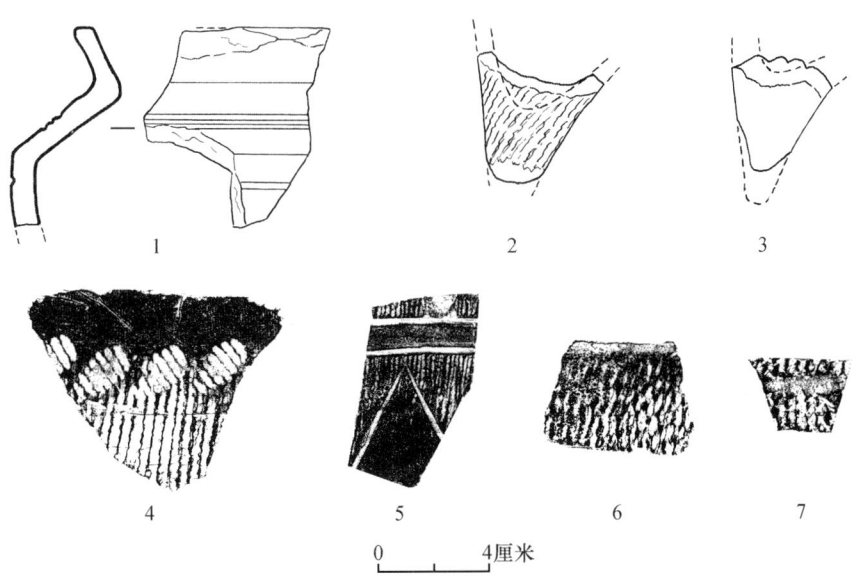

图六三　前沙冯西遗址商代、西周时期遗物标本
1. 罐口沿（110311WYL003-3）　2. 鬲足（110311WYL003-2）　3. 鬲足（110311CZL005-1）
4. 罐腹片（110311WYL004-1）　5. 腹片（110311BXQ004-1）　6. 腹片（110311BXQ004-2）
7. 腹片（110311BXQ004-3）

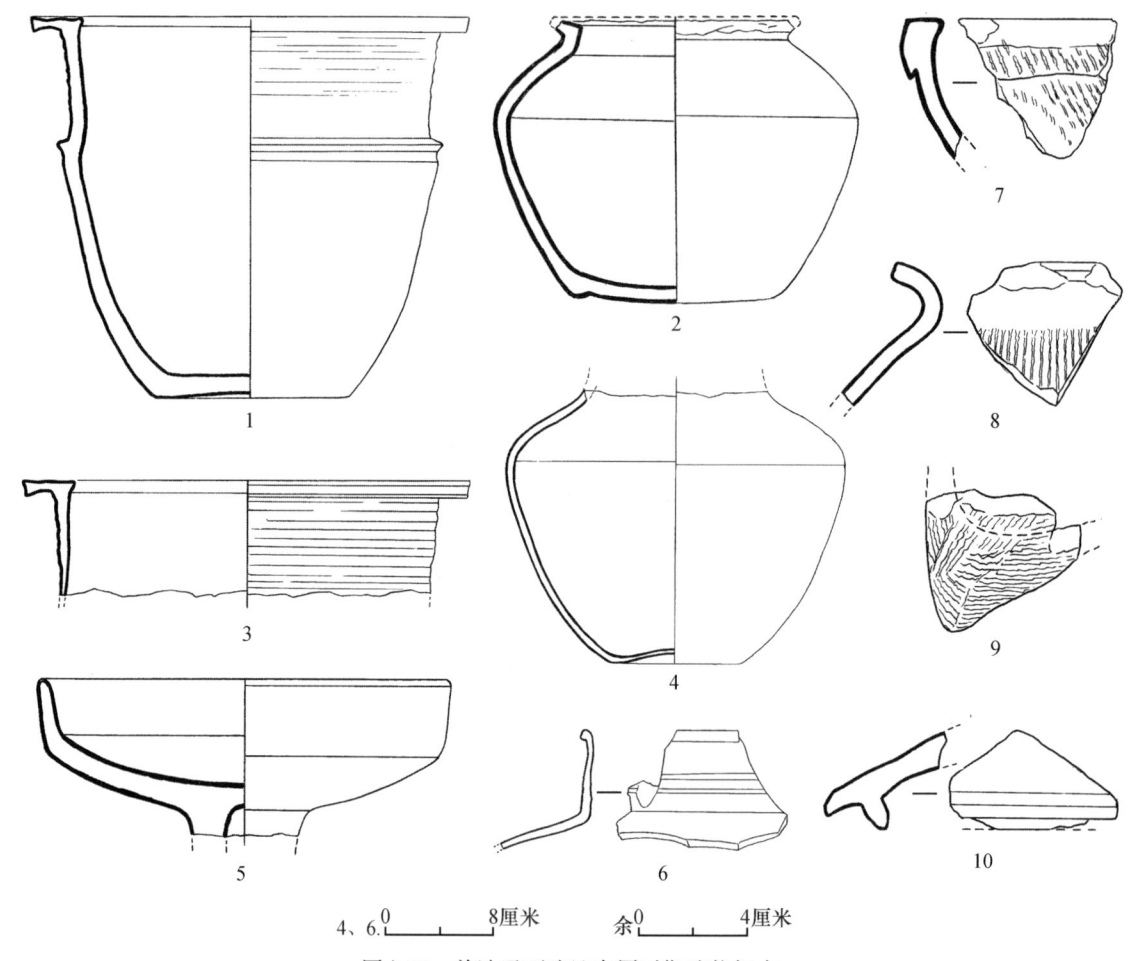

图六四 前沙冯西遗址东周时期遗物标本
1. 尊（110311ZGJ007-5） 2. 罐（110311ZGJ007-4） 3. 盆口沿（110311ZGJ007-3） 4. 罐（110311ZGJ007-1）
5. 豆盘（110311ZGJ007-2） 6. 瓮口沿（110311WYL003-1） 7. 钵口沿（110311WHY006-1）
8. 罐口沿（110311WYL010-1） 9. 鬲足（110311WHY006-2） 10. 器盖（110311WYL010-2）

110311ZGJ007-4，罐。泥质灰陶。口残，卷沿，斜长肩，圆腹，圜底。底径8.2、残高10厘米（图六四，2；图版五〇，2）。

110311ZGJ007-1，罐。泥质灰陶。口残，斜肩，鼓腹，平底内凹。素面。最大腹径25、底径9.5、残高19.7厘米（图六四，4）。

110311WYL010-1，罐口沿。夹砂灰陶。侈口，圆唇，卷沿，束颈，溜肩。肩部饰竖绳纹。残高5.1、残宽5.5、厚0.6厘米（图六四，8）。

110311WYL003-1，瓮口沿。泥质灰陶。近直口，圆唇，卷沿，高领，广肩。颈部饰三周凸棱。残高8.5、残宽14.3、厚0.6厘米（图六四，6）。

110311ZGJ007-3，盆口沿。泥质褐胎黑皮陶。敛口，方唇，唇面微凹，宽折沿，近直腹。外表饰满瓦棱纹。复原口径16.4、残高4.1、厚0.4厘米（图六四，3）。

110311WHY006-1，钵口沿。夹砂黄褐陶，内壁灰黑。敛口，方唇，窄平沿，弧腹。外表饰绳纹。残高5、残宽6、厚0.7~1.4厘米（图六四，7）。

110311ZGJ007-5，尊。泥质褐胎黑皮陶。近直口，方唇，平沿折，高颈，弧腹，平底内凹。颈下有一周凸棱。口径16.2、底径7、高13.6厘米（图六四，1；图版五〇，1）。

110311ZGJ007-2，豆盘。泥质灰胎黑皮陶。直口，折腹，细柄。复原口径15、残高5.5、厚0.9~1.3厘米（图六四，5）。

110311WYL010-2，器盖。夹砂灰陶。子母口器盖，矮子口，盖面斜直，以上残。素面。残高3.5、残宽6.2厘米（图六四，10）。

四十一、前沙冯东南遗址

遗址位于滕州市羊庄镇前沙冯和后毛堌村东南，东侧紧邻薛河支流，所处地形为山前坡地，地表主要为麦地。遗址总面积184.4万平方米，共有遗物采集区83个，遗物丰富、一般及不丰富的采集区数量分别为1、18和64个。采集遗物时代包括龙山文化、商代、西周、东周、秦汉、隋唐和宋元多个时期，以商代、西周、东周和秦汉时期遗物为主，龙山文化时期为散点区（图六〇）。此外，遗址中南部还发现石室墓1座，时代不明。

商代时期为遗物分布区，位置较靠北，面积4.6万平方米，包括遗物采集区4个。采集遗物共5件，均为陶器，可辨器形有鬲和罐（图六一）。

西周时期为遗物分布区，位置靠南，与商代遗物分布区范围相距较远，面积7.2万平方米，包括遗物采集区5个。采集遗物共9件，均为陶器，可辨器形有鬲、罐和豆（图六一）。

东周时期遗址面积124.2万平方米，共有遗物采集区52个。其中核心分布区有两区：Ⅰ区面积1.8万平方米，位置与西周时期遗物分布区靠近，包括遗物采集区4个；Ⅱ区面积1.5万平方米，包括遗物采集区4个。一般分布区面积120.9万平方米，包括遗物采集区44个。采集遗物共102件，均为陶器，可辨器形有板瓦、筒瓦、鬲、豆、罐（图六二）。

秦汉时期分为3个遗址。西部为后毛堌东南遗址，面积51.6万平方米，共有遗物采集区24个，其中核心分布区1个，面积4.9万平方米，包括遗物采集区8个；一般分布区面积46.7万平方米，包括遗物采集区16个。采集遗物共37件，均为陶器，可辨器形有板瓦、筒瓦和罐。中部为前沙冯东南遗址，面积64.2万平方米，共有遗物采集区37个。其中核心分布区有两区：Ⅰ区面积2.4万平方米，包括遗物采集区6个；Ⅱ区位置与商代前沙冯东南遗物分布区接近，面积3.4万平方米，包括遗物采集区5个。一般分布区面积58.4万平方米，包括遗物采集区26个。采集遗物共94件，均为陶器，可辨器形有板瓦和筒瓦。东部为庄辛庄西遗址，面积6.8万平方米，共有遗物采集区8个。其中核心分布区1个，面积1.9万平方米，包括遗物采集区4个；一般分布区面积4.9万平方米，包括遗物采集区4个。采集遗物共21件，均为陶器，可辨器形有板瓦、筒瓦、罐、盆（图六二）。

龙山文化时期遗物标本，1件。

110311WYL013-1，鼎足。夹砂黄褐陶。鸟首形鼎足，残。残高3.4厘米（图六五，4）。

东周时期遗物标本，3件。

110310BXQ004-1，鬲足。细砂红褐陶，内壁灰黑。实足尖较平。通体饰绳纹。残高6厘米（图六五，2）。

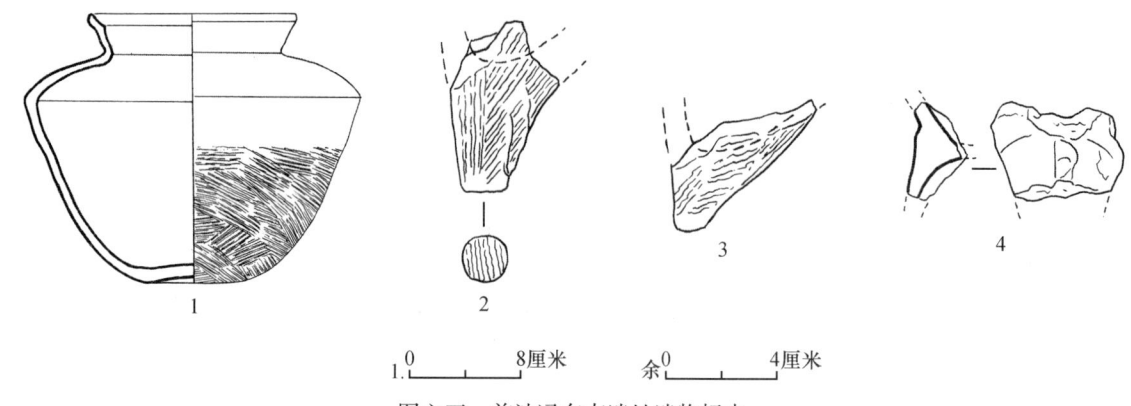

图六五 前沙冯东南遗址遗物标本
1. 罐（110311BXQ010-1） 2. 鬲足（110310BXQ004-1） 3. 鬲足（110310CZL007-1） 4. 鼎足（110311WYL013-1）

110310CZL007-1，鬲足。细砂红褐陶，内壁灰黑。实足尖较平。通体饰绳纹。残高4.6厘米（图六五，3）。

110311BXQ010-1，罐。夹砂灰陶。侈口，圆唇，沿面内凹，矮领，广肩，鼓腹，圜底内凹。下腹及底部饰绳纹。口径15、底径7.2、高19厘米（图六五，1；图版五〇，3）。

四十二、前毛堌东北遗物分布区

分布区位于滕州市羊庄镇前毛堌村东北，西侧紧邻薛河，所处地形主要为河流阶地和平底，地表主要为麦地。分布区总面积32万平方米，共有遗物采集区20个，遗物丰富、一般及不丰富的采集区数量分别为1、2和17个。采集遗物时代包括西周、东周、秦汉、隋唐和宋元多个时期，以东周和秦汉时期遗物为主，西周时期为散点区（图六〇）。此外，20世纪中国社会科学院考古所山东队等曾在腰庄村西（现已搬迁，今前毛堌村北）发现大汶口文化和西周时期的遗存，但此次调查并未在分布区中发现这2个时期的遗存。

东周时期遗物分布区范围跨越薛河延伸至孟庄东北遗址内，面积25.8万平方米，包括遗物采集区12个。采集遗物共20件，均为陶器，可辨器形有板瓦、筒瓦、罐和盆（图六二）。

秦汉时期遗物分布区范围跨越薛河延伸至孟庄东北遗址内，面积33.4万平方米，包括遗物采集区15个。采集遗物共38件，均为陶器，可辨器形有板瓦、筒瓦和罐（图六二）。

四十三、孟庄北遗址

遗址位于滕州市羊庄镇孟庄村北，所处地形主要为平地，地表主要为麦地。遗址总面积75.5万平方米，共有遗物采集区46个，遗物丰富、一般及不丰富的采集区数量分别为1、3和42个。采集遗物时代包括东周、秦汉和宋元3个时期，以东周和秦汉时期遗物为主（图六六）。

东周时期遗址南侧部分延伸至西薛河西遗址内，面积60.3万平方米，共有遗物采集区24个。其中核心分布区1个，面积2.1万平方米，包括遗物采集区4个；一般分布区面积58.2万平方米，包括遗物采集区20个。采集遗物共47件，均为陶器，可辨器形有板瓦、筒瓦、罐、盆、钵（图六七）。

秦汉时期遗址面积64.7万平方米，共有遗物采集区31个。其中核心分布区有两区：Ⅰ区位置与东周时期遗址核心分布区相近，面积2.7万平方米，包括遗物采集区5个；Ⅱ区面积1.4万

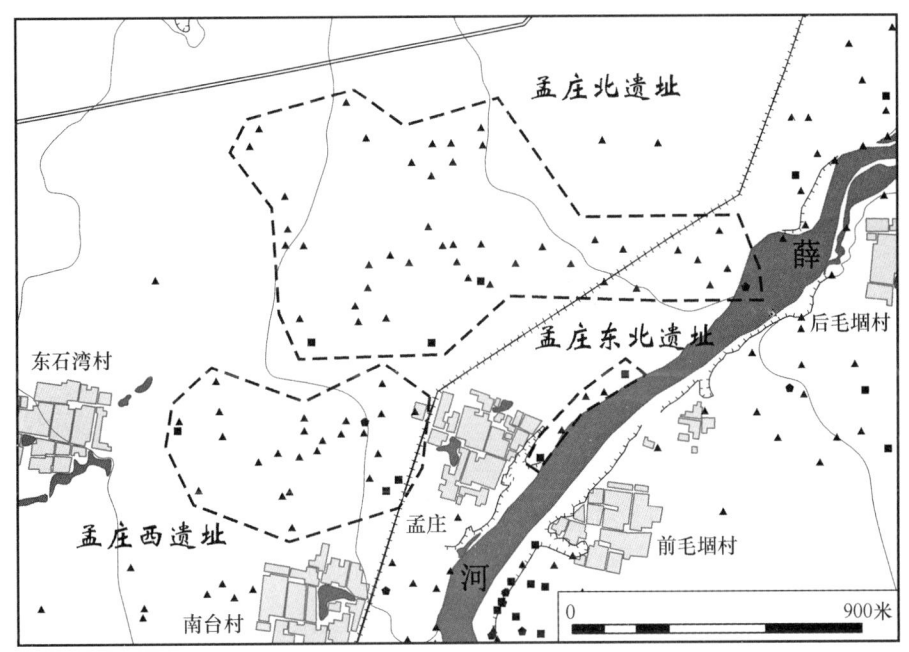

图六六　孟庄区域遗址分布总图

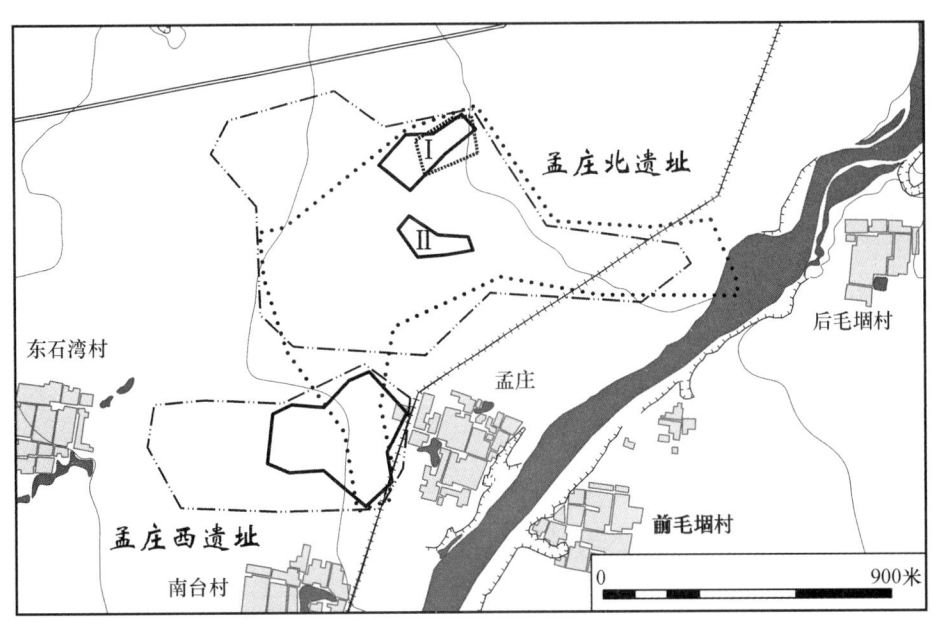

图六七　孟庄区域东周—秦汉时期遗址分布图

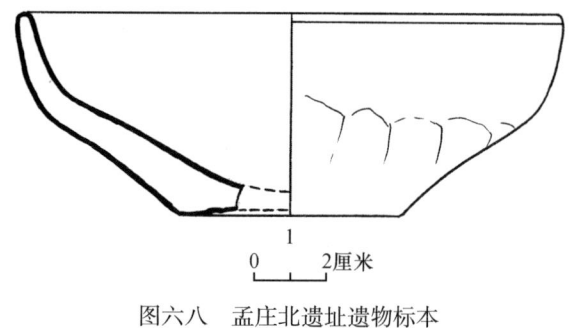

图六八 孟庄北遗址遗物标本
1. 钵（110309GYF004-1）

平方米，包括遗物采集区4个；一般分布区面积60.6万平方米，包括遗物采集区22个。采集遗物共48件，均为陶器，可辨器形有板瓦、筒瓦、罐和盆（图六七）。

东周时期遗物标本，1件。

110309GYF004-1，钵。泥质灰黑陶，敛口，弧腹，下腹斜收，平底微内凹。素面，外壁有刮抹痕迹。复原口径15、高5.5、厚0.5～1.4厘米（图六八，1）。

四十四、孟庄西遗址

遗址位于滕州市羊庄镇孟庄村西，东侧紧邻孟庄村，所处地形为平地，地表主要为麦地。遗址总面积31万平方米，共有遗物采集区27个，遗物丰富、一般及不丰富的采集区数量分别为0、3和24个。采集遗物时代包括东周、秦汉和隋唐3个时期，以秦汉时期遗物为主，东周时期为散点区（图六六）。此外，遗址中发现石室墓数座，其中有4座墓相距较近，均为单室墓，其年代应为西汉晚期至东汉初期；另外一墓相距较远，似为前堂后室加耳室结构，顶部似为叠涩顶，年代应为东汉中晚期（图版一六，2），这些墓葬均似被盗不久；遗址中还发现暴露的儿童头骨，也应为墓葬，但时代不明。

秦汉时期遗址面积26.2万平方米，共有遗物采集区22个。其中核心分布区1个，面积9.9万平方米，包括遗物采集区15个；一般分布区面积16.3万平方米，包括遗物采集区7个。采集遗物共37件，均为陶器，可辨器形有板瓦、筒瓦、罐和盆（图六七）。

四十五、孟庄东北遗址

遗址位于滕州市羊庄镇孟庄村东北，东侧紧邻薛河，所处地形为河流阶地，地表主要为麦地。20世纪中国社会科学院考古所山东队等在孟庄村东北约160米调查发现了北辛文化、龙山文化和西周时期的遗存，在孟家庄村东南到东北发现了大汶口文化和西周时期遗存[1]。2005年，山东省文物考古研究所在孟家庄东北部进行了发掘，据相关报道，发掘总面积约15万平方米，发掘清理了一批西周到春秋时期的灰坑、房址和陶窑等[2]。上述调查发掘地点均位于该区域及孟庄北遗址南部范围内，根据前期发掘成果，该区域为遗址，时代包括西周和东周时期，但此次调查并未在两遗址内发现北辛文化和大汶口文化时期的遗存。

根据本次调查结果，遗址总面积2.6万平方米，共有遗物采集区5个，遗物丰富、一般及不丰富的采集区数量分别为0、2和3个。采集遗物时代包括龙山文化、西周、东周和秦汉4个时

---

[1] 中国社会科学院考古研究所山东队、滕县博物馆：《山东滕县古遗址调查简报》，《考古》1980年1期。

[2] 党浩、石敬东、孙柱才：《滕州市孟庄周代遗址》，《中国考古学年鉴·2006》，文物出版社，2007年。

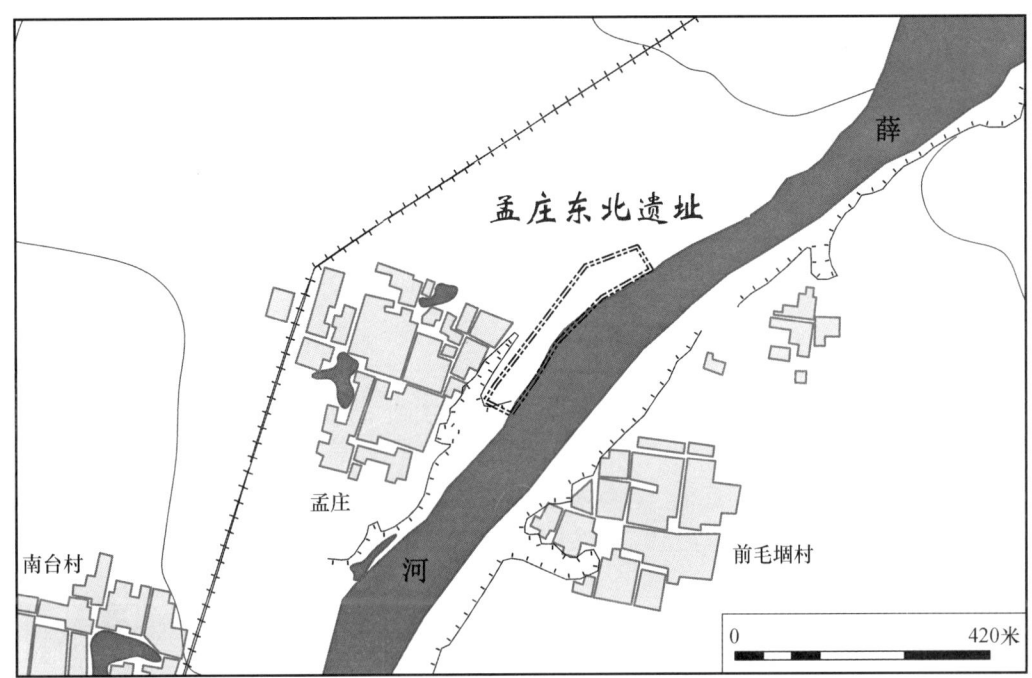

图六九　孟庄区域西周时期遗址分布图

期，以西周时期遗物为主（图六六）。可能由于埋藏较深或后期发掘等原因，西周时期遗物总体数量也很少，分布亦较疏散，如果仅按地面遗物情况分析，仅能构成1个"一般分布区"，总面积1.6万平方米，包括遗物采集区4个。采集遗物共12件，均为陶器，可辨器形有鬲和罐。东周时期遗物更少，只有1个遗物采集区，包含器形不明陶片2片，如果仅按地面遗物情况分析，可归入东周时期的前毛堌东北遗物分布区内。龙山文化文化时期该区域为散点区，秦汉时期该区域遗物采集区属前毛堌东北遗物分布区（图六九）。

四十六、东薛河北遗址

遗址位于滕州市羊庄镇东薛河村北，南台、孟庄、前毛堌、东薛河、西薛河5个村庄之间，横跨薛河两岸。遗址所处地形主要为平地和河流阶地，地表主要为麦地和林地。遗址总面积174.4万平方米，共有遗物采集区149个。采集区多集中分布于近河两岸，遗物丰富、一般及不丰富的采集区数量分别为11、34和104个。采集遗物时代包括龙山文化、岳石文化、商代、西周、东周、秦汉、隋唐和宋元多个时期，以西周、东周和秦汉时期遗物为主，其他可划分时期均为散点区（图七〇）。此外，遗址所在区域前期开展工作较多，1966年，木石公社南台大队在取土中发现了一件西周厉王时期的有铭铜器——杞伯鼎[①]；20世纪中国社会科学院考古研究所山东队曾在东薛河村西北约60米处发现龙山文化和西周时期遗存，在前毛堌村西南约150米发现大汶口文化、西周和汉代时期遗存，在庙台子村（应为现南台村）东南约80米发现西周

---

①　滕县文化馆：《山东滕县出土杞薛铜器》，《文物》1978年4期。

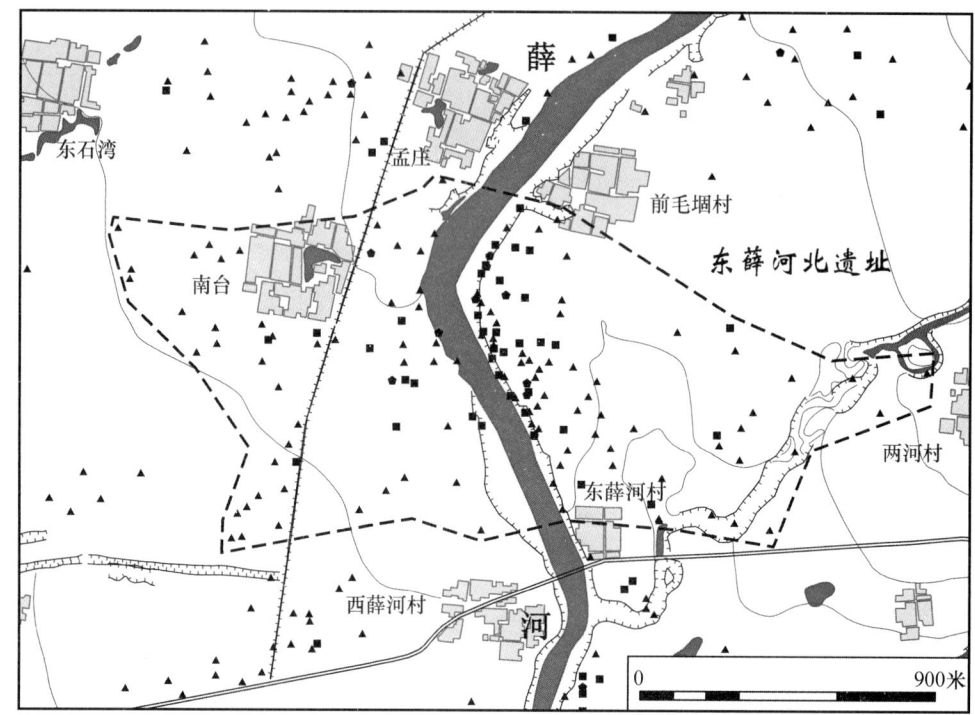

图七〇　东薛河北遗址总图

时期的遗存，在孟家庄村东南到东北发现了大汶口文化和西周时期遗存[①]。上述地点大都在遗址范围内。本次调查在遗址中部河边断崖上发现数处文化层堆积和灰坑、墓葬等遗迹，遗址东部也发现含有较多陶片的文化层堆积，但未发现大汶口文化遗存（图版一六，3）。

西周时期为遗物分布区，跨薛河两岸，面积14.4万平方米，包括遗物采集区8个。采集遗物共15件，均为陶器，可辨器形有鬲、罐和盆（图七一）。

东周时期遗址面积88.9万平方米，共有遗物采集区58个。其中核心分布区有两区：Ⅰ区面积5.8万平方米，包括遗物采集区18个；Ⅱ区面积1.3万平方米，包括遗物采集区5个。一般分布区面积81.8万平方米，包括遗物采集区35个。采集遗物共127件，均为陶器，可辨器形有板瓦、筒瓦、罐、盆、甑、钵和豆（图七二）。

秦汉时期遗址面积159.7万平方米，共有遗物采集区125个。其中核心分布区有六区：Ⅰ、Ⅱ区分布在薛河东岸，Ⅰ区与东周时期两核心分布区位置相近，面积27.2万平方米，包括遗物采集区61个；Ⅱ区为新增核心分布区，面积1.7万平方米，包括遗物采集区5个；Ⅲ、Ⅳ、Ⅴ、Ⅵ区均分布在薛河西岸，Ⅲ区面积1.2万平方米，包括遗物采集区4个；Ⅳ区面积1.1万平方米，包括遗物采集区4个；Ⅴ区面积8.6万平方米，包括遗物采集区15个；Ⅵ区面积2.6万平方米，包括遗物采集区8个。一般分布区面积117.3万平方米，包括遗物采集区28个。采集遗物共375件，均为陶器，可辨器形有板瓦、筒瓦、罐、盆和瓮（图七二）。

龙山文化时期遗物标本，2件。

110308JSW004-1，鬶足。夹砂灰陶，足尖黄褐。细锥形足，横断面呈圆形。残高2.9厘米

[①] 中国社会科学院考古研究所山东队、滕县博物馆：《山东滕县古遗址调查简报》，《考古》1980年1期。

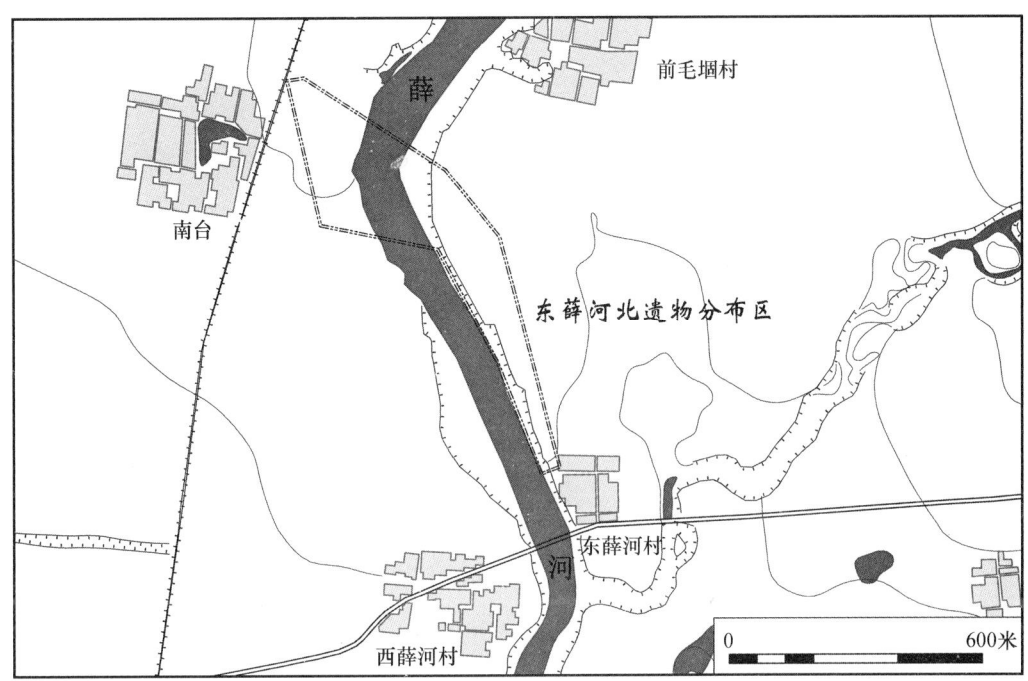

图七一　东薛河北西周时期遗物分布区图

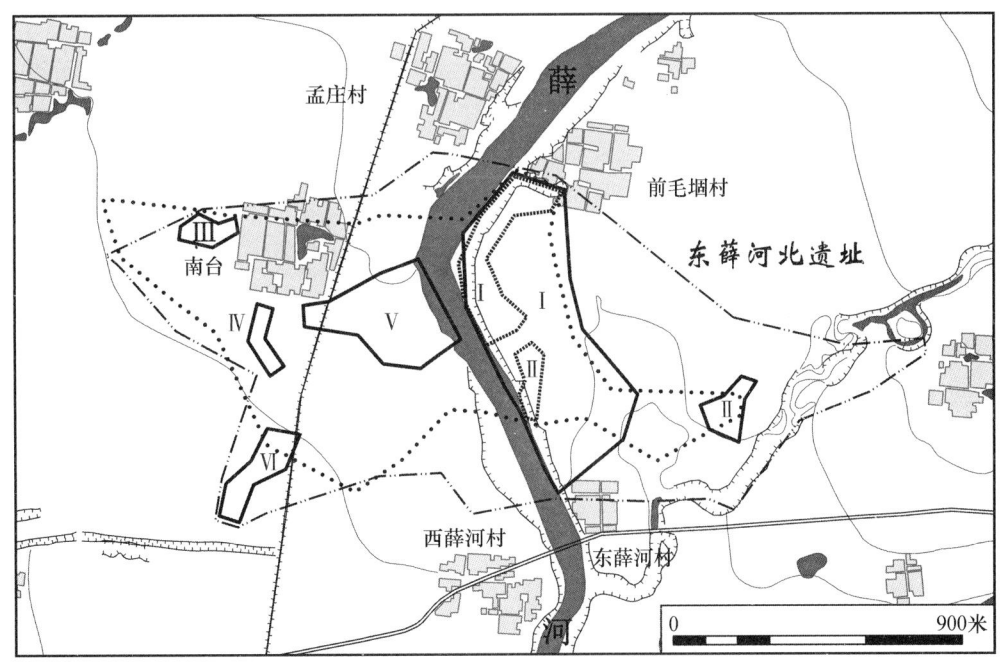

图七二　东薛河北东周—秦汉时期遗址图

（图七三，7）。

110308JSW006-2，罐口沿。夹砂灰胎黑皮陶。侈口，圆唇，折沿，斜肩。颈部饰鸡冠状附加堆纹。残宽9.7、残高5.4、厚1.2厘米（图七三，3；图版四九，11）。

岳石文化时期遗物标本，1件。

110309WYL025-1，双孔石刀。弧背直刃，两端残，近背部有对钻双孔。残长5.1、残宽3.1、厚0.5~0.7厘米（图七四，12）。

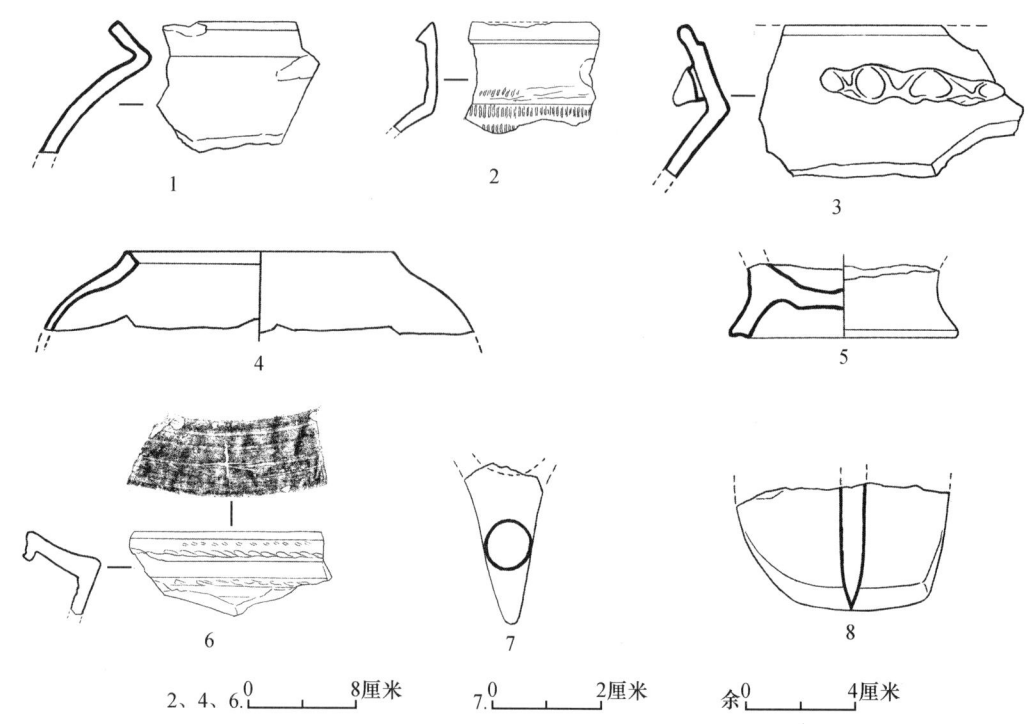

图七三 东薛河北遗址西岸区域遗物标本

1. 罐口沿（110308HKY005-1） 2. 罐口沿（110308HKY010-1） 3. 罐口沿（110308JSW006-2） 4. 罐口沿（110308JSW006-1）
5. 簋圈足（110308JSW005-1） 6. 盆口沿（110308QXN007-1） 7. 鬲足（110308JSW004-1） 8. 石铲（110308JSW005-2）

西周时期遗物标本，2件。

110309BXQ006-2，鬲足。夹砂黄褐陶。粗锥状。通体饰绳纹。残高6.3厘米（图七四，10）。

110309WYL006-1，罐口沿。夹砂灰黑陶。侈口，方唇，唇面内凹，折沿，斜肩。肩部饰细密竖绳纹。残高5.4、残宽8.8、厚0.6～1厘米（图七四，6；图版四九，12）。

东周时期遗物标本，8件。

110308HKY005-1，罐口沿。泥质黄褐陶。侈口，方唇，斜折沿，圆肩。素面。残高4.7、残宽5.3、厚0.5～0.6厘米（图七三，1）。

110308JSW006-1，罐口沿。夹砂灰陶。敛口，圆肩。素面。复原口径20、残高5.9、厚0.6～1.1厘米（图七三，4）。

110309WYL016-1，罐口沿。夹砂红褐陶。直口，窄斜肩。素面。残高4.1、残宽7.6、厚0.9厘米（图七四，2）。

110309WYL023-2，罐口沿。夹砂黄褐陶。敛口，圆方唇，卷沿，束颈，圆肩，鼓腹。肩部饰两周凹弦纹。残高6.9、宽9.4、厚0.6厘米（图七四，3；图版四九，10）。

110309WYL022-1，罐口沿。泥质灰胎红褐陶。侈口，圆唇，卷沿，束颈。素面。残高5.7、残宽7.2、厚1.2厘米（图七四，5）。

110309WYL022-2，罐腹片。泥质灰陶。外表饰两组凹弦纹，之间有泥饼。残长8.2、残宽6.5厘米（图七四，11）。

110309WYL008-1，盆口沿。泥质灰陶。敞口，尖圆唇，斜腹。腹部饰两组凹弦纹，每组

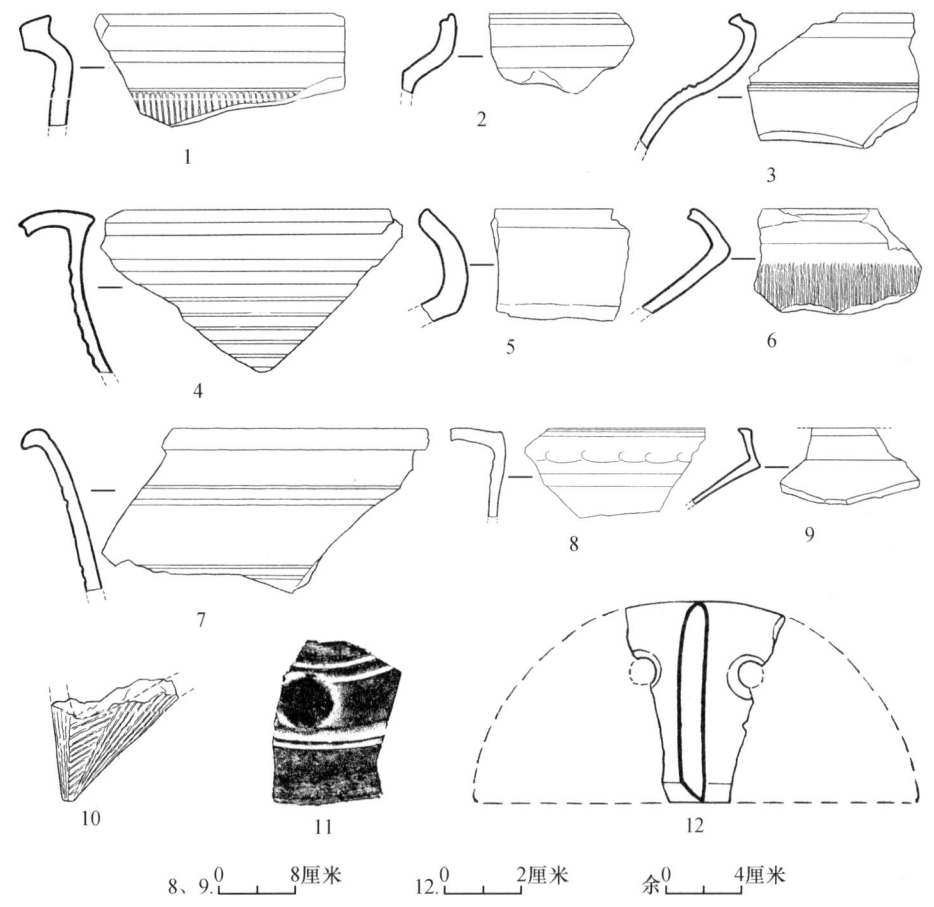

图七四　东薛河北遗址东岸区域遗物标本
1. 罐口沿（110309WYL023-1）　2. 罐口沿（110309WYL016-1）　3. 罐口沿（110309WYL023-2）
4. 盆口沿（110309WYL009-1）　5. 罐口沿（110309WYL022-1）　6. 罐口沿（110309WYL006-1）
7. 盆口沿（110309WYL008-1）　8. 盆口沿（110309BXQ006-1）　9. 罐口沿（110309WYL021-1）
10. 鬲足（110309BXQ006-2）　11. 罐腹片（110309WYL022-2）　12. 双孔石刀（110309WYL025-1）

两周。残高8.4、残宽17.2、厚0.7~0.9厘米（图七四，7）。

110308JSW005-1，簋圈足。泥质褐胎黑皮陶。喇叭形矮圈足。底径8.2、残高2.7、厚0.8厘米（图七三，5）。

秦汉时期遗物标本，6件。

110308HKY010-1，罐口沿。泥质灰陶，直口，方唇，中高颈，圆肩。肩部饰浅绳纹。残高8、残宽9.9、厚0.8厘米（图七三，2；图版四九，9）。

110309WYL023-1，罐口沿。泥质灰陶。侈口，方唇，卷沿，腹近直。腹部饰竖绳纹。残高5.7、残宽3.2厘米（图七四，1）。

110309WYL021-1，罐口沿。泥质夹心胎陶，由内而外灰—褐—灰黑。侈口，折沿，广斜肩。素面。残宽14.6、残高7.9、厚0.7~1.4厘米（图七四，9）。

110308QXN007-1，盆口沿。泥质灰陶。敛口，方唇，唇下有一周垂棱，宽沿斜折，沿面微凹。唇面及颈部饰戳印纹。残高6.1、残宽15.4、厚1~1.3厘米（图七三，6）。

110309WYL009-1，盆口沿。泥质灰陶。敛口，方唇，唇面内凹，宽平沿，沿面弧凸，弧腹。腹部饰瓦棱纹。残高8.3、残宽15.8、厚0.6~1.5厘米（图七四，4）。

110309BXQ006-1，盆口沿。泥质灰陶。口微敛，方唇，唇面一周凸棱，宽折沿，弧腹。颈下饰按窝纹。残高9.3、残宽19.5、厚0.9~1.3厘米（图七四，8）。

时代不详石器，1件。

110308JSW005-2，石铲。器身扁薄，双面刃，弧刃，通体磨制。残长4.6、残宽7.7、厚1厘米（图七三，8）。

四十七、西薛河西遗址

遗址位于滕州市羊庄镇西薛河村西，西北侧紧邻一条薛河故道，所处地形基本为平地，地表主要为麦地。遗址总面积21.6万平方米，共有遗物采集区20个，遗物丰富、一般及不丰富的采集区数量分别为0、1和19个。采集遗物时代包括东周、秦汉和宋元3个时期，以东周和秦汉时期遗物为主（图七五）。

东周时期为遗物分布区，面积为8.7万平方米，包括遗物采集区7个。采集遗物共7件，均为陶器，可辨器形有板瓦、罐和盆（图七六）。

秦汉时期遗址面积20.8万平方米，共有遗物采集区13个。其中核心分布区1个，面积2.1万平方米，包括遗物采集区6个；一般分布区面积18.7万平方米，包括遗物采集区7个。采集遗物共26件，均为陶器，可辨器形有板瓦、筒瓦和盆（图七六）。

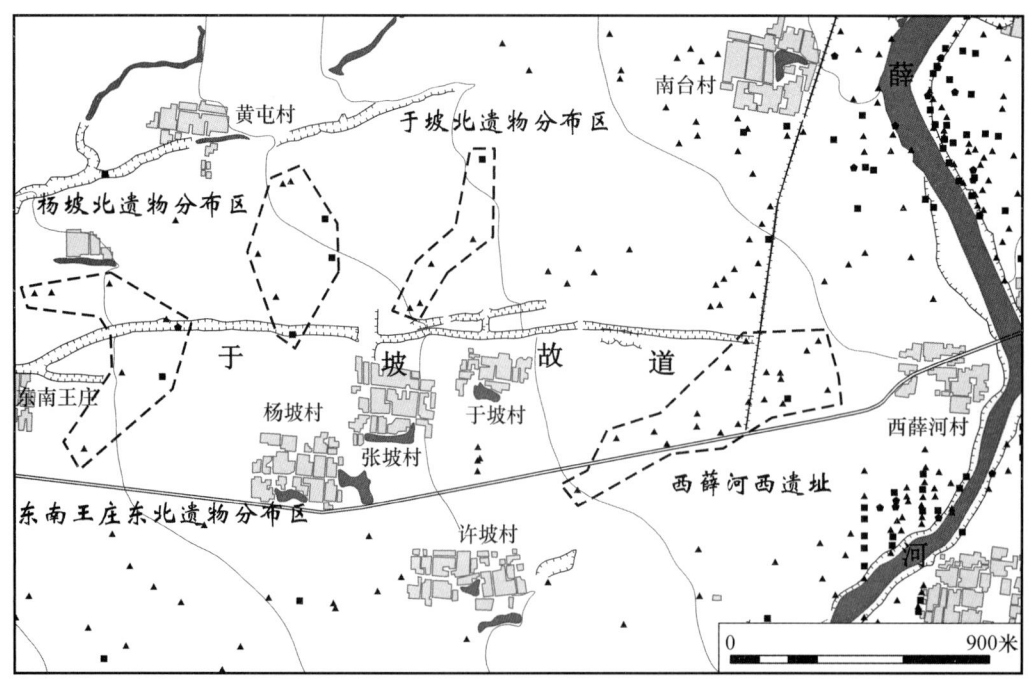

图七五　于坡区域遗址分布总图

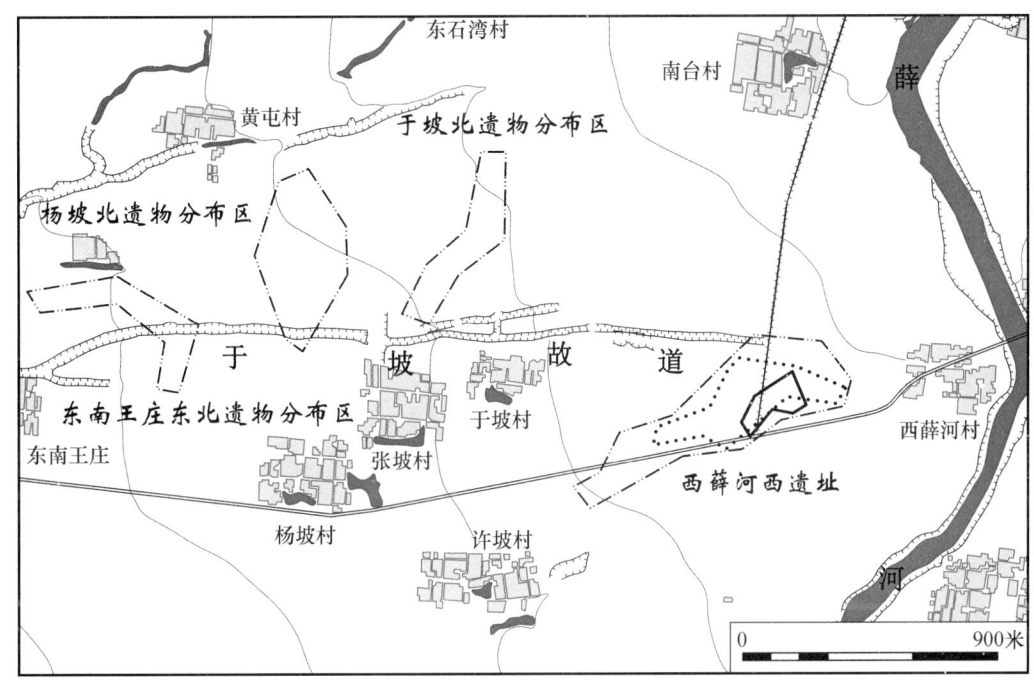

图七六　于坡区域东周—秦汉时期遗址分布图

四十八、于坡北遗物分布区

分布区位于滕州市羊庄镇于坡村北，南侧紧邻一条薛河故道，所处地形基本为平地，地表主要为麦地。分布区面积7.1万平方米，共有遗物采集区5个，遗物丰富、一般及不丰富的采集区数量分别为0、1和4个。采集遗物时代包括秦汉、隋唐和宋元3个时期，以秦汉时期遗物为主（图七五）。

秦汉时期遗物分布区面积7.1万平方米，包括遗物采集区5个。采集遗物共11件，均为陶器，可辨器形有板瓦、筒瓦和罐（图七六）。

四十九、杨坡北遗物分布区

分布区位于滕州市羊庄镇杨坡村北，南北两侧均靠近薛河故道，所处地形基本为平地，地表主要为麦地。分布区面积12.8万平方米，共有采集区7个，遗物丰富、一般及不丰富的采集区数量分别为0、3和4个。仅有秦汉时期遗物，采集遗物共28件，均为陶器，可辨器形有板瓦、筒瓦和罐（图七五、图七六）。

五十、东南王庄东北遗物分布区

分布区位于滕州市羊庄镇东王庄村东北，中部跨越一条薛河故道，所处地形基本为平地，地表主要为荒地。分布区总面积16.3万平方米，共有遗物采集区8个，遗物丰富、一般及不丰富的采集区数量分别为1、1和6个。采集遗物时代包括东周、秦汉和宋元3个时期，以秦汉时期遗物为主，东周时期为散点区（图七五）。

秦汉时期遗物分布区面积6.9万平方米，包括遗物采集区5个。采集遗物共14件，均为陶器，可辨器形有板瓦和筒瓦（图七六）。

五十一、大计河西遗址

遗址位于滕州市羊庄镇大计河和西南宿两村之间，地处薛河两条支流的交汇处，所处地形基本为平地，地表主要为麦地。遗址总面积13.2万平方米，共有遗物采集区10个，遗物丰富、一般及不丰富的采集区数量分别为0、17和2个。采集遗物时代包括东周、秦汉和宋元多个时期，以秦汉时期遗物为主，东周时期为散点区（图七七）。

秦汉时期遗址面积13.2万平方米，共有遗物采集区10个。其中核心分布区1个，面积2.1万平方米，包括遗物采集区6个；一般分布区面积11.1万平方米，包括遗物采集区4个。采集遗物共51件，均为陶器，器形有板瓦、筒瓦、罐和瓮（图七九）。

五十二、前南宿遗址

遗址位于滕州市羊庄镇前南宿村周围，东西横跨薛河及其支流，西部则有一条湮没的古河道，根据遗物分布情况判断，部分面积应被前南宿、西南宿和东南宿村占压。遗址所处地形为河流阶地和平地，地表主要为麦地。遗址总面积225.2万平方米，共有遗物采集区175个。采集区主要分布在薛河干流两侧，遗物丰富、一般及不丰富的采集区数量分别为19、45和111个。采集遗物时代涵盖大汶口文化、龙山文化、岳石文化、商代、西周、东周、秦汉、隋唐和宋元多个时期，以岳石文化、商代、西周、东周和秦汉时期遗物为主，其他可划分时期均为散点区（图七七）。此外，20世纪中国社会科学院考古所山东队等也曾调查过此遗址，在西薛河村东南约300米发现龙山文化、商代和西周时期的遗存[①]。本次调查中，在许坡村东、东南宿村东北和东店村东北河岸断崖上发现多处石室墓，其时代应多为汉代。其中东店村东北河岸断崖上暴露有一座残破的多室墓，墓室结构较为奇特，外侧残存有类似"回廊"的结构，内侧有一小室，而墓室外侧侧板由两层石板上下叠压组成，此形制不见于周边地区汉代墓葬；从墓葬所用石板的厚度及加工痕迹看，为汉代石板无疑，墓石图像有半圆锯齿条带菱形纹者和玉璧纹者，其中内侧两块方形石板上的玉璧纹，与常见的穿壁纹也有所不同；此墓时代尚难确定，也有可能为后代人盗用汉代墓石重新建构而成。此外，前南宿东南也发现有暴露的人骨，可能也是墓葬，但时代不明（图版一七，1、2）。

岳石文化时期分为2个遗物分布区和1个遗址。北部为西薛河南遗物分布区，位于西薛河村南，面积1.9万平方米，包括遗物采集区4个。采集遗物共6件，均为陶器，可辨器形有罐和

---

① 中国社会科学院考古研究所山东队、滕县博物馆：《山东滕县古遗址调查简报》，《考古》1980年1期。

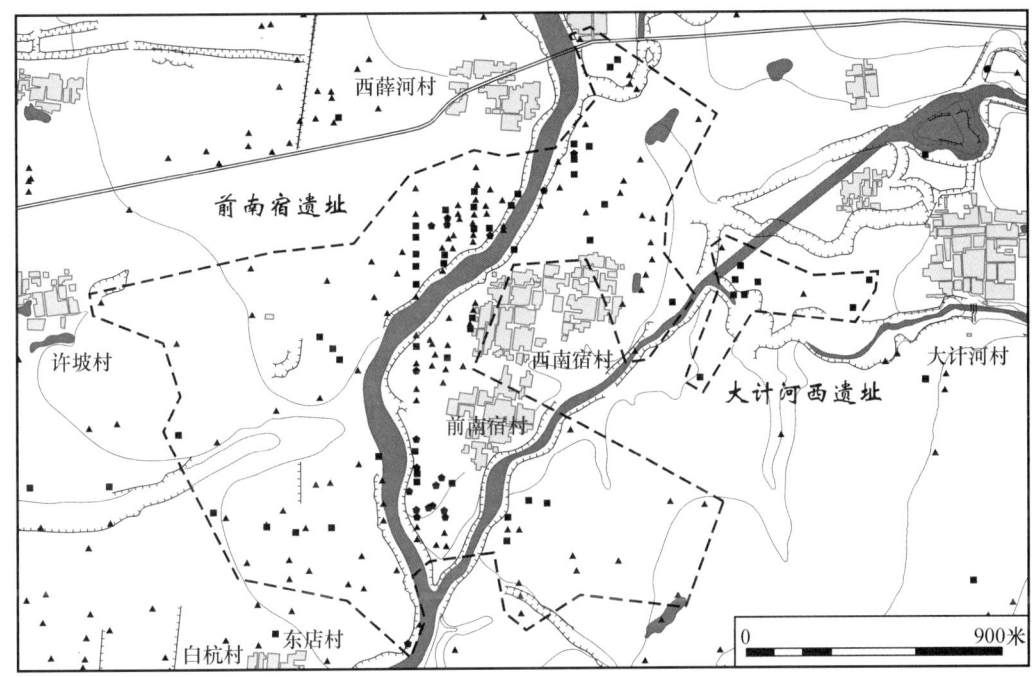

图七七　前南宿区域遗址分布总图

甗。中部为西南宿西遗物分布区，面积1.7万平方米，包括遗物采集区3个。采集遗物共3件，均为陶器，无可辨器形。南部为前南宿西南遗址，其西侧和东侧分别跨越薛河和支流，面积10.9万平方米，共有遗物采集区18个。其中核心分布区1个，面积4万平方米，包括遗物采集区14个；一般分布区面积6.9万平方米，包括遗物采集区4个。采集遗物共98件，均为陶器，可辨器形有罐、甗、豆、尊和器盖（图七八）。

商代时期为遗物分布区，位置与岳石文化时期前南宿西南遗址相近，面积4.6万平方米，包括遗物采集区5个。采集遗物共8件，均为陶器，可辨器形有鬲和罐（图七八）。

西周时期为遗物分布区，范围扩大，面积44.6万平方米，包括遗物采集区19个。采集遗物共36件，均为陶器，可辨器形有鬲、罐和豆（图七八）。

东周时期遗址范围进一步扩大，面积128.8万平方米，共有遗物采集区95个。其中核心分布区有六区：Ⅰ区跨越薛河，面积1.8万平方米，包括遗物采集区6个；Ⅱ区位置与岳石文化时期西薛河南遗物分布区相近，但范围扩大，面积9万平方米，包括遗物采集区21个；Ⅲ区面积3.2万平方米，包括遗物采集区5个；Ⅳ区面积1.4万平方米，包括遗物采集区4个；Ⅴ区位置与岳石文化时期西南宿西遗物分布区相近，面积6.8万平方米，包括遗物采集区18个；Ⅵ区位置与岳石文化时期前南宿西南遗址和商代遗物分布区位置相近，面积5.4万平方米，包括遗物采集区18个。一般分布区面积101.2万平方米，包括遗物分布区23个。采集遗物共295件，均为陶器，可辨器形有板瓦、筒瓦、鬲、甗、罐、盆、豆（图七九）。

秦汉时期分为2个遗址。北部为西薛河南遗址，面积87.1万平方米，共有遗物采集区66个。其中核心分布区有四区，Ⅰ、Ⅱ区位置与东周时期遗址Ⅰ、Ⅱ两核心分布区相近，Ⅲ、Ⅳ区为新增核心分布区。Ⅰ区面积1.5平方米，包括遗物采集区6个；Ⅱ区面积7.1万平方米，包括

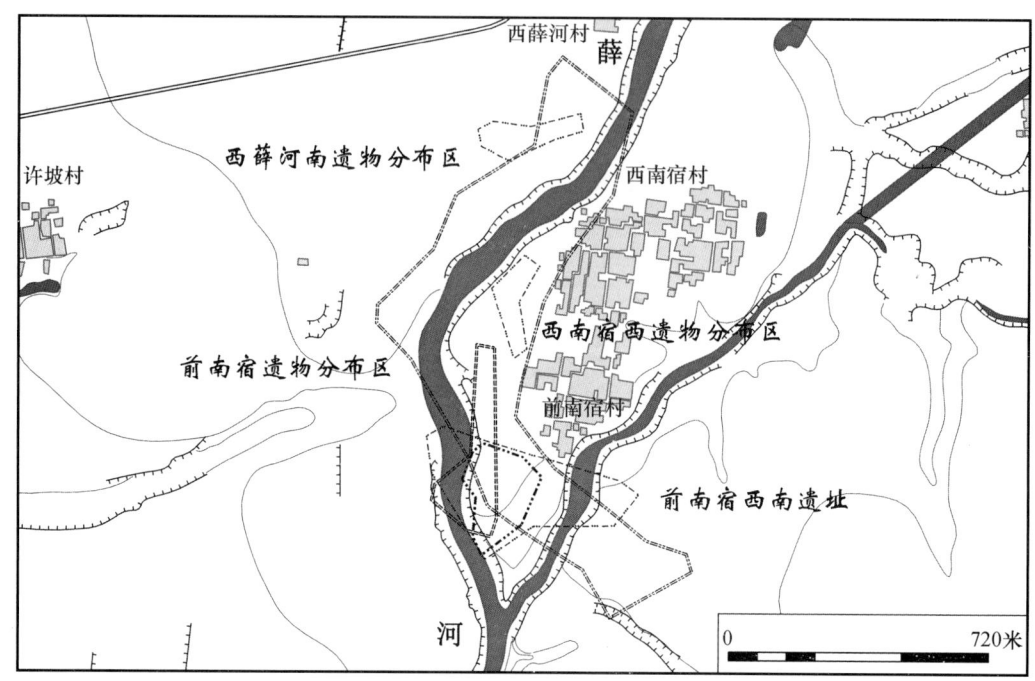

图七八　前南宿区域岳石文化—西周时期遗址分布图

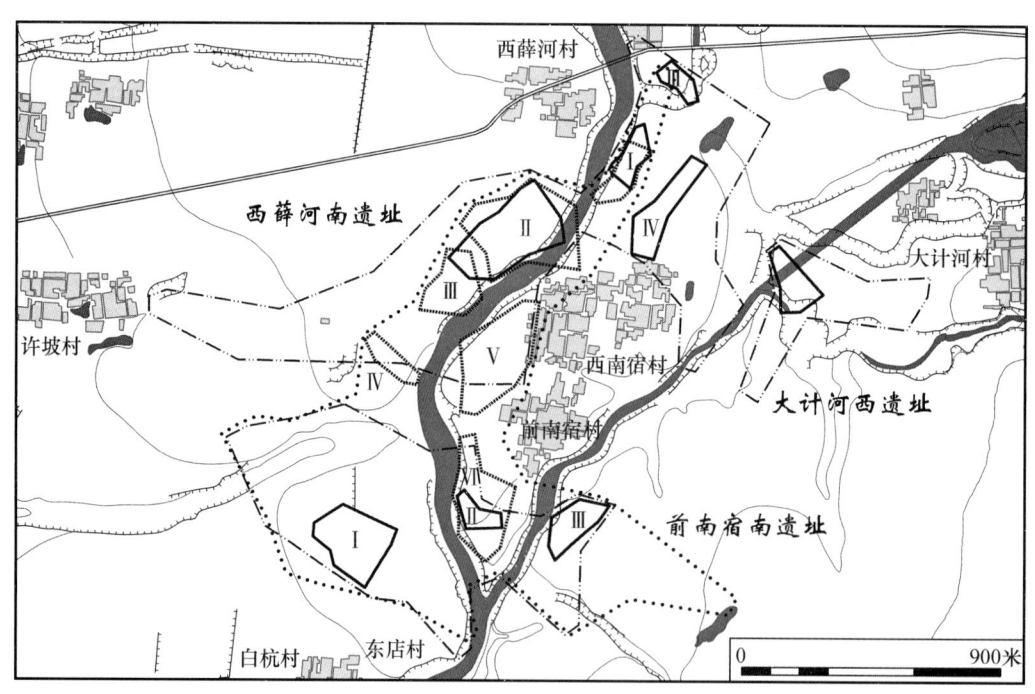

图七九　前南宿区域东周—秦汉时期遗址分布图

遗物采集区25个；Ⅲ区面积9800平方米，包括遗物采集区5个；Ⅳ面积3万平方米，包括遗物采集区6个；一般分布区面积74.5万平方米，包括遗物采集区24个。采集遗物共181件，均为陶器，可辨器形有板瓦、筒瓦、罐、盆。南部为前南宿南遗址，面积57万平方米，共有遗物采集区33个。其中核心分布区有三区：Ⅰ区面积4.7万平方米，包括遗物采集区8个；Ⅱ区面积1.1平

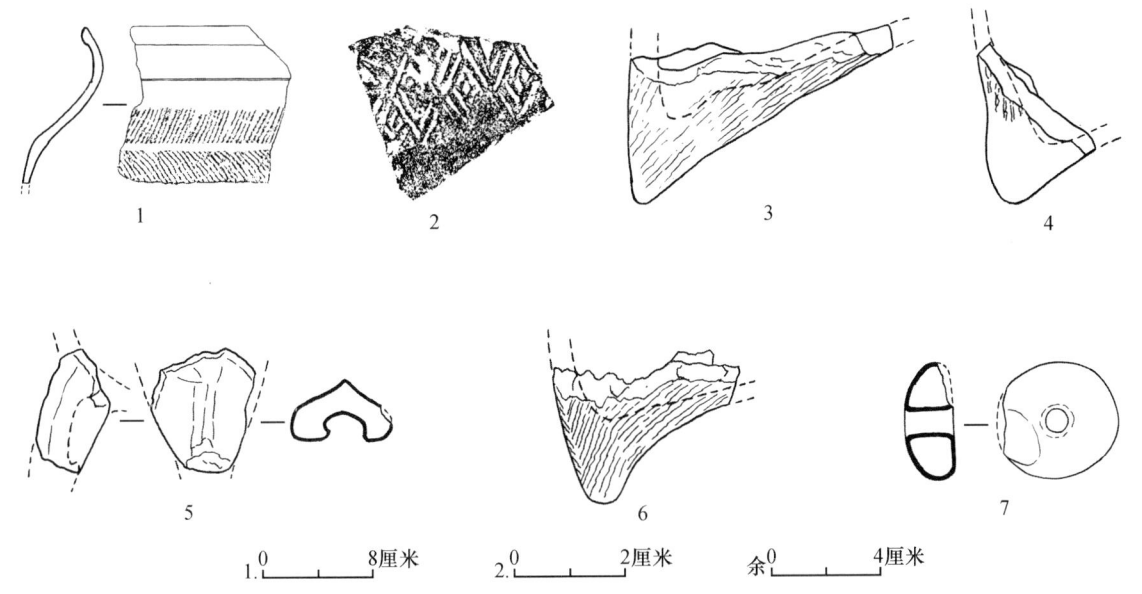

图八〇　前南宿遗址龙山文化等时期遗物标本
1. 罐口沿（100326ZXL001-1）　2. 腹片（100307CYJ026-1）　3. 鬲足（100307CYJ010-1）　4. 鬲足（100307CYJ008-1）
5. 鼎足（100307LFS002-5）　6. 鬲足（100307CYJ008-2）　7. 纺轮（110309CDL001-1）

方米，包括遗物采集区4个；Ⅲ区面积2.1万平方米，包括遗物采集区6个。一般分布区面积49.1万平方米，包括遗物采集区15个。采集遗物共68件，均为陶器，可辨器形有板瓦、筒瓦和盆（图七九）。

龙山文化时期遗物标本，1件。

100307LFS002-5，鼎足。夹砂红褐陶。鸟首形鼎足，无双目。残高4.4厘米（图八〇，5）。

岳石文化时期遗物标本，9件。

100307WWW003-3，甗腰。夹砂灰黑陶，内壁红褐。腰正中有一周附加堆纹，其上施一排按窝。残长9.2、残宽4.3、厚1厘米（图八一，6）。

100307WWW003-4，甗腰。夹砂灰黑陶。外表有一周附加堆纹，其上饰十字交叉刻划纹。残长6、残宽3、厚1厘米（图八一，9）。

100307WWW003-1，罐口沿。粗砂褐陶。敞口，方唇。素面，沿外有细密的刮擦痕迹。残高5、残宽7.6、厚0.8～1.2厘米（图八一，1）。

100307LFS002-2，罐口沿。夹砂褐胎黑皮陶。敞口，方唇。沿下饰浅竖绳纹。残高5.7、残宽7、厚1.4～2厘米（图八一，2）。

100307LFS002-3，罐口沿。夹砂红褐陶，内壁灰黑色。敞口，叠唇，卷沿。素面。残高3.6、残宽3.2、厚0.8～1厘米（图八一，4）。

100307LFS002-4，罐口沿。夹砂灰褐陶。方唇，斜壁。素面。残高5.3、残宽4.6、厚1.3厘米（图八一，5）。

100307WWW014-1，罐腹片。夹砂黄褐陶。器表有一周附加堆纹，压印分割成菱形，腹部有细密的刮擦痕迹。残高9.6、残宽11.2、厚0.8～1.1厘米（图八一，8；图版五一，3）。

100307WWW003-2，豆圈足。泥质黄褐陶。喇叭形圈足。圈足内有一周凹槽。复原圈足径

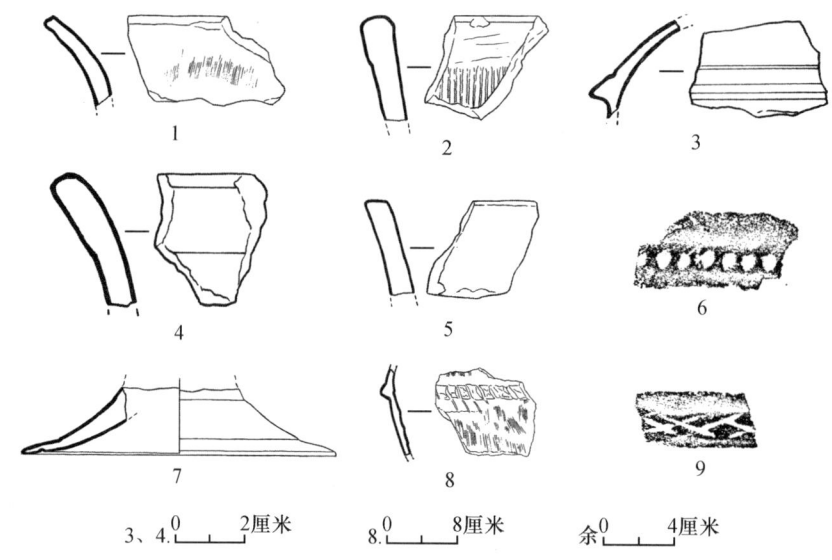

图八一 前南宿遗址岳石文化时期遗物标本
1. 罐口沿（100307WWW003-1） 2. 罐口沿（100307LFS002-2） 3. 器盖（100307LFS002-1）
4. 罐口沿（100307LFS002-3） 5. 罐口沿（100307LFS002-4） 6. 甗腰（100307WWW003-3）
7. 圈足（100307WWW003-2） 8. 罐腹片（100307WWW014-1） 9. 甗腰（100307WWW003-4）

18、残高3.7、厚0.3～1.5厘米（图八一，7）。

100307LFS002-1，子母口器盖。泥质褐胎黑皮陶。矮子口，盖沿外伸，盖面微弧。盖面近下部有一周细凹弦纹。残高2.7、残宽3.9、厚0.4～0.8厘米（图八一，3）。

西周时期遗物标本，4件。

100307CYJ010-1，鬲足。夹粗砂红褐陶，内壁黑色。实足尖略高。通体饰绳纹，表面有手按痕迹。残高6.4厘米（图八〇，3）。

100307CYJ008-1，鬲足。夹砂红褐陶，内壁黑色。实足尖较矮，通体饰绳纹。残高5.6厘米（图八〇，4）。

100326ZXL001-1，罐口沿。泥质褐胎黑皮陶。侈口，圆唇，卷沿，束颈，圆折肩。肩腹部饰斜绳纹。残宽12.5、残高11、厚0.7～1厘米（图八〇，1）。

100307CYJ026-1，腹片。泥质灰陶。外表有一排回形纹。残长3、残宽3、厚1厘米（图八〇，2）。

东周时期遗物标本，1件。

100307CYJ008-2，鬲足。夹砂灰黑陶。实足尖较矮，通体饰绳纹。表面有手按痕迹。残高4.4厘米（图八〇，6）。

时代不详石器，1件。

110309CDL001-1，石纺轮。平面呈圆形，一面平，一面弧凸，中央一圆形穿孔。磨制。直径4.1、厚1.8、孔径0.7厘米（图八〇，7）。

五十三、大计河西南遗物分布区

分布区位于滕州市羊庄镇大计河村西南,北侧紧邻薛河季节性支流,所处地形为山前坡地,地表主要为荒地。分布区总面积3.7万平方米,共有遗物采集区7个,遗物丰富、一般及不丰富的采集区数量分别为0、2和5个。采集遗物时代仅含秦汉时期。采集遗物共24件,均为陶器,可辨器形有板瓦、筒瓦、罐和壶(图八二、图八三)。

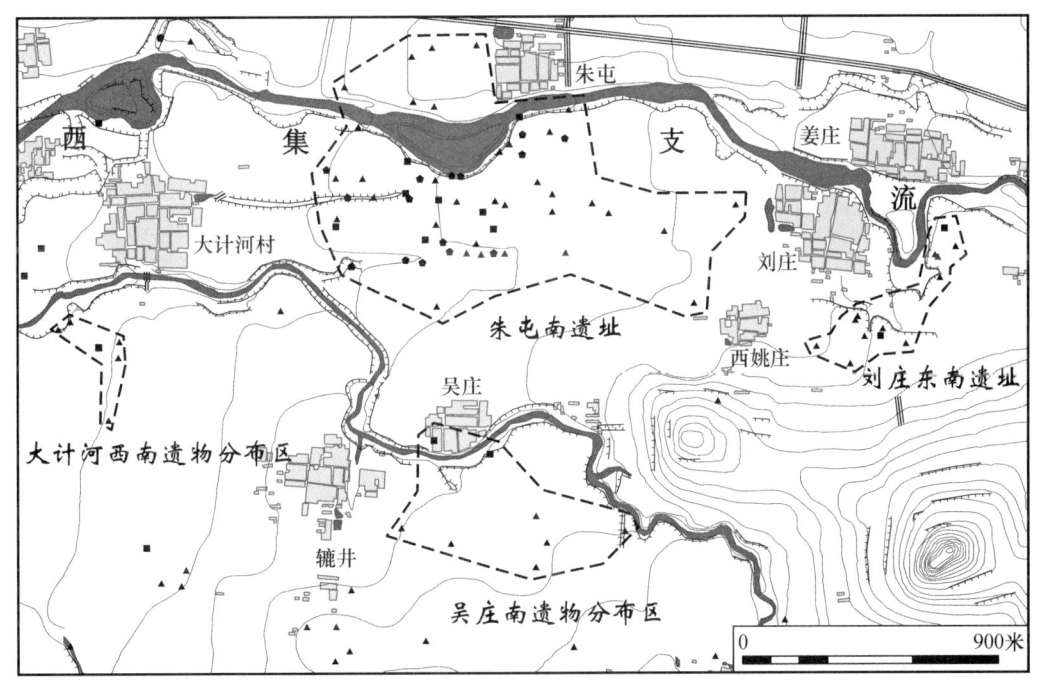

图八二　朱屯区域遗址分布总图

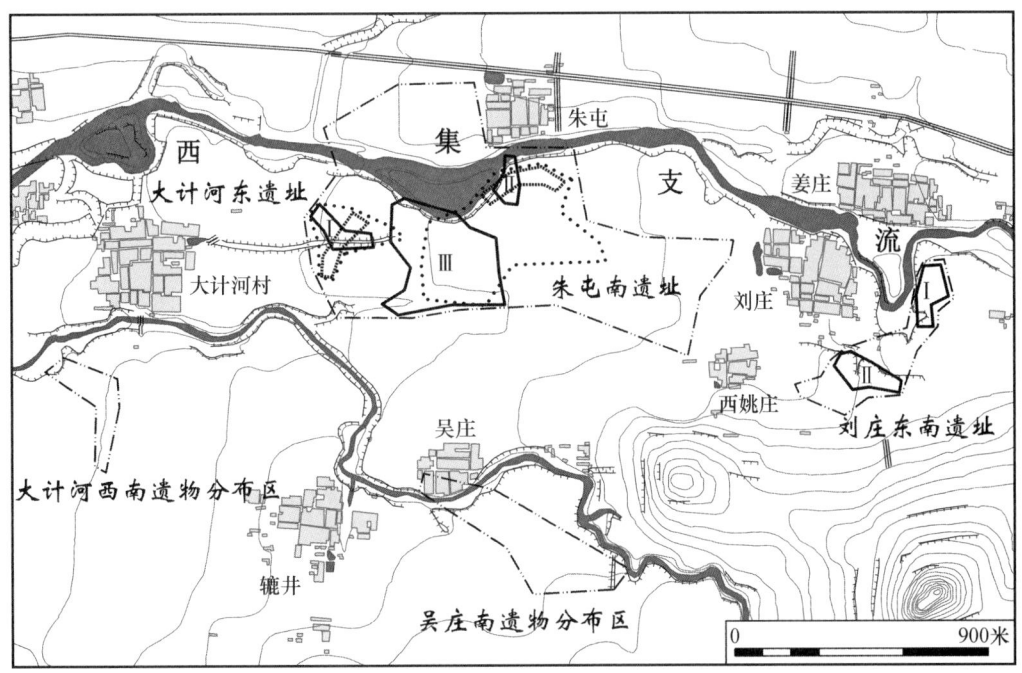

图八三　朱屯区域东周—秦汉时期遗址分布图

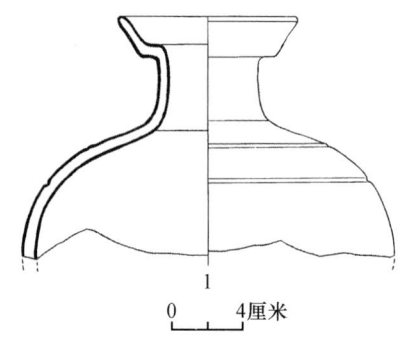

图八四 大计河西南遗物分布区
遗物标本
1. 壶（110315HKY002-1）

秦汉时期遗物标本，1件。

110315HKY002-1，盘口壶。泥质深灰陶，局部灰黑。盘口，高束颈，圆肩，鼓腹，以下残。肩部两周凹槽。口径10、残高13.1、厚0.4～0.8厘米（图八四，1）。

五十四、朱屯南遗址

遗址位于山亭区西集镇朱屯村南及村西，纵跨薛河支流两岸，东北侧紧邻朱屯村，所处地形为河流阶地和山前坡地，地表主要为麦地。遗址总面积88万平方米，共有遗物采集区57个，遗物丰富、一般及不丰富的采集区数量分别为14、8和35个。采集遗物时代包括东周、秦汉、隋唐和宋元、明清多个时期，以东周和秦汉时期遗物为主（图八二）。

东周时期为2个遗址。西侧为大计河东遗址，面积4.2平方米，共有遗物采集区6个。其中核心分布区1个，面积1.2万平方米，包括遗物采集区4个；一般分布区面积3万平方米，包括遗物采集区2个。采集遗物共28件，均为陶器，可辨器形有筒瓦、罐、盆、甑和豆。东侧为朱屯南遗址，面积17.9平方米，共有遗物采集区11个。其中核心分布区1个，面积1.4万平方米，包括遗物采集区4个；一般分布区面积16.5万平方米，包括遗物采集区7个。采集遗物共23件，均为陶器，可辨器形有板瓦、筒瓦、罐、盆和豆（图八三）。

秦汉时期遗址面积77万平方米，共有遗物采集区40个。其中核心分布区有三区，Ⅰ、Ⅱ区位置与东周时期遗址两核心分布区相近，Ⅲ区为新增核心分布区：Ⅰ区面积1.4万平方米，包括遗物采集区4个；Ⅱ区面积9400平方米，包括遗物采集区4个；Ⅲ区面积11.3万平方米，包括遗物采集区23个。一般分布区面积63.4万平方米，包括遗物采集区19个。采集遗物共275件，均为陶器，可辨器形有板瓦、筒瓦、罐和盆（图八三）。

东周时期遗物标本，3件，均属大计河东遗址。

110314LJT002-2，罐。夹粗砂黄褐陶。敛口，方唇，卷沿，溜肩，鼓腹，以下残。肩、腹之交有一竖耳。腹部饰浅粗绳纹。残高10.7、残宽9.2、厚0.6～0.9厘米（图八五，1；图版五一，2）。

110314HKY001-1，罐口沿。夹砂灰陶。直口，尖唇，外斜沿。颈部有一周凸棱，腹部饰四周凹弦纹。残高7.2、残宽9.9、厚0.6～0.8厘米（图八五，2）。

110314LJT002-1，豆。夹砂红胎黑皮陶。近直口，浅盘折腹，柱状细柄，足残。素面。复原口径13、残高7.9厘米（图八五，4；图版五一，1）。

明清时期遗物标本，1件。

110310YKK001-1，瓷碗。灰白胎酱绿釉。敞口，斜弧腹，矮圈足。复原口径8.6、圈足径6.1、高4.2、厚0.3～0.6厘米（图八五，3）。

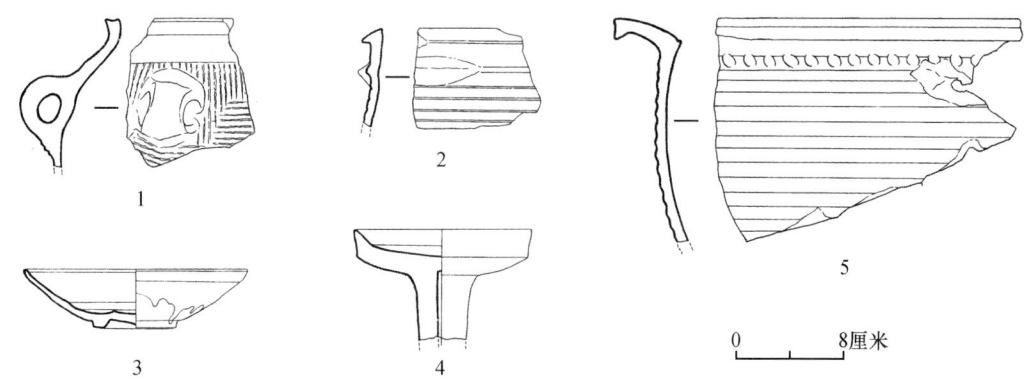

图八五　朱屯南、刘庄东南遗址遗物标本
1. 罐（110314LJT002-2）　2. 罐口沿（110314HKY001-1）　3. 瓷碗（110310YKK001-1）　4. 豆（110314LJT002-1）
5. 盆口沿（110312QXN005-1）

五十五、刘庄东南遗址

遗址位于山亭区西集镇刘庄南，西侧紧邻薛河，所处地形为河流阶地和平地，中部有断崖，地表主要为林地和麦地。遗址总面积10万平方米，共有遗物采集区13个，遗物丰富、一般及不丰富的采集区数量分别为0、2和11个。采集遗物时代包括西周、东周、秦汉和宋元多个时期，以秦汉时期遗物为主，其他可划分时期均为散点区。此外，20世纪枣庄市文物管理站也曾调查过此区域，在刘庄村东南200米发现一处6万平方米的遗址，发现了西周和东周时期的遗存[①]（图八二）。

秦汉时期遗址面积10万平方米，共有遗物采集区13个。其中核心分布区有两区：Ⅰ区面积1.5万平方米，包括遗物采集区5个；Ⅱ区面积1.9万平方米，包括遗物采集区6个。一般分布区面积6.6万平方米，包括遗物采集区2个。采集遗物共30件，均为陶器，可辨器形有板瓦、筒瓦和盆（图八三）。

秦汉时期遗物标本，1件。

110312QXN005-1，盆口沿。泥质灰陶。敛口，方唇，唇面内凹，宽折沿，沿面弧凸，弧腹。颈部饰一周按窝，腹部饰瓦棱纹。残高15.9、残宽23.8、厚0.8~1.2厘米（图八五，5）。

五十六、吴庄南遗物分布区

分布区位于山亭区西集镇吴庄村南，北侧临近薛河支流，西北侧跨过支流延伸至吴庄村，所处地形为山前坡地，地表主要为麦地和林地。分布区总面积35.3万平方米，共有遗物采集区8个，遗物丰富、一般及不丰富的采集区数量分别为0、2和6个。采集遗物时代包括秦汉和宋元2个时期，以秦汉时期遗物为主（图八二）。

秦汉时期遗物分布区面积11.5万平方米，包括遗物采集区5个。采集遗物共18件，均为陶器，可辨器形有板瓦和筒瓦（图八三）。

---

① 枣庄市文物管理站：《枣庄市南部地区考古调查纪要》，《考古》1984年4期。

五十七、西集东北遗物分布区

分布区位于山亭区西集镇西集村东北,所处地形为山坡,地表主要为林地和荒地。分布区总面积19.4万平方米,共有遗物采集区9个,全部为遗物不丰富采集区。采集遗物时代包括东周、秦汉和宋元3个时期,以秦汉时期遗物为主,东周时期为散点区(图八六)。

秦汉时期遗物分布区面积2.7万平方米,包括遗物采集区4个。采集遗物共7件,均为陶器,可辨器形有板瓦、筒瓦、罐和盆(图八九)。

五十八、西集东遗址

遗址位于山亭区西集镇东,旧称梁王城遗址,南侧紧邻薛河支流,北侧近山,东侧紧邻东集河北村,据遗物分布情况判断,部分面积还应被东集河北村占压。遗址所处地形为河流阶地和山前坡地,中部有一条季节性支流,地表主要为麦地和荒地。遗址西南、东南部原各有一台地,但现西南台地已不显。遗址总面积99.4万平方米,共有遗物采集区79个,遗物丰富、一般及不丰富的采集区数量分别为7、29和43个。采集遗物时代包括大汶口文化、岳石文化、商代、西周、东周、秦汉、隋唐和宋元多个时期,以大汶口文化、岳石文化、西周、东周和秦汉时期遗物为主(图八六)。此外,20世纪枣庄市文物管理站也曾调查过此遗址,调查面积为1万平方米,在遗址南部发现龙山文化遗存,东部发现了两周及汉代遗存[①]。本次调查中,

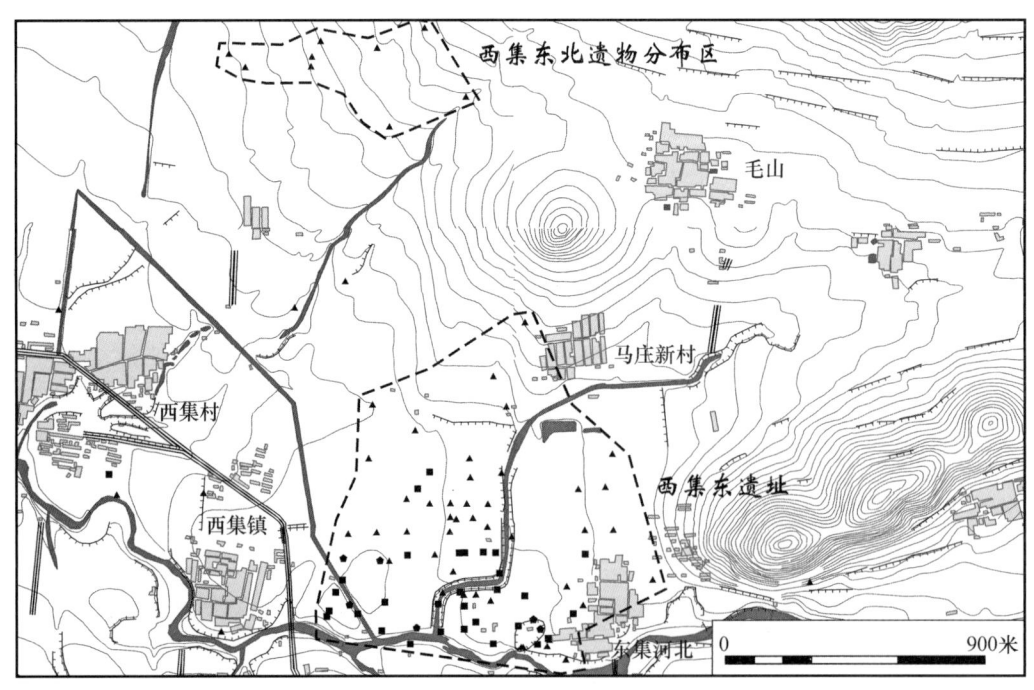

图八六　西集区域遗址分布总图

---

① 枣庄市文物管理站:《枣庄市南部地区考古调查纪要》,《考古》1984年4期。

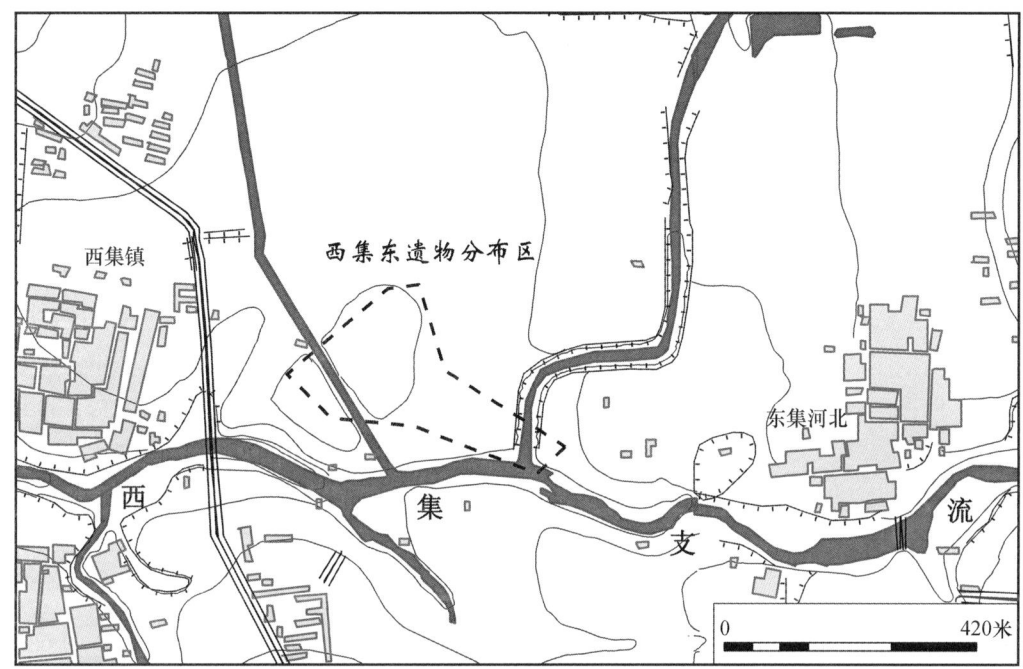

图八七　西集区域大汶口文化时期遗址分布区图

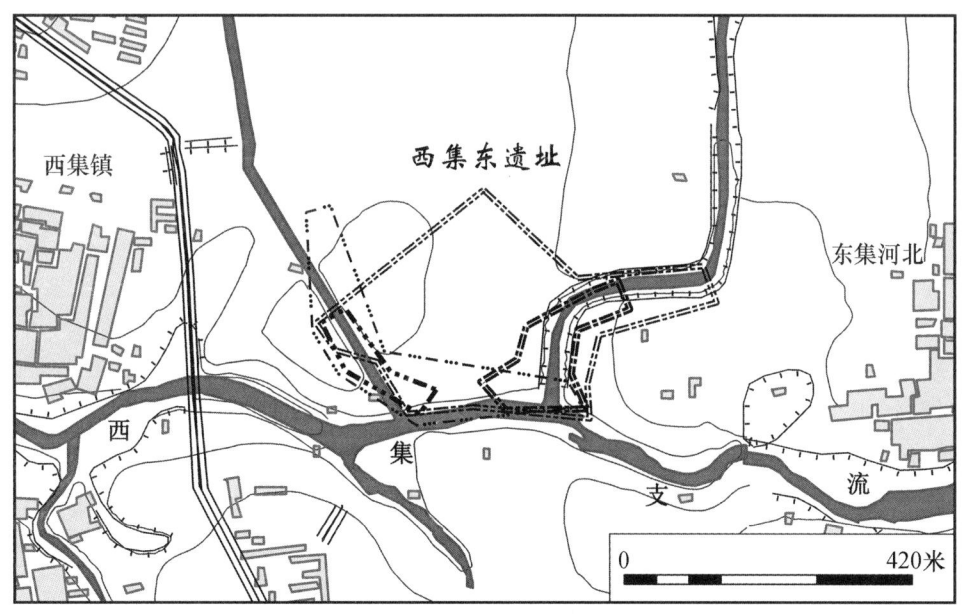

图八八　西集区域岳石文化—西周时期遗址分布图

在遗址东南部台地断崖上发现有暴露的商代灰坑，但并未发现龙山文化时期的遗存（图版一七，3）。

大汶口文化时期为遗物分布区，面积5.5万平方米，主要位于遗址西南部台地周围，包括遗物采集区5个。采集遗物共30件，种类有陶器和石器，陶器可辨器形有大汶口文化晚期的鼎、罐、钵、鬶、背壶和豆，石器有石刀和石锛等（图八七）。

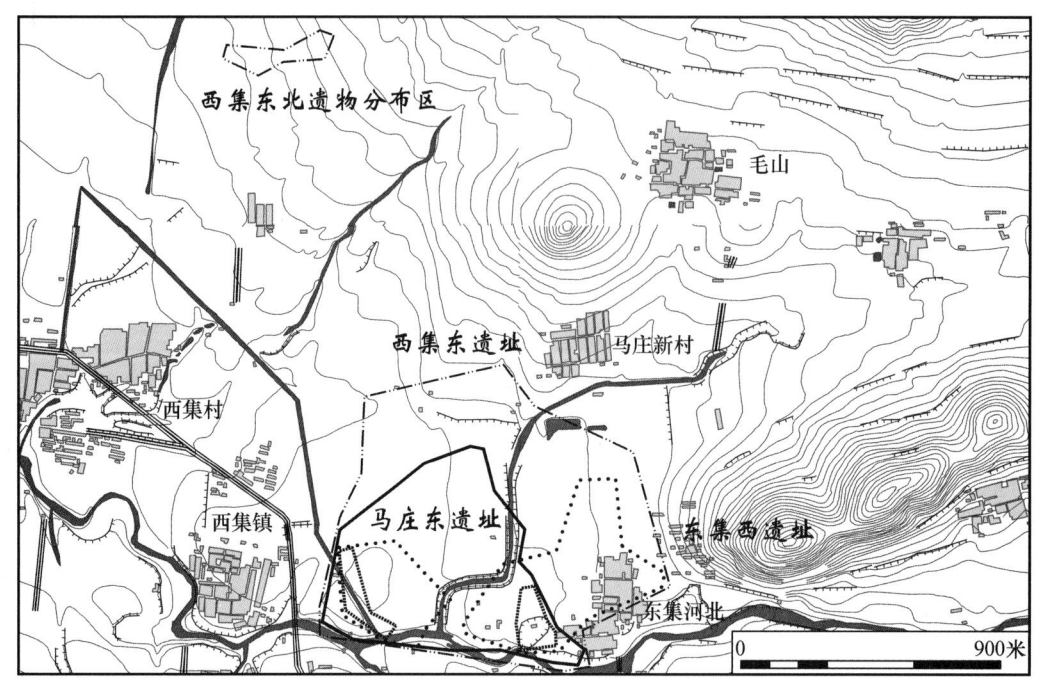

图八九　西集区域东周—秦汉时期遗址分布图

岳石文化时期遗址面积3.6万平方米，也主要位于遗址西南部台地周围，共有遗物采集区5个。其中核心分布区1个，面积7600平方米，包括遗物采集区3个；一般分布区面积2.8万平方米，包括遗物采集区2个。采集遗物共13件，均为陶器，可辨器形有罐、甗和豆（图八八）。

该区域共有商代时期遗物采集区4个，分别位于东南和西南两台地附近。如果仅按地面遗物情况分析，仅构成"散点区"，但位于东南部台地的遗物采集区在断崖上发现商代灰坑1个，据此确定该区域商代时期应为遗址，只是可能由于埋藏较深等原因，遗址地面遗物发现较少。遗物采集区中采集遗物共10件，均为陶器，其中东南部台地附近的两遗物采集区共有陶片8片，可辨器形有鬲和罐，西南部台地附近的两遗物采集区共有陶片2片，可辨器形有鬲。

西周时期遗址面积9.2万平方米，共有遗物采集区9个。其中核心分布区1个，主要位于遗址中部季节性支流两侧，面积1.6万平方米，包括遗物采集区4个；一般分布区面积7.6万平方米，包括遗物采集区5个。采集遗物共25件，均为陶器，可辨器形有鬲和罐（图八八）。

东周时期分为2个遗址，分别位于西南和东南2个台地周围。西侧为马庄东遗址，面积9.7万平方米，共有遗物采集区10个。其中核心分布区1个，面积2万平方米，包括遗物采集区5个；一般分布区面积7.7万平方米，包括遗物采集区5个。采集遗物共18件，均为陶器，可辨器形有罐、盆和豆。东侧为东集西遗址，面积19.8万平方米，共有遗物采集区15个。其中核心分布区1个，面积2.1万平方米，包括遗物采集区6个；一般分布区面积17.7万平方米，包括遗物采集区9个。采集遗物共41件，均为陶器，可辨器形有板瓦、筒瓦、罐、盆、钵和豆（图八九）。

秦汉时期遗址面积89.5万平方米，共有遗物采集区74个。其中核心分布区1个，面积40万平方米，包括遗物采集区58个；一般分布区面积49.5万平方米，包括遗物采集区16个。采集遗物共258件，均为陶器，可辨器形有板瓦、筒瓦、罐、盆、瓮和井圈（图八九）。

大汶口文化时期遗物标本，23件。其中110312YKK001-1采自不分时代的西集东遗址南侧的单独散点区，其余均属大汶口文化时期的西集东遗址。

110312SQR004-8，罐口沿。夹砂灰黑陶。侈口，尖圆唇，折沿，弧腹。素面。复原口径10、残高5.2、厚0.6厘米（图九〇，1）。

110312SQR004-9，罐口沿。细砂灰陶。侈口，圆唇，折沿，溜肩。素面。残高4.8、残宽6.2、厚0.7～0.9厘米（图九〇，2）。

110312YKK005-3，罐底。夹砂黑陶。斜弧腹，平底微内凹。素面。复原底径14、残高5、厚0.6～1.1厘米（图九〇，10）。

110312SQR004-10，盆口沿。夹砂灰胎黑皮陶。敞口，圆唇，卷沿，斜腹。素面。残高4.7、残宽5.8、厚1厘米（图九〇，3）。

110312CDL003-2，盆口沿。夹砂灰陶，内壁黑。敞口，圆唇，斜腹。素面。残高5、残宽5.5、厚0.3～0.9厘米（图九〇，4）。

110312SQR005-1，钵口沿。泥质灰胎褐陶，局部灰黑。敛口，弧鼓腹。素面。复原口径20、残高3.7、厚0.5～0.7厘米（图九〇，9）。

110312SQR004-15，背壶。泥质灰陶。口、颈残，窄肩，鼓腹，小平底内凹。残存一竖耳痕迹，素面。底径7.4、残高11.5、厚0.5～1厘米（图九〇，8；图版五一，5）。

110312SQR004-19，器盖。夹砂灰胎红陶。盖缘外凸，压印锯齿纹，盖面斜直，残。残高3.7、残宽7.6、厚0.9厘米（图九〇，5）。

110312CDL003-4，鼎足。夹砂红陶，内壁黑。侧装三角形足，外侧上部有两个按窝，下

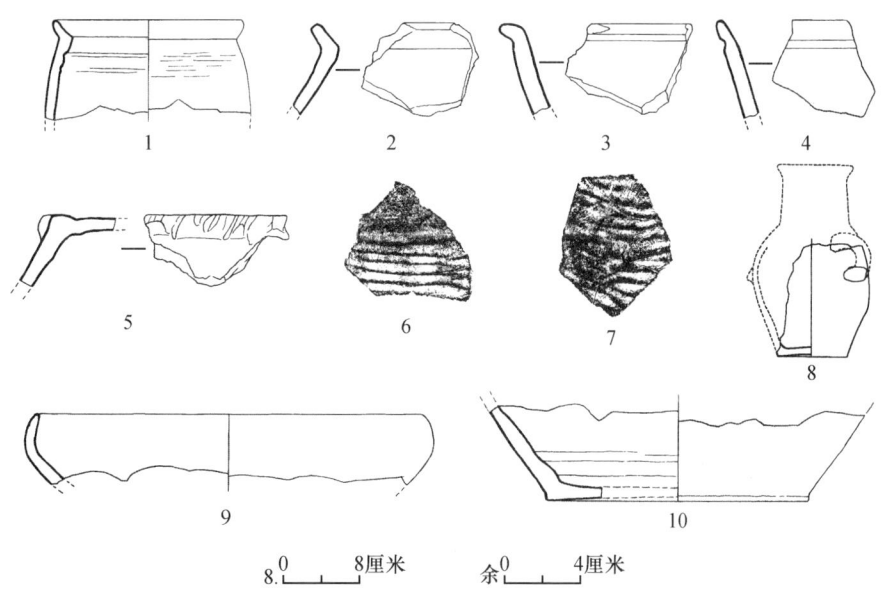

图九〇　西集东遗址大汶口文化时期遗物标本（一）

1. 罐口沿（110312SQR004-8）　2. 罐口沿（110312SQR004-9）　3. 盆口沿（110312SQR004-10）
4. 盆口沿（110312CDL003-2）　5. 器盖（110312SQR004-19）　6. 腹片（110312SQR004-22）
7. 腹片（110312SQR005-2）　8. 背壶（110312SQR004-15）　9. 钵口沿（110312SQR005-1）
10. 罐底（110312YKK005-3）

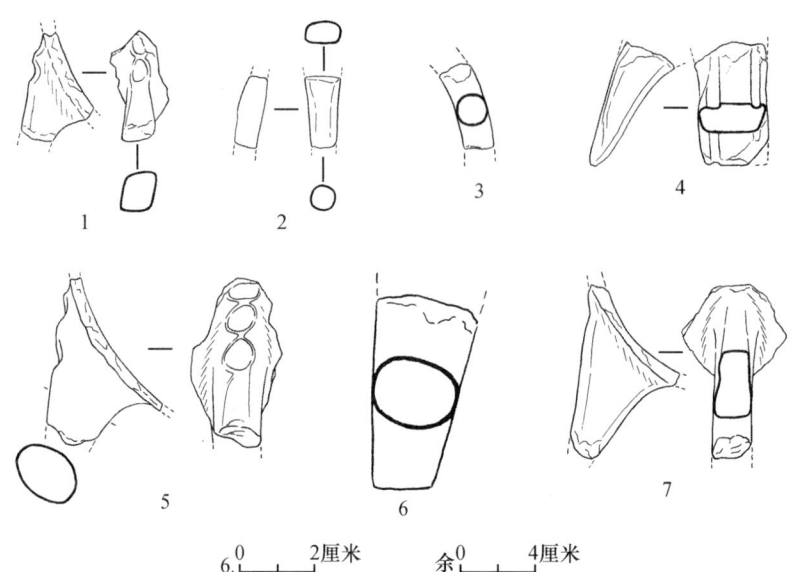

图九一 西集东遗址大汶口文化时期遗物标本（二）
1. 鼎足（110312CDL003-4） 2. 鬹足（110312SQR004-14） 3. 把手（110313MC008-1） 4. 鼎足（110312MC002-1）
5. 鼎足（110312SQR004-18） 6. 鼎足（110312CDL003-3） 7. 鼎足（110312CDL010-3）

部残失。残高5.6厘米（图九一，1）。

110312MC002-1，鼎足。夹砂红陶。凿形足，正面有两道竖凹槽。残高6.4厘米（图九一，4）。

110312SQR004-18，鼎足。夹砂红陶，内壁灰。侧装三角形足，外侧上部有两个按窝，下部残。素面。残高8.7厘米（图九一，5）。

110312CDL003-3，鼎足。夹砂红陶。横断面呈椭圆形。素面。残高5厘米（图九一，6）。

110312CDL010-3，鼎足。夹砂红陶。侧装三角凿形足。素面。残高9厘米（图九一，7）。

110312SQR004-14，鬹足。夹砂白陶。近圆柱形，上端横断面近圆形。素面。残高3.7厘米（图九一，2）。

110313MC008-1，把手。夹砂灰胎红陶。横断面为圆形。素面。残高4.4、直径1.6厘米（图九一，3）。

110312SQR004-22，腹片。夹砂黑陶。外表饰篮纹。残长6.7、残宽6.1、厚0.6厘米（图九○，6）。

110312SQR005-2，腹片。夹砂红陶，外壁局部黑。外表饰篮纹。残长7.3、残宽6、厚0.7厘米（图九○，7）。

110312YKK005-1，磨石。时代应为大汶口文化时期。整体近长方体。长10.9、宽8.2、厚3.5～4厘米（图九二，1）。

110312SQR004-23，石刀。时代应为大汶口文化时期。整体扁平，双面刃。残长5、残宽5.1、厚0.2～0.5厘米（图九二，3）。

110312YKK006-1，磨石。时代应为大汶口文化时期。砂岩。整体呈长条形，截面呈圆角方形。磨制。残长9.2、宽5.3、厚4厘米（图九二，4）。

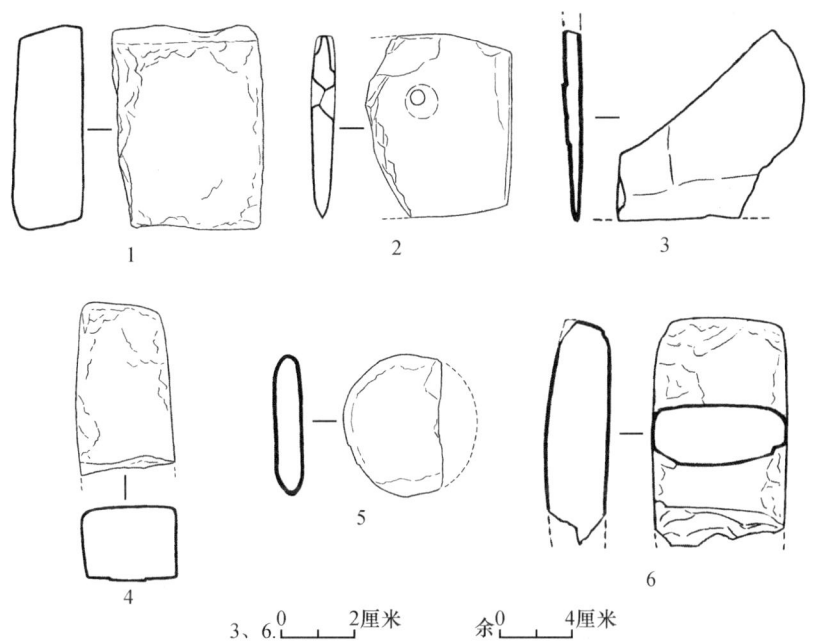

图九二　西集东遗址大汶口文化时期石器标本
1. 磨石（110312YKK005-1）　2. 石钺（110312YKK001-1）　3. 石刀（110312SQR004-23）
4. 石器（110312YKK006-1）　5. 石饼（110313MC001-1）　6. 石锛（110312YKK005-2）

110313MC001-1，石饼。时代应为大汶口文化时期。整体扁平，平面呈圆形。复原直径7.6、厚1.5厘米（图九二，5）。

110312YKK005-2，石锛。时代应为大汶口文化时期。平面呈圆角长方形。通体磨光。残长6、宽3.7、厚1.8厘米（图九二，6）。

110312YKK001-1，石钺。时代应为大汶口文化时期。整体扁平，双面刃，对钻孔。磨光。残长9.8、残宽8、厚1.3厘米（图九二，2；图版五一，4）。

岳石文化时期遗物标本，6件。

110312YKK002-2，甗足。夹砂夹云母红陶，内壁有白色钙化物。袋足，无实足尖。素面。残高8厘米（图九三，5）。

110312SQR004-6，罐口沿。细砂褐胎灰皮陶。侈口，圆方唇，折沿。素面。残高3.5、残宽5.4、厚0.7厘米（图九三，2）。

110312CDL002-1，罐腹片。夹砂红陶。有一周凹槽弦纹，其下刻划一周"×"形纹。残长6、残宽5、厚1厘米（图九三，6）。

110312YKK003-1，罐底。泥质灰陶。斜腹，平底周边外凸。素面。残高5.4、残宽12.7、壁厚1~1.3厘米（图九三，7）。

110312SQR004-4，豆盘。泥质灰陶。敞口，圆唇，折沿，浅弧腹，底及柄残。素面。复原口径15.8、残高2.5、厚0.5厘米（图九三，3）。

110312SQR004-20，豆盘。泥质橙红陶。口及底均残，浅盘，内壁一周凸棱。残高2厘米（图九三，4）。

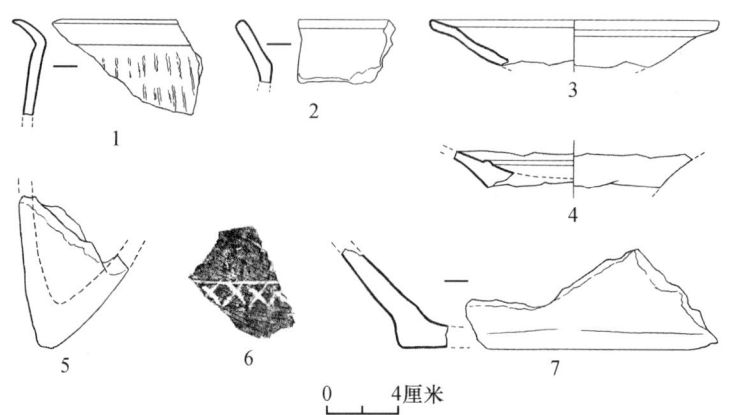

图九三 西集东遗址岳石文化、商代时期遗物标本
1. 鬲口沿（110312YKK002-1） 2. 罐口沿（110312SQR004-6） 3. 豆盘（110312SQR004-4）
4. 豆盘（110312SQR004-20） 5. 甗足（110312YKK002-2） 6. 罐腹片（110312CDL002-1）
7. 罐底（110312YKK003-1）

商代时期遗物标本，1件。

110312YKK002-1，鬲口沿。夹砂红陶。侈口，尖唇，折沿，弧腹。腹部有少量浅绳纹。残高5.1、残宽8.2、厚0.7厘米（图九三，1）。

西周时期遗物标本，14件。

110312SQR004-5，鬲口沿。夹砂黄褐陶。侈口，方唇，唇面一周凹槽，卷沿，束颈。颈部有手抹绳纹。残高3.2、残宽6.7、厚0.8厘米（图九四，3）。

110312YKK004-1，鬲足。夹砂灰陶。柱状实足，足尖平。足身饰竖绳纹。残高7.2厘米（图九四，8）。

110312SQR006-3，鬲足。细砂红陶。外表饰绳纹。残高4.8厘米（图九四，9）。

110312MC004-1，鬲足。细砂红陶，内壁灰。外表饰绳纹。残高3.4厘米（图九四，10）。

110312SQR004-17，鬲足。夹砂红陶。外表饰绳纹。残高6厘米（图九四，11）。

110312MC007-2，罐口沿。夹砂红陶。侈口，圆唇，卷沿，束颈。颈下竖绳纹。残高4、残宽8、厚0.5～0.9厘米（图九四，1）。

110312SQR006-4，罐口沿。泥质灰陶。侈口，方唇，唇面微凹，卷沿。素面。残高2.8、残宽6.1、厚0.9～1.1厘米（图九四，2）。

110312SQR006-2，罐口沿。泥质红褐陶。敛口，溜肩。颈下饰绳纹。残高4.4、残宽7.2、厚0.8厘米（图九四，4）。

110312YKK004-2，罐口沿。夹砂褐胎黑皮陶。侈口，圆方唇，宽折沿，束颈。素面。轮制。残高4.1、残宽8、厚0.7厘米（图九四，5）。

110312MC004-2，罐底。泥质灰胎褐陶。斜腹，平底内凹。素面。复原底径8.6、残高3.9、厚0.8～1.4厘米（图九四，6）。

110312SQR004-7，罐口沿。细砂褐胎灰黑皮陶。侈口，圆方唇，折沿，广斜肩。肩部饰竖绳纹。残高6.8、残宽8.2、厚1厘米（图九四，7）。

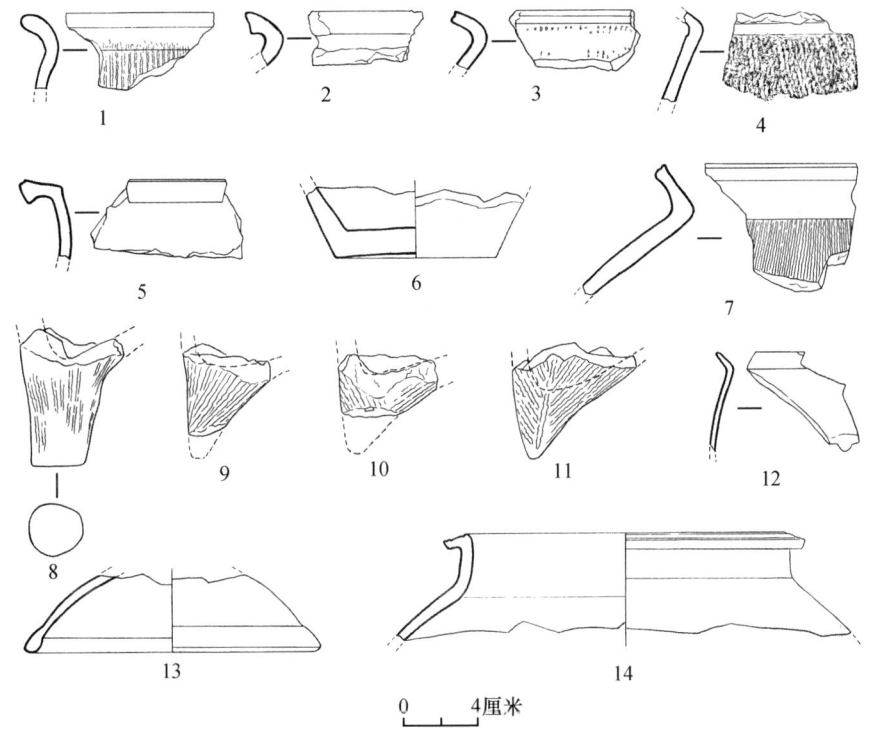

图九四 西集东遗址西周时期遗物标本
1. 罐口沿（110312MC007-2） 2. 罐口沿（110312SQR006-4） 3. 鬲口沿（110312SQR004-5）
4. 罐口沿（110312SQR006-2） 5. 罐口沿（110312YKK004-2） 6. 罐底（110312MC004-2）
7. 罐口沿（110312SQR004-7） 8. 鬲足（110312YKK004-1） 9. 鬲足（110312SQR006-3）
10. 鬲足（110312MC004-1） 11. 鬲足（110312SQR004-17） 12. 罐口沿（110312SQR004-11）
13. 器盖（110312SQR004-13） 14. 罐口沿（110312MC007-1）

110312SQR004-11，罐口沿。泥质黄褐陶。侈口，尖圆唇，折沿，弧鼓腹。素面。残高5.2、残宽4.4、厚0.4厘米（图九四，12）。

110312MC007-1，罐口沿。细砂红陶。直口，方唇，外斜沿，沿面有两周凹槽，短颈，斜肩。素面。复原口径17、残高5.6、厚0.5~0.8厘米（图九四，14）。

110312SQR004-13，器盖。泥质褐胎黑皮陶。覆碗形，敞口，圆唇，盖面外弧。素面。复原口径16、残高4、厚0.4~0.6厘米（图九四，13）。

东周时期遗物标本，14件，其中110312SQR001-1采自不分时代的西集东遗址南侧的独立散点区，110312SQR004-16、110312SQR006-1、110312SQR004-12属东周时期的马庄东遗址，其余均属东集西遗址。

110312SQR001-1，罐。夹粗砂灰陶。微侈口，方唇，外折沿，高领，圆肩，圆鼓腹。上腹部饰竖绳纹，中腹部饰弦断竖绳纹，下腹部饰横向绳纹。复原口径13、残高19.6、厚0.7~0.8厘米（图九五，13；图版五一，6）。

110312SQR004-16，罐口沿。泥质灰陶。侈口，折沿溜肩。素面。残高5.2、残宽10.4、厚0.6~0.9厘米（图九五，1）。

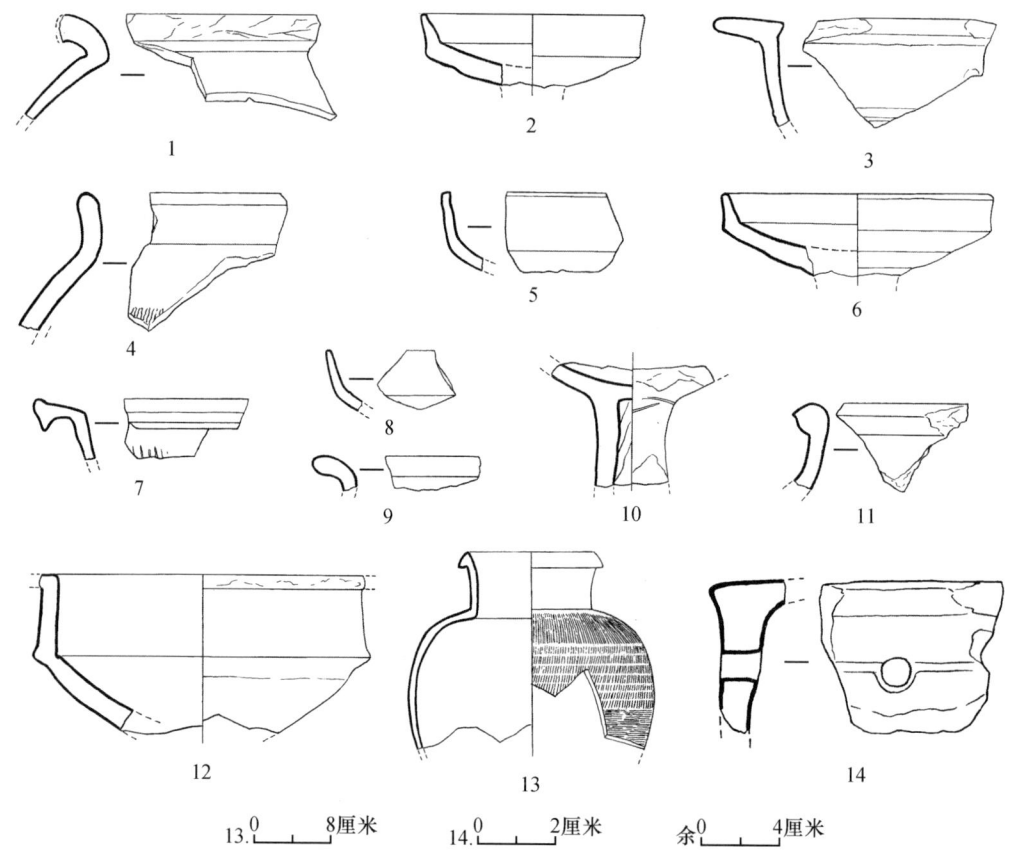

图九五 西集东遗址东周时期遗物标本

1. 罐口沿（110312SQR004-16） 2. 豆盘（110312HLD002-2） 3. 盆口沿（110312SQR006-1） 4. 罐口沿（110313SQR003-2）
5. 钵（110313SQR002-1） 6. 豆盘（110313HLD001-1） 7. 盆口沿（110313SQR003-1） 8. 豆盘（110312SQR004-12）
9. 罐口沿（110313SQR003-4） 10. 豆（110313SQR003-3） 11. 罐口沿（110312HLD002-1） 12. 钵（110312HLD004-1）
13. 罐（110312SQR001-1） 14. 匜口沿（110313SQR003-5）

110313SQR003-2，罐口沿。夹砂灰陶。直口微侈，圆唇，斜圆肩。腹饰绳纹。残高6.9、残宽8.2、厚0.9~1厘米（图九五，4）。

110313SQR003-4，罐口沿。夹砂红陶。侈口，圆唇，卷沿。素面。残高1.8、残宽4.8、厚0.7~1厘米（图九五，9）。

110312HLD002-1，罐口沿。夹砂黄褐陶。敛口，方圆唇，束颈。素面。残高4.3、残宽6.8、厚0.7~0.9厘米（图九五，11）。

110312SQR006-1，盆口沿。泥质灰陶。口微敛，圆唇，宽折沿，弧腹。素面。残高5.5、残宽9.8、厚0.7~1.1厘米（图九五，3）。

110313SQR003-1，盆口沿。泥质灰胎黑皮陶。敞口，方唇，唇下一周垂棱，斜折沿。腹部饰绳纹。残高3、残宽6.3、厚0.5~0.7厘米（图九五，7）。

110313SQR002-1，钵。泥质灰黑陶，近口处呈黄褐色。口微敞，折腹。素面。残高4、残宽5.9、厚0.45~0.7厘米（图九五，5）。

110312HLD004-1，钵。泥质灰陶。直口微敛，方唇，折腹，底残。折腹处有一周凸棱，内壁对应处为一周凹槽。复原口径16.4、残高8、厚0.8～1.1厘米（图九五，12）。

110313SQR003-5，匜口沿。夹砂黄褐陶。敛口，近直腹。沿下有一镂孔和一周凸棱。残高3.8、残宽4.7、孔径0.7厘米（图九五，14）。

110312HLD002-2，豆盘。泥质灰陶。口微侈，浅盘折腹。素面。复原口径11、残高3.7、厚0.3～1.3厘米（图九五，2）。

110313HLD001-1，豆盘。泥质灰黑陶。口近直，浅盘折腹，折腹处一周凸棱。素面。复原口径13.2、残高4.1、厚0.3～0.9厘米（图九五，6）。

110312SQR004-12，豆盘。泥质灰陶。敞口，圆唇，折腹。素面。残高3、残宽4、厚0.4～0.6厘米（图九五，8）。

110313SQR003-3，豆。泥质灰胎灰黑皮陶。口及底均残，浅盘，内圜底，空心细柄。素面。残高6.2、最小柄径3.5厘米（图九五，10）。

秦汉时期遗物标本，8件。

110312SQR007-1，罐口沿。夹细砂黄褐陶。侈口，方唇，唇面微凹，窄沿，广斜肩。素面。残高8.9、残宽14.2、厚0.6～1.3厘米（图九六，5）。

110312CDL010-1，瓮口沿。夹砂灰陶。直口，尖唇，圆肩。素面。残宽13.1、残高5.5、厚0.9厘米（图九六，7）。

110312SQR004-2，盆口沿。泥质灰陶。敛口，方唇，唇面微凹，宽折沿，沿面弧凸，弧腹。沿下饰数周瓦棱纹，腹部饰横绳纹。残高6.8、残宽13.4、厚0.7～1.1厘米（图九六，1）。

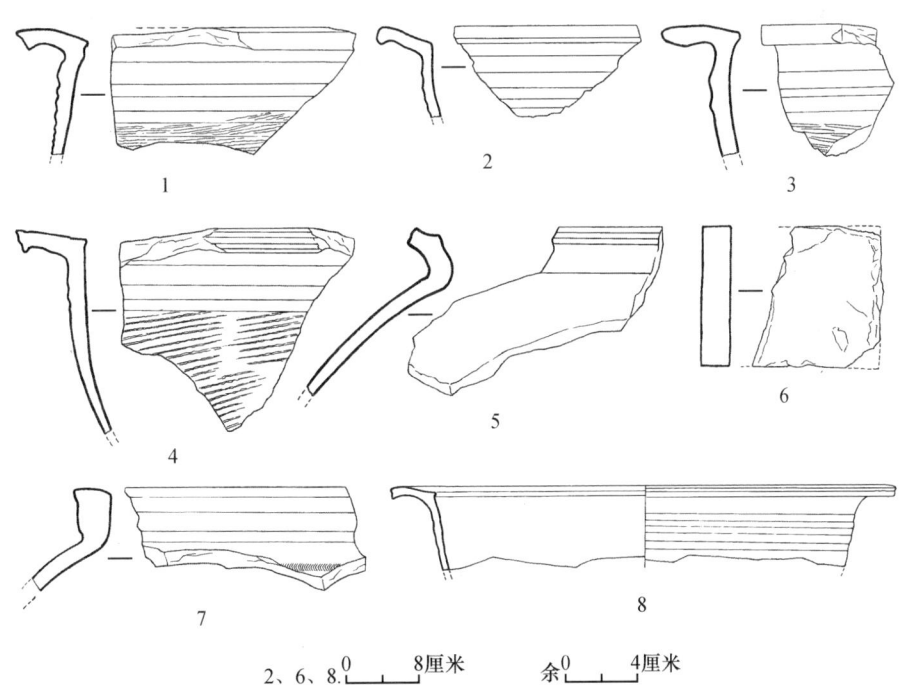

图九六　西集东遗址秦汉时期遗物标本

1. 盆口沿（110312SQR004-2）　2. 盆口沿（110313HLD004-1）　3. 盆口沿（110312SQR004-1）
4. 盆口沿（110313SQR003-6）　5. 罐口沿（110312SQR007-1）　6. 砖（110312CDL010-2）
7. 瓮口沿（110312CDL010-1）　8. 盆口沿（110312SQR004-3）

110313HLD004-1，盆口沿。泥质灰陶，局部灰黑。近直口，方唇，宽斜折沿，弧腹。外表饰瓦棱纹。残高9.8、残宽21.2、厚1.1～1.4厘米（图九六，2）。

110312SQR004-1，盆口沿。泥质灰陶。敛口，圆唇，宽折沿，沿面弧凸，弧腹。颈下部饰瓦棱纹，下腹部饰横绳纹。残高7.1、残宽6.4、厚1厘米（图九六，3）。

110313SQR003-6，盆口沿。泥质灰陶。侈口，方唇，唇面饰两周凹槽，宽折沿，弧腹。沿下饰三周瓦棱纹，腹部饰横向绳纹。残高10.9、残宽12.9、厚0.45～1.1厘米（图九六，4）。

110312SQR004-3，盆口沿。泥质灰陶。敞口，方唇，唇面微凹，宽折沿，沿面微弧，弧腹。外表饰瓦棱纹。轮制。复原口径56、残高9、厚1厘米（图九六，8）。

110312CDL010-2，砖。泥质灰陶。平面呈长方形，残。素面。残长15、宽14.5、厚3厘米（图九六，6）。

五十九、庙后东北遗址

遗址位于山亭区西集镇庙后村东北，西侧紧邻庙后村，南侧近山，所处地形为山前坡地，地表主要为麦地。遗址总面积29万平方米，共有遗物采集区17个，遗物丰富、一般及不丰富的采集区数量分别为1、4和13个。采集遗物时代包括东周、秦汉和宋元3个时期，以秦汉时期遗物为主，东周时期为散点区（图九七）。

秦汉时期遗址面积21.4万平方米，共有遗物采集区14个。其中核心分布区1个，面积4.9万平方米，包括遗物采集区7个；一般分布区面积16.5万平方米，包括遗物采集区7个。采集遗物共57件，均为陶器，可辨器形有板瓦、筒瓦、罐和盆（图九九）。

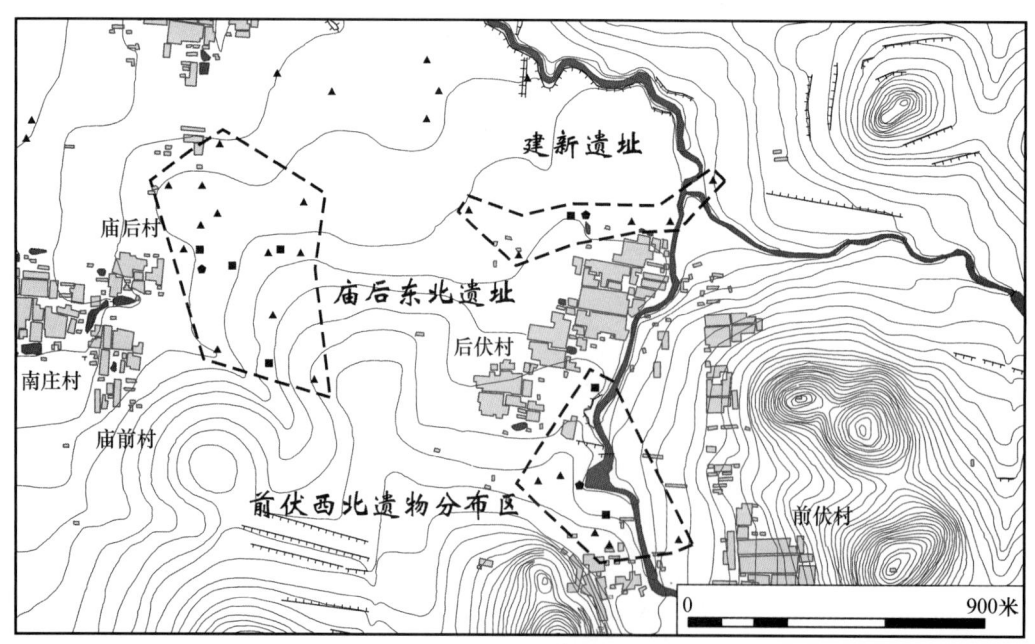

图九七　后伏区域遗址分布总图

六十、建 新 遗 址

遗址位于山亭区西集镇后伏村北，所处地形为山前台地，东北部跨越一条冲沟（现为建新水库泄洪道），地表主要为麦地。1992~1993年和2006年，山东省文物考古研究所等两度在此发掘。根据发掘成果，遗址总面积约3万平方米，发现了丰富的大汶口文化和龙山文化时期遗存。其中大汶口文化房址28座、灰坑230座、墓葬103座、陶窑2座和水井1座；大汶口文化房址多为方形单间地面式房屋；灰坑按用途可分为窖穴、垃圾坑和祭祀坑等；墓地有分区现象，多为成人墓，随葬品数量多少不等，多者有上百件，少者仅数件或一无所有，随葬品以陶器为主，有的还有猪头骨、龟甲、石璧等。龙山文化遗迹有灰坑53座，此外还发现唐代墓葬1座（图版一八，1）。根据前期发掘成果，该区域为遗址，时代包括大汶口文化和龙山文化2个时期。

本次调查遗址中采集遗物数量很少，分布亦较疏散。根据调查结果，遗址面积为8.3万平方米，共有遗物采集区7个，遗物丰富、一般及不丰富的采集区数量分别为1、1和5个（图九七）。采集遗物时代包括大汶口文化、龙山文化、东周和秦汉4个时期，以大汶口文化时期遗物为主。但可能由于埋藏较深或后期发掘等原因，地面调查发现的大汶口文化遗物数量均较少，分布也较疏散，如果仅按地面遗物分布情况，仅能构成1个"一般分布区"，面积为1.4万平方米，包括遗物采集区3个。采集遗物共21件，均为陶器，可辨器形有鼎、鬶、罐和大口尊。龙山文化时期仅有1个采集区，遗物更少，如果仅按地面遗物分布情况，仅能构成"散点区"（图九八）。采集遗物共5件，均为陶器，可辨器形有罐和杯。其他时期遗物均为散点区。

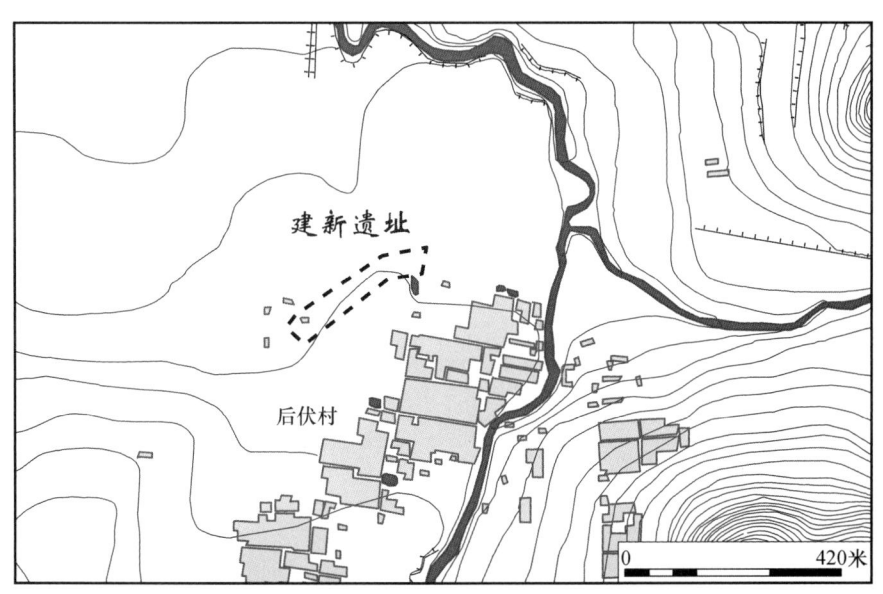

图九八　后伏区域大汶口文化时期遗址分布图

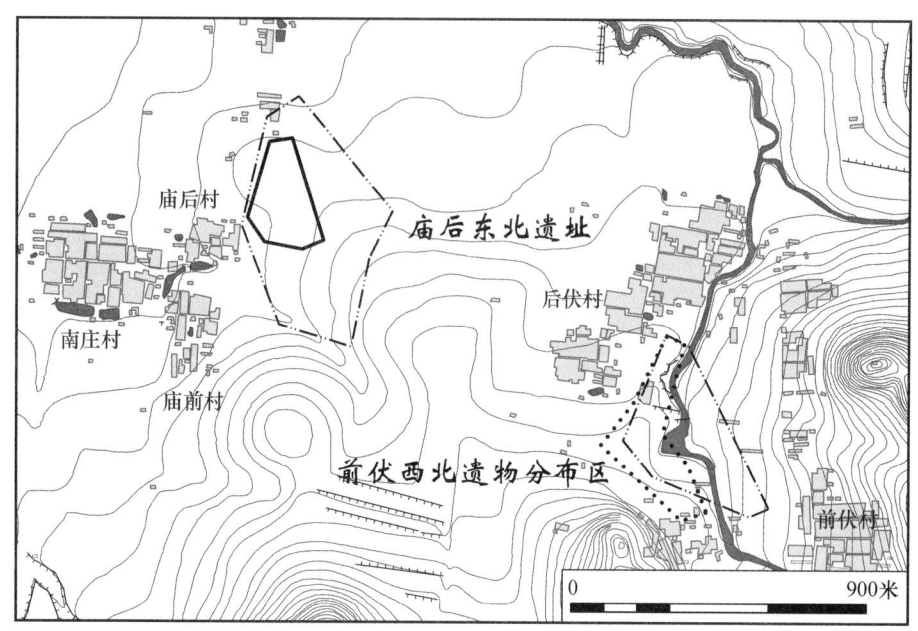

图九九　后伏区域东周—秦汉时期遗址分布图

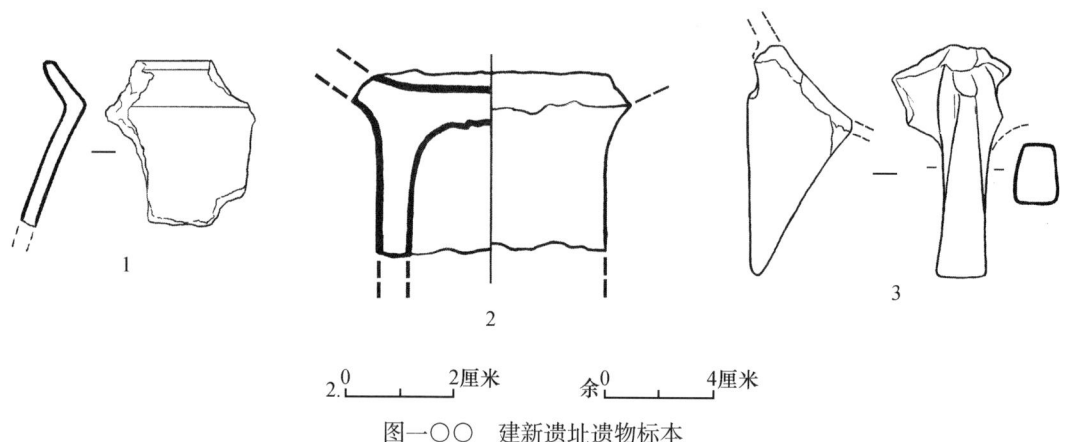

图一〇〇　建新遗址遗物标本

1. 罐口沿（20150331ZXW001-1）　2. 豆柄（20150331YLL001-1）　3. 鼎足（20150331ZXW001-2）

大汶口文化时期遗物标本，2件。

20150331ZXW001-2，鼎足。夹砂黄褐陶，腹部灰黑。侧三角扁凿形足，足根部有1个按窝。残高8.3厘米（图一〇〇，3）。

20150331ZXW001-1，罐口沿。夹粗砂灰陶。侈口，尖圆唇，斜折沿，弧腹。素面。残高5.9、残宽5.6、厚0.6厘米（图一〇〇，1）。

东周时期遗物标本，1件。

20150331YLL001-1，豆柄。泥质灰陶。豆盘底近平，柱状粗柄。素面。残高3.3、厚0.6厘米（图一〇〇，2）。

六十一、前伏西北遗物分布区

分布区位于山亭区西集镇前伏村西北，北侧紧邻后伏村，所处地形为山前坡地，其中部有一条冲沟（现为建新水库泄洪道），地表主要为麦地。分布区总面积16.5万平方米，共有遗物采集区8个，遗物丰富、一般及不丰富的采集区数量分别为1、2和5个。采集遗物时代包括东周、秦汉和宋元3个时期，以东周和秦汉时期遗物为主（图九八）。此外，根据当地文物部门的前期工作，分布区中还分布有伏里汉墓群。

东周时期遗物分布区面积7.1万平方米，包括遗物采集区6个。采集遗物共28件，均为陶器，可辨器形有鬲、罐和豆（图九九）。

秦汉时期遗物分布区面积11.7万平方米，包括遗物采集区5个。采集遗物共10件，均为陶器，可辨器形有板瓦、筒瓦和罐（图九九）。

六十二、豹山东北遗址

分布区位于滕州市羊庄镇豹山东北，西北侧紧邻薛河，所处地形为山前坡地和山坡，中部有两条冲沟，地表主要为麦地。遗址总面积120万平方米，共有遗物采集区53个，遗物丰富、一般及不丰富的采集区数量分别为0、4和49个。采集遗物时代包括大汶口文化、龙山文化、商代、西周、东周、秦汉、隋唐和宋元多个时期，以大汶口文化、东周和秦汉时期遗物为主，其他可划分时期均为散点区（图一〇一）。

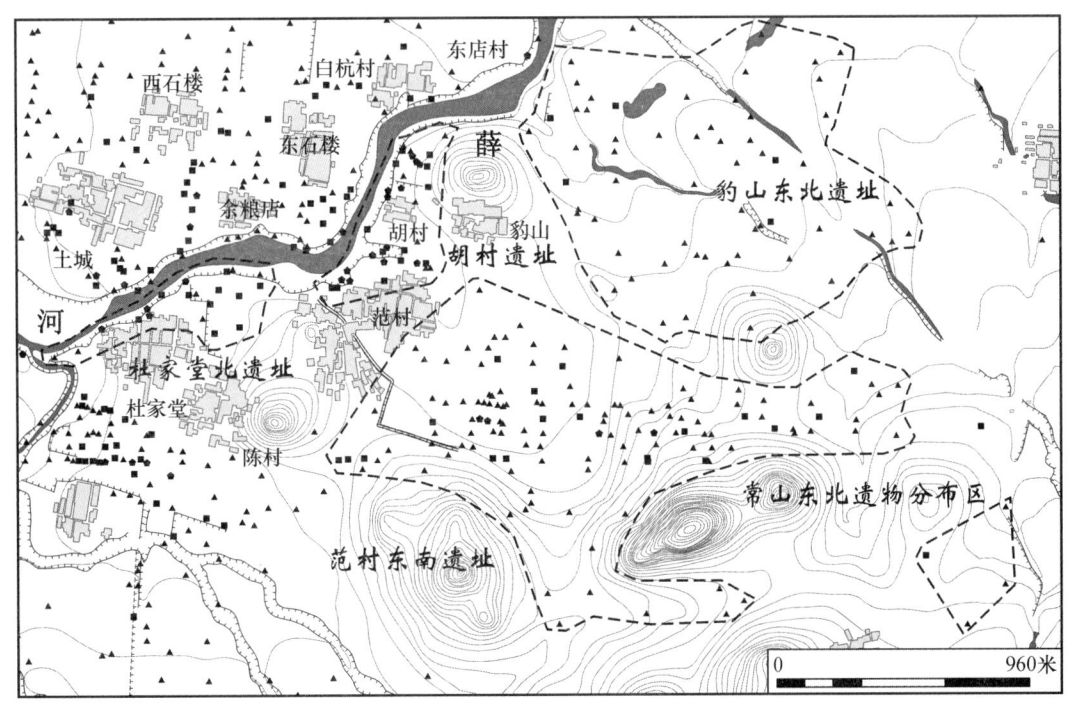

图一〇一　范村区域遗址分布总图

大汶口文化时期分为2个遗址。西侧为豹山东北遗址，面积16.8万平方米，共有遗物采集区8个。其中核心分布区1个，面积1.2万平方米，包括遗物采集区4个；一般分布区面积15.6万平方米，包括遗物采集区4个。采集遗物共12件，均为陶器，可辨器形有罐、大口尊和杯。东侧为南庄西遗址，范围向南延伸至范村东南遗址内，面积34.3万平方米，共有遗物采集区11个。其中核心分布区1个，面积9700平方米，包括遗物采集区3个；一般分布区面积33.3万平方米，包括遗物采集区8个。采集遗物共14件，均为陶器，可辨器形有大汶口晚期的鼎和罐（图一〇二）。

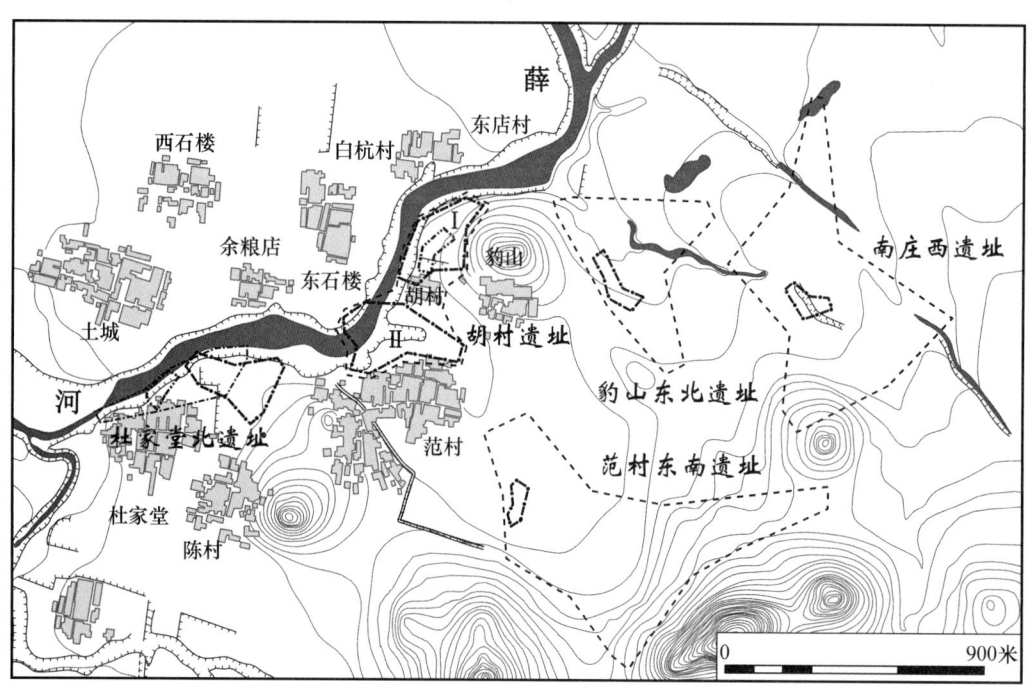

图一〇二　范村区域大汶口文化—龙山文化时期遗址分布图

东周时期遗址面积71.7万平方米，共有遗物采集区21个。其中核心分布区1个，面积4.7万平方米，包括遗物采集区6个；一般分布区面积67万平方米，包括遗物采集区15个。采集遗物共36件，均为陶器，可辨器形有板瓦、筒瓦、罐和盆（图一〇四）。

秦汉时期又分为2个遗址。北侧为豹山东北遗址，范围与大汶口文化时期遗址不同，面积51.5万平方米，共有遗物采集区25个。其中核心区分布区1个，面积3.6万平方米，包括遗物采集区7个；一般分布区面积15.5万平方米，包括遗物采集区18个。采集遗物共32件，均为陶器，可辨器形主要有板瓦和筒瓦。南侧为南庄西南遗址，范围与大汶口文化时期遗址亦不同，面积14.7万平方米，共有遗物采集区10个。其中核心分布区1个，面积1.2万平方米，包括遗物采集区4个；一般分布区面积13.5万平方米，包括遗物采集区6个。采集遗物共13件，均为陶器，可辨器形有板瓦和筒瓦（图一〇四）。

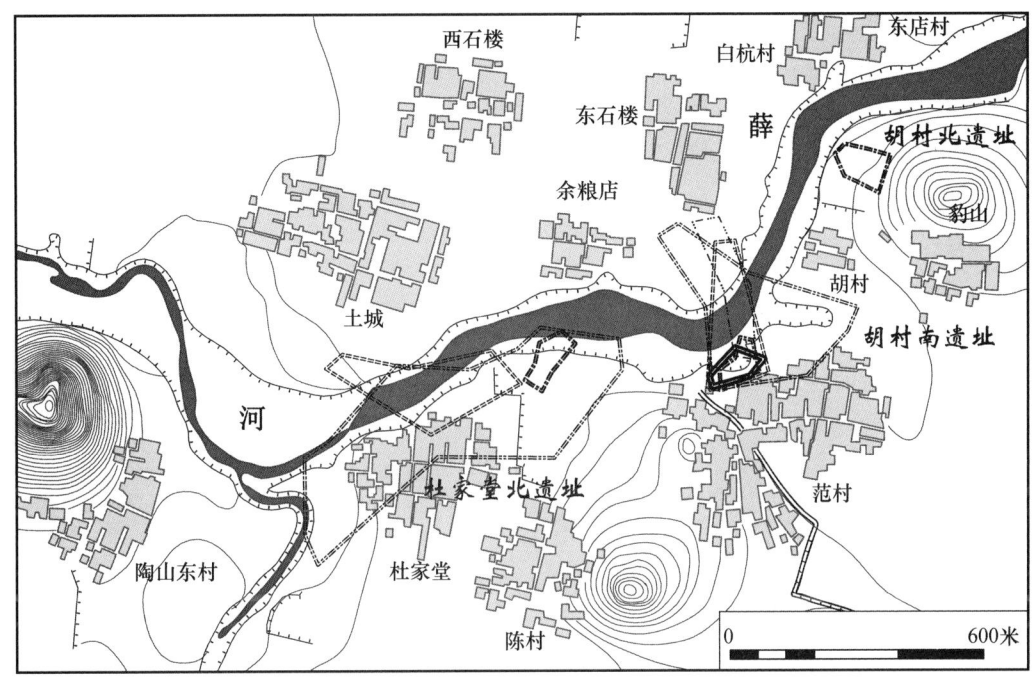

图一〇三　范村区域岳石文化—西周时期遗址分布图

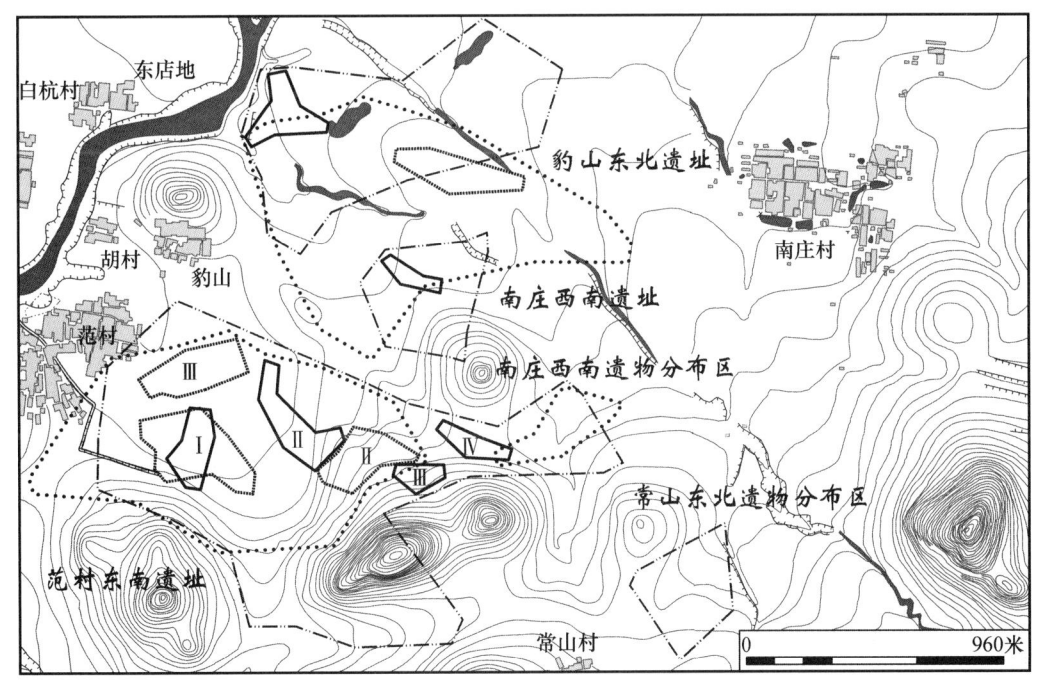

图一〇四　范村区域东周—秦汉时期遗址分布图

六十三、范村东南遗址

　　遗址位于滕州市羊庄镇范村东南，西北侧紧邻范村，东侧和南侧近山，所处地形为山前坡地和山坡，地表主要为麦地。遗址总面积128.3万平方米，共有遗物采集区130个，遗物丰富、一般及不丰富的采集区数量分别为4、19和107个。采集遗物时代包括北辛文化、大汶口文化、龙山文化、岳石文化、商代、西周、东周、秦汉、隋唐和宋元多个时期，以大汶口文化、东周和秦汉时期遗物为主，其他可划分时期均为散点区（图一〇一）。此外，遗址东部发现石室墓数座，很多墓葬保存较好，墓室较大，但时代应晚于汉代（图版一八，2）。

大汶口文化时期遗址面积38.7万平方米，共有遗物采集区13个。其中核心分布区1个，面积6600平方米，包括遗物采集区3个；一般分布区面积38万平方米，包括遗物采集区10个。采集遗物共20件，种类有陶器和石器，可辨器形有大汶口中期的鼎足、大汶口晚期的罐、钵和石锛（图一〇二）。

东周时期分为1个遗址和1个遗物分布区。西侧为范村东南遗址，面积73.9万平方米，共有遗物采集区53个。其中核心分布区有三区：Ⅰ区位置与大汶口文化时期遗址核心分布区相近，但范围明显扩大，面积7.7万平方米，包括遗物采集区15个；Ⅱ区面积4.4万平方米，包括遗物采集区10个；Ⅲ区面积4.9万平方米，包括遗物采集区8个。一般分布区面积56.9万平方米，包括遗物采集区20个。采集遗物共103件，均为陶器，可辨器形有板瓦、筒瓦、罐、盆、瓮、盘、豆。东侧为南庄西南遗物分布区，面积5.8万平方米，包括遗物采集区5个。采集遗物共8件，均为陶器，可辨器形有板瓦、筒瓦和钵（图一〇四）。

秦汉时期遗址面积118.8万平方米，共有遗物采集区66个。其中核心分布区有四区：Ⅰ、Ⅱ区位置与东周时期遗址的两核心分布区大体相同，Ⅲ、Ⅳ区为新增核心分布区。Ⅰ区面积3.1万平方米，包括遗物采集区10个；Ⅱ区面积4.4万平方米，包括遗物采集区9个；Ⅲ区面积1.4万平方米，包括遗物采集区4个；Ⅳ区面积1.8万平方米，包括遗物采集区5个。一般分布区面积108.1万平方米，包括遗物采集区38个。采集遗物共128件，均为陶器，可辨器形有板瓦、筒瓦、罐、盆、瓮和白陶罐（图一〇四）。

北辛文化时期遗物标本，1件。

100307GMJ011-1，钵口沿。泥质灰褐陶。敞口，圆唇，弧腹。素面。残高2.8、残宽4.5、厚0.4~0.6厘米（图一〇五，1）。

大汶口文化时期遗物标本，4件。

100307GMJ004-1，鼎足。粗砂红陶。侧三角形足。足跟部残留2个按窝。残高6.1厘米（图一〇五，2）。

100307GMJ007-1，鼎足。夹砂黄褐陶。侧三角凿形足，横截面近椭圆形，下部残。素面。残高4.4、残宽2厘米（图一〇五，3）。

100325HY009-1，罐底。泥质灰褐陶。斜腹，平底。素面。残高4、残宽4.6、厚0.35~0.65厘米（图一〇五，4）。

100325HY009-2，石锛。时代应为大汶口文化时期。平面及横断面均近梯形，双面刃。磨光。长5.7、宽3.3、厚1.7~2.2厘米（图一〇五，5；图版五二，1）。

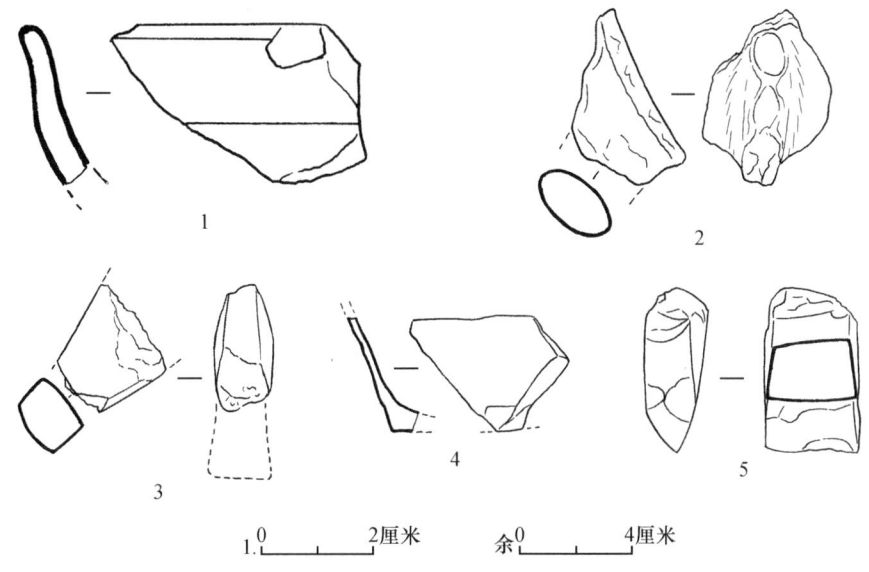

图一〇五 范村东南遗址遗物标本

1. 钵口沿（100307GMJ011-1） 2. 鼎足（100307GMJ004-1） 3. 鼎足（100307GMJ007-1）
4. 罐底（100325HY009-1） 5. 石锛（100325HY009-2）

六十四、常山东北遗物分布区

分布区位于枣庄市山亭区西集镇常山村东北，所处地形为山前坡地，地表主要为麦地。分布区总面积10.8平方米，共有遗物采集区4个，遗物丰富、一般及不丰富的采集区数量分别为0、1和3个。采集区仅含秦汉时期遗物，采集遗物共12件，均为陶器，可辨器形有板瓦、筒瓦和盆（图一〇一、图一〇四）。

六十五、胡村遗址

遗址位于滕州市羊庄镇胡村周围，其西侧紧邻薛河，东北侧近山，南侧紧邻范村。遗址所处地形为河流阶地，中部有一冲沟，地表主要为麦地和林地。遗址总面积18.8万平方米，共有遗物采集区33个，遗物丰富、一般及不丰富的采集区数量分别为13、13和7个。采集遗物时代包括北辛文化、大汶口文化、龙山文化、岳石文化、商代、西周、东周和秦汉多个时期，以大汶口文化至秦汉时期遗物为主，北辛文化时期为散点区（图一〇一）。此外，本次调查在遗址西侧河岸断崖上发现两段延续较长的文化层，其中均包含大量大汶口文化的陶片；发现灰坑一处，其中含有大量石块和汉代筒瓦、板瓦残片（图版一九）。

大汶口文化时期遗址面积16.4万平方米，共有遗物采集区30个，全部为核心分布区，可分两区：Ⅰ区面积4.6万平方米，包括遗物采集区15个；Ⅱ区面积6.3万平方米，包括遗物采集区15个。采集遗物共159件，均为陶器，可辨器形有大汶口晚期的鼎、鬶、罐、盆、大口尊、钵、杯、壶、豆、器纽（图一〇二）。

龙山文化时期遗址位置与大汶口文化时期遗址核心分布区Ⅰ区相近，面积7900平方米，全部为核心分布区，包括遗物采集区4个。采集遗物共8件，均为陶器，可辨器形有鼎、鬶、罐、钵和匜（图一〇二）。

岳石文化时期为遗物分布区，位置与大汶口文化时期遗址核心分布区Ⅱ区相近，并向北跨越薛河延伸至昌虑故城遗址范围内，面积2万平方米，包括遗物采集区3个。采集遗物共5件，均为陶器，可辨器形有罐和尊（图一〇三）。

商代时期遗址位置、范围与岳石文化时期遗物分布区相近，面积3.2万平方米，共有遗物采集区4个。其中核心分布区1个，面积6100平方米，包括遗物采集区3个；一般分布区面积2.6万平方米，包括遗物采集区1个。采集遗物共7件，均为陶器，可辨器形有鬲和甗（图一〇三）。

西周时期分为2个遗址。北部为胡村北遗址，位置与大汶口文化时期遗址核心分布区Ⅰ区相近，面积9000平方米，全部为核心分布区，包括遗物采集区4个。采集遗物共8件，均为陶器，可辨器形有罐和豆。南部为胡村南遗址，位置与大汶口文化时期遗址核心分布区Ⅱ区相近，面积8.3万平方米，共有遗物采集区9个。其中核心分布区1个，位置、范围与商代遗址核心分布区相近，面积5600平方米，包括遗物采集区3个；一般分布区面积7.7万平方米，包括遗物采集区6个，采集遗物共26件，均为陶器，可辨器形为鬲、罐、盆、甑和钵（图一〇三）。

东周时期与昌虑故城等遗址为一体，详见后者。

秦汉时期与陶山东遗址、昌虑故城遗址为一体，详见昌虑故城遗址。

大汶口文化时期遗物标本，25件。

100324ZXL011-3，鼎口沿。夹细砂黑陶，外壁红褐。侈口，方唇，折沿，弧腹。腹部饰横篮纹。复原口径15.4、残高5、厚0.5～0.8厘米（图一〇六，1）。

100324ZXL019-6，鼎口沿。夹砂黑陶。侈口，方唇，唇面内凹，宽折沿，弧腹。腹部饰篮纹。残高9.9、残宽10.4、厚0.6厘米（图一〇六，13；图版五二，2）。

100324ZXL019-5，鼎口沿。夹砂深灰陶，外壁局部红。侈口，方唇，唇面微凹，折沿，束颈，溜肩，鼓腹。素面。复原口径28、残高12.4、厚0.6～0.8厘米（图一〇六，14；图版五二，3）。

100324ZXL012-2，鼎足。泥质灰胎黄褐皮陶。铲形，下部残，横断面呈"凹"字形。残高5.2厘米（图一〇六，6）。

100324ZXL011-4，鼎足。夹细砂黄褐陶。凿形足，下部残。正面有两道竖凹槽。残高6.6厘米（图一〇六，7）。

100324ZXL016-1，鼎足。夹砂黄褐陶，内壁黑。凿形足，下部残。正面有两道凹槽。残高7.8厘米（图一〇六，8）。

100324GMJ017-1，鼎足。夹砂灰胎红皮陶。凿形足，下部残，横断面呈长方形。残高5.4厘米（图一〇六，10）。

100324ZXL012-3，鼎足。夹砂黄褐陶局部深灰。侧装三角形足，下部残。残高7.1厘米（图一〇六，11）。

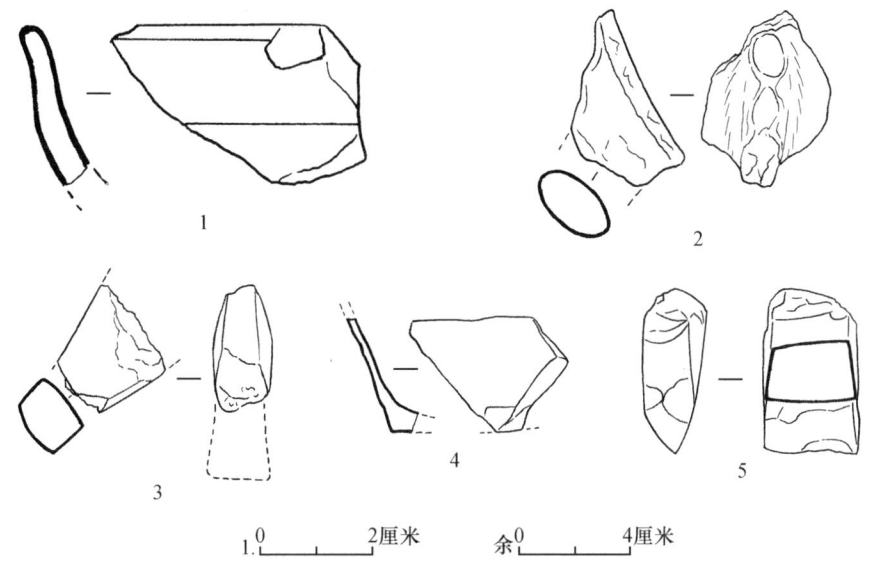

图一〇五　范村东南遗址遗物标本
1. 钵口沿（100307GMJ011-1）　2. 鼎足（100307GMJ004-1）　3. 鼎足（100307GMJ007-1）
4. 罐底（100325HY009-1）　5. 石锛（100325HY009-2）

六十四、常山东北遗物分布区

分布区位于枣庄市山亭区西集镇常山村东北，所处地形为山前坡地，地表主要为麦地。分布区总面积10.8平方米，共有遗物采集区4个，遗物丰富、一般及不丰富的采集区数量分别为0、1和3个。采集区仅含秦汉时期遗物，采集遗物共12件，均为陶器，可辨器形有板瓦、筒瓦和盆（图一〇一、图一〇四）。

六十五、胡村遗址

遗址位于滕州市羊庄镇胡村周围，其西侧紧邻薛河，东北侧近山，南侧紧邻范村。遗址所处地形为河流阶地，中部有一冲沟，地表主要为麦地和林地。遗址总面积18.8万平方米，共有遗物采集区33个，遗物丰富、一般及不丰富的采集区数量分别为13、13和7个。采集遗物时代包括北辛文化、大汶口文化、龙山文化、岳石文化、商代、西周、东周和秦汉多个时期，以大汶口文化至秦汉时期遗物为主，北辛文化时期为散点区（图一〇一）。此外，本次调查在遗址西侧河岸断崖上发现两段延续较长的文化层，其中均包含大量大汶口文化的陶片；发现灰坑一处，其中含有大量石块和汉代筒瓦、板瓦残片（图版一九）。

大汶口文化时期遗址面积16.4万平方米，共有遗物采集区30个，全部为核心分布区，可分两区：Ⅰ区面积4.6万平方米，包括遗物采集区15个；Ⅱ区面积6.3万平方米，包括遗物采集区15个。采集遗物共159件，均为陶器，可辨器形有大汶口晚期的鼎、鬶、罐、盆、大口尊、钵、杯、壶、豆、器纽（图一〇二）。

龙山文化时期遗址位置与大汶口文化时期遗址核心分布区Ⅰ区相近，面积7900平方米，全部为核心分布区，包括遗物采集区4个。采集遗物共8件，均为陶器，可辨器形有鼎、鬶、罐、钵和匜（图一〇二）。

岳石文化时期为遗物分布区，位置与大汶口文化时期遗址核心分布区Ⅱ区相近，并向北跨越薛河延伸至昌虑故城遗址范围内，面积2万平方米，包括遗物采集区3个。采集遗物共5件，均为陶器，可辨器形有罐和尊（图一〇三）。

商代时期遗址位置、范围与岳石文化时期遗物分布区相近，面积3.2万平方米，共有遗物采集区4个。其中核心分布区1个，面积6100平方米，包括遗物采集区3个；一般分布区面积2.6万平方米，包括遗物采集区1个。采集遗物共7件，均为陶器，可辨器形有鬲和甗（图一〇三）。

西周时期分为2个遗址。北部为胡村北遗址，位置与大汶口文化时期遗址核心分布区Ⅰ区相近，面积9000平方米，全部为核心分布区，包括遗物采集区4个。采集遗物共8件，均为陶器，可辨器形有罐和豆。南部为胡村南遗址，位置与大汶口文化时期遗址核心分布区Ⅱ区相近，面积8.3万平方米，共有遗物采集区9个。其中核心分布区1个，位置、范围与商代遗址核心分布区相近，面积5600平方米，包括遗物采集区3个；一般分布区面积7.7万平方米，包括遗物采集区6个，采集遗物共26件，均为陶器，可辨器形为鬲、罐、盆、甗和钵（图一〇三）。

东周时期与昌虑故城等遗址为一体，详见后者。

秦汉时期与陶山东遗址、昌虑故城遗址为一体，详见昌虑故城遗址。

大汶口文化时期遗物标本，25件。

100324ZXL011-3，鼎口沿。夹细砂黑陶，外壁红褐。侈口，方唇，折沿，弧腹。腹部饰横篮纹。复原口径15.4、残高5、厚0.5～0.8厘米（图一〇六，1）。

100324ZXL019-6，鼎口沿。夹砂黑陶。侈口，方唇，唇面内凹，宽折沿，弧腹。腹部饰篮纹。残高9.9、残宽10.4、厚0.6厘米（图一〇六，13；图版五二，2）。

100324ZXL019-5，鼎口沿。夹砂深灰陶，外壁局部红。侈口，方唇，唇面微凹，折沿，束颈，溜肩，鼓腹。素面。复原口径28、残高12.4、厚0.6～0.8厘米（图一〇六，14；图版五二，3）。

100324ZXL012-2，鼎足。泥质灰胎黄褐皮陶。铲形，下部残，横断面呈"凹"字形。残高5.2厘米（图一〇六，6）。

100324ZXL011-4，鼎足。夹细砂黄褐陶。凿形足，下部残。正面有两道竖凹槽。残高6.6厘米（图一〇六，7）。

100324ZXL016-1，鼎足。夹砂黄褐陶，内壁黑。凿形足，下部残。正面有两道凹槽。残高7.8厘米（图一〇六，8）。

100324GMJ017-1，鼎足。夹砂灰胎红皮陶。凿形足，下部残，横断面呈长方形。残高5.4厘米（图一〇六，10）。

100324ZXL012-3，鼎足。夹砂黄褐陶局部深灰。侧装三角形足，下部残。残高7.1厘米（图一〇六，11）。

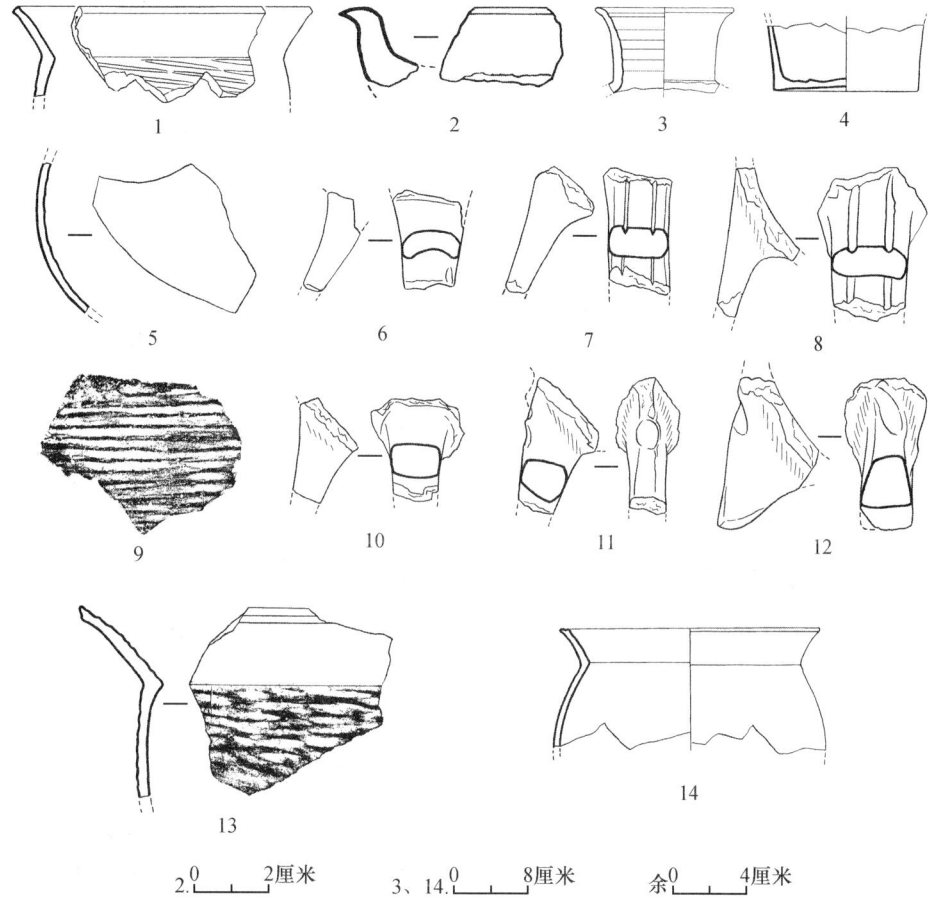

图一〇六　胡村遗址大汶口文化时期遗物标本（一）

1. 鼎口沿（100324ZXL011-3）　2. 高足杯口沿（100324ZXL010-2）　3. 壶口沿（100324ZXL012-4）
4. 杯底（100324ZXL012-1）　5. 鬶腹片（100324ZXL011-2）　6. 鼎足（100324ZXL012-2）
7. 鼎足（100324ZXL011-4）　8. 鼎足（100324ZXL016-1）　9. 大口尊腹片（100324GMJ015-1）
10. 鼎足（100324GMJ017-1）　11. 鼎足（100324ZXL012-3）　12. 鼎足（100324ZXL017-1）
13. 鼎口沿（110324ZXL019-6）　14. 鼎口沿（100324ZXL019-5）

100324ZXL017-1，鼎足。夹砂红陶。侧装三角凿形足，横断面呈梯形。残高7.9厘米（图一〇六，12）。

100324GMJ019-2，鼎足。夹砂红陶，内壁灰。侧装三角形足，下部残。外侧上端残留2个按窝。残高7.6厘米（图一〇七，1）。

100324GMJ019-3，鼎足。细砂红陶。凿形足，上部残。残高4厘米（图一〇七，4）。

100324HY004-1，鼎足。夹砂红陶，内壁黑。侧装三角凿形足。上端有2个按窝。残高6.5厘米（图一〇七，6）。

100324ZXL020-1，鼎足。泥质灰陶。侧装三角形鼎足，下部残。上端有3个按窝，鼎身饰横篮纹。残高6.8厘米（图一〇七，7）。

100324ZXL011-2，鬶腹片。细砂红陶，外表涂白陶衣。圆鼓腹。素面。轮制。残高7.7、残宽8.7、厚0.5厘米（图一〇六，5）。

100324GMJ015-1，大口尊腹片。夹粗砂灰陶，外壁灰黑。外表饰粗篮纹。残长8.2、残宽

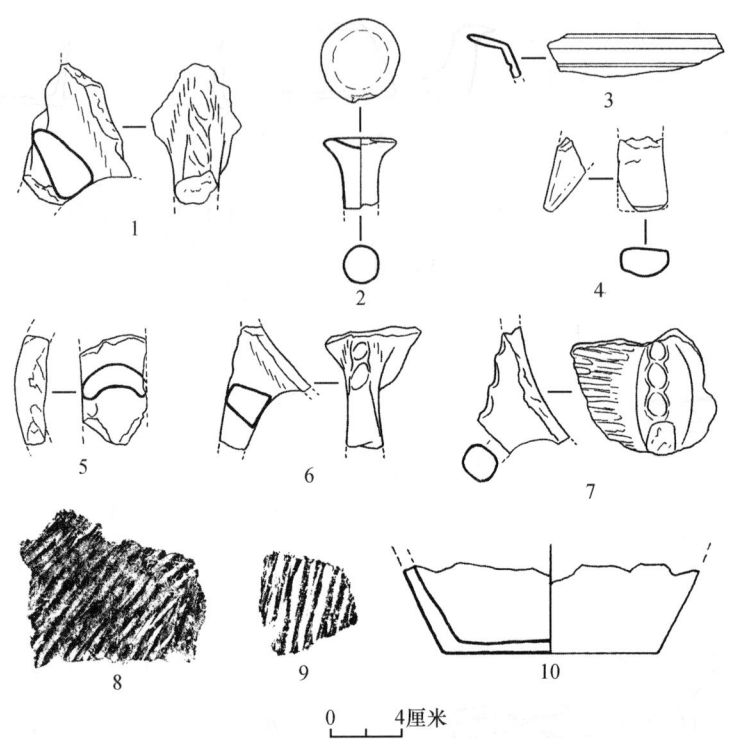

图一〇七　胡村遗址大汶口文化时期遗物标本（二）

1. 鼎足（100324GMJ019-2）　2. 盖纽（100324GMJ019-1）　3. 盆口沿（100324ZXL020-2）
4. 鼎足（100324GMJ019-3）　5. 鬶把手（100324GMJ019-4）　6. 鼎足（100324HY004-1）
7. 鼎足（100324ZXL020-1）　8. 腹片（100324HY004-5）　9. 腹片（100324GMJ019-5）
10. 罐底（100324HY004-2）

10.8、厚2厘米（图一〇六，9）。

100324ZXL012-4，壶口沿。泥质灰陶。侈口，圆唇，高束颈。素面。轮制。复原口径14.6、残高8.8、厚0.5～0.8厘米（图一〇六，3）。

100324ZXL010-2，高足杯口沿。夹砂灰黑陶。敞口，尖唇，卷沿，斜腹，厚胎。素面。残高2.1、残宽3.2、厚0.7厘米（图一〇六，2）。

100324ZXL012-1，杯底。泥质灰胎黄褐皮陶。直腹微内斜，平底微内凹。素面。复原底径7.8、残高3.4、厚0.2～0.5厘米（图一〇六，4）。

100324GMJ019-4，鬶把手。夹砂红陶。平面为长方形，正面内凹。残高5.9、残宽3.8、厚1.1厘米（图一〇七，5）。

100324HY004-2，罐底。泥质灰陶。斜腹，平底。复原底径12、残高4.9、厚0.5～0.8厘米（图一〇七，10）。

100324ZXL020-2，盆口沿。夹砂红褐陶，内壁灰黑。敞口，宽折沿，斜腹。沿下饰一周细弦纹。残高2.4、残宽9.7、厚0.3～0.5厘米（图一〇七，3）。

100324HY004-3，匜口沿。泥质灰黑陶。敛口，圆腹。手制，素面磨光。残高6.3、残宽11.5、厚0.4～0.6厘米（图一〇八，5；图版五二，4）。

100324GMJ019-1，盖纽。夹砂红褐陶。平顶下凹，柱形细颈。残高3.9、纽径4～4.5厘米（图一〇七，2）。

100324HY004-5，腹片。夹砂夹心胎陶，由内而外为灰、褐、灰黑。外表饰篮纹。残长10.4、残宽8.6、厚2.5厘米（图一〇七，8）。

100324GMJ019-5，腹片。夹砂红陶，内壁黑。外表饰篮纹。残长5.6、残宽5.6、厚1.2厘米（图一〇七，9）。

龙山文化时期遗物标本，3件。

100324GMJ018-1，鬶足。细砂红陶，外表涂白陶衣。锥状细足，足尖残。残高4.35厘米（图一〇八，6）。

100324ZXL010-3，罐口沿。泥质灰陶。侈口，圆唇，折沿，弧腹。素面。复原口径14.8、残高2.4、厚0.2厘米（图一〇八，7）。

100324GMJ017-2，钵口沿。夹砂黑陶。敛口，方唇，唇面微凹，圆肩，鼓腹。肩部有两周凸棱。轮制。残高4.1、残宽4.7、厚0.4厘米（图一〇八，2）。

岳石文化时期遗物标本，1件。

100324ZXL011-1，尊形器。泥质灰胎黑皮陶。腹部残片，上下各有一周粗凸棱。轮制。残高6、残宽5.8、厚0.3～0.4厘米（图一〇八，8）。

西周时期遗物标本，1件。

100324YKK021-1，腹片。泥质灰陶。外表饰压印回形纹。残长5.2、残宽4.2、厚0.6～0.8厘米（图一〇八，3）。

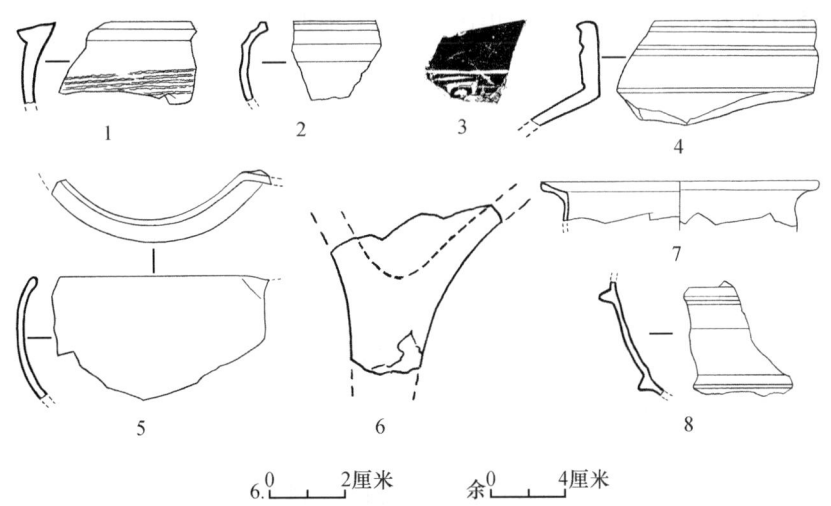

图一〇八　胡村遗址龙山文化等时期遗物标本
1. 盂口沿（100324YKK013-2）　2. 钵口沿（100324GMJ017-2）　3. 腹片（100324YKK021-1）
4. 罐口沿（100324YKK013-1）　5. 匜口沿（100324HY004-3）　6. 鬶足（100324GMJ018-1）
7. 罐口沿（100324ZXL010-3）　8. 尊形器（100324ZXL011-1）

东周时期遗物标本，2件。

100324YKK013-1，罐口沿。细砂红褐胎灰皮陶。直口，圆唇，高领，广肩。颈部有两周凹槽。残高5.4、残宽10.8、厚0.5～1厘米（图一〇八，4）。

100324YKK013-2，盂口沿。细砂浅灰陶。敛口，尖唇，圆腹。腹部浅绳纹。残长7.3、残高4.2、厚0.5～1.2厘米（图一〇八，1）。

六十六、杜家堂北遗址

遗址位于滕州市羊庄镇杜家堂村北，北侧紧邻薛河，西侧紧邻薛河支流，所处地形为河流阶地，地表主要为林地。遗址总面积15.8万平方米，共有遗物采集区20个，遗物丰富、一般及不丰富的采集区数量分别为4、10和6个。采集遗物时代包括后李文化、大汶口文化、龙山文化、岳石文化、商代、西周、东周、秦汉、隋唐和宋元多个时期，以大汶口文化、龙山文化、商代、西周、东周和秦汉时期遗物为主，其他可划分时期均为散点区（图一〇一；图版二〇，1）。

大汶口文化时期遗址面积4.3万平方米，全部为核心分布区，包括遗物采集区6个。采集遗物共6件，均为陶器，可辨器形有大汶口早期的三足钵、晚期的鼎、罐和盆（图一〇二）。

龙山文化时期遗址面积5.8万平方米，位置较大汶口文化时期遗址偏西，共有遗物采集区6个。其中核心分布区1个，面积6700平方米，包括遗物采集区3个；一般分布区面积5.1万平方米，包括遗物采集区3个。采集遗物共24件，均为陶器，可辨器形有鼎、罐、圈足盘、盆、匜、杯、器盖（图一〇二）。

商代时期为遗物分布区，位置与龙山文化时期遗址相近，范围跨越薛河延伸至昌虑故城范围内，面积4.5万平方米，包括遗物采集区5个。采集遗物共9件，均为陶器，可辨器形有鬲（图一〇三）。

西周时期遗址面积17.3万平方米，范围明显扩大，共有遗物采集区13个。其中核心分布区1个，面积7200平方米，位置与大汶口文化时期遗址相近，包括遗物采集区3个；一般分布区面积16.6万平方米，包括遗物采集区10个。采集遗物共24件，均为陶器，可辨器形为鬲、罐、豆（图一〇三）。

东周时期与昌虑故城遗址为一体，详见后者。

秦汉时期为遗物分布区，面积12.6万平方米，包括遗物采集区13个。采集遗物共40件，均为陶器，可辨器形有板瓦、筒瓦、罐和盆（图一二三）。

后李文化时期遗物标本，1件。

100324ZXL009-1，釜口沿。夹砂红陶。近直口，斜直腹。近口处有一梭形横錾手。錾两侧戳印三排三角纹。手制。残高18.8、残宽16.6、厚1.3～1.5厘米（图一〇九，1；图版五二，5）。

大汶口文化时期遗物标本，1件。

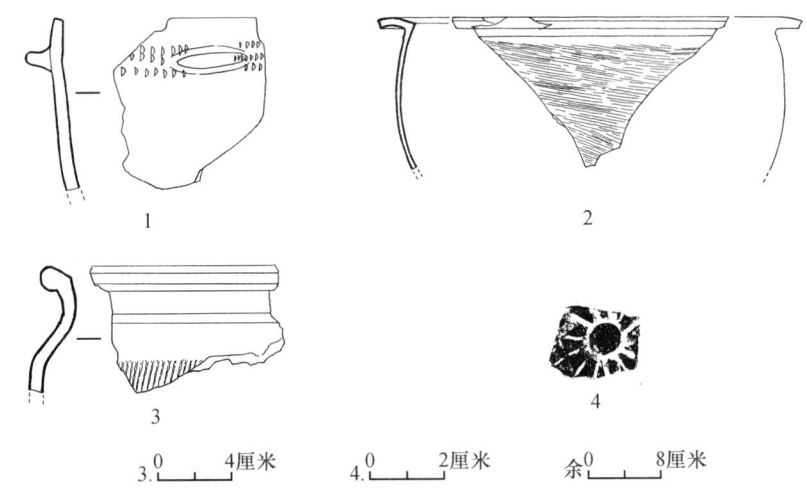

图一〇九 杜家堂北遗址后李文化等时期遗物标本

1. 釜口沿（100324ZXL009-1） 2. 盆口沿（100324ZXL014-1） 3. 罐口沿（100324ZXL008-1）
4. 陶片（100324YKK008-1）

100324YKK008-1，陶片。泥质灰陶。表面刻划太阳纹图案。残长2.4、残宽1.9、厚0.5厘米（图一〇九，4）。

龙山文化时期遗物标本，9件。

100324ZXL005-3，鼎足。夹砂深灰陶。鸟首形鼎足，大部残失。残高3.1厘米（图一一〇，6）。

100324ZXL005-1，罐底。夹砂黄褐陶，内壁灰黑。斜腹，平底微内凹。复原底径8.2、残高2.4、厚0.6～0.8厘米（图一一〇，7）。

100324ZXL004-2，盆口沿。泥质灰胎黑皮陶。敞口，圆唇，唇面一周凹槽，腹微内弧。内壁中部有两周凹弦纹。磨光。残高6.6、残宽8、厚0.5厘米（图一一〇，2）。

100324ZXL004-5，匜口沿。夹砂褐胎黑皮陶。敛口，方唇，唇面内凹，窄肩，内斜腹。腹部数周凹弦纹。残高5.7、残宽9、厚0.6～0.9厘米（图一一〇，3）。

100324ZXL004-1，圈足盘。泥质灰胎黑皮陶。上部均残，盘底近平，矮圈足，系磨平后二次利用。盘内壁磨光。复原圈足径25、残高2.6厘米（图一一〇，8）。

100324ZXL004-3，盒口沿。泥质红褐陶。子口残，口底部显著外凸。残高2.1、残宽4.5、厚0.35厘米（图一一〇，4）。

100324ZXL005-2，器盖。泥质灰胎黑皮陶。直壁，唇面内凹。素面，磨光。残高3.7、残宽4、厚0.3～0.4厘米（图一一〇，1）。

100324ZXL004-6，器盖。夹砂黑陶。敞口，圆唇，内侧沿面有一周凹槽，盖面斜直，顶部残。素面。残高4.3、残宽4.5、厚0.4～0.7厘米（图一一〇，5）。

100324ZXL005-4，腹片。夹砂红褐陶，外壁灰。外表饰篮纹。残长4.5、残宽8.4、厚0.5厘米（图一一〇，9）。

西周时期遗物标本，1件。

100324ZXL008-1，罐口沿。夹砂灰陶。侈口，圆唇，卷沿，束颈，斜折肩。颈肩之交有

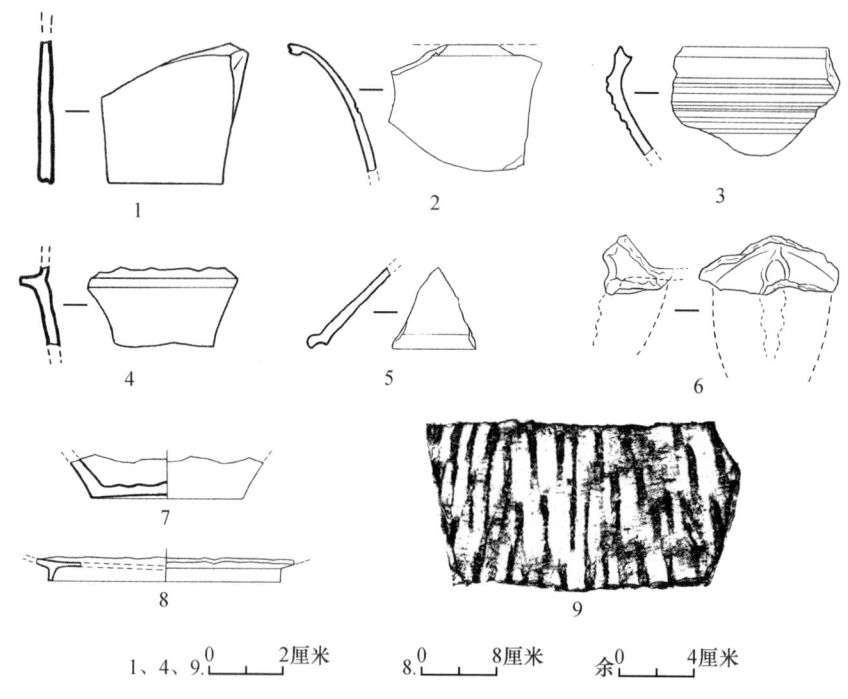

图一一〇 杜家堂北遗址龙山文化时期遗物标本

1. 器盖（100324ZXL005-2） 2. 盆口沿（100324ZXL004-2） 3. 匜口沿（100324ZXL004-5）
4. 盒口沿（100324ZXL004-3） 5. 器盖（100324ZXL004-6） 6. 鼎足（100324ZXL005-3）
7. 罐底（100324ZXL005-1） 8. 圈足盘（100324ZXL004-1） 9. 腹片（100324ZXL005-4）

一周凹槽，肩以下竖绳纹。残高6.7、残宽10.4、厚0.8厘米（图一〇九，3）。

东周时期遗物标本，5件。

100324ZXL008-2，罐口沿。夹砂灰黑陶。方圆唇，折沿，束颈，窄肩，圆腹。颈下粗竖绳纹。残高6、残宽8.5、厚0.7厘米（图一一一，2）。

100324ZXL004-4，盆口沿。细砂灰陶。侈口，圆唇，宽折沿，斜腹。颈下饰数周凹槽。复原口径36、残高7、厚0.3~0.7厘米（图一一一，4）。

100324HY001-1，盆口沿。夹砂灰陶。敛口，方唇，宽折沿，沿面弧凸，弧腹。器表饰瓦棱纹。残高5.1、残宽7.2、厚0.35厘米（图一一一，1）。

100324HY001-2，豆圈足。泥质灰陶。喇叭形圈足。素面。复原圈足径7.8、残高6厘米（图一一一，3）。

100324ZXL007-1，豆盘。泥质灰陶。近直口，盘略深，折腹。折腹处二周凸棱。复原口径13.8、残高5、厚1厘米（图一一一，5）。

秦汉时期遗物标本，1件。

100324ZXL014-1，盆口沿。细砂灰陶。敛口，方唇，唇面内凹，宽折沿，沿面微弧，圆腹。腹部饰斜细绳纹。复原口径46、残高15.8、厚0.6厘米（图一〇九，2）。

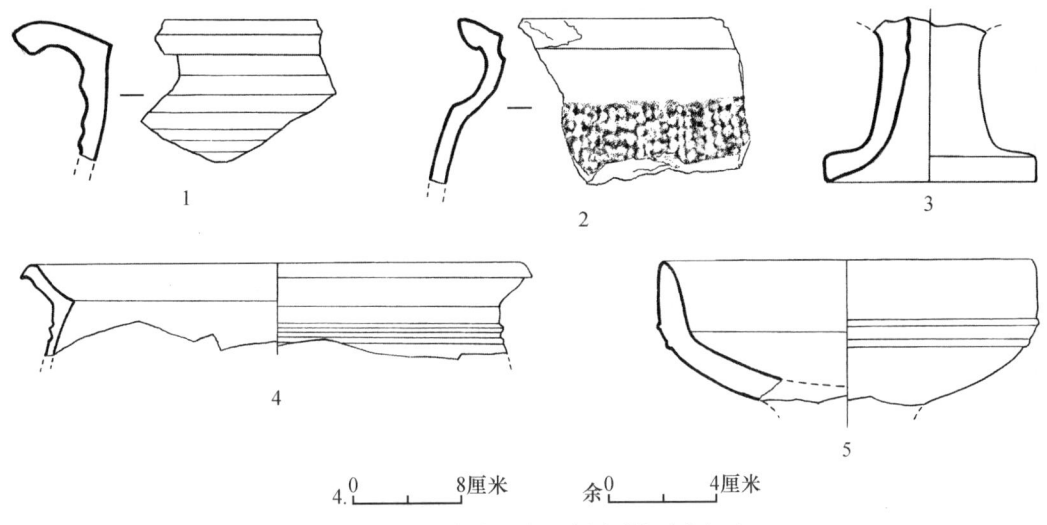

图一一一　杜家堂北遗址东周时期遗物标本

1. 盆口沿（100324HY001-1）　2. 罐口沿（100324ZXL008-2）　3. 豆圈足（100324HY001-2）
4. 盆口沿（100324ZXL004-4）　5. 豆盘（100324ZXL007-1）

六十七、洪村遗址

遗址位于滕州市羊庄镇洪村北侧和东侧，北侧和中部都有冲沟，所处地形基本为平地，地表主要为麦地和林地。遗址总面积67.9万平方米，共有遗物采集区86个，遗物丰富、一般及不丰富的采集区数量分别为4、20和62个。采集遗物时代包括大汶口文化、商代、西周、东周、秦汉、隋唐和宋元多个时期，以商代、东周和秦汉时期遗物为主，其他可划分时期均为散点区（图一一二）。此外，遗址中部陈村南发现石室墓1座，保存较完整，时代应晚于汉代；遗址

图一一二　洪村区域遗址分布总图

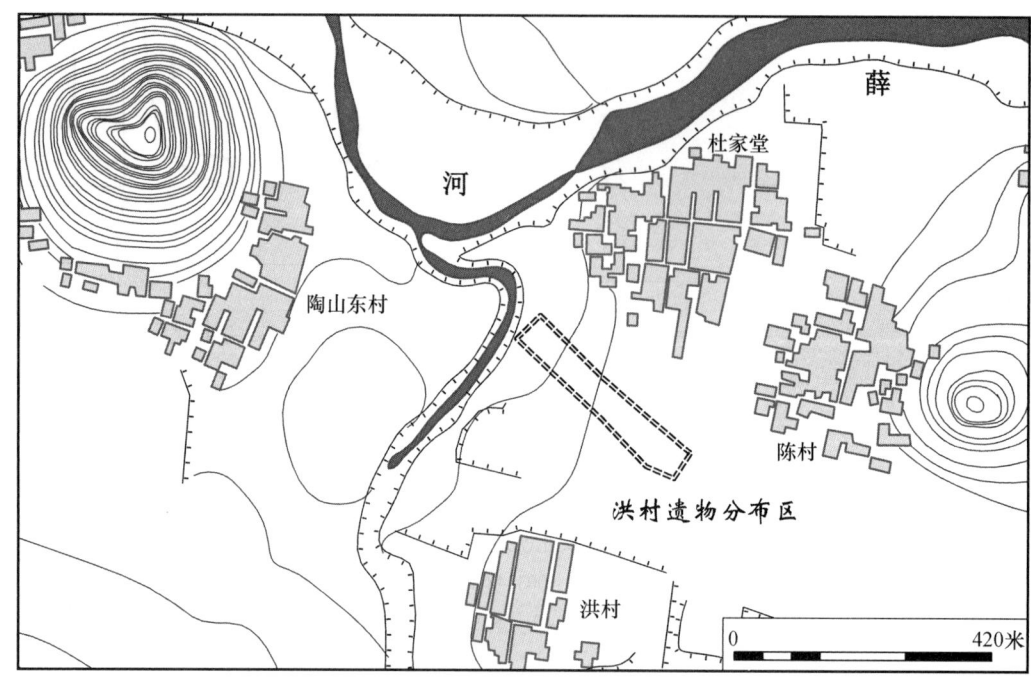

图一一三 洪村区域商代遗物分布区图

东部冲沟断崖上发现石室墓1座，残破较甚，时代应为西汉晚期至东汉初期。

商代时期为遗物分布区，面积1.8万平方米，包括遗物采集区3个。采集遗物共3件，均为陶器，无可辨器形（图一一三）。

东周时期分为2个遗址，北部为洪村北遗址，面积29万平方米，共有遗物采集区28个。其中核心分布区1个，面积14.7万平方米，包括遗物采集区23个；一般分布区面积14.3万平方米，包括遗物采集区5个。采集遗物共52件，均为陶器，可辨器形有板瓦、筒瓦、罐、盆、瓮。南侧与西辛庄西北遗址为一体，详见后者（图一一四）。

秦汉时期向西与陶山东遗址连为一体。面积76.8万平方米，共有遗物采集区72个。其中核心分布区有五区，Ⅰ区范围与商代遗物分布区相近，Ⅲ区范围与西辛庄西遗址东周时期的核心分布区Ⅰ区相近。Ⅰ区面积3.1万平方米，包括遗物采集区14个；Ⅱ区面积5.7万平方米，包括采集区14个；Ⅲ区面积3.9万平方米，包括遗物采集区8个；Ⅳ区面积5.9万平方米，包括采集区10个；Ⅵ区位于陶山东，位置与西周时期陶山东遗址相近，面积2.3万平方米，包括遗物采集区4个。一般分布区面积55.9万平方米，包括遗物采集区22个。采集遗物共159件，均为陶器，可辨器形有板瓦、筒瓦、罐、瓮和盆（图一一四）。

六十八、西辛庄西北遗址

遗址位于滕州市羊庄镇西辛庄西，东南侧近山，东北侧有冲沟，所处地形为山前坡地，地表主要为麦地和荒地。遗址总面积112万平方米，共有遗物采集区44个，遗物丰富、一般及不丰富的采集区数量分别为0、2和42个。采集遗物时代包括东周、秦汉和隋唐3个时期，以东周

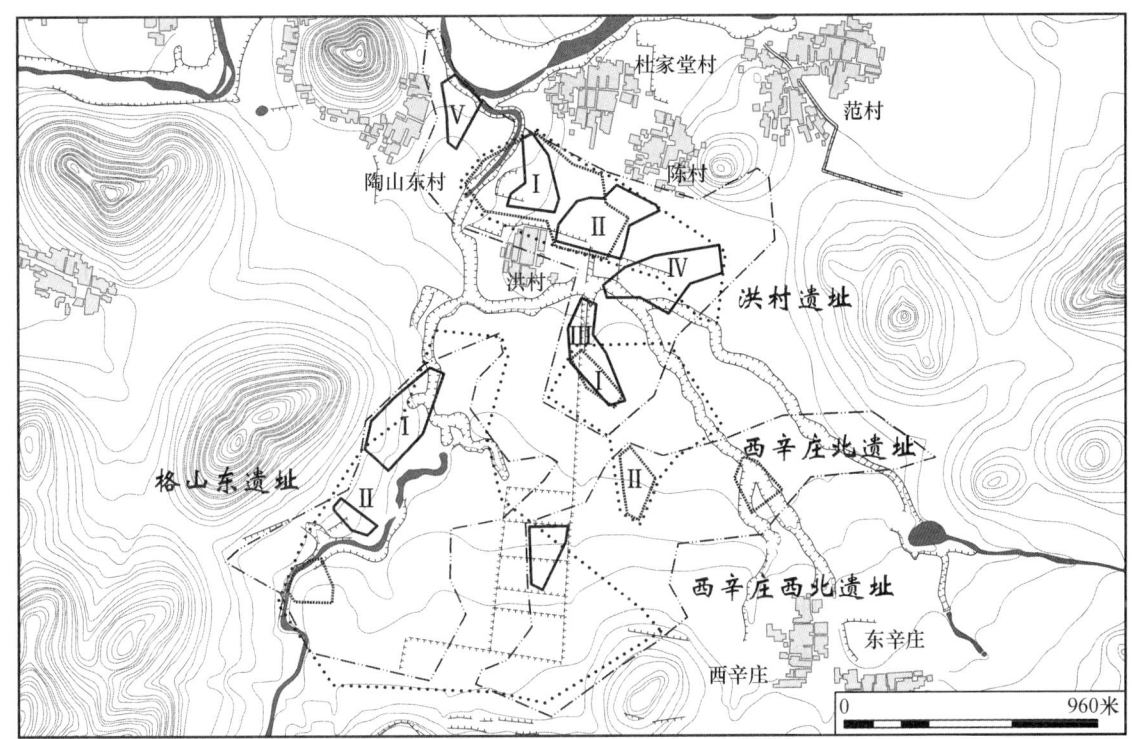

图一一四　洪村区域东周—秦汉时期遗址分布图

和秦汉时期遗物为主（图一一二）。

东周时期分为3个遗址，北侧为西辛庄西北遗址，范围向北延伸至洪村遗址范围内，面积22万平方米，共有遗物采集区13个。其中核心分布区有两区：Ⅰ区面积1.6万平方米，包括遗物采集区4个；Ⅱ区面积2.1万平方米，包括遗物采集区4个。一般分布区面积18.3万平方米，包括遗物采集区5个。采集遗物共21件，均为陶器，可辨器形有板瓦、筒瓦、鬲、罐和盆。东侧为西辛庄北遗址，面积2万平方米，包括遗物采集区4个，全部为核心分布区。采集遗物共6件，均为陶器，可辨器形有板瓦和罐。南侧与格山东遗址为一体，详见后者（图一一四）。

秦汉时期遗址总面积69万平方米，共有遗物采集区33个。其中核心分布区1个，范围、位置与东周时期遗址区核心分布区不同，面积2.3万平方米，包括遗物采集区5个；一般分布区面积66.7万平方米，包括遗物采集区28个；采集遗物共59件，均为陶器，可辨器形有板瓦和筒瓦（图一一四）。

六十九、格山东遗址

遗址位于滕州市羊庄镇洪村南山东侧，所处地形为格山前坡地和山坡上，中部有一冲沟，地表主要为麦地和荒地。遗址总面积75.1万平方米，共有遗物采集区46个，遗物丰富、一般及不丰富的采集区数量分别为0、4和42个。采集遗物时代包括东周和秦汉2个时期（图一一二）。此外，遗址西北部发现石室墓1座，已残破，时代不明。

东周时期遗址范围向东延伸至西辛庄西北遗址范围内，面积100.6万平方米，共有遗物采集区28个。其中核心分布区1个，面积2万平方米，包括遗物采集区4个；一般分布区面积98.6万平方米，包括遗物采集区24个。采集遗物共38件，均为陶器，可辨器形有板瓦、筒瓦和罐（图一一四）。

秦汉时期遗址总面积67万平方米，共有遗物采集区37个。其中核心分布区有两区，范围、位置与东周时期遗址核心分布区不同。Ⅰ区面积5.3万平方米，包括遗物采集区7个；Ⅱ区面积9800平方米，包括采集区4个；一般分布区面积60.3万平方米，包括遗物分布区26个。采集遗物共87件，均为陶器，可辨器形有板瓦、筒瓦和盆（图一一四）。

七十、陶山遗址

遗址位于滕州市羊庄镇陶山周围，北侧紧邻薛河，西侧和南侧临近寒山和格山，东侧临近薛河季节性支流。遗址所处地形为河流阶地和山前坡地，地表主要为林地和麦地。遗址总面积108.7万平方米，共有遗物采集区92个，遗物丰富、一般及不丰富的采集区数量分别为7、24和61个。采集遗物时代包括大汶口文化、龙山文化、西周、东周、秦汉、隋唐和宋元多个时期，以大汶口文化、西周、东周和秦汉时期遗物为主（图一一五）。此外，遗址东北侧临河断崖上发现文化层堆积，其中包含有龙山文化和东周时代的陶片，似也有灰坑，但位置太高无法清理；遗址中部陶山前也发现石室墓数座，保存较完整，但时代应晚于汉代，可能为清代；陶山山腰及山顶的岩石上则有柱洞若干和佛教刻文一处（图版二〇，2、3）。

大汶口文化时期遗址位置在陶山西南侧，面积7.4万平方米，共有遗物采集区7个。其中核心分布区1个，面积9200平方米，包括遗物采集区3个；一般分布区面积6.5万平方米，包括

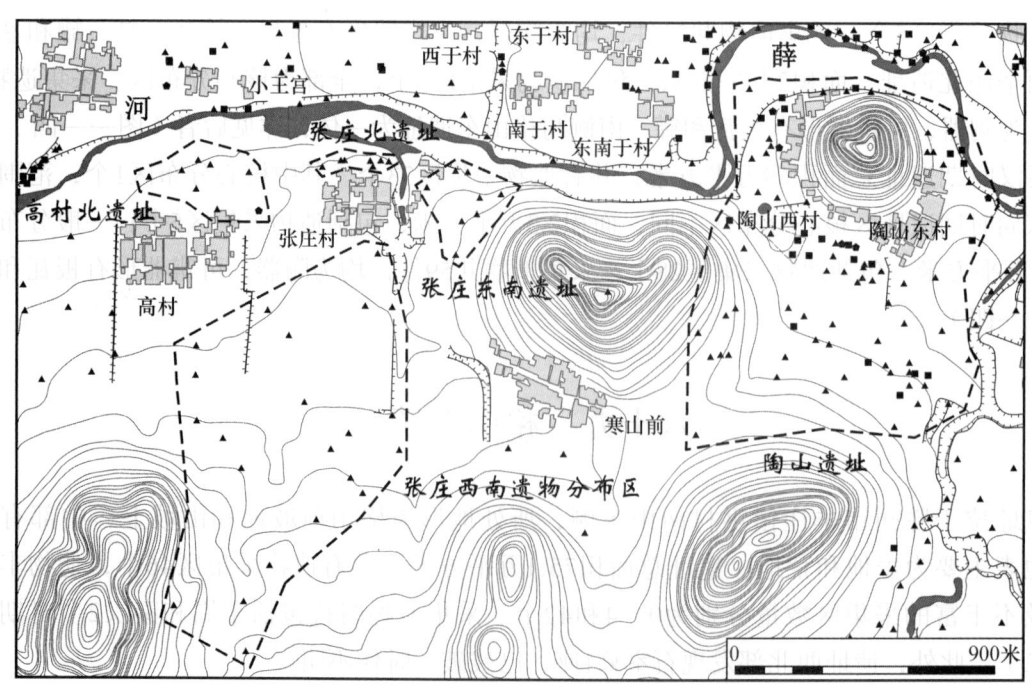

图一一五　陶山区域遗址分布总图

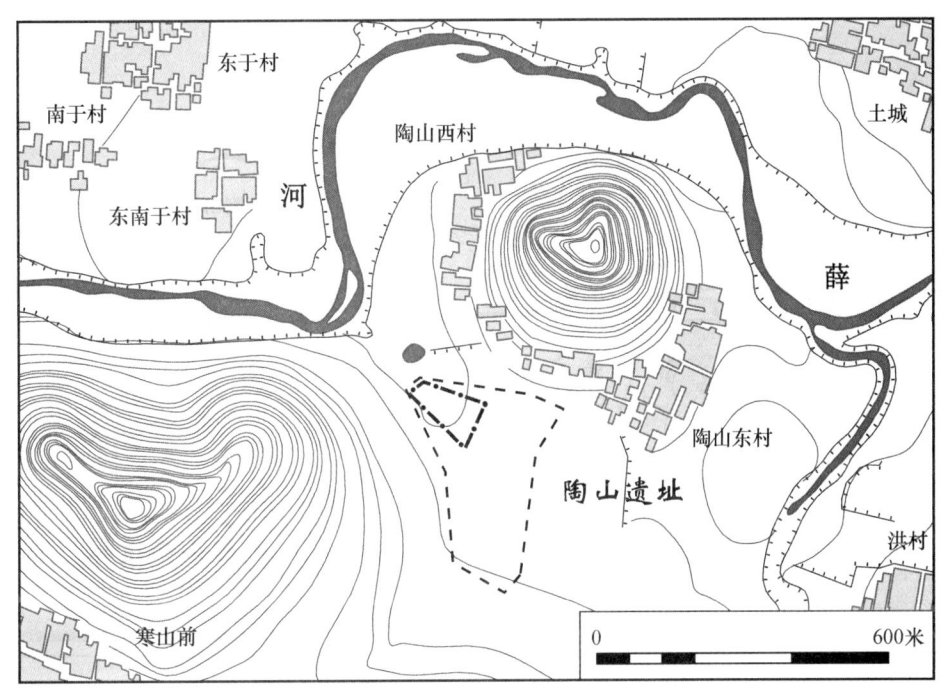

图一一六　陶山区域大汶口文化时期遗址分布图

遗物采集区4个。采集遗物共7件，均为陶器，可辨器形有大汶口文化早期和中期的鼎足（图一一六）。

该区域发现龙山文化时期的遗物采集区共3个。如果按地面遗物分布情况分析，仅构成散点区，但遗址东北部的遗物采集区在临河断崖上发现龙山文化的文化层堆积，据此确定该区域在龙山文化时期也应为遗址。只是可能由于遗存较少，遗物发现较少。采集遗物共3件，遗址东北部的遗物采集区仅有环足盘残片1片，遗址东南部的2个遗物采集区内有器形不明的陶片2片。

西周时期分为3个遗址。陶山西侧为陶山西遗址，面积8200平方米，包括遗物采集区3个，全部为核心分布区。采集遗物共5件，均为陶器，可辨器形有罐。陶山东北侧为陶山东遗址，面积2万平方米，共有遗物采集区4个。其中核心分布区1个，面积7700平方米，包括遗物采集区3个；一般分布区面积1.2万平方米，包括遗物采集区1个。采集遗物共18件，均为陶器，可辨器形有鼎、罐和豆。陶山南侧为陶山南遗址，位置大体与大汶口文化时期遗址相近，总面积19.1万平方米，共有遗物采集区11个。其中核心分布区1个，面积2.5万平方米，包括遗物采集区6个；一般分布区面积16.6万平方米，包括遗物采集区5个。采集遗物共15件，均为陶器，可辨器形有鬲和罐（图一一七）。

东周时期与昌虑故城遗址为一体，详见昌虑故城遗址。

秦汉时期又分为3个遗址，它们的位置、范围与西周时期的3个遗址及遗物分布区相近。西北部与昌虑故城等遗址为一体，详见昌虑故城遗址。东北部与洪村遗址为一体，详见洪村遗址。陶山南侧为陶山南遗址，面积27.4万平方米，共有遗物采集区21个。其中核心分布区1个，面积2.2万平方米，包括遗物采集区8个；一般分布区面积25.2万平方米，包括遗物采集区

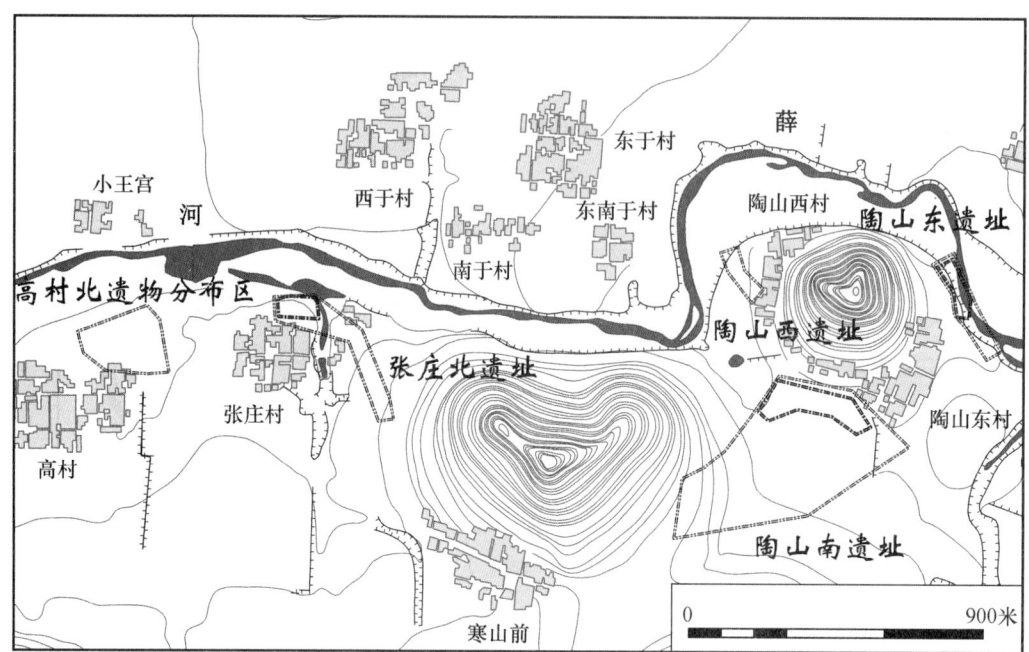

图一一七　陶山区域西周时期遗址分布图

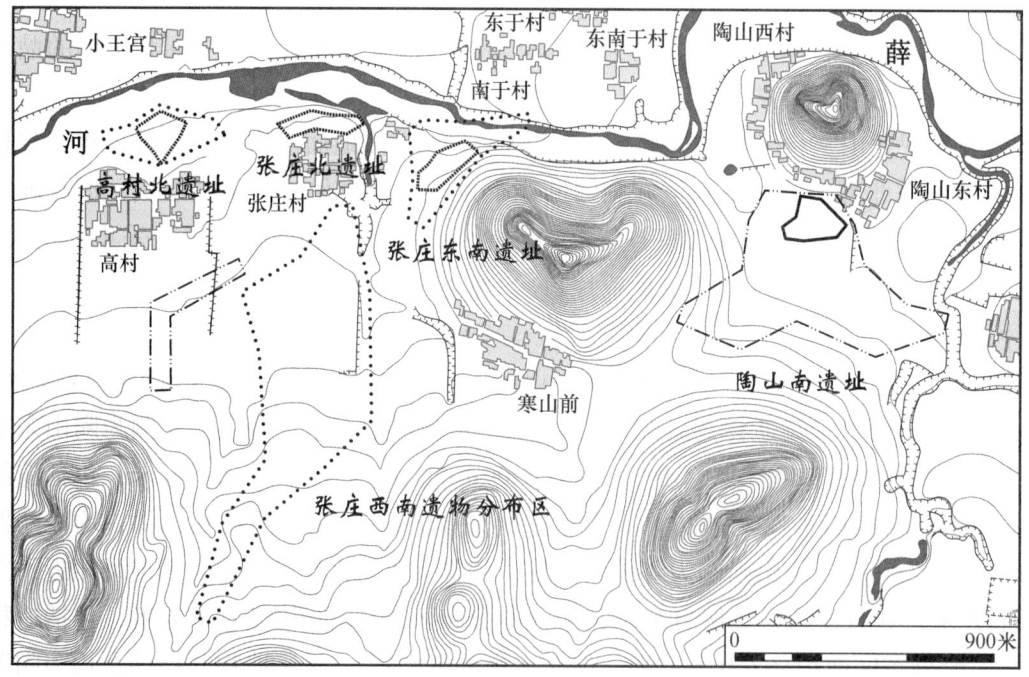

图一一八　陶山区域东周—秦汉时期遗址分布图

13个。采集遗物共33件，均为陶器，可辨器形有板瓦、筒瓦、罐和盆（图一一八）。

大汶口文化时期遗物标本，4件。

100323ZXL001-1，鼎足。夹砂红陶。椭圆锥形，下部残。残高4.1厘米（图一一九，10）。

100323YKK020-1，鼎足。夹砂黄褐陶。锥状足，下部残。近足根部一椭圆形凹槽。残高5.8厘米（图一一九，7）。

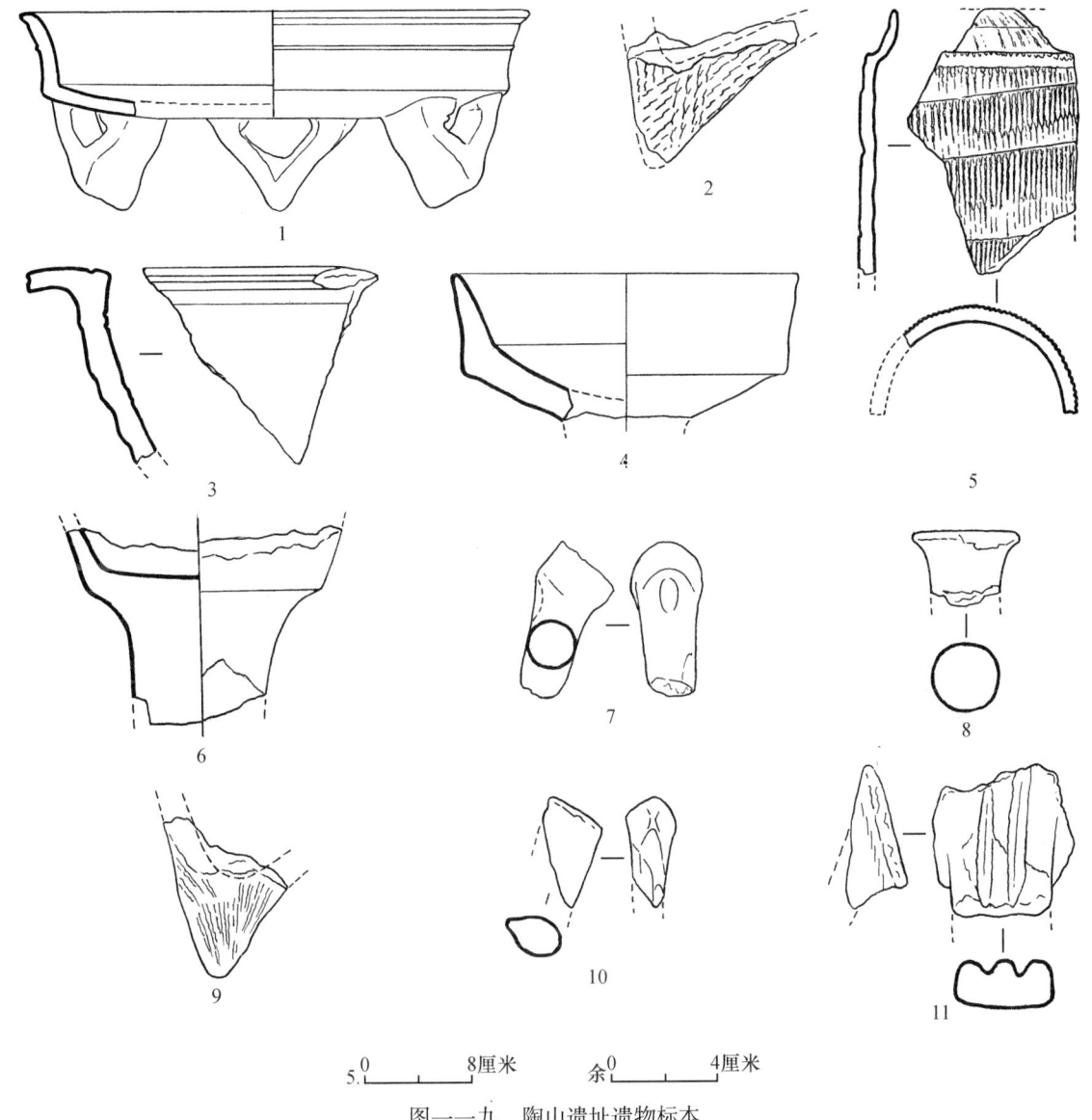

图一一九 陶山遗址遗物标本

1. 环足盘（100323YKK025-2） 2. 鬲足（100323YKK020-2） 3. 盆口沿（100323YKK025-3） 4. 豆盘（100328ZXL004-1）
5. 筒瓦（100323YKK025-1） 6. 豆柄（100323YKK023-1） 7. 鼎足（100323YKK020-1） 8. 盖纽（100323ZXL003-1）
9. 鬲足（100323CDL019-1） 10. 鼎足（100323ZXL001-1） 11. 鼎足（100324GMJ029-2）

100324GMJ029-2，鼎足。夹砂黄褐陶。铲形足。正面两道竖凹槽。残高5.5厘米（图一一九，11；图版五二，8）。

100323ZXL003-1，盖纽。夹砂红陶。蘑菇状，平顶，柱状。残高2.8、纽径4厘米（图一一九，8）。

龙山文化时期遗物标本，1件。

100323YKK025-2，环足盘。泥质灰陶。敞口，圆唇，上腹微内束，折腹，近平底，三环足。复原口径19、残高7.3、厚0.4厘米（图一一九，1；图版五二，7）。

西周时期遗物标本，3件。其中100323YKK020-2、100323CDL019-1属陶山南遗址范围，

100323YKK023-1属陶山东遗址范围。

100323YKK020-2，鬲足。夹砂红陶，内壁黑。通体饰绳纹。残高5.1厘米（图一一九，2）。

100323CDL019-1，鬲足。夹砂红褐陶，内壁灰黑。锥形。通体饰绳纹。残高5.9厘米（图一一九，9；图版五二，9）。

100323YKK023-1，豆柄。夹粗砂褐胎黑皮陶。口残，斜腹，平底，粗柄。残高7.2厘米（图一一九，6）。

东周时期遗物标本，3件。

100323YKK025-3，盆口沿。细砂灰陶。敛口，方唇，唇面内凹，宽折沿，沿面有一周凹槽，弧腹斜收。内壁有两周凹槽。残高7.2、残宽8.8、厚0.8~1.1厘米（图一一九，3）。

100328ZXL004-1，豆盘。泥质灰陶。近直口，尖唇，浅折盘。素面。复原口径13、残高5.1、厚0.7~1.3厘米（图一一九，4；图版五二，6）。

100323YKK025-1，筒瓦。细砂灰陶。瓦舌饰抹绳纹，瓦身饰三周凹槽及竖绳纹。残长19.2、残宽13、厚1~1.2厘米（图一一九，5）。

七十一、张庄东南遗址

遗址位于滕州市羊庄镇张庄东北侧，北侧紧邻薛河，西部有一冲沟，所处地形为河流阶地，地表覆盖主要为林地和麦地。遗址总面积7.1万平方米，共有遗物采集区8个，全部为遗物不丰富采集区。采集遗物时代包括大汶口文化、西周、东周和秦汉多个时期，以东周时期遗物为主，其他可划分时期均为散点区（图一一五）。此外，遗址西侧张庄村内及东南部发现分布较密集的石室墓群，墓群面积在1000平方米左右，其中的墓葬规模大小不一，但多为单室，未见有画像者，其年代多为西汉晚期至东汉初期（图版二一，2）。

东周时期遗址东北部部分延伸至西于南遗址分布区内，面积7.9万平方米，共有遗物采集区7个。其中核心分布区1个，面积1.8万平方米，包括遗物采集区4个；一般分布区面积6.1万平方米，包括遗物采集区3个。采集遗物共9件，均为陶器，可辨器形有板瓦和罐（图一一八）。

七十二、张庄北遗址

遗址位于滕州市羊庄镇张庄村北，北侧紧邻薛河，东侧为一冲沟，所处地形为河流阶地，地表主要为林地。遗址总面积1.7万平方米，共有遗物采集区7个，采集区遗物丰富程度全部为不丰富。采集遗物时代包括西周和东周2个时期（图一一五）。

西周时期遗址范围跨越东侧冲沟延伸至张庄东南遗址范围内，面积3.7万平方米，共有遗物采集区5个。其中核心分布区1个，面积7800平方米，包括遗物采集区3个；一般分布区面积2.9万平方米，包括遗物采集区2个。采集遗物共5件，均为陶器，可辨器形有鬲和盆（图一一七）。

东周时期为遗址，面积1.7万平方米，共有遗物采集区5个，全部为核心分布区。采集遗物共14件，均为陶器，可辨器形有板瓦、罐和盆（图一一八）。

七十三、张庄西南遗物分布区

分布区位于滕州市羊庄镇张庄村西南，所处地形为山前坡地，地表主要为麦地和林地。分布区总面积80.7万平方米，共有遗物采集区22个，采集区遗物丰富程度全部为不丰富。采集遗物时代包括西周、东周和秦汉3个时期，以东周和秦汉时期遗物为主，西周时期为散点区（图一一五）。

东周时期遗物分布区面积35.9万平方米，包括遗物采集区13个。采集遗物共24件，均为陶器，可辨器形有板瓦、筒瓦、罐和盆（图一一八）。

秦汉时期遗物分布区面积4万平方米，包括遗物采集区4个。采集遗物共5件，均为陶器，可辨器形有板瓦、筒瓦、罐和盆（图一一八）。

七十四、高村北遗址

遗址位于滕州市羊庄镇高村北，北侧紧邻薛河，所处地形为河流阶地，地表主要为林地。遗址总面积8.6万平方米，共有遗物采集区8个，遗物丰富、一般及不丰富的采集区数量分别为1、0和7个。采集遗物时代包括西周、东周、秦汉、隋唐和宋元多个时期，以西周和东周时期遗物为主，秦汉时期为散点区（图一一五）。

西周时期为遗物分布区，面积4万平方米，包括遗物采集区4个。采集遗物共6件，均为陶器，可辨器形有罐（图一一七）。

东周时期遗址面积5.2万平方米，共有遗物采集区6个。其中核心分布区1个，面积1.7万平方米，包括遗物采集区4个；一般分布区面积3.5万平方米，包括遗物采集区2个。采集遗物共8件，均为陶器，可辨器形有板瓦、筒瓦、罐和盆（图一一八）。

七十五、昌虑故城遗址

遗址位于滕州市羊庄镇，其范围内包含土城、西石楼、东石楼、东店和余粮店5个村庄，遗址东侧和南侧紧邻薛河，西侧至西于村、东于村和东南于村，北部有一条薛河故道。遗址所处地形为河流阶地和平地，地表主要为麦地、林地和菜地。遗址总面积398.7万平方米，共有遗物采集区384个，遗物丰富、一般及不丰富的采集区数量分别为13、96和275个。时代涵盖大汶口文化、龙山文化、岳石文化、商代、西周、东周、秦汉、隋唐和宋元多个时期，以西周、东周和秦汉时期遗物为主，其他可划分时期均为散点区（图一二〇）。此外，20世纪中国社科院考古所山东队等也曾调查过此遗址，发现多处大汶口文化、龙山文化、商代、西周、东周和汉代遗存，其中在东于村东、东北和土城村西南约80米发现龙山文化时期的遗存，在东石楼村

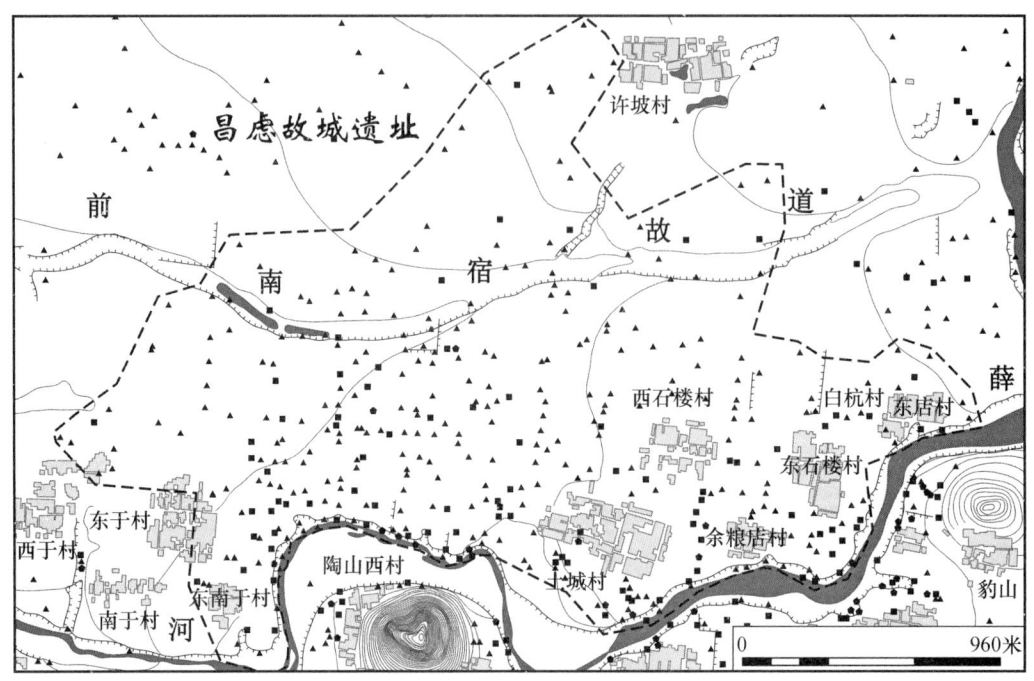

图一二〇　昌虑故城遗址总图

东约50米发现西周时期遗存，在东店村东北约50米发现大汶口文化遗存，在东店村东约100米发现西周时期遗存[①]，但本次调查未在这些地点发现上述时代遗存。据万历《滕县志》等文献记载和当地群众反映，昌虑故城原有城墙，抗战前仍保持完好，并有石刻、墓葬等其他遗存发现。现昌虑故城城墙多已不存，本次调查中仅在西石楼村南、土城村东发现一段长约50米、残高2～3米、残宽8～10米的城墙，从剖面观察夯层仍较明显。本次调查还在遗址中发现了文化层堆积和遗迹数处，其中遗址南部土城村西南侧临河处发现一土台状堆积，其断面上可见文化层；遗址中部的西石楼南也有一类似土台的堆积；遗址中部和西部均发现数处文化层堆积；遗址西部和南侧的临河断崖上有石棺墓，但多残破较甚，年代应为汉代；遗址东南部据悉有初唐名臣徐茂公的改葬墓，但现在仅保存金代再建的石碑一座（图版二一，1、3；图版二二）。

西周时期分为1个遗址和1个遗物分布区。西部为土城西遗址，面积16.3万平方米，共有遗物采集区11个。其中核心分布区有两区：Ⅰ区面积1.2万平方米，包括遗物采集区3个；Ⅱ区面积1.7万平方米，包括遗物采集区5个。一般分布区面积13.4万平方米，包括遗物采集区3个。采集遗物共27件，均为陶器，可辨器形有鼎、鬲、罐、盆和豆。东部为西石楼东遗物分布区，面积2.5万平方米，包括遗物采集区3个，采集遗物共4件，均为陶器，可辨器形有罐（图一二一）。

东周时期遗址总面积511.6万平方米，东南侧跨越薛河与陶山遗址、杜家堂北遗址和胡村遗址为一体，共有遗物采集区344个。其中核心分布区有18区：1区面积63.2万平方米，包括遗物采集区94个，西周时期的土城西遗址范围即在此区南部；2区面积2.5万平方米，包括遗物采集区4个；3区面积4万平方米，包括遗物采集区6个；4区面积2.5万平方米，包括遗物采集区6

---

① 中国社会科学院考古研究所山东队、滕县博物馆：《山东滕县古遗址调查简报》，《考古》1980年1期。

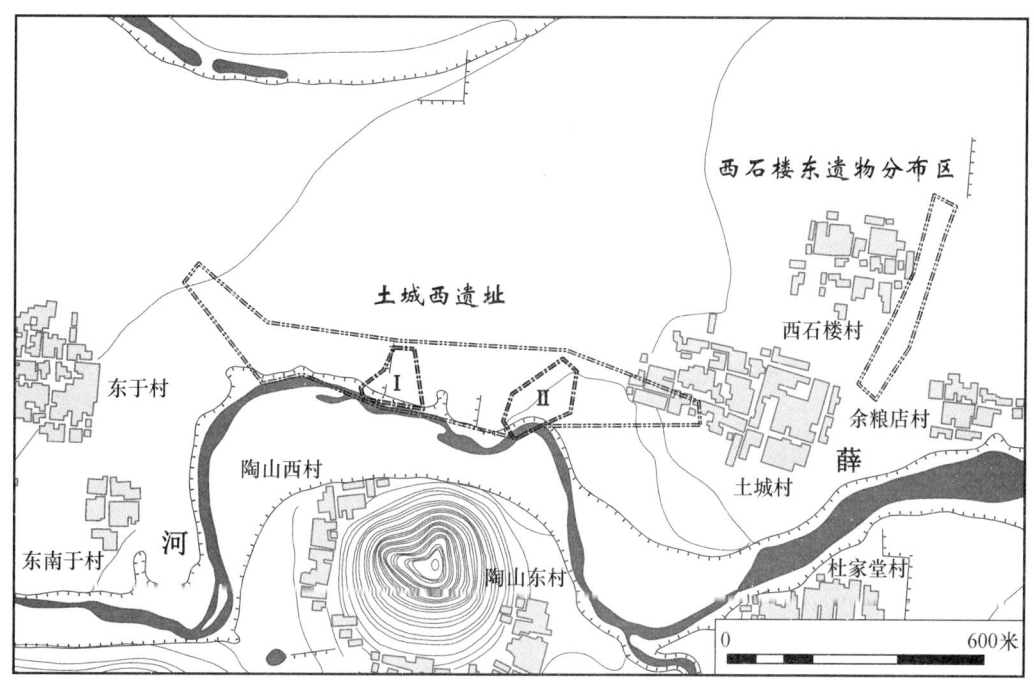

图一二一　昌虑故城区域西周时期遗址分布图

个；5区面积2.7万平方米，包括遗物采集区5个；6区面积3.7万平方米，包括遗物采集区7个；7区面积9600平方米，包括遗物采集区4个；8区面积3.9万平方米，包括遗物采集区14个；9区面积17.8万平方米，包括遗物采集区26个，西周时期的西石楼东遗物分布区范围大体在此区西部；10、11区属胡村遗址范围内，10区位置与西周时期胡村北遗址相近，面积4万平方米，包括遗物采集区8个，11区与西周时期胡村南遗址相近，面积3.1万平方米，包括遗物采集区7个；12区属杜家堂北遗址范围内，范围、位置与大汶口文化时期杜家堂北遗址相近，面积6.9万平方米，包括遗物采集区12个；13～18区属陶山遗址范围内，13区位置、范围与西周时期陶山西遗址大体相近，面积2万平方米，包括遗物采集区7个；14区面积1.2万平方米，包括遗物采集区4个；15区位置、范围与西周时期陶山东遗址相近，面积2.3万平方米，包括遗物采集区6个；16区位置、范围与西周时期陶山南遗址核心分布区相近，面积10.6万平方米，包括遗物采集区24个；17区面积3.6万平方米，包括遗物采集区6个；18区面积7.7万平方米，包括遗物采集区14个。一般分布区面积369.9万平方米，包括遗物采集区89个。采集遗物共960件，均为陶器，可辨器形有板瓦、筒瓦、铺地砖、鬲、罐、盆、豆、匜、甗、瓮、钵、器盖和井圈（图一二二）。

秦汉时期遗址总面积415.5万平方米，东南侧跨越薛河与陶山西遗址、胡村遗址为一体，共有遗物采集区316个。其中核心分布区有11区，除3、11、14区为新增核心分布区，其他核心分布区位置均与东周时期遗址对应的核心分布区位置相近：1区面积108.9万平方米，包括遗物采集区152个；2区面积1.9万平方米，包括遗物采集区6个；3区面积1.9万平方米，包括遗物采集区5个；4区面积2.3万平方米，包括遗物采集区7个；5区面积2万平方米，包括遗物采集区5个；6区面积1.4万平方米，包括遗物采集区4个；7区面积1万平方米，包括遗物采集区4个；8区面积3.2万平方米，包括遗物采集区11个；9区面积1.9万平方米，包括遗物采集区6个；10区面积6.7万平方米，包括遗物采集区18个；11区面积3.4万平方米，包括遗物采集区9个；12、13、14区属胡村遗址范围。12区面积1.6万平方米，包括遗物采集区4个；13区面积1.8万平方米，包括遗物采集区5个；14区面积0.7万平方米，包括遗物采集区4个；15区位置与东周时期核心分布区13区相近，面积1.9万平方米，包括遗物采集区5个；一般分布区面积274.9万平方米，包括遗物采集区71个。采集遗物共733件，均为陶器，可辨器形有板瓦、筒瓦、瓦当、罐、盆、瓮和井圈（图一二三）。

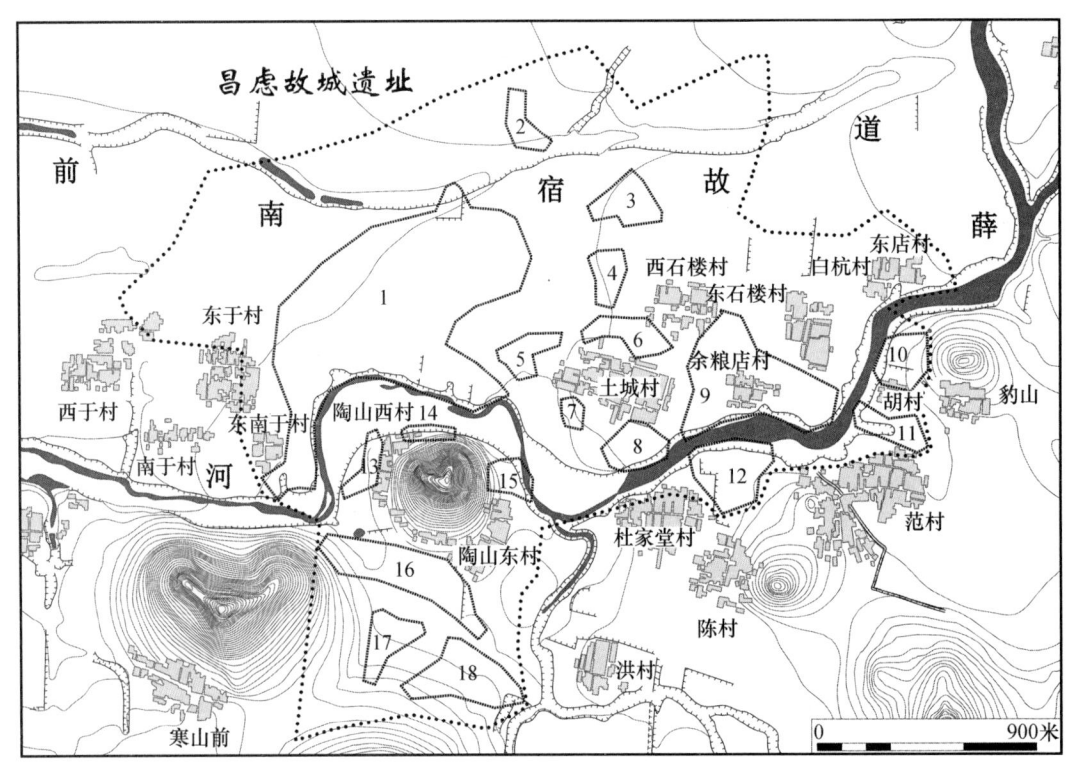

图一二二　昌虑故城遗址东周时期分布图

大汶口文化时期遗物标本，4件。

100325WYL003-1，鼎足。夹砂黄褐陶。凿形足，上下皆残。外侧有两道竖凹槽。残高4厘米（图一二四，6）。

100327ZXL004-2，鼎足。夹砂灰陶。矮圆台形足。素面。残高4.8厘米（图一二四，10）。

100328ZXL011-1，罐口沿。夹砂黄褐陶。敛口，圆唇，窄折沿，圆腹。素面。残高4、残宽5.8、厚0.4厘米（图一二四，9）。

100328ZXL011-2，盆口沿。夹砂灰陶，外壁局部红褐。敞口，斜腹，腹部残留一錾。素面。残高8、残宽12.4、厚1.2厘米（图一二四，3）。

龙山文化时期遗物标本，3件。

100328WYL022-1，盆口沿。夹砂灰胎灰黑皮陶。近直口，方唇，折沿，沿面下凹，束颈。颈部鸡冠状堆纹。残高3.7、残宽6、厚0.9厘米（图一二四，8）。

100325WYL003-2，横贯耳。泥质黑陶。宽带状，两端皆残。正面有多条平行凹槽。残高3.4、残宽4.1、厚0.4~0.7厘米（图一二四，7）。

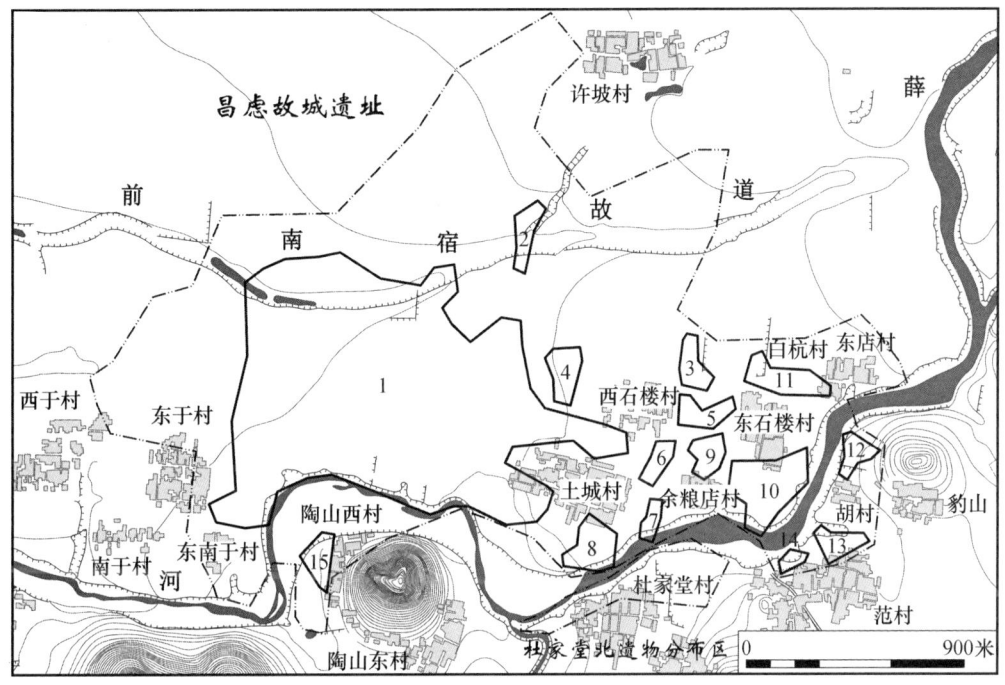

图一二三　昌虑故城遗址秦汉时期分布图

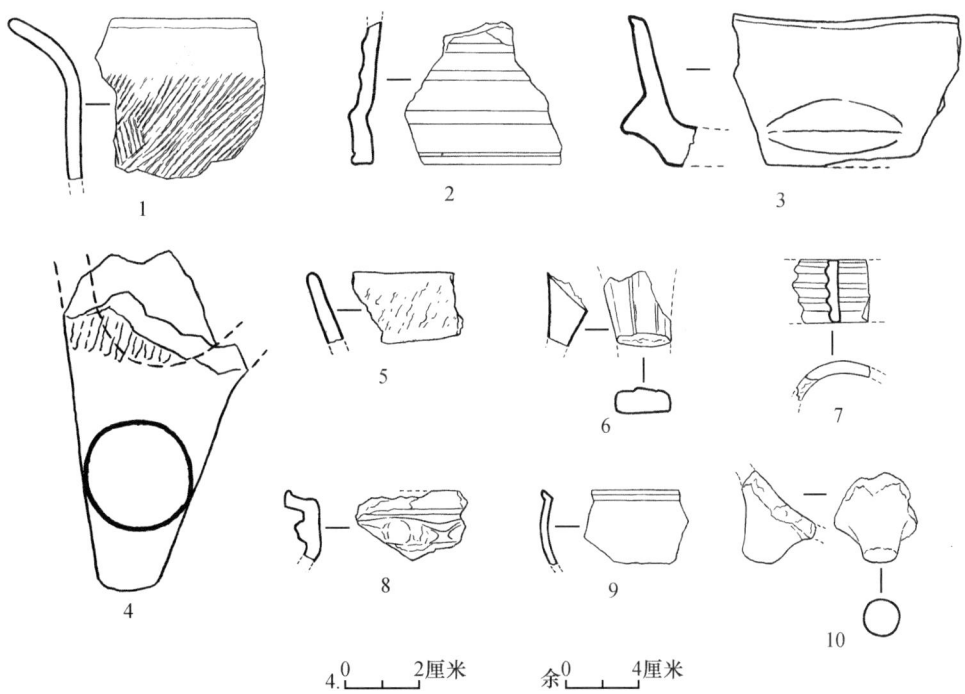

图一二四　昌虑故城遗址大汶口文化等时期遗物标本

1. 盆口沿（100328WYL001-2）　2. 圈足（100328ZXL002-4）　3. 盆口沿（100328ZXL011-2）
4. 鬲足（100327ZXL003-2）　5. 罐口沿（100325WYL003-3）　6. 鼎足（100325WYL003-1）
7. 横贯耳（100325WYL003-2）　8. 盆口沿（100328WYL022-1）　9. 罐口沿（100328ZXL011-1）
10. 鼎足（100327ZXL004-2）

100328ZXL002-4，圈足。夹砂红褐陶。上部残，粗径，底部略外凸。底面和底部侧边各有一周凹槽，器身饰三周凸棱。残高7.5、宽8.4、厚0.9~1.3厘米（图一二四，2）。

岳石文化时期遗物标本，1件。

100325WYL003-3，罐口沿。夹砂红褐陶。侈口，圆唇。器表饰浅斜绳纹。残高3.8、残宽6、厚0.7~0.9厘米（图一二四，5）。

商代时期遗物标本，2件。

100327ZXL003-2，鬲足。夹粗砂黄褐陶，局部灰色，胎红色。锥状足，高实足尖。实足尖根部以上饰竖绳纹。残高8.9厘米（图一二四，4）。

100328WYL001-2，盆口沿。夹砂灰褐陶，局部红褐色。敞口，圆唇，宽卷沿，直腹微外弧。颈部以下饰交叉绳纹。手制。残高8.5、残宽9.1、厚0.8厘米（图一二四，1）。

西周时期遗物标本，7件。

100326ZXL009-2，鬲足。夹砂红褐陶。通体饰绳纹。残高7厘米（图一二五，6）。

100327GMJ019-1，鬲足。夹粗砂红褐陶。足尖残。饰交错绳纹。手制，套接。残高4.1厘米（图一二五，7）。

100328ZXL002-3，罐口沿。夹砂灰黑陶。敛口，方唇，卷沿，沿面有三周凹弦纹。残高3.2、残宽10、厚0.9~1.1厘米（图一二五，3）。

100326ZXL016-1，罐口沿。夹细砂黑皮陶，红褐胎。侈口，方唇，卷沿，束颈，溜肩。颈部饰抹绳纹，肩部饰竖绳纹。残高7.1、残宽7.9、厚0.5厘米（图一二五，4）。

100327ZXL004-3，豆盘。泥质黑皮陶，灰胎。直口，折腹，底及以下残。残高3.8、残宽10.2、厚0.6~0.9厘米（图一二五，1）。

100327ZXL003-1，豆盘。泥质灰黑陶。侈口，盘壁微内束，折腹。残高3.2、残宽5.2、厚0.3~0.8厘米（图一二五，2）。

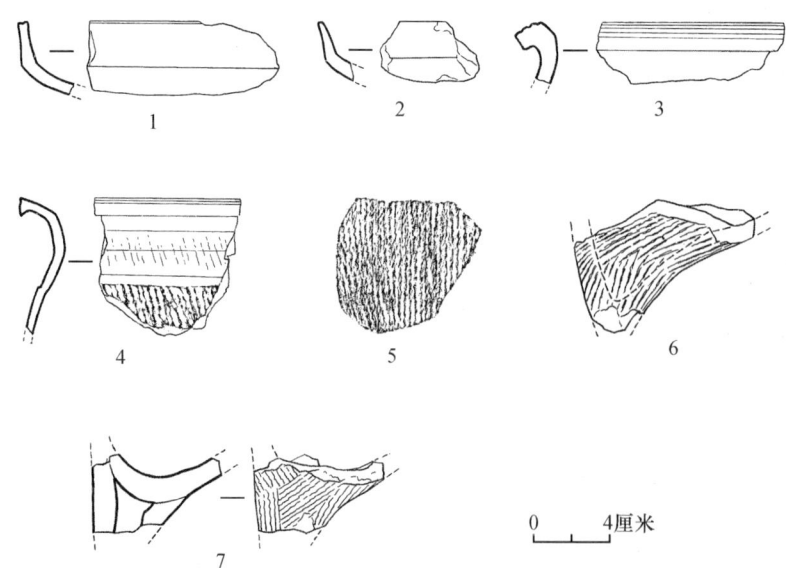

图一二五　昌虑故城遗址西周时期遗物标本
1. 豆盘（100327ZXL004-3）　2. 豆盘（100327ZXL003-1）　3. 罐口沿（100328ZXL002-3）
4. 罐口沿（100326ZXL016-1）　5. 绳纹陶片（100327GMJ039-1）　6. 鬲足（100326ZXL009-2）
7. 鬲足（100327GMJ019-1）

100327GMJ039-1，绳纹陶片。夹砂灰陶。饰麦粒状绳纹。残长7.7、残宽7、厚0.8～0.95厘米（图一二五，5）。

东周时期遗物标本，10件。

100328YKK001-1，罐口沿。夹砂黄褐陶。敛口，厚圆方唇，卷沿，斜肩。肩部戳一长方印文，因被抹过，字迹漫漶不清。肩下饰竖绳纹。残高4.6、残宽8.3、厚0.8厘米（图一二六，3；图版五三，1）。

100327ZXL013-1，罐口沿。夹细砂灰陶。口微敛，宽方唇，矮颈。残高4.5、残宽6.3、厚1厘米（图一二六，7）。

100326YKK018-2，罐口沿。泥质灰陶。侈口，方唇，沿面有一周凹槽，束颈。素面。残高6.3、残宽6.2、厚0.7～0.8厘米（图一二六，5）。

100327ZXL004-1，盆口沿。泥质灰陶。近直口，圆唇，斜折沿，圆腹。残高6.4、残宽13.7、厚1.1～1.2厘米（图一二六，1）。

100328WYL007-1，盆口沿。夹砂灰陶。直口微敛，宽方唇，腹壁微外弧。器表饰瓦棱纹。残高8.2、残宽9.6、厚0.6厘米（图一二六，9）。

100328WYL026-1，盆口沿。泥质灰陶。近直口，方唇，唇面一周凹槽，宽折沿，近直腹。下饰瓦棱纹，腹饰横绳纹。残高12.9、残宽17.6、厚0.6～1.1厘米（图一二六，10）。

100326ZXL008-2，盆口沿。泥质灰陶。口微敛，方唇，唇面一周凸棱，宽折沿，弧腹。沿下饰瓦棱纹，腹部饰横向绳纹。残高8.6、残宽10.2、厚0.8～1.1厘米（图一二六，4）。

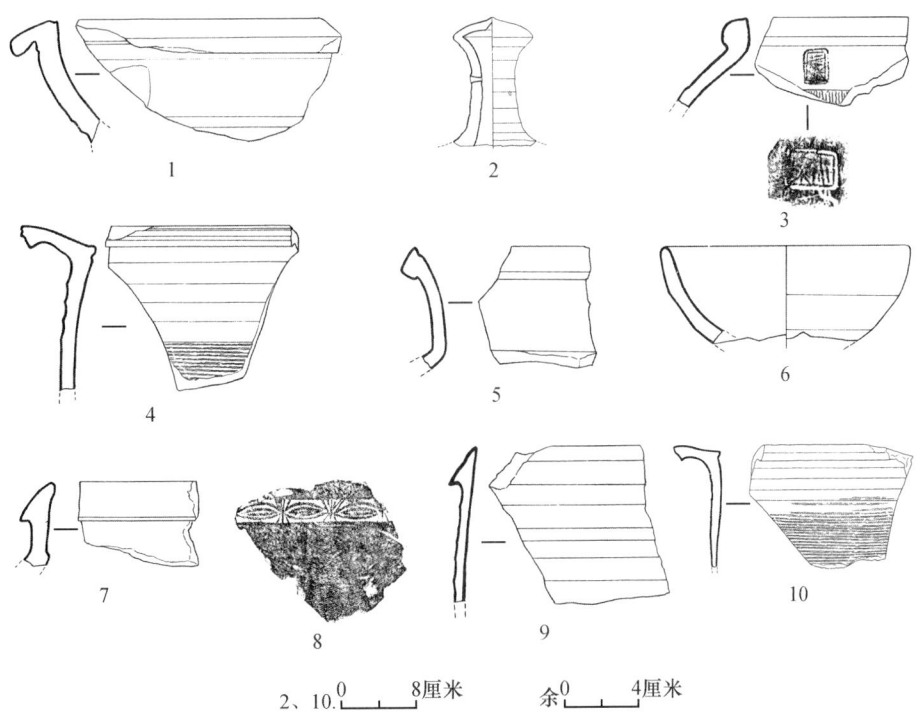

图一二六　昌虑故城东周时期遗物标本

1. 盆口沿（100327ZXL004-1）　2. 器盖纽（100327CDL006-1）　3. 罐口沿（100328YKK001-1）
4. 罐口沿（100326ZXL008-2）　5. 罐口沿（100326YKK018-2）　6. 钵（100326YKK018-1）
7. 罐口沿（100327ZXL013-1）　8. 板瓦（100325CYJ031-1）　9. 盆口沿（100328WYL007-1）
10. 罐口沿（100328WYL026-1）

100326YKK018-1，钵。泥质灰陶。敞口，圆腹，底残。素面。复原口径13.6、残高5.1、厚0.6~0.9厘米（图一二六，6）。

100327CDL006-1，器盖纽。泥质灰陶。蘑菇状盖纽，颈部内束，外表饰数周细凸棱和一镂孔。残高13.4、厚0.7~1.5厘米（图一二六，2）。

100325CYJ031-1，板瓦。泥质灰黄陶。上部饰一排几何纹饰。残长9、残宽7.3、厚1厘米（图一二六，8）。

秦汉时期遗物标本，5件。

100327HY028-3，罐口沿。夹砂灰黑陶。敛口，窄平沿，圆腹。沿下有一周凸棱。残高7.6、残宽14.3、厚0.6~1.6厘米（图一二七，1）。

100327HY028-2，瓮口沿。泥质灰黑陶。侈口，尖圆唇，卷沿，短颈，广圆肩。素面。复原口径25、残高9、厚1~2.1厘米（图一二七，4）。

100328ZXL009-1，瓮口沿。泥质灰陶。近直口，圆方唇，直领，斜肩。素面。残高5.5、残宽13.4、厚0.7~1.2厘米（图一二七，8）。

100328ZXL002-1，盆口沿。泥质灰陶。近直口，方唇，宽折沿，圆腹。颈部饰2个一组的按窝纹，腹部饰三周凸弦纹。残高5.8、残宽8.5、厚0.8~1厘米（图一二七，2）。

100327HY028-1，盆口沿。泥质灰黑陶。敞口，圆唇，宽折沿，圆腹。腹饰瓦棱纹。复原口径33、残高10、厚0.6~1.2厘米（图一二七，3）。

唐代时期遗物标本，5件。

100326GMJ009-1，瓷碗。灰胎黄绿釉。敞口，圆唇，深弧腹，圜底，假圈足。内外釉均不及底。复原口径9.8、圈足径2.4、高6.6厘米、厚0.4~0.7厘米（图一二七，7；图版五三，2）。

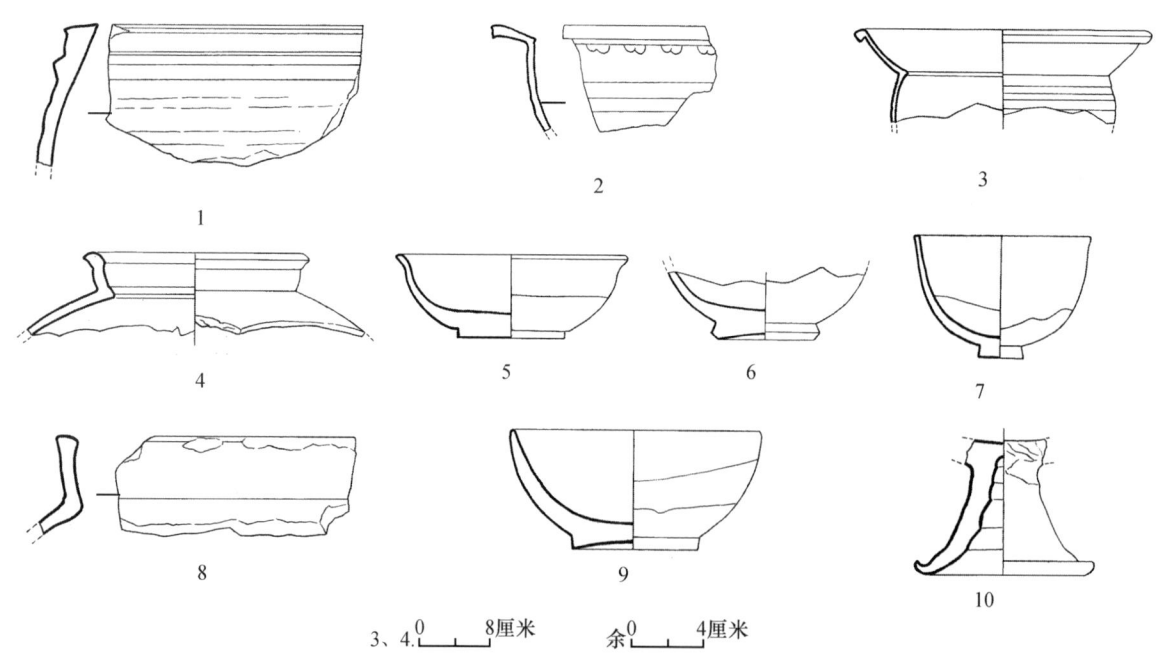

图一二七 昌虑故城秦汉、唐代时期遗物标本
1. 罐口沿（100327HY028-3） 2. 盆口沿（100328ZXL002-1） 3. 盆口沿（100327HY028-1） 4. 瓮口沿（100327HY028-2）
5. 瓷碗（100328CDL019-1） 6. 瓷碗（100327GMJ002-1） 7. 瓷碗（100326GMJ009-1） 8. 瓮口沿（100328ZXL009-1）
9. 瓷碗（100327YKK020-1） 10. 瓷豆柄（100327YKK021-1）

100328CDL019-1,瓷碗。黄褐胎青釉,内外施釉,外壁釉不及底。敞口,圆唇,卷沿,圆腹,内底平,假圈足。圈足底有明显的轮旋痕迹。复原口径13、底径6、高4.5厘米(图一二七,5)。

100327GMJ002-1,瓷碗。青釉,白胎,外壁无釉,内壁釉及底。口残,圆腹,假圈足微内凹。碗内壁有支钉痕。复原底径5.4、残高4、厚0.5~0.8厘米(图一二七,6)。

100327YKK020-1,瓷碗。黄褐胎黄褐釉,近口处内外施釉,釉不及底。敞口,圆腹,假圈足内凹。复原口径14、复原圈足径7、高6.5厘米(图一二七,9)。

100327YKK021-1,瓷豆柄。灰胎青釉。喇叭形圈足,圈足底部外缘上卷。复原圈足径8.8、残高7.2、厚0.4~1.35厘米(图一二七,10)。

七十六、东南王庄南遗址

遗址位于滕州市羊庄镇东南王庄南,南北两侧皆靠近干涸的薛河故道,所处地形基本为平地,地表主要为麦地。遗址总面积97.8万平方米,共有遗物采集区34个,遗物丰富、一般及不丰富的采集区数量分别为1、1和32个。采集遗物时代包括大汶口文化、龙山文化、东周、秦汉、隋唐和宋元多个时期,以东周和秦汉时期遗物为主,其他可划分时期均为散点区(图一二八)。

东周时期遗址面积74.3万平方米,共有遗物采集区25个。其中核心分布区有两区:Ⅰ区面积2.6万平方米,包括遗物采集区5个;Ⅱ区面积2.3万平方米,包括遗物采集区6个。一般分布区面积69.4万平方米,包括遗物采集区14个。采集遗物共45件,均为陶器,可辨器形有板瓦、筒瓦和罐(图一二九)。

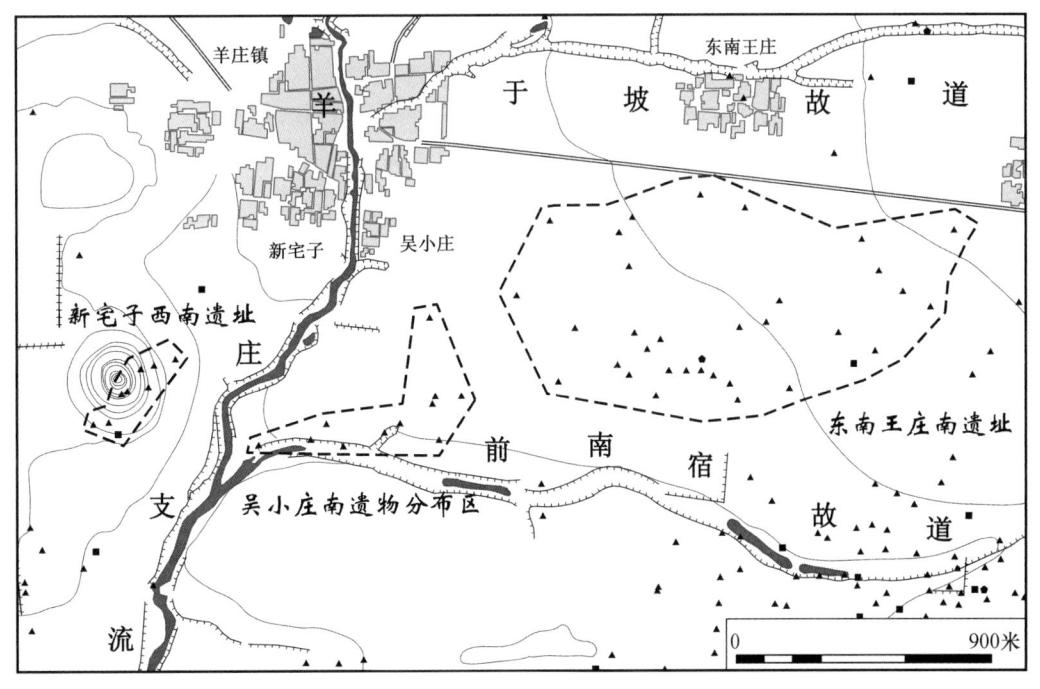

图一二八 羊庄南区域遗址分布总图

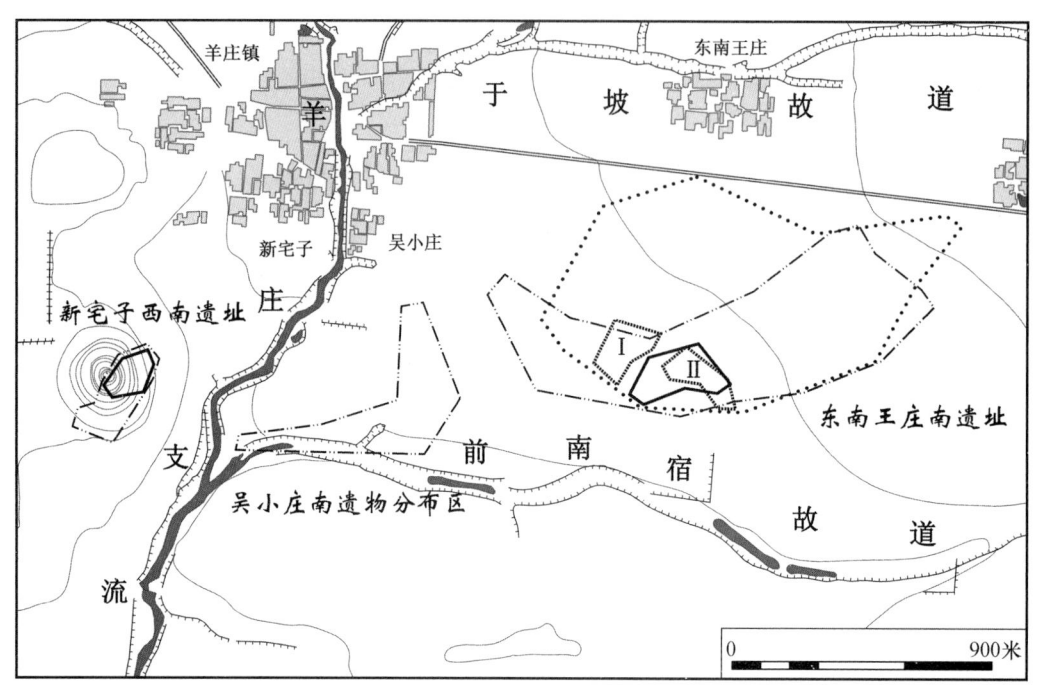

图一二九　羊庄南区域东周—秦汉时期遗址分布图

秦汉时期遗址面积48.5万平方米，共有遗物采集区19个。其中核心分布区1个，位置与东周时期遗址核心分布区Ⅱ区相近，面积4万平方米，包括遗物采集区7个；一般分布区面积44.5万平方米，包括遗物采集区12个。采集遗物共38件，均为陶器，可辨器形有板瓦和筒瓦（图一二九）。

七十七、吴小庄南遗物分布区

分布区位于滕州市羊庄镇吴小庄南，南侧紧邻一条干涸的薛河故道，所处地形为河流阶地与平地，地表主要为麦地。遗址总面积15.5万平方米，共有遗物采集区11个，采集区遗物丰富程度全部为不丰富。采集遗物时代包括北辛文化、东周和秦汉3个时期，以秦汉时期遗物为主，其他可划分时期均为散点区（图一二八）。

秦汉时期遗物分布区面积为13.6万平方米，包括遗物采集区8个。采集遗物共15件，均为陶器，可辨器形有板瓦和筒瓦（图一二九）。

七十八、新宅子西南遗址

遗址位于滕州市羊庄镇新宅子村西南的小山坡上，地表现为荒地。遗址总面积5.7万平方米，共有遗物采集区9个，遗物丰富、一般及不丰富的采集区数量分别为0、1和8个。采集遗物时代包括东周、秦汉、隋唐和宋元多个时期，以秦汉时期遗物为主，东周时期为散点区

（图一二八）。此外，在遗址中发现密集古代砖瓦堆积，推测遗址内可能原有建筑存在（图版二三，1）。

秦汉时期遗址面积3.6万平方米，共有遗物采集区7个。其中核心分布区1个，面积1.1万平方米，包括遗物采集区4个；一般分布区面积2.5万平方米，包括遗物采集区3个。采集遗物共17件，均为陶器，可辨器形有板瓦、筒瓦和罐（图一二九）。

秦汉时期遗物标本，1件。

100327WYL005-1，罐口沿。泥质灰黑陶。直口，圆唇，短颈，斜肩。素面。复原口径18、残高5.6、厚0.7厘米（图一三〇，1）。

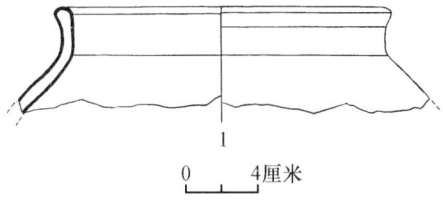

图一三〇　新宅子西南遗址遗物标本
1. 罐口沿（100327WYL005-1）

七十九、西于南遗物分布区

分布区位于滕州市羊庄镇西于村南，南侧紧邻薛河，东侧和北侧紧邻南于村和西于村，所处地形为河流阶地，中部有一冲沟，地表主要为麦地和林地。分布区总面积20.9万平方米，包括遗物采集区14个，遗物丰富、一般及不丰富的采集区数量分别为1、3和10个。采集遗物时代包括龙山文化、西周、东周、秦汉、隋唐和宋元多个时期，以秦汉时期遗物为主，其他可划分时期均为散点区（图一三一）。此外，遗址中发现石室墓1座，形制为单室，墓门已失，墓葬四壁、顶部、门框上均刻画图像，内容有花草、鱼、鹤等，年代应为宋代以后（图版二三，2）。

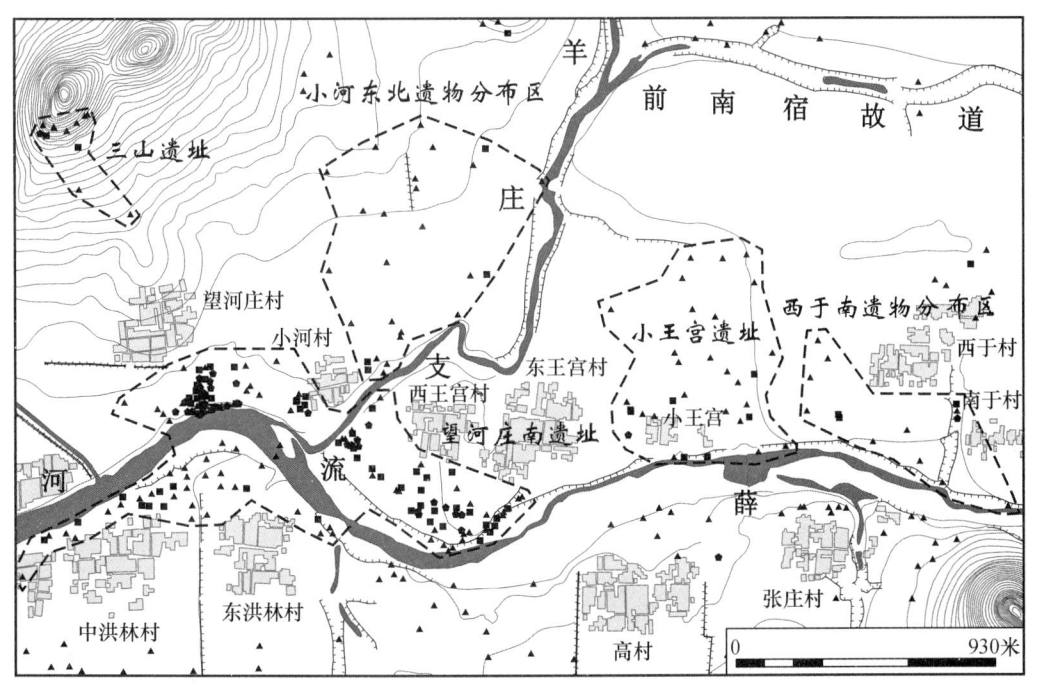

图一三一　西王宫区域遗址分布总图

秦汉时期遗物分布区面积17.4万平方米，包括遗物采集区10个。采集遗物共22件，均为陶器，可辨器形有板瓦和筒瓦（图一三四）。

八十、小王宫遗址

遗址位于滕州市羊庄镇小王宫村四周，南侧紧邻薛河，据遗物分布情况判断部分面积应为小王宫村占压。遗址所处地形为河流阶地和平地，地表主要为麦地和菜地。遗址总面积39.6万平方米，共有遗物采集区31个，遗物丰富、一般及不丰富的采集区数量分别为0、7和24个。采集遗物时代包括大汶口文化、龙山文化、岳石文化、西周、东周、秦汉、隋唐和宋元多个时期，以西周、东周和秦汉时期遗物为主（图一三一）。

本次调查在遗址西南部一个遗物采集区中，于河边断崖上发现文化层堆积，内含较多岳石文化遗物，有陶鼎、甗、罐残片16片。此外还发现大汶口文化晚期陶鼎残片2片和龙山文化陶罐残片2片。据文化层的情况分析，其年代应为岳石文化时期，其中的大汶口文化和龙山文化遗物应为后期扰动所致。由此将该区域定为遗址，年代为岳石文化时期。但可能由于埋藏较深，遗址内岳石文化时期地面遗物发现较少，分布也较疏散，如果仅按地面遗物分布情况分析，仅能构成"散点区"。其中，除发现文化层的遗物采集区外，其他遗物采集区另有1处，也位于遗址西南部，其中有器形不明陶片3片。

西周时期为遗物分布区，面积1.8万平方米，包括遗物采集区3个。采集遗物共3件，均为陶器，可辨器形有豆（图一三三）。东周时期也为遗物分布区，面积34.8万平方米，包括遗物采集区17个，并向东延伸至西于南遗物分布区范围内。采集遗物共31件，均为陶器，可辨器形有板瓦、筒瓦、罐和豆（图一三四）。秦汉时期为遗物分布区，面积29万平方米，包括遗物采集区23个。采集遗物共57件，均为陶器，可辨器形有板瓦、筒瓦、罐和盆（图一三四）。

八十一、望河庄南遗址

遗址位于滕州市官桥镇望河庄南侧，中部跨越薛河及其支流，北侧紧邻望河庄、小河、西王宫和东王宫村，南侧紧邻西洪林、中洪林和东洪林村。遗址所处地形主要为河流阶地，地表主要为麦地和林地。遗址总面积63.7万平方米，共有遗物采集区168个，遗物丰富、一般及不丰富的采集区数量分别为37、60和71个。采集遗物时代包括大汶口文化、龙山文化、岳石文化、商代、西周、东周、秦汉、隋唐和宋元多个时期，以大汶口文化至秦汉时期遗物为主（图一三一）。此外，20世纪中国社会科学院考古所山东队等也曾调查过此遗址，在望河庄南发现西周、东周、汉代遗存[1]。本次调查在遗址东部和中发现了多处文化层堆积，其中在遗址中部断崖上发现灰坑1个，包含有蚌壳、石块、陶片等遗物，时代为岳石文化时期（图版二四）。

大汶口文化时期分为2个遗址。西侧为望河庄南遗址，面积3.3万平方米，共有遗物采集区

---

[1] 中国社会科学院考古研究所山东队、滕县博物馆：《山东滕县古遗址调查简报》，《考古》1980年1期。

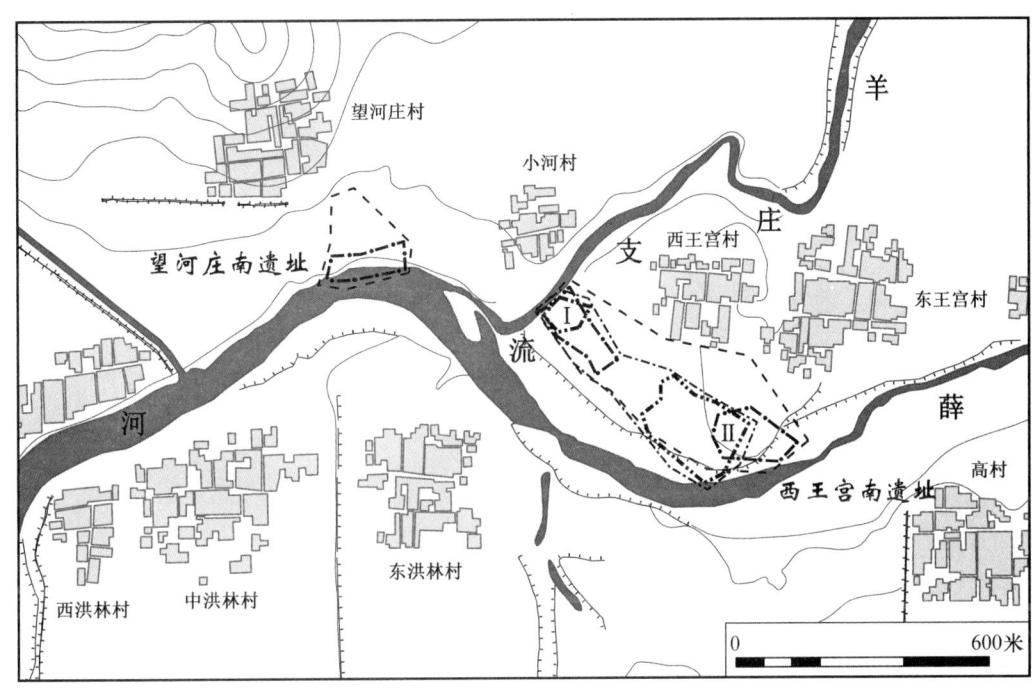

图一三二　西王宫区域大汶口文化—龙山文化时期遗址分布图

4个。其中核心分布区1个，面积4000平方米，包括遗物采集区3个；一般分布区面积2.9万平方米，包括遗物采集区1个。采集遗物共6件，均为陶器，可辨器形有鬶。东侧为西王宫南遗址，面积12.7万平方米，共有遗物采集区17个。其中核心分布区有两区：Ⅰ区面积1.3万平方米，包括遗物采集区6个；Ⅱ区面积1.7万平方米，包括遗物采集区6个。一般分布区面积9.7万平方米，包括遗物采集区5个。采集遗物共44件，均为陶器，可辨器形有大汶口早期的鼎足、大汶口晚期的鼎足、罐以及分期不明的鬶、盆和器盖（图一三二）。

龙山文化时期遗址面积7.9万平方米，位于西王宫南区域，共有遗物采集区14个。其中核心分布区有两区，位置和大汶口文化时期西王宫南遗址两核心分布区相近，但范围有变化。Ⅰ区面积5700平方米，包括遗物采集区4个；Ⅱ区面积3.3万平方米，包括遗物采集区9个。一般分布区面积4万平方米，包括遗物采集区1个。采集遗物共27件，均为陶器，可辨器形有甗、罐、盆和器盖（图一三二）。

岳石文化时期又分为2个遗址。西侧为望河庄南遗址，位置与大汶口文化时期望河庄南遗址核心分布区相近，但范围很小，面积2800平方米，包括遗物采集区3个，全部为核心分布区。采集遗物共4件，均为陶器，可辨器形有甗和碗。东侧为西王宫南遗址，面积13.7万平方米，共有遗物采集区18个。其中核心分布区有两区，位置与龙山文化西王宫南遗址两核心分布区相近。Ⅰ区面积2.4万平方米，包括遗物采集区9个；Ⅱ区面积2.5万平方米，包括遗物采集区7个。一般分布区面积8.8万平方米，包括遗物采集区2个。采集遗物共56件，均为陶器，可辨器形有鼎、罐和盖纽（图一三三）。

商代时期遗址主要位于西王宫南区域，范围跨越薛河延伸至高庄西遗物分布区，面积19.4万平方米，共有遗物采集区7个。其中核心分布区1个，位置与大汶口文化时期西王宫南遗址核

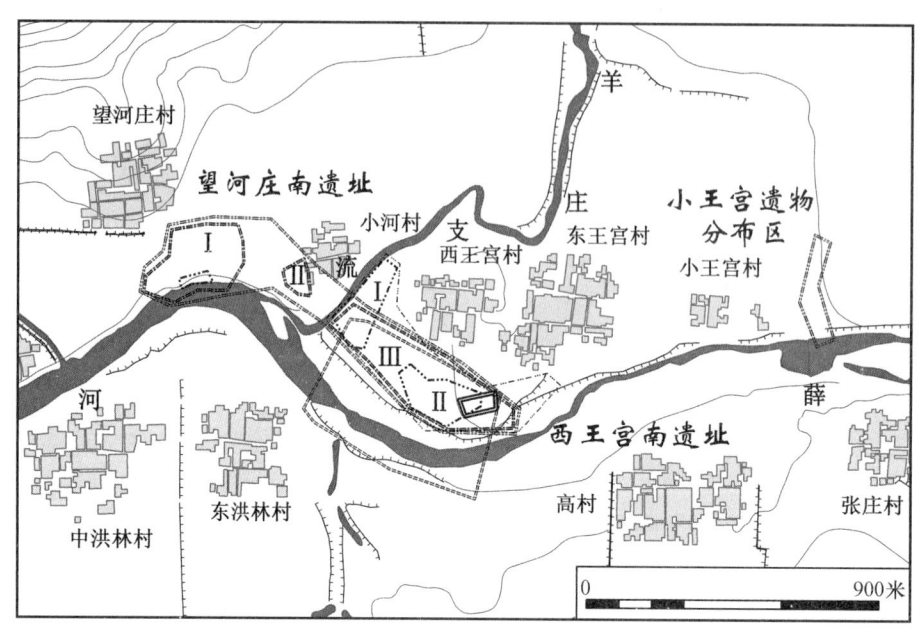

图一三三　西王宫区域岳石文化—西周时期遗址分布图

心分布区Ⅱ区相近，面积5100平方米，包括遗物采集区3个；一般分布区面积18.9万平方米，包括遗物采集区4个。采集遗物共11件，均为陶器，可辨器形有鬲（图一三三）。

西周时期遗址总面积23万平方米，共有遗物采集区69个。核心分布区有三区：Ⅰ、Ⅱ区位于望河庄南，Ⅰ区位置与大汶口文化时期望河庄南遗址位置相近，面积5.1万平方米，包括遗物采集区48个；Ⅱ区面积6200平方米，包括遗物采集区4个；Ⅲ区位于西王宫南，面积8.8万平方米，包括遗物采集区16个。一般分布区面积8.5万平方米，包括遗物采集区1个。采集遗物共317件，均为陶器，可辨器形有鬲、甗、簋、罐、盆、壶、豆和板瓦（图一三三）。

东周时期遗址向东跨越小河村延伸至小河东北遗物分布区内，面积86.8万平方米，共有遗物采集区125个。其中核心分布区有六区，Ⅰ、Ⅱ区位置与西周时期遗址两核心分布区相近。Ⅰ区面积6.9万平方米，包括遗物采集区39个；Ⅱ区面积5700平方米，包括遗物采集区4个；Ⅲ区位于小河东北遗物分布区范围内，面积7900平方米，包括遗物采集区4个；Ⅳ区位于西王宫南，面积12.8万平方米，包括遗物采集区39个；Ⅴ、Ⅵ区位于薛河南岸，Ⅴ区面积1.7万平方米，包括遗物采集区24个；Ⅵ区面积1.3万平方米，包括遗物采集区5个。一般分布区面积52.7万平方米，包括遗物采集区10个。采集遗物共350件，均为陶器，可辨器形有板瓦、筒瓦、鬲、罐、盆、钵、豆和盒（图一三四）。

秦汉时期遗址面积70.3万平方米，共有遗物采集区80个。其中核心分布区有五区：Ⅰ区位置与大汶口文化时期望河庄南遗址的核心分布区相近，面积1.2万平方米，包括遗物采集区4个；Ⅱ区位置与西周、东周时期遗址的核心分布区Ⅱ区相近，面积7900平方米，包括遗物采集区5个；Ⅲ、Ⅳ区位于西王宫南，Ⅲ区位置、范围与岳石文化时期西王宫南遗址的核心分布区Ⅰ区相近，面积1.7万平方米，包括遗物采集区7个；Ⅳ区位置与岳石文化时期西王宫南遗址的核心分布区Ⅱ区相近，但范围明显扩大，面积10.2万平方米，包括遗物采集区36个。Ⅴ区

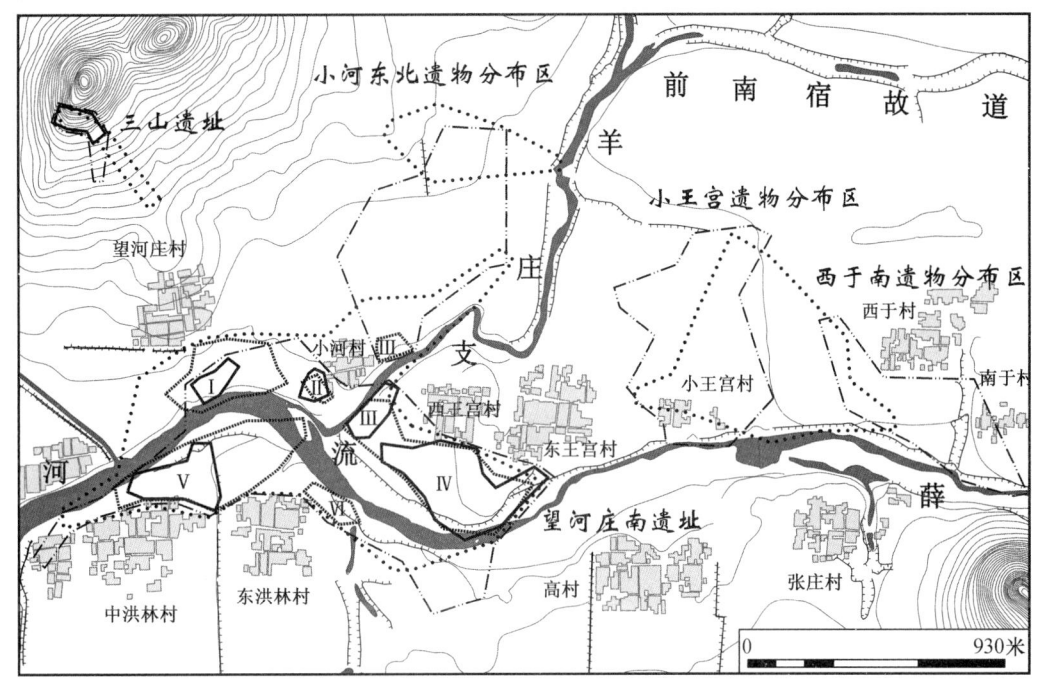

图一三四　西王宫区域东周—秦汉时期遗址分布图

位于薛河南岸，面积4.3万平方米，包括遗物采集区13个。一般分布区面积52.1万平方米，包括遗物采集区15个。采集遗物共193件，均为陶器，可辨器形有板瓦、筒瓦、罐、盆和瓮（图一三四）。

大汶口文化时期遗物标本，5件。全部属大汶口文化时期西王宫南遗址范围内。

100325CYJ005-1，鼎足。夹砂红褐陶。侧装三角形足，大部残，横断面呈椭圆形。残高6厘米（图一三五，1）。

100325WYL006-1，鼎足。细砂黄褐陶，内壁黑。凿形足，下部残。外侧一道竖凹槽。残高5厘米（图一三五，2）。

100325WWW003-1，鼎足。夹砂黄褐陶。侧装三角形足，下端残。足根两侧各有一按窝。残高5厘米（图一三五，3）。

100325WYL007-1，鼎足。夹砂黄褐陶。侧装三角形足，下部残，横断面近椭圆形。残高8厘米（图一三五，4）。

100325WWW010-1，鬶把手。细砂红陶。绞丝状。残高6.3厘米（图一三五，9）。

龙山文化时期遗物标本，2件。

100325CYJ005-2，鬶足。夹砂黄褐陶，内壁灰黑。存锥形实足部分。残高5.1厘米（图一三五，5）。

100325CYJ013-1，器盖。夹砂褐胎黑皮陶。平顶，盖身微内弧。顶面周边压成锯齿状。复原顶径7、残高2.6、厚0.8~1厘米（图一三五，8）。

岳石文化时期遗物标本，1件。属岳石文化时期望河庄南遗址范围。

100324LR011-1，甗腰。粗砂灰黑陶。腰部有一周半月形压印纹。残高4.8、残宽6.6、厚

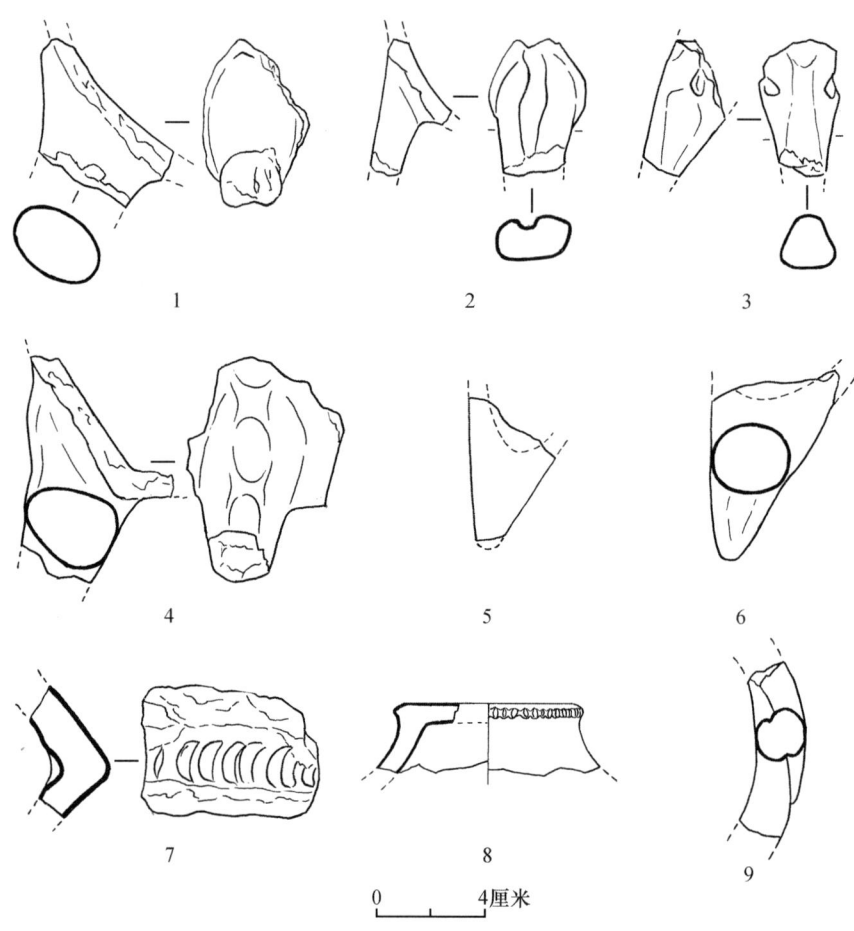

图一三五 望河庄南遗址大汶口文化等时期遗物标本
1. 鼎足（100325CYJ005-1） 2. 鼎足（100325WYL006-1） 3. 鼎足（100325WWW003-1）
4. 鼎足（100325WYL007-1） 5. 鬶足（100325CYJ005-2） 6. 鬲足（100325WYL013-1）
7. 甗腰（100324LR011-1） 8. 器盖（100325CYJ013-1） 9. 鬶把手（100325WWW010-1）

1.1~2.2厘米（图一三五，7）。

商代时期遗物标本，1件。

100325WYL013-1，鬲足。夹砂黄褐陶。高实足尖。残高6.8厘米（图一三五，6）。

西周时期遗物标本，13件。

100324CYJ014-1，鬲口沿。泥质灰褐陶，内壁灰。侈口，方唇，卷沿，溜肩。颈部饰抹绳纹，颈下为斜绳纹。残高6、残宽12.6、厚0.7厘米（图一三六，1）。

100324WYL013-1，鬲口沿。泥质灰黑陶。侈口，方唇，折沿，溜肩。复原口径16、残高3.5、厚0.4~0.6厘米（图一三六，4）。

100324WWW013-3，鬲足。夹砂红褐陶，内壁黑。锥状实足。通体饰绳纹。残高5.3厘米（图一三六，8）。

100324LR011-4，鬲足。夹砂红褐陶，内壁灰黑。锥形粗实足。通体饰绳纹。残高5厘米（图一三六，11）。

100320ZXL004-1，甑底。泥质灰陶。斜腹，平底，有圆形孔。腹饰横绳纹。残高6、残宽

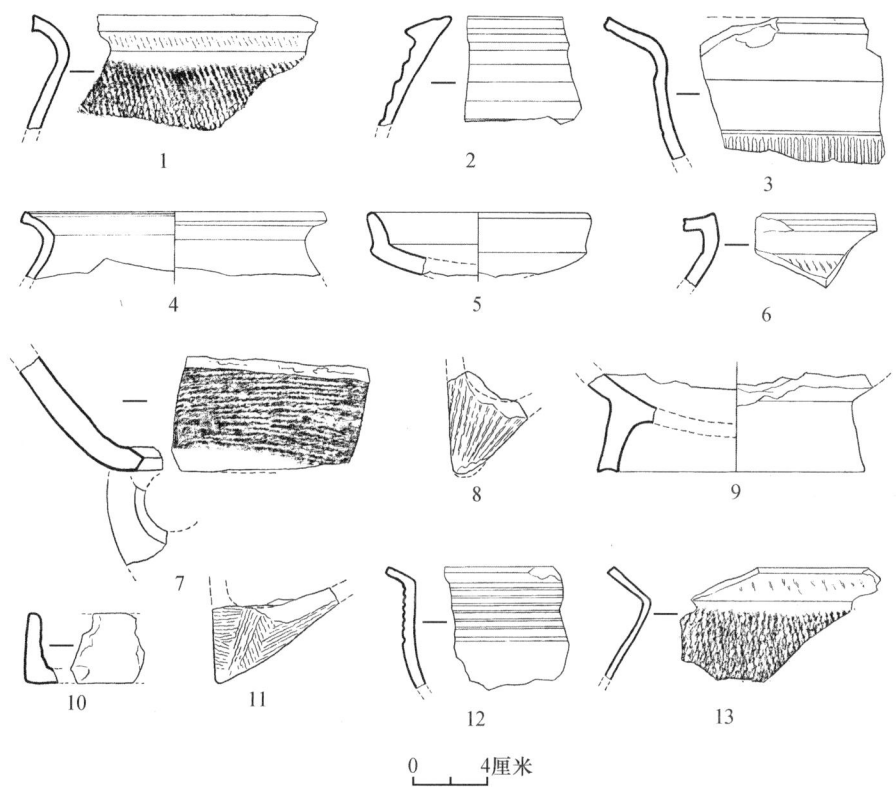

图一三六　望河庄南遗址西周时期遗物标本

1. 鬲口沿（100324CYJ014-1）　2. 罐口沿（100324WWW013-2）　3. 盆口沿（100324WYL027-4）
4. 鬲口沿（100324WYL013-1）　5. 豆盘（100324WYL027-5）　6. 罐口沿（100324WWW013-1）
7. 甗底（100324ZXL004-1）　8. 鬲足（100324WWW013-3）　9. 簋圈足（100324WYL027-2）
10. 钵（100324QXN011-1）　11. 鬲足（100324LR011-4）　12. 罐口沿（100324LR012-1）
13. 罐口沿（100324QXN019-1）

11.7、厚1.4厘米（图一三六，7）。

100324WWW013-2，罐口沿。细砂灰褐陶。敛口，尖圆唇，外斜沿，弧腹。腹部饰瓦棱纹。残高5.8、残宽6.2、厚0.6～1厘米（图一三六，2）。

100324WWW013-1，罐口沿。泥质黄褐陶。直口微侈，方唇，唇面一周凹弦纹，折沿，束颈。颈下残留少量抹绳纹，颈下饰绳纹。残高3.9、残宽6.8、厚0.8厘米（图一三六，6）。

100324QXN019-1，罐口沿。泥质灰褐陶。侈口，方唇，折沿，溜肩。沿外侧饰手绳纹，颈下饰绳纹。残高6、残宽10.9、厚0.4厘米（图一三六，13）。

100324WYL027-4，盆口沿。泥质红褐陶。侈口，方唇，宽折沿，束颈，弧腹。下腹部饰竖绳纹。残高7.5、残宽10、厚0.7厘米（图一三六，3）。

100324LR012-1，盆口沿。泥质灰陶。方唇，斜折沿，圆腹。上腹饰七周凹槽。残高6.4、残宽6.6、壁厚0.6厘米（图一三六，12）。

100324QXN011-1，钵。泥质红褐陶，内壁黑。直口，近直腹，平底。素面。残高3.7、残宽4、厚0.8厘米（图一三六，10）。

100324WYL027-2，簋圈足。泥质灰陶。内圜底，圈足略高，微外撇。素面。复原圈足径

14.5、残高5.2、厚1厘米（图一三六，9）。

100324WYL027-5，豆盘。泥质红陶。敞口，浅盘折腹。素面。复原口径11.6、残高3.4、厚0.5～1厘米（图一三六，5）。

东周时期遗物标本，13件。

100324QXN016-2，罐口沿。细砂灰陶。敛口，斜沿，短颈微束，弧腹。颈以下饰横向绳纹。轮制。残高6、残宽8.8、厚0.4～1.6厘米（图一三七，1）。

100324CYJ023-6，罐口沿。泥质灰陶。侈口，方唇，束颈，溜肩。颈下饰竖绳纹。轮制。残高6.2、残宽12.4、厚0.7～1厘米（图一三七，2）。

100324CYJ023-7，罐口沿。泥质深灰陶。侈口，圆唇，矮颈，斜圆肩。素面。复原口径26.6、残高8.8、厚0.7～1.3厘米（图一三七，4）。

100324LR007-1，罐口沿。泥质灰陶。侈口，圆唇，折沿，溜肩。颈下饰瓦棱纹。复原口径33、残高6.2、厚0.6～1厘米（图一三七，7）。

100324QXN016-1，罐口沿。细砂灰胎红皮陶。口微侈，方唇，卷沿，有领。饰抹绳纹。

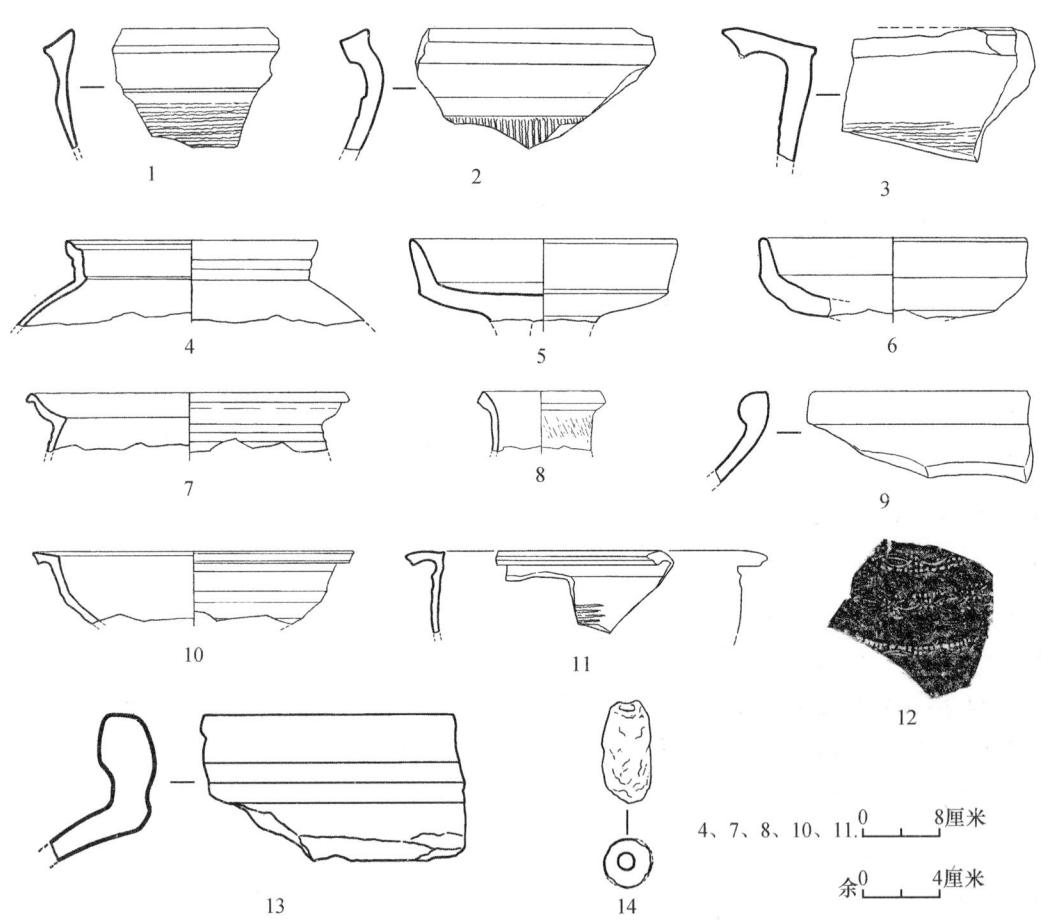

图一三七　望河庄南遗址东周、秦汉时期遗物标本

1. 罐口沿（100324QXN016-2）　2. 罐口沿（100324CYJ023-6）　3. 盆口沿（100324CYJ023-2）　4. 罐口沿（100324CYJ023-7）
5. 豆盘（100324LR011-5）　6. 钵口沿（100324CYJ016-1）　7. 罐口沿（100324LR007-1）　8. 罐口沿（100324QXN016-1）
9. 罐口沿（100324CYJ023-4）　10. 盆口沿（100324WYL013-2）　11. 盆口沿（100324CYJ023-3）　12. 罐腹片（100320YKK015-1）
13. 瓮口沿（100320YKK011-1）　14. 网坠（100320HY012-1）

复原口径12、残高6.1、厚0.6~1.8厘米（图一三七，8）。

100324CYJ023-4，罐口沿。夹砂红陶。敛口，厚圆唇，斜肩。素面。残高4.7、残宽11.8、厚0.7~1厘米（图一三七，9）。

100320YKK015-1，罐腹片。夹砂红褐陶。外表饰三周带状戳点纹。残长8.6、残宽8、厚1厘米（图一三七，12）。

100324CYJ023-2，盆口沿。细砂深灰陶。敛口，方唇，唇面微凹，宽折沿，弧腹。腹部饰横绳纹。轮制。残高6.7、残宽10、厚0.9~1.5厘米（图一三七，3）。

100324WYL013-2，盆口沿。泥质深灰陶。敞口，方唇，唇面微凹，宽折沿，圆腹。素面。复原口径34、残高7.4、壁厚0.7~0.9厘米（图一三七，10）。

100324CYJ023-3，盆口沿。泥质深灰陶。口微敛，方唇，唇面微凹，宽折沿，沿面微弧，圆腹。腹部饰横绳纹。复原口径38、残高8.4、厚0.7~1.4厘米（图一三七，11）。

100324CYJ016-1，钵。泥质灰褐陶，内壁黄褐。直口，折腹，平底，残。素面。轮制。复原口径13.8、残高4.1、厚0.6~1.2厘米（图一三七，6）。

100324LR011-5，豆盘。泥质灰陶。敞口，浅盘折腹，近平底。素面。复原口径13.9、残高4.2、厚0.8厘米（图一三七，5）。

100320HY012-1，网坠。泥质黄褐陶。整体呈椭圆形，中间有一圆形孔贯穿。素面。残长5.2、残宽2.6、孔径0.8厘米（图一三七，14）。

秦汉时期遗物标本，1件。

100320YKK011-1，瓮口沿。夹砂灰陶。直口，厚圆方唇，短颈，广圆肩。素面。残高7.5、残宽14、厚1.2~3.1厘米（图一三七，13）。

八十二、小河东北遗物分布区

分布区位于滕州市官桥镇小河村东北，南侧和东侧靠近薛河的一条季节性支流，西北侧靠近三山，所处地形为山前坡地，地表主要为麦地。分布区总面积51万平方米，共有遗物采集区26个，遗物丰富、一般及不丰富的采集区数量分别为0、4和22个。采集遗物时代包括大汶口文化、西周、东周、秦汉、隋唐和宋元多个时期，以东周和秦汉时期遗物为主，其他可划分时期均为散点区（图一三一）。

东周时期遗物分布区位置偏北。分布区面积12.4万平方米，包括遗物采集区5个。采集遗物共9件，均为陶器，可辨器形有板瓦、罐和甑（图一三四）。

秦汉时期遗物分布区位置范围向南延伸较多，面积33.9万平方米，包括遗物采集区16个。采集遗物共41件，均为陶器，可辨器形有板瓦、筒瓦、罐、盆和瓮（图一三四）。

八十三、三山遗址

遗址位于木石镇南山头村东的三山上，地表主要为荒地。遗址总面积7.7万平方米，共有遗物采集区12个，遗物丰富、一般及不丰富的采集区数量分别为1、2和9个。采集遗物时代包括东周和秦汉时期（图一三一）。此外，遗址范围内发现较石室墓3座及大量散落的墓石，三者均为单室墓，散落的墓石中有带画像者，其时代应为西汉时期（图版二五）。

东周时期为遗物分布区，面积3.5万平方米，包括遗物采集区4个。采集遗物共7件，均为陶器，可辨器形有板瓦和罐（图一三四）。

秦汉时期遗址面积3.4万平方米，共有遗物采集区11个。其中核心分布区1个，面积1.5万平方米，包括遗物采集区10个；一般分布区面积1.9万平方米，包括遗物采集区1个。采集遗物共34件，均为陶器，可辨器形有板瓦、筒瓦和瓮（图一三四）。

八十四、高村西遗物分布区

分布区位于滕州市羊庄镇高村西的山前坡地上，北侧紧邻薛河，地表主要为麦地。分布区总面积47.7万平方米，共有遗物采集区20个，全部为遗物不丰富采集区。采集遗物时代包括商代、西周、东周和秦汉多个时期，以西周和东周时期遗物为主，其他可划分时期均为散点区（图一三八）。

西周时期遗物分布区面积13.6万平方米，包括遗物采集区5个。采集遗物共5件，均为陶器，可辨器形有罐（图一三九）。

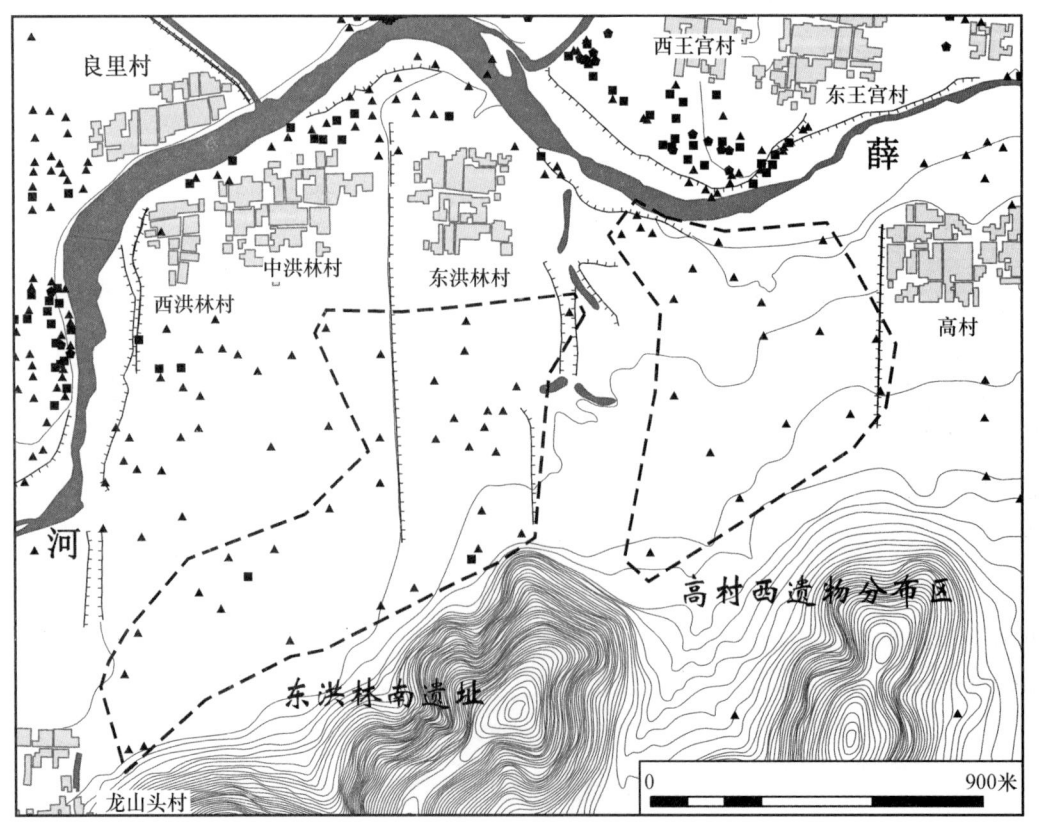

图一三八　洪林南区域遗址分布总图

东周时期遗物分布区位置较西周时期遗物分布区靠东,面积20.6万平方米,共有遗物采集区7个。采集遗物共8件,均为陶器,可辨器形有板瓦和筒瓦(图一四〇)。

商代时期遗物标本,1件。

100321HY002-1,鬲足。夹砂红褐陶。锥形足,高实足尖。残高6.4厘米(图一四一,1)。

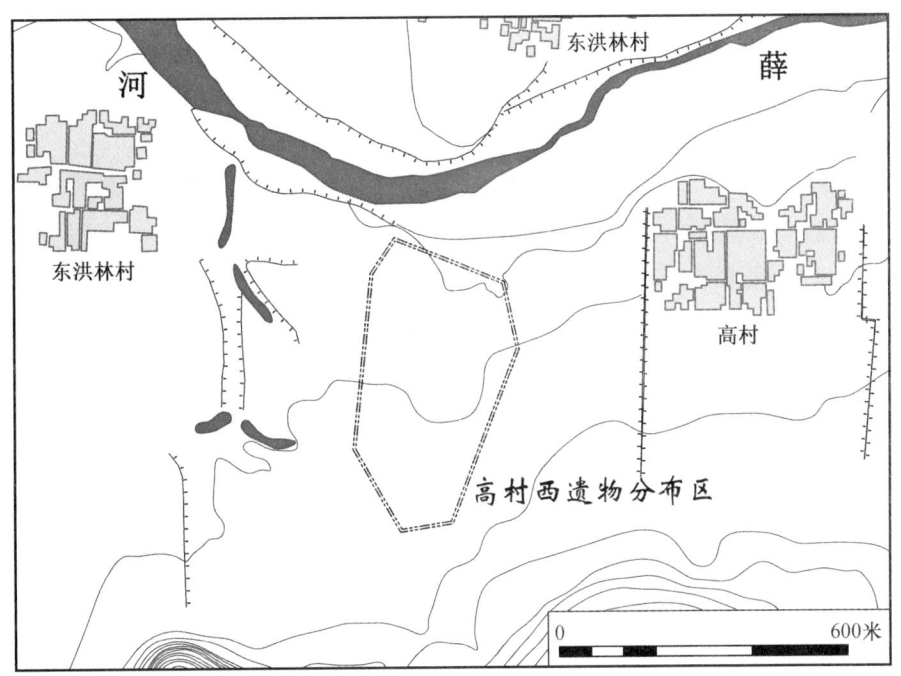

图一三九　洪林南区域西周时期遗物分布区图

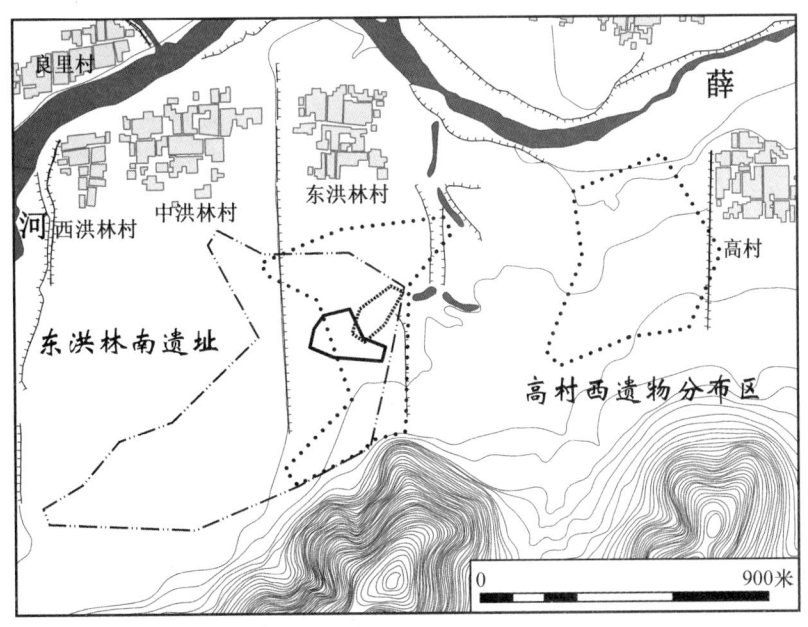

图一四〇　洪林南区域东周—秦汉时期遗址分布图

八十五、东洪林南遗址

遗址位于滕州市官桥镇东洪林村南,所处地形基本为平地,地表主要为麦地。遗址总面积67万平方米,共有遗物采集区32个,遗物丰富、一般及不丰富的采集区数量分别为0、2和30个。采集遗物时代涵盖西周、东周和秦汉3个时期,以东周和秦汉时期遗物为主,西周时期为散点区(图一三八)。此外,遗址中发现石室墓2座,均为单室墓,已残破,时代应为西汉晚期至东汉初期。

东周时期分为2个遗址。东部为东洪林南遗址,遗址总面积20.5万平方米,共有遗物采集区14个。其中核心分布区1个,面积1.2万平方米,包括遗物采集区4个;一般分布区面积19.3万平方米,包括遗物采集区10个。采集遗物共24件,均为陶器,可辨器形有板瓦和罐(图一四〇)。西部属于西康留—北辛遗址范围,详见后者。

秦汉时期分为2个遗址。东部为东洪林南遗址,遗址总面积46.8万平方米,共有遗物采集区18个。其中核心分布区1个,面积2.1万平方米,包括遗物采集区4个;一般分布区面积44.7万平方米,包括遗物采集区14个。采集遗物共22件,均为陶器,可辨器形有板瓦、筒瓦、罐和盆(图图一四〇)。西部属北辛东北遗址,详见后者。

东周时期遗物标本,1件。

100320HY020-1,罐口沿。泥质灰陶。敛口,圆唇,短束颈,圆肩,鼓腹。肩部一周凹槽。残高6.2、残宽14.7、厚0.6～0.9厘米(图一四一,2)。

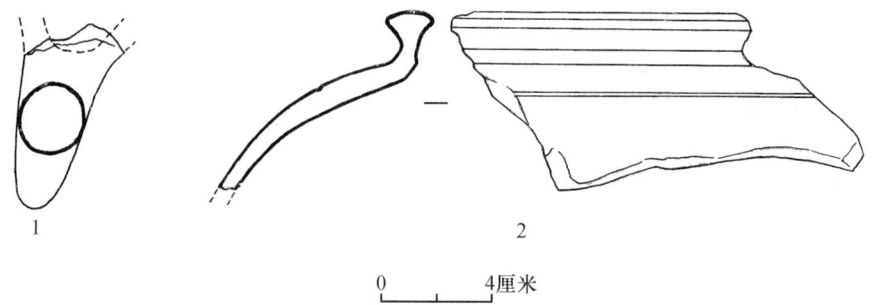

图一四一　高村西遗物分布区、东洪林南遗址遗物标本
1. 鬲足(100321HY002-1)　2. 罐口沿(100320HY020-1)

八十六、北辛东北遗址

遗址位于滕州市官桥镇北辛村东北,东侧跨越薛河延伸至西洪林村南,西南侧紧邻薛河故道,北侧紧邻坝上村和良里村。遗址所处地形为河流阶地和平地,地表覆盖主要为麦地。遗址总面积88.4万平方米,共有遗物采集区139个,遗物丰富、一般及不丰富的采集区数量分别为5、37和97个。采集遗物时代包括北辛文化、大汶口文化、龙山文化、岳石文化、东周、秦汉、隋唐和宋元多个时期,以北辛文化、大汶口文化、龙山文化、东周和秦汉时期遗物为主,其他可划分时期均为散点区(图一四二)。此外,20世纪中国社会科学院考古所山东队等也曾

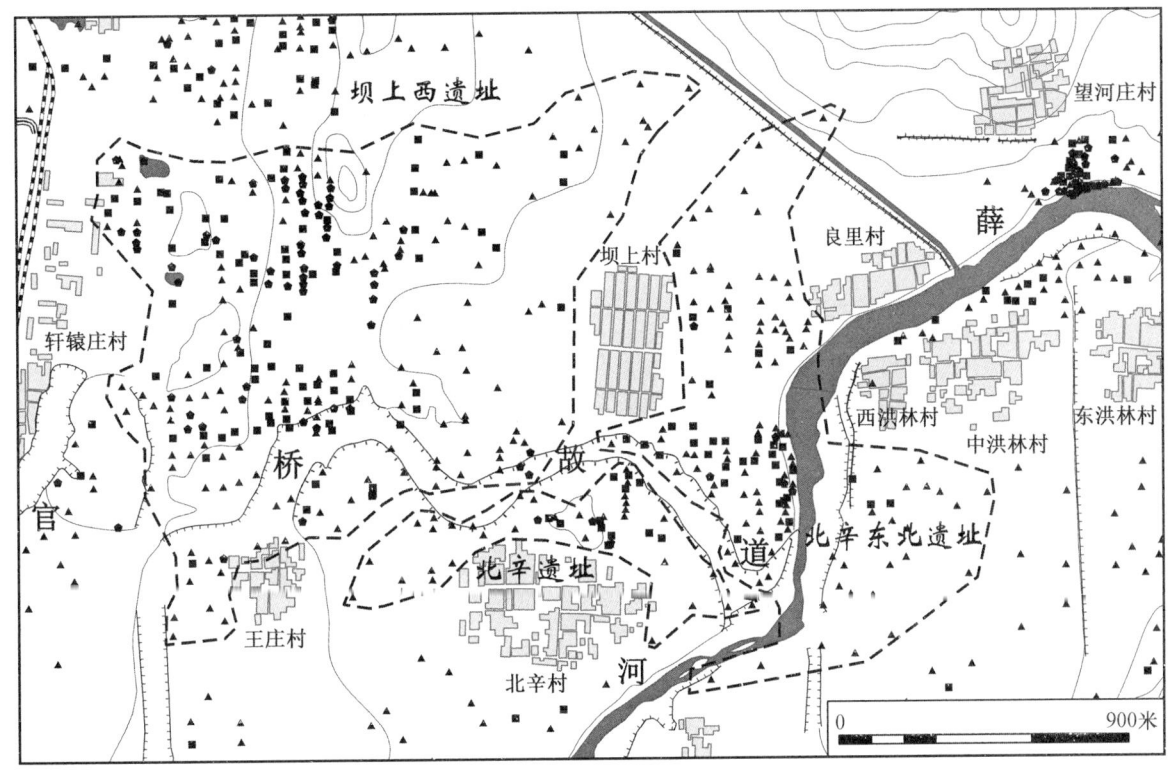

图一四二 北辛区域遗址分布总图

调查过此遗址，在坝上村东北的晾米台发现了大汶口文化、龙山文化、西周和东周时期的遗存[①]，但本次调查未在相同区域发现大汶口文化时期的遗存。

北辛文化时期为遗物分布区面积6.7万平方米，包括遗物采集区6个。采集遗物共7件，均为陶器，可辨器形有鼎和钵（图一四三）。

大汶口文化时期遗址范围与北辛文化时期遗物分布区相近，遗址总面积4.6万平方米，共有遗物采集区8个。其中核心分布区1个，面积1.2万平方米，包括遗物采集区7个；一般分布区面积3.4万平方米，包括遗物采集区1个。采集遗物共35件，均为陶器，可辨器形有大汶口晚期的鼎和罐（图一四三）。

龙山文化时期遗址范围与大汶口文化时期遗址相近，遗址总面积6.9万平方米，共有遗物采集区7个。其中核心分布区1个，面积1.4万平方米，包括遗物采集区4个；一般分布区面积5.5万平方米，包括遗物采集区3个。采集遗物共10件，均为陶器，可辨器形有鼎和罐（图一四三）。

东周时期属于西康留—北辛遗址，详见后者。

秦汉时期遗址面积46.3平方米，共有遗物采集区44个。其中核心分布区有四区：Ⅰ区位于良里村西，面积3.3万平方米，包括遗物采集区9个；Ⅱ区位置与大汶口文化及龙山文化时期北辛东北遗址的核心分布区相近，面积5.3万平方米，包括遗物采集区15个；Ⅲ区面积1.6万平方米，包括遗物采集区6个；Ⅳ区位于西洪林村南，面积2.8万平方米，包括遗物采集区5个。一

---

① 中国社会科学院考古研究所山东队、滕县博物馆：《山东滕县古遗址调查简报》，《考古》1980年1期。

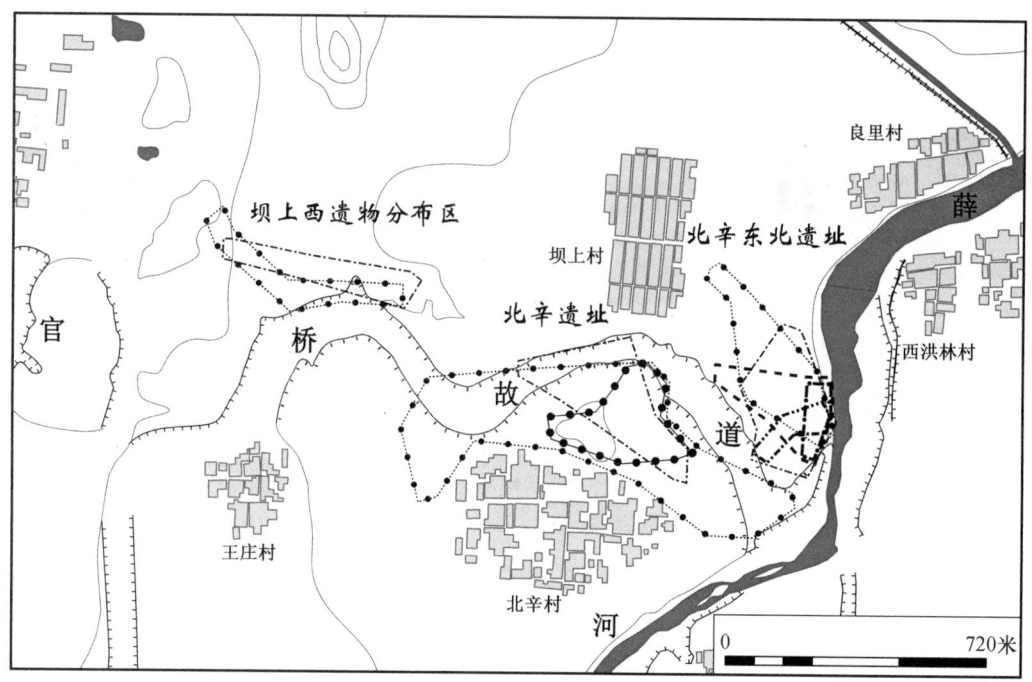

图一四三　北辛区域北辛文化—龙山文化时期遗址分布图

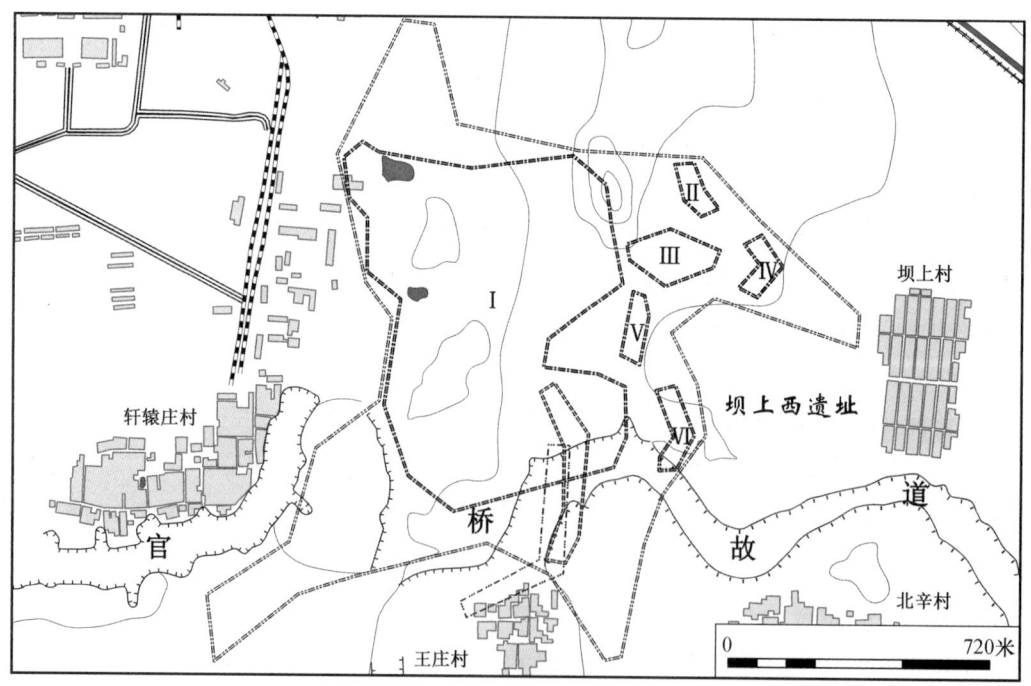

图一四四　北辛区域岳石文化—西周时期遗址分布图

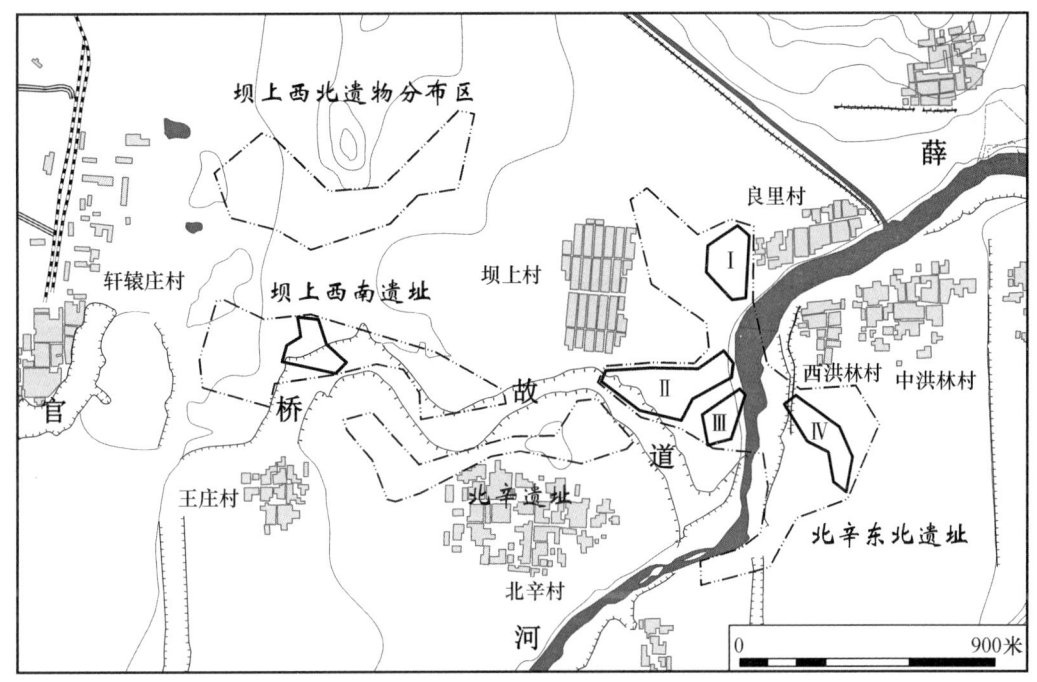

图一四五　北辛区域秦汉时期遗址分布图

般分布区面积33.1万平方米，包括遗物采集区9个。采集遗物共93件，均为陶器，可辨器形有板瓦、筒瓦、瓮、罐和砖（图一四五）。

北辛文化时期遗物标本，1件。

100308HY008-1，鼎足。加粗砂红褐陶。椭圆锥状足，下部残。残高8.9厘米（图一四七，5）。

大汶口文化时期遗物标本，7件。

100308FR007-1，鼎腹片。夹砂红褐陶。外表饰竖绳纹。残长5.3、最大残宽5.1、厚0.65厘米（图一四六，5）。

100308YKK007-1，罐口沿。泥质灰陶。侈口，圆唇，折沿，圆肩，鼓腹。腹部有条带状彩绘。残高7.1、残宽8.5、厚0.3～0.6厘米（图一四六，1；图版五三，3）。

100308FR011-1，罐口沿。夹砂黄褐陶，内壁灰黑。侈口，圆唇，折沿。沿内侧上部有一周细凸棱，外侧一周凹弦纹。残高5、残宽6.9、厚1～1.2厘米（图一四六，3）。

100308YKK008-1，罐口沿。夹砂红陶。敛口，圆唇，卷沿，圆腹。素面。残高5.9、残宽5.4、厚0.7～1.5厘米（图一四六，4）。

100308CDL006-1，盆口沿。泥质褐胎黑皮陶。敞口，圆唇，宽折沿。沿下饰抹绳纹。残高2.6、残宽4.7、厚0.6厘米（图一四六，2）。

100308YKK008-3，腹片。夹砂灰胎红皮陶。腹部有一周索状附加堆纹。残长8、残宽5.6、厚0.5厘米（图一四六，6）。

100308YKK008-2，腹片。细砂灰陶，外壁灰黑。残留三周凸棱。残长8、残宽7.5、厚0.5厘米（图一四六，7）。

龙山文化时期遗物标本，3件。

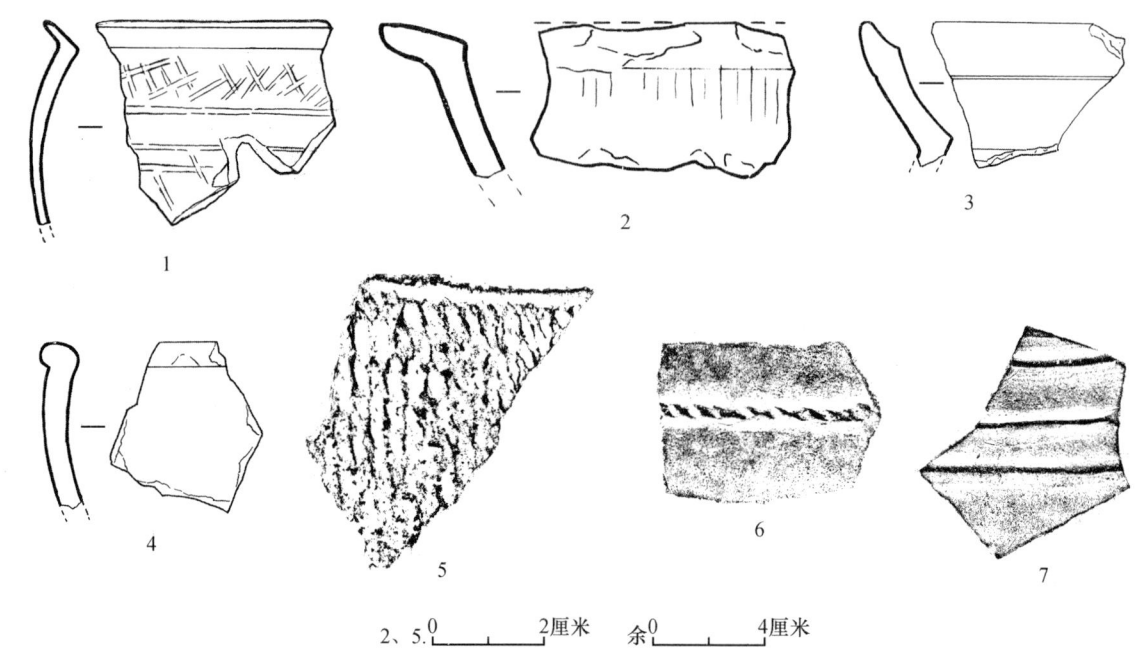

图一四六 北辛东北遗址大汶口文化时期遗物标本

1. 罐口沿（100308YKK007-1） 2. 盆口沿（100308CDL006-1） 3. 罐口沿（100308FR011-1） 4. 罐口沿（100308YKK008-1） 5. 鼎腹片（100308FR007-1） 6. 腹片（100308YKK008-3） 7. 腹片（100308YKK008-2）

100308FR015-1，罐口沿。夹砂褐陶，内壁灰黑。侈口，圆方唇，折沿，斜肩。素面。残高4.8、残宽5.4、厚0.7厘米（图一四七，2）。

100308FR012-2，匜口沿。夹砂红褐陶，内壁灰黑。敛口，圆方唇。沿面两周凹槽，唇外缘呈索状。残高2.2、残宽2.5、厚0.4～0.6厘米（图一四七，4）。

100308YKK011-1，石斧。时代应为龙山文化时期。残，平面为梯形，横断面呈椭圆形。残高5.2、残宽2.9～5、厚约2.9厘米（图一四七，6）。

岳石文化时期遗物标本，1件。

100308FR012-1，罐口沿。夹砂褐陶。侈口，方唇。素面。残高4.6、残宽8、厚1.1厘米（图一四七，3）。

东周时期遗物标本，8件。

100308YKK007-2，罐口沿。泥质灰陶。直口微敛，圆方唇，唇面一周凹槽，颈微束，广圆肩，鼓腹。肩部有数周弦纹和波浪纹。复原口径18.5、残高6、厚0.6～1.2厘米（图一四八，1）。

100308FR009-2，罐口沿。夹砂灰陶。敛口，圆唇，外斜沿。颈下饰竖绳纹。残高4.5、残宽6.7、厚0.7～1.1厘米（图一四八，2）。

100308YKK013-2，罐口沿。泥质褐胎灰皮陶。侈口，圆唇，卷沿，斜肩。残高4、残宽7.6、厚1.1～1.2厘米（图一四八，4）。

100308FR016-1，罐口沿。夹砂黄褐陶。侈口，方唇，卷沿，束颈。残高4.3、残宽7.2、厚1～1.2厘米（图一四八，5）。

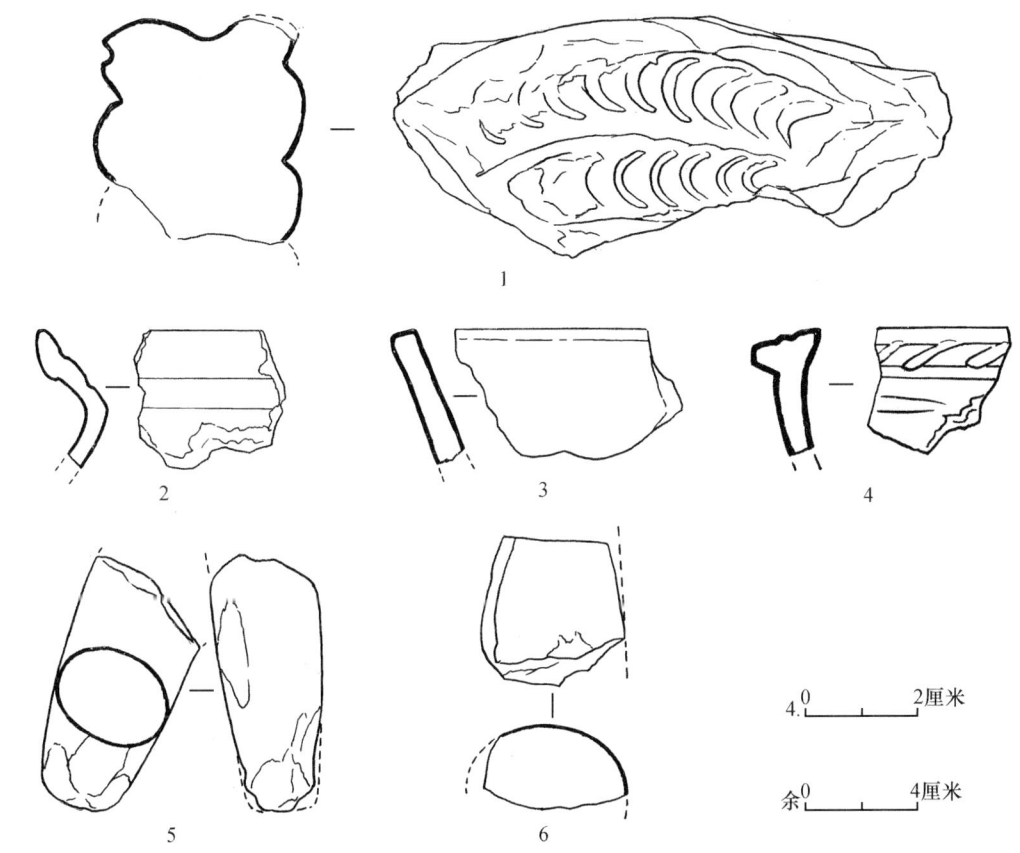

图一四七　北辛东北遗址北辛文化时期等遗物标本

1. 建筑构件　2. 罐口沿（100308FR015-1）　3. 罐口沿（100308FR012-1）　4. 匜口沿（100308FR012-2）
5. 鼎足（100308HY008-1）　6. 石斧（100308YKK011-1）

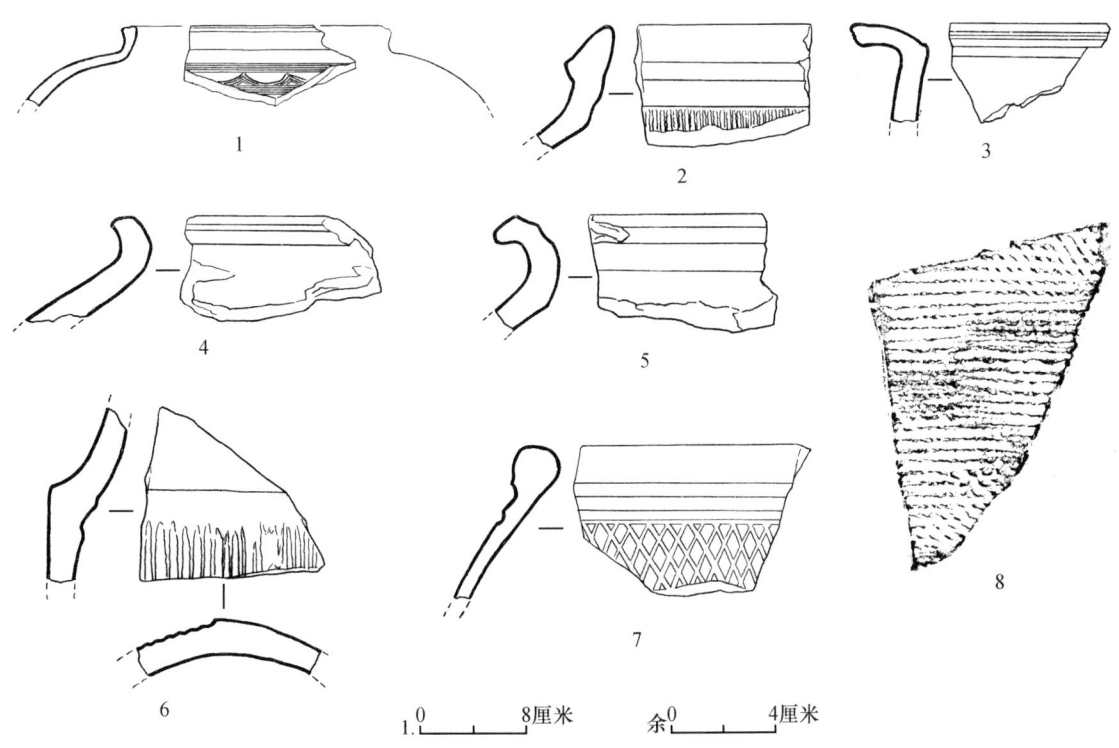

图一四八　北辛东北遗址东周时期遗物标本

1. 罐口沿（100308YKK007-2）　2. 罐口沿（100308FR009-2）　3. 盆口沿（100308YKK013-1）　4. 罐口沿（100308YKK013-2）
5. 罐口沿（100308FR016-1）　6. 筒瓦（100308FR009-3）　7. 罐口沿（100320ZXL010-1）　8. 板瓦（100308FR009-1）

100320ZXL010-1，罐口沿。泥质褐胎黑皮陶。敛口，厚圆唇，溜肩。颈下饰菱形网格纹。残高5.6、残宽9、厚0.6~1.8厘米（图一四八，7）。

100308YKK013-1，盆沿。泥质灰陶。敛口，方唇，唇面两周凹弦纹，宽折沿，沿面弧凸。残高3.6、残宽6.2、厚1~1.1厘米（图一四八，3）。

100308FR009-3，筒瓦。泥质灰陶。瓦身饰竖绳纹。残长6.3、残宽7、厚1.2厘米（图一四八，6）。

100308FR009-1，板瓦。细砂深灰陶。绳纹。残长9.2、残宽12.5、厚1.5厘米（图一四八，8）。

秦汉时期遗物标本，1件。

建筑构件，汉。泥质灰陶。鱼鳞状纹饰。残长20、残宽8、厚7.6厘米（图一四七，1；图版五三，4）。

八十七、北辛遗址

遗址位于滕州市官桥镇北辛村北的河流阶地，北侧紧邻薛河故道，地表主要为麦地和林地，乡间公路从遗址中部由东向西穿过。该遗址为北辛文化的命名遗址，20世纪中国社会科学院考古研究所山东队等首先在北辛村北寨墙里发现了北辛文化、大汶口文化和西周时期的遗存[1]，又于1978~1979年发掘了该遗址。据发掘报告介绍，遗址范围东西长500米、南北宽100米，发掘清理了一批北辛文化时期的窖穴、灰坑、儿童瓮棺以及大汶口文化晚期的窖穴、墓葬和柱洞等，获得了大量陶器、骨器和石器等遗物[2]。本项目的钻探结果与上述认识有所不同，钻探显示北辛遗址总面积约为7.5万平方米，除村北公路以北至薛河故道南岸原已确认的遗址主要范围外，公路以南至北辛村北缘以及村东北侧台地也发现了保存较好、堆积更厚的文化层。而根据本次调查的情况，遗址总面积则为23.7万平方米，共有遗物采集区49个，遗物丰富、一般及不丰富的采集区数量分别为3、12和34个。采集遗物时代包括北辛文化、大汶口文化、龙山文化、商代、西周、东周和秦汉多个时期，以北辛文化、龙山文化、东周和秦汉时期遗物为主，其他可划分时期多为散点区（图一四二）。此外，在遗址中部发现两处文化层堆积，一处含较多的红烧土和北辛文化陶片，一处含较多汉代瓦片（图版二六；封底）。

北辛文化时期遗址面积24.8万平方米，共有遗物采集区32个。其中核心分布区1个，位于中部台地及东侧，面积5.8万平方米，包括遗物采集区24个；一般分布区面积19万平方米，包括遗物采集区8个。采集遗物共84件，种类有陶器和石器，可辨器形有鼎、罐、钵和石镰。本次调查显示的遗址核心分布区与前期发掘显示的遗址范围、位置大体相近（图一四三）。

根据前期发掘成果，该区域在大汶口文化时期也应为遗址。但本次调查发现的大汶口文化地面遗物较少，仅有3个遗物采集区，分布也较疏散，分别位于遗址的东部和中部。如果仅按地面遗物分布情况分析，仅构成"散点区"。采集遗物共7件，其中东部一采集区有大汶口文化晚期陶鼎、陶罐残片5片，西部两采集区有大汶口晚期的陶鼎残片1片和陶豆残片1片。

---

[1] 中国社会科学院考古研究所山东队、滕县博物馆：《山东滕县古遗址调查简报》，《考古》1980年1期。

[2] 中国社会科学院考古研究所山东工作队：《山东滕县北辛遗址发掘报告》，《考古学报》1984年2期。

龙山文化时期为遗物分布区，面积7.7万平方米，包括遗物采集区5个。采集遗物共6件，均为陶器，可辨器形有罐、豆和杯（图一四三）。

东周时期属于西康留-北辛遗址，详见后者。

据调查发现的汉代文化堆积判断，该区域秦汉时期也应为遗址。但本次地面调查发现遗物较少，如果仅依地面遗物分布情况分析，仅构成1个"一般分布区"，面积10.9万平方米，包括遗物采集区11个。采集遗物共24件，均为陶器，可辨器形有板瓦、筒瓦、罐、盆和壶（图一四五）。

北辛文化时期遗物标本，19件。

100308FR022-2，鼎口沿。夹砂黑褐陶。近直口，圆唇，内斜壁。腹部饰窄条状竖堆纹。残高4.3、残宽6.4、厚0.8厘米（图一四九，3）。

100308YKK024-3，鼎口沿。泥质红褐陶。侈口，圆唇。素面。残高3.1、残宽3.7、厚0.6~0.8厘米（图一四九，6）。

100308YKK026-1，鼎口沿。夹砂红褐陶，局部泛黑。敛口，圆唇，卷沿，溜肩，鼓腹，底残。肩腹之交处饰一周麦粒状坑点纹，其下有刮抹痕迹。残高8.9、残宽11.4厘米（图一四九，7；图版五三，9）。

100308FR021-1，鼎口沿。夹砂灰黑陶。敞口，圆唇，斜腹。腹部饰竖窄条堆纹。残高6、残宽5.5~8、厚0.4~0.6厘米（图一四九，4；图版五三，8）。

100308YKK017-1，鼎足。夹砂黄褐陶。近椭圆锥状足，下部残。残高7.9、直径2.1~2.6厘米（图一四九，9）。

100308YKK024-2，鼎足。夹粗砂灰褐陶。圆锥状足。残高8.1、直径2.8~3厘米（图一四九，10）。

100308HY015-1，鼎足。夹砂红褐陶，局部泛黑。残存足根部，侧装三角形足。残高6.6、残宽3.8~6.5厘米（图一四九，11）。

100308YKK028-2，鼎腹片。夹砂红褐陶。外表为窄条状堆纹。残长6.2、残宽4.6厘米（图一四九，14）。

100308YKK025-3，鼎腹片。夹砂深红褐陶，内壁黑色。外表饰刻划纹。残长3.4、残宽2.8厘米（图一四九，15）。

100308GMJ018-4，釜口沿。夹粗砂黄褐陶，内壁黑色。近直口，尖圆唇，斜直腹。素面。残高6.8、残宽4.7、厚0.8厘米（图一四九，5）。

100308GMJ018-1，罐腹片。夹粗砂红陶。腹部斜弧，上部贴一圆锥状小鼻，并有一周堆纹，其下饰窄条状堆纹，并排列成上下相对的三角形。内壁可见手制痕迹。残高12.2、最宽8.4、厚约0.77厘米（图一四九，8；图版五三，7）。

100308GMJ018-2，钵腹片。泥质黄褐陶，夹少量砂粒，胎灰色。斜弧腹，下部折收。素面。残高4.9、宽8.1、厚0.7~0.8厘米（图一四九，1）。

100308GMJ018-3，钵口沿。泥质红陶。近直口，弧腹。素面，外壁磨光。残高5.2、宽5.8、厚约0.5厘米（图一四九，2）。

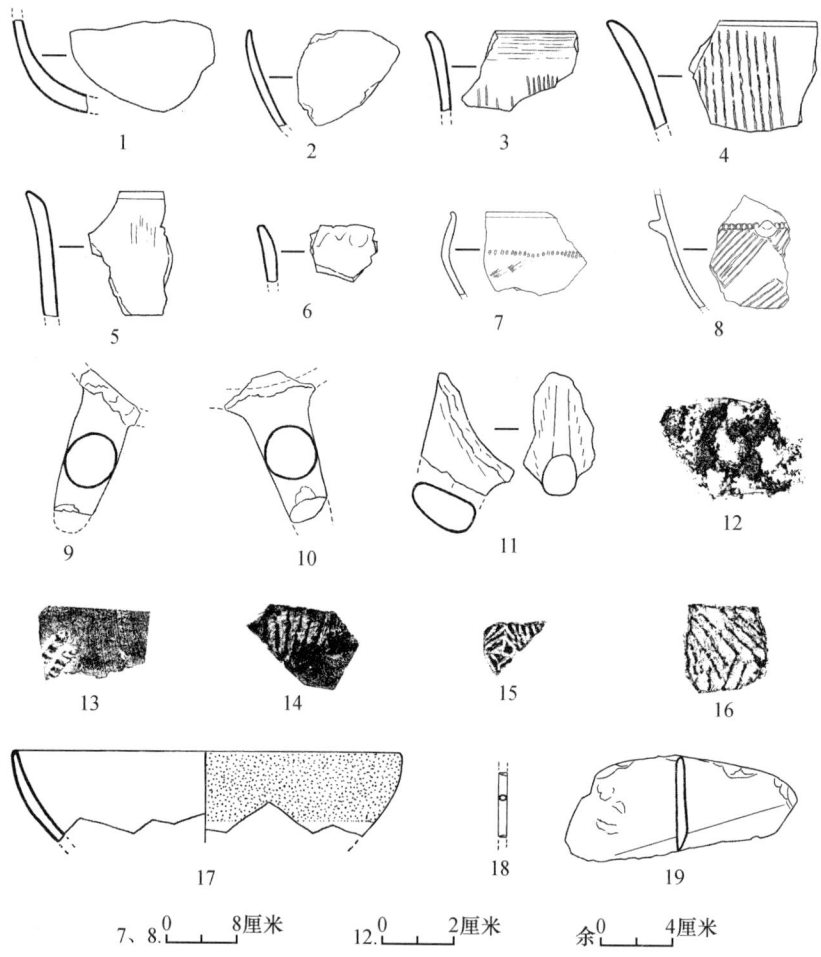

图一四九　北辛遗址北辛文化时期遗物标本

1. 钵腹片（100308GMJ018-2） 2. 钵口沿（100308GMJ018-3） 3. 鼎口沿（100308FR022-2）
4. 鼎口沿（100308FR021-1） 5. 釜口沿（100308GMJ018-4） 6. 鼎口沿（100308YKK024-3）
7. 鼎口沿（100308YKK026-1） 8. 罐腹片（100308GMJ018-1） 9. 鼎足（100308YKK017-1）
10. 鼎足（100308YKK024-2） 11. 鼎足（100308HY015-1） 12. 腹片（100308YKK020-2）
13. 腹片（100308YKK024-6） 14. 鼎腹片（100308YKK028-2） 15. 鼎腹片（100308YKK025-3）
16. 腹片（100308GMJ018-6） 17. 红顶钵（100308YKK024-1） 18. 骨笄（100308GMJ018-5）
19. 石镰（100308YKK028-1）

100308YKK024-1，红顶钵。泥质灰陶，口沿外有一周红色宽带。微敞口，斜弧腹，底残。素面。口径22、残高5、厚0.3～0.6厘米（图一四九，17）。

100308YKK020-2，腹片。夹砂黄褐陶。戳印坑点纹。残长3.9、残宽2.7厘米（图一四九，12）。

100308YKK024-6，腹片。夹砂红褐陶。腹饰细蓖纹，残存两条堆纹。残长6.1、残宽3.9厘米（图一四九，13）。

100308GMJ018-6，腹片。夹砂黄褐陶。外表为窄条状堆纹。残长4.8、残宽4.5、厚0.8厘米（图一四九，16）。

100308YKK028-1，石镰。时代应为北辛文化时期。平面近横三角形，前端圆钝，尾部较宽，弧背，斜直单面刃。长12.8、宽5.4~3.1、厚约0.5厘米（图一四九，19；图版五三，5）。

100308GMJ018-5，骨笄。灰黑色。上下均残，细柱形，通体磨制。残长3.5、直径0.3~0.5厘米（图一四九，18）。

大汶口文化时期遗物标本，7件。

100308HY015-4，鼎足。夹粗砂红褐陶。侧装三角凿形足，下部残。足两侧面各有一道竖向划纹，足上部正面有3个凹窝。残高7厘米（图一五〇，3）。

100308YKK019-1，鼎足。夹砂红褐陶。残存足根，以下残。正面中脊刻划五条横短槽。残高7.1、残宽6.2厘米（图一五〇，8）。

100308HY015-2，鼎足。夹细砂黄褐陶。侧三角凿形足，足横断面呈梯形。足根部有一按窝。残高7.5、宽1.5~2.5厘米（图一五〇，9）。

100308HY015-3，鼎足。夹砂浅红褐陶。侧装三角形，下部残。横断面近方形。足根部有一按窝。残高6.2厘米（图一五〇，10）。

100308GMJ015-1，鼎腹片。夹细砂红褐陶。外表饰篮纹。残长7.5、残宽5.5厘米（图一五〇，5）。

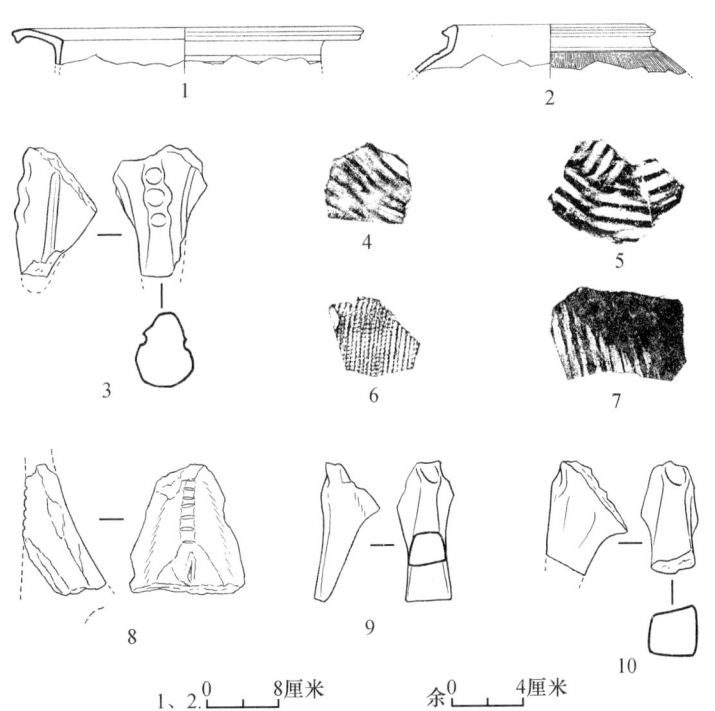

图一五〇　北辛遗址大汶口文化等时期遗物标本
1. 盆口沿（100308YKK025-1）　2. 罐（100308YKK024-4）　3. 鼎足（100308HY015-4）
4. 腹片（100308HY015-6）　5. 鼎腹片（100308GMJ015-1）　6. 腹片（100308YKK024-5）
7. 腹片（100308HY015-5）　8. 鼎足（100308YKK019-1）　9. 鼎足（100308HY015-2）
10. 鼎足（100308HY015-3）

100308HY015-6，腹片。夹细砂红褐陶，内壁灰色。外表饰篮纹。残长4.7、残宽4.2厘米（图一五〇，4）。

100308HY015-5，腹片。泥质黑皮陶，胎外红内灰。外表饰篮纹。残长7.5、残宽5厘米（图一五〇，7）。

东周时期遗物标本，2件。

100308YKK024-4，罐残片。夹砂黑皮陶，胎外红内灰。口微敛，尖圆唇，外斜沿，短颈，广肩。颈部饰一周凹弦纹，颈下饰竖绳纹。口径21、残高5.6厘米（图一五〇，2；图版五三，6）。

100308YKK024-5，腹片。泥质黄褐陶，内壁黑色，胎红褐色。外表饰细绳纹。残长5、残宽4.2厘米（图一五〇，6）。

秦汉时期遗物标本，1件。

100308YKK025-1，盆口沿。泥质灰陶。敛口，方唇，唇面内凹，宽折沿，直腹。腹饰两周凹弦纹。复原口径38.4、残高4.2、厚0.3厘米（图一五〇，1）。

八十八、坝上西遗址

遗址位于滕州市官桥镇坝上村西，西侧临近轩辕庄和八一煤矿，南侧跨越薛河故道与王庄相接。遗址所处地形为河流阶地和平地，其中有几座不甚明显的残丘，西南部由于砖瓦厂取土形成巨大的取土坑，地表主要为麦地。遗址总面积171.4万平方米，共有遗物采集区263个，遗物丰富、一般及不丰富的采集区数量分别为56、78和129个。采集遗物时代包括北辛文化、大汶口文化、龙山文化、岳石文化、商代、西周、东周、秦汉、隋唐和宋元多个时期，以北辛文化、龙山文化、岳石文化、商代、西周、东周和秦汉时期遗物为主，大汶口文化时期为散点区（图一四二）。此外，20世纪中国社会科学院考古研究所山东队等也曾调查过此遗址，发现了大汶口文化、龙山文化、商代、西周和东周时期的遗存[1]。1999年，滕州博物馆还在遗址范围内北辛村砖瓦厂中清理战国早中期墓1座，出土鼎、罍、豆等铜器17件[2]。本次调查也在遗址中发现多处西周、东周与汉代的文化层堆积和遗迹，它们多集中在遗址南部的薛河故道两岸断崖上，如故道北侧断崖上发现了包含大量筒瓦、牛骨等遗物的汉代文化层堆积，其西侧有较多盗洞，应有墓葬存在；故道南岸发现了陶片较多的东周文化层堆积；故道北侧断崖上还发现石室墓数座，时代应该为汉代（图版二七）。

北辛文化时期为遗物分布区，范围主要位于薛河故道北岸附近，面积4万平方米，包括遗物采集区6个。采集遗物共11件，种类有陶器和石器，可辨器形为鼎、釜、钵和残石磨盘（图一四三）。

龙山文化时期为遗物分布区，范围大体与北辛文化时期遗物分布区相近，面积4.1万平方米，包括遗物采集区4个。采集遗物共4件，均为陶器，可辨器形为罐（图一四三）。

---

[1] 中国社会科学院考古研究所山东队、滕县博物馆：《山东滕县古遗址调查简报》，《考古》1980年1期。
[2] 滕州市博物馆：《山东滕州市北辛村发现一座战国墓》，《考古》2004年3期。

岳石文化时期为遗物分布区，范围主要位于王庄村北两岸，面积3.5万平方米，包括遗物采集区3个。采集遗物共15件，均为陶器，可辨器形有罐和豆（图一四四）。

商代时期为遗物分布区，范围与岳石文化时期遗物分布区相近，面积2.9万平方米，包括遗物采集区5个。采集遗物共9件，均为陶器，可辨器形有鬲和豆（图一四四）。

西周时期遗址范围跨越薛河故道，部分延伸北辛遗址和大康留东北遗址范围内，总面积132.2万平方米，共有遗物采集区136个。其中核心分布区有六区：Ⅰ区面积54.9万平方米，包括遗物采集区98个；Ⅱ区面积9400平方米，包括遗物采集区3个，Ⅲ区面积8600平方米，包括遗物采集区4个；Ⅳ区面积2.4万平方米，包括遗物采集区5个；Ⅴ区面积9500平方米，包括遗物采集区3个；Ⅵ区面积1.3万平方米，包括遗物采集区5个。一般分布区面积70.8万平方米，包括遗物采集区18个。采集遗物共496件，均为陶器，可辨器形有鬲、罐、甗、盆、瓮、豆、钵和硬陶罐（图一四四）。

东周时期属于西康留—北辛遗址范围内，详见后者。

秦汉时期分为1个遗物分布区和1个遗址。北部为坝上西北遗物分布区，面积17.9万平方米，包括遗物采集区10个。采集遗物共21件，均为陶器，可辨器形有板瓦、筒瓦、罐和瓮。南部为坝上西南遗址，面积19.6万平方米，共有遗物采集区17个。其中核心分布区1个，面积2.2万平方米，包括遗物采集区6个；一般分布区面积17.4万平方米，包括遗物采集区11个。采集遗物共32件，均为陶器，可辨器形有板瓦、筒瓦、罐、盆和瓮（图一四五）。

北辛文化时期遗物标本，3件。

100308NZ012-6，鼎足。夹砂红褐陶。锥状足，两端残，横断面近椭圆形。残高9.5厘米（图一五一，4；图版五四，5）。

100309HY011-1，鼎足。夹砂红褐陶。近圆锥状足，两端残。残高6.5厘米（图一五一，7）。

100309GMJ011-1，石磨盘。红褐色砂岩。残存磨盘左前侧足，矮柱状平底。足前内侧有烧灼痕迹。足根与盘底之交有一周棱线，足根位置有一排椭圆形小孔，残存3个。残高7.4、足径6～6.5厘米（图一五一，6；图版五四，3）。

大汶口文化时期遗物标本，1件。

100309FR015-2，盆口沿。泥质灰陶，胎由内而外为灰、褐、黑色。直口微敞，方唇，折沿，斜壁残高2.1、残宽7、厚0.5厘米（图一五一，2）。

龙山文化时期遗物标本，1件。

100309FR011-4，罐口沿。夹砂灰陶。侈口，方唇，折沿，束颈。素面。残高5.8、残宽10.2、厚0.3～0.8厘米（图一五一，1）。

岳石文化时期遗物标本，1件。

100309FR015-1，豆。泥质灰陶。口及圈足均残，浅盘，底部近平，空心柄，厚胎。盘内一周凸棱。残高4.5、柄径3.5、厚0.8～1厘米（图一五一，3）。

商代时期遗物标本，1件。

100309FR013-1，鬲足。夹砂红褐陶，内壁黑。饰浅细绳纹。残高4厘米（图一五一，8）。

西周时期遗物标本，9件。

100310NZ003-1，鬲足。夹砂灰褐陶。锥状。通体饰绳纹。残高3.5厘米（图一五二，5）。

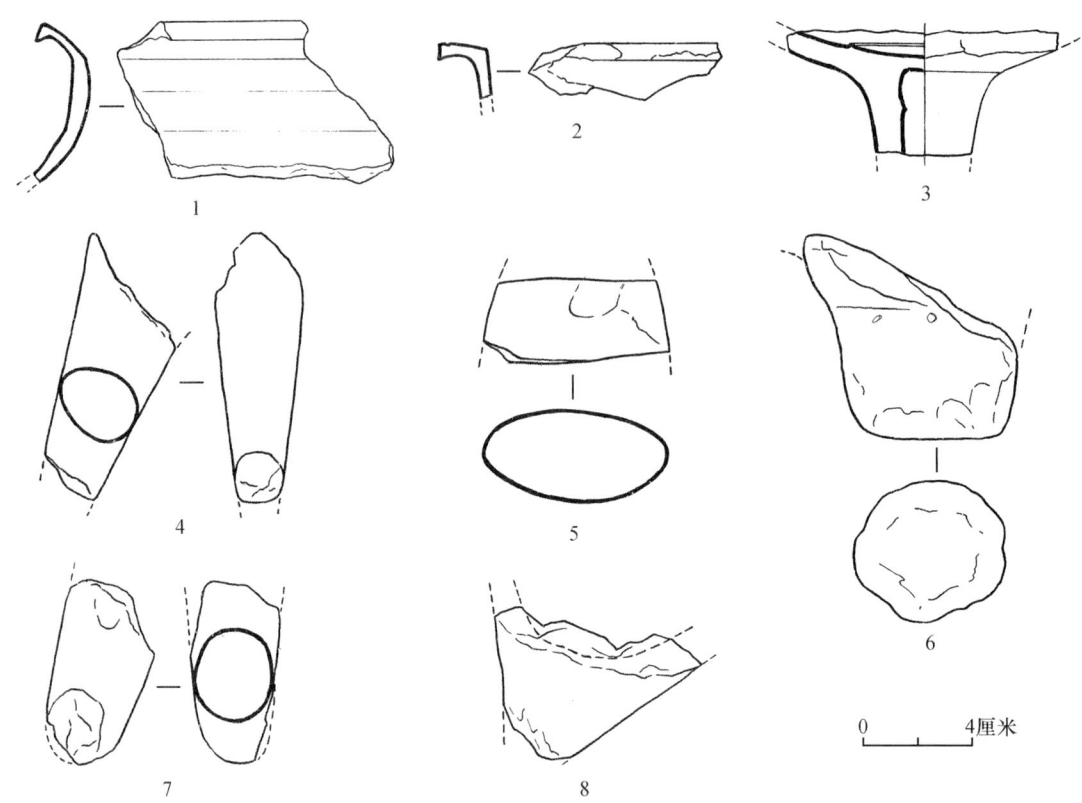

图一五一　坝上西遗址北辛文化等时期遗物标本
1. 罐口沿（100309FR011-4）　2. 盆口沿（100309FR015-2）　3. 豆（100309FR015-1）　4. 鼎足（100308NZ012-6）
5. 石斧（100310GMJ014-1）　6. 磨盘足（100309GMJ011-1）　7. 鼎足（100309HY011-1）　8. 鬲足（100309FR013-1）

100309CDL002-2，鬲。夹砂灰陶。侈口，方唇，斜折沿，溜肩，圆腹，袋足较粗，空心袋足尖。颈以下饰绳纹。复原口径11、高12、厚0.5～1厘米（图一五二，7；图版五四，7）。

100308CYJ045-1，罐口沿。夹砂褐胎黑皮陶。侈口，圆方唇，斜折沿，束颈。残高4.1、残宽7.4、厚0.4～0.6厘米（图一五二，2）。

100308WYL037-2，罐口沿。夹砂褐胎黑皮陶。口微敛，圆唇，卷沿，束颈，广肩。肩部一周凹槽。残高5.2、残宽14.4、厚0.8厘米（图一五二，6）。

100309CDL007②-13，罐腹片。细砂灰胎黑皮陶。折腹。肩部一周凹弦纹，下部饰竖绳纹。残长11.2、残宽6.6、厚0.6～0.9厘米（图一五二，8）。

100309CDL002-1，罐。泥质灰陶。侈口，方唇，斜折沿，圆肩，鼓腹，平底内凹。最大径以下及底部饰绳纹。复原口径13.2、复原底径9.2、高16.3、厚0.8～1厘米（图一五二，9；图版五四，8）。

100308LR006-2，钵口沿。细砂深灰陶。口微敛，较圆腹。通体饰绳纹。残高9、残宽8.8、厚1～1.1厘米（图一五二，4）。

100309CDL007①-2，豆盘。泥质灰胎黑皮陶。敞口，圆唇，盘壁微内束，折腹。素面。复原口径13.7、残高4.1、厚0.4～0.8厘米（图一五二，1）。

100308LR014-2，豆盘。泥质黄褐胎黑皮陶。敞口，尖圆唇，深折腹。素面。复原口径

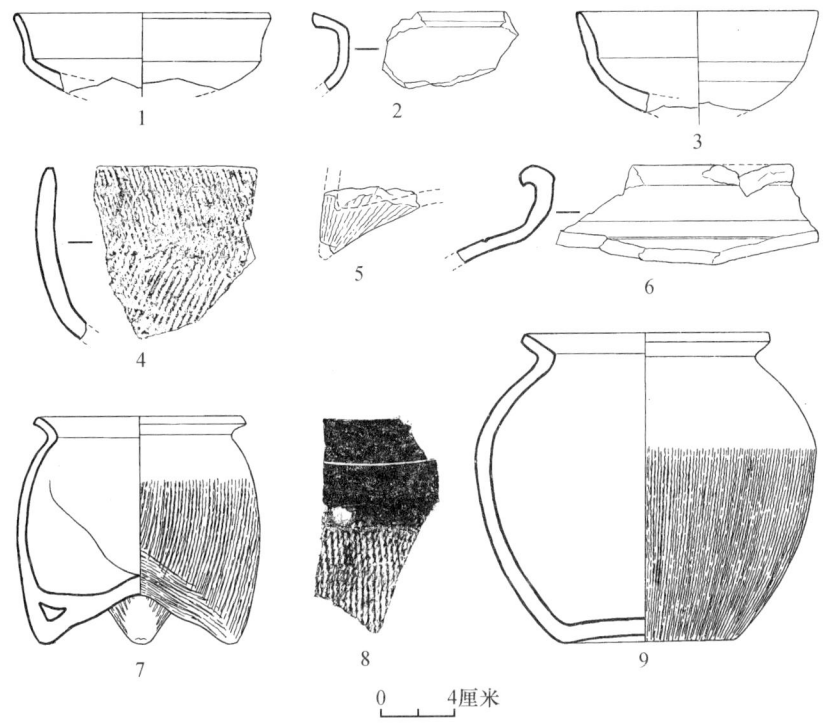

图一五二 坝上西遗址西周时期遗物标本
1. 豆盘（100309CDL007①-2） 2. 罐口沿（100308CYJ045-1） 3. 豆盘（100308LR014-2）
4. 钵口沿（100308LR006-2） 5. 鬲足（100310NZ003-1） 6. 罐口沿（100308WYL037-2）
7. 鬲（100309CDL002-2） 8. 罐腹片（100309CDL007②-13） 9. 罐（100309CDL002-1）

13、残高5.3、厚0.4~1厘米（图一五二，3）。

东周时期遗物标本，11件。

100309CDL007-1，鼎耳。泥质褐胎黑皮陶。方竖耳，顶部残。残高5.8、残宽6.4厘米（图一五三，7；图版五四，2）。

100308WYL021-2，鼎足。夹砂红陶。蹄形足。残高5.6、残宽5.5厘米（图一五三，8）。

100308WYL021-1，鼎足。夹砂红陶。蹄形足。足根部饰鸡首状装饰。残高12.8、残宽7.6厘米（图一五三，4；图版五四，4）。

100309HY008-2，罐口沿。泥质灰陶。直口，方唇，唇面一周凹槽，短颈微束，广肩。肩部饰数周弦纹。残高3.9、残宽8.7、厚0.7厘米（图一五三，1）。

100309FR017-1，罐口沿。泥质灰陶。侈口，圆唇，折沿，圆肩，鼓腹。颈部饰抹绳纹，肩部有一周凹弦纹，弦纹下饰竖绳纹。内壁有黏贴痕迹。复原口径15、残高6.8、厚0.8厘米（图一五三，11）。

100309GMJ018-1，罐口沿。细砂灰胎黑皮陶。直口，方唇，平折沿，颈微束。颈部残留四周细凸棱。残高4.3、残宽10.2、厚0.7厘米（图一五三，3）。

100310NZ020-1，罐口沿。泥质黄褐陶，内壁黑。侈口，圆唇，折沿，斜肩。素面。复原口径22、残高3、厚0.8厘米（图一五三，5）。

100308NZ011-3，盆口沿。泥质灰陶，外壁灰黑。敛口，尖圆唇，斜折沿，圆腹。腹饰瓦

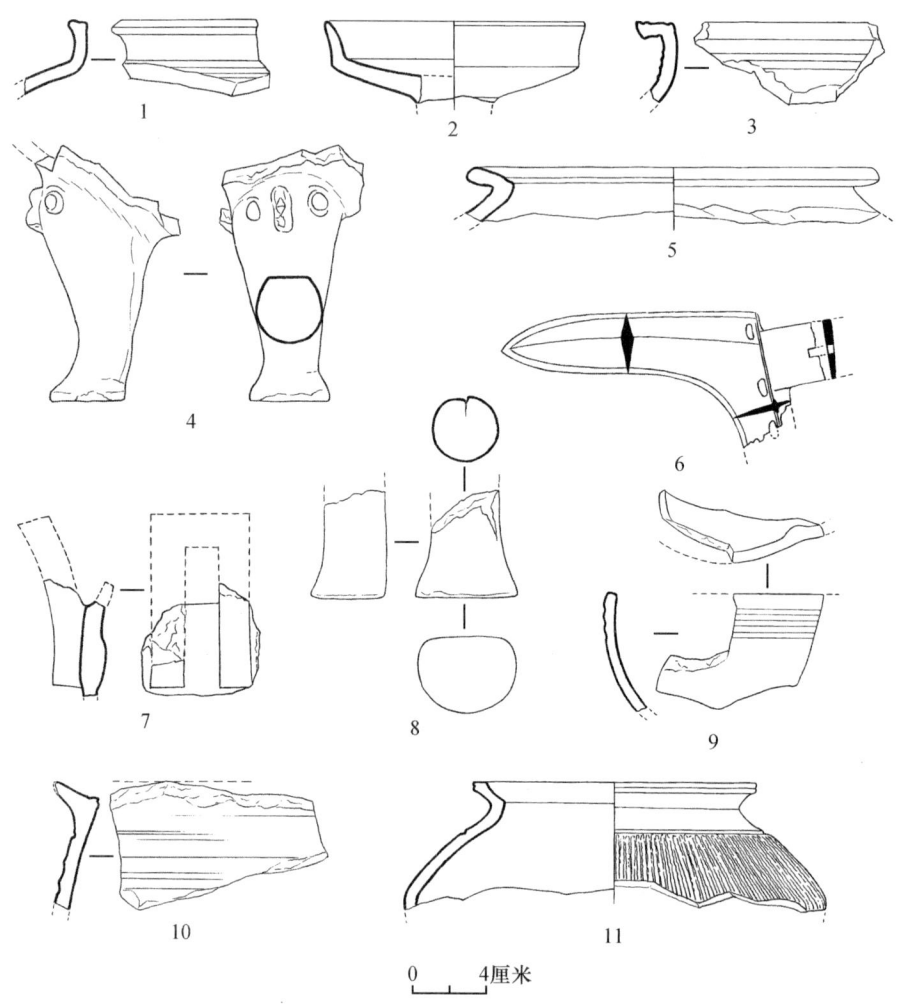

图一五三 坝上西遗址东周时期遗物标本

1. 罐口沿（100309HY008-2） 2. 豆盘（100309HY008-3） 3. 罐口沿（100309GMJ018-1） 4. 鼎足（100308WYL021-1）
5. 罐口沿（100310NZ020-1） 6. 青铜戈（100308NZ014-1） 7. 鼎耳（100309CDL007-1） 8. 鼎足（100308WYL021-2）
9. 匜口沿（100308WYL021-7） 10. 盆口沿（100308NZ011-3） 11. 罐口沿（100309FR017-1）

棱纹。残高6.7、残宽11.7、厚0.7～2.6厘米（图一五三，10）。

100308WYL021-7，匜口沿。泥质灰陶。口微敛，方唇，圆腹。口沿下有三周凹槽。残高6.1、残宽9、厚0.6厘米（图一五三，9）。

100309HY008-3，豆盘。泥质灰陶。口微敞，圆唇，浅盘折腹。素面。复原口径13.8、残高4.3、厚0.4～0.8厘米（图一五三，2）。

100308NZ014-1，青铜戈。圭形援，下部残，长方形内后端残，残留一圆角长方形穿孔，阑上有三长方形穿。通长17.8、援长13.6厘米（图一五三，6；图版五四，6）。

秦汉时期遗物标本，7件。

100308NZ012-5，罐口沿。夹细砂红褐陶。敛口，厚圆方唇，斜肩。素面。残高3.4、残宽6.6、厚0.3～0.8厘米（图一五四，6）。

100308NZ012-4，盆口沿。夹细砂灰褐陶。口微敛，方唇，唇面有一周凹槽，唇下有一周垂棱，宽折沿，近直腹。腹部残留二周凸棱纹。残高6.2、残宽10、厚1~1.2厘米（图一五四，1）。

100308NZ012-3，盆口沿。泥质灰褐陶。口微敛，方唇，唇面内凹，宽折沿，沿面中部下凹。残高2.5、残宽9.9、厚0.6厘米（图一五四，5）。

100308NZ012-1，盆口沿。泥质灰褐陶。侈口，方唇，唇面有一周凹槽，宽折沿近平，斜弧腹。腹部残存二周凸棱纹。口径48、残高6.8、厚0.4~1厘米（图一五四，7）。

100309GMJ018-6，筒瓦。泥质灰陶。瓦舌较卷，圆唇，卷沿。瓦身外饰短粗竖绳纹，内壁饰布纹。模制，内切。残长11.3、残宽6.3、厚1.3~1.6厘米（图一五四，2）。

100309FR015-4，筒瓦。泥质灰陶。瓦舌与瓦身分界明显。瓦身外壁饰竖粗绳纹，内壁饰布纹。模制。残长11.2、残宽6.9、厚1厘米（图一五四，3）。

100309GMJ018-7，筒瓦。泥质深灰陶。瓦舌与瓦身分界明显。瓦身外饰粗绳纹，内壁有布纹。模制，内切。残长14.5、残宽13、厚1.4厘米（图一五四，4）。

时代不详石器1件。

100310GMJ014-1，石斧。两端均残，横断面近椭圆形。残长3.1、宽6.8、厚3厘米（图一五一，5；图版五四，1）。

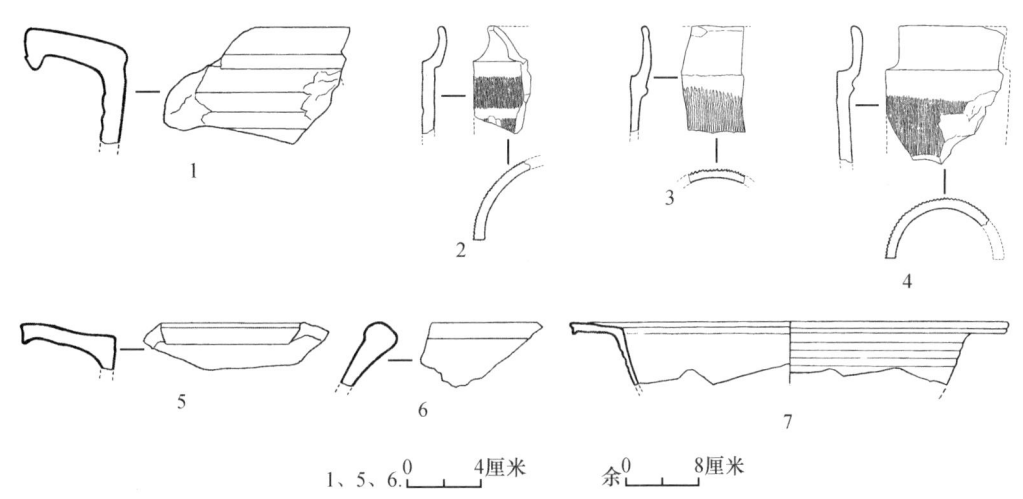

图一五四　坝上西遗址秦汉时期遗物标本
1. 盆口沿（100308NZ012-4）　2. 筒瓦（100309GMJ018-6）　3. 筒瓦（100309FR015-4）　4. 筒瓦（100309GMJ018-7）
5. 盆口沿（100308NZ012-3）　6. 罐口沿（100308NZ012-5）　7. 盆口沿（100308NZ012-1）

八十九、落凤山南遗址

遗址位于滕州市木石镇落凤山村南的山前坡地上，南侧靠近薛河的一条季节性支流，地表主要为麦地。遗址总面积16.3万平方米，共有遗物采集区10个，遗物丰富、一般及不丰富的采集区数量分别为0、1和9个。采集遗物时代仅含秦汉时期，共有遗物采集区10个。其中核心分布区1个，面积3.9万平方米，包括遗物采集区7个；一般分布区面积12.4万平方米，包括遗物采集区3个。采集遗物共17件，均为陶器，可辨器形有板瓦、筒瓦、罐和盆（图一五五、图一五七）。

九十、位庄西遗物分布区

分布区位于滕州市木石镇位庄村西的平地上，西侧靠近低山丘陵，地表主要为麦地。分布区总面积8.6万平方米，共有遗物采集区10个，采集区遗物丰富程度全部为不丰富。采集遗物时代包括龙山文化、西周、东周、秦汉和宋元多个时期，以秦汉时期遗物为主，其他可划分时期均为散点区（图一五五）。

秦汉时期遗物分布区面积5.7万平方米，包括遗物采集区7个。采集遗物共13件，均为陶器，可辨器形有板瓦、筒瓦和罐（图一五七）。

九十一、东台东北遗址

遗址位于滕州市木石镇东台村东北的山前坡地上，北侧和西侧为薛河的季节性支流，地表主要为麦地。遗址总面积61万平方米，共有遗物采集区53个，遗物丰富、一般及不丰富的采集区数量分别为0、6和47个。采集遗物时代包括商代、西周、东周、秦汉和宋元多个时期，以西周、东周和秦汉时期遗物为主，商代时期为散点区（图一五五）。此外，20世纪中国社会科学院考古研究所山东队曾在西台村北发现龙山文化、西周和汉代时期遗存，应属此遗址范围内[①]，但本次调查并未发现龙山文化时期的遗存。

西周时期为遗物分布区，面积2.1万平方米，包括遗物采集区3个。采集遗物共3件，均为陶器，可辨器形有鬲（图一五六）。

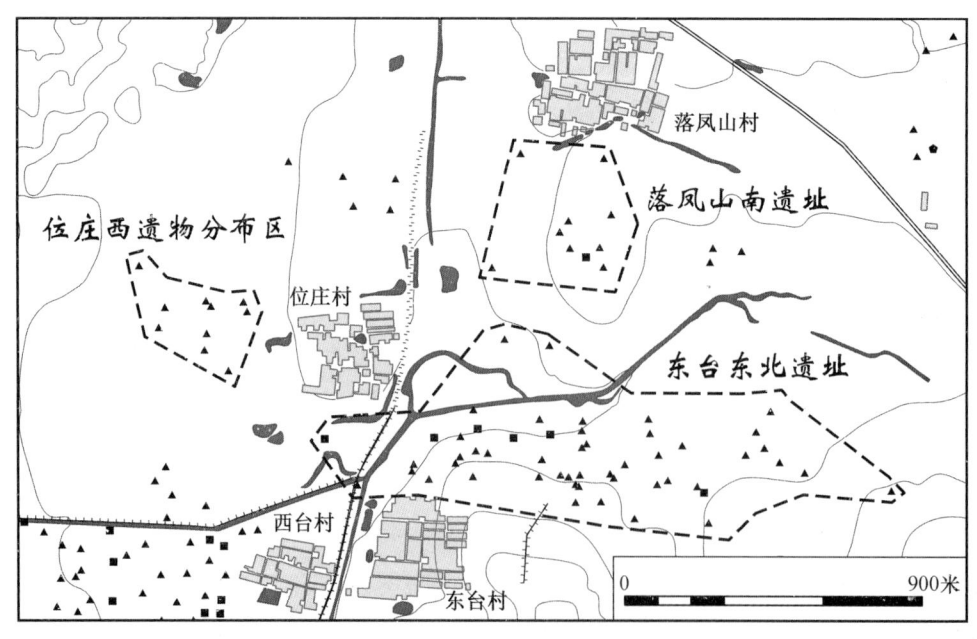

图一五五　位庄区域遗址分布总图

---

① 中国社会科学院考古研究所山东队、滕县博物馆：《山东滕县古遗址调查简报》，《考古》1980年1期。

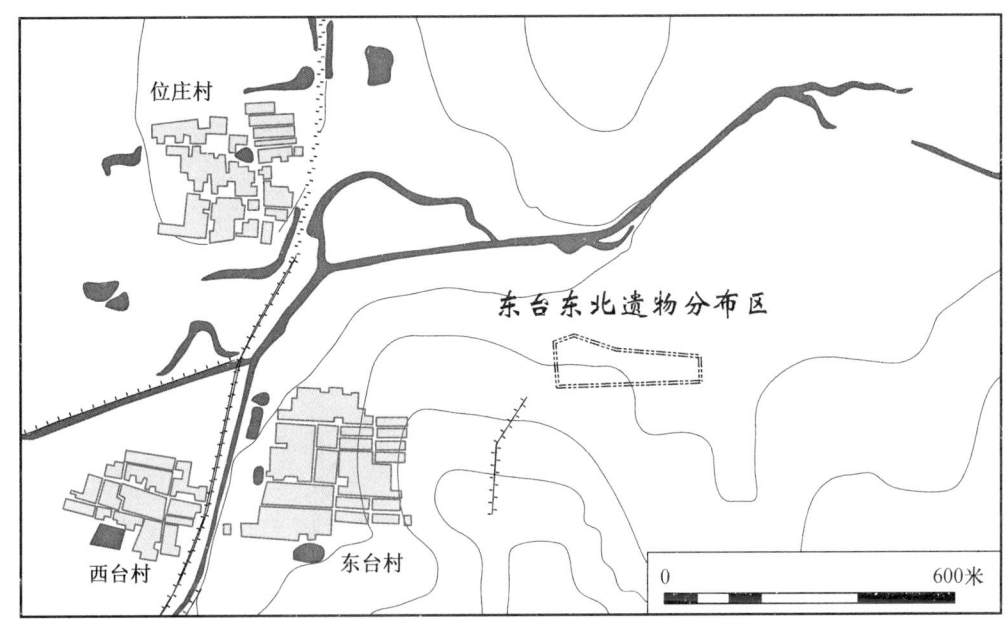

图一五六　位庄区域西周时期遗物分布区图

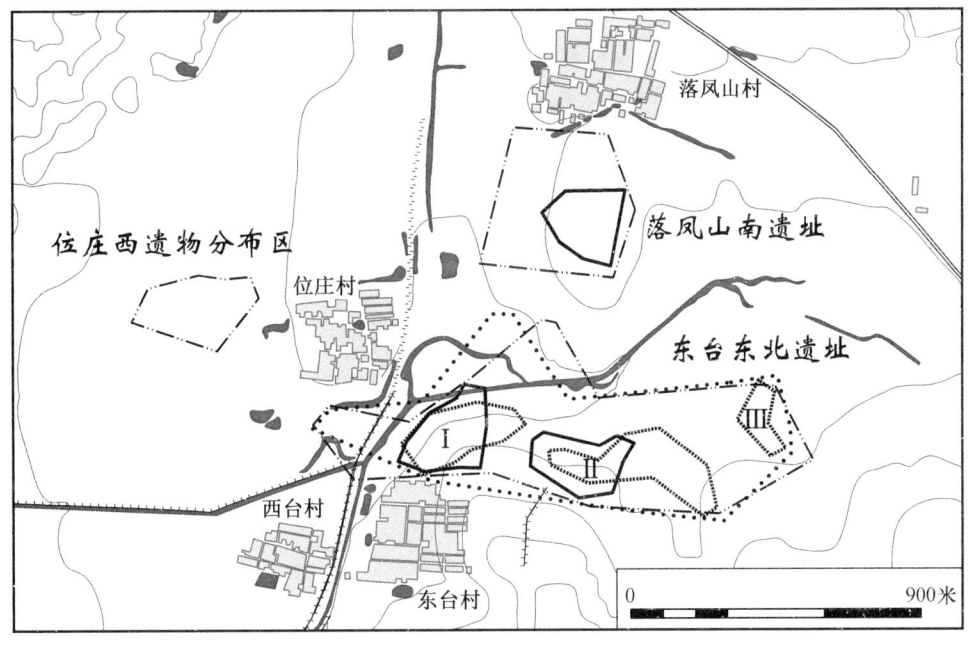

图一五七　位庄区域东周—秦汉时期遗址分布图

东周时期遗址面积46.7万平方米，共有遗物采集区30个。其中核心分布区有三区：Ⅰ区面积4.5万平方米，包括遗物采集区9个；Ⅱ区位置与西周时期遗物分布区相近，面积5.9万平方米，包括遗物采集区10个；Ⅲ区面积1.5万平方米，包括遗物采集区4个。一般分布区面积34.8万平方米，包括遗物采集区7个。采集遗物共50件，均为陶器，可辨器形有板瓦、筒瓦、鬲、罐、盆（图一五七）。

秦汉时期遗址面积45.4万平方米，共有遗物采集区33个。其中核心分布区有两区，位置与东周时期遗址两核心分布区相近。Ⅰ区面积4.5万平方米，包括遗物采集区9个；Ⅱ区面积为4.1

万平方米,包括遗物采集区9个。一般分布区面积36.8万平方米,包括遗物采集区15个。采集遗物共56件,均为陶器,可辨器形有板瓦、筒瓦、罐和盆(图一五七)。

九十二、西台西遗址

遗址位于滕州市木石镇西台村西南,东北侧紧邻西台村和东台村,西侧近低山丘陵,东南侧延伸至三山上,遗址中部有薛河的一条季节性支流。遗址所处地形为山前坡地和平地,地表主要为麦地。遗址总面积215万平方米,共有遗物采集区235个,遗物丰富、一般及不丰富的采集区数量分别为5、52和178个。采集遗物时代包括西周、东周、秦汉、隋唐和宋元多个时期,以西周、东周和秦汉时期遗物为主(图一五八;图版二八,1)。

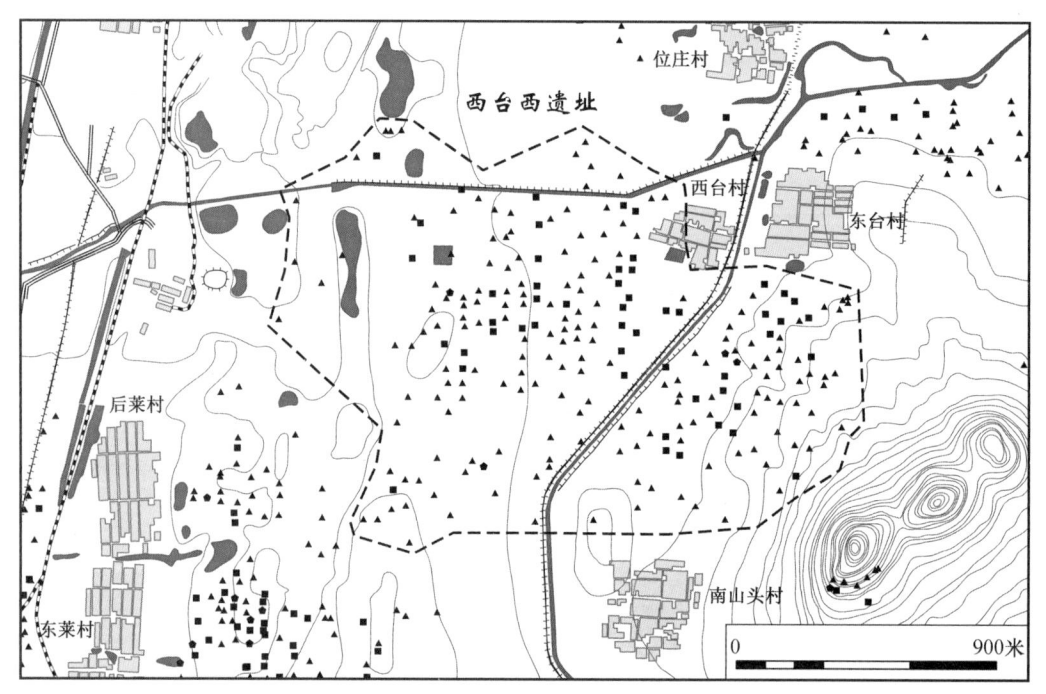

图一五八　西台区域遗址分布总图

西周时期分为2个遗址。西部为孤山东南遗址,遗址总面积10.4万平方米,共有遗物采集区9个。其中核心分布区1个,面积9000平方米,包括遗物采集区3个;一般分布区面积9.5万平方米,包括遗物采集区6个。采集遗物共31件,均为陶器,可辨器形有鬲和罐。东部为西台西遗址,遗址总面积18.4万平方米,共有遗物采集区13个。其中核心分布区1个,面积3.5万平方米,包括遗物采集区6个;一般分布区面积14.9万平方米,包括遗物采集区7个。采集遗物共20件,均为陶器,可辨器形有鬲和罐(图一五九)。

东周时期遗址面积195万平方米,共有遗物采集区183个。其中核心分布区有三区:Ⅰ区范围大体涵盖西周时期的2个遗址,面积58.4万平方米,包括遗物采集区89个;Ⅱ区面积36.7万平方米,包括遗物采集区57个;Ⅲ区面积1.7万平方米,包括遗物采集区4个。一般分布区面积98.2万平方米,包括遗物采集区33个。采集遗物共495件,均为陶器,可辨器形有板瓦、筒瓦、鬲、罐、盆和豆（图一六〇）。

秦汉时期又分为2个遗址。东部为东台南遗址，位置与东周时期核心分布区Ⅱ区相近，总面积62.5万平方米，共有遗物采集区56个。其中核心分布区有两区：Ⅰ区面积1.7万平方米，包括遗物采集区4个；Ⅱ区面积29.5万平方米，包括遗物采集区40个。一般分布区面积31.3万平方米，包含遗物采集区12个。采集遗物共122件，均为陶器，可辨器形有板瓦、筒瓦、罐和盆。西部为西台西遗址，遗址总面积63万平方米，共有遗物采集区40个。其中核心分布区有三区，位置都在东周时期遗址核心分布区Ⅰ区范围内。Ⅰ区面积7.7万平方米，包括遗物采集区11

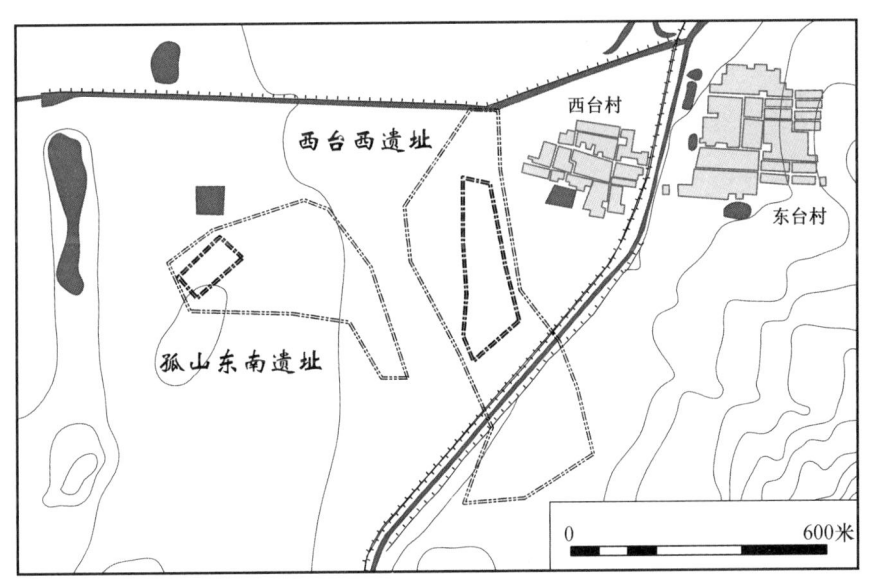

图一五九　西台区域西周时期遗址分布图

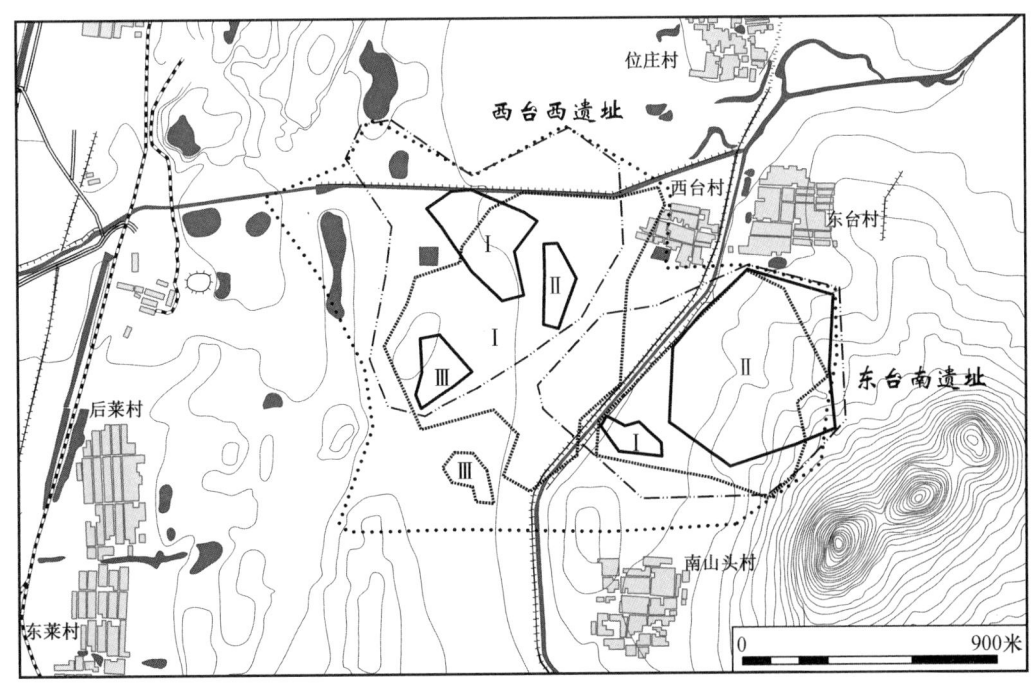

图一六〇　西台遗址东周—秦汉时期遗址分布图

个；Ⅱ区面积2.3万平方米，包括遗物采集区5个；Ⅲ区位置与西周时期孤山东南遗址相近，面积2.7万平方米，包括遗物采集区5个。一般分布区面积50.3万平方米，包括遗物采集区19个。采集遗物共75件，均为陶器，可辨器形有板瓦、筒瓦、罐和盆（图一六〇）。

西周时期遗物标本，3件。

100310WYL019-1，鬲足。夹砂灰褐陶。锥状。通体饰浅细绳纹。残高5.8厘米（图一六一，1）。

100310SBH014-1，鬲足。夹砂红胎灰皮陶。锥状，通体饰绳纹。残高6.7厘米（图一六一，2）。

100310WYL019-2，鬲足。夹砂红褐陶。锥状，通体饰绳纹。残高3.8厘米（图一六一，3）。

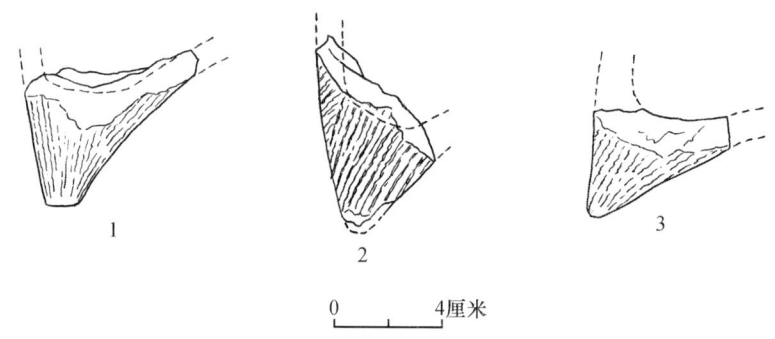

图一六一　西台西遗址遗物标本
1. 鬲足（100310WYL019-1）　2. 鬲足（100310SBH014-1）　3. 鬲足（100310WYL019-2）

九十三、东莱东遗址

遗址位于滕州市官桥镇后莱村、东莱村和前莱村东的低缓丘陵坡地上，地表主要为麦地和林地。遗址总面积104.4万平方米，共有遗物采集区170个，遗物丰富、一般及不丰富的采集区数量分别为12、58和100个。采集遗物时代包括龙山文化、西周、东周、秦汉、隋唐和宋元多个时期，以西周、东周和秦汉时期遗物为主，龙山文化时期为散点区（图一六二）。此外，遗址中发现多处文化层堆积和遗迹，包含红烧土、炭粒、瓦片等遗物；遗址南部发现一灰坑，据地表深1.6米，包含料姜、石块、瓦片等遗物，时代均应为汉代（图版二八，2）。

西周时期为遗物分布区，面积1.9万平方米，包括遗物采集区3个。采集遗物共16件，均为陶器，可辨器形有鬲、罐和豆（图一六三）。

东周时期属于西康留—北辛遗址，详见后者。

秦汉时期遗址东北延伸至西台西遗址范围内，面积97.5万平方米，共有遗物采集区104个。其中核心分布区有四区：Ⅰ区面积8.5万平方米，包括遗物采集区17个；Ⅱ区面积23.9万平方米，其北部即西周时期遗物分布区范围，包括遗物采集区54个；Ⅲ区面积3.8万平方米，包括遗物采集区11个；Ⅳ区位于西台西，面积3.5万平方米，包括遗物采集区6个。一般分布区面积31.3万平方米，包括遗物采集区16个。采集遗物共302件，均为陶器，可辨器形有板瓦、筒瓦、罐、盆和瓮（图一六四）。

图一六二　东莱区域遗址分布总图

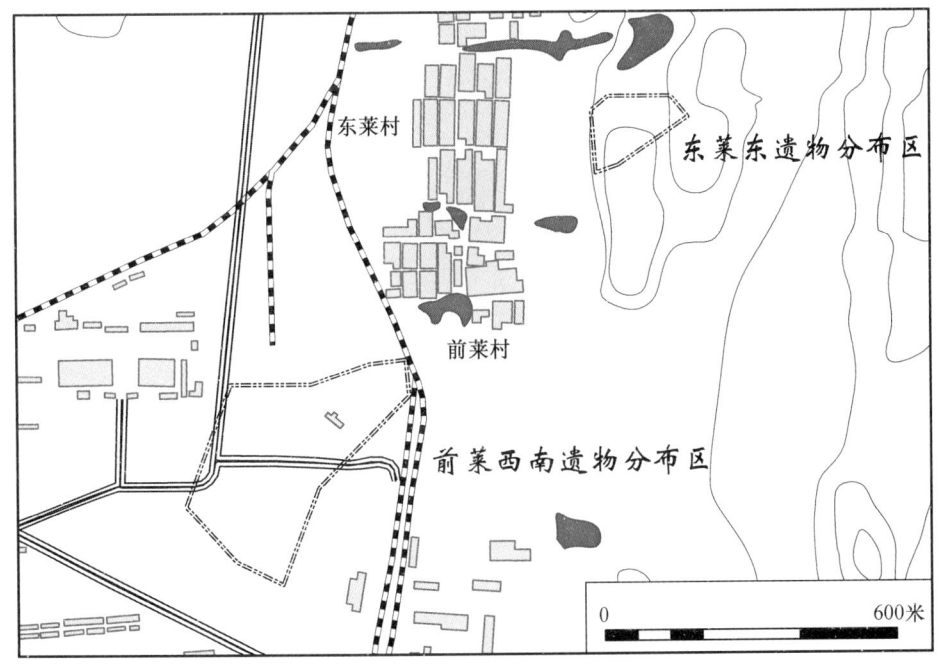

图一六三　东莱区域西周时期遗物分布区图

东周时期遗物标本，3件。

100309WYL006-1，罐。夹砂灰陶。直口微侈，尖圆唇，颈微束，溜肩，鼓腹，底残。素面。口径7.2、底径6、高13厘米（图一六五，1；图版五五，1）。

100309WYL025-2，罐口沿。泥质褐胎黑皮陶。近直口，圆方唇，短颈，广圆肩。肩部残

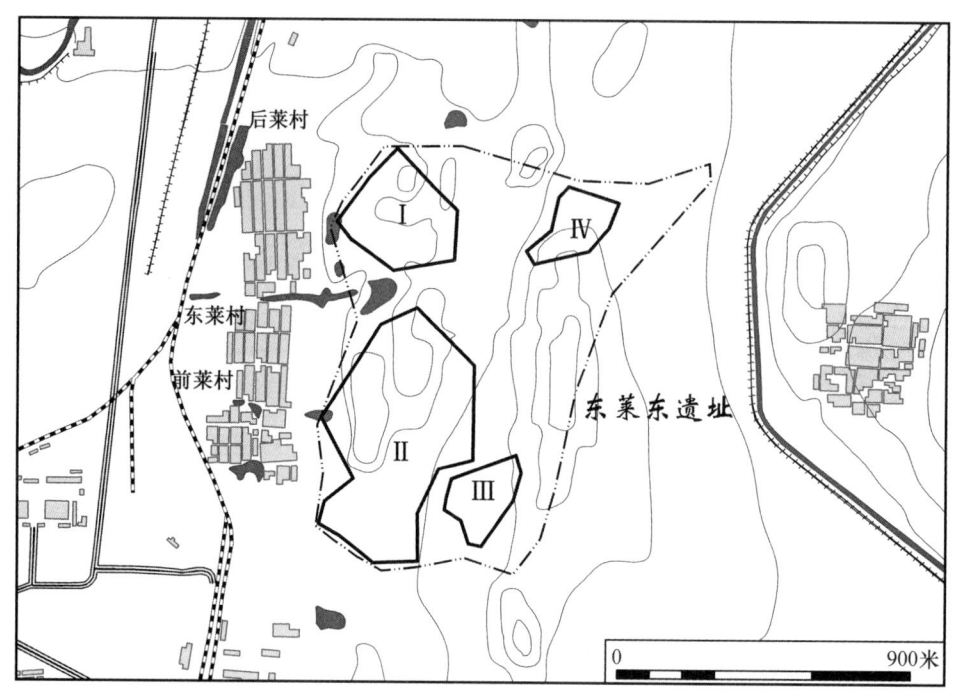

图一六四　东莱区域秦汉时期遗址分布图

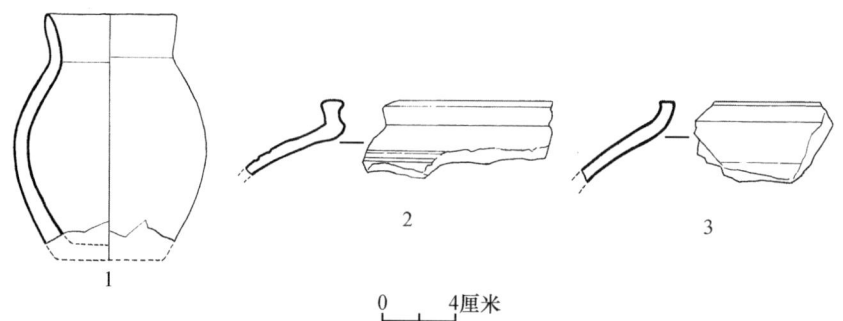

图一六五　东莱东遗址遗物标本
1. 罐（100309WYL006-1）　2. 罐口沿（100309WYL025-2）　3. 罐口沿（100309WYL025-1）

留两周凹弦纹。轮制。残高4.1、残宽10.3、壁厚0.7厘米（图一六五，2）。

100309WYL025-1，罐口沿。粗砂黄褐陶。敛口，方唇，广斜肩。素面。残高4.4、残宽7.6、厚0.8厘米（图一六五，3）。

九十四、前莱西南遗址

遗址位于滕州市官桥镇前莱村西南的平地上，地表主要为麦地和林地。遗址总面积20.6万平方米，共有遗物采集区16个，遗物丰富、一般及不丰富的采集区数量分别为0、3和13个。采集遗物时代包括龙山文化、商代、西周、东周和秦汉多个时期，以西周和东周时期遗物为主，其他可划分时期均为散点区（图一六二）。

西周时期为遗物分布区，面积10.2万平方米，包括遗物采集区5个。采集遗物共8件，均为陶器，可辨器形有罐（图一六三）。

东周时期属于西康留—北辛遗址，详见后者。

九十五、大韩村东遗址

遗址位于滕州市官桥镇大韩村东的平地上，西北侧紧邻小魏河，地表主要为麦地。根据遗物范围分析，大韩村也应占压遗址部分面积。遗址总面积121.7万平方米，共有遗物采集区168个，遗物丰富、一般及不丰富的采集区数量分别为21、44和103个。采集遗物时代包括大汶口文化、龙山文化、商代、西周、东周和秦汉多个时期，以龙山文化至秦汉时期遗物为主，大汶口文化时期为散点区（图一六六）。此外，20世纪中国社会科学院考古所山东队也曾调查过此遗址，亦发现了龙山文化和商代的遗存[①]（图版二八，3）。

龙山文化时期遗址面积66.9万平方米，共有遗物采集区87个。其中核心分布区有三区：Ⅰ区面积2.2万平方米，包括遗物采集区7个；Ⅱ区面积38.5万平方米，包括遗物采集区69个；Ⅲ区面积1.3万平方米，包括遗物采集区4个。一般分布区面积24.9万平方米，包括遗物采集区7个。采集遗物共190件，种类有陶器和石器，可辨器形有鼎、鬶、甗、罐、豆、杯、圈足盘、碗、匜、箅子、器盖、把手和石刀（图一六七）。

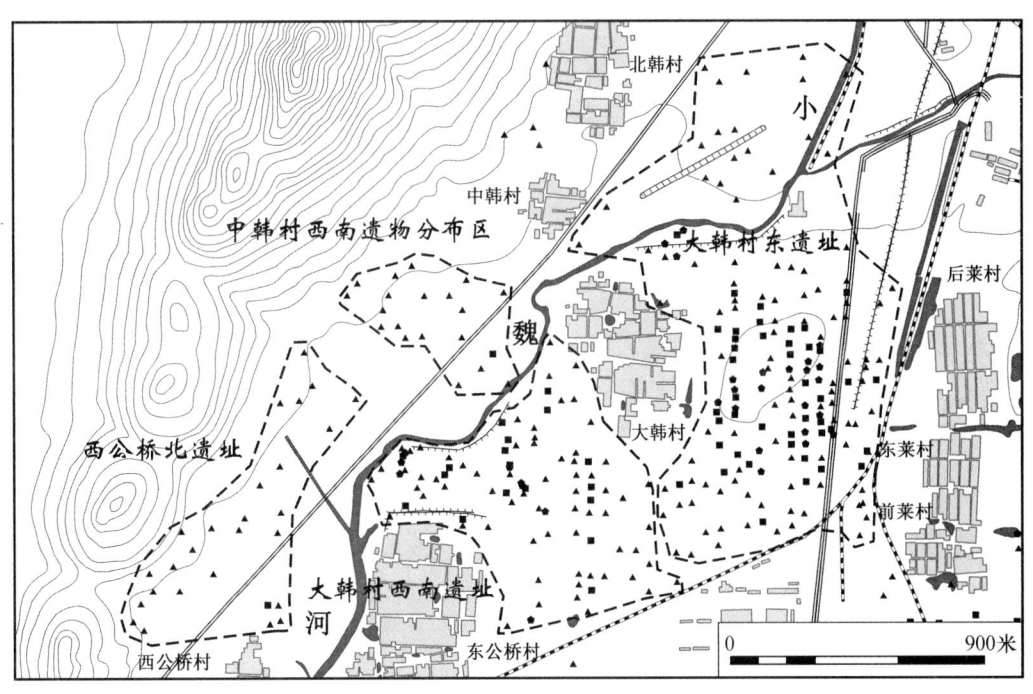

图一六六　大韩村区域遗址分布总图

---

① 中国社会科学院考古研究所山东队、滕县博物馆：《山东滕县古遗址调查简报》，《考古》1980年1期。

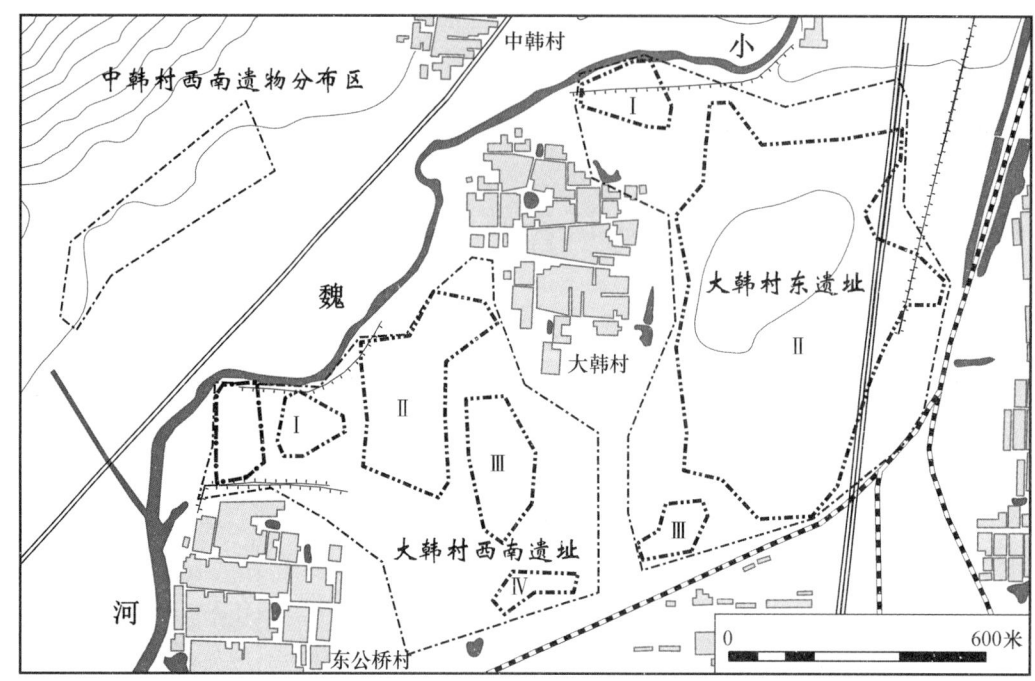

图一六七　大韩村东区域大汶口文化—龙山文化时期遗址分布图

商代时期为遗物分布区，面积1.5万平方米，包括遗物采集区3个。采集遗物共3件，均为陶器，可辨器形有鬲（图一六八）。

西周时期遗址面积14.6万平方米，共有遗物采集区12个。其中核心分布区1个，位置与商代遗物分布区接近，面积1.9万平方米，包括遗物采集区6个；一般分布区面积12.7万平方米，包括遗物采集区6个。采集遗物共31件，均为陶器，可辨器形有鬲和罐（图一六八）。

东周时期遗址与大韩村西南遗址、中韩村西南遗物分布区为一体，遗址总面积222.2万平方米，共有遗物采集区187个。其中核心分布区有四区：Ⅰ区面积4.9万平方米，包括遗物采集区8个；Ⅱ区7.1万平方米，包括遗物采集区16个；Ⅲ区面积3.6万平方米，包括遗物采集区8个；Ⅳ区位置、范围与龙山文化时期大韩村东遗址核心分布区Ⅱ区相近，面积46.4万平方米，包括遗物采集区103个。一般分布区面积160.2万平方米，包含遗物采集区52个。采集遗物共531件，均为陶器，可辨器形有板瓦、筒瓦、罐和盆（图一六九）。

秦汉时期遗址东南部延伸至前莱西南遗物分布区内，面积64.8万平方米，共有遗物采集区50个。其中核心分布区有五区，位置皆在东周时期遗址核心分布区Ⅳ区范围内。Ⅰ区面积3.8万平方米，包括遗物采集区7个；Ⅱ区面积1.1万平方米，包括遗物采集区4个；Ⅲ区面积1.2万平方米，包括遗物采集区5个；Ⅳ区面积7.2万平方米，包括遗物采集区15个；Ⅴ区面积2.7万平方米，包括遗物采集区6个。一般分布区面积48.8万平方米，包括遗物采集区13个。采集遗物共102件，均为陶器，可辨器形有板瓦、筒瓦和罐（图一六九）。

龙山文化时期遗物标本，7件。

100311LR010-1，鼎足。夹砂灰陶。三角形足。饰按窝堆纹。残高5.2厘米（图一七〇，7）。

100311SBH038-2，鼎足。夹砂红陶。侧装三角形足。素面。残高6.2厘米（图一七〇，8）。

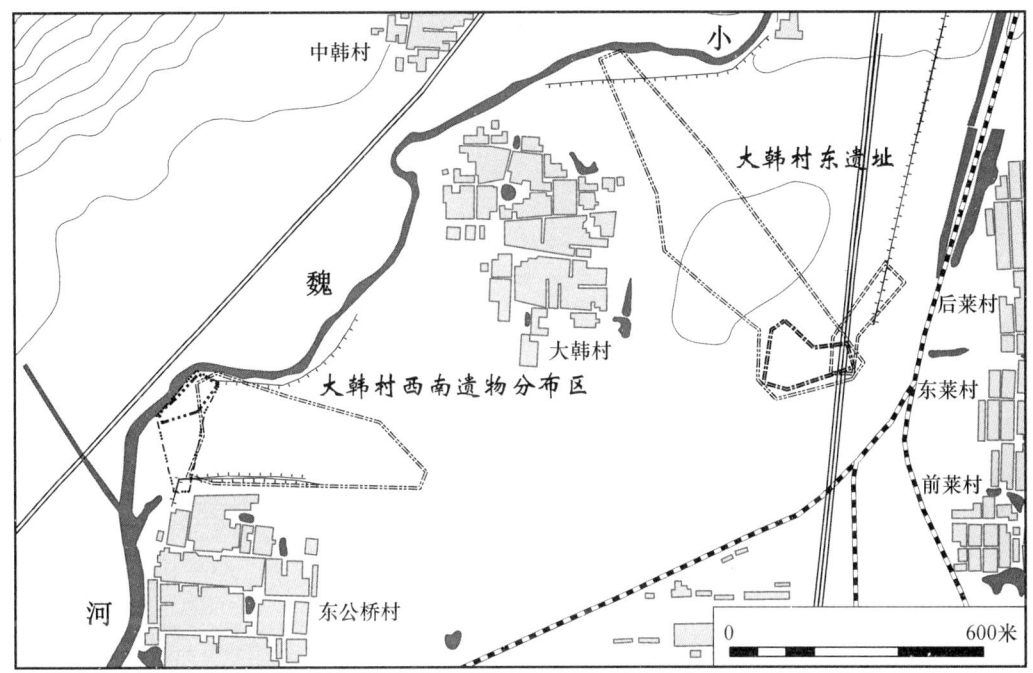

图一六八　大韩村区域岳石文化—西周时期遗址分布图

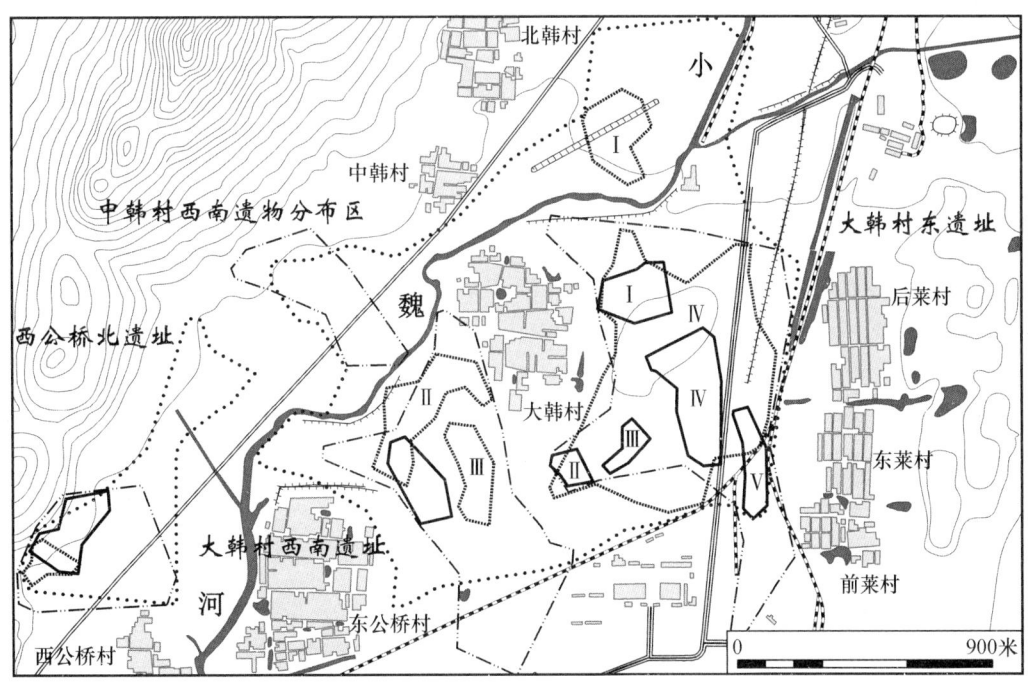

图一六九　大韩村区域东周—秦汉时期遗址分布图

100311WYL016-1，罐口沿。泥质夹心胎陶，由内而外为灰、灰褐、灰。侈口，方唇，折沿，束颈。素面。残高5.2、残宽9.2、壁厚0.8厘米（图一七〇，3）。

100311QXN023-2，匜口沿。夹砂黑陶。敛口，沿面有一周凹槽，圆腹。腹部有两周凹槽及一圆泥饼。残高4.1、残宽4.7、厚0.8厘米（图一七〇，2）。

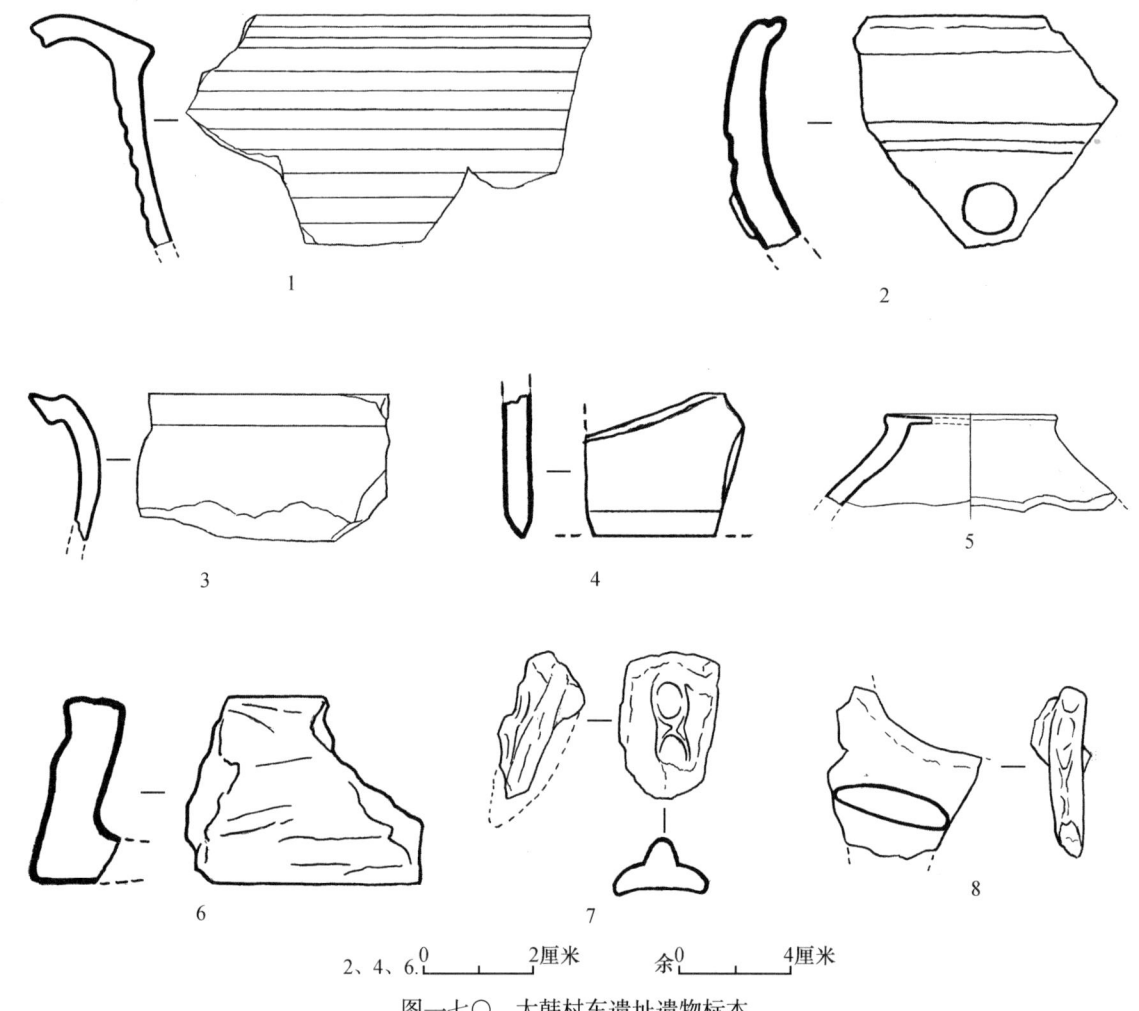

图一七〇　大韩村东遗址遗物标本
1. 盆口沿（100311LR010-2）　2. 匜口沿（100311QXN023-2）　3. 罐口沿（100311WYL016-1）　4. 石刀（100311SBH038-1）
5. 器盖（100311QXN023-1）　6. 箅子（100311WWW003-1）　7. 鼎足（100311LR010-1）　8. 鼎足（100311SBH038-2）

100311WWW003-1，箅子。夹砂夹蚌黑陶。口微敛，方唇，斜腹，平底有镂孔。素面。手制。残高3.3、残宽4.4、厚1厘米（图一七〇，6）。

100311QXN023-1，器盖。夹砂黑陶。覆钵形。素面磨光。复原顶径6、残高3.4、壁厚0.7厘米（图一七〇，5）。

100311SBH038-1，石刀。时代应为龙山文化时期。两端及背部残，器体扁平，两面刃，一面较宽，另一面较窄。残长2.5、残宽2.9、厚2.55厘米（图一七〇，4）。

东周时期遗物标本，1件。

100311LR010-2，盆口沿。泥质灰陶。敛口，方唇，唇面一周有凹槽，宽折沿，沿面外凸，斜弧腹。腹部饰瓦棱纹。残高8.1、残宽14.7、厚0.8厘米（图一七〇，1）。

九十六、大韩村西南遗址

遗址位于大韩村西南的平地上，西侧紧邻小魏河，西侧紧邻东公桥村，地表主要为麦地。根据遗物分布情况分析，东公桥村也可能占压了遗址部分面积。遗址总面积54.6万平方米，共有遗物采集区92个，遗物丰富、一般及不丰富的采集区数量分别为8、18和66个。采集遗物时代包括大汶口文化、龙山文化、岳石文化、商代、西周、东周和秦汉多个时期，除商代时期为散点区，其他时期以遗物为主（图一六六）。此外，20世纪90年代遗址中曾发现殷墟期铜爵1件，据称有人骨出土，推测遗址中应有殷墟期的墓葬[①]。本次调查还在遗址西侧近河岸断崖上及路沟中发现多处文化层堆积和灰坑，其中河岸断崖上发现的一文化层，距地表深度约1.1米，土色为黄褐色，土质坚硬，其中包含炭屑、红烧土颗粒以及大汶口文化与龙山文化的陶片等遗物。

大汶口文化时期遗址位置较靠西，面积2.2万平方米，共有遗物采集区10个，全部为核心分布区。采集遗物共43件，均为陶器，可辨器形有大汶口文化早期的鼎、鬶、罐和盆（图一六七）。

龙山文化时期遗址面积45.6万平方米，共有遗物采集区48个。其中核心分布区有四区，位置皆与大汶口文化时期遗址不同。Ⅰ区面积3万平方米，包括遗物采集区5个；Ⅱ区面积6.3万平方米，包括遗物采集区20个；Ⅲ区面积3.9万平方米，包括遗物采集区9个；Ⅳ区面积6000平方米，包括遗物采集区3个。一般分布区面积31.8万平方米，包括遗物采集区11个。采集遗物共169件，均为陶器，可辨器形有鼎、甗、罐、盆、鬶、钵、圈足盘、豆、碗、杯、高柄杯和器盖（图一六七）。

岳石文化时期遗址位置与大汶口文化时期遗址相近，面积2.1万平方米，共有遗物采集区5个。其中核心分布区1个，面积6600平方米，包括遗物采集区4个；一般分布区面积1.5万平方米，包括遗物采集区1个。采集遗物共6件，均为陶器，可辨器形有罐、甗、尊和器盖（图一六八）。

西周时期为遗物分布区，面积9.6万平方米，包括遗物采集区7个。采集遗物共17件，均为陶器，可辨器形有鬲和罐（图一六八）。

东周时期遗址与中韩村西南遗物分布区、大韩村东遗址为一体，详见大韩村东遗址。

秦汉时期遗址东南部延伸至东公桥东南遗物分布区内，面积40.5万平方米，共有遗物采集区25个。其中核心分布区1个，面积3.6万平方米，包括遗物采集区7个；一般分布区面积36.9万平方米，包括遗物采集区18个。采集遗物共48件，均为陶器，可辨器形有板瓦、筒瓦、罐、盆（图一六九）。

大汶口文化时期遗物标本，3件。

100312WWW007-1，盆口沿。泥质灰陶。敞口，圆方唇折沿，沿面弧凸，斜弧腹。素面。残高6.5、残宽8、厚0.6～0.7厘米（图一七一，4）。

---

① 滕州市博物馆：《山东滕州市薛河下游出土的商代青铜器》，《考古》1996年5期。

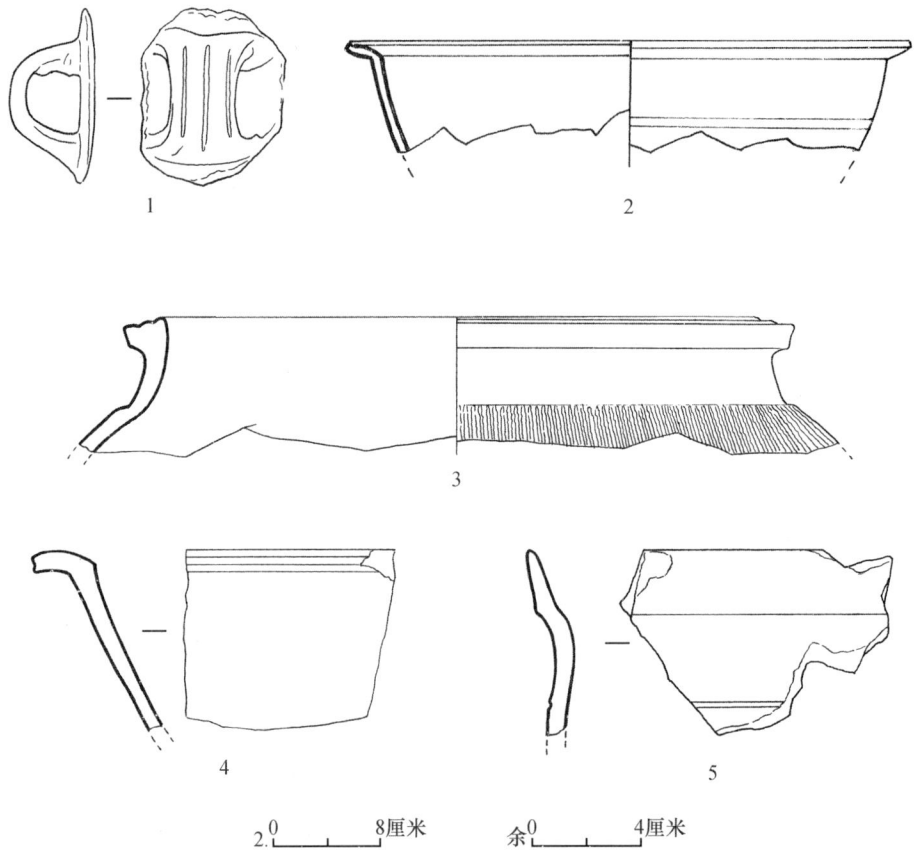

图一七一　大韩村西南遗址大汶口文化等时期遗物标本
1. 盖纽（100312WWW005-3）　2. 盆口沿（100312WWW005-1）　3. 罐口沿（100311CYJ027-1）
4. 盆口沿（100312WWW007-1）　5. 罐口沿（100312LR005-1）

100312WWW005-1，盆口沿。泥质夹心胎陶，由内而外依次为灰、红褐、黑色。敞口，圆方唇，宽折沿，斜弧腹。腹部有两周细凹弦纹。复原口径41.2、残高8、厚0.8～0.9厘米（图一七一，2；图版五五，4）。

100312WWW005-3，盖纽。夹砂红陶。平顶内凹，附半圆形纽。纽正面有三道平行浅凹槽。纽高6.4、厚0.4～1厘米（图一七一，1）。

龙山文化时期遗物标本，16件。

100311LR024-2，鼎足。夹砂灰胎黄褐皮陶。侧三角形足。素面。残高7.4厘米（图一七二，14；图版五五，8）。

100312WWW003-1，鼎足。夹砂灰褐陶。凿形足。素面。残高5厘米（图一七二，12；图版五五，9）。

100311WYL047-2，鬶把于。夹砂白陶。宽带状把手外卷，截面整体呈"凹"字形。四道凹槽。残高4.6、残宽5.7、厚1厘米（图一七二，15；图版五五，6）。

100311WYL047-1，鬶足。夹砂白陶。锥状袋足。三周凸棱。内侧有足尖与袋足的接痕。残高8.5厘米（图一七二，16；图版五五，7）。

100311WYL040-1，甗足。夹砂灰黑胎灰褐皮陶。锥形实足。残高5.6厘米（图一七二，5）。

100311WWW019-1，甗腰。粗砂深灰陶。腰部饰斜短条形齿状堆纹。残高5.3、残宽6.3、厚0.6～1.4厘米（图一七二，7）。

100311LR023-1，罐口沿。细砂黑陶。侈口，圆唇，折沿，溜肩，圆鼓腹。素面。轮制。复原口径10、残高6.1、厚0.3～0.4厘米（图一七二，1；图版五五，5）。

100311WYL047-10，罐口沿。夹砂黑陶。近直口，圆方唇，折沿，短颈微束，广肩。外壁多周暗纹。轮制。复原口径16、残高7、厚0.6厘米（图一七二，13；图版五五，3）。

100311WYL047-5，罐把手。夹细砂红陶。仿绞索状，一端残。残长8、直径2.3厘米（图一七二，11）。

100311WYL047-11，圈足盘。泥质灰陶。敛口，方唇，唇面一周凹槽，平折沿，浅腹，粗圈足，下部残。圈足上部有一周凸棱。复原口径32、残高6.7、厚0.3～0.8厘米（图一七二，4；图版五五，2）。

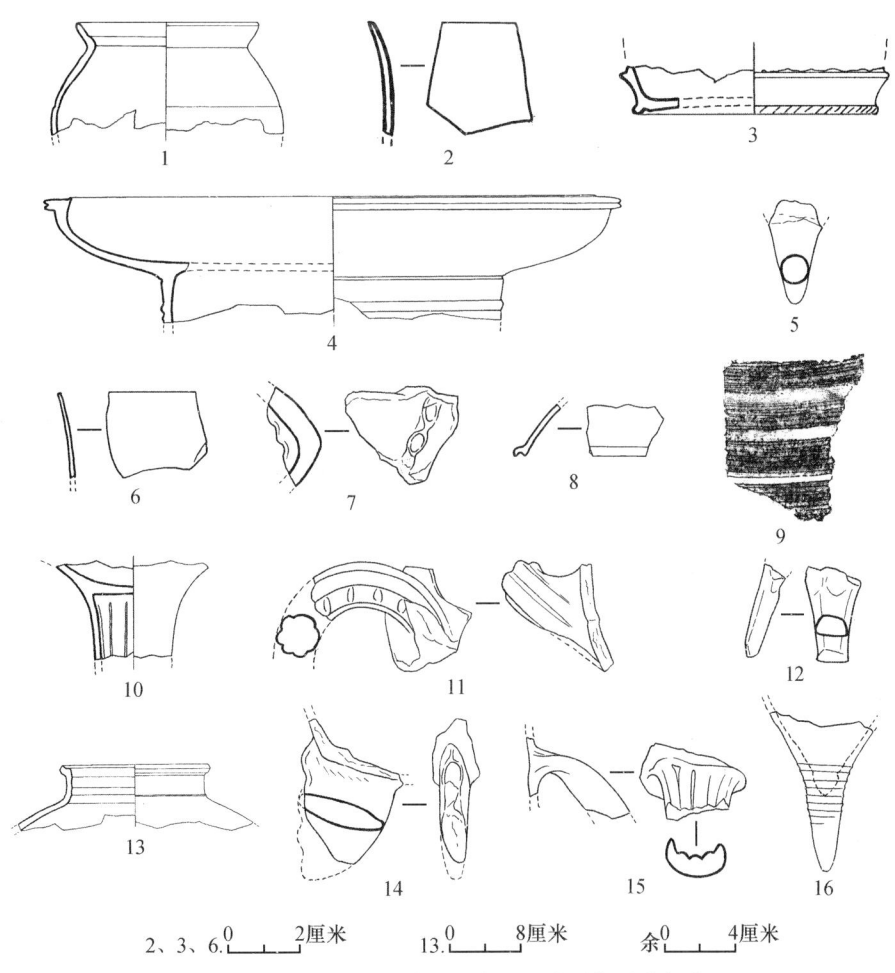

图一七二　大韩村西南遗址龙山文化时期遗物标本
1. 罐口沿（100311LR023-1）　2. 高柄杯（100312WWW003-3）　3. 杯底（100312WWW005-2）　4. 圈足盘（100311WYL047-11）
5. 甗足（100311WYL040-1）　6. 杯口沿（100311SBH043-1）　7. 甗腰（100311WWW019-1）　8. 器盖（100311LR026-1）
9. 腹片（100311WYL047-9）　10. 豆（100311SBH054-2）　11. 罐把手（100311WYL047-5）　12. 鼎足（100312WWW003-1）
13. 罐口沿（100311WYL047-10）　14. 鼎足（100311LR024-2）　15. 鬶把手（100311WYL047-2）　16. 鬶足（100311WYL047-1）

100311SBH054-2，豆。夹砂黑陶。口及圈足残，斜腹，近平底，粗柄。素面。柄径3.3、残高5.4厘米（图一七二，10）。

100312WWW003-3，杯口沿。泥质黑陶。近直口，尖唇。素面磨光。轮制。残高3.1、残宽2.9、厚0.2厘米（图一七二，2）。

100312WWW005-2，杯底。泥质黑陶。平底内凹。素面磨光。复原底径7、残高1.4、壁厚0.2～0.3厘米（图一七二，3）。

100311SBH043-1，杯口沿。泥质黑陶。近直口，直壁。素面磨光。轮制。残高2.3、残宽2.8、厚0.15厘米（图一七二，6）。

100311LR026-1，器盖。夹砂灰黑陶。覆碗形，顶残，斜弧盖面，口沿外伸，沿面有一周宽凹槽。素面。残高2.8、残宽4.3、厚0.35厘米（图一七二，8）。

100311WYL047-9，腹片。细砂黑陶。腹部数周凸弦纹，并有细密的轮旋痕迹。残长9、残宽8、厚0.6～0.9厘米（图一七二，9）。

西周时期遗物标本，2件。

100311CYJ027-1，罐口沿。夹砂灰胎黑皮陶。近直口，方唇，唇面两周凹弦纹，束颈，斜肩。肩部饰竖绳纹。复原口径22、残高4.9、厚0.7厘米（图一七一，3）。

100312LR005-1，罐口沿。夹砂褐胎黑皮陶。侈口，束颈，腹残。颈下有一周凹弦纹。残高6.7、残宽9.8、厚0.8厘米（图一七一，5）。

九十七、中韩村西南遗物分布区

分布区位于滕州市官桥镇中韩村西南的山前坡地上，东侧紧邻小魏河，西侧近山，地表主要为麦地和林地。分布区总面积18万平方米，共有遗物采集区20个，遗物丰富、一般及不丰富的采集区数量分别为0、1和19个。采集遗物时代包括大汶口文化、龙山文化、商代、东周和秦汉多个时期，以龙山文化、东周和秦汉时期遗物为主，其他可划分时期均为散点区（图一六六）。

龙山文化时期遗物分布区范围向南延伸至西公桥北遗址范围内，面积8.2万平方米，包括遗物采集区5个。采集遗物共5件，均为陶器，可辨器形有罐（图一六七）。

东周时期与大韩村西南遗址、大韩村东遗址为一体，详见大韩村东遗址。

秦汉时期遗物分布区面积12万平方米，包括遗物采集区10个。采集遗物共18件，均为陶器，遗物均为陶器，可辨器形有板瓦和筒瓦（图一六九）。

九十八、西公桥北遗址

遗址坐落在滕州市官桥镇西公桥村北的山前坡地上，西侧近山，地表主要为麦地和林地。遗址总面积35.7万平方米，共有遗物采集区27个，遗物丰富、一般及不丰富的采集区数量分别为0、1和26个。采集遗物时代包括大汶口文化、龙山文化、岳石文化、东周、秦汉和隋唐多个时期，以东周和秦汉时期遗物为主，其他可划分时期均为散点区（图一六六）。此外，1999年山东省文物考古研究所在西公桥村西封山东面的缓坡上发掘了一处汉代墓地，大体位于本遗址范围内。墓地共有墓葬109座，多为石室墓，形制有单室、双室、三室三种，均为小型墓，时代为西汉早期至东汉晚期[①]。

东周时期遗址面积27万平方米，共有遗物采集区19个。其中核心分布区1个，面积1.6万平方米，包括遗物采集区4个；一般分布区面积25.4万平方米，包括遗物采集区15个。采集遗物共30件，均为陶器，可辨器形有板瓦、筒瓦、罐和甑（图一六九）。

秦汉时期遗址面积18.3万平方米，共有遗物采集区12个。其中核心分布区1个，位置与东周时期核心分布区相近，范围扩大，面积3.9万平方米，包括遗物采集区6个；一般分布区面积14.4万平方米，包括遗物采集区6个。采集遗物共25件，均为陶器，可辨器形有板瓦、筒瓦和罐（图一六九）。

九十九、东公桥东南遗物分布区

分布区位于滕州官桥镇东公桥村东南的平地上，地表主要为麦地。分布区总面积26.6万平方米，共有遗物采集区10个，全部为遗物不丰富采集区。采集遗物时代包括大汶口文化、东周和秦汉3个时期，以东周时期遗物为主，其他可划分时期均为散点区（图一七三）。

东周时期遗物分布区面积10.7万平方米，包括遗物采集区6个。采集遗物共10件，均为陶器，可辨器形有板瓦和罐（图一七六）。

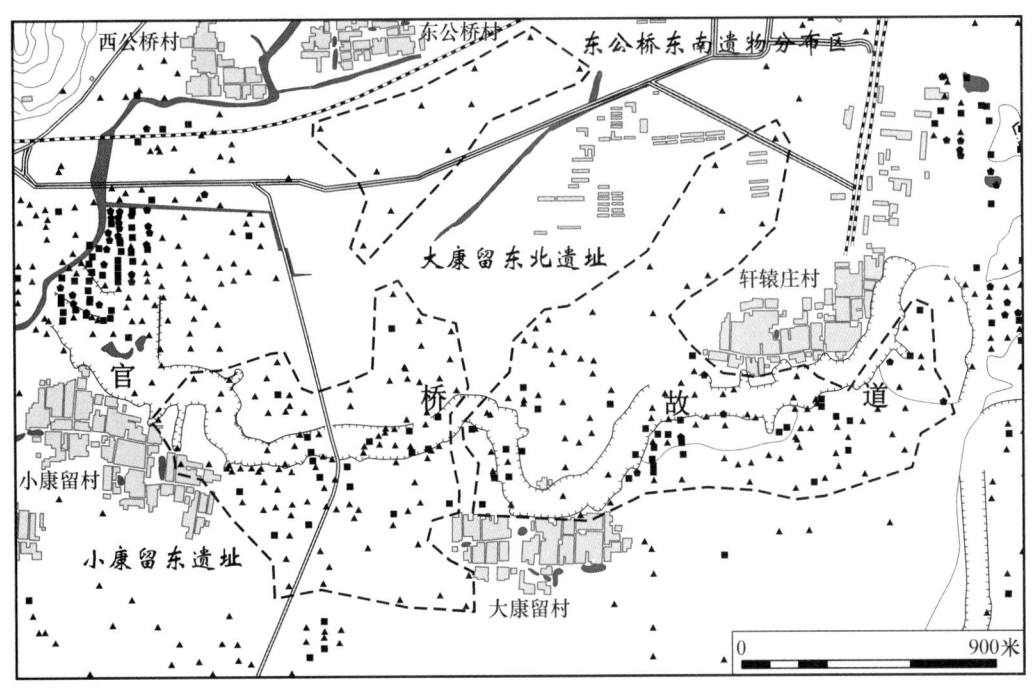

图一七三　大康留区域遗址分布总图

---

① 山东省文物考古研究所：《鲁中南汉墓》，文物出版社，2009年，15～97页。

一〇〇、大康留东北遗址

遗址位于大康留村东北，轩辕村西侧及南侧，北部延伸至八一煤矿区，中部跨越薛河故道。遗址所处地形为河流阶地和平地，地表主要为麦地。遗址总面积104.5万平方米，共有遗物采集区131个，遗物丰富、一般及不丰富的采集区数量分别为6、33和92个。采集遗物时代包括北辛文化、大汶口文化、龙山文化、岳石文化、商代、西周、东周、秦汉、隋唐和宋元多个时期，以龙山文化、西周、东周和秦汉时期遗物为主，其他可划分时期多为散点区（图一七三）。

遗址范围内前期曾有多次重要发现，20世纪中国社会科学院考古研究所山东队曾在遗址中发现了西周和东周时期的遗存[1]。1981年，在遗址薛河故道断崖上发现二里冈上层铜器4件[2]。1992年，轩辕村南发现殷墟早期墓葬一座，随葬铜礼器、兵器和玉器共8件[3]。本次调查中，由于遗址中部原薛河故道南岸前期砖瓦厂取土，形成一段长度近900米的断面，2014年我们有选择性地在剖面的28处地点进行了刮面清理（图一七四）。这些剖面的高度多在5米以上，通过清理，发现剖面堆积整体可分5层（图一七五；图版二九、图版三〇）：

第1A层，表土或耕土层，厚度多在0.2~0.3米。此层下开口的遗迹仅有H1，基本无包含物，年代应为近现代。

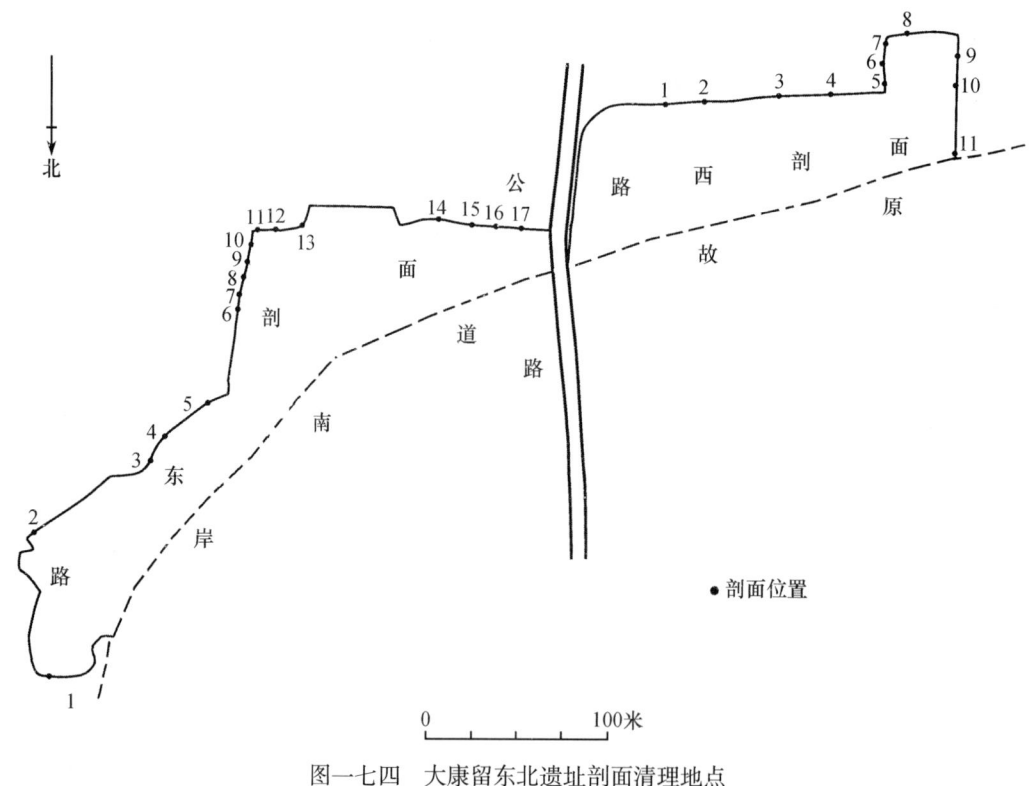

图一七四 大康留东北遗址剖面清理地点

---

① 中国社会科学院考古研究所山东队、滕县博物馆：《山东滕县古遗址调查简报》，《考古》1980年1期。
② 滕州市博物馆：《山东滕州市薛河下游出土的商代青铜器》，《考古》1996年5期。
③ 滕州市博物馆：《山东滕州市发现商代青铜器》，《文物》1993年6期。

第1B层，粉砂质黄褐土或灰褐土，厚度多在0.2~0.3米，部分地点较厚。有的地点土质较纯净，有的地点则包含较多碎小陶片和石块等，其性质当与1A层相同，只是未经耕种，其年代也应为近现代。此层下开口的遗迹较多，有宋元灰坑7个：H2、H4、H8、H16、H18、H19、H20，其中H2开口部位有蚌壳若干；宋元瓦砾层4处；汉代灰坑1个：H23。

第2层，红褐色土，质地较疏松，厚度多在0.3~0.7米。此层包含物很少，仅在路西第7剖面发现少量扰动的东周时代陶片，似为自然层，其形成年代可能为东周时期或更晚。

第3A层，砂质深红色土，土质较硬，厚度多在0.7~1.2米。此层包含物也不多，仅发现少量岳石文化的陶片，似为自然层，形成年代应为岳石文化时期。此层存在于路东剖面东段和路西剖面，与3B层基本不共存。此层下开口的遗迹有岳石文化灰坑H5、H6和龙山文化灰坑H17，其中H5中有大量螺壳。

第3B层，砂质红褐或灰黑土，土质较硬，与3A层相似，但底缘不平，厚度多在0.5~1米。此层存在于路东剖面西段，内含较多岳石文化陶片，年代应为岳石文化时期。此层下开口的遗迹有岳石文化灰坑H9、H13、H14，其中H9中有两层螺壳。

第4层，黄色土，土质较硬，含砂较多，部分地点此层下或层中还有明显的砂层，应为自然层，厚度多在0.3~0.8米。此层包含物极少，仅在路西第9剖面沙层中发现少量陶片，年代似为龙山文化时期。

第5层，胶质红褐或黑褐土，竖向裂隙发达，未见底，应为自然层，厚度在3米以上，似可再分为数层。层中未发现文化遗物，形成年代不详。

根据剖面清理情况分析，该区域龙山文化时期应为遗址。但可能由于埋藏较深等原因，地面发现龙山文化遗物较少，如果仅按地面遗物分布情况分析，仅构成1个"一般分布区"，且其位置也与剖面上发现的龙山文化灰坑不同。分布区地表遗物沿薛河故道呈带状分布，面积6.6万平方米，包括遗物采集区7个。采集遗物共8件，均为陶器，可辨器形有鼎、罐和器盖。清理的剖面上发现龙山文化时期的灰坑1个，遗物较丰富，均为陶器，可辨器形为平底盆和双耳罐（图一七六）。

根据剖面清理情况分析，该区域岳石文化时期为遗址，但可能由于埋藏较深等原因，遗址地面发现的岳石文化遗物极少，仅中部偏西有1个遗物采集区，有器形不明陶片2片。清理的剖面上有岳石文化的文化层和灰坑5个，其中遗物较丰富，有陶器、石器和骨器，可辨器形有甗、豆、罐、尊、盘、碗、磨盘、石铲、骨镞。

西周时期遗址范围沿薛河故道向西延伸至小康留东遗址范围内，遗址总面积47.7万平方米，共有遗物采集区31个。其中核心分布区有三区：Ⅰ区面积3.6万平方米，包括遗物采集区6个；Ⅱ区面积1.6万平方米，包括遗物采集区3个；Ⅲ区面积4.6万平方米，包括遗物采集区11个。一般分布区面积37.9万平方米，包括遗物采集区11个。采集遗物共66件，均为陶器，可辨器形有鬲、罐和豆。清理的剖面上未见西周时期遗物（图一七七）。

东周时期属于西康留—北辛遗址范围，详见后者。另外，清理的剖面上亦有少量东周遗物。

秦汉时期遗址范围向南延伸至前管庄西遗址范围内，总面积87.4万平方米，共有遗物采集区42个。其中核心分布区有两区：Ⅰ区位置与西周时期核心分布区Ⅲ区相近，面积3.2万平方米，包括遗物采集区8个；Ⅱ区面积1.7万平方米，包括遗物采集区9个。一般分布区面积82.5万

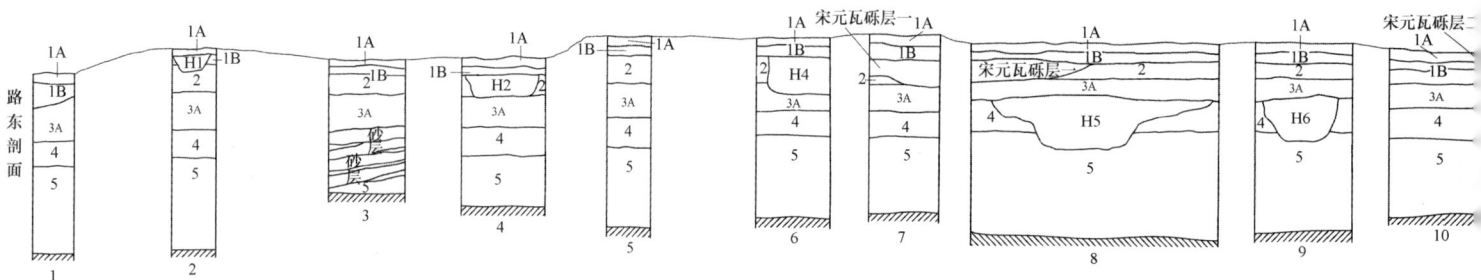

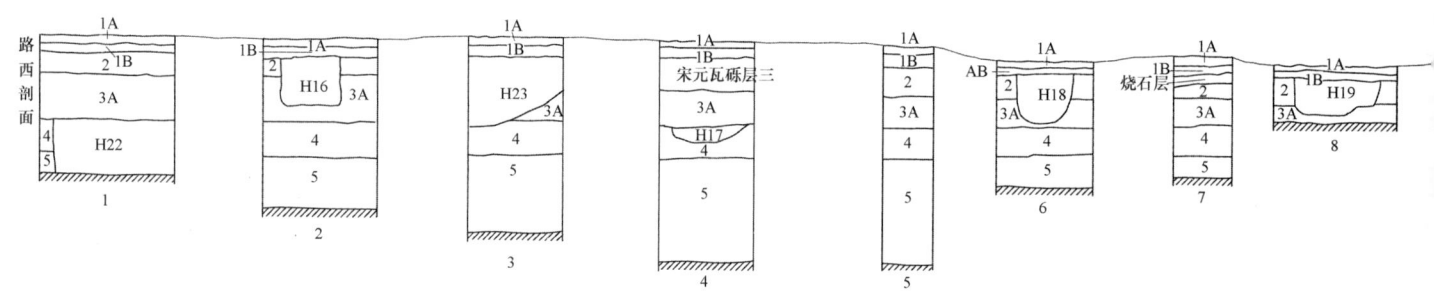

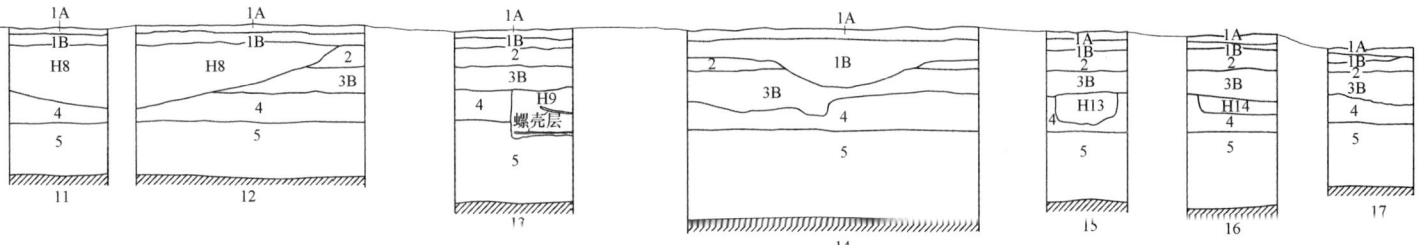

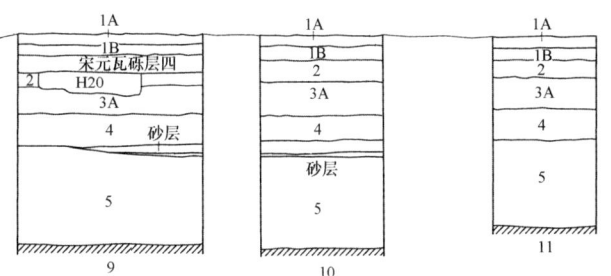

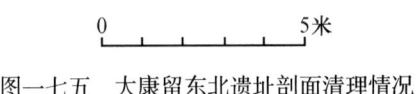

图一七五　大康留东北遗址剖面清理情况

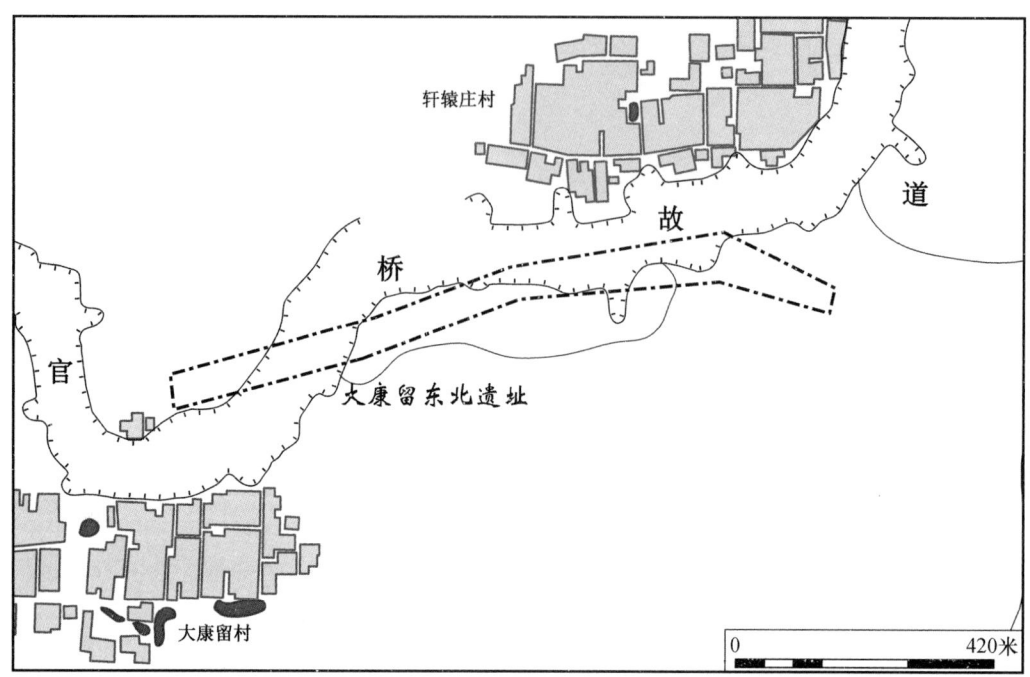

图一七六　大康留区域龙山文化时期遗物分布区图

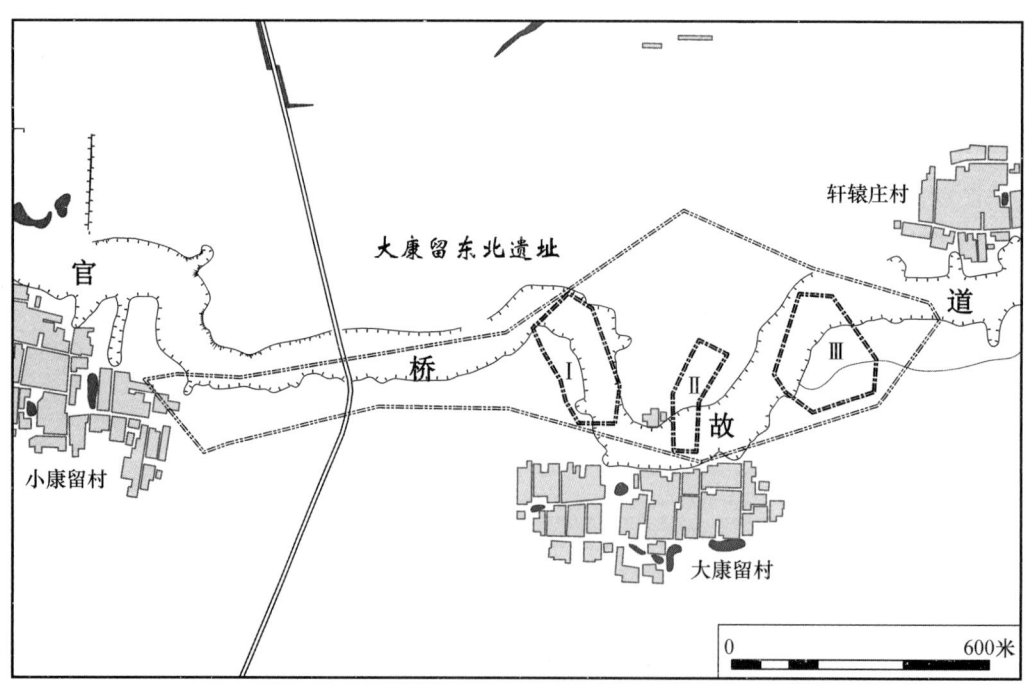

图一七七　大康留区域西周时期遗址分布图

平方米，包括遗物采集区25个。采集遗物共101件，均为陶器，可辨器形有板瓦、筒瓦、罐、盆、瓮和砖。清理剖面上有汉代灰坑1个，其中遗物较丰富，均为陶器，可辨器形有筒瓦、板瓦、瓮（图一七八）。

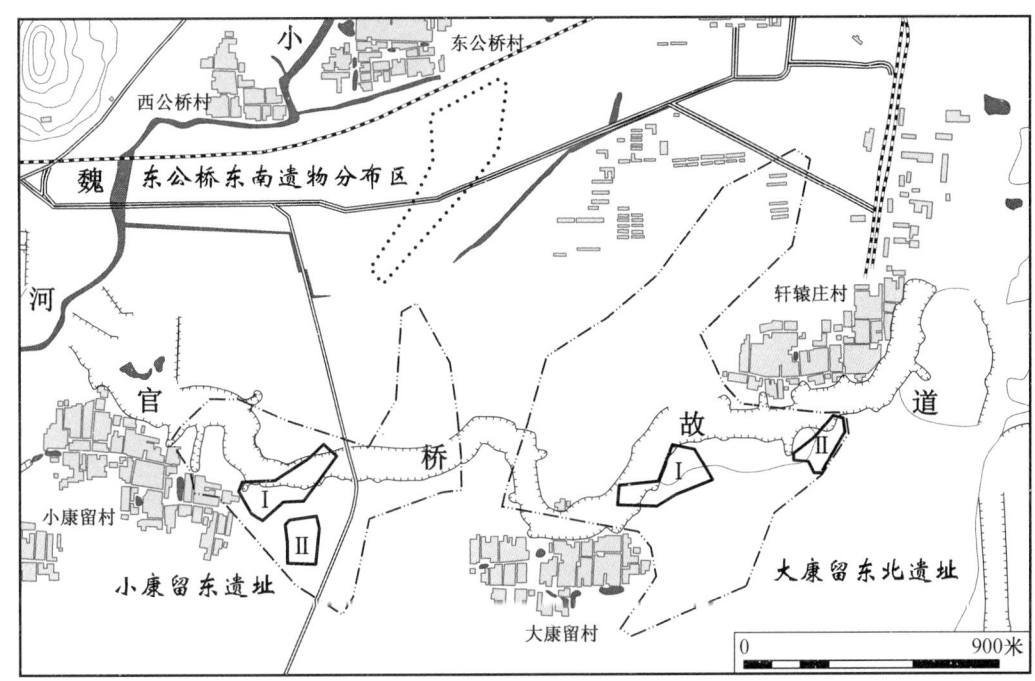

图一七八　大康留区域东周—秦汉时期遗址分布图

此外，根据剖面清理结果，该区域在宋元时期也应为遗址。

大汶口文化时期地表采集遗物标本，1件。

100310CDL010-1，鼎足。夹砂红陶，内壁灰黑。凿形足，下部残，正面有两道凹槽。残高6.5厘米（图一七九，8）。

龙山文化时期地表采集遗物标本，4件。

轩辕庄村南取土坑-1，罐口沿。夹砂黑陶。盘口，圆唇，卷沿，颈微束，弧腹，横耳。肩部一周凸棱。轮制。残高6.6、残宽7.6、厚0.4厘米（图一七九，5；图版五六，1）。

轩辕庄村南取土坑-2，罐。夹砂黑陶。浅盘口，尖唇，束颈，圆肩，鼓腹，肩上残留一盲鼻。肩部和下腹部各残留两周凹槽，肩部残留一泥饼。复原口径17、残高10.6、厚0.4～0.5厘米（图一七九，4；图版五六，3）。

100311FR014-1，器盖。夹粗砂灰陶。覆碗形。平顶，斜壁，口残。素面。顶径5.2、残高3.5、厚0.4～0.8厘米（图一七九，2）。

100311GMJ019-1，器盖。泥质褐胎黑皮陶。子母口器盖，顶残，盖面外弧，沿外伸，下有矮子口，残。外壁磨光，盖面下部有一周凹弦纹。残高2.7、残宽3.8、厚0.5厘米（图一七九，3）。

龙山文化时期剖面清理遗物标本，1件。

H17：1，盆。泥质黑陶。敞口，圆方唇，沿微卷，弧腹，平底，内部饰凹弦纹，磨光。轮制。复原口径30、复原底径21、高10.4、厚0.6厘米（见后文图一八四，4；图版五六，5）。

岳石文化时期地表采集遗物标本，1件。

轩辕庄村南取土坑-3，罐口沿。夹砂褐胎黑皮陶。侈口，圆唇。素面。残高4.5、残宽

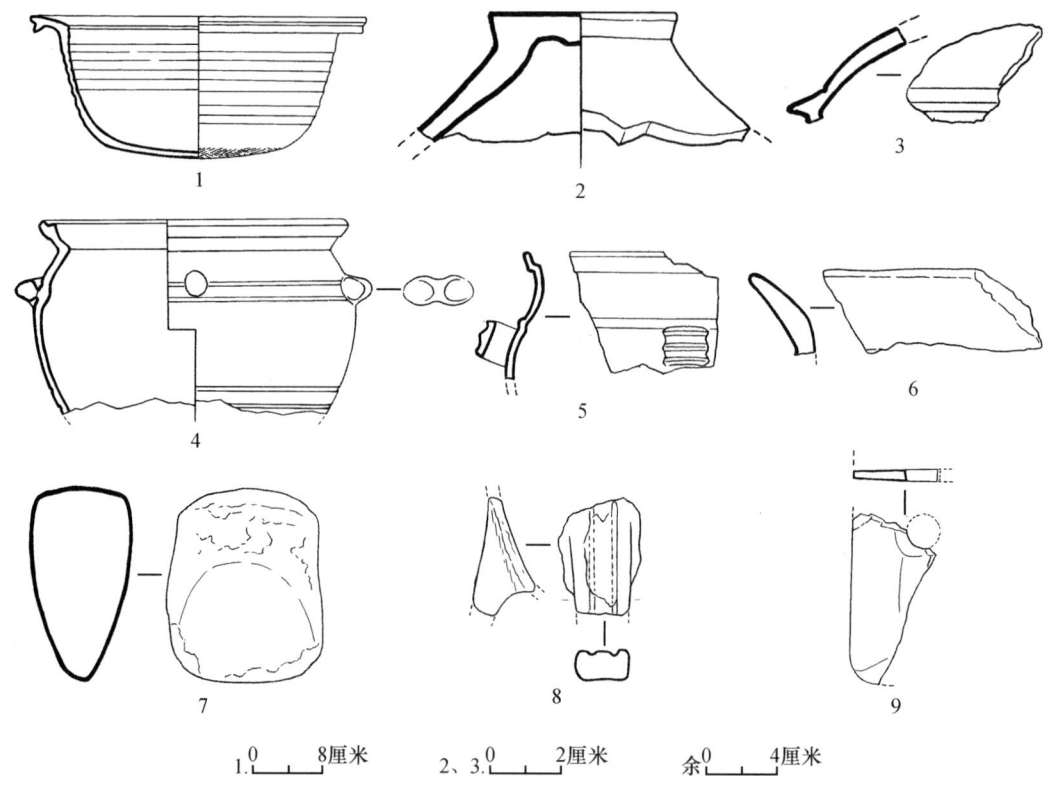

图一七九 大康留东北遗址地面采集大汶口文化等时期遗物标本
1. 盆（轩辕庄村南取土坑-4） 2. 器盖（100311FR014-1） 3. 器盖（100311GMJ019-1） 4. 罐（轩辕庄村南取土坑-2）
5. 罐口沿（轩辕庄村南取土坑-1） 6. 罐口沿（轩辕庄村南取土坑-3） 7. 石斧（100310GMJ021-1）
8. 鼎足（100310CDL010-1） 9. 钺（100311GMJ022-1）

9.7、厚0.7~1.4厘米（图一七九，6；图版五六，2）。

岳石文化时期剖面清理遗物标本，19件。

H6:1，甗足。夹砂红褐陶，局部黑。乳状袋足，足尖平。器表有刮擦痕迹。残高8.8、厚0.9厘米（图一八〇，5；图版五六，6）。

H5:2，罐。夹砂红褐陶。侈口，尖唇，卷沿，窄肩，弧腹斜收，以下残。素面。残长6.4、残宽7.6、厚0.8厘米（图一八〇，3）。

H9:1，罐底。夹粗砂灰黑陶，局部红褐。斜壁，平底，厚胎。素面。复原底径6.8、残高3.6、厚1.1厘米（图一八〇，1）。

H9:2，罐口沿。夹砂灰黑胎红皮陶。侈口，方唇，唇面内凹，卷折沿，弧腹。器表有刮擦痕迹。残长10.6、残宽8.8、厚1厘米（图一八〇，6）。

H9:3，罐底。泥质灰陶。斜壁，平底。器表有篦刮痕迹。残高7.1、残宽7.2、厚1.2厘米（图一八〇，2）。

③B:1，出于H8下第3B层，罐。夹砂红褐陶，局部黑。直口微侈，尖圆唇，颈微束，圆肩，鼓腹，中部以下残。素面。复原口径21、残高10、厚0.6~0.8厘米（图一八〇，4）。

③B:5，出于H13东侧第3B层，罐口沿。夹砂灰黑陶，陶质较疏松。侈口，圆唇，颈微束，弧鼓腹，内外壁有篦刮痕迹。复原口径19.4、残高10.6、厚1厘米（图一八一，5）。

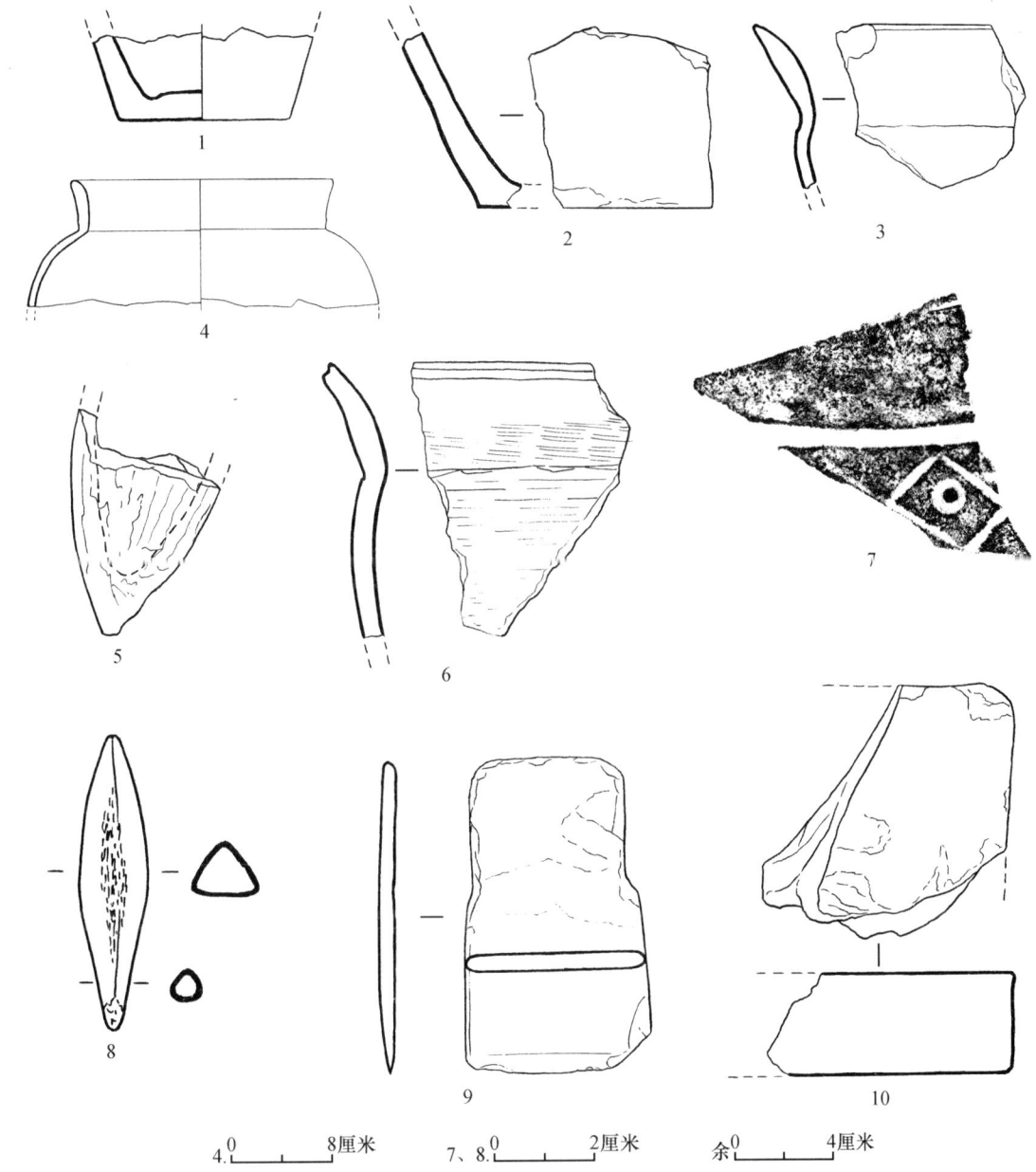

图一八〇 大康留东北遗址剖面采集岳石文化遗物标本（一）
1. 罐底（H9:1） 2. 罐底（H9:3） 3. 罐（H5:2） 4. 罐（③B:1） 5. 鬶足（H6:1） 6. 罐（H9:2）
7. 腹片（③B:2） 8. 骨镞（H10:1） 9. 石铲（H9:4） 10. 磨盘（H5:1）

H14:1，罐口沿。夹砂褐胎黑皮陶。侈口，圆唇，颈微束，颈部有一周附加堆纹，上饰捺窝。残长7.6、残宽7、厚1.2~1.5厘米（图一八一，8）。

③B:7，出于H14西侧第3B层，盆口沿。夹砂红褐陶，陶质较疏松。敞口，圆唇，腹微内曲。素面。残高5、残宽5.4、厚0.7~1厘米（图一八一，7）。

③B:8，出于H14西侧第3B层，尊底。夹砂灰陶。斜壁，平底，底部周缘外凸。素面。复原底径10、残高2.6厘米（图一八一，9）。

③B:3，出于H8下第3B层，豆盘。泥质灰陶。敞口，叠唇，浅盘，素面。复原口径14、

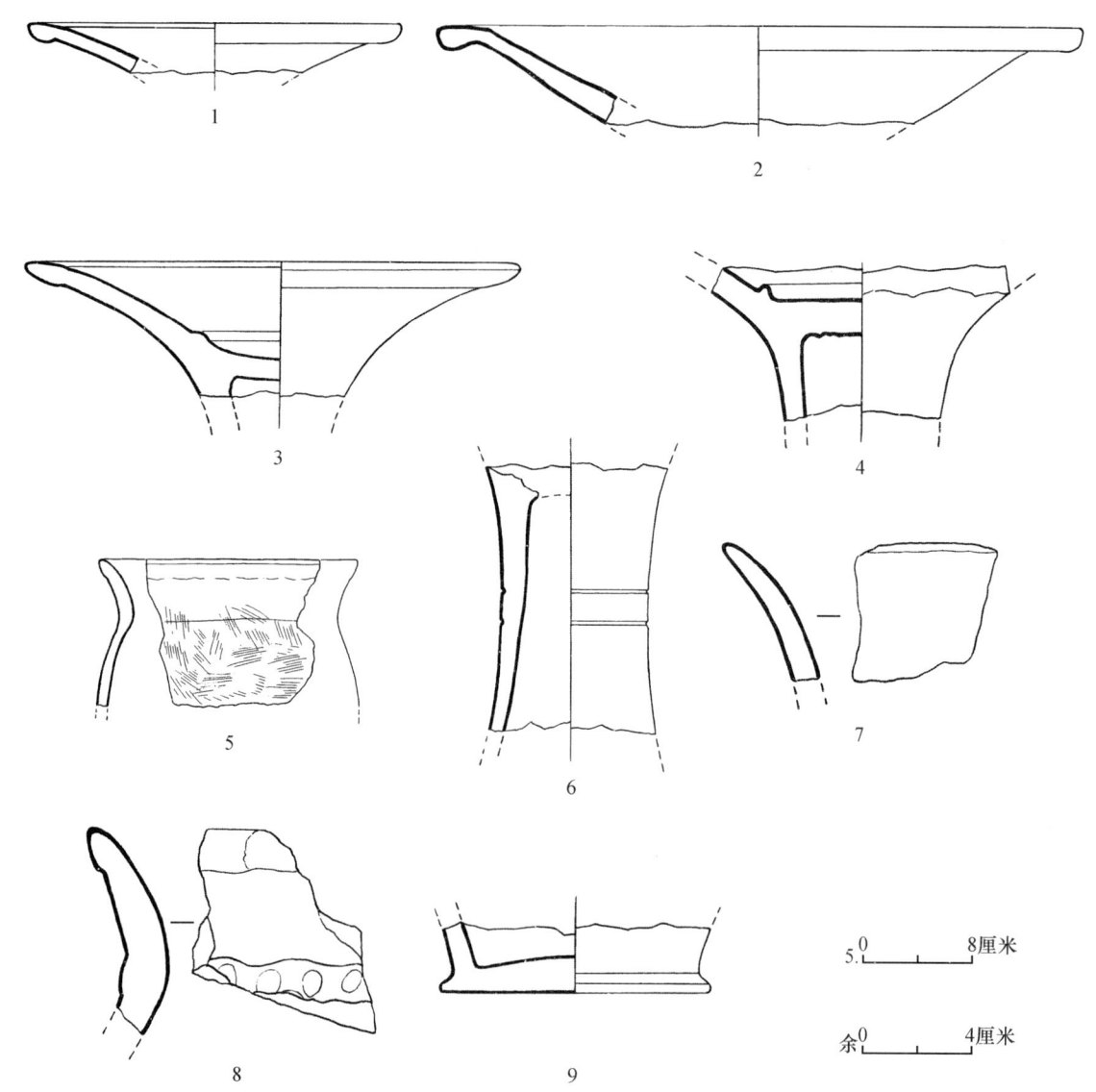

图一八一 大康留东北遗址剖面采集岳石文化遗物标本（二）
1.豆盘（③B:3） 2.豆盘（③B:4） 3.豆盘（H13:2） 4.豆（③B:6） 5.罐口沿（③B:5） 6.豆柄（H13:1）
7.盆口沿（③B:7） 8.罐口沿（H14:1） 9.尊底（③B:8）

残高1.8厘米（图一八一，1）。

③B:4，出于H13东侧第3B层，豆盘。泥质灰陶。敞口，圆唇，平折沿，浅盘，斜腹。素面。复原口径24、残高3.6、厚0.7～1.1厘米（图一八一，2）。

③B:6，出于H14上第3B层，豆。泥质灰陶。口及圈足均残，浅盘，斜腹，粗筒形柄。豆盘内下部有一周凸棱。素面。残高5.7、盘底径6.8、厚1厘米（图一八一，4）。

H13:1，豆柄。泥质灰陶。粗筒形柄微内束。中部有两周凹弦纹。复原柄径6、残高9.7、厚1.1厘米（图一八一，6）。

H13:2，豆盘。泥质灰陶。喇叭形敞口，叠唇，浅盘，斜腹，盘心下凹，柄略细。盘内壁近部有一周凸棱。复原口径18.4、残高4.9、厚1厘米（图一八一，3）。

③B:2，出于H8下第3B层，腹片。泥质灰陶。上部饰一周凹槽，下有刻划长方形纹，内

填圆圈纹。残长6.8、残宽5.1厘米（图一八〇，7）。

H5：1，磨盘。平面应为长方形，正背面均较平。磨制。残长10.2、残宽10、厚4厘米（图一八〇，10）。

H9：4，石铲。平面近长方形，两侧有窄肩，器体扁薄，局部磨光，单面弧刃，刃部有崩损痕迹。长12.3、宽6.1～7.4、厚0.8厘米（图一八〇，9；图版五六，7）。

H10：1，骨镞。平面呈梭形，镞身横断面为三角形，圆锥状铤，通体磨光。最宽1.4、高5.75厘米（图一八〇，8；图版五六，8）。

西周时期地表采集遗物标本，7件。

100311GMJ030-1，鬲足。夹砂红褐陶，局部泛灰，胎红褐色。锥形。通体饰绳纹。残高5.85厘米（图一八二，4）。

100311CDL017-1，鬲足。夹砂灰褐陶，内壁黑色。柱状实足小。通体饰绳纹。残高4厘米（图一八二，5）。

100310YKK012-1，鬲足。夹砂红褐陶。锥形。通体饰绳纹。残高4厘米（图一八二，6）。

100311GMJ030-2，鬲足。夹砂红褐陶，内壁灰黑色。锥形。通体饰绳纹。残高5.2厘米（图一八二，7）。

100310CDL008-4，罐口沿。夹砂红褐陶，外壁灰。直口微侈，圆唇，沿面微凹，颈微束，斜肩。颈下饰浅竖绳纹。残高3.8、残宽5.8、厚0.6厘米（图一八二，1）。

100310HY025-1，豆盘。夹细砂深灰陶。口微敞，浅盘折腹，折腹处直棱。残高3.7、残宽5.8、厚0.6～0.9厘米（图一八二，2）。

100310CDL008-9，硬陶片。泥质灰陶。压印小方格纹。残长6.9、残宽3.7、厚0.5厘米（图一八二，3）。

东周时期地表采集遗物标本，13件。

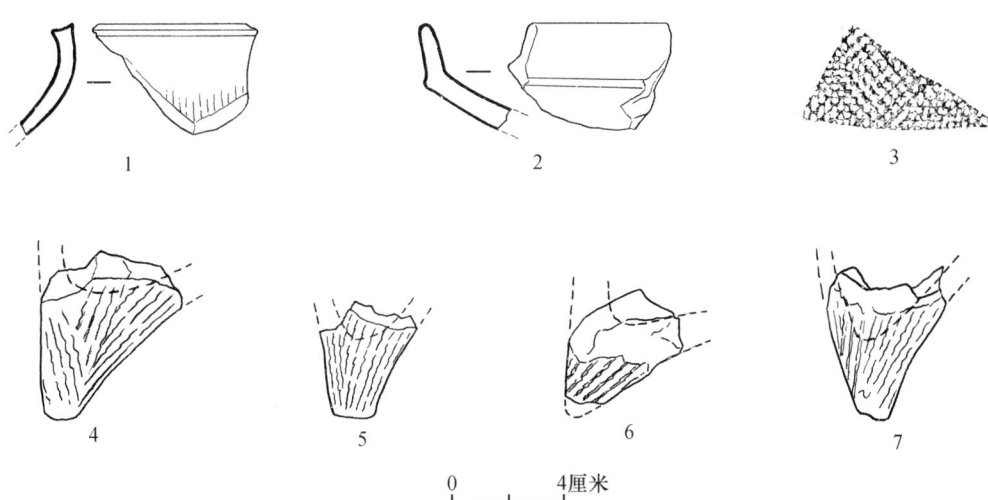

图一八二　大康留东北遗址地面采集西周时期遗物标本
1. 罐口沿（100310CDL008-4）　2. 豆盘（100310HY025-1）　3. 硬陶片（100310CDL008-9）　4. 鬲足（100311GMJ030-1）
5. 鬲足（100311CDL017-1）　6. 鬲足（100310YKK012-1）　7. 鬲足（100311GMJ030-2）

100310CDL008-5，鬲口沿。夹砂褐胎黑皮陶。侈口，方唇，平折沿，沿面三周凹槽，束颈。残高4.7、残宽9.8、厚0.4～0.5厘米（图一八三，4）。

100311FR010-1，罐口沿。夹砂灰黑陶。侈口，方唇，窄平沿，束颈，圆腹。颈部刻划一"十"字。素面。残高5、残宽6、厚0.7厘米（图一八三，3）。

100310CDL008-6，罐口沿。夹砂灰陶。口微侈，圆方唇，卷沿，束颈，斜肩。颈部饰瓦棱纹，肩部饰绳纹。残高7.6、残宽8.9、厚1～1.3厘米（图一八三，6）。

100311FR010-2，罐口沿。夹砂灰陶。侈口，方唇，唇面微凹，束颈。素面。残高3.7、残宽6.6、厚0.8厘米（图一八三，11）。

100311CDL018-1，盆口沿。泥质灰陶。口微侈，圆唇，卷沿，圆腹，下腹内收。素面。残高5.5、残宽11.8、厚0.6厘米（图一八三，1）。

100310CDL008-8，盆口沿。夹砂褐胎黑皮陶。敞口，方唇，平折沿，沿面三周凹槽，斜腹。素面。残高3.5、残宽11.9、厚0.7厘米（图一八三，5）。

100310FR018-1，盆口沿。细砂灰陶。敛口，方唇，宽折沿，沿面外弧，圆腹。腹部饰斜绳纹。残高7.6、残宽11.8、厚0.7～1厘米（图一八三，8）。

100310CDL008-7，盆口沿。夹砂褐胎黑皮陶。敞口，方唇，唇面有一周凸棱，平折沿，斜腹。腹饰浅斜绳纹。残高5、残宽7、厚0.6～0.7厘米（图一八三，12）。

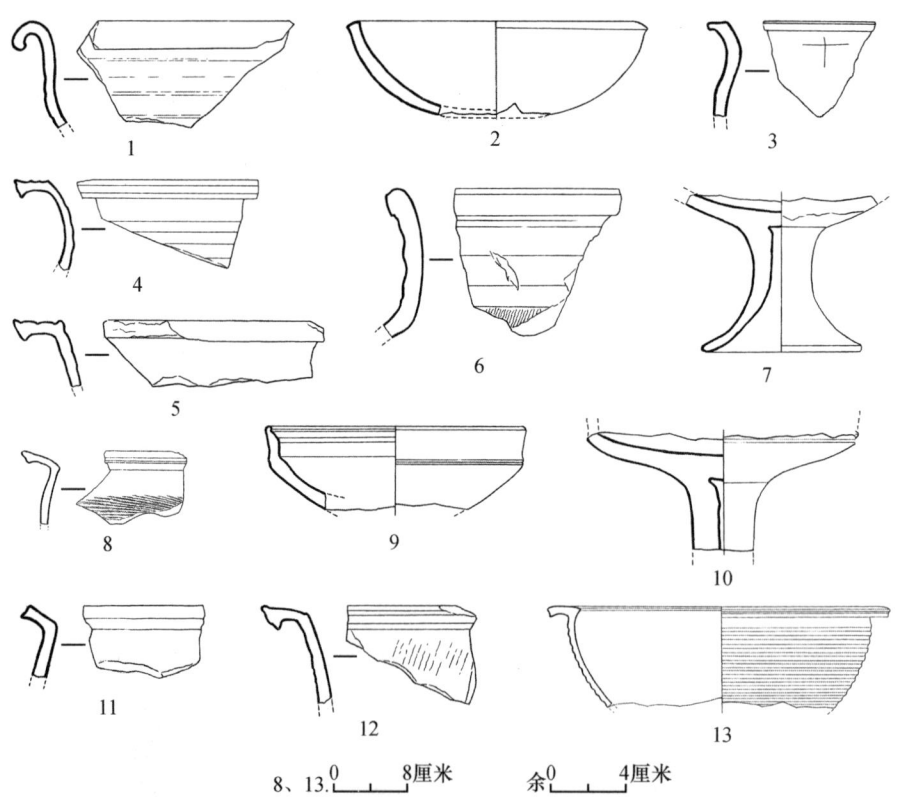

图一八三　大康留东北遗址地面采集东周时期遗物标本

1. 盆口沿（100311CDL018-1）　2. 钵（100311FR008-1）　3. 罐口沿（100311FR010-1）　4. 鬲口沿（100310CDL008-5）　5. 盆口沿（100310CDL008-8）　6. 罐口沿（100310CDL008-6）　7. 豆（100310CDL008-2）　8. 盆口沿（100310FR018-1）　9. 豆（100310CDL008-3）　10. 豆（100310CDL008-1）　11. 罐口沿（100311FR010-2）　12. 盆口沿（100310CDL008-7）　13. 盆（20150330LJD002-1）

20150330LJD002-1，盆。泥质灰陶。敛口，方唇内凹，平折沿，圆腹。腹部通体饰瓦棱纹，底残。口沿部分有轮制痕迹。复原口径35.6、残高10.3、厚0.8厘米（图一八三，13）。

100311FR008-1，钵。泥质灰陶。敞口，浅弧腹，底残。素面。复原口径16、残高4.4、厚0.4～0.7厘米（图一八三，2）。

100310CDL008-2，豆。泥质褐胎灰皮陶。口残，浅盘，矮柄，喇叭形圈足。素面。复原圈足径8.5、残高8厘米（图一八三，7）。

100310CDL008-3，豆盘。泥质红褐胎灰皮陶。近直口，壁微内束，盘略深，折腹。折腹处一周凸棱。复原口径13.4、残高4.3厘米（图一八三，9）。

100310CDL008-1，豆。泥质灰陶。口与圈足均残，浅盘折腹，细柄。素面。残高6.1厘米（图一八三，10）。

东周时期剖面清理遗物标本，1件。

②：1，出于H18南烧石层下第2层，罐。夹少量砂灰黑陶。肩及以上残，圆鼓腹，平底内凹，腹及底部饰交错绳纹。复原底径9.4、残高13.8、厚0.7～0.9厘米（图一八四，5）。

秦汉时期地表采集遗物标本，1件。

轩辕庄村南取土坑-4，盆。泥质灰陶。口微敛，方唇，唇面一周凹槽，斜折沿，弧腹，圜底。腹部饰瓦棱纹，底饰交错绳纹。复原口径38、高15.4、厚0.7～1.6厘米（图一七九，1；图版五六，4）。

秦汉时期剖面清理遗物标本，3件。

H20：1，瓮口沿。夹细砂灰陶。直口微敛，叠唇，低领，溜肩。颈外表饰瓦棱纹，颈下部饰成组划纹，肩部饰斜篮纹。复原口径26、残高5、厚0.6～0.8厘米（图一八四，3）。

H23：1，筒瓦。泥质灰黑陶。瓦舌较短，瓦舌饰抹绳纹，瓦身饰粗绳纹。内切。残高14.4、残宽10.6、厚1.1厘米（图一八四，1）。

H23：2，筒瓦。泥质灰陶。瓦舌与瓦身交接处有一道凹槽，瓦舌素面，瓦身外侧饰粗

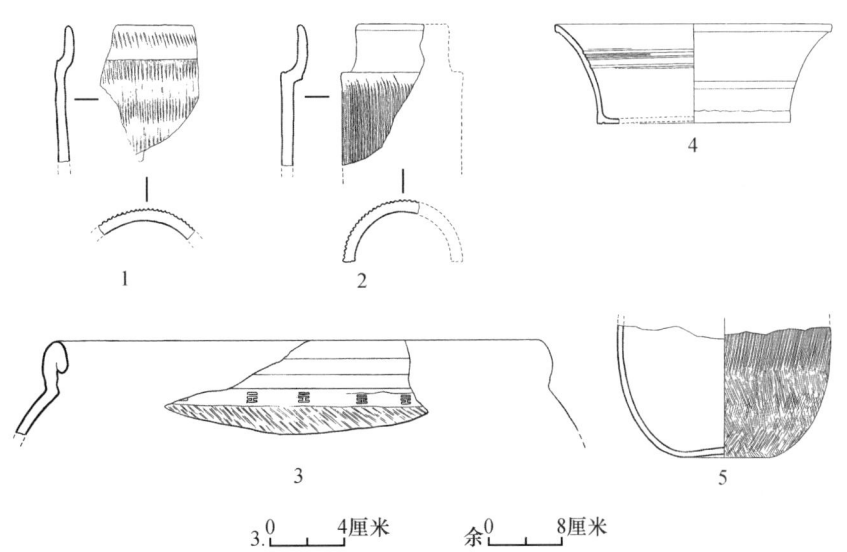

图一八四　大康留东北遗址剖面采集龙山文化等时期遗物标本
1.筒瓦（H23：1）　2.筒瓦（H23：2）　3.瓮口沿（H20：1）　4.盆（H17：1）　5.罐（②：1）

绳纹，内侧饰布纹。瓦舌外侧有轮制痕迹。内切。残高14.8、残宽9、厚1.1～1.4厘米（图一八四，2）。

地表采集时代不详石器，2件。

100310GMJ021-1，石斧。整体厚重，短体，平面近长方形，双面刃。磨制。长10.7、宽8.8、厚5.7厘米（图一七九，7）。

100311GMJ022-1，钺。残损较甚，体薄，有一圆形穿孔，磨制光滑。残长9、残宽1～4.8、厚0.7～0.95厘米（图一七九，9）。

一〇一、小康留东遗址

遗址位于滕州市官桥镇小康留村东河流阶地上，东南侧紧邻大康留村，中部横跨薛河故道。由于砖瓦厂取土，遗址中部形成一巨大的取土坑，地表主要为麦地和林地。遗址总面积72.4万平方米，共有遗物采集区112个，遗物丰富、一般及不丰富的采集区数量分别为0、18和94个。采集遗物时代包括北辛文化、大汶口文化、龙山文化、西周、东周、秦汉、隋唐和宋元多个时期，以西周、东周和秦汉时期遗物为主，其他可划分时期均为散点区（图一七三）。此外，近年山东省文物考古研究所在遗址范围内东康留村东北发掘了一处周代墓地，清理墓葬124座，墓葬形制均为小型长方形土坑竖穴墓，流行壁龛，少量墓葬还有腰坑，随葬品主要为陶容器，时代从西周晚期沿用至战国早期[①]。此次调查中，在遗址取土坑断崖上也发现了东周时期的文化层堆积。

西周时期与大康留东北遗址为一体，详见大康留东北遗址。

东周时期属于西康留—北辛遗址范围，详见后者。

秦汉时期遗址面积43.9万平方米，共有遗物采集区37个。其中核心分布区有两区：Ⅰ区面积3.3万平方米，包括遗物采集区9个；Ⅱ区面积1.6万平方米，包括遗物采集区4个。一般分布区面积39万平方米，包括遗物采集区24个。采集遗物共67件，均为陶器，可辨器形有板瓦、筒瓦、罐和瓮（图一七八）。

大汶口文化时期遗物标本，1件。

100313CDL009-1，鼎足。夹砂红褐陶。侧装三角凿形足，足根部残。残高6.3厘米（图一八五，4）。

西周时期遗物标本，1件。

100312HY019-1，罐口沿。细砂灰陶。侈口，圆唇，卷沿，圆腹。素面。残高4.6、残宽9.6、厚0.5～0.7厘米（图一八五，1）。

秦汉时期遗物标本，3件。

100312YKK025-1，瓮口沿。泥质灰陶。口微敛，厚圆唇，卷沿，短颈，广肩。素面。残高7.6、残宽16.9、厚1～1.4厘米（图一八五，2）。

100313FR021-1，瓮口沿。夹粗砂灰陶。侈口，方唇，卷沿，广肩。素面。残高6.2～7.3、

---

① 山东省文物考古研究所、滕州市博物馆：《山东滕州东康留周代墓地发掘简报》，《文物》2013年4期。

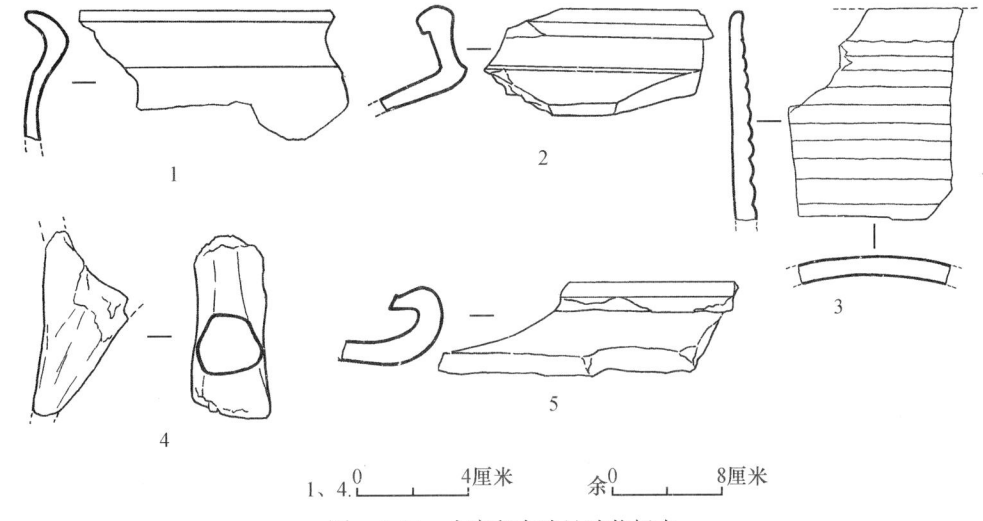

图一八五　小康留东遗址遗物标本

1. 罐口沿（100312HY019-1）　2. 瓮口沿（100312YKK025-1）　3. 板瓦（100313FR021-2）　4. 鼎足（100313CDL009-1）
5. 瓮口沿（100313FR021-1）

残宽12~18.5、厚0.9~1.9厘米（图一八五，5）。

100313FR021-2，板瓦。泥质灰陶。外表通体饰瓦棱纹，内切。残长15、残宽11.8、厚1.1~1.6厘米（图一八五，3）。

一〇二、西康留遗址

遗址位于滕州市官桥镇小康留村北，遗址南侧紧邻小康留村和薛河故道，西北侧近山，西侧紧邻官桥村，东北侧紧邻西公桥村，中部跨越小魏河。因小康留村分为东康留和西康留2个行政村，小魏河东南侧部分以往习称为西康留遗址，而遗址北部靠近西公桥村的部分以往则称为西公桥遗址。遗址所处地形为河流阶地和平地，西部有一小丘，地表主要为麦地。遗址总面积103.2万平方米，共有遗物采集区212个，遗物丰富、一般及不丰富的采集区数量分别为26、53和133个。采集遗物时代包括北辛文化、大汶口文化、龙山文化、岳石文化、商代、西周、东周、秦汉、隋唐和宋元多个时期（图一八六；图版三一，1）。

本遗址前期曾有多次考古工作。20世纪中国社会科学院考古研究所山东队等首先在官桥村东北和西康留村北调查过此遗址，发现大汶口文化、商代、西周、东周和汉代遗存[①]。1990年，山东省文物考古研究所两次发掘了遗址东南部（西康留遗址），并在此区域进行了全面勘探。报告确定遗址总面积约20万平方米，勘探显示遗址北辛文化时期遗存主要存在于西部近河区域，大汶口文化时期遗存遍布整个遗址，可分为东西两区，商周时期的遗存主要存在于遗址中西部。发掘主要发现了4个时期的遗存：北辛文化时期遗存主要有少量房址和灰坑；大汶口文化晚期的遗存最为丰富，包括灰坑、墓葬、瓮棺葬等遗迹，其中部分遗迹非常重要——在发

---

① 中国社会科学院考古研究所山东队、滕县博物馆：《山东滕县古遗址调查简报》，《考古》1980年1期。

图一八六　官桥区域遗址分布总图

掘区西部，有一批被群众破坏的随葬器物颇丰的墓葬，仅"（遗物）组10"采集复原的陶器就达百余件，其中陶瓶就复原47件，器盖复原59件，且陶器上多饰彩绘，发掘者认为这是一座有较高规格的大墓；另外，发现夯土遗迹2处，其面积分别为850平方米和400平方米。基于上述发现，此遗址一直被认为是鲁南地区最重要的大汶口文化遗址之一。商周时期的遗迹有灰坑和水井等。汉代遗迹则有多座石室墓，以小型墓为主，有的墓葬还有画像[①]。1998年，山东省文物考古研究所发掘了遗址北部（西公桥遗址），获得一批大汶口文化中晚期的房址、灰坑、水井和墓葬等，其中灰坑近200个，有的较特殊，如H138体积较大，出土遗物143件；墓葬40余座，多为中小型墓葬。另外，还发现了汉代的灰坑、石室墓，唐代的灰坑、墓葬和金代文化层[②]（图一九〇）。本次调查中，在遗址中部路沟断崖上也发现多处文化层堆积和灰坑，其中文化层含较多汉代瓦片等遗物，时代应为汉代；灰坑应为西周时期，内含较多西周陶片。

根据前期考古工作和本次调查情况，该区域在北辛文化和大汶口文化时期为遗址。本次调查显示北辛文化遗物主要分布在遗址中部靠南，总面积1.1万平方米，包括遗物采集区4个，全部为核心分布区。采集遗物共13件，均为陶器，可辨器形有鼎和钵。前期钻探和发掘工作显示北辛文化遗存范围与调查结果相近，面积则稍大，有2~3万平方米。本次调查显示大汶口文化遗物主要分布在区域中部，总面积57.7万平方米，共有遗物采集区78个。其中核心分布区有

---

① 山东省文物考古研究所鲁中南考古队、滕州市博物馆：《山东滕州市西康留遗址调查、发掘简报》，《考古》1995年3期；山东省文物考古研究所、枣庄博物馆：《山东滕州西康留遗址调查、钻探、试掘简报》，《海岱考古》（第三辑），科学出版社，2010年。

② 山东省文物考古研究所：《山东滕州西公桥大汶口文化时期遗址发掘简报》，《考古》2000年10期；山东省文物考古研究所：《山东滕州西公桥遗址考古发掘报告》，《海岱考古》（第二辑），科学出版社，2007年。

三区：Ⅰ区面积11.6万平方米，包括遗物采集区55个；Ⅱ区面积1.4平方米，包括遗物采集区5个；Ⅲ区面积6700平方米，包括遗物采集区4个。一般分布区面积44万平方米，包括遗物采集区14个。采集遗物共370件，种类有陶器和石器，可辨器形则有大汶口早中期的鼎以及大汶口晚期的鼎、鬶、罐、盆、匜、大口尊、箅子、器盖、石斧和石凿。前期钻探和发掘工作发现的大汶口文化遗存则均位于遗址河东部分，其面积相对调查的总体面积较小，相对调查的核心分布区面积较大（图一八七）。

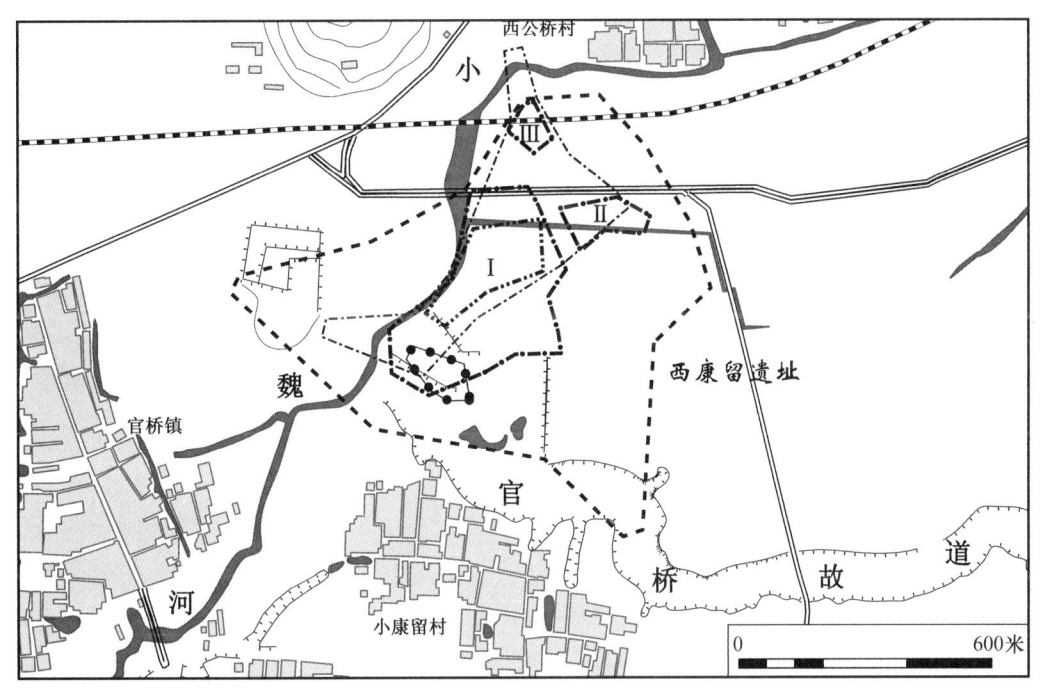

图一八七　官桥区域北辛文化—龙山文化时期遗址分布图

根据本次调查情况，该区域龙山文化和岳石文化时期也为遗址。龙山文化遗址位置与大汶口文化时期核心分布区Ⅰ区相近，面积14.6万平方米，共有遗物采集区15个。其中核心分布区1个，面积3.3万平方米，包括遗物采集区10个；一般分布区面积11.3万平方米，包括遗物采集区5个。采集遗物共8件，均为陶器，可辨器形有鼎、鬶、罐、盆、豆、杯、匜和器盖。岳石文化时期遗址面积8.6万平方米，共有遗物采集区8个。其中核心分布区1个，位置与北辛文化时期核心分布区相近，面积为4000平方米，包括遗物采集区4个；一般分布区面积8.2万平方米，包括遗物采集区4个。采集遗物共19件，均为陶器，可辨器形有罐和器盖。前期考古工作则未发现龙山文化和岳石文化时期的遗存（图一八八）。

根据前期考古成果，该区域河东部分商代时期也为遗址，其钻探面积2～3万平方米。但本次调查工作发现的商代遗存较少，仅有2个遗物采集区，1个位于小魏河以东遗址中部，1个位于小魏河以西遗址西部，如果仅按地面遗物分布情况分析，仅构成"散点区"，两者均只有陶片1片，可辨器形分别为鬲和甗。

根据前期考古工作和本次调查情况，该区域在西周时期为遗址。其中本次调查确定西周时期遗址面积40.5万平方米，共有遗物采集区41个。其中核心分布区有两区：Ⅰ区为新增核心分

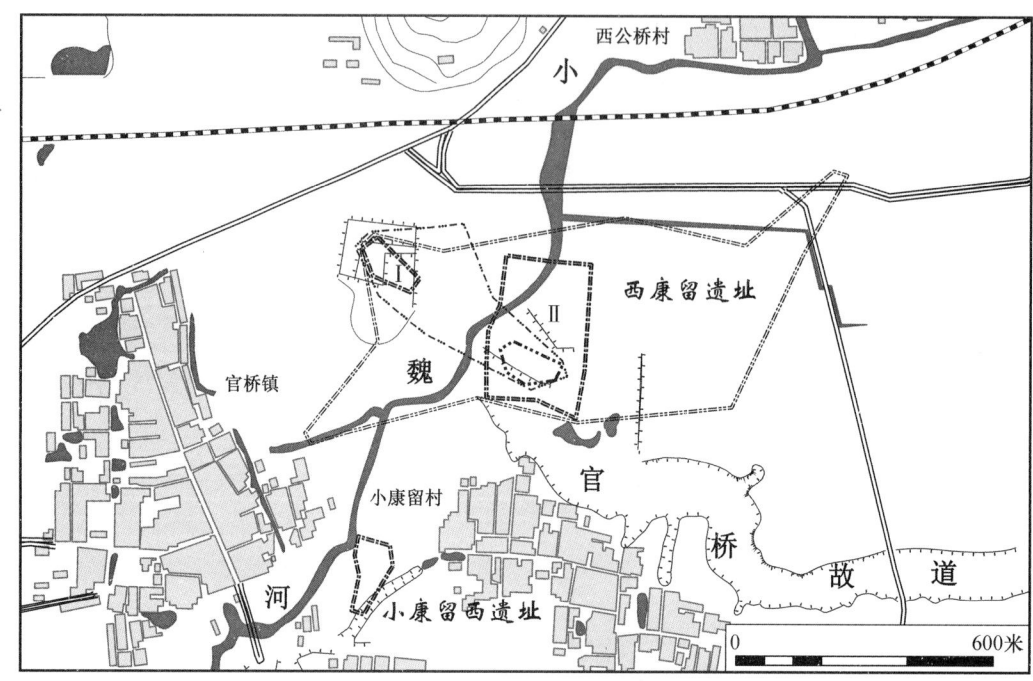

图一八八　官桥区域岳石文化—西周时期遗址分布图

布区，面积8200平方米，包括遗物采集区4个；Ⅱ区位置与大汶口文化时期核心分布区Ⅰ区相近，面积7.1万平方米，包括遗物采集区28个。一般分布区面积32.6万平方米，包括遗物采集区9个。采集遗物共81件，均为陶器，可辨器形为鬲、罐、豆。前期钻探和发掘工作发现的西周时期遗存均位于遗址河东部分，面积相对调查显示的遗址核心分布区面积较小（图一八八）。

根据本次调查情况，该区域东周时期属于西康留—北辛遗址范围，详见后者。

根据本次调查情况，该区域秦汉时期为遗址，西南部延伸至小康留西遗址内，面积93.2万平方米，共有遗物采集区75个。其中核心分布区有三区：Ⅰ区位置与大汶口文化时期遗址核心分布区Ⅲ区相近，面积1.9万平方米，包括遗物采集区4个；Ⅱ区位置与西周时期遗址核心分布区Ⅰ区相近，面积9.1万平方米，包括遗物采集区22个；Ⅲ区位置与西周时期核心分布区Ⅱ区相近，面积22万平方米，包括遗物采集区56个；一般分布区面积60.2万平方米，包括遗物采集区23个。采集遗物共216件，均为陶器，可辨器形有板瓦、筒瓦、罐、盆、瓮（图一八九）。

此外，根据前期考古工作可知该区域在唐代和金代时期都应为遗址。

北辛文化时期遗物标本，2件。

100312WYL026-1，鼎足，夹砂红褐陶。椭圆锥状足。残高4.3厘米（图一九一，7）。

100313CDL005-2，鼎足，夹砂黄褐陶。长圆锥状足。残高7厘米（图一九一，8）。

大汶口文化时期遗物标本，17件。

100312WYL029-1，鼎口沿。夹砂红褐陶，局部泛黑，内壁黑色。侈口，方唇，唇部外凸，斜折沿，沿面近唇部有一道凹槽，弧鼓腹。腹部饰篮纹。残高10、残长11.4、厚0.6～1厘米（图一九一，10；图版五七，5）。

100312WYL020-2，鼎足。夹砂黄褐陶，偏红。扁凿形足，正面有两道竖凹槽。残高6、宽

第二章 遗址、遗物分布区和散点区

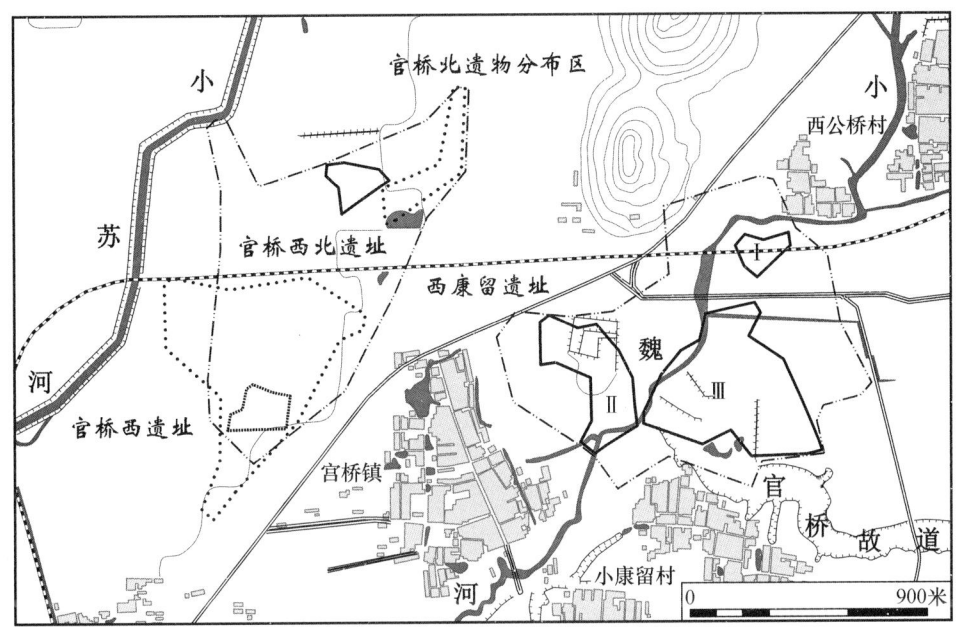

图一八九 官桥区域东周—秦汉时期遗址分布图

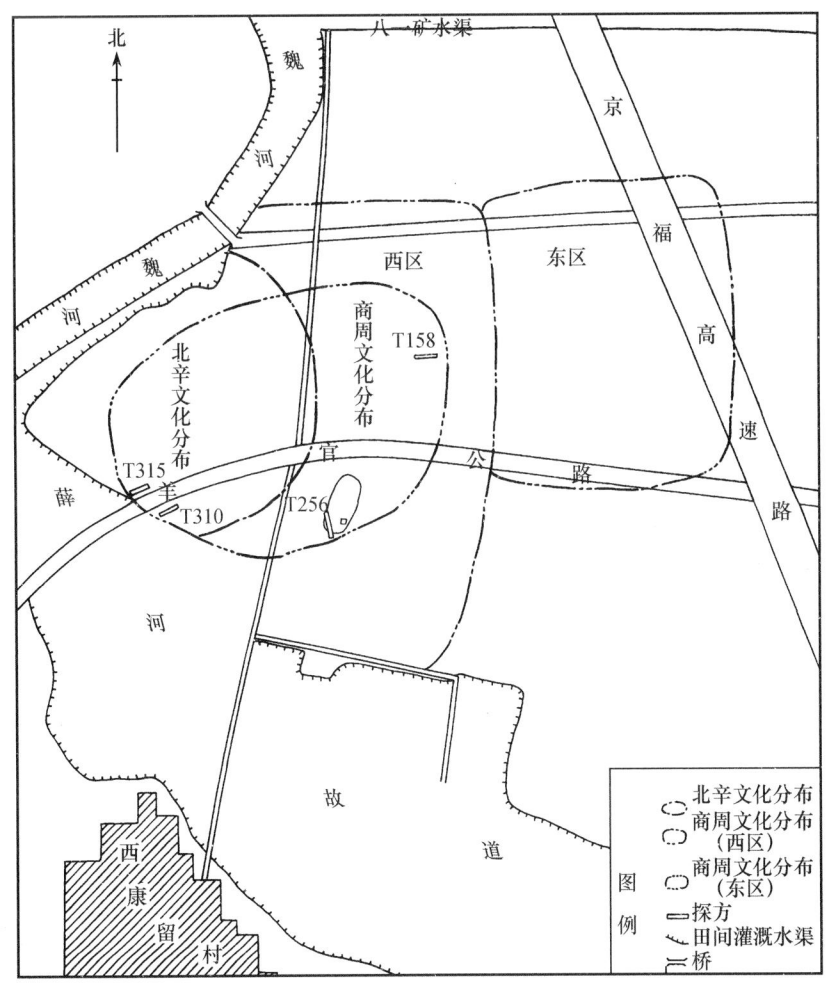

图一九〇 西康留遗址东南区域钻探发掘图

（采自山东省文物考古研究所等：《山东滕州西康留遗址调查、钻探、试掘简报》图二）

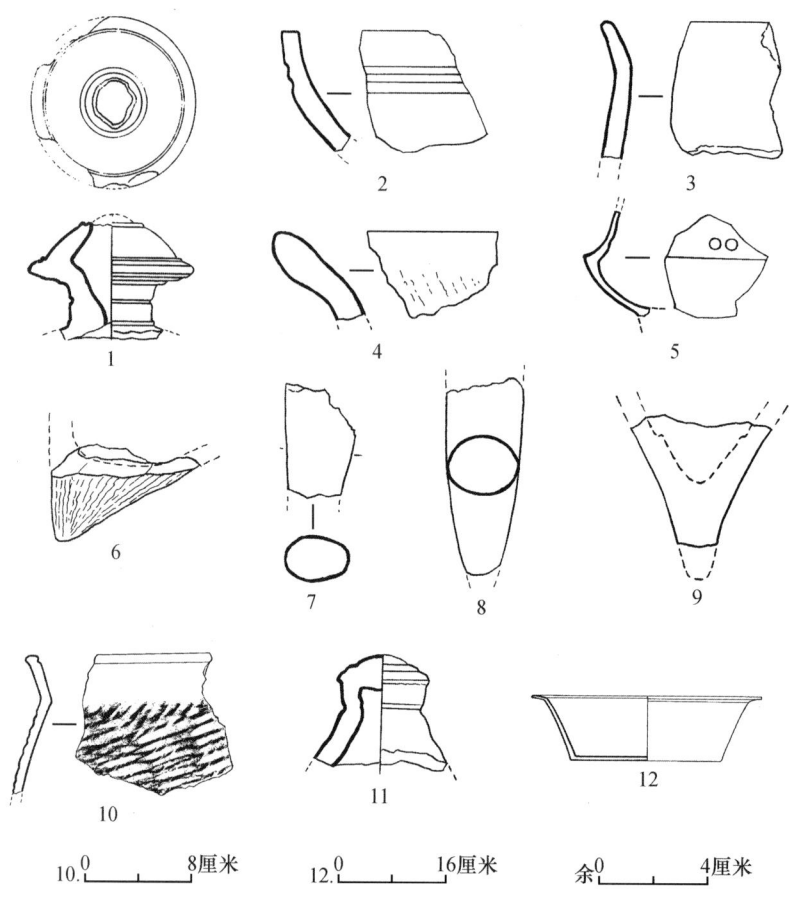

图一九一　西康留遗址北辛文化时期等采集遗物

1. 盖纽（100312LR011-1）　2. 盂口沿（100313FR010-1）　3. 罐口沿（100313CDL005-5）　4. 鬲口沿（100312WYL037-2）
5. 高柄杯（20150329ZXW001-2）　6. 鬲足（100312WYL037-1）　7. 鼎足（100312WYL026-1）　8. 鼎足（100313CDL005-2）
9. 鬶足（20150329WH003-1）　10. 鼎口沿（100312WYL029-1）　11. 盖纽（100312WYL026-2）　12. 盆（100312CYJ013-2）

3.1~3.8厘米（图一九二，10）。

20150329WH004-1，鼎足。夹砂黄陶。足外侧有两道凹槽，舌形足，下部残缺。残高6.8、残宽4.1、厚2厘米（图一九二，11）。

100312SBH017-2，鼎足。夹砂红褐陶，扁凿形足，正面刻划三道竖凹槽，手制。残高7.1厘米（图一九二，12）。

100312WYL029-3，鬶足。夹细砂红褐陶。残存实足尖局部，可见较浅刮擦痕迹。残高3.6厘米（图一九二，7）。

100312CYJ013-5，罐腹片。泥质灰黑陶。鼓腹较甚，素面。残高6.6、残宽9.1厘米（图一九二，1）。

100312WYL029-2，盆口沿。夹砂灰陶。敞口，圆唇，斜直腹，素面。残高4.4、残宽7.3、厚0.5~0.7厘米（图一九二，2）。

100312WYL023-1，盆口沿。泥质黄褐陶，偏红。敞口，方唇，唇面内凹，宽折沿，沿面内缘有一周凹槽，斜直腹。素面，内壁光滑。残高2.6、残宽7.7、厚0.6~1厘米（图一九二，5）。

100312CYJ013-2，盆。泥质黑陶，内壁红褐色。敞口，圆唇，近平折沿，斜腹，平底。素

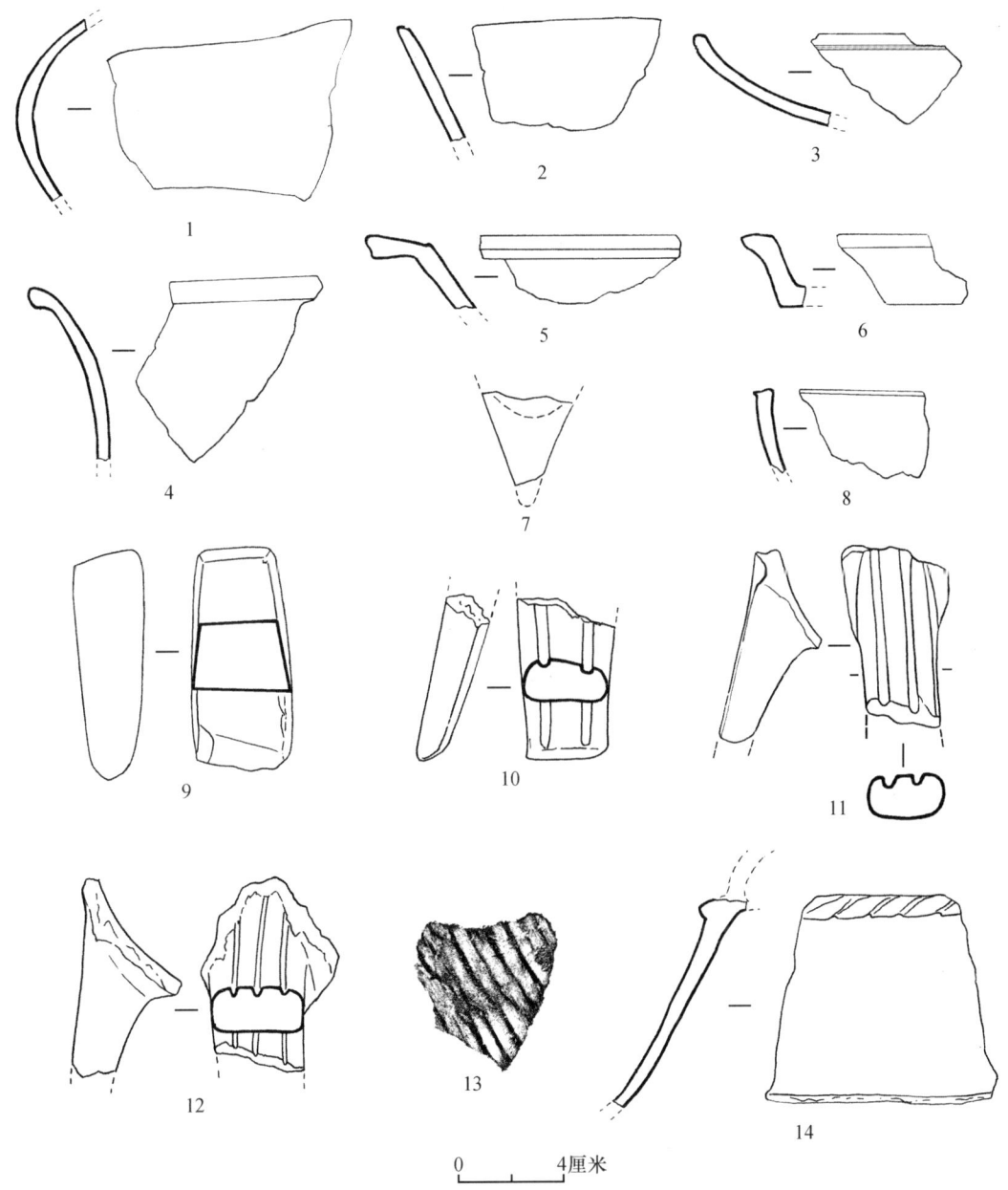

图一九二 西康留遗址大汶口文化等时期遗物标本

1. 罐腹片（100312CYJ013-5） 2. 盆口沿（100312WYL029-2） 3. 豆盘（100312CYJ013-4） 4. 壶口沿（100312CYJ013-3）
5. 盆口沿（100312WYL023-1） 6. 陶算（100312WYL019-1） 7. 鬶足（100312WYL029-3） 8. 匜口沿（100312CYJ019-3）
9. 石凿（100312CYJ022-1） 10. 鼎足（100312WYL020-2） 11. 鼎足（20150329WH004-1） 12. 鼎足（100312SBH017-2）
13. 腹片（100312QXN017-3） 14. 器盖（100312QXN017-1）

面。复原口径34、底径22、高9.4厘米（图一九一，12；图版五七，6）。

100312CYJ019-3，匜口沿。夹砂红陶，口沿及内壁为黑色。直口微敛，尖唇，沿面下凹，圆腹。素面，内壁有慢轮修整痕迹。残高3.2、残宽4.9、厚0.5～0.6厘米（图一九二，8）。

100312CYJ013-3，壶口沿。夹砂黑褐陶。侈口，圆唇，卷沿，高领。素面。残高6.8、残宽5.4、厚0.5厘米（图一九二，4）。

100312CYJ013-4，豆盘。泥质黑陶，胎红褐色。敞口，平沿，斜弧腹。沿下有两周浅凹弦纹。残高3.2、残宽5.7、厚0.5～0.6厘米（图一九二，3）。

20150329ZXW001-2，高柄杯。泥质黑陶。口及柄以下均残，折腹。残高3.9、残宽3.8、厚0.2～0.5厘米（图一九一，5；图版五七，1）

100312WYL019-1，陶箅。夹砂红褐陶。敞口，方唇，平沿，斜直腹，平底。素面。沿面有轮旋痕迹。残高2.8、残宽5.1、厚0.8～1厘米（图一九二，6）。

100312QXN017-1，器盖。夹砂褐胎黑皮陶。覆碗形，平顶，其上有半环形捉手，顶部周缘外凸并呈索状，盖壁斜长，口残。残高9.3、残宽9.2、厚0.6～1厘米（图一九二，14）。

100312QXN017-3，腹片。夹细砂红褐陶，内壁黑色。饰篮纹。残长6.4厘米（图一九二，13）。

100312CYJ022-1，石凿。时代应为大汶口文化时期。平面近长方形，单面刃。磨制，正面有琢打痕迹。长8.3、宽2.6～3.6、厚0.9～2.8厘米（图一九二，9；图版五七，2）。

龙山文化时期遗物标本，1件。

150329WH003-1，鬶足。夹砂白陶。袋状足，高实足尖，足尖内部有加固痕迹。残高4.3、残宽4.9、厚0.7厘米（图一九一，9）。

岳石文化时期遗物标本，3件。

100313CDL005-5，罐口沿。夹粗砂黑褐陶，胎及内壁黄褐色。侈口，圆唇，卷沿，溜肩，素面。残高4.9、残宽4厘米、厚0.6～0.8厘米（图一九一，3）。

100312LR011-1，盖纽。泥质灰陶。蘑菇状纽，中空。纽面和颈部有三周凹弦纹。纽径6、残高4.3、厚0.6～1.5厘米（图一九一，1；图版五七，4）。

100312WYL026-2，盖纽。细砂褐胎黑皮陶。素面。纽径3、残高4、厚0.5～0.6厘米（图一九一，11；图版五七，3）。

西周时期遗物标本，2件。

100312WYL037-2，鬲口沿。夹砂黄褐陶。侈口，圆唇，宽沿，下残。颈部有抹绳纹。残高3.1、残宽4.9厘米（图一九一，4）。

100312WYL037-1，鬲足。夹砂黑陶。锥状矮足。通体饰绳纹。残高3.5厘米（图一九一，6）。

东周时期遗物标本，1件。

100313FR010-1，盂口沿。泥质灰陶。直口，平沿，斜弧腹。沿下饰两周宽凹弦纹。残高4.4、残宽4.2、厚0.6～0.9厘米（图一九一，2）。

一〇三、小康留西遗址

遗址位于小康留村西的平地上，西侧紧邻小魏河，地表主要为林地。遗址总面积5.1万平方米，共有遗物采集区12个，遗物丰富、一般及不丰富的采集区数量分别为2、4和6个。采集遗物时代包括龙山文化、岳石文化、商代、西周、东周和秦汉多个时期，以西周和东周时期遗物为主，其他可划分时期均为散点区（图一八六）。

西周时期遗址面积1.1万平方米，包括遗物采集区7个，全部为核心分布区。采集遗物共26

件，均为陶器，可辨器形为鬲、罐、盆和豆（图一八八）。

东周时期属于西康留—北辛遗址范围，详见后者。

龙山文化时期遗物标本，1件。

100313YKK010-1，罐口沿。夹细砂灰陶，胎夹心外红内灰。侈口，方唇，唇面有两周凹槽，折沿，斜直颈。素面。残高3.5、残宽4.7、厚0.5~1.2厘米（图一九三，2）。

商代时期遗物标本，2件。

100313YKK005-4，鬲足。夹砂红褐陶，内壁黑色。粗硕柱状足。外壁饰中绳纹。残高4.9厘米（图一九三，3）。

100313YKK005-3，罐口沿。夹砂红褐陶。侈口，卷沿，沿面有三周凹弦纹，束颈。颈部饰两周凸棱。残高5.2、残宽1.8~5、厚0.8~1厘米（图一九三，1）。

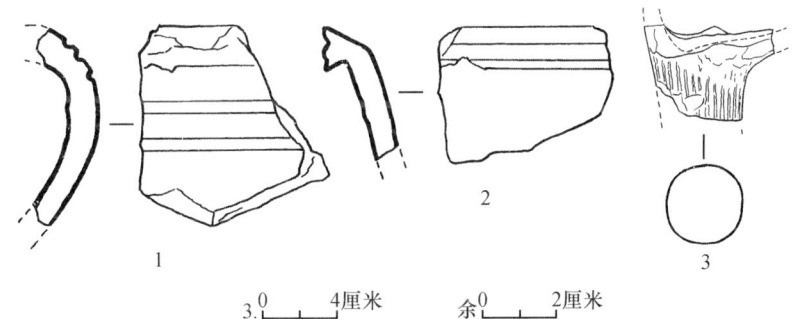

图一九三　小康留西遗址龙山文化、商代时期遗物标本
1.罐口沿（100313YKK005-3）　2.罐口沿（100313YKK010-1）　3.鬲足（100313YKK005-4）

西周时期遗物标本，9件。

100313YKK010-4，鬲口沿。夹砂红褐陶。敛口，圆方唇，折沿，沿面上凸，微鼓腹。腹部饰竖绳纹。残高4.9、残宽6.8、厚0.5~1.2厘米（图一九四，2）。

100313YKK010-2，鬲足。夹砂红褐陶。实足尖较矮。满饰绳纹。残高4.8厘米（图一九四，6）。

100313YKK012-2，鬲足。夹粗砂红褐陶，内壁黑色。实足尖较高。通体饰粗绳纹。残高7.2厘米（图一九四，9）。

100313YKK011-1，罐口沿。夹细砂灰陶。侈口，方唇，唇面有一周凹槽，束颈。素面。残高3.7、残宽5.2、厚0.6~0.8厘米（图一九四，3）。

100313YKK006-1，罐口沿。夹砂灰褐陶，红褐胎。侈口，方唇，卷沿，束颈，颈部饰五周凸棱，溜肩。残高5.8、残宽7.5、厚0.7~1厘米（图一九四，4）。

100313YKK010-3，罐口沿。泥质黄褐陶，内壁红褐色，胎为灰色。直口，方唇，平折沿，沿面有四周凹弦纹，束颈，斜肩。素面。残高5.7、残宽10.3、厚0.6~1厘米（图一九四，5）。

100313YKK010-6，罐口沿。泥质灰陶，胎为外红内黑夹心。侈口，方唇，折沿，高颈微束，口沿上有一瘤状突起。素面。残高4.9、残宽8.8、厚0.6~1.65厘米（图一九四，7）。

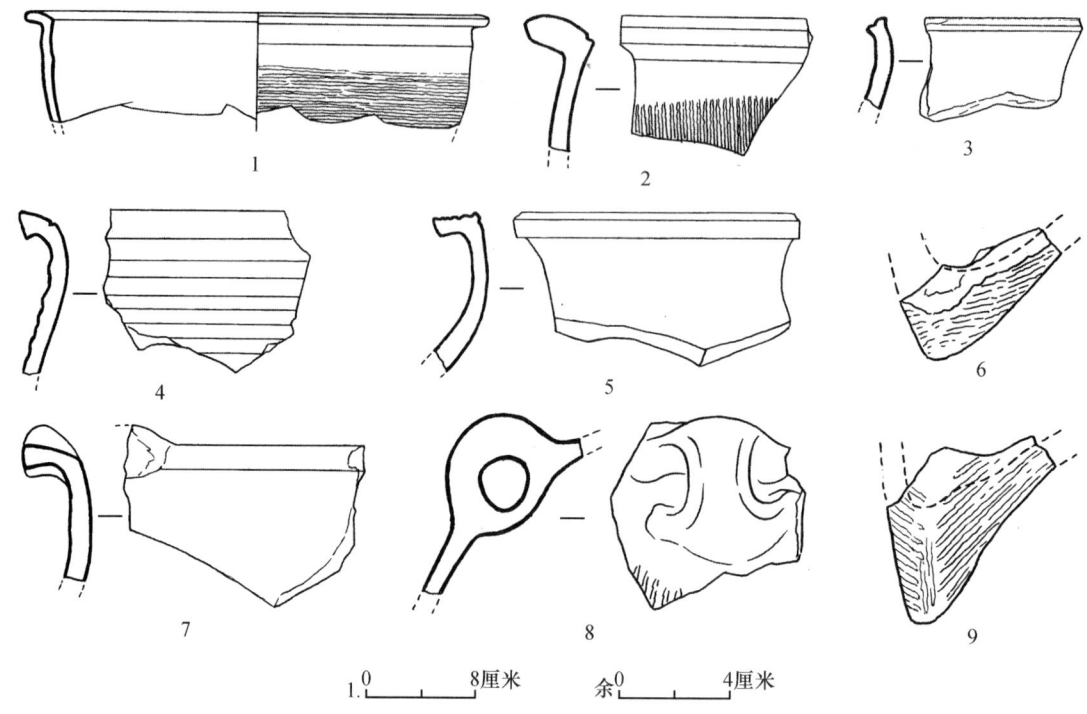

图一九四 小康留西遗址西周时期遗物标本

1. 盆口沿（100313YKK010-5） 2. 鬲口沿（100313YKK010-4） 3. 罐口沿（100313YKK011-1）
4. 罐口沿（100313YKK006-1） 5. 罐口沿（100313YKK010-3） 6. 鬲足（100313YKK010-2）
7. 罐口沿（100313YKK010-6） 8. 器耳（100313YKK010-7） 9. 鬲足（100313YKK012-2）

100313YKK010-5，盆口沿。夹砂红褐陶。口微敛，圆唇，折沿，弧腹。腹部饰横绳纹。复原口径34、残高7.8、厚0.4～1厘米（图一九四，1；图版五七，8）。

100313YKK010-7，器耳。夹砂灰黑陶。带状环形竖耳，位于器腹。耳下侧有斜绳纹。残高7.3、残宽7.2、厚0.55～0.7厘米（图一九四，8）。

东周时期遗物标本，5件。

100313GMJ007-1，盆口沿。泥质深灰陶。口微敛，方唇，唇面一周凹槽，宽折沿，沿面弧凸，弧腹。腹部饰横绳纹。残高14.7、残宽14.1、厚0.7～1.1厘米（图一九五，3）。

100313GMJ013-1，钵。泥质灰陶，内壁灰黑。直口微侈，折腹，下腹内收较甚，平底内凹。素面。复原口径13.6、底径5.6、高5.3厘米（图一九五，5）。

100313YKK011-3，豆盘。泥质灰陶。直口，浅盘，折腹，盘底微上凸，实心柄，圈足残。盘壁有一周凹弦纹。复原口径12.5、残高7.4厘米（图一九五，1）。

100313YKK010-8，豆盘。泥质灰陶。敞口，折腹略深，柱形柄，下残。盘腹外侧有一可能为符号的刻划。口径13.2、残高6.1厘米（图一九五，2；图版五七，7）。

100313YKK012-1，豆口沿。泥质红褐陶。敞口，浅盘，折腹。素面。复原口径15、残高3.3、厚0.35～0.8厘米（图一九五，4）。

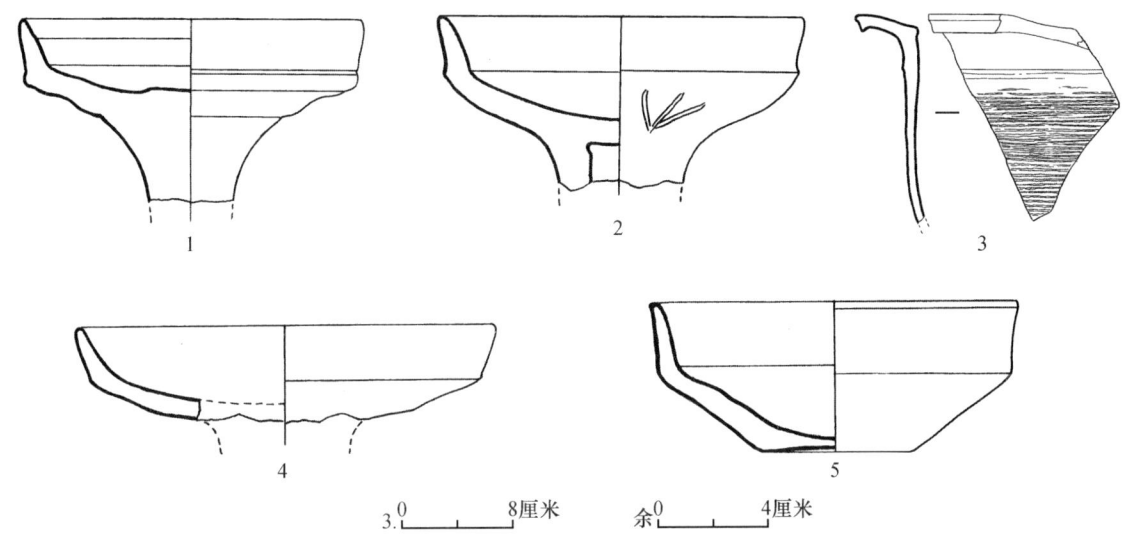

图一九五　小康留西遗址东周时期遗物标本

1. 豆盘（100313YKK011-3）　2. 豆盘（100313YKK010-8）　3. 盆口沿（100313GMJ007-1）　4. 豆口沿（100313YKK012-1）
5. 钵（100313GMJ013-1）

一〇四、官桥西北遗址

遗址位于滕州市官桥镇西北的平地上，西侧靠近小苏河，东北侧近山，地表主要为麦地。遗址总面积88.7万平方米，共有遗物采集区49个，遗物丰富、一般及不丰富的采集区数量分别为3、5和41个。采集遗物时代包括岳石文化、西周、东周、秦汉和宋元多个时期，以东周和秦汉时期遗物为主，其他可划分时期均为散点区（图一八六）。

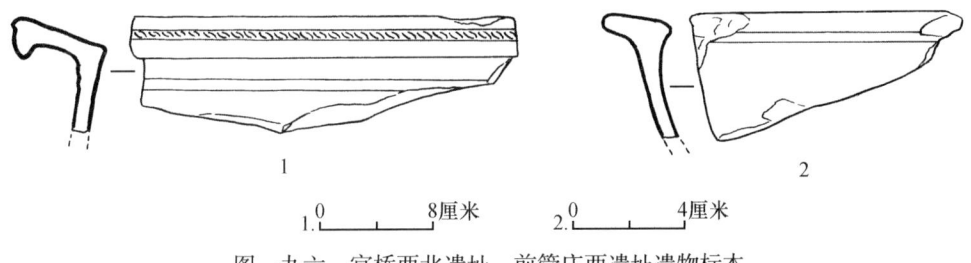

图一九六　官桥西北遗址、前管庄西遗址遗物标本

1. 盆口沿（110326QXN016-1）　2. 盆口沿（100311GMJ005-1）

东周时期分为1个遗址和1个遗物分布区。北部为官桥北遗物分布区，面积4.7万平方米，包括遗物采集区4个。采集遗物共7件，均为陶器，可辨器形有罐。南部为官桥西遗址，面积33.2万平方米，共有遗物采集区22个。其中核心分布区1个，面积2.7万平方米，包括遗物采集区6个；一般分布区面积30.5万平方米，包括遗物采集区16个。采集遗物共30件，均为陶器，可辨器形有板瓦、筒瓦和罐（图一八九）。

秦汉时期遗址面积72.2万平方米，共有遗物采集区26个。其中核心分布区1个，位置偏北，面积1.8万平方米，包括遗物采集区5个；一般分布区面积70.4万平方米，包括遗物采集区21个。采集遗物共100件，均为陶器，可辨器形有板瓦、筒瓦、罐和盆（图一八九）。

秦汉时期遗物标本，1件。

110326QXN016-1，盆口沿。夹砂灰陶。敛口，方唇，唇面内凹，宽斜折沿，斜腹。唇面饰一周粗绳纹。残高8、残宽27.2、厚1.2～2.8厘米（图一九六，1）。

一〇五、太平庄南遗址

遗址位于滕州市官桥镇太平庄村南的平地上，西侧靠近小魏河，西部有一条冲沟，地表主要为麦地。遗址总面积20.4万平方米，共有遗物采集区19个，遗物丰富、一般及不丰富的采集区数量分别为0、2和17个。采集遗物时代包括东周、秦汉、隋唐和宋元4个时期，以东周和秦汉时期遗物为主（图一九七）。此外，20世纪中国社会科学院考古所山东队等也曾调查过此遗址，也发现了东周时期的遗存[①]。

东周时期遗址面积14.6万平方米，共有遗物采集区17个。其中核心分布区1个，面积5.2万平方米，包括遗物采集区11个；一般分布区面积9.4万平方米，包括遗物采集区6个。采集遗物共36件，均为陶器，可辨器形有板瓦、筒瓦和罐（图一九八）。

秦汉时期为遗物分布区，范围向东延伸至史庄北遗址范围内，向南延伸至前掌大遗址范围内，面积43.4万平方米，包括遗物采集区18个。采集遗物共30件，均为陶器，可辨器形有板瓦、筒瓦、罐和盆（图一九八）。

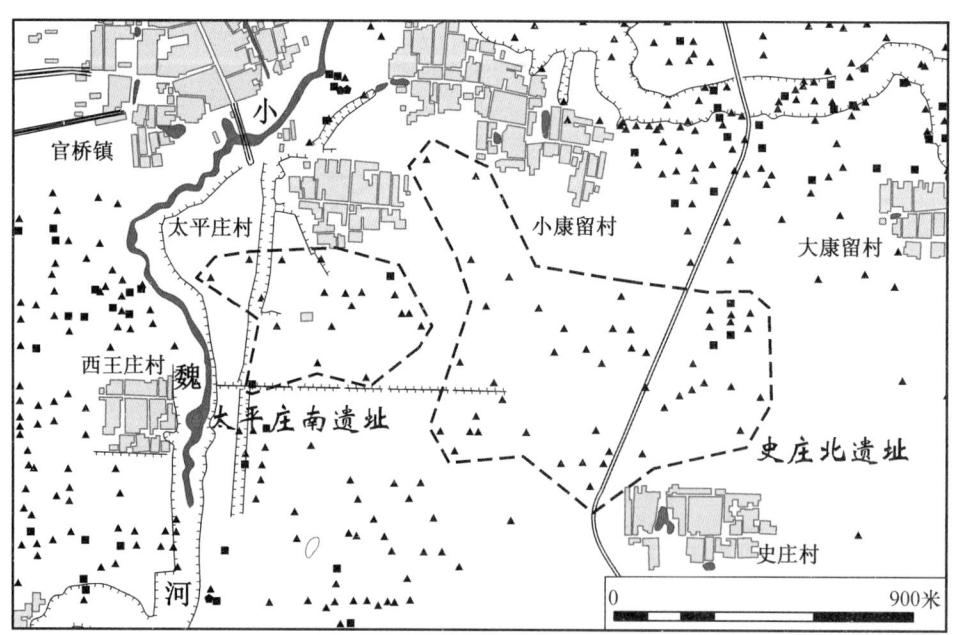

图一九七　太平庄区域遗址分布总图

---

① 中国社会科学院考古研究所山东队、滕县博物馆：《山东滕县古遗址调查简报》，《考古》1980年1期。

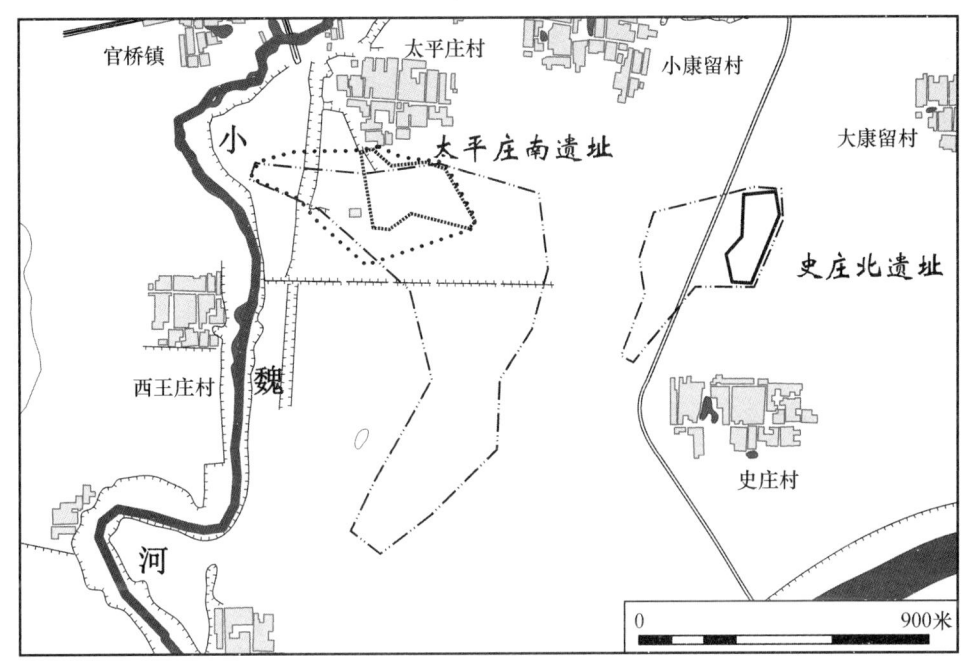

图一九八　太平庄区域东周—秦汉时期遗址分布图

一〇六、史庄北遗址

遗址位于滕州市官桥镇史庄村北的平地上，地表主要为麦地。遗址总面积61.1万平方米，共有遗物采集区49个，遗物丰富、一般及不丰富的采集区数量分别为0、3和46个。采集遗物时代包括东周、秦汉和宋元3个时期，以东周和秦汉时期遗物为主（图一九七）。

东周时期属于西康留—北辛遗址范围，详见后者。

秦汉时期遗址面积12.5万平方米，包含遗物采集区11个。核心分布区1个，面积2.6万平方米，包括遗物采集区7个；一般分布区面积9.9万平方米，包括遗物采集区4个。采集遗物共20件，均为陶器，可辨器形有板瓦、筒瓦、罐和盆（图一九八）。

一〇七、东周时期的西康留—北辛遗址

按照本报告遗址划分标准，东周时期薛河中游地区东起良里—西洪林，西至官桥—太平庄，北自东莱村—西公桥，南到史庄—北辛村间广大区域内的采集区应划为一个遗址，即西康留—北辛遗址。这一大型遗址纵跨薛河故道两岸，其范围内含有坝上村、王庄村、轩辕庄、八一矿区、大康留村、小康留等村落和企业，总面积1040万平方米，共有遗物采集区876个。

遗址核心分布区有30区：其中1区面积6.1万平方米，包括遗物采集区11个，属东莱东遗址范围；2区面积3.4万平方米，包括遗物采集区7个，属前莱西南遗址范围；3区面积116.7万平方米，包括遗物采集区250个，属东莱东和坝上西遗址范围；4区面积4万平方米，包括遗物采集区11个；5区面积6.7万平方米，包括遗物采集区9个；6区面积6.8万平方米，包括遗物采集区14个；7区面积3.4万平方米，包括遗物采集区8个，属坝上西遗址范围；8区面积12万平方米，包括遗物采集区23个，9区面积5.3万平方米，包括遗物采集区10个，10区面积3.5万平方米，包括遗物采集区6个，11区面积20.7万平方米，包括遗物采集区55个，属北辛东北遗址范围；12区面积23.8万平方米，包括遗物采集区44个，属北辛和坝上西遗址范围；13区面积1.8万平方米，包括遗物采集区4个，属北辛遗址范围；14区面积7.3万平方米，包括遗物采集区11个，15区面积29.6万平方米，包括遗物采集区46个，16区面积2.6万平方米，包括遗物采集区6个，17区面积1.8万平方米，包括遗物采集区5个，18区面积9.6万平方米，包括遗物采集区18个，属大康留东北遗址范围；19区面积2.1万平方米，包括遗物采集区5个，20区面积35.1万平方米，包括遗物采集区66个，属西康留东遗址范围；21区面积2.8万平方米，包括遗物采集区9个，22区面积3.7万平方米，包括遗物采集区7个，23区面积1.8万平方米，包括遗物采集区4个，24区面积2.5万平方米，包括遗物采集区4个，属史庄北遗址范围；25区面积3.1万平方米，包括遗物采集区10个，属小康留遗址范围；26区面积25.1万平方米，包括遗物采集区78个，27区面积4.8万平方米，包括遗物采集区10个，28区面积9.1平方米，包括遗物采集区21个，29区面积5.2万平方米，包括遗物采集区8个，30区面积3万平方米，包括遗物采集区6个，属西康留遗址范围。遗址的一般分布区面积676.6万平方米，包括遗物采集区105个（图一九九）。

遗址采集遗物共2963件，种类有铜器、陶器和动物骨骼。铜器有铜戈，陶器可辨器形有板瓦、筒瓦、鼎、鬲、罐、盆、瓮、盂、豆、钵，动物骨骼则有鳖甲和猪下颌骨。此外，遗址范围内还在坝上西南和小康留东发现属于东周时期的文化层堆积和墓葬等，详见遗址分述。

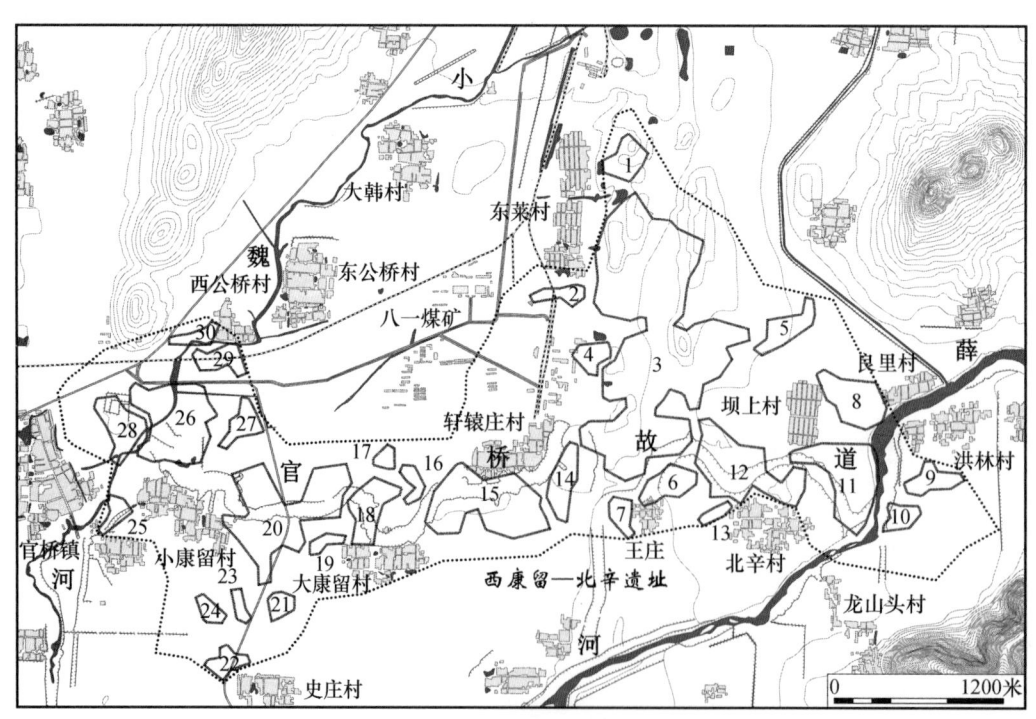

图一九九　东周时期的西康留—北辛遗址

一〇八、前管庄西遗址

遗址位于滕州市官桥镇前管庄村西的平地上，东北侧紧邻大康留村，南侧紧邻新薛河，地表主要为麦地和林地。遗址总面积81.4万平方米，共有遗物采集区38个，遗物丰富、一般及不丰富的采集区数量分别为0、1和37个。采集遗物时代包括商代、西周、东周、秦汉、隋唐和宋元多个时期，以东周时期遗物为主，其他可划分时期均为散点区（图二〇〇）。

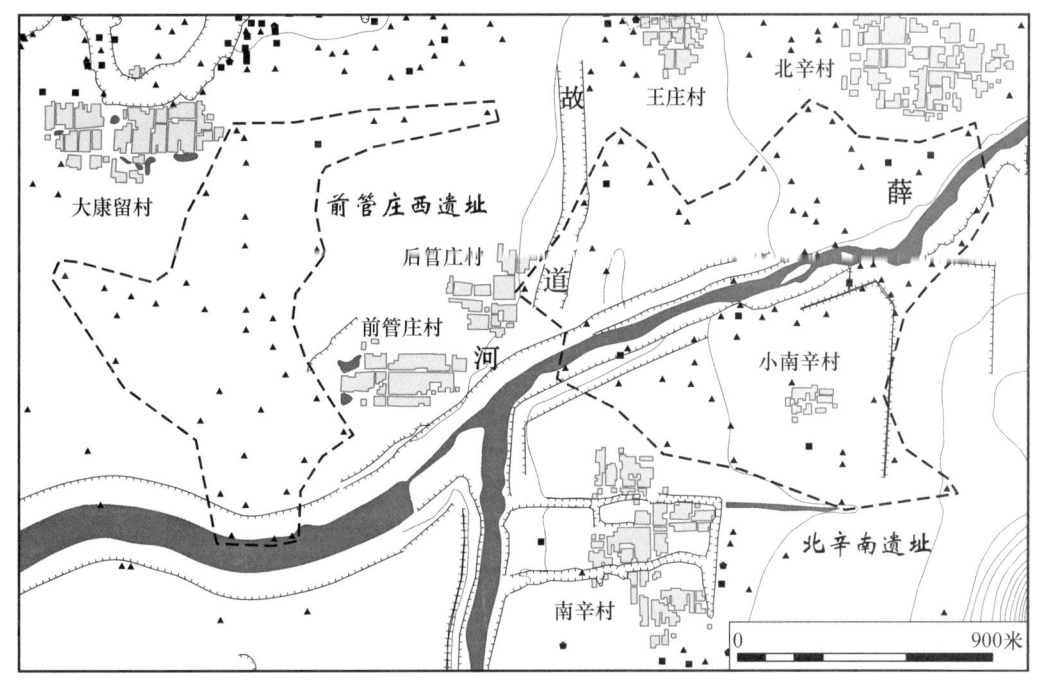

图二〇〇　前管庄区域遗址分布总图

东周时期遗址面积60.5万平方米，共有遗物采集区27个。其中核心分布区1个，面积3.9万平方米，包括遗物采集区6个；一般分布区面积56.6万平方米，包括遗物采集区21个。采集遗物共47件，均为陶器，可辨器形有板瓦、筒瓦、罐和盆（图二〇二）。

东周时期遗物标本，1件。

100311GMJ005-1，盆口沿。细砂灰陶。敛口，圆唇，宽平沿，弧腹。素面。残高4.4、残宽9.7、厚0.5~0.9厘米（图一九六，2）。

一〇九、北辛南遗址

遗址位于滕州市官桥镇北辛村南，南侧跨越薛河延伸至南辛村北，内部包括小南辛村，所处地形为河流阶地和平地，地表主要为麦地。遗址总面积142万平方米，共有遗物采集区71个，遗物丰富、一般及不丰富的采集区数量分别为0、7和64个。采集遗物时代包括北辛文化、大汶口文化、东周、秦汉和隋唐多个时期，以北辛文化、东周和秦汉时期遗物为主，大汶口文

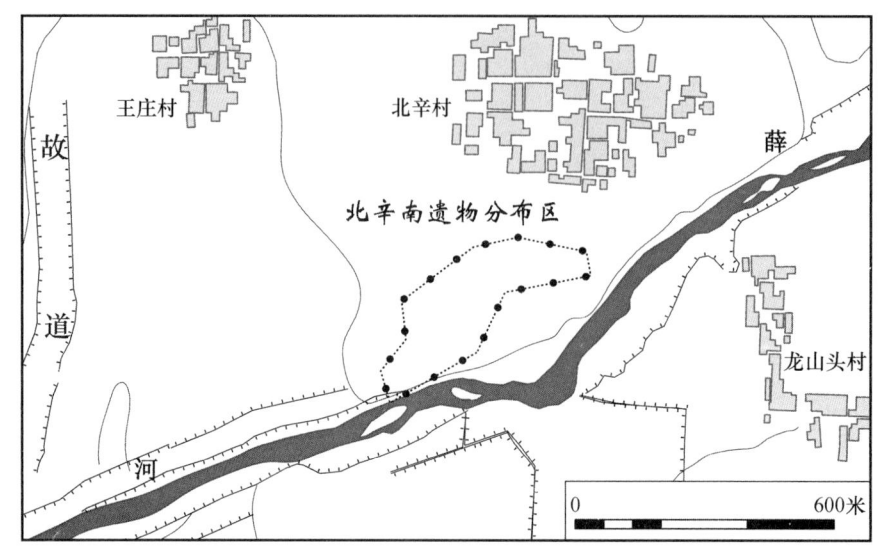

图二〇一　前管庄区域北辛文化分布区图

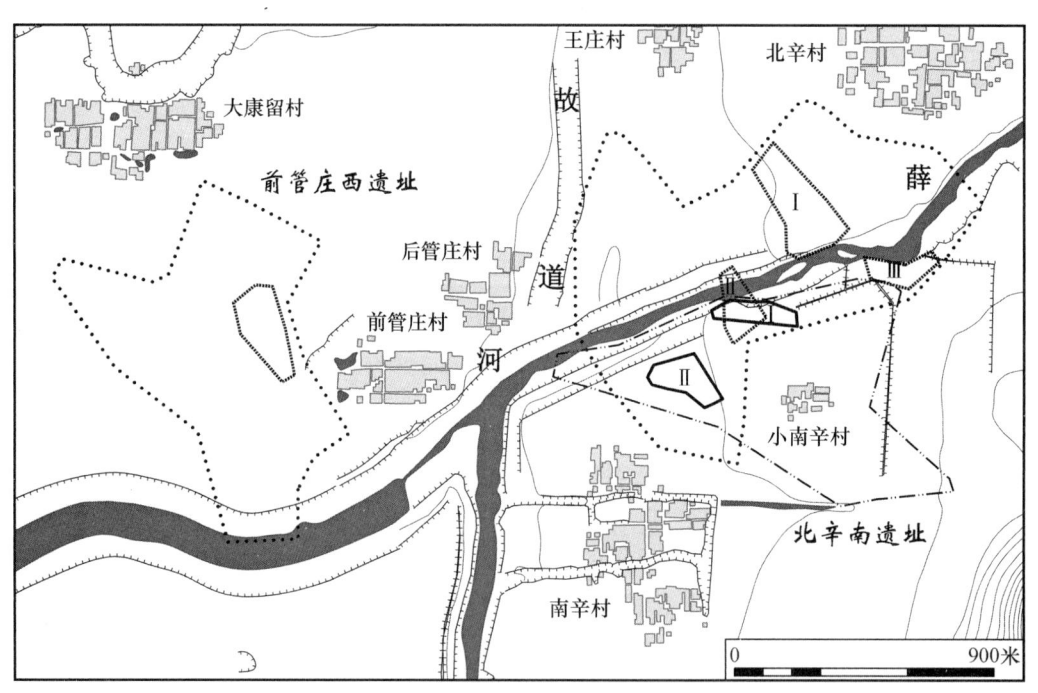

图二〇二　前管庄区域东周—秦汉时期遗址分布图

化时期为散点区（图二〇〇）。此外，遗址南部发现有石室墓1座，其年代应为汉代；遗址南部发现石柱、石碑等时代较晚的遗物；遗址西部后管庄西发现一石室墓群，但残破严重，墓石多已移位，从现状分析，原数量应在10余座，形制有单室和双室墓，部分墓葬有铺首衔环、菱格等画像，年代应为东汉时期（图版三一，2、3）。

北辛文化时期为遗物分布区，面积7.3万平方米，包括遗物采集区6个。采集遗物共8件，种类有陶器和石器，可辨器形有鼎、小口双耳壶和磨石（图二〇一）。

东周时期遗址面积95万平方米，共有遗物采集区45个。其中核心分布区有三区，Ⅰ区位置与北辛文化时期遗物分布区相近，Ⅱ、Ⅲ区为新增核心分布区：Ⅰ区面积6万平方米，包括遗物采集区11个；Ⅱ区面积2.2万平方米，包括遗物采集区4个；Ⅲ区面积1.7万平方米，包括遗物采集区4个。一般分布区面积85.1万平方米，包括遗物采集区26个。采集遗物共86件，均为陶器，可辨器形有板瓦、筒瓦、罐、盆、瓮、盂（图二〇二）。

秦汉时期遗址范围主要分布在新薛河以南，小南辛村四周，总面积53.3万平方米，共有遗物采集区24个。其中核心分布区分为两区：Ⅰ区位置与东周时期核心分布区Ⅱ区相近，面积1.8万平方米，包括遗物采集区6个；Ⅱ区为新增核心分布区，面积2.5万平方米，包括遗物采集区4个。一般分布区面积49万平方米，包括遗物采集区14个。采集遗物共53件，均为陶器，可辨器形有板瓦、筒瓦、罐、盆和瓮（图二〇二）。

北辛文化时期遗物标本，1件。

100309GMJ003-1，磨石。时代应为北辛文化时期。两面较平，一面光滑，另一面粗糙。残长6.1、残宽6.3、厚2~2.1厘米（图二〇三，3）。

大汶口文化时期遗物标本，1件。

100319FR037-1，鬶足。夹细砂灰胎红陶。圆锥形实足尖。素面。残高5.8厘米（图二〇三，2）。

东周时期遗物标本，1件。

100319HY020-1，盆口沿。夹砂灰陶。直口微敛，方唇，唇面微凹，宽折沿，沿面微弧，弧腹。腹部饰横绳纹。复原口径48、残高10、厚0.4~1.3厘米（图二〇三，1）。

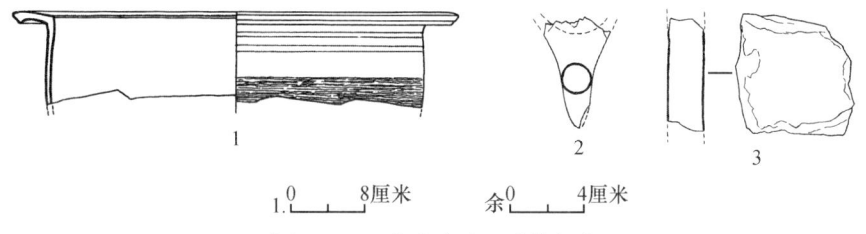

图二〇三　北辛南遗址遗物标本

1. 盆口沿（100319HY020-1）　2. 鬶足（100319FR037-1）　3. 磨石（100309GMJ003-1）

一一〇、刘村西遗物分布区

分布区位于滕州市柴胡店镇刘村西的平地上，地表主要为林地和果园。分布区总面积37.9万平方米，共有遗物采集区17个，遗物丰富、一般及不丰富的采集区数量分别为0、3和14个。采集遗物时代包括龙山文化、东周和秦汉3个时期，以东周和秦汉时期为主，龙山文化时期为散点区（图二〇四）。

东周时期遗物分布区面积6万平方米，包括遗物采集区4个。采集遗物共5件，均为陶器，可辨器形有板瓦（图二〇六）。

秦汉时期遗物分布区范围较东周时期遗物分布区扩大，面积19.9万平方米，包括遗物采集区11个。采集遗物共28件，均为陶器，可辨器形有板瓦、筒瓦、罐、盆和瓮（图二〇六）。

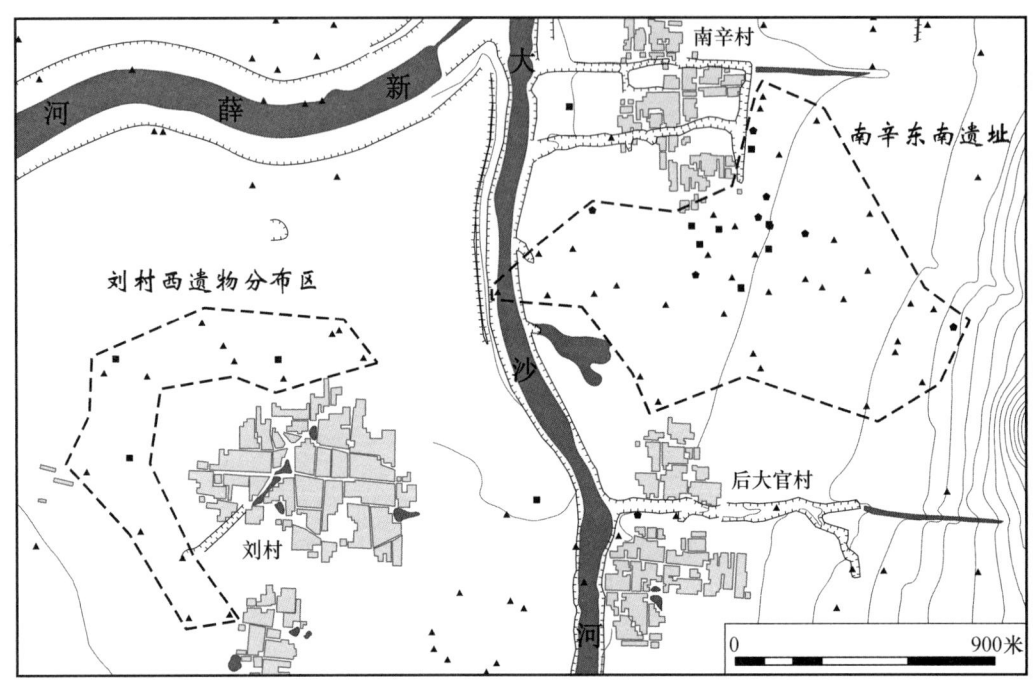

图二〇四　南辛区域遗址分布总图

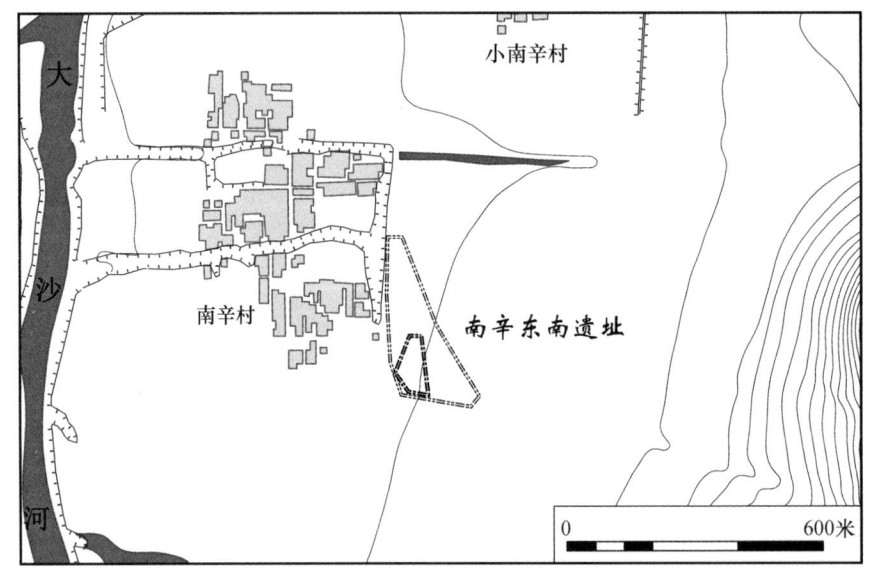

图二〇五　南辛区域西周时期遗址分布图

———、南辛东南遗址

遗址位于滕州市柴胡店镇南辛村东南的山前坡地上，西侧临近大沙河，东侧近山，地表主要为麦地。遗址总面积95.3万平方米，共有遗物采集区50个，遗物丰富、一般及不丰富的采集区数量分别为8、8和34个。采集遗物时代包括商代、西周、东周、秦汉和宋元多个时期，以西周、东周和秦汉时期遗物为主，商代时期为散点区（图二〇四）。此外，遗址中部断崖上发现有东周时期的文化层堆积，内有较多陶片；遗址中还发现有人骨暴露，应为土坑墓，但时代不明（图版三二，1）。

西周时期遗址面积4.2万平方米，共有遗物采集区7个。其中核心分布区1个，面积6900平方米，包括遗物采集区4个；一般分布区面积3.5万平方米，包括遗物采集区3个。采集遗物共41件，均为陶器，可辨器形有鬲、罐、盆和豆（图二〇五）。

东周时期遗址面积53.6万平方米，共有遗物采集区24个。其中核心区分为两区：Ⅰ区面积1.8万平方米，包括遗物采集区4个；Ⅱ区位置与西周时期遗址核心分布区相近，面积1.6万平方米，包括遗物采集区5个；一般分布区面积50.2万平方米，包括遗物采集区15个。采集遗物共109件，均为陶器，可辨器形有板瓦、鬲、罐、盆和豆（图二〇六）。

秦汉时期遗址面积79.6万平方米，共有遗物采集区32个。其中核心分布区1个，位置、范围与东周时期遗址两核心分布区相近，面积5.9万平方米，包括遗物采集区8个。一般分布区面积73.7万平方米，包括遗物采集区24个。采集遗物共96件，均为陶器，可辨器形有板瓦、筒瓦、罐、盆和瓮（图二〇六）。

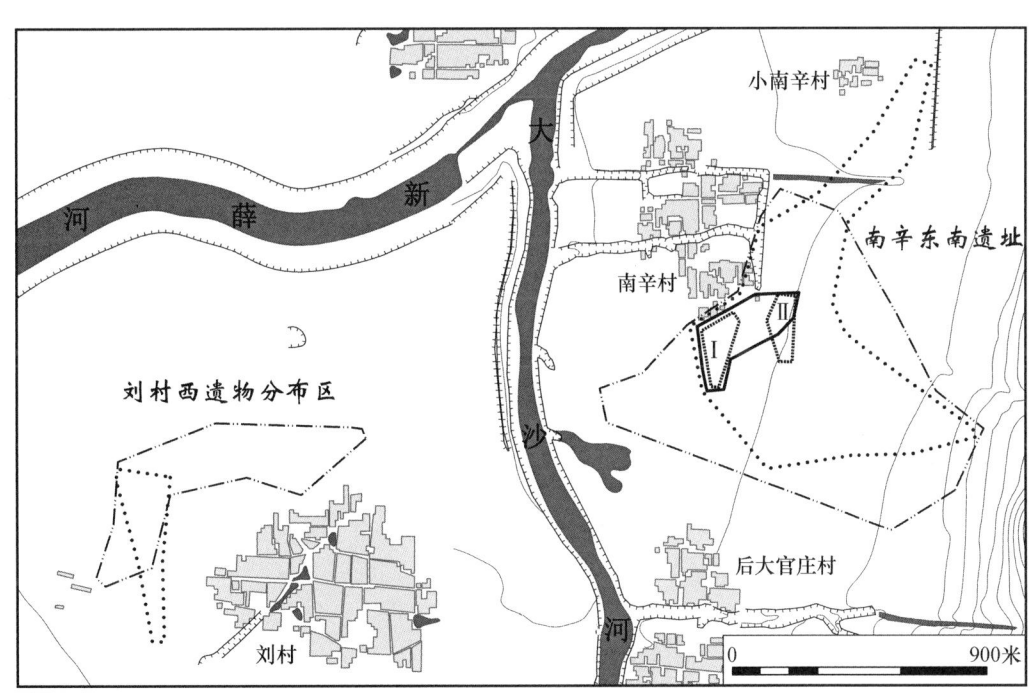

图二〇六　南辛区域东周—秦汉时期遗址分布图

商代时期遗物标本，3件。

110326WHY004-1，罐口沿。夹砂灰胎红陶。侈口，圆唇，卷沿，束颈。素面。残高5、残宽7.5、厚0.9～1.2厘米（图二〇七，2）。

110326WHY004-2，罐口沿。夹砂灰胎红陶，外壁近口沿处灰黑。侈口，圆唇，斜沿。素面。残高5.9、残宽8.3、厚1.5厘米（图二〇七，3）。

110326WHY004-3，罐口沿。夹砂灰胎褐陶。侈口，方唇，折沿，斜肩。肩部饰竖绳纹。复原口径22、残高7.2、厚0.8～1.5厘米（图二〇七，4）。

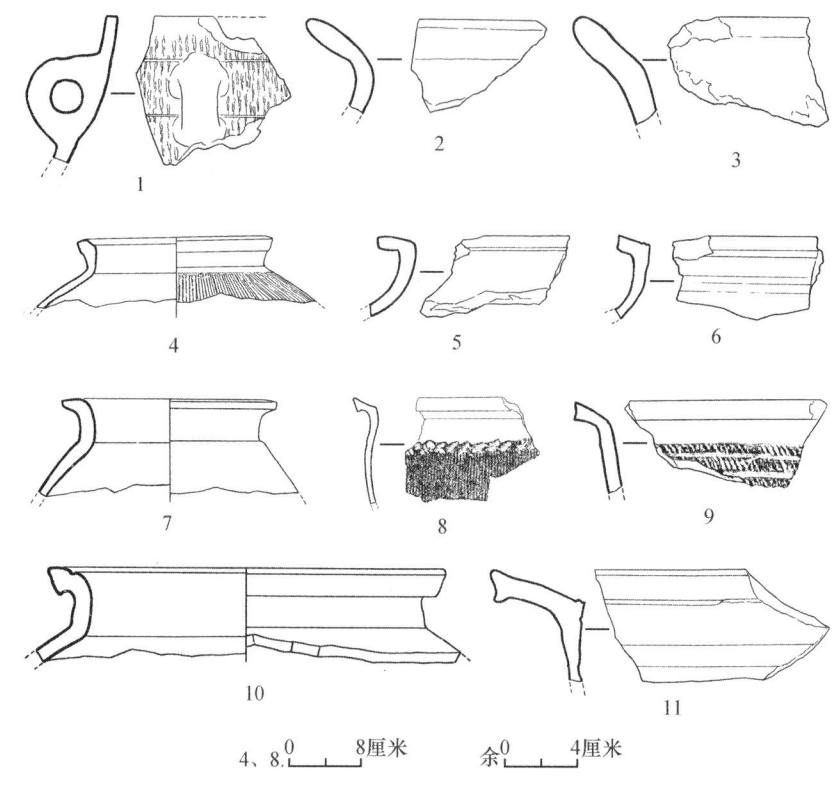

图二○七　南辛东南遗址遗物标本
1. 罐耳（110326WYL002-1）　2. 罐口沿（110326WHY004-1）　3. 罐口沿（110326WHY004-2）
4. 罐口沿（110326WHY004-3）　5. 罐口沿（110326LJT003-2）　6. 罐口沿（110326LJT003-1）
7. 罐口沿（110326WYL004-1）　8. 罐口沿（110326LJT003-5）　9. 盆口沿（110326LJT003-3）
10. 瓮口沿（110326LJT003-4）　11. 盆口沿（110326WYL005-1）

西周时期遗物标本，3件。

110326WYL002-1，罐耳。夹砂褐胎黑皮陶。敛口，方唇，近口沿位置有一环形竖耳。器表饰浅绳纹，其上有二周凹弦纹。残高6.8、残宽7.5、厚0.7~1厘米（图二○七，1）。

110326LJT003-2，罐口沿。夹砂褐胎黑皮陶。敛口，方唇，折沿，束颈。素面。残高4.4、残宽6.6、厚0.7厘米（图二○七，5）。

110326LJT003-1，罐口沿。细砂灰陶。敛口，方唇，折沿，束颈。素面。残高4.5、残宽8.3、厚0.6~0.8厘米（图二○七，6）。

东周时期遗物标本，4件。

110326WYL004-1，罐口沿。夹砂灰陶，外壁黄褐。直口微侈，尖圆唇，卷沿，短束颈，斜肩。素面。复原口径12、残高5、厚0.4~1厘米（图二○七，7）。

110326LJT003-5，罐口沿。夹砂红褐陶，外壁局部灰黑。敛口，方唇，斜折沿，束颈，弧腹。颈下有一周索状压印纹，以下饰竖绳纹。残高11.9、残宽14.8、厚0.7~1厘米（图二○七，8）。

110326LJT003-4，瓮口沿。细砂灰陶。直口微侈，方唇，卷沿，沿面有一周凹槽，束颈，斜肩。素面。复原口径22、残高5.1、厚0.8~1.1厘米（图二○七，10）。

110326LJT003-3，盆口沿。泥质浅灰陶。敞口，方唇，唇面内凹，斜折沿，腹近直。腹部饰弦断绳纹。残高4.6、残宽11、厚0.8厘米（图二○七，9）。

秦汉时期遗物标本，1件。

110326WYL005-1，盆口沿。夹细砂灰陶。敛口，方唇，唇面内凹，宽折沿，腹壁较直。腹部饰一周凹弦纹。残高5.7、残宽12.1、厚0.6～1.8厘米（图二〇七，11）。

一一二、大庙遗址

遗址位于滕州市柴胡店镇大庙村和张庄村四周，东侧紧邻大沙河，西侧紧邻邵庄村和前闫村，所处地形基本为平地，地表主要为麦地。遗址总面积87.4万平方米，共有遗物采集区65个，遗物丰富、一般及不丰富的采集区数量分别为1、8和56个。采集遗物时代包括西周、东周、秦汉、隋唐和宋元多个时期，以东周和秦汉时期遗物为主，西周时期为散点区（图二〇八）。此外，遗址东部近河断崖上发现汉代文化层堆积，内含汉代陶片等遗物；遗址南部发现石室墓3座，M1被毁严重，M2与M3为单室墓，仍残存人骨，时代应为西汉晚期至东汉初期（图版三二，2）。

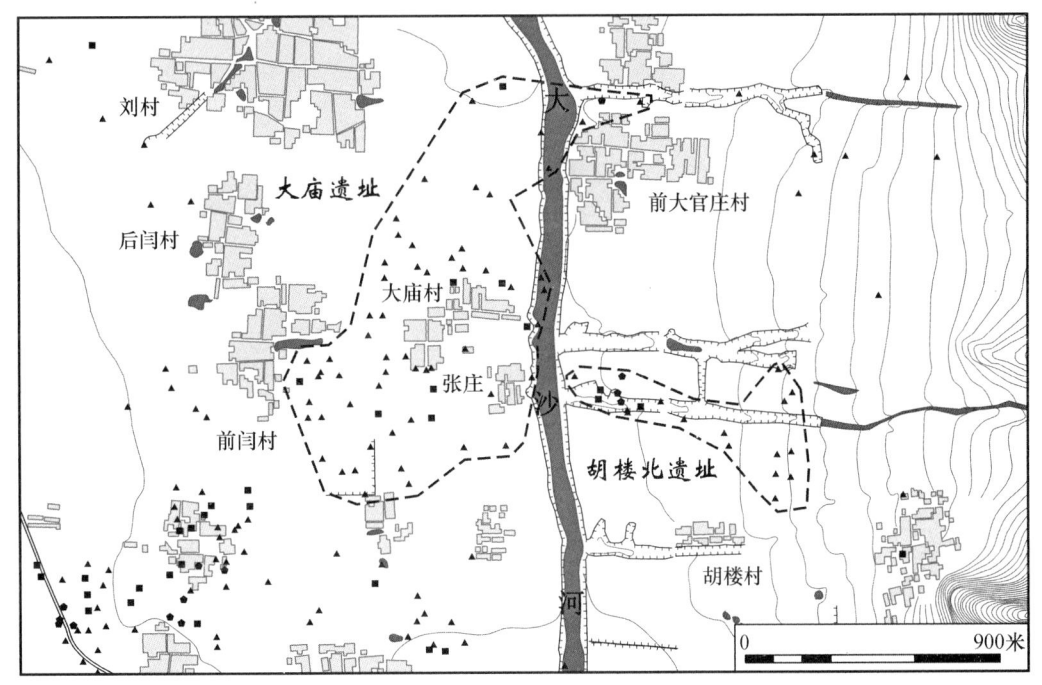

图二〇八　大庙区域遗址分布总图

东周时期分为2个遗物分布区。东部为大庙东南遗物分布区，其范围向东跨越大沙河延伸至胡楼北遗址范围内，面积8.7万平方米，包括遗物采集区8个。采集遗物共23件，均为陶器，可辨器形有筒瓦、罐、盆和豆。西部为前闫村东南遗物分布区，面积12.2万平方米，包括遗物采集区8个。采集遗物共9件，均为陶器，可辨器形有板瓦和罐（图二一〇）。

秦汉时期遗址面积87.4万平方米，共有遗物采集区58个。其中核心分布区有三区：Ⅰ区面积6.9万平方米，包括遗物采集区13个；Ⅱ、Ⅲ区位置与东周时期前闫村东南遗物分布区相近，Ⅱ区面积1.4万平方米，包括遗物采集区5个；Ⅲ区面积11.5万平方米，包括遗物采集区19

个。一般分布区面积68.6万平方米，包括遗物采集区21个。采集遗物共153件，均为陶器，可辨器形有板瓦、筒瓦、罐和盆（图二一〇）。

秦汉时期遗物标本，3件。

120405YKK007-1，罐。泥质深灰陶。口残，束颈，斜圆肩，鼓腹，底残。素面。残高10、残宽9.4、厚0.7~1厘米（图二一一，2）。

120405WWW007-1，筒瓦。泥质黄褐陶。瓦舌和瓦身分界明显，相接处有一周凸棱。瓦身饰竖绳纹。内切。残长11.2、残宽8.4、厚1.5厘米（图二一一，1）。

120403CDL002-1，石器。时代应为秦汉时期。两端残，平面呈长方形，两面近平，一面弧，断面呈直角三角形，斜边外弧。残长8.7、宽4.9、厚4.5厘米（图二一一，3）。

一一三、胡楼北遗址

遗址位于滕州市柴胡店镇胡楼村北，原称前大官庄遗址，西侧紧邻大沙河，东侧近山，分布在一条冲沟两侧，地表主要为麦地。遗址总面积18万平方米，共有遗物采集区20个，遗物丰富、一般及不丰富的采集区数量分别为3、3和14个。采集遗物时代包括北辛文化、大汶口文化、龙山文化、西周、东周和秦汉多个时期，以西周和秦汉时期遗物为主，其他可划分时期多为散点区（图二〇八）。此外，20世纪中国社会科学院考古所山东队也曾调查过此遗址，并发现大汶口文化和西周时期的遗存[1]。此次调查在遗址东北部发现文化层2处，一处位于冲沟断崖上，含有较丰富的西周时期陶片、大汶口文化晚期的大口尊残片1片和兽骨若干，一处含有少量西周时期陶片；在遗址西北部冲沟断崖上发现灰坑1个，含丰富的烧土、炭屑、烧骨及龙山文化器盖残片2片（图版三二，3）。

根据发现的大汶口文化文化层和龙山文化灰坑判断，该区域在大汶口文化和龙山文化时期均应为遗址，但可能由于埋藏较深等原因，两个时期的地面遗物均发现较少，如果仅按地面遗物分布情况划分，均仅能构成"散点区"。其中大汶口文化时期的遗物采集区共2处，均位于遗址东北部，一处为冲沟断崖上发现的文化层堆积，另一处采集到大口尊和罐残片共2片。龙山文化时期的遗物采集区共2处，均位于遗址内西北部，一处为冲沟断崖上发现的灰坑，另一处采集到鼎、甗和罐残片共3片。

西周时期遗址面积3.6万平方米，共有遗物采集区7个。其中核心分布区1个，面积1.8万平方米，包括遗物采集区6个；一般分布区面积1.8万平方米，包括遗物采集区1个。采集遗物共45件，均为陶器，可辨器形有鬲、罐、盆、钵和豆（图二〇九）。

秦汉时期遗址面积11.6万平方米，共有遗物采集区10个。其中核心分布区1个，面积1.8万平方米，包括遗物采集区5个；一般分布区面积9.8万平方米，包括遗物采集区5个。采集遗物共29件，均为陶器，可辨器形有板瓦、筒瓦和瓮（图二一〇）。

北辛文化时期遗物标本，2件。

120402FR002-1，钵口沿。泥质黑皮陶，红褐胎。口微敛，上腹略直，下腹斜内收。素

---

[1] 中国社会科学院考古研究所山东队、滕县博物馆：《山东滕县古遗址调查简报》，《考古》1980年1期。

第二章 遗址、遗物分布区和散点区

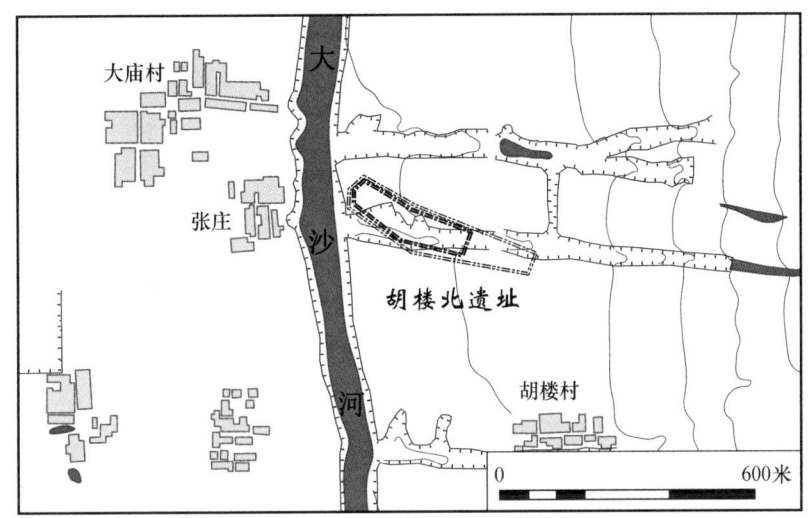

图二〇九　大庙区域西周时期遗址分布图

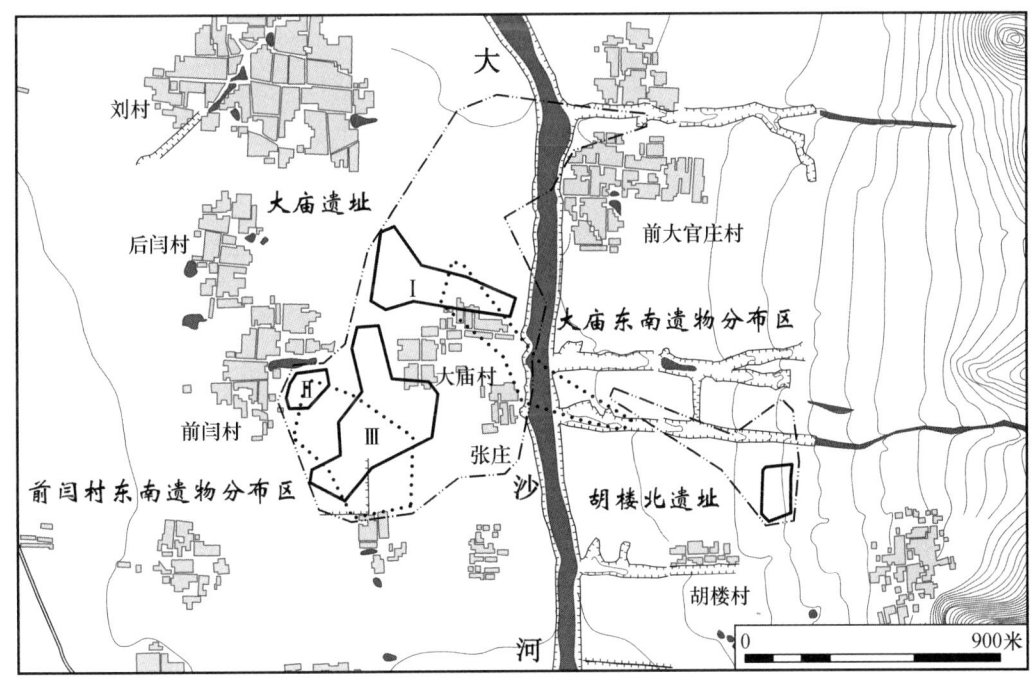

图二一〇　大庙区域东周—秦汉时期遗址分布图

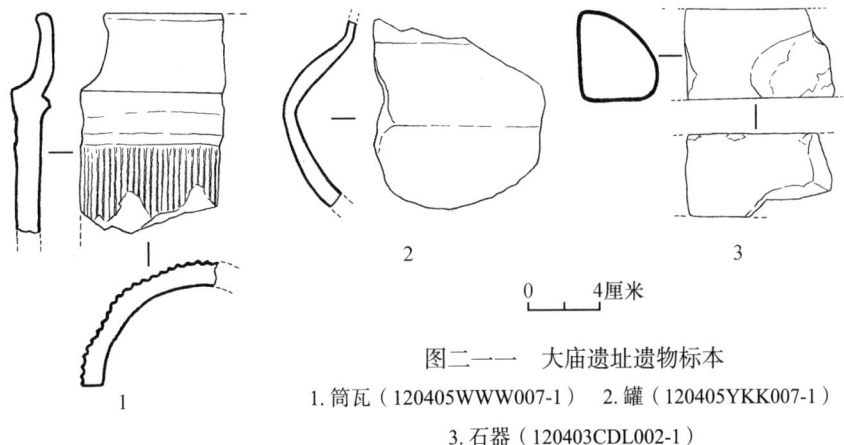

图二一一　大庙遗址遗物标本
1. 筒瓦（120405WWW007-1）　2. 罐（120405YKK007-1）
3. 石器（120403CDL002-1）

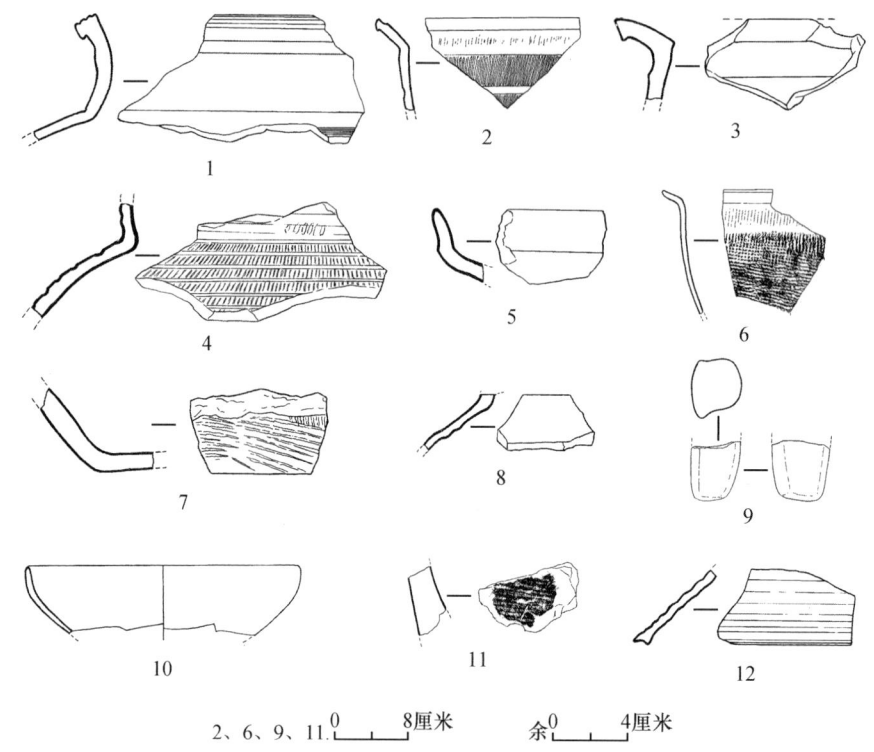

图二一二 胡楼北遗址遗物标本
1. 罐口沿（120402YKK003-3） 2. 盆口沿（120402YKK003-6） 3. 盆口沿（120402YKK003-2）
4. 罐口沿（120402YKK004-2） 5. 豆盘（120402YKK004-1） 6. 鬲口沿（120402YKK003-5）
7. 罐底（120402YKK003-9） 8. 器盖（120402FR004-2） 9. 石磨棒（120402FR003-1）
10. 钵口沿（120402FR002-1） 11. 大口尊腹片（120402YKK003-7） 12. 器盖（120402FR004-1）

面。复原口径15、残高3.7、厚0.3厘米（图二一二，10）。

120402FR003-1，石磨棒。仅余一端，长条形，横断面近圆角方形。有琢制和磨制痕迹。残长6.2、宽5.3~6.3、最厚5.4厘米（图二一二，9）。

大汶口文化时期遗物标本，1件。

120402YKK003-7，大口尊腹片。夹砂灰陶，胎为红褐色。饰横篮纹。残高7、残宽10.5、厚2.8~3.6厘米（图二一二，11）。

龙山文化时期遗物标本，2件。

120402FR004-2，器盖。泥质灰胎黑皮陶。覆碗形，上下均残，盖面微弧。素面。残高2.9、残宽5.3、厚0.6厘米（图二一二，8）。

120402FR004-1，器盖。夹砂红陶。覆碗形，顶残，盖面斜直，沿面内凹。盖面饰浅瓦棱纹。残高5.4、残宽7.4、厚0.6厘米（图二一二，12）。

西周时期遗物标本，5件。

120402YKK003-5，鬲口沿。夹细砂灰黑陶。侈口，圆唇，卷沿微折，弧腹。沿下饰抹绳纹，腹部饰交错绳纹。残高13、残宽10.6、厚0.5~0.8厘米（图二一二，6）。

120402YKK003-3，罐口沿。夹砂黑灰陶。侈口，方唇，斜折沿，沿面有三周凹槽，有颈，广斜肩。颈肩之交有一周凹弦纹，肩部有五周凹弦纹。残高6.7、残宽7~13.7、厚0.5~1.3

厘米（图二一二，1）。

120402YKK003-9，罐底。泥质灰褐陶，内壁黑色，胎灰色。斜腹，平底微内凹。腹饰粗绳纹，底部饰抹绳纹。残高4.4、残宽7.6、厚0.8～1.1厘米（图二一二，7）。

120402YKK003-6，盆口沿。夹细砂灰褐陶，内壁灰黑色。侈口，方唇，斜折沿，沿面有一周凹槽，斜弧腹。腹部饰竖绳纹，中有一周宽凹槽。残高9.6、残宽6.6、厚0.8厘米（图二一二，2）。

120402YKK003-2，盆口沿。夹砂灰陶。侈口，方唇，唇面微内凹，宽折沿，腹近直。沿下有一周凸弦纹。残高4.6、残宽8.2、厚0.85～1.3厘米（图二一二，3）。

东周时期遗物标本，2件。

120402YKK004-2，罐口沿。夹砂灰胎黄褐皮陶。口残，短颈，圆肩。颈下饰弦断绳纹。残高6.2、残宽13.4、厚0.9厘米（图二一二，4）。

120402YKK004-1，豆盘。泥质深灰陶。敞口，浅盘，折腹，盘壁内束，折腹处有一周凸棱。素面。残高3.9、残宽5.9、厚0.7～1厘米（图二一二，5）。

一一四、柴胡店北遗址

遗址位于滕州市柴胡店镇柴胡店村北的平地上，地表主要为荒地。遗址总面积2.4万平方米，共有遗物采集区4个，遗物丰富、一般及不丰富的采集区数量分别为0、2和2个。采集遗物时代包括东周和秦汉2个时期，以秦汉时期遗物为主，东周时期为散点区（图二一三）。

秦汉时期遗址面积2.4万平方米，包括遗物采集区4个，全部为核心分布区。采集遗物共12件，均为陶器，可辨器形有板瓦、筒瓦、盆和瓮（图二一五）。

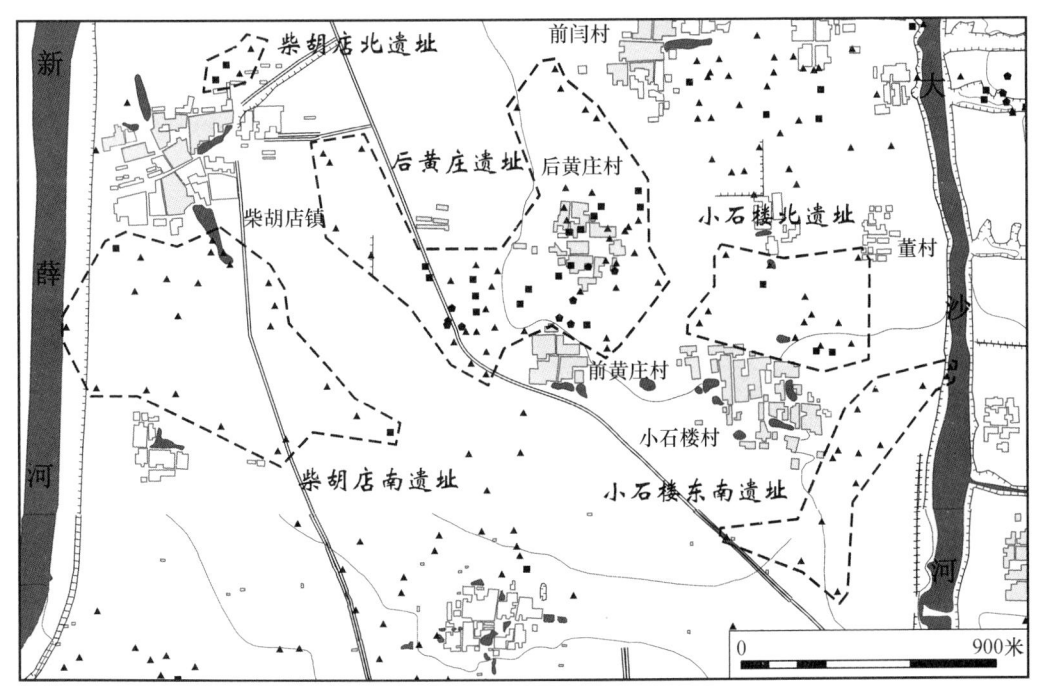

图二一三　后黄庄区域遗址分布总图

秦汉时期遗物标本，2件。

120407YFY004-1，罐口沿。夹砂灰陶，外壁黄褐。侈口，圆唇，卷沿，短颈，斜肩。素面。残高8.8、残宽7.2～8.6、厚1～1.25厘米（图二一六，2）。

120404YKK003-1，盆口沿。夹细砂灰陶。敛口，方唇，唇面两周浅凹弦纹，宽斜折沿，沿面一周浅凹槽，弧腹。颈部有二周凸棱，腹部残留2个一组的按窝。残高7.7、残宽17.6、厚1.5厘米（图二一六，1）。

一一五、柴胡店南遗址

遗址位于滕州市柴胡店镇柴胡店村南的平地上，南侧紧邻官庄村，西侧紧邻新薛河，地表主要为麦地和荒地。遗址总面积51.9万平方米，共有遗物采集区23个，遗物丰富、一般及不丰富的采集区数量分别为0、2和21个。采集遗物时代包括东周、秦汉和宋元3个时期，以秦汉时期遗物为主，东周时期为散点区（图二一三）。此外，1957年，山东省博物馆曾在遗址西北部新薛河东发现42座东汉墓葬，全部为石室墓，形制有单室、双室、三室三种，每座墓的随葬品多为一两件陶器[①]。此次调查在柴胡店镇南发现石室墓5座，其中3座残破，2座仅露一角，其形制4座为单室墓，1座为双室墓，残破的M3还发现零星人骨，其时代应为西汉晚期；遗址北部路沟断面上发现包含较多汉代陶片的文化层（图版三三，1）。

秦汉时期遗址面积44.4万平方米，共有遗物采集区20个。其中核心分布区1个，面积1.4万平方米，包括遗物采集区4个；一般分布区面积43万平方米，包括遗物采集区16个。采集遗物共30件，均为陶器，可辨器形有板瓦、筒瓦和盆（图二一五）。

一一六、后黄庄遗址

遗址位于滕州市柴胡店镇原后黄庄四周，现后黄庄东南侧，南侧紧邻前黄庄村，所处地形基本为平地，地表主要为麦地和林地。遗址总面积61.3万平方米，共有遗物采集区63个，遗物丰富、一般及不丰富的采集区数量分别为9、16和38个，从遗物分布情况分析，遗址部分面积还应被现后黄庄占压。采集遗物时代包括商代、西周、东周和秦汉时期。此外，20世纪该遗址即出土较多殷墟期遗物，其中1958年井亭煤矿二号井发现铜器等30余件，包括有铭提梁卣、斝、尊、鼎、觚、觯、爵、玉琮、玉璜和陶器，都应为墓葬出土；1959年发现墓葬1座，出土铜爵、觚、戈等；此外还发现灰坑和其他遗物；滕州博物馆也曾在此征集铜鼎、铜觯各1件[②]。中国社会科学院考古研究所山东队等也调查过此遗址，在后黄庄村西发现商代和西周时期遗存[③]。此次调查在遗址中发现多处文化层堆积和灰坑、墓葬等遗迹，其中遗址中部路沟断崖处

---

① 山东省博物馆：《山东滕县柴胡店汉墓》，《考古》1963年8期。
② 孔繁银：《山东滕县井亭煤矿等地发现商代铜器及古遗址、墓葬》，《文物》1959年12期；滕州市博物馆：《山东滕州市薛河下游出土的商代青铜器》，《考古》1996年5期。
③ 中国社会科学院考古研究所山东队、滕县博物馆：《山东滕县古遗址调查简报》，《考古》1980年1期。

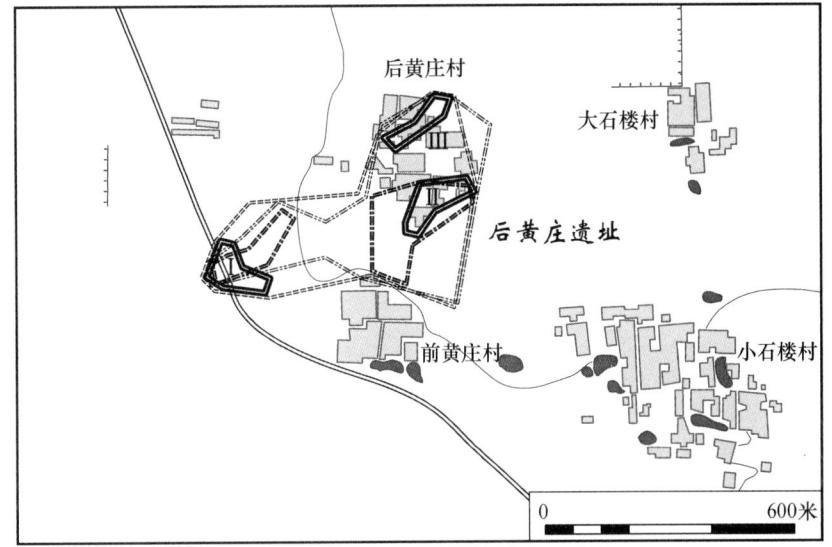

图二一四　后黄庄区域商代—西周时期遗址分布图

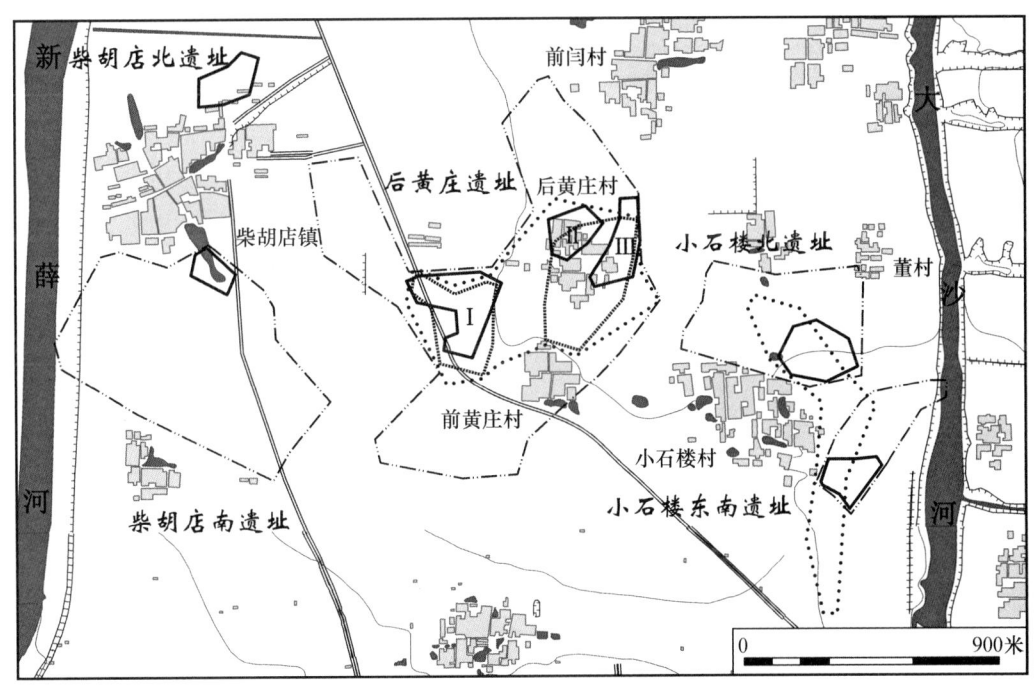

图二一五　后黄庄区域东周—秦汉时期遗址分布图

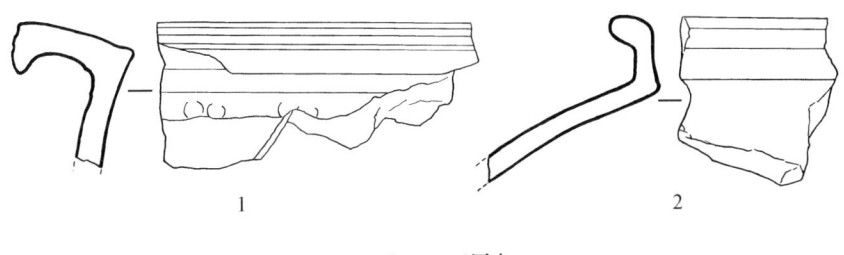

图二一六　柴胡店北遗址遗物标本
1. 盆口沿（120404YKK003-1）　2. 罐口沿（120407YFY004-1）

发现的1座灰坑中含有大量汉代陶片；遗址中部剖面上清理了1座西周残墓，其中出土完整陶鬲和残陶豆各1件（图二一三；图版三三，2、3）。

商代时期遗址面积17.1万平方米，共有遗物采集区14个。其中核心分布区有三区：Ⅰ区面积9200平方米，包括遗物采集区4个；Ⅱ区面积1万平方米，包括遗物采集区3个；Ⅲ区面积6100平方米，包括遗物采集区3个。一般分布区面积14.6万平方米，包括遗物采集区4个。采集遗物共82件，种类有陶器和骨料，陶器可辨器形有鬲、簋、罐、盆和豆，骨料有鹿角料（图二一四）。

西周时期遗址面积14.9万平方米，共有遗物采集区15个。其中核心分布区有两区：Ⅰ区位置与商代遗址核心分布区Ⅰ区相近，面积1.1万平方米，包括遗物采集区3个；Ⅱ区位置与商代遗址核心分布区Ⅱ区相近，但范围扩大，面积3.2万平方米，包括遗物采集区6个。一般分布区面积12.8万平方米，包括遗物采集区6个。采集遗物共79件，均为陶器，可辨器形有鬲、簋、罐和盆（图二一四）。

东周时期遗址面积30.8万平方米，共有遗物采集区38个。其中核心分布区有两区，Ⅰ、Ⅱ区位置与西周时期遗址两核心分布区相近，但范围都有所扩大。Ⅰ区面积6.1万平方米，包括遗物采集区16个；Ⅱ区面积10.2万平方米，包括遗物采集区19个。一般分布区面积14.5万平方米，包括遗物采集区3个。采集遗物共90件，均为陶器，可辨器形有板瓦、筒瓦、罐、盆、豆（图二一五）。

秦汉时期遗址面积76.8万平方米，共有遗物采集区45个。其中核心分布区有三区，Ⅰ区位置与东周时期遗址核心分布区Ⅰ区相近，Ⅱ、Ⅲ区位置与东周时期核心分布区Ⅱ区相近。Ⅰ区面积4.9万平方米，包括遗物采集区11个；Ⅱ区面积2.2万平方米，包括遗物采集区6个；Ⅲ区面积2.8万平方米，包括遗物采集区6个。一般分布区面积66.9万平方米，包括遗物采集区22个。采集遗物共95件，均为陶器，可辨器形有板瓦、筒瓦、罐和盆（图二一五）。

商代时期遗物标本，10件。

120407YFY005-3，鬲足。夹砂红褐陶，内壁黑色。实足尖较高。外侧饰绳纹。残高6.4厘米（图二一七，10）。

120406CDL008-2，甗腰。夹砂红褐陶。饰细绳纹。残高5.5、残宽7、厚0.9～1.1厘米（图二一七，4）。

120406YKK010-2，罐腹片。夹砂红褐陶。器表有一道附加堆纹和中绳纹。手制。残高7、残宽6.5、厚1～1.8厘米（图二一七，5）。

120406YKK012-1，盆口沿。泥质灰褐陶。敞口，方唇，斜壁。沿外侧饰抹绳纹。残高3、残宽5.4、厚0.7～0.8厘米（图二一七，3）。

120406YKK002-1，盆口沿。夹砂灰陶。敞口，圆唇，斜腹。素面。残高4、残宽6.5、厚0.8厘米（图二一七，8）。

120407YFY005-2，簋口沿。泥质灰黑陶，灰胎。敞口，方唇，折沿，沿内侧有一周凸棱，斜直腹。腹部饰二周凹弦纹，以上饰刻划三角纹。内壁有轮旋痕迹。残高7.2、残宽12.1、厚0.6～0.8厘米（图二一七，1）。

120406CDL008-4，簋腹片。泥质灰陶。器表饰两道凹弦纹和三角形刻划纹。残高4、残宽

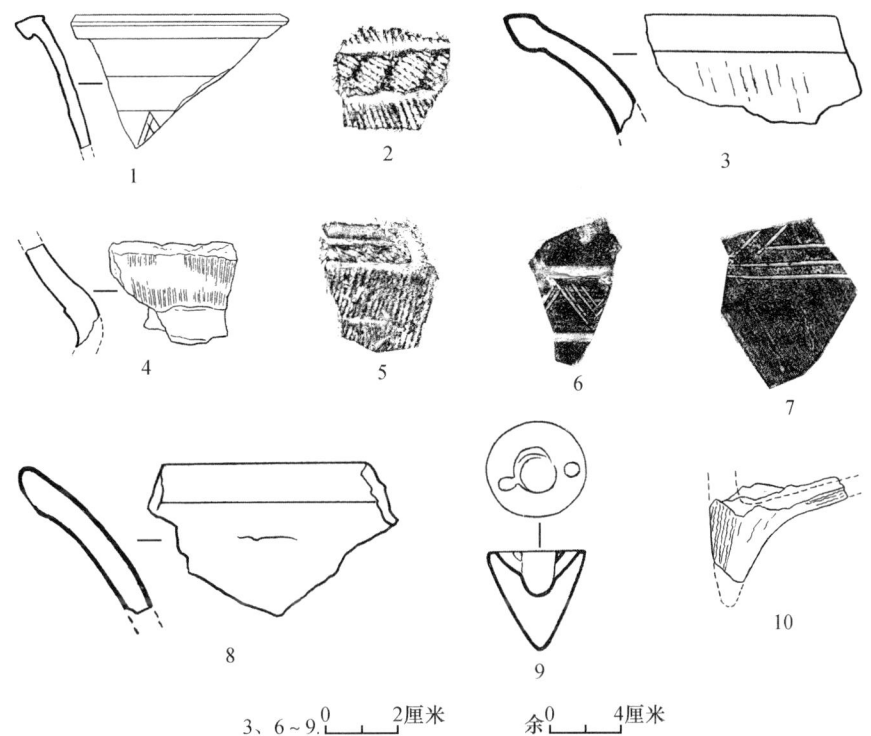

图二一七 后黄庄遗址商代时期遗物标本
1. 簋口沿（120407YFY005-2） 2. 腹片（120407YFY005-5） 3. 盆口沿（120406YKK012-1）
4. 甗腰（120406CDL008-2） 5. 罐腹片（120406YKK010-2） 6. 簋腹片（120406CDL008-4）
7. 簋腹片（120406CDL008-3） 8. 盆口沿（120406YKK002-1） 9. 角器（120407YFY006-3）
10. 鬲足（120407YFY005-3）

2.6、厚0.6厘米（图二一七，6）。

120406CDL008-3，簋腹片。泥质灰陶。器表饰三角形刻划纹。残高4.2、残宽3.6、厚4.5~6厘米（图二一七，7）。

120407YFY005-5，腹片。夹砂红褐色，内壁黑色。器表有一周索状宽堆纹，通体饰绳纹。残高5.1、残宽6、厚0.8~1.3厘米（图二一七，2）。

120407YFY006-3，角器。圆锥形，中空，平面一侧有2个穿孔。直径2.7、高2.7厘米（图二一七，9；图版五八，1）。

西周时期遗物标本，13件。

120406FR008-1，鬲足。夹砂红褐陶。实足尖略高，底端较平。满饰绳纹。残高6.4厘米（图二一八，2）。

120407YFY006-4，鬲，出于清理的墓葬之中。夹砂灰褐胎黑皮陶。敛口，方唇，折沿，弧腹，柱状实足。颈部有两周凹槽，颈下饰浅细绳纹。口径15.4、通高14.5厘米（图二一八，15；图版五八，5）。

120406CDL002-1，罐口沿。夹粗砂灰陶。口近直，圆方唇，矮颈，圆肩。肩部饰两周凹弦纹，弦纹之下饰竖绳纹。复原口径26、残高5.7、厚0.9~1.5厘米（图二一八，5）。

120406YFY002-1，罐底。夹砂红褐陶，胎为黄褐色。弧腹，平底。腹部饰细绳纹。残高

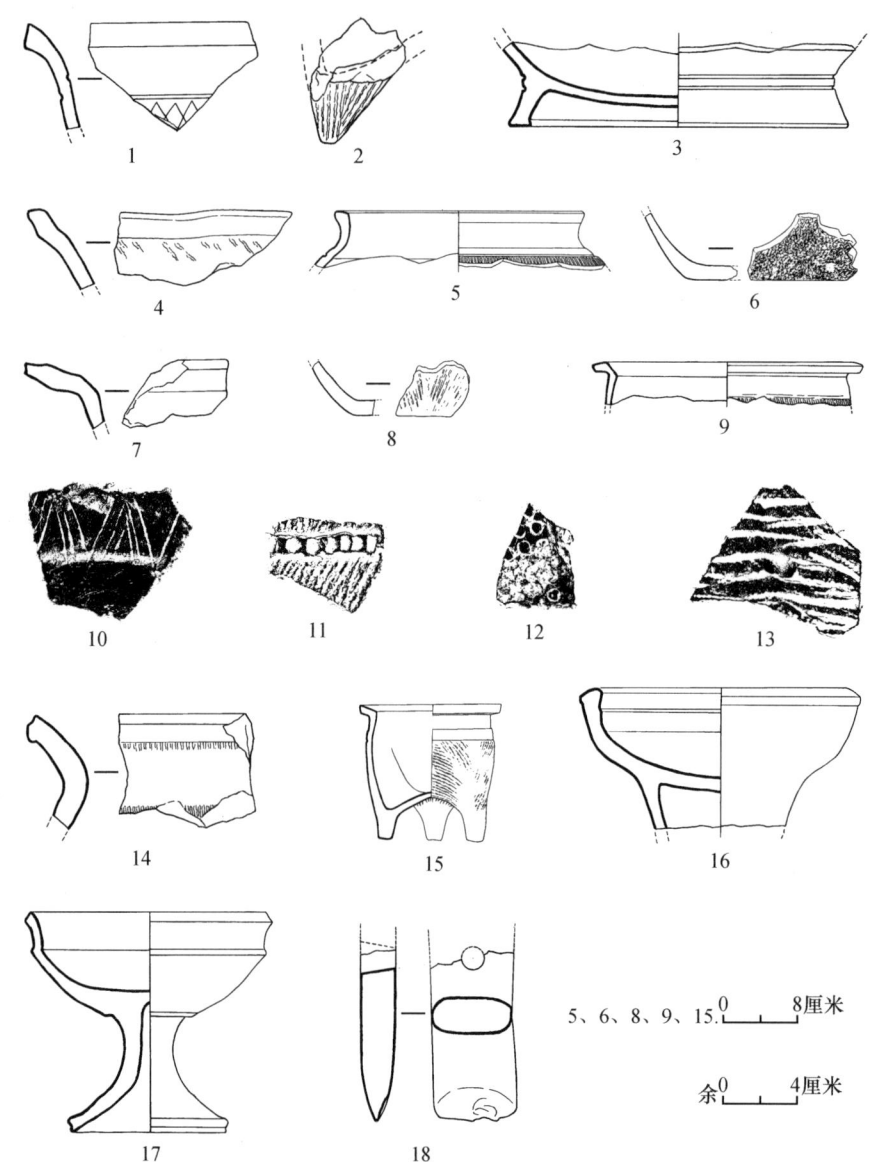

图二一八　后黄庄遗址西周、东周时期遗物标本

1. 簋口沿（120406FR010-1）　2. 鬲足（120406FR008-1）　3. 簋圈足（120406CDL002-2）　4. 盆口沿（120406FR010-2）　5. 罐口沿（120406CDL002-1）　6. 罐底（120406YFY002-1）　7. 盆口沿（120406YKK009-1）　8. 罐底（120406YKK003-2）　9. 罐口沿（120407YFY005-1）　10. 罐腹片（120406YFY013-2）　11. 罐腹片（120406YFY013-1）　12. 圆圈纹陶片（120406FR013-1）　13. 罐腹片（120406FR008-2）　14. 罐口沿（120406TDM010-1）　15. 鬲（120407YFY006-4）　16. 豆（120407YFY006-1）　17. 豆（120406YKK011-1）　18. 石锛（120406YKK003-3）

6.8、残宽11.8、厚0.65~1.7厘米（图二一八，6）。

120406YKK003-2，罐底。夹粗砂灰陶。弧腹，平底。腹部饰细绳纹。残高5.5、残宽6~7.3、厚1.1~1.5厘米（图二一八，8）。

120406YFY013-2，罐腹片。夹细砂灰陶。器表饰凹弦纹和刻划三角纹。残高6.7、残宽4.8~8.3、厚1~1.1厘米（图二一八，10）。

120406YFY013-1，罐腹片。夹砂灰褐色，局部红褐色。器表饰附加堆纹和中绳纹，堆纹上有密集按窝。残高4.7、残宽5.6、厚0.9~1.5厘米（图二一八，11）。

120406FR008-2，罐腹片。夹细砂灰陶。器表饰粗绳纹。残高2.7~6.2、残宽8.5、厚0.9~1.3厘米（图二一八，13）。

120406FR010-2，盆口沿。夹砂灰陶。敞口，圆方唇，斜腹。沿外侧有一周凸棱，腹部饰零星绳纹。残高4.1、残宽9.3、厚0.9~1.3厘米（图二一八，4）。

120406FR010-1，簋口沿。泥质灰陶。敞口，方唇，卷沿，斜弧腹。腹部饰一周凹弦纹，弦纹下刻划三角纹。残高5.7、残宽9.2、厚0.6-1.2厘米（图二一八，1）。

120406CDL002-2，簋圈足。泥质黄褐陶，胎呈灰色。斜腹，内侧为缓圜底，矮圈足。圈足上部饰两周凹弦纹，底中部饰交错绳纹。复原底径18、残高4.1、厚0.6~1厘米（图二一八，3）。

120407YFY006-1，豆，出于清理的墓葬之中。泥质灰陶。口微敛，圆方唇，唇下一周凹槽，圆折腹，粗柄，下部残。素面。口径15、残高7.3、厚0.8厘米（图二一八，16）。

120406FR013-1，圆圈纹陶片。泥质灰陶。器表戳印饰圆圈纹。残高4.8、残宽6、厚1.1厘米（图二一八，12）。

东周时期遗物标本，4件。

120406YKK011-1，豆。泥质灰陶。侈口，方唇，折盘，内底近平，空心细柄，喇叭形圈足，圈足近底处一周凹槽。素面。复原口径12.7、圈足径8.5、高11.5厘米（图二一八，17；图版五八，4）。

120407YFY005-1，罐口沿。泥质灰陶。侈口，圆方唇，斜折沿，弧腹。器表饰中绳纹。复原口径29、残高4.6、厚0.7~1.2厘米（图二一八，9）。

120406TDM010-1，罐口沿。夹砂黄褐陶，外壁灰褐。侈口，方唇，唇面一周凹槽，束颈。唇下及颈下残留少量绳纹。残高6、残宽7.6、厚1.1~1.3厘米（图二一八，14）。

120406YKK009-1，盆口沿。夹砂黄褐陶。敞口，方唇，宽折沿。素面。残高3.6、残宽5.7、厚0.6~0.9厘米（图二一八，7）。

时代不详石器标本，1件。

120406YKK003-3，石锛。两面刃，上部有一穿孔。残长8.9、宽4.5、厚1.8厘米（图二一八，18；图版五八，2）。

一一七、小石楼北遗址

遗址位于滕州市柴胡店镇小石楼村北的平地上，北侧紧邻大石楼和董村，地表主要为林地和麦地。遗址总面积20.9万平方米，共有遗物采集区15个，遗物丰富、一般及不丰富的采集区数量分别为0、3和12个。采集遗物时代包括东周、秦汉和隋唐3个时期，以东周和秦汉时期遗物为主（图二一三）。

东周时期为遗物分布区，范围向南延伸，与小石楼东南遗址为一体，面积15.5万平方米，包括遗物采集区8个。采集遗物共11件，均为陶器，可辨器形有板瓦、筒瓦和罐（图二一五）。

秦汉时期遗址面积20.9万平方米，共有遗物采集区14个。其中核心分布区1个，面积3.9万平方米，包括遗物采集区8个；一般分布区面积17万平方米，包括遗物采集区6个。采集遗物共30件，均为陶器，可辨器形有板瓦、筒瓦、盆和绳纹砖（图二一五）。

一一八、小石楼东南遗址

遗址位于滕州市柴胡店镇小石楼村东南的平地上，东侧靠近大沙河，地表主要为林地和麦地。遗址总面积19万平方米，共有遗物采集区14个，采集区遗物丰富程度全部为不丰富。采集遗物时代包括商代、东周和秦汉3个时期，以东周和秦汉时期遗物为主，商代时期为散点区（图二一三）。

东周时期为遗物分布区，与小石楼北遗址为一体，详见前者。

秦汉时期遗址面积9万平方米，共有遗物采集区10个。其中核心分布区1个，面积2.2万平方米，包括遗物采集区5个；一般分布区面积6.8万平方米，包括遗物采集区5个。采集遗物共16件，均为陶器，可辨器形有板瓦、筒瓦、罐和盆（图二一五）。

一一九、沙岗东遗址

遗址位于滕州市柴胡店镇沙岗村东的平地上，西北侧紧邻新薛河，地表主要为麦地，从遗物分布情况判断，部分面积可能被沙岗村占压。遗址总面积37.3万平方米，共有遗物采集区23个，遗物丰富、一般及不丰富的采集区数量分别为2、5和16个。采集遗物时代包括东周、秦汉和宋元3个时期，以东周和秦汉时期遗物为主（图二一九）。此外，遗址西北近河断崖上发现

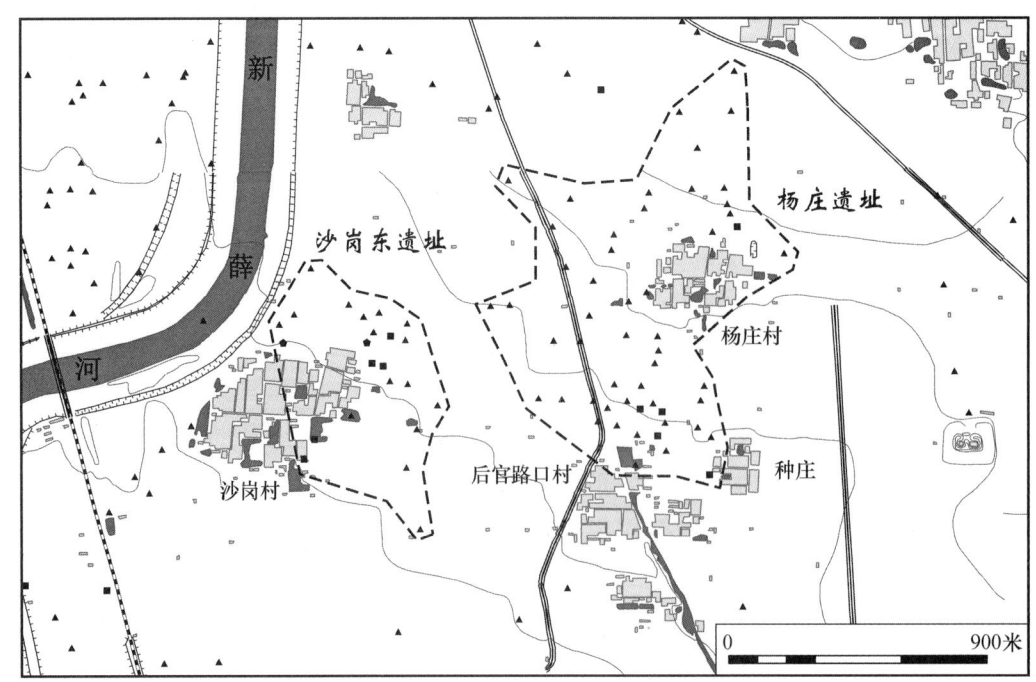

图二一九　杨庄区域遗址分布总图

较密集的汉代陶片，可能为一灰坑（图版三四，1）。

东周时期为遗物分布区，范围向东北延伸至杨庄遗址范围内，面积7.8万平方米，包括遗物采集区5个。采集遗物共8件，均为陶器，可辨器形有板瓦和罐（图二二○）。

秦汉时期遗址面积27.4万平方米，共有遗物采集区21个。其中核心分布区1个，范围与东周时期遗物分布区相近，面积5.9万平方米，包括遗物采集区12个；一般分布区面积22.5万平方米，包括遗物采集区9个。采集遗物共76件，均为陶器，可辨器形有板瓦、筒瓦、罐、盆、瓮和缸（图二二○）。

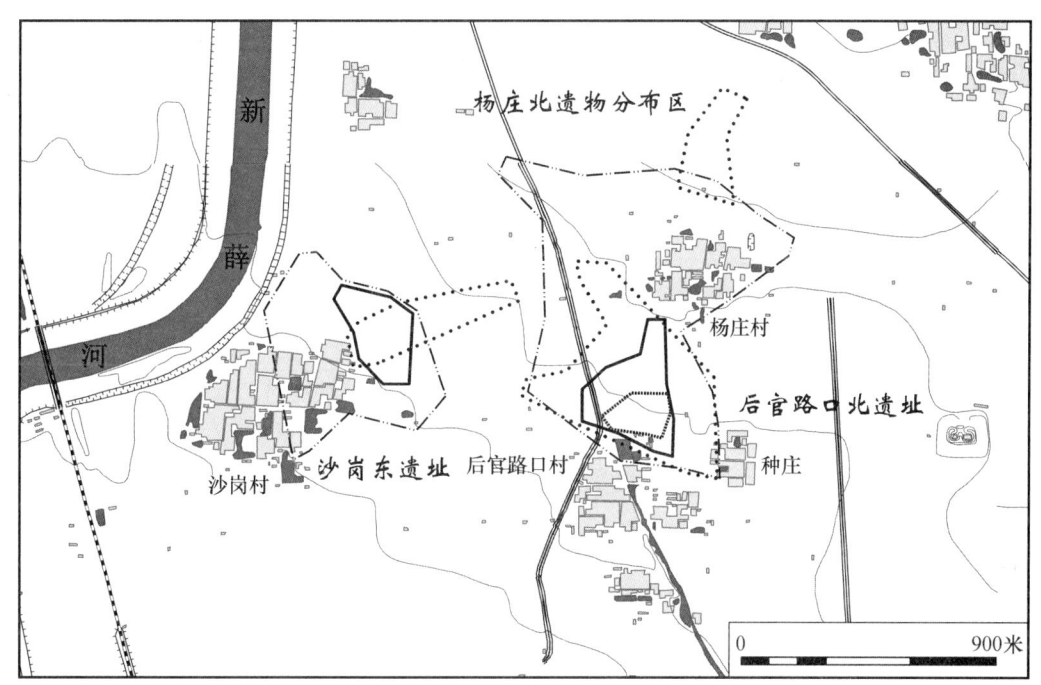

图二二○　杨庄区域东周—秦汉时期遗址分布图

秦汉时期遗物标本，10件。

120407CDL005-6，罐口沿。夹砂灰陶。近直口，厚圆唇，卷沿，短颈，斜圆肩。素面。复原口径28、残高11.4、厚1.2~1.8厘米（图二二一，2）。

120408YKK011-1，罐口沿。泥质灰陶。直口微敛，圆唇，有领，圆肩，圆腹。素面。残高5.5、残宽8.1、厚0.2~0.5厘米（图二二一，3）。

120407CDL005-3，瓮底。泥质灰陶。弧腹，平底内凹。腹部残留两周凹槽。复原底径24、残高3.6、厚0.9~1.1厘米（图二二一，9）。

120407CDL005-4，瓮底。泥质灰陶。斜直腹，平底。腹部饰瓦棱纹。复原底径23、残高7.9、厚0.8~1.5厘米（图二二一，8）。

120407CDL005-7，缸口沿。细砂灰陶。敛口，圆唇，直腹微弧。腹饰两周绳纹。残高13.5、残宽25.5、厚1.5~3厘米（图二二一，1）。

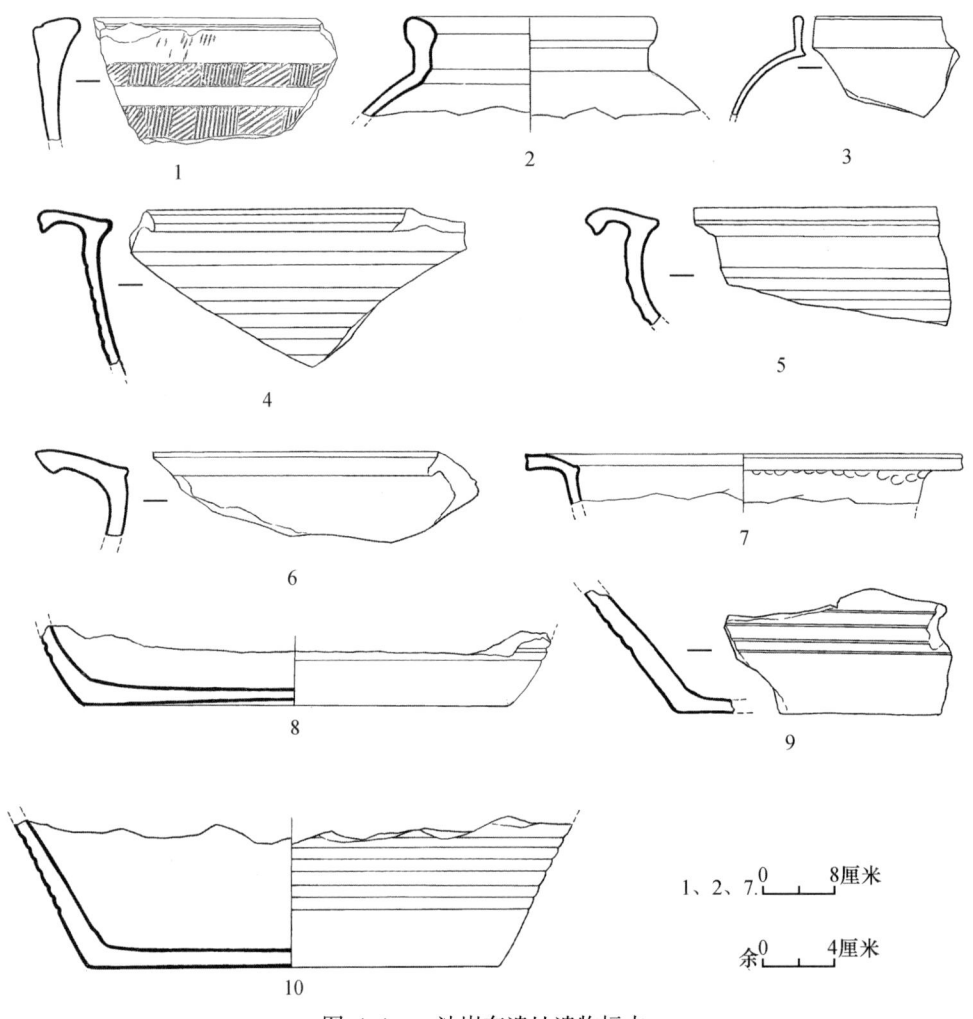

图二二一　沙岗东遗址遗物标本

1. 缸口沿（120407CDL005-7） 2. 罐口沿（120407CDL005-6） 3. 罐口沿（120408YKK011-1） 4. 盆口沿（120407CDL005-1）
5. 盆口沿（120407FR008-2） 6. 盆口沿（120407WWW007-1） 7. 盆口沿（120407CDL005-2） 8. 瓮底（120407CDL005-4）
9. 瓮底（120407CDL005-3） 10. 盆底（120407FR008-1）

120407CDL005-1，盆口沿。泥质青灰陶。敛口，方唇，唇面一周凹槽，宽折沿，沿面微弧，弧腹。腹部饰瓦棱纹。残高8.6、残宽18.9、厚0.8～1厘米（图二二一，4）。

120407FR008-2，盆口沿。泥质青灰陶。敛口，方唇，唇面内凹，宽折沿，沿面微弧，圆腹。腹饰瓦棱纹。残高6.5、残宽15.7、厚0.8～1.2厘米（图二二一，5）。

120407WWW007-1，盆口沿。夹砂灰陶。口微敛，方唇，宽折沿，沿面微弧。残高4.6、残宽18.6、厚0.8～1厘米（图二二一，6）。

120407CDL005-2，盆口沿。泥质灰陶。口微敛，方唇，唇面一周凹槽，宽折沿，斜弧腹。颈下一周按窝。复原口径48、残高5.4、厚1～1.8厘米（图二二一，7）。

120407FR008-1，盆底。泥质灰陶。斜直腹，平底。下腹部残留四周凹槽。残高6.9、残宽12.8、厚1.1～1.5厘米（图二二一，10）。

一二〇、杨庄遗址

遗址位于滕州市柴胡店镇杨庄村周围，南侧紧邻后官路口、东官路口和种庄，从遗物分布情况分析，遗址部分面积可能被杨庄村占压。遗址所处地形基本为平地，地表覆盖主要为麦地和林地。遗址总面积85.8万平方米，共有遗物采集区53个，遗物丰富、一般及不丰富的采集区数量分别为0、5和48个。采集遗物时代包括龙山文化、东周、秦汉和隋唐4个时期，以东周和秦汉时期遗物为主，龙山文化时期为散点区（图二一九）。

东周时期分为1个遗址和1个遗物分布区。北部为杨庄北遗物分布区，面积5.3万平方米，包括遗物采集区5个。采集遗物共7件，均为陶器，可辨器形有板瓦、罐和豆。南部为后官路口北遗址，遗址总面积24.7万平方米，共有遗物采集区10个。其中核心分布区1个，面积2.6万平方米，包括遗物采集区4个；一般分布区面积22.1万平方米，包括遗物采集区6个。采集遗物共15件，均为陶器，可辨器形有板瓦、筒瓦、罐、盆、甑（图二二〇）。

秦汉时期遗址面积64.2万平方米，共有遗物采集区44个。其中核心分布区1个，位置与东周时期后官路口北遗址核心分布区相近，但范围扩大，面积8.7万平方米，包括遗物采集区16个；一般分布区面积55.5万平方米，包括遗物采集区28个。采集遗物共93件，均为陶器，可辨器形有板瓦、筒瓦、罐、瓮和砖（图二二〇）。

龙山文化时期遗物标本，1件。

120408CDL004-2，盆口沿。夹砂灰黑陶。侈口，方唇，折沿，沿面有三周凹槽。残高1.6、残宽4.5、厚0.5~1.1厘米（图二二二，4）。

商代时期遗物标本，1件。

120408CDL002-1，罐口沿。夹砂红褐陶。侈口，方唇，唇面内凹，卷沿，沿面有一周凹槽，束颈，圆腹。颈下饰竖绳纹。残高8.8、残宽9.9、厚0.3厘米（图二二二，1）。

东周时期遗物标本，2件。

120408WWW001-1，豆柄。泥质灰陶。细柄，喇叭形圈足。素面。内壁有泥条盘筑痕迹。复原底径8.8、残高7.7、厚0.6~1.2厘米（图二二二，2）。

120408YKK003-2，豆盘。泥质红褐胎黑皮陶。盘底较平，空细柄柄。素面。残高3.8、厚0.9~2厘米（图二二二，5）。

秦汉时期遗物标本，4件。

120408WWW003-1，罐。泥质灰陶。侈口，尖唇，短颈，圆肩，圆鼓腹，底残。上腹中部以上饰八条短斜绳纹带，下腹饰斜绳纹，近底部饰交错绳纹。复原口径27、残高35.5、厚0.6~1厘米（图二二二，8）。

120408YKK001-1，器座。夹砂青灰陶。敞口，方唇，唇面有两周凹槽，斜折沿，斜腹。素面。高7.8、残宽14.8、厚1.6~2厘米（图二二二，3）。

120408TDM002-1，筒瓦。夹砂灰陶。瓦舌与瓦身分界明显。瓦身饰绳纹，内壁有布纹。内切。残长17、残宽6.2、厚1.2厘米（图二二二，6）。

120407FR010-1，花纹砖。泥质灰陶。平面为长方形，残。正面饰浅绳纹，底面素面；侧

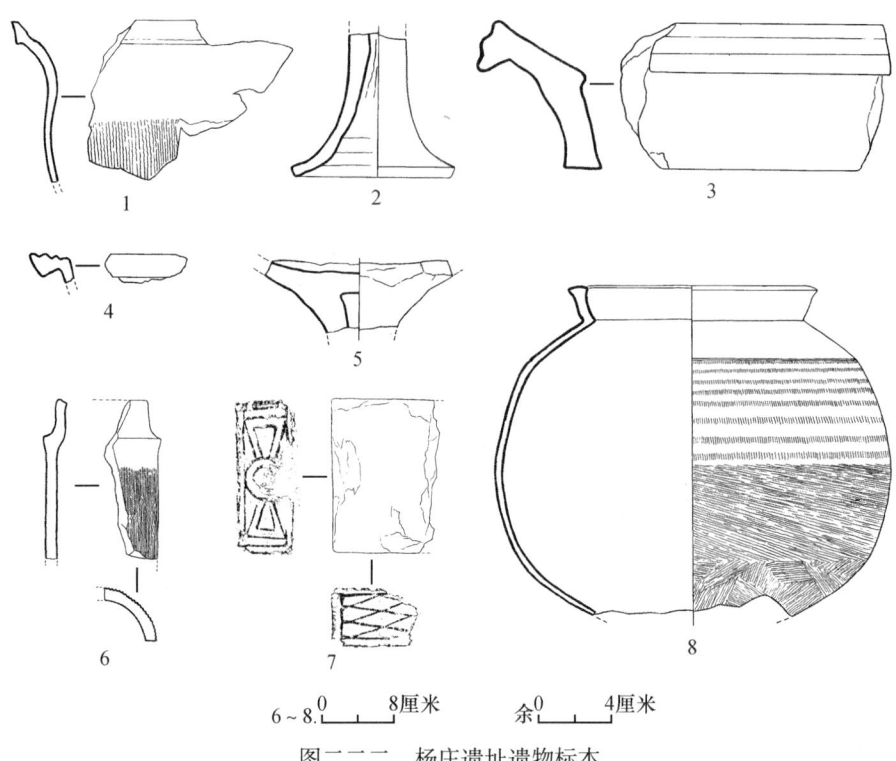

图二二二　杨庄遗址遗物标本
1. 罐口沿（120408CDL002-1）　2. 豆柄（120408WWW001-1）　3. 器座（120408YKK001-1）
4. 盆口沿（120408CDL004-2）　5. 豆盘（120408YKK003-2）　6. 筒瓦（120408TDM002-1）
7. 花纹砖（120407FR010-1）　8. 罐（120408WWW003-1）

面残存三面，一面为扁菱形纹饰，一面为双层圆圈及三角纹，一面为素面。残长12、宽16.6、高6.4厘米（图二二二，7）。

一二一、沙庄东南遗物分布区

分布区位于薛城区陶庄镇沙庄村东南的山前平地上，西侧靠近大沙河，东侧近山，地表主要为麦地和林地。分布区总面积28万平方米，共有遗物采集区12个，采集区遗物丰富程度全部为不丰富。采集遗物时代包括东周和秦汉2个时期，以秦汉时期遗物为主，东周时期为散点区（图二二三）。

秦汉时期遗物分布区面积23.5万平方米，包括遗物采集区10个。采集遗物共18件，均为陶器，可辨器形有板瓦、筒瓦、罐和盆（图二二四）。

一二二、后湾北遗物分布区

分布区位于薛城区陶庄镇后湾村北的河流阶地上，东侧紧邻薛河支流，地表主要为麦地。分布区面积26.3万平方米，包括遗物采集区11个，遗物丰富、一般及不丰富的采集区数量分别为0、1和10个。采集遗物时代仅涵盖秦汉时期，共21件，均为陶器，可辨器形有板瓦、筒瓦、罐和瓮（图二二三、图二二四）。

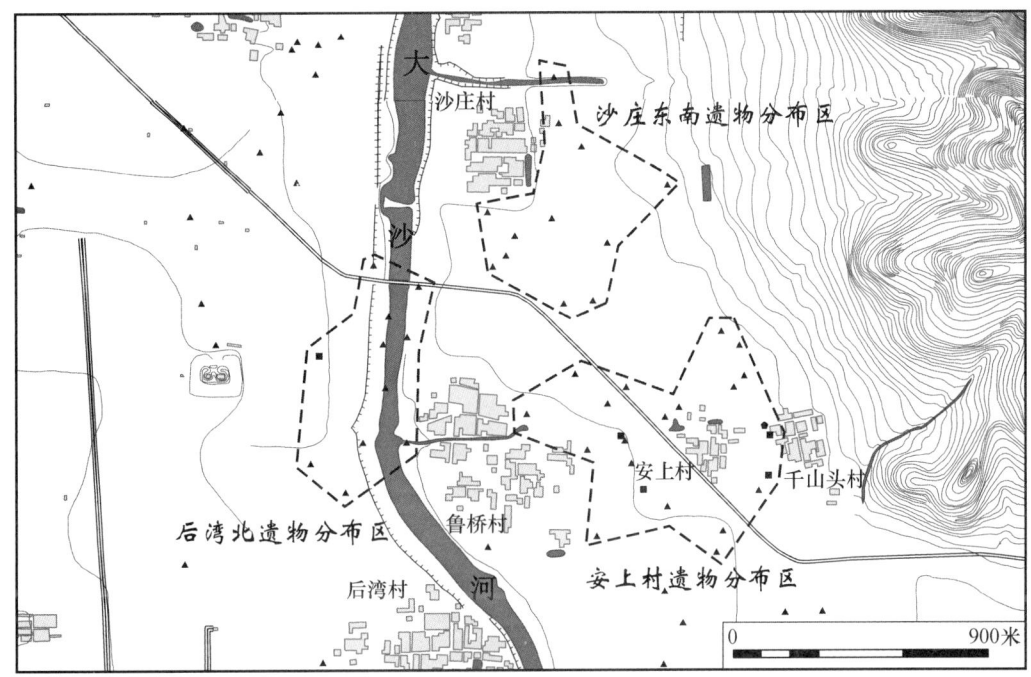

图二二三　安上村区域遗物分布区总图

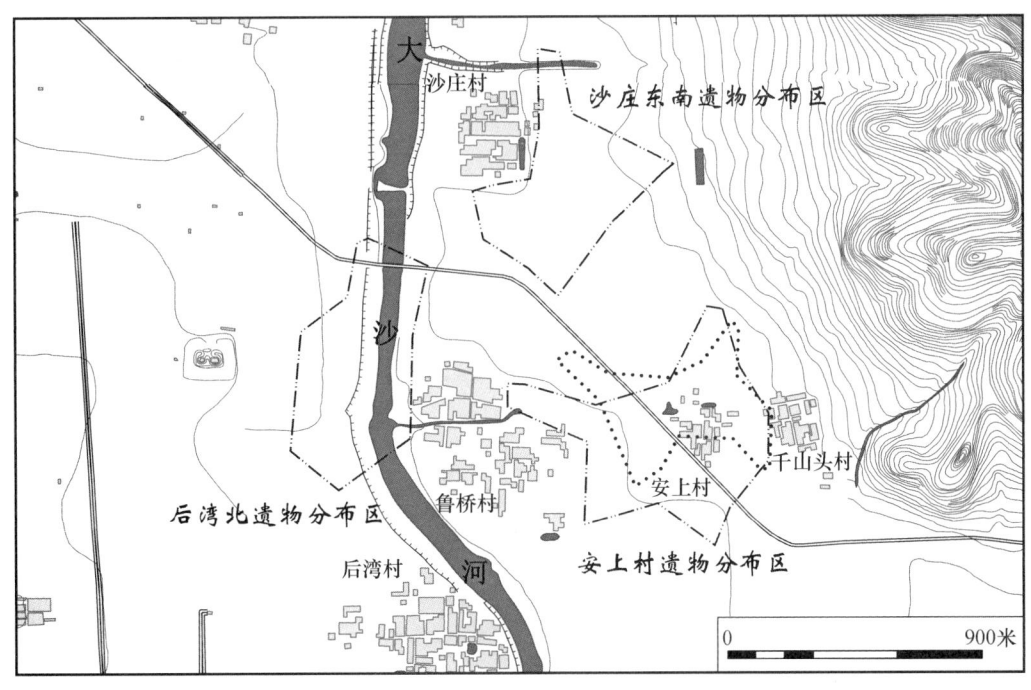

图二二四　安上村区域东周—秦汉时期遗物分布区图

秦汉时期遗物标本，2件。

120413TDM002-1，罐口沿。夹砂灰陶。敛口，圆方唇，斜折沿，斜肩。唇面有一周绳纹。残高7.3、残宽12.3、厚1.2厘米（图二二五，1）。

120413TDM002-2，罐口沿。夹砂灰陶。侈口，厚圆唇，折沿，短颈，斜肩。颈部有一周凸棱。残高8.2、残宽12.7、厚1~2厘米（图二二五，2）。

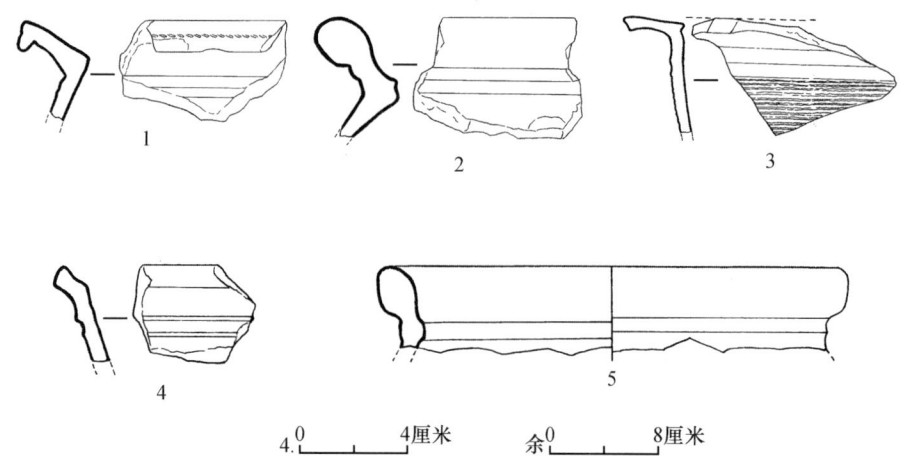

图二二五　后湾北、安上村遗物分布区遗物标本
1. 罐口沿（120413TDM002-1）　2. 罐口沿（120413TDM002-2）　3. 盆口沿（120411LQY006-1）
4. 罐口沿（120411YJ002-1）　5. 瓮口沿（120411YJ002-2）

一二三、安上村遗物分布区

分布区位于薛城区陶庄镇安上村四周，西侧紧邻鲁桥村，东侧靠近千山头村，从遗物分布情况判断，分布区部分面积应被安上村占压。分布区所处地形为山前坡地，地表主要为麦地和荒地。分布区总面积44.6万平方米，共有遗物采集区23个，遗物丰富、一般及不丰富的采集区数量分别为1、4和18个。采集遗物时代包括大汶口文化、龙山文化、东周和秦汉4个时期，以东周和秦汉时期遗物为主，其他可划分时期均为散点区（图二二三）。

东周时期遗物分布区面积17.8万平方米，包括遗物采集区8个。采集遗物共16件，均为陶器，可辨器形有板瓦、罐和盆（图二二四）。

秦汉时期遗物分布区范围与东周时期遗物分布区相近，面积33.8万平方米，包括遗物采集区15个。采集遗物共48件，均为陶器，可辨器形有板瓦、筒瓦、罐、盆和瓮（图二二四）。

龙山文化时期遗物标本，1件。

120411YJ002-1，罐口沿。夹砂灰陶。敞口，方唇，折沿。沿下有两周凸棱。残高3.5、残宽4.5、厚0.5～0.7厘米（图二二五，4）。

东周时期遗物标本，1件。

120411LQY006-1，盆口沿。细砂灰陶。口微侈，方唇，宽折沿，斜弧腹。腹部饰横绳纹。残高8.2、残宽12.3、厚0.8厘米（图二二五，3）。

秦汉时期遗物标本，1件。

120411YJ002-2，瓮口沿。粗砂灰陶。口微侈，厚圆方唇，束颈。素面。复原口径33、残高6、厚0.8～1.4厘米（图二二五，5）。

一二四、孔庄北遗址

遗址位于薛城区陶庄镇孔庄村和庞庄村北,北侧紧邻后湾村,东侧跨越大沙河,其中包括前湾村。遗址所处地形为基本为平地,地表主要为麦地。遗址总面积86.7万平方米,共有遗物采集区68个,遗物丰富、一般及不丰富的采集区数量分别为5、5和58个。采集遗物时代包括大汶口文化、龙山文化、东周、秦汉、隋唐和宋元多个时期,以大汶口文化、龙山文化、东周和秦汉时期遗物为主(图二二六)。此外,20世纪枣庄市文物管理站曾在后湾村西、河北村西和奚村西发现大汶口文化遗存,其中奚村西的大汶口文化遗存面积1.5万平方米,并发现灰坑[1],这三处地点均距本遗址较近。本次调查在遗址东部近河断崖和取土坑剖面上发现文化层堆积。其中取土坑剖面地层可分6层:第1层为耕土层;第2、3、4、6层为自然层;第5层为灰黑胶泥层,厚约50厘米,距地表约70厘米,坚硬致密,呈瓣状开裂,内含大汶口文化和龙山文化陶片。河边断崖的文化层内也含大汶口文化和龙山文化的陶片。遗址西部取土坑中发现石室墓2座,均残破较甚,其中一墓有残画像石,时代可能为汉代;遗址中还发现瓦棺葬和可能为墓葬的被扰动人骨(图版三四,2、3)。

大汶口文化时期遗址调查面积7.8万平方米,共有遗物采集区9个,而据前期考古工作判断,实际面积可能更大。其中核心分布区1个,面积1.6万平方米,包括遗物采集区7个;一般分布区面积6.2万平方米,包括遗物采集区2个。采集遗物共39件,均为陶器,可辨器形有鼎、罐、盆和盖纽(图二二七)。

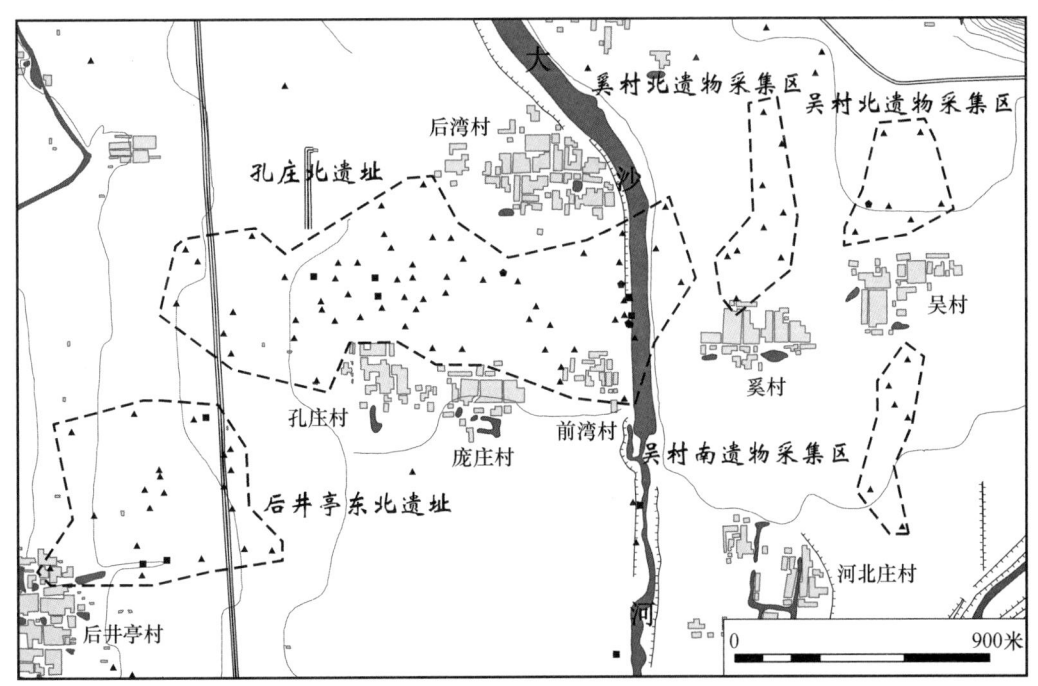

图二二六　孔庄区域遗址分布总图

---

[1] 枣庄市文物管理站:《枣庄市南部地区考古调查纪要》,《考古》1984年4期。

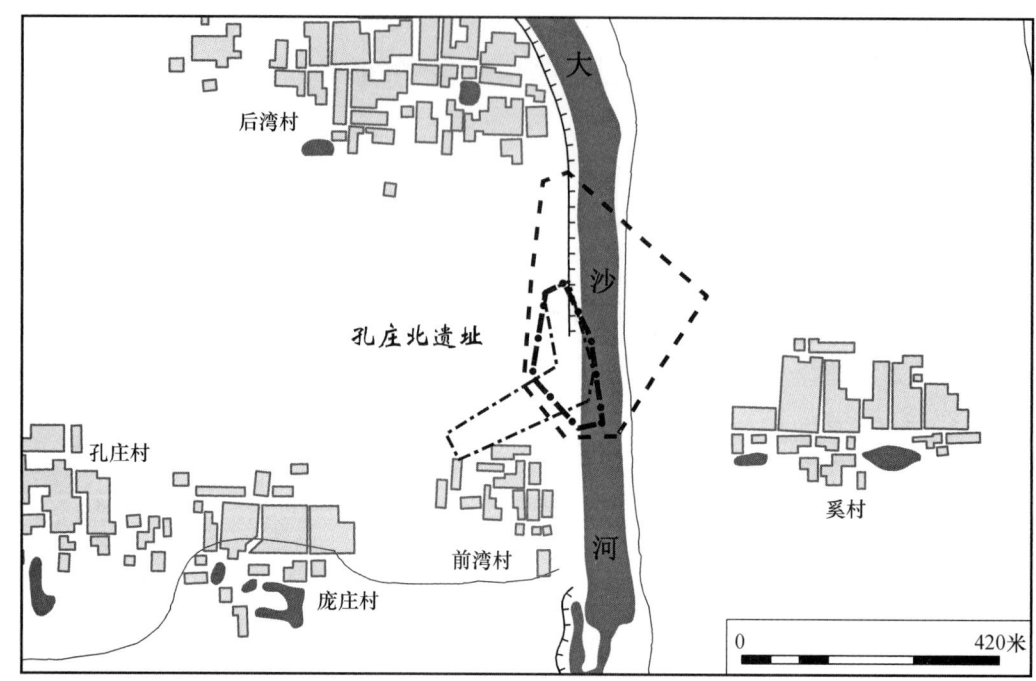

图二二七　孔庄区域大汶口文化—龙山文化时期遗址分布图

据发现文化层情况判断，该区域龙山文化时期也应为遗址，但地面发现的龙山文化遗物较少，如果仅按遗物情况分析，仅能构成1个"一般分布区"，其位置与大汶口文化时期遗址核心分布区相近，面积2.1万平方米，包括遗物采集区5个。采集遗物共28件，均为陶器，可辨器形有罐、盆、壶、杯和盘（图二二七）。

东周时期为遗物分布区，位置较靠东，面积10万平方米，包括遗物采集区6个。采集遗物共7件，均为陶器，可辨器形有板瓦和罐（图二二八）。

秦汉时期遗址面积74.1万平方米，共有遗物采集区53个。其中核心分布区有两区：Ⅰ区面积25万平方米，包括遗物采集区33个；Ⅱ区面积2.8万平方米，包括遗物采集区5个。一般分布区面积46.3万平方米，包括遗物采集区15个。采集遗物共130件，均为陶器，可辨器形有板瓦、筒瓦、罐和盆（图二二八）。

大汶口文化时期遗物标本，10件。

120412FR005-2，鼎足。粗砂灰陶。侧装三角凿形足。残高11.7厘米（图二二九，10）。

120412FR004-3，鼎足。夹砂红陶。椭圆锥形足，下部残。残高3厘米（图二二九，11）。

120412YKK006-1，鼎足。夹砂夹云母，灰胎黄褐皮陶。侧装三角形足。正面有三道竖凹槽，两侧戳印三角纹。高7.5厘米（图二二九，12）。

120412YKK007-2，罐腹片。夹砂红胎黑皮陶。残留一截面呈椭圆形的鋬痕迹。素面。残高5.5、残宽8、厚0.7厘米（图二二九，4）。

120412FR004-2，罐口沿。泥质黄褐陶。直口微敛，圆唇，窄卷沿，弧腹。素面。残高4、残宽5.5、厚0.3～0.6厘米（图二二九，8）。

120412YKK007-1，罐底。夹砂红褐陶。弧腹，平底。素面。残高3.9、残宽7、厚0.5～1.4

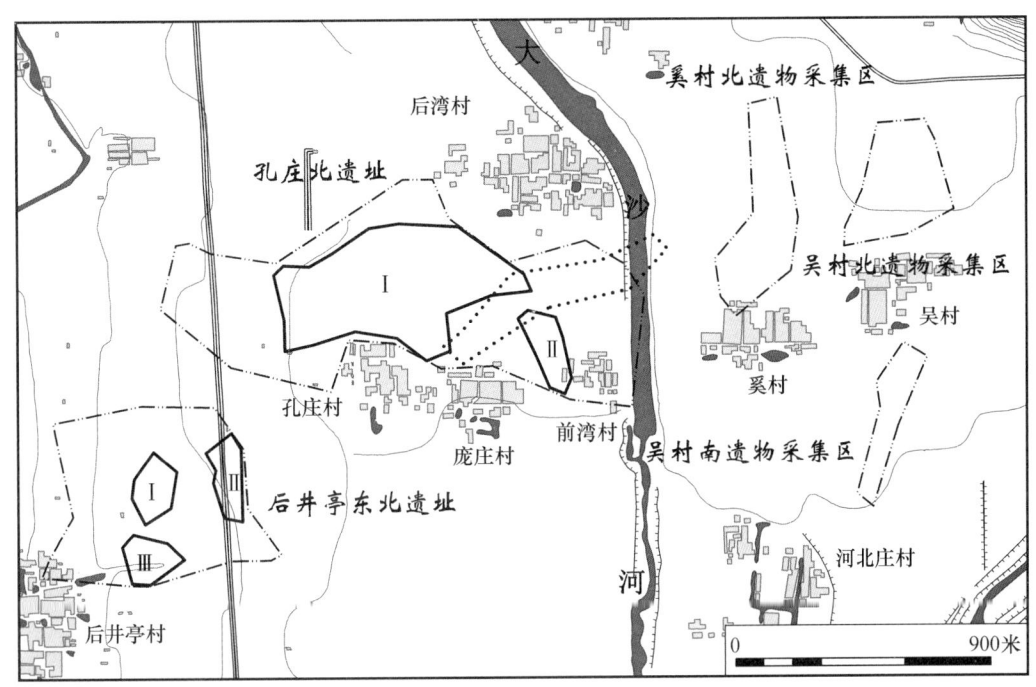

图二二八　孔庄区域东周—秦汉时期遗址分布图

厘米（图二二九，9）。

120412YKK006文化层-2，盆口沿。泥质黄褐陶。敞口，尖唇，折沿，斜壁。素面。残高4.7、残宽4.8、厚0.5～0.7厘米（图二二九，1）。

120412YKK006文化层-1，盖纽。粗砂黄褐陶。圈足状捉手。素面。捉手口径7、残高3.5厘米（图二二九，2）。

120411QXN013-1，盖纽。粗砂青灰陶。细圈足状捉手。素面。捉手口径5.3、残高5厘米（图二二九，5）。

120412YKK006文化层-3，腹片。夹砂浅灰陶。外表有两周索状附加堆纹。残长6.2、残宽6、厚1.2～1.5厘米（图二二九，6）。

龙山文化时期遗物标本，2件。

120412FR004-1，罐底。泥质灰陶。平底。素面。残高2.2、残宽8.8、厚0.6～0.9厘米（图二二九，3）。

120412YKK006-2，罐口沿。夹砂灰陶。侈口，圆唇，折沿，溜肩。素面。复原口径13、残高3.5、厚0.5～0.8厘米（图二二九，7）。

秦汉时期遗物标本，1件。

120412YFY002-1，板瓦。泥质青灰陶。整体呈等腰梯形。上部饰瓦棱纹，下部饰斜绳纹。边缘内切。长41.8、宽27.4～31.6、厚1.4厘米（图二二九，13；图版五八，3）。

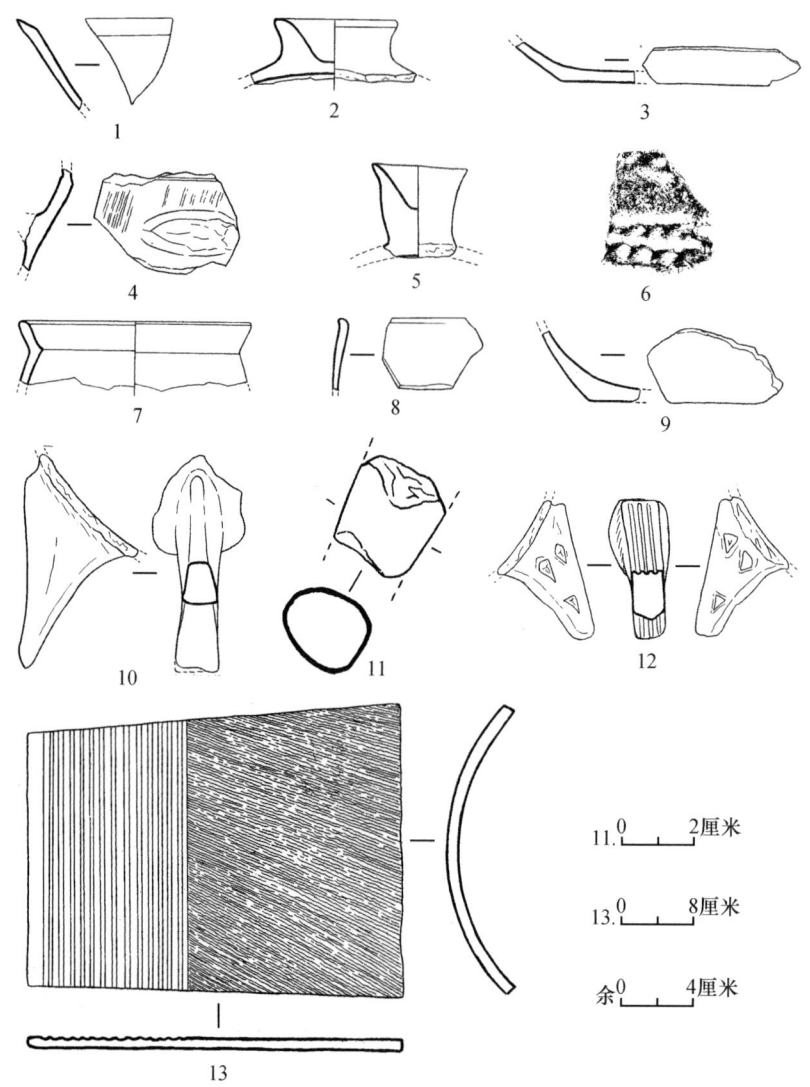

图二二九　孔庄北遗址遗物标本

1. 盆口沿（120412YKK006文化层-2）　2. 盖纽（120412YKK006文化层-1）　3. 罐底（120412FR004-1）
4. 罐腹片（120412YKK007-2）　5. 盖纽（120411QXN013-1）　6. 腹片（120412YKK006文化层-3）
7. 罐口沿（120412YKK006-2）　8. 罐口沿（120412FR004-2）　9. 罐底（120412YKK007-1）
10. 鼎足（120412FR005-2）　11. 鼎足（120412FR004-3）　12. 鼎足（120412YKK006-1）
13. 板瓦（120412YFY002-1）

一二五、奚村北遗物分布区

分布区位于薛城区陶庄镇奚村北的平地上，地表主要为麦地。总面积11.5万平方米，共有遗物采集区9个，采集区遗物丰富程度全部为不丰富。采集遗物时代包括龙山文化和秦汉2个时期，以秦汉时期遗物为主，龙山文化时期为散点区（图二二六）。

秦汉时期遗物分布区面积11.5万平方米，包括遗物采集区8个。采集遗物共12件，均为陶器，可辨器形有板瓦、筒瓦和罐（图二二八）。

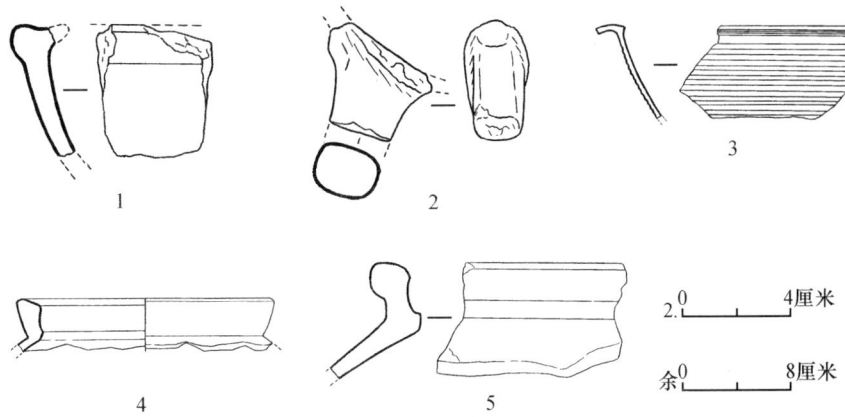

图二三〇 奚村北、吴村南遗物分布区与后井亭东北遗址遗物标本
1. 匜口沿（120411FX007-1） 2. 鼎足（120413FX001-1） 3. 盆口沿（120410TDM001-2）
4. 瓮口沿（120409FR005-1） 5. 瓮口沿（120410TDM001-1）

龙山文化时期遗物标本，1件。

120411FX007-1，匜口沿。细砂灰陶。敛口，圆唇，弧腹。素面。残高4.7、残宽4.3、厚0.6~1.5厘米（图二三〇，1）。

一二六、吴村北遗物分布区

分布区位于薛城区陶庄镇吴村北的平地上，东北侧近山，地表主要为麦地。分布区总面积10.8万平方米，共有遗物采集区7个，遗物丰富、一般及不丰富的采集区数量分别为1、0和6个。采集遗物时代包括东周和秦汉2个时期，以秦汉时期遗物为主，东周时期为散点区（图二二六）。

秦汉时期遗物分布区面积10.8万平方米，包括遗物采集区7个。采集遗物共17件，均为陶器，可辨器形有板瓦、筒瓦和盆（图二二八）。

一二七、吴村南遗物分布区

分布区位于薛城区陶庄镇吴村南的平地上，地表主要为麦地。分布区总面积7.7万平方米，包括遗物采集区6个，采集区遗物丰富程度全部为不丰富。采集遗物时代包括大汶口文化、东周和秦汉3个时期，以秦汉时期遗物为主，其他可划分时期均为散点区（图二二六）。

秦汉时期遗物分布区面积4.9万平方米，包括遗物采集区4个。采集遗物共7件，均为陶器，可辨器形有板瓦和筒瓦（图二二八）。

大汶口文化时期遗物标本，1件。

120413FX001-1，鼎足。夹砂红陶。横断面近椭圆形。素面。残高4.3厘米（图二三〇，2）。

一二八、后井亭东北遗址

遗址位于薛城区陶庄镇后井亭村东北的平地上，地表主要为麦地和林地。遗址总面积39.5万平方米，共有遗物采集区23个，遗物丰富、一般及不丰富的采集区数量分别为0、3和20个。采集遗物时代包括东周和秦汉2个时期，以秦汉时期遗物为主，东周时期为散点区（图二二六）。此外，遗址东北部的取土坑坑壁上发现一汉代灰坑，距地表30厘米，灰坑较大，坑口残长3、深0.4米，圜底，内含大量陶片（图版三五，1）。

秦汉时期遗址面积37万平方米，共有遗物采集区23个。其中核心分布区有三区：Ⅰ区面积2.5万平方米，包括遗物采集区5个；Ⅱ区面积2.5万平方米，包括遗物采集区5个；Ⅲ区面积2.3万平方米，包括遗物采集区4个。一般分布区面积29.7万平方米，包括遗物采集区9个。采集遗物共54件，均为陶器，可辨器形有板瓦、筒瓦、罐、瓮和铺地砖（图二二八）。

东周时期遗物标本，1件。

120410TDM001-2，盆口沿。泥质灰陶。口微敛，方唇，唇面一周凹槽，宽折沿，沿面弧凸，斜弧腹。腹部饰瓦棱纹。残高6.7、残宽13、厚0.4厘米（图二三〇，3）。

秦汉时期遗物标本，2件。

120409FR005-1，瓮口沿。夹细砂灰陶。敛口，厚方唇，短领，斜肩。素面。复原口径19、残高3.5厘米（图二三〇，4）。

120410TDM001-1，瓮口沿。夹砂灰陶。口微敛，方圆唇，短颈，斜肩。素面。残高8.3、残宽13.6、厚1.2厘米（图二三〇，5）。

一二九、后井亭西遗物分布区

分布区位于薛城区陶庄镇后井亭村西的平地上，东侧紧邻后井亭村，地表主要为林地。分布区面积5.3万平方米，共有遗物采集区5个，采集区遗物丰富程度全部为不丰富。采集遗物时代包括东周和秦汉2个时期，以秦汉时期遗物为主，东周时期为散点区（图二二六）。

秦汉时期遗物分布区面积5.3万平方米，包括遗物采集区4个。采集遗物共6件，均为陶器，可辨器形有板瓦、筒瓦和盆（图二二八）。

一三〇、西仓桥遗址

遗址位于薛城区陶庄镇西仓桥村西侧及北侧的平地上，南侧紧邻后西仓和梨园村，东侧紧邻西仓桥村，东南侧紧邻蟠龙河，西侧紧邻前井亭村，地表主要为麦地。遗址总面积67.7万平方米，共有遗物采集区67个，遗物丰富、一般及不丰富的采集区数量分别为4、15和48个。采集遗物时代包括龙山文化、岳石文化、商代、西周、东周、秦汉、隋唐和宋元多个时期，以西周、东周和秦汉时期遗物为主，其他可划分时期均为散点区（图二三一）。20世纪世纪枣庄市

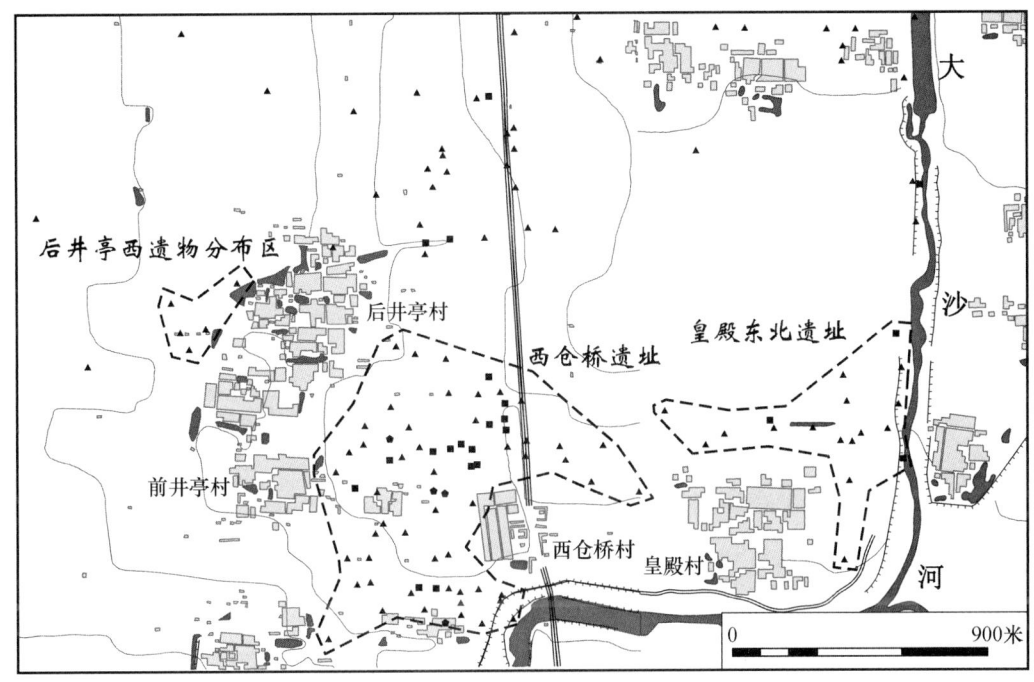

图二三一　西仓桥区域遗址分布总图

文物管理站曾调查过此遗址，确定面积为3万平方米，发现了大汶口文化、龙山文化和西周时期的遗存。此次调查在遗址东南部河边断崖附近发现石室墓1座，为单室墓，顶板已被掀开，时代应为汉代（图版三五，2）。

西周时期为遗物分布区，面积4万平方米，包括遗物采集区5个。采集遗物共9件，均为陶器，可辨器形有罐（图二三二）。

东周时期遗址面积38.7万平方米，共有遗物采集区30个。其中核心分布区1个，范围包含西周时期遗物分布区，面积13万平方米，包括遗物采集区20个；一般分布区面积25.7万平方米，包括遗物采集区10个。采集遗物共81件，均为陶器，可辨器形有板瓦、筒瓦、鬲、罐、盆、瓮、豆、器盖（图二三三）。

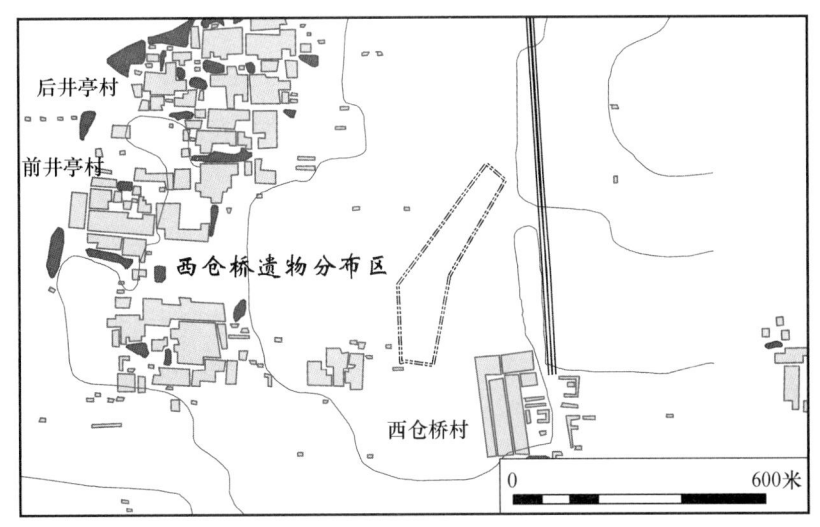

图二三二　西仓桥区域西周时期遗址分布区图

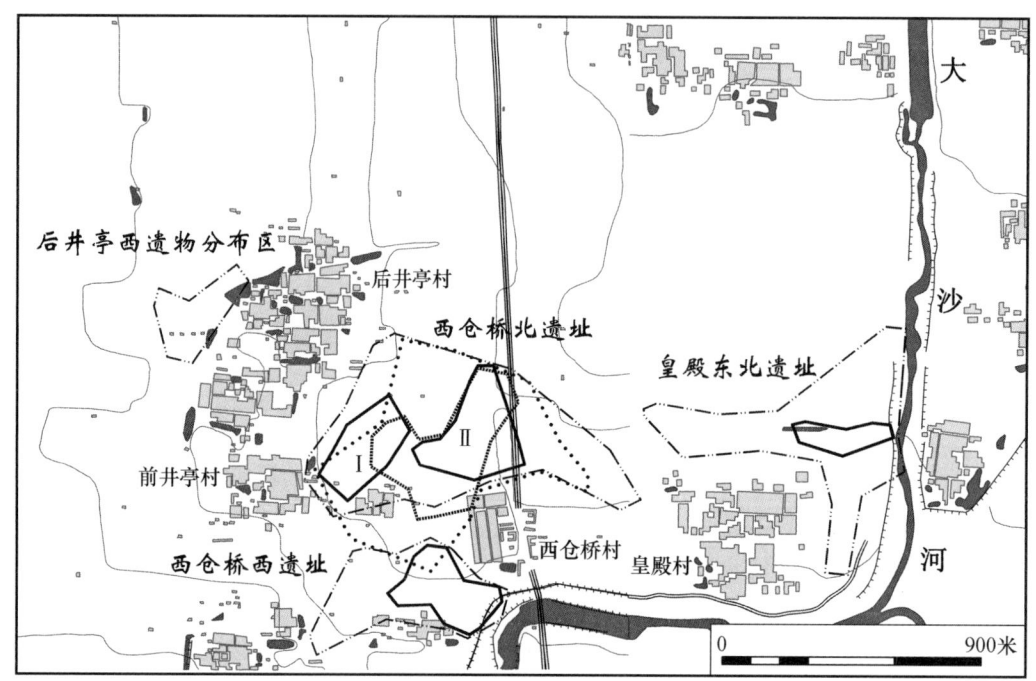

图二三三　西仓桥区域东周—秦汉时期遗址分布图

秦汉时期分为2个遗址。北部为西仓桥北遗址，面积41.5万平方米，共有遗物采集区33个。其中核心分布区有两区，两区范围与东周时期遗址核心分布区相近：Ⅰ区面积5.7万平方米，包括遗物采集区9个；Ⅱ区面积8万平方米，包括遗物采集区16个；一般分布区面积27.8万平方米，包括遗物采集区8个。采集遗物共95件，均为陶器，可辨器形有板瓦、筒瓦、罐、盆和瓮。南部为西仓桥西遗址，遗址总面积15.6万平方米，共有遗物采集区17个。其中核心分布区1个，面积6.2万平方米，包括遗物采集区13个；一般分布区面积9.4万平方米，包括遗物采集区4个。采集遗物共43件，均为陶器，可辨器形有板瓦、筒瓦、盆、瓮和绳纹砖（图二三三）。

岳石文化时期遗物标本，2件。

120414TDM008-2，尊形器。泥质灰陶。仅存腹部，近直腹。腹有两周凹弦纹，下部有一周粗凸棱。残高5.35、残宽4.3、厚0.4～0.7厘米（图二三四，8）。

120414TDM008-4，豆。泥质灰陶。口及圈足均残，浅盘，底近平，柱形柄。素面。柄径6、残高2.9厘米（图二三四，12）。

商代时期遗物标本，2件。

120414TDM008-3，鬲口沿。夹砂红陶。侈口，方唇，卷沿，斜腹。颈部残留少量抹绳纹，颈下饰竖绳纹。残高3.9、残宽6.3、厚0.6～0.7厘米（图二三四，4）。

120414TDM008-1，鬲口沿。夹砂灰褐陶。近直口，圆方唇，平折沿。素面。残高2.55、残宽5.7、厚0.5～0.7厘米（图二三四，5）。

西周时期遗物标本，3件。

120414YFY012-6，罐口沿。细砂灰陶。直口微侈，方唇。颈下残留少量竖绳纹。残高

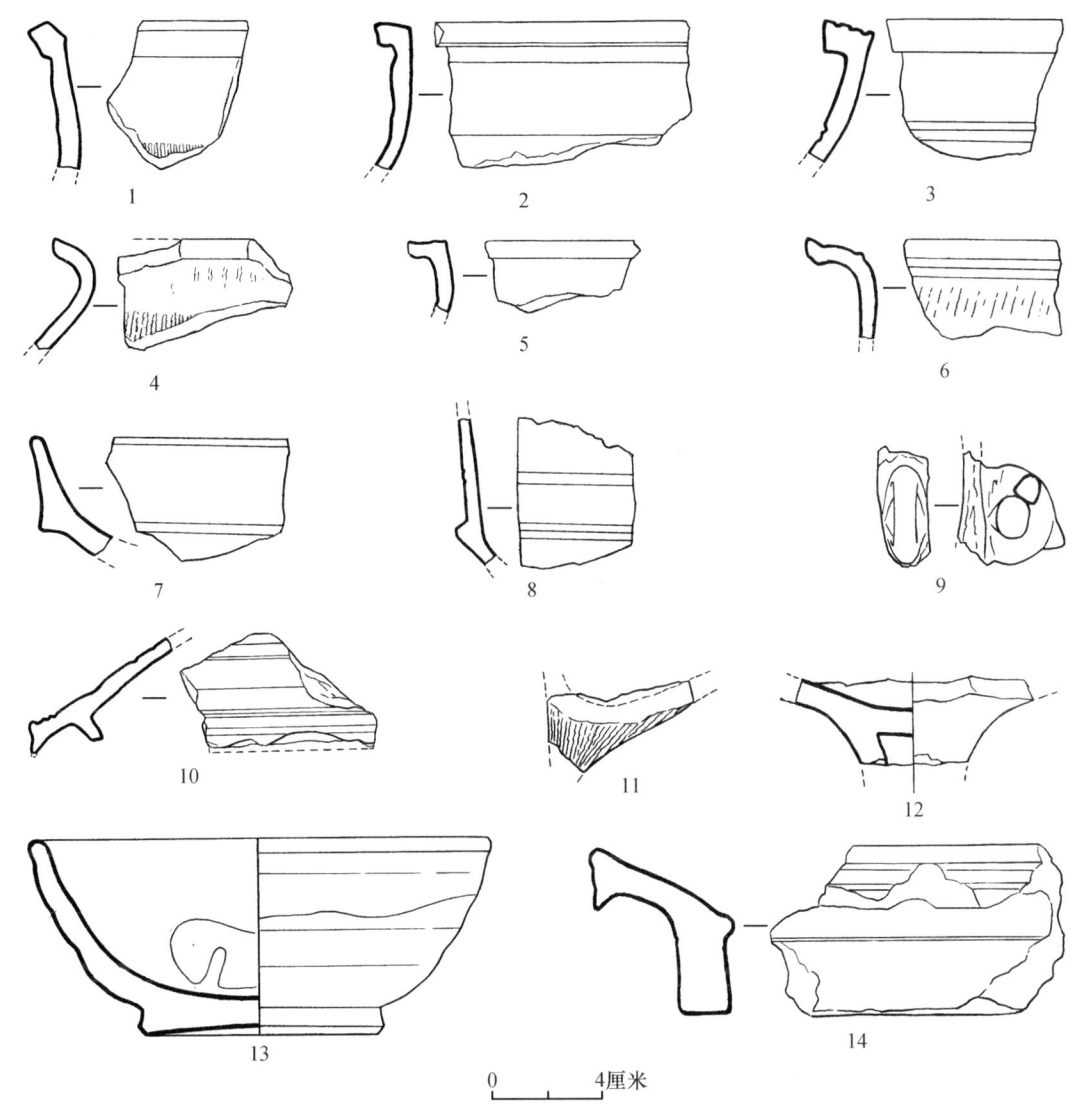

图二三四　西仓桥遗址遗物标本

1. 罐口沿（120414YFY012-6）　2. 罐口沿（120414TDM002-1）　3. 罐口沿（120414TDM007-1）　4. 鬲口沿（120414TDM008-3）
5. 鬲口沿（120414TDM008-1）　6. 罐口沿（120414YFY012-1）　7. 豆盘（120414YFY012-2）　8. 尊形器（120414TDM008-2）
9. 器耳（120414YFY012-7）　10. 器盖（120414YFY012-4）　11. 鬲足（120414CDL011-1）　12. 豆（120414TDM008-4）
13. 瓷碗（120414WWW008-1）　14. 器座（120414YKK006-1）

5.3、残宽5.1、厚0.6～0.9厘米（图二三四，1）。

120414TDM002-1，罐口沿。夹砂灰胎黑皮陶。近直口，方唇，唇面微凹，平折沿。素面。残高5.2、残宽9.3、厚0.6～0.8厘米（图二三四，2）。

120414TDM007-1，罐口沿。夹砂灰胎黑皮陶。敛口，方唇，折沿。沿面有三周凹槽，颈下有两周凹槽。轮制。残高5、残宽6.7、厚0.7厘米（图二三四，3）。

东周时期遗物标本，5件。

120414CDL011-1，鬲足。夹砂红褐陶。锥状足，尖部残。通体饰绳纹。残高3.5厘米（图二三四，11）。

120414YFY012-1，罐口沿。夹砂灰胎灰褐皮陶。侈口，方唇，卷沿。颈部饰抹绳纹。残高3.4、残宽5.8、厚0.5厘米（图二三四，6）。

120414YFY012-2，豆盘。泥质灰陶。口微敞，盘略深，折腹。素面。残高4.3、残宽6.6、厚0.6～1厘米（图二三四，7）。

120414YFY012-4，器盖。泥质褐胎黑皮陶。覆碗形，顶残，盖面斜直，沿面矮子口内斜。盖面留五周凹槽。残高4.1、残宽7.1、厚0.4～0.8厘米（图二三四，10）。

120414YFY012-7，器耳。泥质褐胎黑皮陶。环形，上饰一泥突。残高4.3厘米（图二三四，9）。

秦汉时期遗物标本，1件。

120414YKK006-1，器座。泥质灰陶。直口，方唇，宽折沿，直壁。唇面有两周凹槽，口沿处有一周凸棱，颈部一周窄凹槽。残高6.1、残宽10.7、厚1.7～2厘米（图二三四，14）。

唐代时期遗物标本，1件。

120414WWW008-1，瓷碗。黄褐胎黄白釉。敞口，弧腹，假圈足微内凹。外壁釉不及底。复原口径17、圈足径9、高7、厚0.7～2厘米（图二三四，13）。

一三一、皇殿东北遗址

遗址位于薛城区陶庄镇皇殿村东北的平地上，东侧紧邻大沙河，地表主要为林地。遗址总面积25.2万平方米，共有遗物采集区18个，遗物丰富、一般及不丰富的采集区数量分别为0、3和15个。采集遗物时代包括东周和秦汉2个时期，以秦汉时期遗物为主，东周时期为散点区（图二三一）。此外，遗址中部取土坑坑壁距地表约40厘米处发现汉代瓦棺葬1处，其上下各覆2块瓦片。

秦汉时期遗址面积25.2万平方米，共有遗物采集区17个。其中核心分布区1个，面积1.5万平方米，包括遗物采集区5个；一般分布区面积23.7万平方米，包括遗物采集区12个。采集遗物共38件，均为陶器，可辨器形有板瓦、筒瓦、罐、盆和砖（图二三三）。

秦汉时期遗物标本，3件。

120411WWW002-1，盆口沿。夹砂灰陶。直口微敛，方唇，宽折沿，沿面微凹，腹近直。上腹部饰瓦棱纹，下腹饰浅绳纹。残高8.3厘米、残宽16.2、厚0.7～1厘米（图二三五，2）。

120413YFY005-1，筒瓦。泥质青灰陶。瓦舌素面，瓦身饰绳纹。内壁较平滑。残长11.5、残宽12.8、厚1厘米（图二三五，1）。

120413YFY005-2，板瓦。泥质青灰陶。外表饰瓦棱纹。残长9.6、残宽8.3、厚1厘米（图二三五，3）。

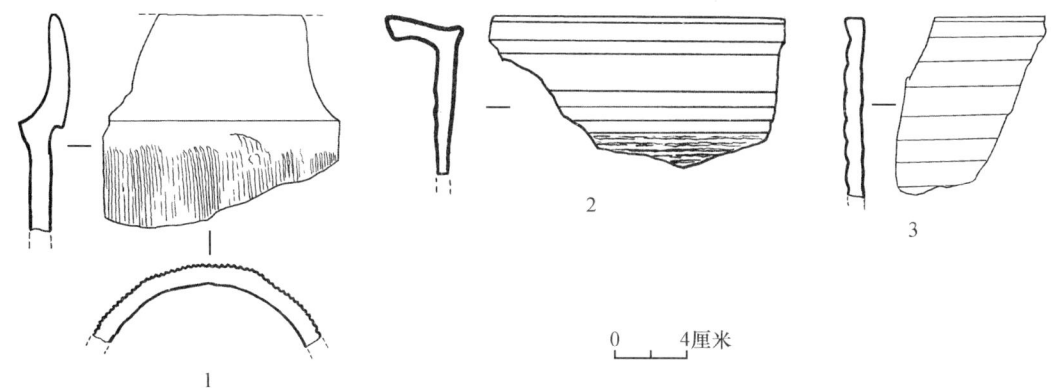

图二三五　皇殿东北遗址遗物标本
1. 筒瓦（120413YFY005-1）　2. 盆口沿（120411WWW002-1）　3. 板瓦（120413YFY005-2）

一三二、前掌大遗址

遗址位于滕州市官桥镇前掌大村周围，西侧紧邻小魏河，东侧紧邻新薛河，西南侧紧邻高桥村，遗址范围内包含后掌大、前掌大和于屯3个村庄。从遗物分布情况看，遗址部分面积应被以上三村占压。遗址所处地形基本为平地，地表主要为麦地。遗址总面积478.6平方米，共有遗物采集区796个，遗物丰富、一般及不丰富的采集区数量分别为29、213和554个。采集遗物时代包括大汶口文化、龙山文化、岳石文化、商代、西周、东周、秦汉、隋唐和宋元多个时期，以商代、西周、东周和秦汉时期遗物为主，大汶口文化时期为散点区（图二三六）。

20世纪60年代以来，该遗址持续开展了长期的考古工作。1964年，中国社科院考古研究所山东队等在前掌大村西南的陆家陵和后掌大村南发现龙山文化、商代、西周和东周时期的遗存[1]。1978年在前掌大村北发现二里冈期墓葬1座，随葬铜礼器和兵器等[2]。80年代以来，中国社科院考古研究所山东队等单位经多次大规模发掘本遗址，多年的发掘证明，前掌大是山东地区晚商和西周早期最重要的遗址之一。遗址历年的发掘成果以北部的北区墓地的最为重要，墓地清理了包括3座双墓道大墓和9座单墓道墓葬在内的多座大中型墓葬，其中的BM4还可能有墓上建筑。墓地出土了大量铜器、陶器、原始瓷器、玉器等，其中大型墓以铜鼎、簋为核心，爵、觚等量相配，不乏大型方鼎和圆鼎等重器，并且很多器物有"史"字铭文。除北区墓地外，遗址南部南岗子、前掌大东南、于屯北等地点历年来也发现大量墓葬、祭祀坑和车马坑等，但这些墓葬多为中小型墓。前掌大墓葬的年代多为晚商至西周早期。除墓葬外，遗址各区还均发现了居住遗存，其时代分属商代、西周、东周和秦汉时期，局部区域还有龙山文化和岳石文化堆积。此外，北区墓地中还发现细石器遗存，村南则有汉代石椁墓发现[3]（图

---

[1]　中国科学院考古研究所山东队：《山东邹县滕县古城址调查》，《考古》1965年12期。
[2]　滕州市博物馆：《山东滕州市薛河下游出土的商代青铜器》，《考古》1996年5期。
[3]　中国社会科学院考古研究所山东队：《滕州前掌大商代墓葬》，《考古学报》1992年3期；中国社会科学院考古研究所山东队：《山东滕州前掌大商周墓地1998年发掘简报》，《考古》2000年7期；中国社会科学院考古研究所：《滕州前掌大墓地》，文物出版社，2005年；滕州市博物馆：《滕州前掌大村南墓地发掘报告（1998~2001）》，《海岱考古》（第三辑），科学出版社，2010年。

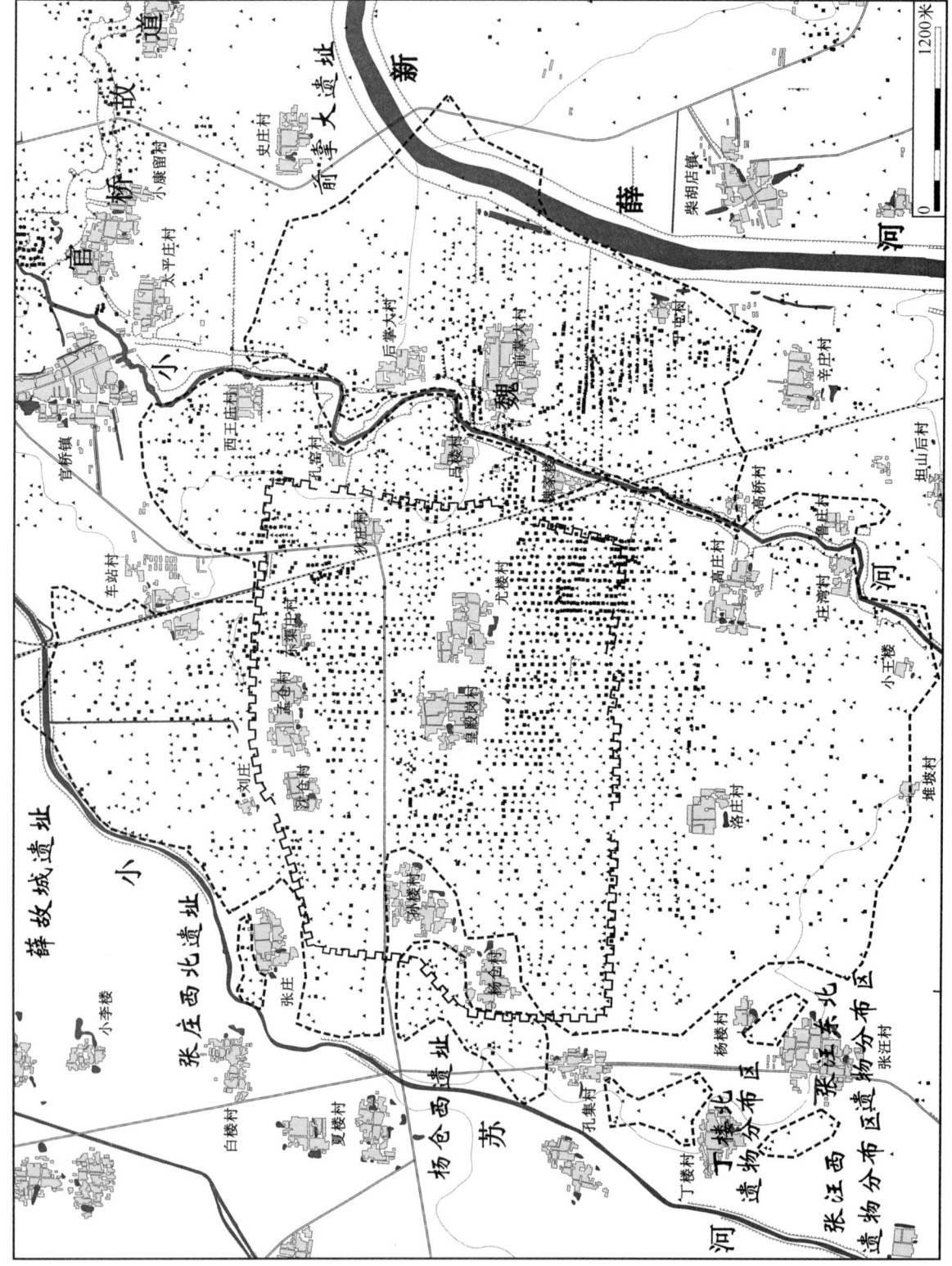

图二三六 薛故城—前掌大区域遗址分布总图

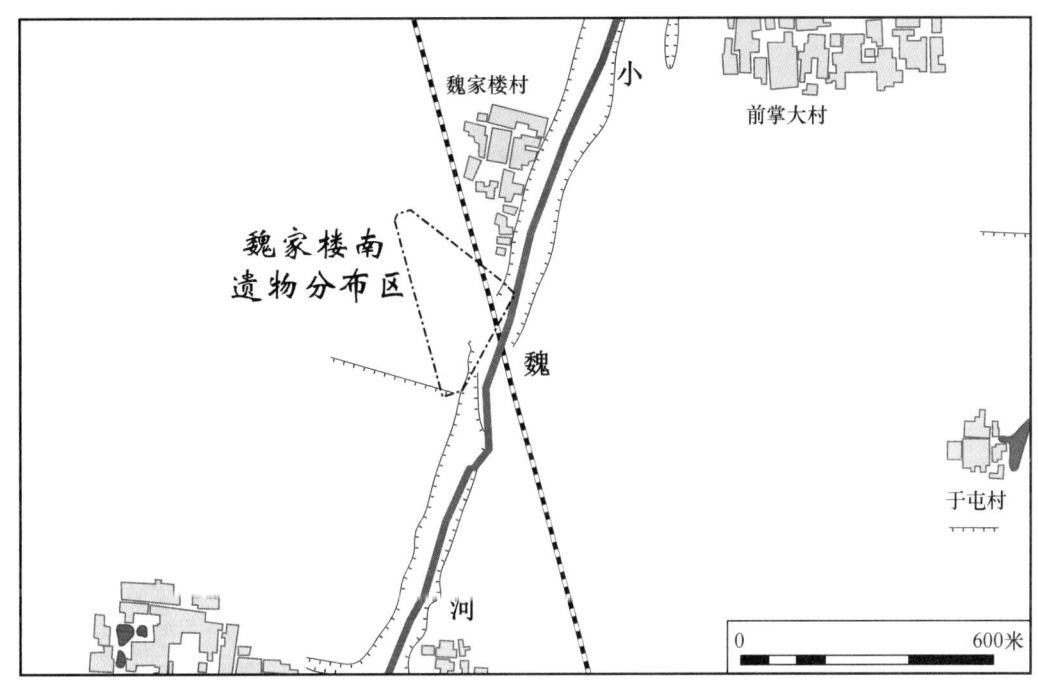

图二三七　薛故城—前掌大区域龙山文化时期遗物分布区图

二四二）。本次调查也在遗址中发现多处文化层堆积和遗迹。其中遗址东北部河崖头断崖剖面上的遗迹较为密集，有文化层和灰坑，也发现若干盗洞；前掌大村内一处剖面上发现大量汉代陶片堆积。遗址北部、东部、东南部均发现人骨和盗洞，均可能为墓地；遗址北部小山有石室墓数座，有的有菱格画像石等，时代应为东汉时期；遗址东北部的取土坑坑壁上则发现一砖构遗迹，应为房址或墓葬（图版三六、图版三七）。

根据前期考古工作情况分析，该区域在细石器文化时期、龙山文化和岳石文化时期均应为遗址。但可能由于遗存较少等原因，本次调查未发现细石器遗存，地面发现的龙山文化和岳石文化时期的遗物也均较少，如果仅按地面遗物分布情况分析，均只构成"散点区"。其中龙山文化的遗物采集区共2处，分别位于前掌大西南和于屯西南，均只有陶罐残片1片。岳石文化遗物采集区仅1处，位于前掌大西部河崖头地点，只有陶尊残片1片。

商代时期有1个遗址和1个遗物分布区。前掌大遗址面积192.4万平方米，共有遗物采集区146个。其中核心分布区有五区：Ⅰ区面积3.5万平方米，包括遗物采集区10个；Ⅱ区面积6000平方米，包括遗物采集区4个；Ⅲ区面积46.7万平方米，包括遗物采集区95个；Ⅳ区面积1.5万平方米，包括遗物采集区5个；Ⅴ区面积1.9万平方米，包括遗物采集区5个。一般分布区面积138.2万平方米，包括遗物采集区27个。采集遗物共232件，种类有陶器、石器、兽骨和鳖甲等，陶器可辨器形有鬲、甗、罐、盆、簋和豆，石器有石镰（图二三八）。前掌大东北遗物分布区位于前掌大村东北，面积约1.8万平方米，包括遗物采集区3个。采集遗物共4件，均为陶器，无可辨器形。此外还有单独的遗物采集区1个，位于前掌大东薛河河堤内，仅有器形不明陶片1片。

西周时期遗址西跨小魏河与薛故城遗址为一体，详见后者。

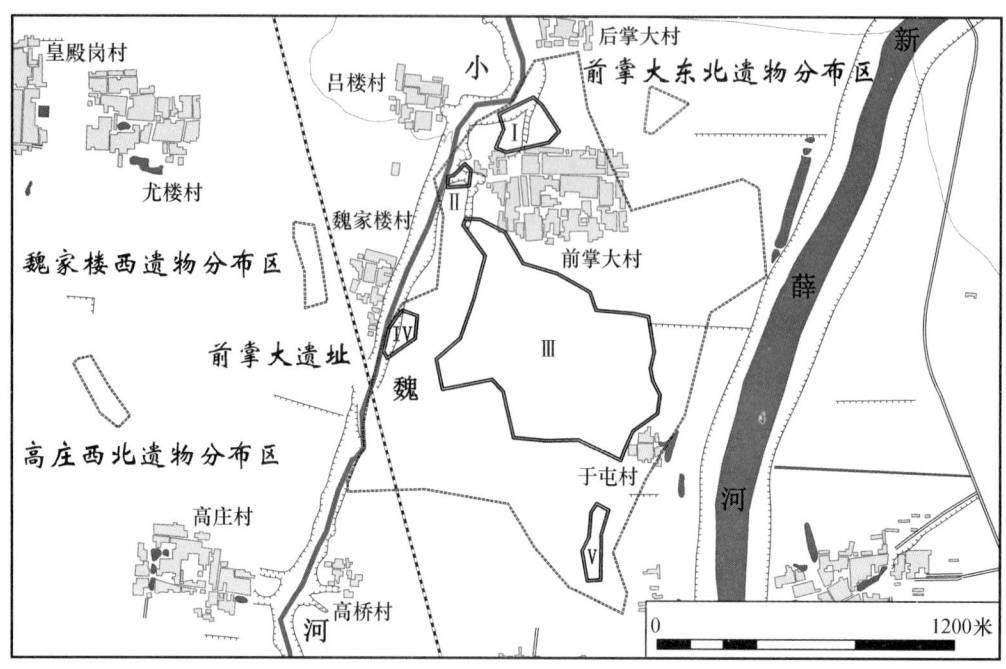

图二三八　薛故城—前掌大区域商代时期遗址分布图

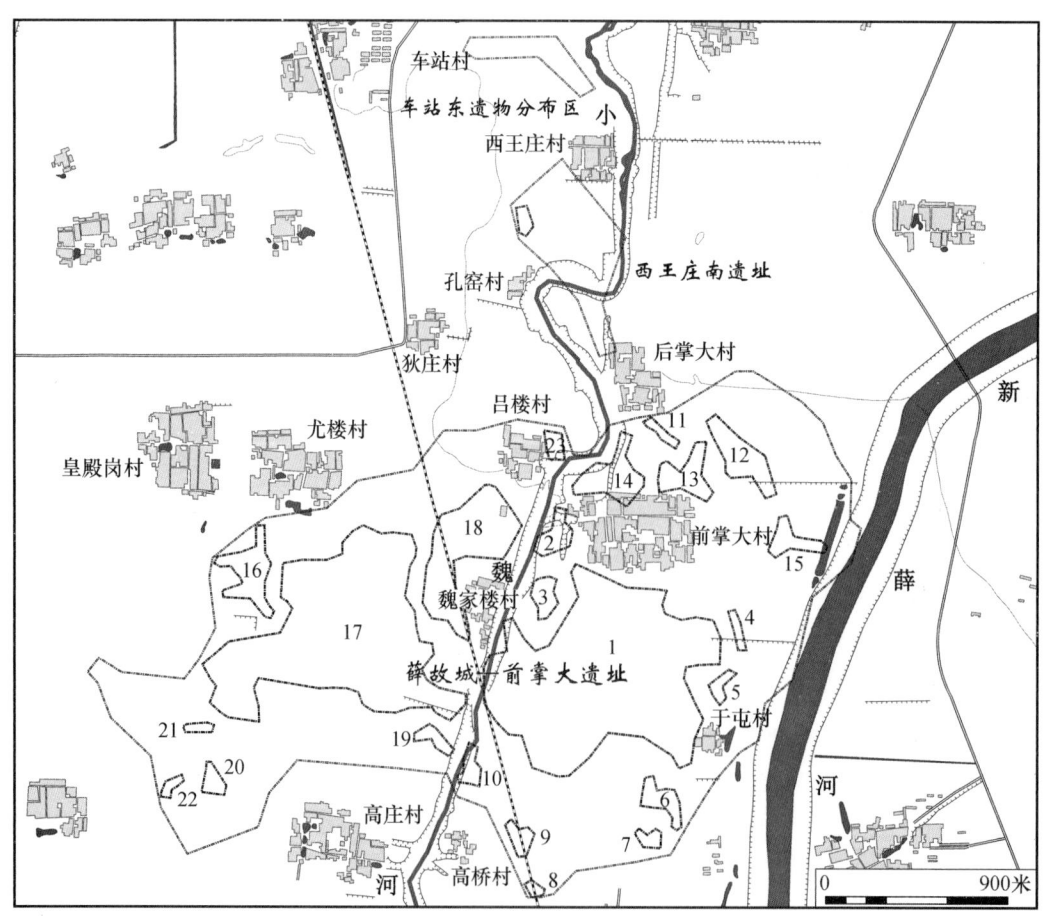

图二三九　薛故城—前掌大区域西周时期遗址分布图

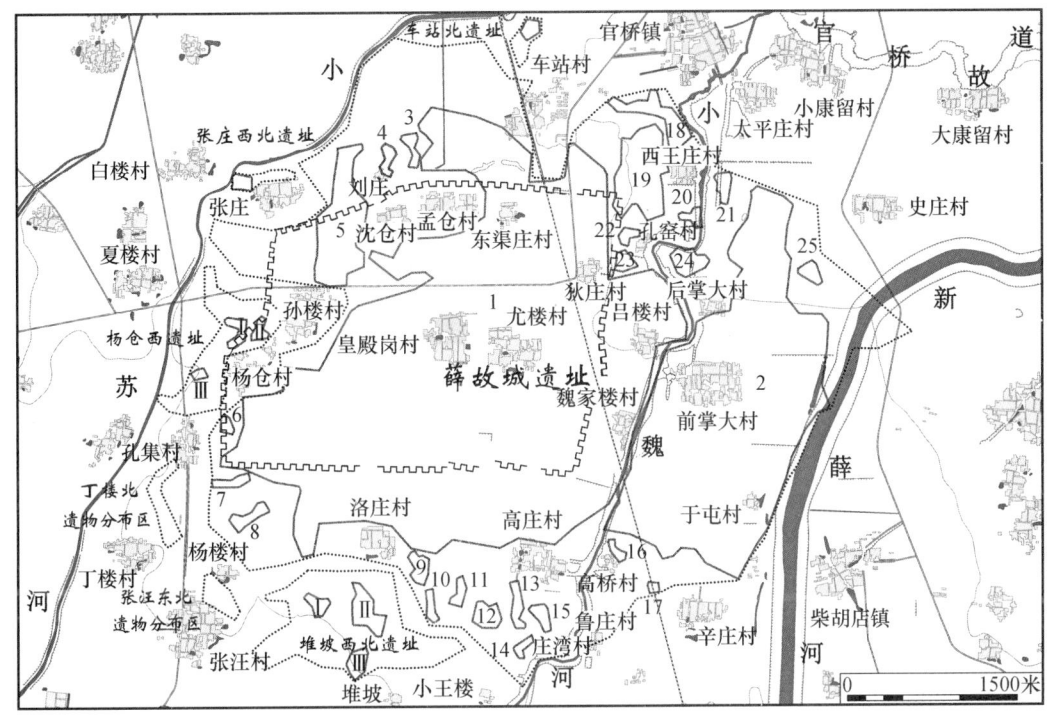

图二四〇　薛故城—前掌大区域东周时期遗址分布图

东周时期遗址亦西跨小魏河与薛故城遗址为一体，详见后者。

秦汉时期分为3个遗址和1个遗物分布区，另外西部部分与薛故城遗址为一体。东北部为前掌大东北遗址，面积116.3万平方米，共有遗物采集区24个。其中核心分布区1个，面积为3.1万平方米，包括遗物采集区6个；一般分布区面积113.2万平方米，包括遗物采集区18个。采集遗物共44件，均为陶器，可辨器形有板瓦、筒瓦、砖、罐和盆。前掌大与于屯村之间为前掌大南遗址，遗址总面积60.5万平方米，共有遗物采集区55个。其中核心分布区有三区：Ⅰ区面积2万平方米，包括遗物采集区5个；Ⅱ区面积2.5万平方米，包括遗物采集区7个；Ⅲ区面积4.6万平方米，包括遗物采集区9个。一般分布区面积51.4万平方米，包括遗物采集区34个。采集遗物共80件，均为陶器，可辨器形有板瓦、筒瓦、罐、盆和瓮。东南部为辛庄北遗址，面积9.1万平方米，共有遗物采集区11个。其中核心分布区1个，面积4.1万平方米，包括遗物采集区9个；一般分布区面积5万平方米，包括遗物采集区2个。采集遗物共15件，均为陶器，可辨器形有板瓦、筒瓦和盆。以上3个遗址皆在东周时期遗址核心区Ⅱ区范围内。西北部为后掌大北遗物分布区，位置与东周时期遗址核心分布区28区相近，面积3.5万平方米，包括遗物采集区7个。采集遗物共18件，均为陶器，可辨器形有板瓦、筒瓦、罐和盆（图二四一）。

岳石文化时期遗物标本，1件。

100316YKK037-1，尊形器腹片。泥质灰陶。腹略内斜，下部有一周凸棱。残高6.2、残宽6.9、厚0.6～1.4厘米（图二四三，2）。

商代时期遗物标本，13件，全部属商代前掌大遗址范围。

100319ZXL021-1，鬲口沿。夹砂红陶，局部有黑斑。侈口，圆方唇，折沿，斜弧肩。颈部饰抹绳纹，腹饰竖绳纹。残高7、残宽11.2、厚0.6～1.1厘米（图二四三，7）。

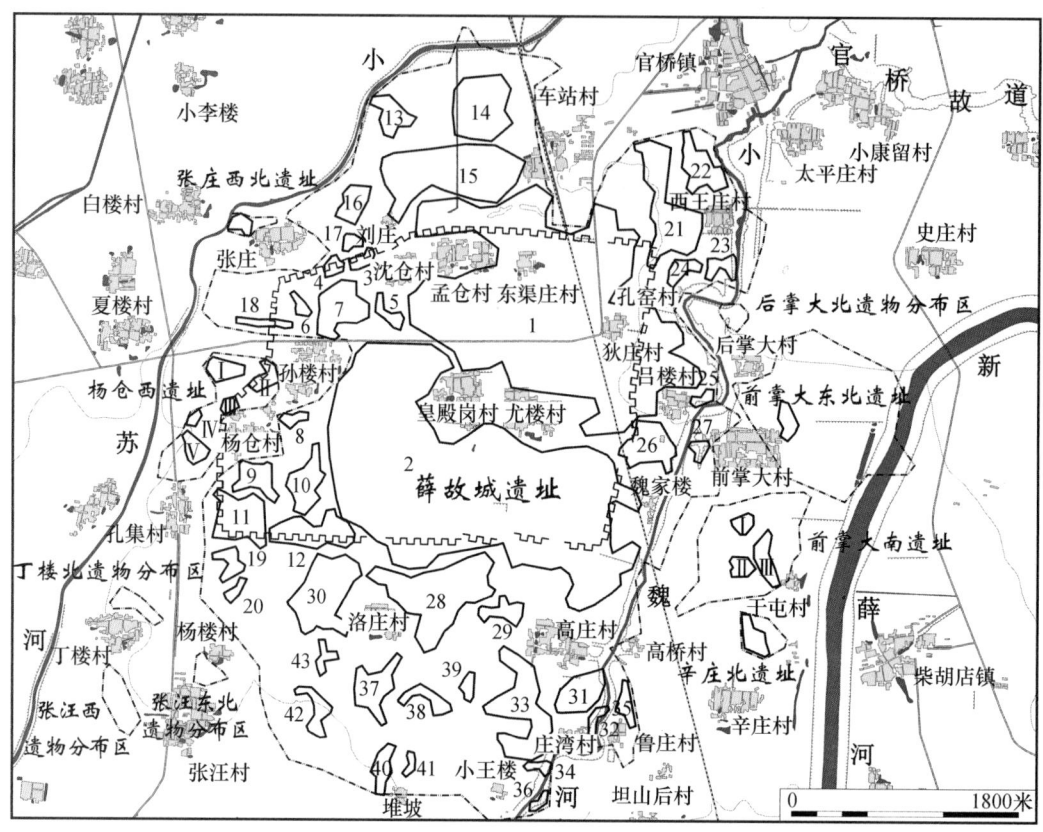

图二四一 薛故城—前掌大区域秦汉时期遗址分布图

100316YKK012-1，鬲足。夹砂灰陶。锥状足，实足尖较高。素面。残高6.8厘米（图二四三，8）。

100316YKK056-1，鬲足。夹砂红褐陶。实足尖较高。素面。残高6.5厘米（图二四三，9）。

100316YKK037-2，鬲足。夹砂黑灰陶。锥状足，器表较多凹坑。素面。残高7.5厘米（图二四三，13；图版五九，2）。

100317FR006-3，罐口沿。泥质灰陶，灰黑胎。侈口，方唇，唇面有一周凹槽，折沿，圆肩。肩部饰有一周凹弦纹，弦纹以下为绳纹与斜压划纹交错的纹饰。残高6.5、残宽8.9~11.7、厚0.7~1厘米（图二四三，3）。

100319YKK012-2，罐口沿。夹细砂灰黑陶。侈口，圆方唇，卷沿，束颈。素面。残高3.5、残宽4~8.2、厚0.6~1.2厘米（图二四三，5）。

100316YKK057-1，罐底。泥质红褐陶。斜弧腹，平底微内凹。腹和底部饰粗绳纹。残高4.4、残宽9.7、厚1.6~1.8厘米（图二四三，11）。

100317FR006-1，盆口沿。泥质黄褐陶，灰胎。侈口，方唇，折沿，弧腹。腹上部饰一周索状堆纹，堆纹之下饰竖绳纹。残高12.5、残宽10.8~14.6、厚1~1.2厘米（图二四三，1）。

100317CDL011-1，盆口沿。夹砂红陶。侈口，方唇，卷沿。沿外侧饰斜绳纹，颈下饰交错绳纹。复原口径34、残高6.7、残宽11.2、厚0.8~0.9厘米（图二四三，6）。

100317FR017-1，簋圈足。泥质灰陶。圈足略高。复原径为16、残高4.15、厚0.6~1厘米

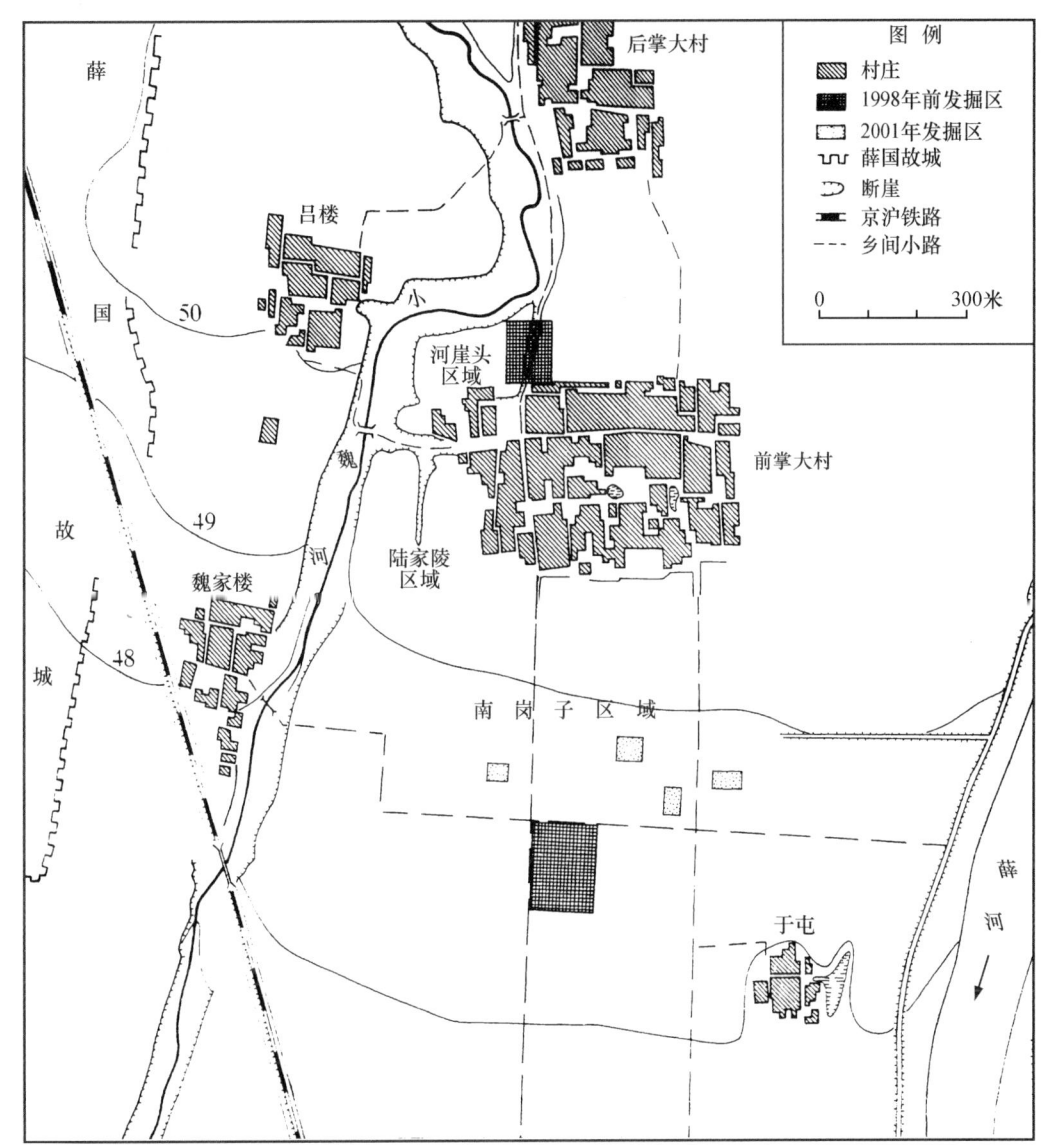

图二四二　前掌大遗址与前期发掘情况
（据中国社会科学院考古研究所《滕州前掌大墓地》图二改绘）

（图二四三，14）。

100316FR001-4，豆口沿。泥质灰陶。微敛口，圆方唇，浅盘，假腹。器表饰两周凹弦纹。残高4.9、残宽7.8、厚0.85～1.8厘米（图二四三，4）。

100316GMJ020-1，腹片。泥质灰陶。刻划三角纹。残高4.5、残宽4.7、厚0.55厘米（图二四三，12）。

100316FR001-3，石镰。时代应为商代时期。残存一端部，条形。表面磨制光滑，双面刃。残长6.9、残宽2.4厘米（图二四三，10；图版五九，8）。

西周时期遗物标本，13件。

100316ZXL019-1，鬲口沿。夹砂黑灰陶。侈口，方唇，唇面微内凹，宽折沿，束颈，近直腹。腹部饰交错绳纹。残高8.5、残宽11.7、厚0.7～0.9厘米（图二四四，8）。

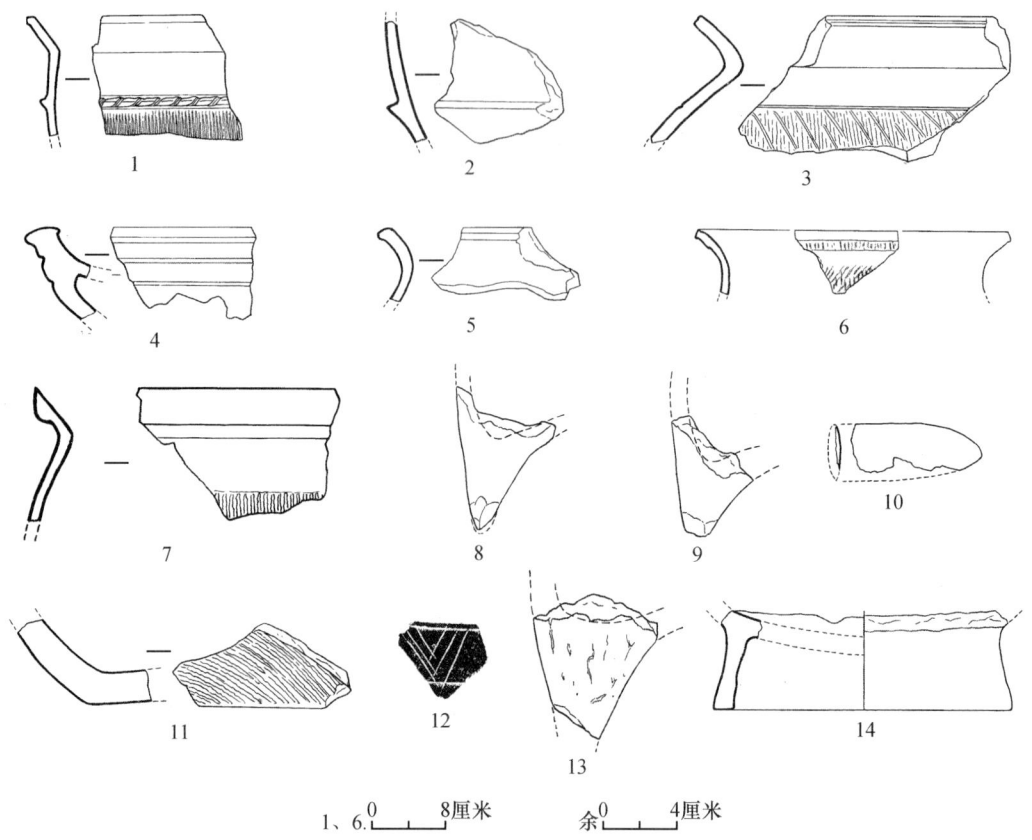

图二四三 前掌大遗址岳石文化、商代时期等遗物标本

1. 盆口沿（100317FR006-1） 2. 尊形器腹片（100316YKK037-1） 3. 罐口沿（100317FR006-3） 4. 豆口沿（100316FR001-4）
5. 罐口沿（100319YKK012-2） 6. 盆口沿（100317CDL011-1） 7. 鬲口沿（100319ZXL021-1） 8. 鬲足（100316YKK012-1）
9. 鬲足（100316YKK056-1） 10. 石镰（100316FR001-3） 11. 罐底（100316YKK057-1） 12. 腹片（100316GMJ020-1）
13. 鬲足（100316YKK037-2） 14. 簋圈足（100317FR017-1）

100317FR006-2，罐口沿。夹砂灰陶。侈口，尖唇，斜折沿束颈，圆肩。肩部饰竖粗绳纹。复原口径16.4、残高7、厚0.6～0.8厘米（图二四四，3）。

100316YKK036-2，罐口沿。夹砂黄褐陶，内壁灰黑。直口微敞，圆方唇，唇面一周凹槽，斜直腹。腹部饰竖绳纹。残高8.3、残宽9.5、厚1.2厘米（图二四四，4）。

100316HY025-1，罐耳。夹砂灰黑陶。环形竖耳。腹饰竖绳纹。残高9、残宽11.6、厚0.5～1.6厘米（图二四四，7）。

100319YKK012-3，罐腹片。泥质深灰陶。上腹有两周凹弦纹，下有一周三角刻划纹。残长9、残宽4.5、厚0.8厘米（图二四四，9）。

100316CDL027-1，簋圈足。泥质灰陶。器身为圜底，下附喇叭形圈足。素面。复原圈足径11、残高4.1、厚0.5～1.2厘米（图二四四，11）。

100317GMJ023-1，簋圈足。泥质灰陶。底近平，喇叭形圈足略高。素面。复原圈足径11、残高5.6、厚0.6～1厘米（图二四四，13）。

100317HY058-1，盂口沿。泥质灰黑陶。近直口，圆唇，沿面内凹，直腹，下部折收。素面。残高3.7、残宽5、厚0.5厘米（图二四四，1）。

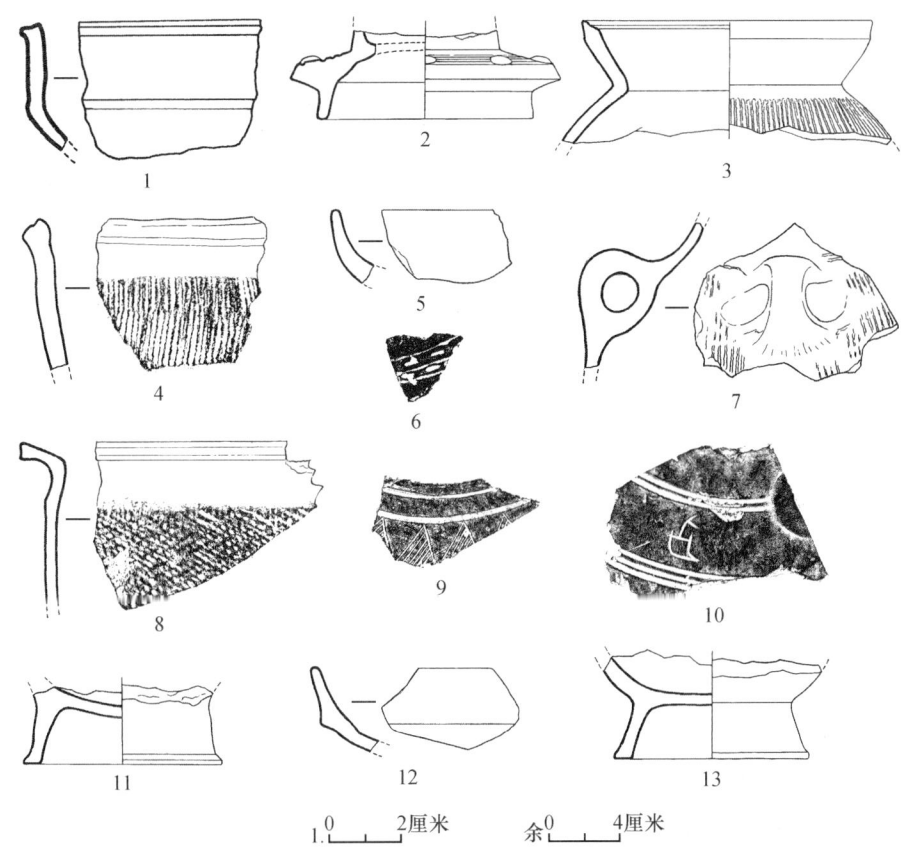

图二四四　薛故城—前掌大遗址前掌大区域西周时期遗物标本

1. 盂口沿（100317HY058-1）　2. 器盖（100317HY019-1）　3. 罐口沿（100317FR006-2）　4. 罐口沿（100316YKK036-2）　5. 豆盘（100316CDL002-2）　6. 刻纹陶片（100317GMJ016-2）　7. 罐耳（100316HY025-1）　8. 鬲口沿（100316ZXL019-1）　9. 罐腹片（100319YKK012-3）　10. 陶片（100317GMJ016-1）　11. 簋圈足（100316CDL027-1）　12. 豆盘（100316YKK062-1）　13. 簋圈足（100317GMJ023-1）

100316CDL002-2，豆盘。泥质黄褐陶。敞口，圆唇，弧腹。素面。残高3.9、残宽6.1、厚0.5～1厘米（图二四四，5）。

100316YKK062-1，豆盘。泥质灰陶。敞口，盘略深，折腹。素面。残高4.5、残宽7.5、厚0.5～1.4厘米（图二四四，12）。

100317HY019-1，器盖。泥质灰黑陶。子母口。盖面三周凹槽，残留2个圆泥饼，表面磨光。轮制。复原口径12、残高4.8厘米（图二四四，2；图版五九，3）。

100317GMJ016-2，刻纹陶片。泥质灰陶。器表有凹弦纹和刻划短条纹。残长4.4、残宽3.5、厚0.7厘米（图二四四，6）。

100317GMJ016-1，陶片。泥质灰胎灰绿皮陶。器表有两组共五周凹弦纹，之间有一刻纹，可释为"旨"或"占"。残长11、残宽8.7、厚1～1.5厘米（图二四四，10；图版五九，4）。

东周时期遗物标本，12件。

100316HY025-2，罐口沿。泥质灰陶。敛口，尖圆唇，外斜沿，短颈，斜肩。肩饰粗竖绳纹。残高5.9、残宽7.1、厚0.7厘米（图二四五，3）。

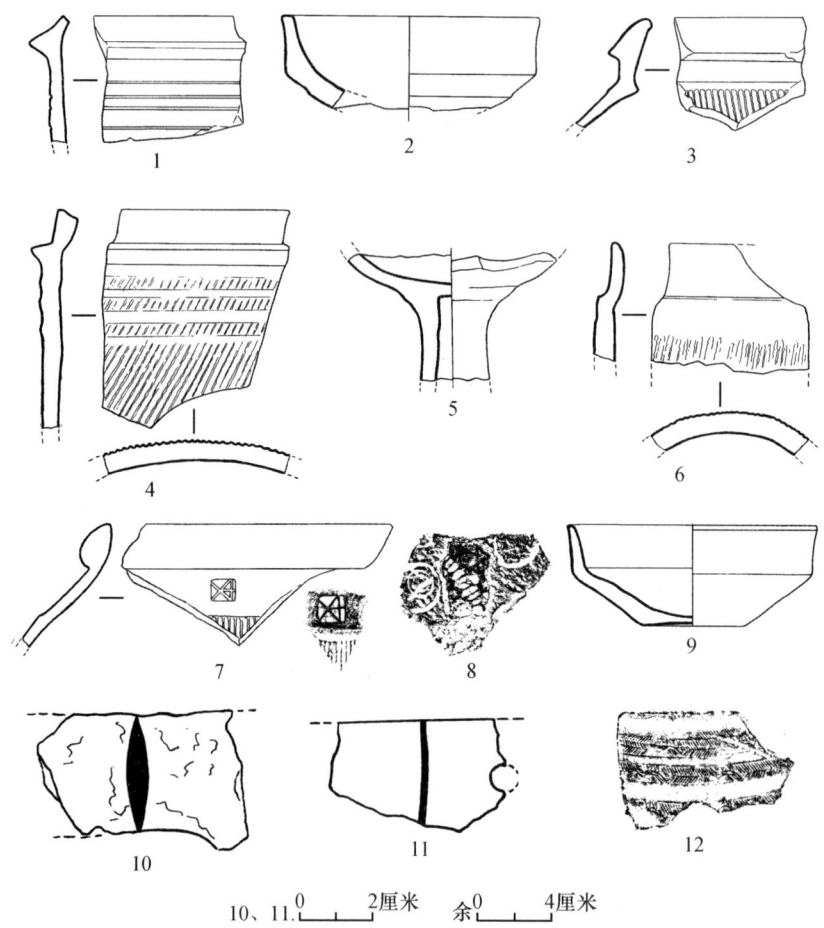

图二四五 薛故城—前掌大遗址前掌大区东周时期遗物标本
1. 盂口沿（100316ZXL019-2） 2. 钵（100316ZXL003-4） 3. 罐口沿（100316HY025-2）
4. 筒瓦（100316CDL026-2） 5. 豆（100316ZXL003-6） 6. 筒瓦（100319ZXL017-3）
7. 罐口沿（100319FR022-2） 8. 腹片（100316YKK020-1） 9. 钵（100313GMJ013-1）
10. 铜戈残片（100317ZXL013-1） 11. 铜片（100314YKK028-1） 12. 腹片（100316CDL012-1）

100319FR022-2，罐口沿。泥质灰陶。口近直，厚方圆唇，卷沿，斜肩。颈下饰竖绳纹，颈部有一可能为符号的印文。残宽14.7、残高6.4、厚0.6厘米（图二四五，7；图版五九，5）。

100316ZXL003-4，钵。泥质灰陶，内壁灰黑。近直口，折腹，底残。素面。复原口径14、残高4.8、厚0.6~1.1厘米（图二四五，2）。

100313GMJ013-1，钵。泥质灰陶，内壁灰黑。近直口，折腹，下腹内收较甚，平底微内凹。素面。复原口径13.6、底径5.6、高5.3厘米（图二四五，9）。

100316ZXL019-2，盂口沿。泥质灰陶。敛口，圆方唇，外斜沿，直壁。沿下残留四周凹槽。残高6.6、残宽7.9、厚0.7~0.9厘米（图二四五，1）。

100316ZXL003-6，豆。泥质灰陶。口及圈足均残，弧腹，浅盘，细柄。素面。最小柄径3.5、残高6.5厘米（图二四五，5）。

100316CDL026-2，筒瓦。泥质灰陶。瓦舌较短，瓦舌与瓦身之交起高凸棱。外壁饰瓦棱纹及浅斜绳纹。残长11.6、残宽10.2、厚1厘米（图二四五，4）。

100319ZXL017-3，筒瓦。夹砂灰陶。瓦舌较直。瓦身外壁饰浅粗竖绳纹。残长6.8、残宽8.5、厚1.2厘米（图二四五，6）。

100316CDL012-1，腹片。泥质灰陶。内壁残留三周刻划叶脉纹。残长9.3、残宽6.2、厚0.9~1.4厘米（图二四五，12）。

100316YKK020-1，腹片。泥质灰陶。饰附加堆纹及同心圆纹饰，堆纹上饰绳纹。残长7.5、残宽5.5、厚1.6厘米（图二四五，8；图版五九，1）。

100317ZXL013-1，铜戈残片。整体扁平，两侧有刃。残长5.7、残宽3.6、厚0.4厘米（图二四五，10；图版五九，7）。

100314YKK028-1，铜片。残留半个圆形穿孔。残长4.7、残宽3、厚0.15厘米（图二四五，11；图版五九，6）。

秦汉时期遗物标本，6件。其中除100316HY025-3属秦汉时期薛故城遗址范围东部，其余均属秦汉时期前掌大南遗址范围。

100316HY025-3，瓮口沿。夹砂灰陶。近直口，方圆唇，短颈，广肩。素面。残高4.2、残宽7.3、厚0.9~2.9厘米（图二四六，2）。

100317HY044-1，瓮口沿。夹砂灰陶。近直口，方圆唇，沿微卷，短颈，广肩。颈部有一周凸棱，肩部饰数周细弦纹。残高7.4、残宽15.6、厚1~1.7厘米（图二四六，5）。

100317FR008-1，瓮口沿。泥质灰胎黑皮陶。近直口，圆唇，短颈，广肩。颈部饰一周凸棱。复原口径26、残高8.5、厚1.4~1.6厘米（图二四六，6）。

100316ZXL019-5，瓮口沿。夹砂灰陶。侈口，厚圆方唇。素面。残高6.4、残宽8.1、厚1.4厘米（图二四六，7）。

100316YKK053-1，盆口沿。夹砂灰陶。敛口，方唇，唇面一周凹槽，宽折沿，斜弧腹。

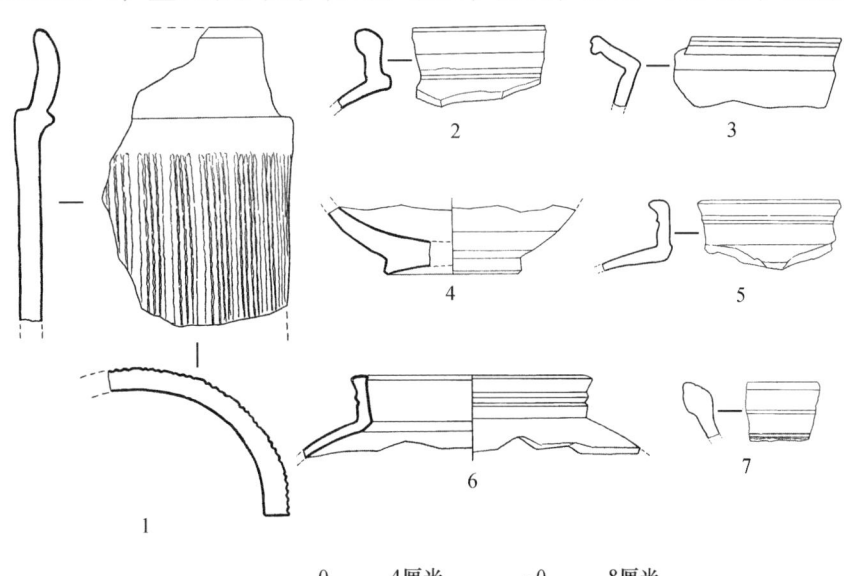

图二四六　前掌大遗址秦汉、唐代时期遗物标本
1. 筒瓦（100316ZXL019-4）　2. 瓮口沿（100316HY025-3）　3. 盆口沿（100316YKK053-1）
4. 瓷碗（100316YKK036-1）　5. 瓮口沿（100317HY044-1）　6. 瓮口沿（100317FR008-1）
7. 瓮口沿（100316ZXL019-5）

素面。残高7.4、残宽17.8、厚1.5厘米（图二四六，3）。

100316ZXL019-4，筒瓦。泥质灰陶。瓦舌和瓦身分界明显。瓦身外壁饰竖粗绳纹。残长15.7、残宽10.6、厚1厘米（图二四六，1）。

唐代时期遗物标本，1件。

100316YKK036-1，瓷碗。黄釉。口残，弧腹，假圈足，底部内凹。复原底径7、残高3.3、厚0.7～1厘米（图二四六，4）。

一三三、薛故城遗址

遗址位于滕州市官桥镇和张汪镇之间，东侧紧邻魏家楼村和小魏河，西侧紧邻小苏河和张庄、孙楼、黄庄、杨仓、孔集、杨楼、张汪等村庄，北侧紧邻车站村，南侧紧邻小王楼和堌堆坡村。遗址范围内包含刘庄、沈仓、孟仓、陈庄、渠庄、狄庄、西王庄、孔窑、皇殿岗、尤楼、吕楼、洛庄、高庄、庄湾等村庄。从遗物分布情况看，遗址部分面积还应被上述村庄部分或全部占压。遗址所处地形基本为平地，地表主要为麦地、林地或村庄。遗址总面积1722.6万平方米，共有遗物采集区2552个，遗物丰富、一般及不丰富的采集区数量分别为181、814和1557个。采集遗物时代包括北辛文化、大汶口文化、龙山文化、岳石文化、商代、西周、东周、秦汉、隋唐和宋元多个时期，以龙山文化、商代、西周、东周和秦汉时期为主，其他可划分时期多为散点区（图二三六）。

因薛故城周边一直屹立着高大的城墙，历代均为人瞩目，万历《滕县志》等早期文献均对其有记载。目前遗址大城的四面城墙保存均较完整，残高4～7米，残宽10～20米，临近城墙内外地表均有较多的砖瓦等建筑构件，有的地点还可见明显夯层。城墙内面积约690万平方米，而遗址的遗物分布区域远大于城圈范围。

新中国成立后，此遗址的考古工作一直未曾间断。20世纪50年代，皇殿岗东发现了冶铁遗址[1]；70年代，吕楼发现了二里冈期铜器，狄庄东城墙内发现了春秋有铭铜盨[2]。除零星的重要发现外，中国社会科学院考古研究所山东队等单位较早对遗址进行了全面调查，对故城的地上遗存有了总体的了解，并发现了东周陶文陶器、铸铁陶范等遗物[3]。随后，济宁市文物管理局最早对遗址进行了系统勘察和试掘，基本搞清了遗址的布局。本次工作测量了现存城墙的实际长度；解剖了部分城墙，将它分为春秋中晚期、春秋晚期或战国早期和战国中晚期三期；发现了宽25～30米的环壕和12座疑似城门；勘探出皇殿岗南的宫殿区一处，主要位于城内东部的居住区7处，其中还首次于J4区下层发现了龙山文化遗存；勘探出手工业作坊遗址3处，即陈庄与渠庄间的冶铁遗址、皇殿岗东的冶铁遗址以及尤楼南的制陶作坊；发现墓地4处，其中城内东

---

[1] 庄东明：《滕县古薛城发现战国时代冶铁遗址》，《文物参考资料》1957年5期。
[2] 滕县文化馆：《山东滕县出土杞薛铜器》，《文物》1978年4期；滕州市博物馆：《山东滕州市薛河下游出土的商代青铜器》，《考古》1996年5期。
[3] 中国科学院考古研究所山东队：《山东邹县滕县古城址调查》，《考古》1965年12期；中国社会科学院考古研究所山东队、滕县博物馆：《山东滕县古遗址调查简报》，《考古》1980年1期。

北部的MD1有2座大型战国积石冢，疑为战国封君墓，城西的MD4也有3个堌堆，但时代不明；发掘了城内东部的MD2部分，即70年代铜盅出土处，清理了墓葬9座，其中M1～M4时代为春秋早中期，随葬品均很丰富，M2、M3均随葬七鼎六簋，M4随葬铜鼎10件，应为一处贵族墓地[①]。80年代以来，山东省文物考古研究所则针对前期工作存在的疑问，尤其是大城东南部发现的龙山文化遗存，开展了一系列钻探和发掘工作。其中在大城东南部发现了从龙山文化、岳石文化、商周到汉代的连续遗存，发现了一座面积约60多万平方米的小城，其东侧和南侧城墙与大城为一体，四面各有一门，内部则有多处夯土建筑，始建年代可能为晚商或西周早期[②]。90年代又在东南部小城内发现一座更小的城，其面积应在10万平方米左右，但对此城的年代和形制一度曾有不同认识，一度认为它是龙山时代的城址[③]。但2002年发掘后认为此城始建于西周早期，之外的东南部小城为春秋时期齐国灭薛之前的薛城，大城为战国中期田婴父子所建，沿用至汉代[④]。在此期间，山东省文物考古研究所还在吕楼和尤楼等区域清理了大量墓葬和其他遗迹。其中遗址西北部的车站村东首为一处汉代石室墓墓地，共发掘墓葬19座，形制有单室、并穴双室和双室墓二种，均为中小型墓，时代多为西汉晚期至东汉早期[⑤]（图二四七；图版三八～图版四二，1、2）。

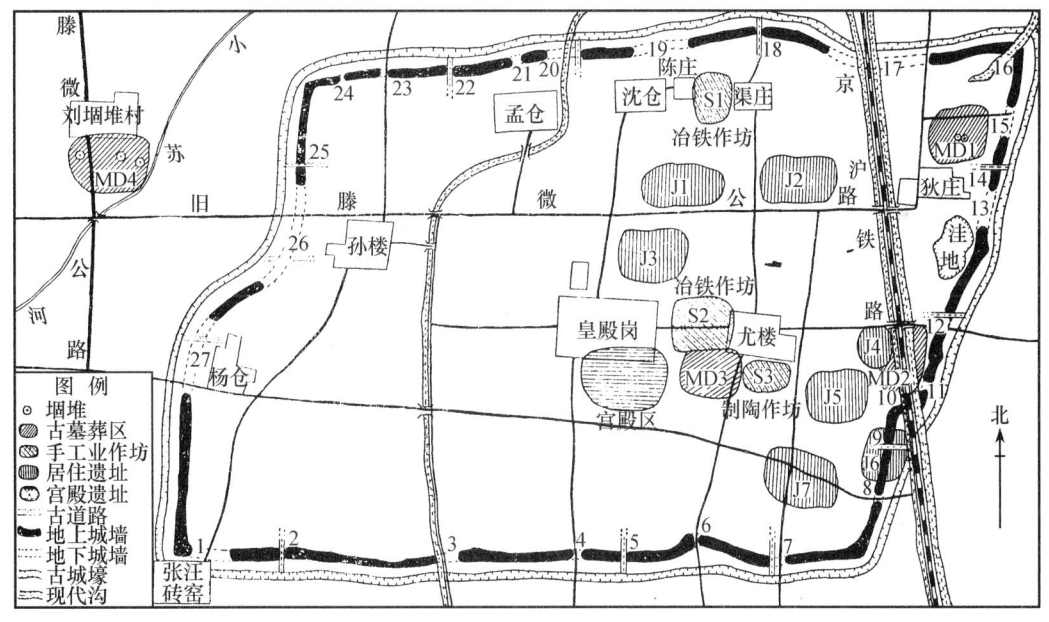

图二四七　薛故城遗址聚落格局
（采自山东省济宁市文物管理局《薛国故城勘查和墓葬发掘报告》图二）

---

① 山东省济宁市文物管理局：《薛国故城勘查和墓葬发掘报告》，《考古学报》1991年4期。
② 张学海：《滕县薛国故城》，《中国考古学年鉴·1987》，文物出版社，1988年。
③ 孙波、燕生东：《滕县薛国故城》，《中国考古学年鉴·1994》，文物出版社，1995年；冀介仁：《滕州市薛国故城龙山文化及其商周城址》，《中国考古学年鉴·1995》，文物出版社，1996年；崔圣宽：《薛故城》，《中国考古学年鉴·2003》，文物出版社，2002年。
④ 崔圣宽：《薛故城》，《中国考古学年鉴·2003》，文物出版社，2002年。
⑤ 山东省文物考古研究所鲁中南考古队、滕州市博物馆：《山东滕州市官桥车站村汉墓》，《考古》1999年4期。

本次调查在遗址内也发现多处文化层堆积和墓葬等遗迹。其中大城城墙范围以内，孟仓村南一剖面上发现了长约10米包含大量汉代瓦片的文化层；渠庄东南一剖面上发现两段文化层堆积，一段含有汉代大陶瓮等陶片，一段则发现灰坑；陈庄东北一剖面上也发现含大量陶片的文化层；洛庄北一剖面上则发现烧烤硬面遗迹；此外，皇殿岗南、孙楼村东剖面上也发现文化层。城墙范围以外，西王庄西北一剖面上发现了长达20多米包含较多汉代陶片的文化层；西王庄西南、庄湾西、高庄西南地点也均发现这种含大量陶片的地层；吕楼西、魏家楼西北、小王楼南和堆坡东北剖面上也都发现了文化层，但包含物较少。遗址城墙范围以外发现的墓葬较多，其中洛庄东南发现石室墓两座，一座有玉璧纹画像，时代应为西汉晚期；洛庄西和马庄北也发现石室墓；车站村西发现石室墓墓石，高庄北发现东汉画像石，洛庄村西和庄湾西南发现大量砖，这些地点原来均可能存在墓葬，其时代大多应为汉代。本次调查还复查了城西MD4的3处堌堆大墓，堌堆现已被房子占压，地面上看不到封土迹象；墓地北侧的刘堌堆村内发现石块、石板多块，疑似石室墓墓石，时代应为汉代（图版四二，3；图版四三；图版四四，1）。

根据前期考古工作分析，遗址东南部在龙山文化、岳石文化和商代时期均应为遗址。但可能由于埋藏较深等原因，本次调查发现的龙山文化遗物较少，分布也较疏散，主要在城外魏家楼南发现1个遗物分布区，但其位置与前期钻探、发掘的龙山文化时期遗址位置不同。分布区面积5.7万平方米，包括遗物采集区3个，采集遗物共4件，均为陶器，可辨器形有罐。此外还有独立的遗物采集区3处，分别位于皇殿岗南、尤楼东北和尤楼东南，均只有陶片1片，可辨器形有罐（图二三七）。调查发现的岳石文化遗物也较少，共有遗物采集区2处，分别位于魏家楼西北和洛庄东，分别只有器形不明和陶豆残片1片。调查发现的商代遗物也较少，主要是城外区域发现的2个遗物分布区，但其位置与前期钻探、发掘的商代遗址位置不同。其中魏家楼西遗物分布区面积2.7万平方米，包括遗物采集区3个。采集遗物共10件，均为陶器，可辨器形有鬲。高庄西北遗物分布区面积2.5万平方米，包括遗物采集区4个。采集遗物共8件，均为陶器，可辨器形有鼎、鬲和罐（图二三八）。此外有独立的遗物采集区9处，分布范围较广泛，北至狄庄北，南至高庄北，西至洛庄东北，东至尤楼南，均有陶片1～4片，可辨器形有鬲、罐、鼎。

西周时期有2个遗址和1个遗物分布区。其中薛故城—前掌大遗址跨越小魏河与前掌大遗址为一体，面积553.3万平方米，共有遗物采集区511个。其核心分布区有23区，以1、17、18区较大，1、2、6、14、18区位置与商代遗址核心分布区及遗物分布区相近，其他均为新增分布区。1区位置与前掌大遗址商代核心分布区Ⅲ区位置相近，但范围扩大，面积71.9万平方米，包括遗物采集区170个；2区位置与前掌大遗址商代核心分布区Ⅱ区位置相近，但范围扩大，面积2.4万平方米，包括遗物采集区8个；3区面积1.9万平方米，包括遗物采集区9个；4区面积7900平方米，包括遗物采集区3个；5区面积9500平方米，包括遗物采集区3个；6区位置与前掌大遗址商代核心分布区Ⅴ区位置相近，但范围扩大，面积2.4万平方米，包括遗物采集区11个；7区面积8600平方米，包括遗物采集区4个；8区面积5000平方米，包括遗物采集区3个；9区面积1.5万平方米，包括遗物采集区3个；10区面积1.5万平方米，包括遗物采集区5个；11区面积1万平方米，包括遗物采集区3个；12区面积4.2万平方米，包括遗物采集区8个；13区面积3.8万平方米，包括遗物采集区7个；14区位置与商代前掌大遗址核心分布区Ⅰ区位置相近，但范围扩大，面积5.6万平方米，包括遗物采集区20个；15区面积2.4万平方米，包括遗物采集区5个；16区面积5.4万平方米，包括遗物采集区16个；17区面积62.8万平方米，包括遗物采集区129个；18区位置与商代魏家楼西遗物分布区相近，但范围扩大，面积16.3万平方米，包括遗物采集区40个；19区面积1.3万平方米，包括遗物采集区4个；20区面积1.2万平方米，包括遗物采集区4个；21区为洛庄东北区，面积6200平方米，包括遗物采集区3个；22区面积6100平方米，包括遗物采集区3个；23区面积1.1万平方米，包括遗物采集区3个。遗址一般分布区面积359.3万平方米，包括遗物采集区47个。采集遗物有陶器和石器，可辨器形为鬲、簋、盂、罐、盆、豆和石斧。前掌大和薛故城遗址前期钻探、发掘的西周遗存位置与此遗址大体相同，但其范围则较调查的遗址总面积小。西王庄南遗址跨越小魏河延伸到前掌大遗址范围内，面积20.8万平方米，共有遗物采集区10个。其中核心分布区1个，面积8500平方米，包括遗物采集区3个；一般分布区面积19.9万平方米，包括遗物采集区7个。采集遗物共1205件，均为陶器，可辨器形有罐。车站东遗物分布区，面积5.5万平方米，包括4个遗物采集区。采集遗物共5件，均为陶器，无可辨器形（图二三九）。

东周时期分为3个遗址。主体为薛故城—前掌大遗址，其跨越小魏河与前掌大遗址为一体，遗址总面积1993.2万平方米，共有遗物采集区2430个。核心分布区有25个区，以1、2、6、23区较大，1、6、7区位于故城大城城墙内，其余均在大城城墙以外，1、2、22、23、24、28区与西周时期遗址核心分布区及遗物分布区范围相近，其他均为新增分布区。具体情况如下：1区范围涵盖西周时期薛故城—前掌大遗址小魏河西岸的所有核心分布区，面积826.9万平方米，包括遗物采集区1437个；2区范围涵盖西周时期薛故城—前掌大遗址的小魏河东岸除8、9两区之外的所有核心分布区，面积328.6万平方米，包括遗物采集区619个；3区面积2.4万平方米，包括遗物采集区5个；4区面积2.3万平方米，包括遗物采集区5个；5区面积34.5万平方米，包括遗物采集区51个；6区面积1.4万平方米，包括遗物采集区4个；7区面积2.3万平方米，包括遗物采集区6个；8区面积3.4万平方米，包括遗物采集区6个；9区面积3.4万平方米，包括遗物采集区7个；10区面积1.9万平方米，包括遗物采集区4个；11区面积2.1万平方米，包括遗物采集区5个；12区面积4.3万平方米，包括遗物采集区7个；13区面积3.2万平方米，包括遗物采集区6个；14区面积1.5万平方米，包括遗物采集区4个；15区面积2.6万平方米，包括遗物采集区5个；16区面积2.4万平方米，包括遗物采集区5个；17区面积8200平方米，包括遗物采集区4个；18区位置与西周时期车站东遗物分布区相近，但范围扩大，面积10.9万平方米，包括遗物采集区24个；19、20、24区与西周时期西王庄南遗址位置相似，19区面积27万平方米，包括遗物采集区52个；20区面积2万平方米，包括遗物采集区4个；21区面积2.8万平方米，包括遗物采集区9个；22区面积1.7万平方米，包括遗物采集区4个；23区面积2.3万平方米，包括遗物采集区4个；24区面积5.4万平方米，包括遗物采集区11个；25区面积2.5万平方米，包括遗物采集区5个。一般分布区面积714.6万平方米，包括遗物采集区137个。采集遗物共7469件，种类有铜器和陶器，铜器有铜戈残片和残铜片，陶器可辨器形有板瓦、筒瓦、瓦当、鬲、罐、盂、盆、甑、豆、钵、器盖和铺地砖（图二四〇）。前掌大和薛故城遗址前期钻探、发掘的东周遗存位置与调查遗址大体相同，但其范围则较调查的遗址总面积小。车站村北为车站北遗址，遗址总面积6.2万平方米，共有遗物采集区8个。其中核心分布区1个，面积2万平方米，包括遗物采集区5个；一般分布区面积4.2万平方米，包括遗物采集区3个。采集遗物共12件，均为陶器，可辨器形有板瓦、筒瓦、罐和盆。堆坡村西北为堆坡西北遗址，遗址总面积98.8平方米，共有遗物采集区54个。其中核心分布区分为三区：Ⅰ区面积2.4万平方米，包括遗物采集区4个；Ⅱ区面积7.1万平方米，包括遗物采集区10个；Ⅲ区面积3.3万平方米，包括遗物采集区5个。一般分布区面积86万平方米，包括遗物采集区35个。采集遗物共115件，均为陶器，可辨器形有板瓦、筒瓦、罐、盆和豆（图二四○）。

秦汉时期遗址总面积1740.3万平方米，向东延伸到前掌大西，共有遗物分布区1736个。其中核心分布区有43区，以1、2区最大，其他均较小，主要分布在城墙范围内的分布区有12个，除5区外，其他各区位置均可同东周时期遗址核心分布区对应：1、2区均包含在东周时期遗址的核心分布区1区内，1区为城内北区，面积244万平方米，包括遗物采集区428个，2区为城内南区，面积269万平方米，包括遗物采集区509个；3、4区位置与东周时期的核心分布区5区相近，3区面积2万平方米，包括遗物采集区8个，4区面积1.8万平方米，包括遗物采集区8个；5区面积2.5万平方米，共有遗物采集区6个；6区面积1.6万平方米，包括遗物采集区4个；7区位置与东周时期核心分布区5区相近，面积12.4万平方米，包括遗物采集区28个；8~12区均在东周时期的核心分布区1区范围之内，8区面积1.8平方米，包括遗物采集区4个，9区面积6.3万平方米，包括遗物采集区12个，10区面积9.1万平方米，包括遗物采集区14个，11区面积13.4万平方米，包括遗物采集区23个，12区面积13.1万平方米，包括遗物采集区25个。位于城墙范围外的分布区有31个，其中16、17、19~23、28、31、37~40、42区均能和东周时期遗址核心分布区对应，其他均为新增分布区。具体情况如下：13区面积5.9万平方米，包括遗物采集区10个；14区面积19.7万平方米，包括遗物采集区32个；15区面积41.1万平方米，包括遗物采集区54个；16、17区位置与东周时期的核心分布区7区位置相近，16区面积5.3万平方米，包括遗物采集区9个，17面积1.5万平方米，包括遗物采集区4个；18区面积2.4万平方米，包括遗物采集区7个；19区位置与东周时期的核心分布区7区相近，面积3.5万平方米，包括遗物采集区8个；20区位置与东周时期的核心分布区8区相近，面积1.5万平方米，包括遗物采集区4个；21区位置与东周时期的核心分布区19区相近，面积22.6万平方米，包括遗物采集区39个；22区位置与东周时期的核心分布区18区位置相近，面积9.1万平方米，包括遗物采集区20个；23区位置与东周时期的核心分布区20区位置相近，面积3.1万平方米，包括遗物采集区9个；24区面积3.1万平方米，包括遗物采集区7个；25区面积1.5万平方米，包括遗物采集区4个；26区面积11.2万平方米，包括遗物采集区28个；27区面积1.8万平方米，包括遗物采集区5个；28区为洛庄东区，位置与东周时期的核心分布区9、10区位置相近，面积34.6万平方米，共有遗物采集区57个；29区面积4.4万平方米，包括遗物采集区13个；30区面积23万平方米，包括遗物采集区35个；31区位置与东周时期的核心分布区15区位置相近，面积9万平方米，包括遗物采集区19个；32区面积1.7万平方米，包括遗物采集区4个；33区位置与东周时期的核心分布区12、13、14区位置相近，面积22.4万平方米，包括遗物采集区28个；34区面积1.5万平方米，包括遗物采集区5个；35区面积3万平方米，包括遗物采集区7个；36区面积1.2万平方米，包括遗物采集区5个；37区位置与堆坡西北遗址东周时期核心分布区Ⅱ区相近，面积9.4万平方米，包括遗物采集区12个；38区位置与东周时期的核心分布区10区位置相近，面积4万平方米，包括遗物采集区7个；39区为位置与东周时期的核心分布区11区位置相近，面积1.8万平方米，包括遗物采集区4个；40区位置与堆坡西北遗址东周时期核心分布区Ⅲ区相近，面积4万平方米，包括遗物采集区7个；41区面积1.1万平方米，包括遗物采集区4个；42区为位置与堆坡西北遗址东周时期核心分布区Ⅰ区相近，面积4.8万平方米，包括遗物采集区8个；43区面积2.2万平方米，包括遗物采集区6个。遗址一般分布区面积901.9万平方米，包括遗物采集区206个。采集遗物共4302件，种类较丰富，以陶器为主，可辨器形有板瓦、筒瓦、铺地砖、水管、井圈、罐、盆、瓮、甑、豆、陶杵和白陶片。此外还采集到铜钱、铁锸、铁炼渣、铁矿石和磨石等。该区域前期钻探、发掘的秦汉遗存位置与调查遗址大体相同，但其范围则较调查的遗址总面积小（图二四一）。

西周时期城内区采集遗物标本，23件，全部属西周时期薛故城—前掌大遗址范围。

100317CYJ065-1，鼎足。夹砂红褐陶。柱状实足。浅绳纹。残高4.9、直径约4.3厘米（图一四八，12）。

100317WWW016-3，鬲口沿。夹细砂褐胎黑皮陶。方唇，折沿，沿面有两周凹槽，束颈，弧腹。素面。残高4.7、残宽4.2、厚0.5～0.8厘米（图二四八，1）。

100319WYL003-3，鬲口沿。泥质灰陶。侈口，圆方唇，唇面内凹，卷沿，斜肩。颈下饰竖向浅粗绳纹。残高5.4、残宽7.1、厚0.7厘米（图二四八，3）。

100317LR001-2，鬲口沿。夹粗砂红褐胎黑皮陶。侈口，叠唇，斜折沿，溜肩。沿外侧及肩部饰细绳纹。残高6.7、残宽7.9、厚1～1.2厘米（图二四九，1）。

100317WYL015-3，鬲口沿。泥质灰黑陶。直口，方唇，唇面内凹，宽折沿，沿面有两周浅凹槽，近直腹。腹饰交错绳纹。残高8、残宽12.7、厚0.5～0.8厘米（图二四九，3）。

100317QXN064-2，鬲足。夹砂黄褐陶。粗锥状实足尖。通体饰绳纹。残高4.4厘米（图二四八，10）。

100319WYL003-2，鬲足。夹砂红胎黑皮陶。锥状实足尖。通体饰绳纹，足尖磨光。残高4.3厘米（图二四八，11）。

100319WYL003-1，鬲足。夹砂灰黑陶。锥状实足尖。通体饰绳纹。残高5.1厘米（图二四八，13）。

100317WYL043-1，鬲足。夹砂红陶，内壁灰黑。柱状，足尖残。通体饰竖绳纹。残存足径4.5～4.8、残高7.7厘米（图二四九，6）。

100316WYL072-1，罐口沿。夹砂夹云母灰胎黑皮陶。圆唇，卷沿，斜腹。沿下饰竖向浅粗绳纹。残高4.7、残宽11.6、厚0.7～0.9厘米（图二四八，9）。

100317YKK028-2，罐腹片。夹粗砂灰陶。器表饰细绳纹及附加堆纹。残长5.5、残宽7.3、厚1厘米（图二四八，4）。

100317WYL015-1，罐腹片。泥质红褐陶。器表有两组凹槽，下部有点状绳纹。残长5.9、残宽6.1、厚0.6厘米（图二四八，5）。

100319WYL023-1，罐腹片。泥质红陶。器表饰绳纹及附加堆纹。残长6、残宽5、厚0.8厘米（图二四九，4）。

100316WYL061-1，盆口沿。夹细砂灰黑陶。口微侈，方唇，宽平沿，沿面外缘一周凸

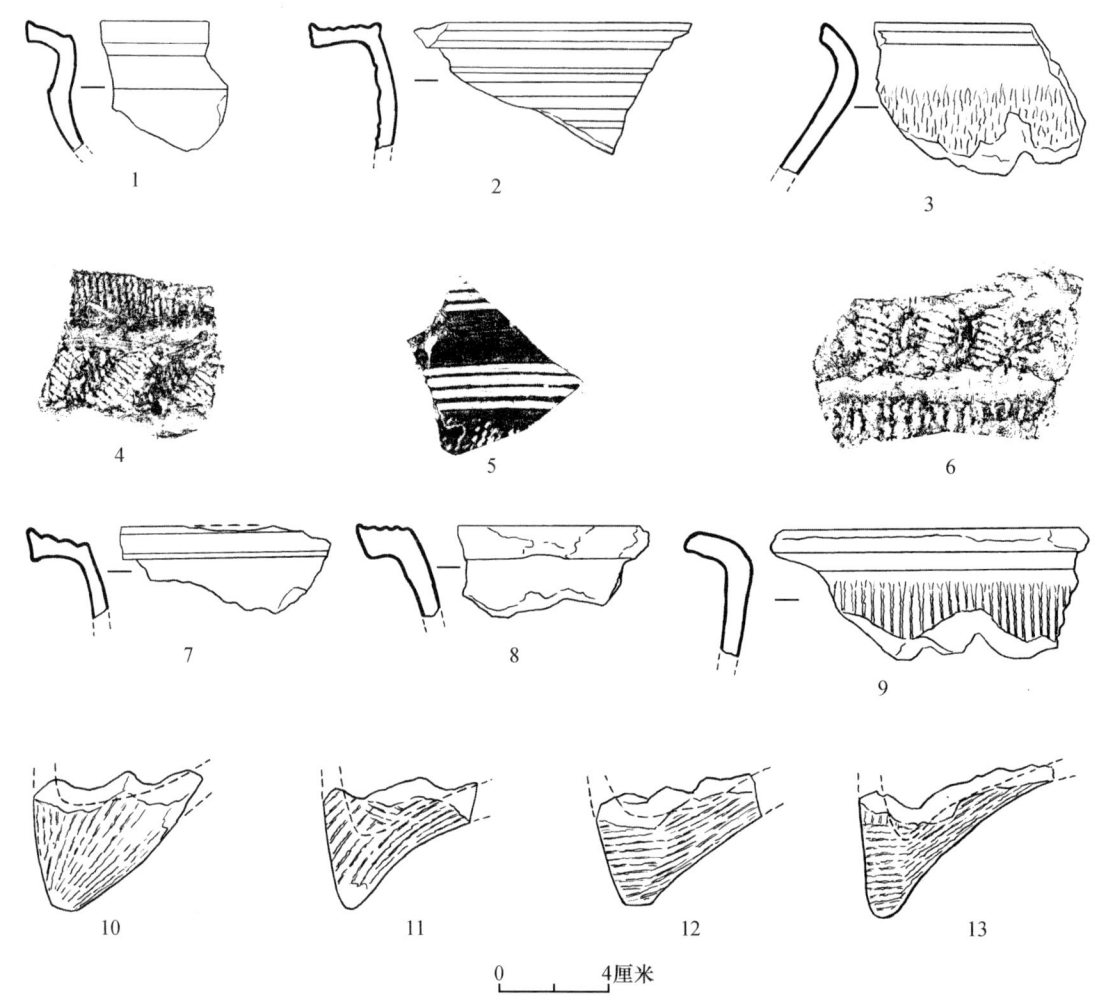

图二四八 薛故城遗址城内区西周时期遗物标本（一）

1. 鬲口沿（100317WWW016-3） 2. 盆口沿（100316WYL061-1） 3. 鬲口沿（100319WYL003-3） 4. 罐腹片（100317YKK028-2）
5. 罐腹片（100317WYL015-1） 6. 腹片（100319WYL003-4） 7. 盆口沿（100316WYL061-3） 8. 盆口沿（100316WYL043-1）
9. 罐口沿（100316WYL072-1） 10. 鬲足（100317QXN064-2） 11. 鬲足（100319WYL003-2） 12. 鼎足（100317CYJ065-1）
13. 鬲足（100319WYL003-1）

棱，沿面五周浅凹槽。腹部数周浅凹槽。残高4.6、残宽10.1、厚0.5厘米（图二四八，2）。

100316WYL061-3，盆口沿。夹砂红陶。侈口，方唇，唇面微内凹，斜折沿，沿面有三周凹槽。素面。残高3.2、残宽7.5、厚0.5厘米（图二四八，7）。

100316WYL043-1，盆口沿。夹砂灰胎黑皮陶。敞口，方唇，平折沿，沿面有四周凹槽，斜直腹。素面。残高3.3、残宽7、厚0.7~1.1厘米（图二四八，8）。

100317LR001-1，盆口沿。夹砂灰胎黑皮陶。侈口，方唇，粗颈，斜弧腹。颈部饰四周凹槽。残高7.5、残宽5.6、厚0.8厘米（图二四九，2）。

100319CYJ013-1，簋圈足。泥质灰陶。喇叭形圈足。残高5.3、残宽6.9、厚0.7~1.1厘米（图二四九，8）。

100319LR010-1，簋圈足。泥质灰陶。矮喇叭形圈足。器表有一周凹槽。复原圈足径12、残高3.6、厚0.9厘米（图二四九，9）。

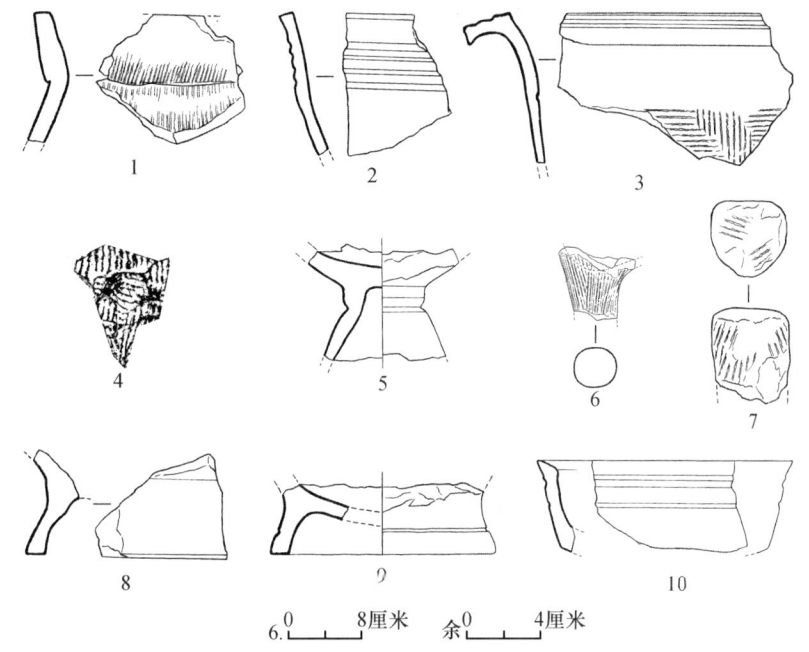

图二四九　薛故城遗址城内区西周时期遗物标本（二）

1. 鬲口沿（100317LR001-2） 2. 盆口沿（100317LR001-1） 3. 鬲口沿（100317WYL015-3）
4. 罐腹片（100319WYL023-1） 5. 豆柄（100317YKK029-1） 6. 鬲足（100317WYL043-1）
7. 鼎足（100317CYJ065-1） 8. 簋圈足（100319CYJ013-1） 9. 簋圈足（100319LR010-1）
10. 碗（100317WWW016-1）

100317YKK029-1，豆柄。泥质灰陶。盘及圈足均残，弧腹，圜底，喇叭状矮柄。盘与柄相接盘处有一周凸棱和凹弦纹。残高4.8、厚1厘米（图二四九，5）。

100317WWW016-1，碗。泥质灰胎黑皮陶。侈口，尖唇，窄折沿，斜腹内折，底残。沿下有两周凹槽。复原口径14、残高4.9、厚0.6～0.9厘米（图二四九，10）。

100319WYL003-4，腹片。夹砂夹云母灰胎红皮陶。器表饰粗绳纹和附加堆纹。残长9.7、残宽6.3、厚2厘米（图二四八，6）。

西周时期城外区采集遗物标本，13件，全部属西周时期薛故城—前掌大遗址范围。

100316WYL073-1，鬲口沿。细砂灰黑陶。侈口，方唇，唇面微凹，斜折沿，沿面一周凹槽，粗颈微束。颈下饰交错绳纹。残高13.2、残宽14、厚0.65～0.85厘米（图二五〇，1）。

100317CYJ009-2，鬲口沿。夹细砂灰褐皮陶。敛口，方唇，唇面微凹，斜折沿，束颈，斜肩。颈部有两周凸弦纹，颈下饰竖绳纹。残高5.3、残宽9.5、厚0.6厘米（图二五〇，3）。

100317WYL008-4，鬲口沿。夹砂灰胎黑皮陶。直口微侈，方唇，折沿，沿面有三周凹槽。素面。残高3.8、残宽10.3、厚0.6厘米（图二五〇，4）。

100316WYL073-2，鬲足。夹砂红褐陶。粗锥形。通体饰绳纹。残高5.4厘米（图二五〇，10）。

100316LR036-2，鬲足。夹砂黄褐陶。粗锥形。通体饰绳纹。残高5.3厘米（图二五〇，11）。

100317WYL065-1，鬲足。夹细砂红陶，内壁呈灰色。锥形。通体饰浅绳纹。残高5.7厘米（图二五〇，12）。

100317WYL065-2，罐口沿。夹细砂灰黑陶。侈口，圆唇，窄折沿，束颈，斜肩。颈部饰

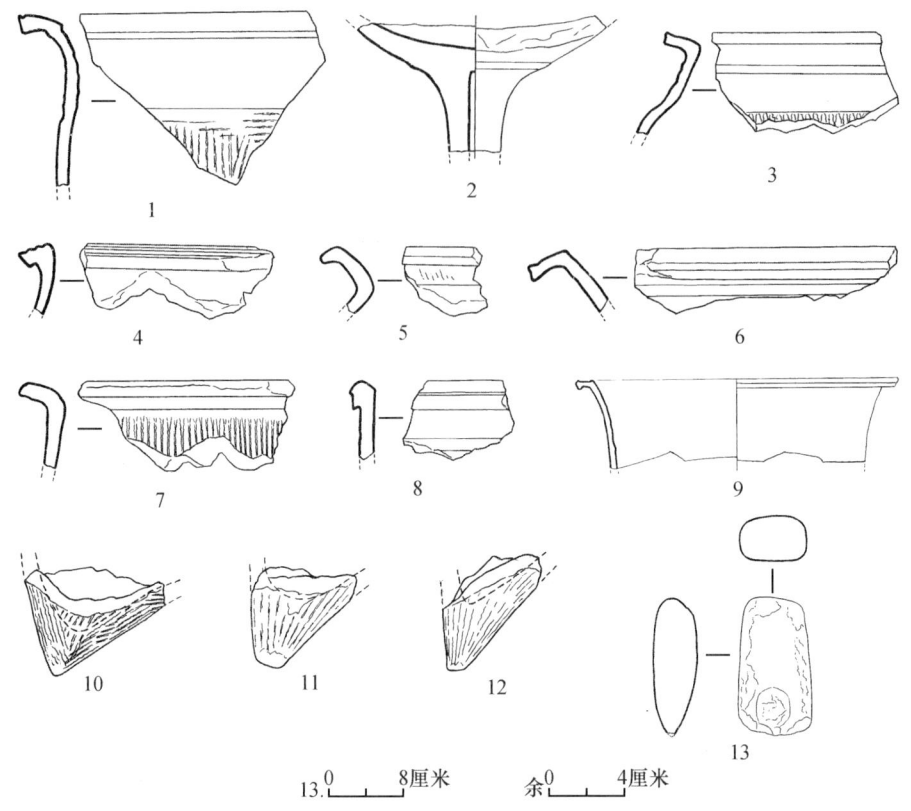

图二五〇 薛故城遗址城外区西周时期遗物标本
1. 鬲口沿（100316WYL073-1） 2. 豆（100317WYL008-1） 3. 鬲口沿（100317CYJ009-2）
4. 鬲口沿（100317WYL008-4） 5. 罐口沿（100317WYL065-2） 6. 盆口沿（100317WYL008-2）
7. 罐口沿（100316WYL072-1） 8. 罐口沿（100317WYL008-5） 9. 盆口沿（100320CYJ032-1）
10. 鬲足（100316WYL073-2） 11. 鬲足（100316LR036-2） 12. 鬲足（100317WYL065-1）
13. 石斧（100316LR036-1）

抹绳纹。残高3.5、残宽4.5、厚0.8厘米（图二五〇，5）。

100316WYL072-1，罐口沿。夹砂夹云母灰胎黑皮陶。敛口，圆唇，卷沿。颈以下饰竖向浅粗绳纹。残高4.7、残宽11.6、厚0.7~0.9厘米（图二五〇，7）。

100317WYL008-5，罐口沿。夹砂灰胎黑皮陶。直口，圆方唇，卷沿，直颈。素面。残高4.1、残宽5.5、厚0.8厘米（图二五〇，8）。

100317WYL008-2，盆口沿。夹砂黑陶。敞口，方唇，唇面微凹，斜折沿，沿面有一周浅凹槽，斜直腹。素面。残高4、残宽13.8、厚0.8厘米（图二五〇，6）。

100320CYJ032-1，盆口沿。泥质黑陶。敞口，圆方唇，折沿，曲腹。素面。复原口径17、残高9、厚0.8厘米（图二五〇，9）。

100317WYL008-1，豆。泥质灰陶。口及圈足均残，斜腹微弧，圜底，细柄。素面。残高6.5、最细柄径2.7厘米（图二五〇，2）。

100316LR036-1，石斧，城外区高庄北采集。时代应为西周时期。整体厚重，平面近长方形，双面刃。琢制，局部磨光。残长14.3、宽7.9、厚4.7厘米（图二五〇，13）。

东周时期城内区采集遗物标本，24件，全部属东周时期薛故城—前掌大遗址范围。

100323WYL026-2，甑底。泥质灰陶。弧腹，平底，底部有多个圆形甑孔。腹饰横绳纹。残高4.7、厚0.7~1厘米（图二五一，8）。

100319LR033-1，罐口沿。夹砂灰陶，外壁灰黑。直口，圆方唇，颈微束，广肩。颈部饰抹绳纹。残高5.8、残宽11.5、厚0.8~1厘米（图二五二，1）。

100319LR033-2，罐口沿。夹砂灰陶。直口微侈，尖唇，外斜沿，粗颈微束，折腹。腹部饰交错绳纹。残高11.5、残宽13.3、厚0.5~0.9厘米（图二五二，2）。

100319CYJ070-1，罐口沿。夹砂灰黑陶。侈口，方唇，高领，广肩。领部和肩部饰抹绳纹。残高7.5、残宽10.3、厚0.6~1厘米（图二五二，3）。

100320WWW078-1，罐口沿。夹砂灰陶。敛口，外斜沿，短束颈，斜肩。肩部饰竖绳纹。残高6.9、残宽12、厚0.5~0.9厘米（图二五二，4）。

100319WYL017-1，罐口沿。细砂灰陶。侈口，方唇，唇面内凹，束颈，斜肩。素面。复原口径12、残高5.4、厚0.5~0.7厘米（图二五二，8）。

100319QXN018-1，罐底。夹砂灰黑陶，底部略呈红褐色。斜腹，平底。素面，罐底内部有一方形印文，可释为"薛市人"。复原底径18、残高6.2、厚0.8~1.1厘米（图二五一，12；图版六〇，4）。

100320WWW028-1，盆口沿。细砂青灰陶。敛口，方唇，唇面微凹，宽折沿，沿面微弧，斜腹近直。腹饰横细绳纹，沿面有一方形印文，可释为"不安"。残高5.5、残宽17.4、厚0.9~1厘米（图二五一，9；图版六〇，3）。

100321CYJ006-2，盆口沿。夹砂灰陶。直口，方唇，唇面微凹，宽折沿，近直腹。腹部饰浅绳纹。残高7.5、残宽21.7、厚1厘米（图二五二，7）。

100319CYJ060-1，盆口沿。细砂青灰陶。口微敛，方唇，唇面内凹，宽折沿，沿面外弧，腹壁近直。腹饰粗绳纹。残高9.9、残宽21.7、厚0.4~1厘米（图二五二，9）。

100319CYJ051-1，盆口沿。泥质灰黑陶。敛口，方唇，宽折沿，沿面微弧。沿面有数周细弦纹，另有一处方形印文，可释为"洹觟"，颈部饰瓦棱纹，腹饰浅绳纹。残高9.4、残宽21.3、厚1.4~1.5厘米（图二五二，12；图版六一，1）。

100320WWW015-1，盆口沿。泥质灰陶。敛口，方唇，唇面一周凹槽，斜折沿，沿面弧凸，内侧有一处刻文，可释为"因"，弧腹近直。素面。轮制。残高6.3、残宽15.1、厚1厘米（图二五二，11；图版六一，2）。

100321WYL006-1，钵。泥质青灰陶。直口，直壁，折腹，底残。折腹处有一可能为符号的刻划。复原口径18、残高6.8、厚0.8~1厘米（图二五一，2；图版六〇，1）。

100317QXN034-1，钵。泥质灰陶。直口微侈，直壁微束，折腹，下腹及底残。下腹部外表有一刻划，可能为符号或刻文的一部分。残高5.1、残宽5.6、厚0.6~1.2厘米（图二五一，11）。

100317WYL038-1，豆。泥质灰陶。盘及圈足均残。盘底近平，细柄。盘内壁有一刻文，可释为"公"。柄径约3.6、残高6.8厘米（图二五一，10）。

100320CYJ007-1，豆。泥质灰陶。近直口，浅盘，折腹，折腹处一周凸棱，柱状柄，圈足下部外伸呈方座形。素面。复原口径15.4、圈足径8.7、高12.2厘米（图二五二，10；图版六三，2）。

图二五一　薛故城遗址城内区东周时期遗物标本（一）

1. 半瓦当（100320WYL005-1）　2. 钵（100321WYL006-1）　3. 筒瓦（100322WYL004-1）
4. 半瓦当（100319CYJ047-1）　5. 半瓦当（100319WYL032-2）　6. 腹片（100320WWW027-1）
7. 圆瓦当（100319LR039-1）　8. 甗底（100323WYL026-2）　9. 盆口沿（100320WWW028-1）
10. 豆（100317WYL038-1）　11. 钵（100317QXN034-1）　12. 罐底（100319QXN018-1）

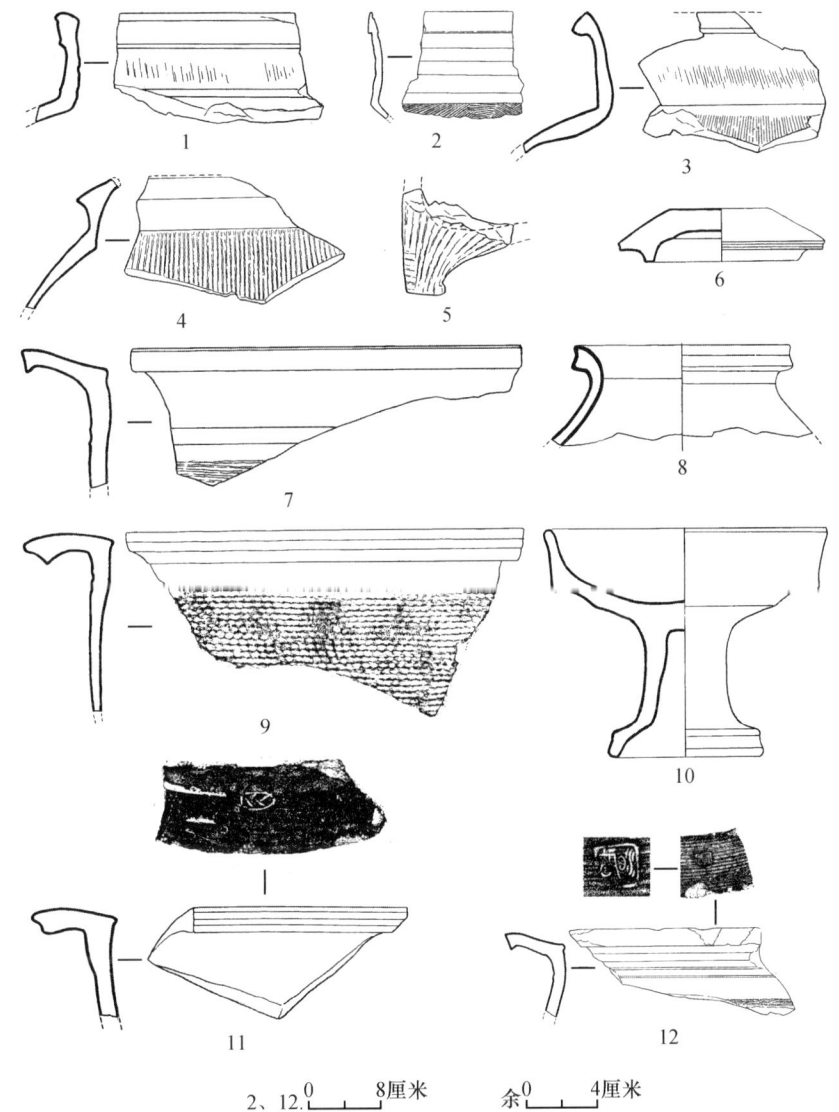

图二五二 薛故城遗址城内区东周时期遗物标本（二）

1. 罐口沿（100319LR033-1） 2. 罐口沿（100319LR033-2） 3. 罐口沿（100319CYJ070-1）
4. 罐口沿（100320WWW078-1） 5. 鬲足（100319QXN018-4） 6. 器盖（100323WYL026-1）
7. 盆口沿（100321CYJ006-2） 8. 罐口沿（100319WYL017-1） 9. 盆口沿（100319CYJ060-1）
10. 豆（100320CYJ007-1） 11. 盆口沿（100320WWW015-1） 12. 盆口沿（100319CYJ051-1）

100319QXN018-4，鬲足。夹砂红陶。足尖平齐近柱形。通体饰绳纹。残高5.6厘米（图二五二，5）。

100323WYL026-1，器盖。泥质灰陶。子母口盖，平顶，斜弧壁，矮子口。素面。复原口径7.4、高2.8厘米（图二五二，6）。

100322WYL004-1，筒瓦。夹砂青灰陶。瓦舌与瓦身分界不明显。瓦舌饰手抹绳纹，瓦身数周带状绳纹。模制，外切。残长10.6、残宽9.4、厚0.8～1厘米（图二五一，3）。

100320WYL005-1，半瓦当。泥质灰陶。残，有几何鱼形纹，瓦身外壁饰粗绳纹，内壁有坑点纹。复原直径18、残长7、厚0.7～2.5厘米（图二五一，1）。

100319CYJ047-1，半瓦当。泥质黄褐陶。残长5、残宽4.4、厚0.8厘米（图二五一，4）。

100319WYL032-2，半瓦当。泥质灰黑陶。饰粗绳纹。半径7.8、厚1.2厘米（图二五一，5；图版六二，5）。

100319LR039-1，圆瓦当。细砂青灰陶。图案以双线界格成四等份，每格有一卷云纹，中心圆形内填方格纹。复原直径16、厚1.2~2厘米（图二五一，7；图版六二，7）。

100320WWW027-1，腹片。泥质深灰陶。通体饰细绳纹，与绳纹方向垂直有一方形印文，可释为"途"。残长5.5、残宽4.5、厚0.6厘米（图二五一，6；图版六〇，2）。

东周时期城外区采集遗物标本，19件。其中除110323ZGJ012-2属东周时期堆坡西北遗址外，其余全部属东周时期薛故城—前掌大遗址。

100314QXN013-4，罐口沿。夹砂灰陶。侈口，圆唇，卷沿，束颈，斜弧肩。腹部饰横绳纹。残高6.7、残宽10.8、厚0.4~0.6厘米（图二五三，3）。

110323ZGJ012-1，罐口沿。夹砂红褐。侈口，方唇，卷沿，束颈，斜肩。颈下饰横向绳纹。残高4.6、残宽6.2、厚0.4~0.5厘米（图二五三，4）。

100314QXN013-2，罐口沿。夹砂红陶。敛口，尖唇，斜沿，斜腹。腹部有三周凸棱。残高7.2、残宽11.8、厚0.4~0.6厘米（图二五三，5）。

110308BXQ014-1，罐口沿。夹砂灰陶。直口，尖圆唇，斜沿，沿面微凹，近直腹。颈部有一周凸棱。残高7.6、残宽8.8、厚0.6~0.7厘米（图二五四，1）。

110323WYL010-1，罐口沿。夹砂灰陶，外壁黄褐。直口，方唇，外斜沿，短直颈，斜肩。腹部饰竖绳纹。残高7.2、残宽10.4、厚0.8厘米（图二五四，3）。

110308WYL018-1，盆口沿。夹细砂灰陶。口微敛，方唇，唇面内凹，宽平沿，腹微弧内收。腹饰浅斜绳纹。残高10.5、残宽15.6、厚0.7~0.9厘米（图二五三，1）。

110323ZGJ012-2，盆口沿。夹砂灰陶。敛口，方唇，唇面内凹，宽平沿，沿面外弧，弧腹。腹饰斜横绳纹。残高9.7、残宽21.1、厚0.4~1.2厘米（图二五三，2）。

100314LR015-2，盆口沿。细砂黄褐胎黑皮陶。近直口，内壁近口处一周凹槽，方唇内凹，宽折沿，沿面外弧，腹近直。腹部饰横绳纹，沿面有一可能为符号的刻划。残高5.8、残宽18.8、厚1.3厘米（图二五三，9）。

100317WYL064-1，盆口沿。泥质灰胎黄褐皮陶。侈口，方唇，唇面微凹，卷沿，内沿面三周凹槽，弧腹。颈部饰弦纹加抹绳纹，腹部饰粗绳纹。残高7.2、残宽13.2、厚1.1厘米（图二五四，2）。

100314LR015-3，盆口沿。夹砂浅灰陶。近直口，内壁近口处一周凹槽，方唇，唇面内凹，宽折沿，沿面外弧，弧腹近直。腹部饰横绳纹。残宽9.1、残高3.3、厚0.8厘米（图二五四，5）。

100317WYL066-1，鬲足。夹砂红褐陶。锥状实足尖。通体饰绳纹。残高5.3厘米（图二五四，8）。

110308WYL042-1，豆盘。泥质灰陶。直口微侈，直壁，盘较深，折腹。外壁折腹处有一周凸棱。素面。残高4.7、残宽7.8厘米（图二五三，6）。

100316CYJ034-4，豆柄。夹细砂夹心胎陶，陶色由内而外为深灰—褐色—灰黑。喇叭形矮

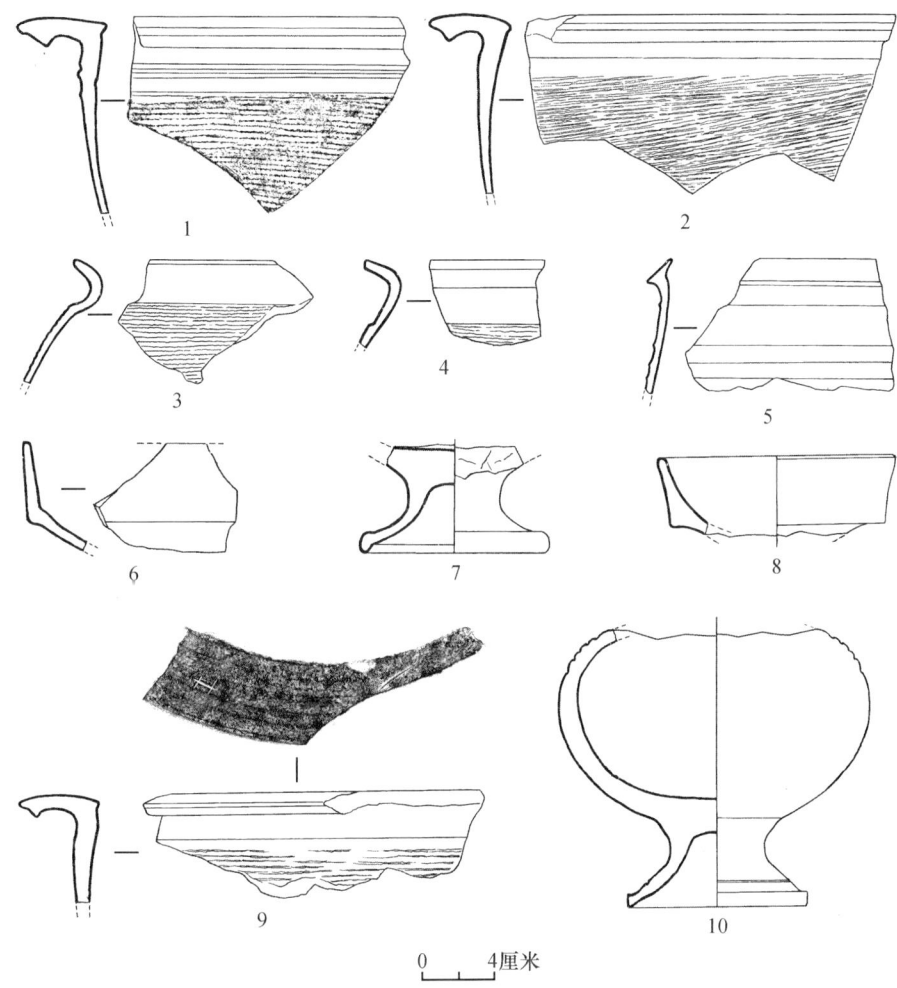

图二五三 薛故城遗址城外区东周时期遗物标本（一）
1. 盆口沿（110308WYL018-1） 2. 盆口沿（110323ZGJ012-2） 3. 罐口沿（100314QXN013-4）
4. 罐口沿（110323ZGJ012-1） 5. 罐口沿（100314QXN013-2） 6. 豆盘（110308WYL042-1）
7. 豆柄（100316CYJ034-4） 8. 豆盘（100314QXN013-1） 9. 盆口沿（100314LR015-2）
10. 豆（100316CYJ034-3）

圈足。素面。复原圈足径10.4、残高5.6、厚0.6～1.4厘米（图二五三，7）。

100314QXN013-1，豆盘。泥质灰陶。敞口，内壁弧曲，外壁有折棱。素面。复原口径13、残高4、厚0.6～1.1厘米（图二五三，8）。

110308BXQ014-2，豆盘。泥质灰陶。侈口，上腹微束，盘略深，折腹。素面。残高4.3、残宽7.2、厚0.5～1.1厘米（图二五四，4）。

100314LR015-1，豆盘。泥质青灰陶。直口，浅盘，折腹。素面。复原口径14、残高2.3、厚1.3厘米（图二五四，6）。

100316CYJ034-3，壶豆。夹细砂夹心胎陶，陶色由内而外为深灰—褐色—灰黑。口残，圆肩，圆鼓腹，粗柄，矮圈足。腹部饰五周凹槽。残高14.8、最大腹径17.2、底径10厘米（图二五三，10）。

100316WYL042-1，地砖。夹砂红褐陶。长方形体。一端有乳钉纹，正面饰斜绳纹。残长

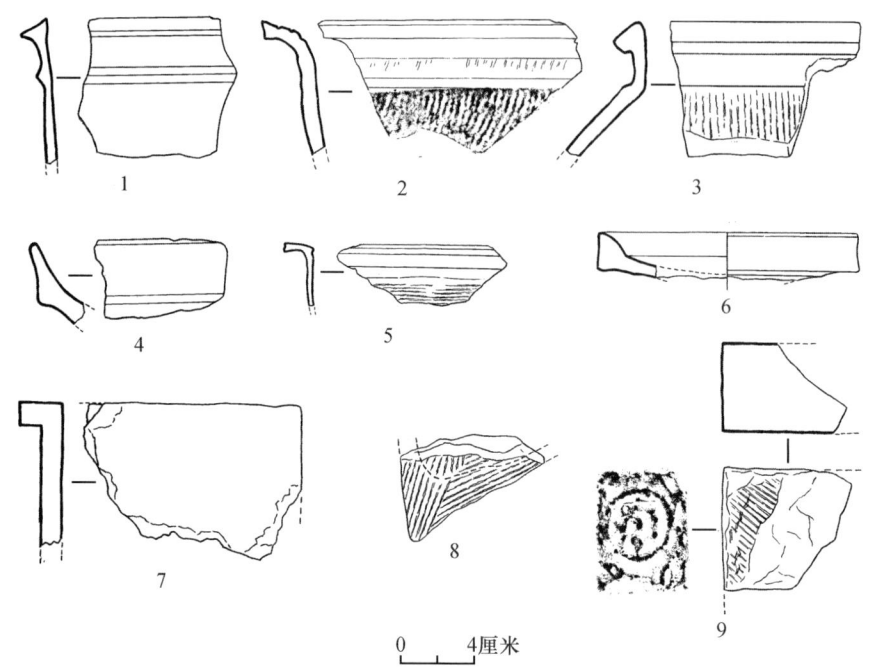

图二五四　薛故城遗址城外区东周时期遗物标本（二）

1. 罐口沿（110308BXQ014-1）　2. 盆口沿（100317WYL064-1）　3. 罐口沿（110323WYL010-1）
4. 豆盘（110308BXQ014-2）　5. 盆口沿（100314LR015-3）　6. 豆盘（100314LR015-1）
7. 踏步砖（100317YKK013-1）　8. 鬲足（100317WYL066-1）　9. 地砖（100316WYL042-1）

6.8、残宽4.7、残高5厘米（图二五四，9）。

100317YKK013-1，踏步砖。泥质灰陶。一端有折角。素面。残长24、残宽16.4、厚2.4～2.6厘米（图二五四，7；图版六二，8）。

秦汉时期城内区采集遗物标本，14件。

100321QXN034-2，盆。泥质灰陶。侈口，圆唇，斜折沿，圆腹，底残。腹部饰九周密集凹弦纹。复原口径32、残高16、厚1～1.4厘米（图二五五，9）。

100319LR025-1，盆口沿。泥质灰陶。敛口，方唇，宽折沿，沿面微弧，斜直腹。腹部饰瓦棱纹，沿面一方形印文可释为"佈"或"市人"。残高6.8、残宽10、厚0.8～1.5厘米（图二五五，8；图版六一，3）。

100323QXN047-4，瓮口沿。泥质灰陶。侈口，方圆唇，短颈，斜肩。素面。复原口径36、残高6.9、厚1.2～2.2厘米（图二五五，12）。

100321QXN034-1，瓮口沿。泥质灰陶。直口，方唇，短颈，广圆肩。素面。复原口径24、残高8、厚0.6～1.2厘米（图二五五，14）。

100323CYJ038-3，器座。泥质灰陶。直壁微内斜，底部外伸。外表饰瓦棱纹。残高7.2、残宽14.4、厚1.4～2.1厘米（图二五五，10）。

100323WYL007-1，筒瓦。夹砂灰陶。残，瓦舌与瓦身分界明显，相接处有一周凸棱。瓦身外壁饰竖绳纹，内壁饰布纹。模制，内切。残长19.4、厚1～1.2厘米（图二五五，5）。

100323QXN047-1，筒瓦。泥质青灰陶。瓦舌圆唇微束，与瓦身相接处一周凸棱。瓦身

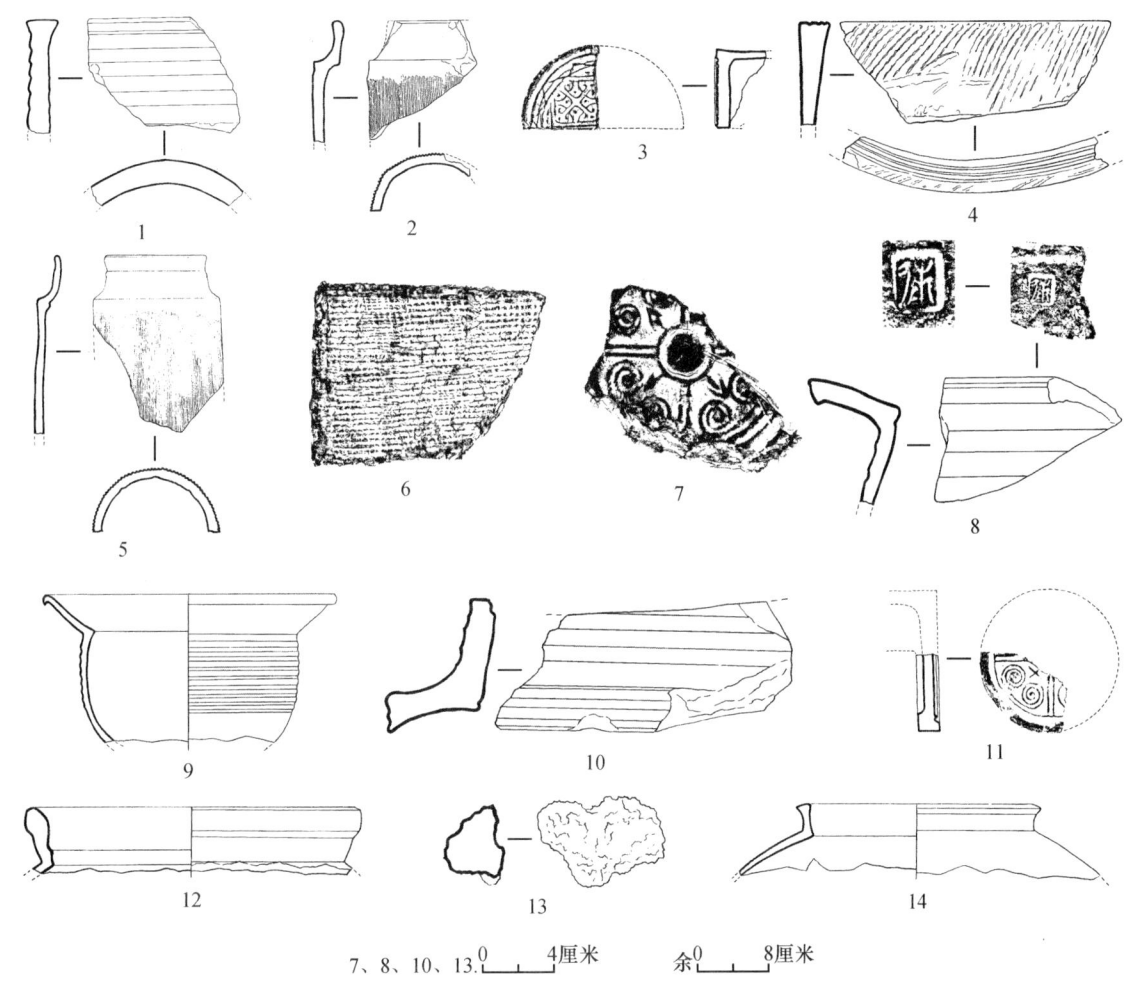

图二五五　薛故城遗址城内区秦汉时期遗物标本
1. 陶管（100320WYL008-1）　2. 筒瓦（100323QXN047-1）　3. 半瓦当（100320LR001-3）　4. 井圈（100323WYL027-3）
5. 筒瓦（100323WYL007-1）　6. 铺地砖（100320LR001-4）　7. 圆瓦当（100314CYJ011-2）　8. 盆口沿（100319LR025-1）
9. 盆（100321QXN034-2）　10. 器座（100323CYJ038-3）　11. 圆瓦当（100320LR001-2）　12. 瓮口沿（100323QXN047-4）
13. 炼铁渣（100317YKK023-1）　14. 瓮口沿（100321QXN034-1）

外壁饰竖绳纹，内壁布纹。模制，内切。残长13、残宽12.4、厚1.2厘米（图二五五，2；图版六二，6）。

100320LR001-3，半瓦当。泥质深灰陶。几何鱼形纹饰。残长11.8、残宽8.3、厚1.2厘米（图二五五，3；图版六二，3）。

100314CYJ011-2，圆瓦当。泥质灰陶。双线界格，每格饰卷云纹，中心为乳钉状圆凸。残长11.6、残宽9.6、厚1.5厘米（图二五五，7；图版六二，4）。

100320LR001-2，圆瓦当。泥质青灰陶。残存约四分之一，饰卷云纹，与其他部分双线界隔。残长9.8厘米，残宽8.7、厚1~1.5厘米（图二五五，11；图版六二，1）。

100320LR001-4，铺地砖。夹砂灰陶。一面饰粗绳纹。残长26、残宽19.5、厚5厘米（图二五五，6；图版六一，4）。

100323WYL027-3，陶井圈。泥质灰黑陶。残，平沿，沿面三周浅凹槽，直腹，厚胎。外表饰斜粗绳纹。残高11.4、残宽30、厚1.8～3.6厘米（图二五五，4）。

100320WYL008-1，陶管。泥质灰陶。残，横断面呈弧形。外表饰瓦棱纹。残长12.5、残宽16、厚3.5厘米（图二五五，1）。

100317YKK023-1，炼铁渣。残长7、残宽4.8厘米（图二五五，13）。

秦汉时期城外区采集遗物标本，11件。

110323WYL025-2，罐口沿。泥质黄褐陶。口微敛，厚圆唇，卷沿，束颈，斜肩。素面。残高6、残宽13.1、厚0.6厘米（图二五六，11）。

110323WYL025-1，罐口沿。泥质灰陶。敛口，方唇，窄折沿，沿面有一周凹槽，斜弧肩。肩下部有一周凹槽。残高5.2、残宽14.5、厚0.6～0.8厘米（图二五六，10）。

110324CZL002-1，盆口沿。泥质灰陶。近直口，方唇，唇面内凹，宽折沿，沿面微弧，斜弧腹。腹部饰瓦棱纹。残高7.1、残宽19.6、厚0.5厘米（图二五六，1）。

100323WYL037-3，盂口沿。夹砂红褐陶。直口微侈，圆唇，外斜沿，弧腹。素面。残高

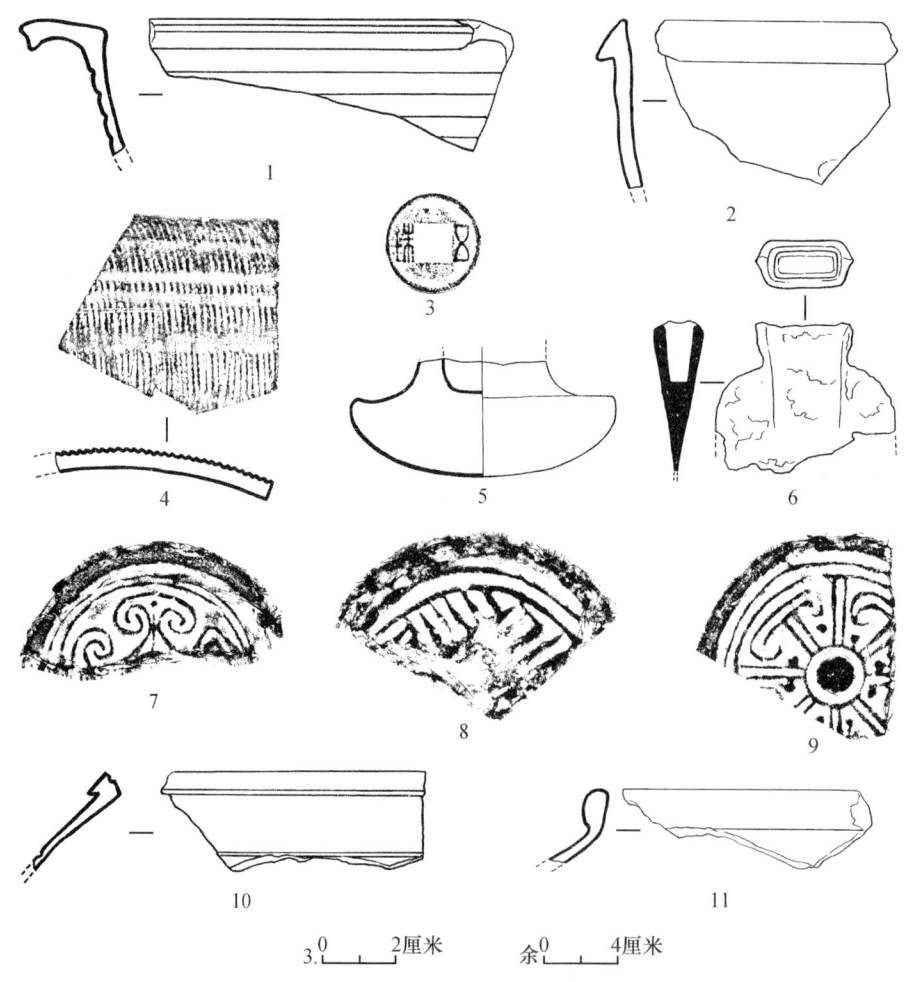

图二五六　薛故城遗址城外区秦汉时期遗物标本
1. 盆口沿（110324CZL002-1）　2. 盂口沿（100323WYL037-3）　3. 五铢钱（100314LR010-1）
4. 板瓦（110308BXQ001-1）　5. 陶杵（100323LR031-1）　6. 铁甬（100317WYL065-3）
7. 瓦当（100314CYJ011-5）　8. 瓦当（100314CYJ011-3）　9. 瓦当（100314CYJ011-4）
10. 罐口沿（110323WYL025-1）　11. 罐口沿（110323WYL025-2）

8.6、残宽12.9、厚0.7~1.8厘米（图二五六，2）。

110308BXQ001-1，板瓦。泥质灰陶。瓦身饰弦切绳纹。模制，内切。残长10.5、残宽11.9、厚0.9~1.3厘米（图二五六，4）。

100314CYJ011-5，瓦当。泥质灰陶。圆瓦当，残存一半。饰卷云纹。复原直径14厘米（图二五六，7）。

100314CYJ011-3，瓦当。泥质黄褐陶。圆瓦当，残。带字瓦当，文字无法识别。复原直径14厘米（图二五六，8）。

100314CYJ011-4，瓦当。泥质灰陶。圆瓦当，残。双线界格成四等份，每格均饰卷云纹及小乳钉纹，中心为圆圈和乳突。复原直径14厘米（图二五六，9；图版六二，2）。

100323LR031-1，陶杵。夹粗砂青灰陶。柱状空心粗柄，上部残，杵身横断面呈圆弧形，两端微上翘。素面。直径14、残高6.2厘米（图二五六，5；图版六三，1）。

100314LR010-1，五铢钱。铜质。圆形方孔，有内外郭。直径2.6、孔边长0.95、厚0.16厘米（图二五六，3）。

100317WYL065-3，铁臿。长方形銎，有对称圆肩，纵剖面呈"V"字形，刃部残。残长7.9、残宽9.7厘米（图二五六，6；图版六二，9）。

一三四、张庄西北遗址

遗址位于滕州市张汪镇张庄村西北，西侧紧邻小苏河，坐落在薛故城大城城墙以外的平地上，地表主要为麦地。遗址总面积6.6万平方米，共有遗物采集区12个，遗物丰富、一般及不丰富的采集区数量分别为0、3和9个。采集遗物时代包括东周和秦汉2个时期（图二三六）。此外，遗址中发现石室墓一座，已残破，有菱格、垂帐等画像，时代应为东汉时期。

东周时期遗址面积5.8万平方米，共有遗物采集区10个。其中核心分布区1个，面积2.1万平方米，包括遗物采集区5个；一般分布区面积3.7万平方米，包括遗物采集区5个。采集遗物共27件，均为陶器，可辨器形有板瓦、罐、盆和豆（图二四〇）。

秦汉时期遗址面积4.3万平方米，共有遗物采集区7个。其中核心分布区1个，范围、位置与东周时期遗址核心分布区相近，面积1.7万平方米，包括遗物采集区5个；一般分布区面积2.6万平方米，包括遗物采集区2个。采集遗物共16件，均为陶器，可辨器形有板瓦、筒瓦、罐和瓮（图二四一）。

东周时期遗物标本，2件。

100322WYL028-3，罐口沿。夹砂青灰陶。口微敛，方唇，宽斜折沿，颈微束，直腹微弧。腹部饰横绳纹。残高9.5、残宽7.6、厚0.8~1.1厘米（图二五七，1）。

100322WYL028-1，豆盘。泥质青灰陶。口微敞，直壁，浅盘，折腹，折腹处一周凸棱。素面。复原口径14、残高4.5、厚0.7厘米（图二五七，2）。

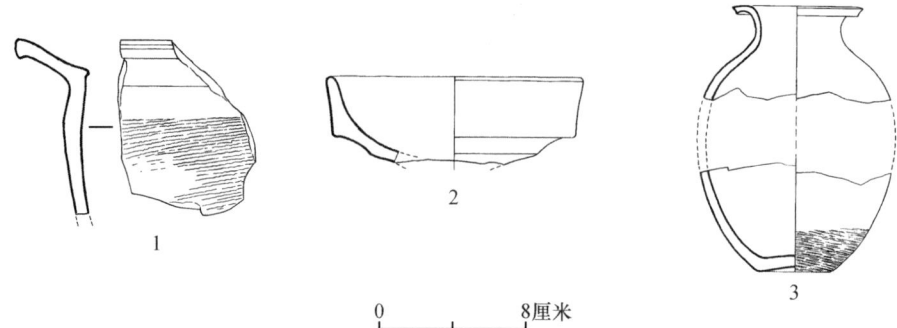

图二五七　张庄西北遗址、张汪西遗物分布区遗物标本
1. 罐口沿（100322WYL028-3）　2. 豆盘（100322WYL028-1）　3. 罐（110325ZGJ003-1）

一三五、杨仓西遗址

遗址位于滕州市张汪镇孙楼、黄庄和杨仓村西，西侧靠近小苏河，东部紧邻上述三村，南侧紧邻孔集村，东部跨越薛故城西城墙，延伸至薛故城内。遗址所处地形基本为平地，地表主要为麦地。遗址总面积48.6万平方米，共有遗物采集区61个，遗物丰富、一般及不丰富的采集区数量分别为0、4和57个。采集遗物时代包括东周和秦汉2个时期（图二三六）。

东周时期遗址面积46.9万平方米，共有遗物采集区35个。其中核心分布区有三区：Ⅰ区面积2.8万平方米，包括遗物采集区7个；Ⅱ区面积1.8万平方米，包括遗物采集区5个；Ⅲ区面积9400平方米，包括遗物采集区4个。一般分布区面积41.4万平方米，包括遗物采集区19个。采集遗物共73件，均为陶器，可辨器形有板瓦、筒瓦、罐、盆和豆（图二四〇）。

秦汉时期遗址面积49.7万平方米，共有遗物采集区41个。核心区分为五区：其中Ⅰ区面积3.9万平方米，包括遗物采集区6个；Ⅱ区面积3.1万平方米，包括遗物采集区8个；Ⅲ区位置与东周时期遗址核心分布区Ⅰ区接近，面积1.3万平方米，包括遗物采集区4个；Ⅳ区位置与东周时期遗址核心分布区Ⅲ区接近，面积9200平方米，包括遗物采集区4个；Ⅴ区面积3.2万平方米，包括遗物采集区6个。一般分布区面积37.3万平方米，包括遗物采集区13个。采集遗物共88件，均为陶器，可辨器形有板瓦、筒瓦和罐（图二四一）。

一三六、丁楼北遗物分布区

分布区位于滕州市张汪镇丁楼村北，北侧紧邻孔集村，坐落在薛故城大城城墙外的平地上，地表主要为麦地。分布区面积18万平方米，共有遗物采集区13个，遗物丰富、一般及不丰富的采集区数量分别为1、2和10个。采集遗物时代包括东周、秦汉和隋唐3个时期，以东周和秦汉时期遗物为主。此外，分布区南部一坑中发现一石室墓群，但多数墓葬残破严重，墓石多已移位，少数发现零散人骨，有的还发现盗洞存在，推测原数量应在10座左右或更多。从现状判断，形制多为单室墓，有的有简单的玉璧纹画像，墓群年代应为西汉晚期至东汉初期（图二三六；图版四四，2、3）。

东周时期为遗物分布区，面积9.4万平方米，包括遗物采集区7个。采集遗物共17件，均为陶器，可辨器形有筒瓦、鼎、罐、盆（图二四〇）。

秦汉时期遗物分布区范围、位置与东周时期遗物分布区有所变化，面积5万平方米，包括遗物采集区4个。采集遗物共16件，均为陶器，可辨器形有板瓦、筒瓦、罐、瓮和盆（图二四一）。

东周时期遗物标本，4件。

110325BXQ002-1，鼎足。细砂灰陶。蹄形足。残高8.5厘米（图二五八，6）。

110325BXQ002-2，瓮口沿。夹砂灰陶。直口略侈，厚圆方唇，短颈，斜肩。素面。残高8、残宽15.5、厚1.5～2厘米（图二五八，1）。

100322WYL028-2，盆口沿。夹砂灰陶。近直口，方唇，外斜沿，斜弧腹。上腹部有数周瓦棱纹。复原口径30、残高12.6、厚1.2厘米（图二五八，3）。

110325QXN005-1，盆口沿。泥质灰陶。侈口，方唇，唇面微凹，卷沿，沿面外弧，直腹。腹部饰横向绳纹。残高11.2、残宽11.1、厚0.5～1厘米（图二五八，4）。

秦汉时期遗物标本，1件。

110325CZL002-1，瓮口沿。细砂黄褐陶。敛口，方唇，短颈，广肩。肩部有两周月牙形压印纹。残高7.2、残宽11.5、厚0.5～0.9厘米（图二五八，2）。

隋唐时期遗物标本，1件。

110325QXN005-2，壶。褐胎，上腹部以上饰白色化妆土，上施青釉，釉不及底，有流釉现象。侈口，方唇，卷沿，矮领，圆肩，弧鼓腹，平底，残留三系，一个流。口径8.5、底径10、高23厘米（图二五八，5；图版六三，3）。

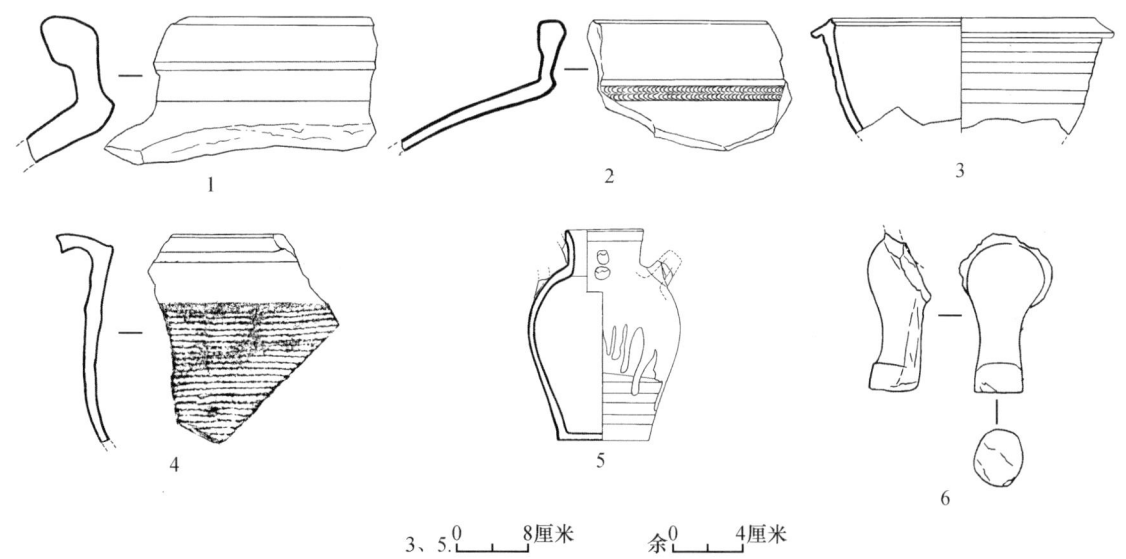

图二五八　丁楼北遗物分布区遗物标本

1. 瓮口沿（110325BXQ002-2） 2. 瓮口沿（110325CZL002-1） 3. 盆口沿（100322WYL028-2） 4. 盆口沿（110325QXN005-1）　5. 壶（110325QXN005-2） 6. 鼎足（110325BXQ002-1）

一三七、张汪东北遗物分布区

分布区位于滕州市张汪镇张汪村东北，东北侧紧邻杨楼村，位于薛故城大城城墙外，所处地形基本为平地，地表主要为林地。分布区面积6.9万平方米，共有遗物采集区6个，遗物丰富、一般及不丰富的采集区数量分别为0、1和5个。采集遗物时代包括东周、秦汉、隋唐和宋元4个时期，以东周和秦汉时期遗物为主（图二三六）。

东周时期遗物分布区面积7.2万平方米，包括遗物采集区5个。采集遗物共11件，均为陶器，可辨器形有罐、盆和豆（图二四〇）。

秦汉时期遗物分布区面积4万平方米，包括遗物采集区4个。采集遗物共13件，均为陶器，可辨器形有板瓦、筒瓦、罐、盆和瓮（图二四一）。

一三八、张汪西遗物分布区

分布区位于滕州市张汪镇张汪村西的平地上，东南侧紧邻张汪村，地表主要为麦地，面积9.2万平方米，共有遗物采集区7个，采集区遗物丰富程度全部为不丰富。时代仅含秦汉时期。采集遗物共13件，均为陶器，可辨器形有板瓦、筒瓦、罐和盆（图二三六、图二四一）。此外，分布区内发现石室墓2座，一座为三室墓，时代可能为东汉早期，一座残破较甚，但有玉璧纹画像，时代应为西汉晚期至东汉初期（图版四五，1）。

秦汉时期遗物标本，1件。

110325ZGJ003-1，罐。夹砂灰陶。侈口，方唇，卷沿，短束颈，圆肩，鼓腹，平底内凹。下腹及底部饰绳纹。口径14、底径9、高28.4厘米（图二五七，3；图版六三，4）。

一三九、前坝桥西遗址

遗址位于滕州市张汪镇前坝桥村西的台地上，西南侧紧邻南贾庄村，北侧紧邻一季节性河流，地表主要为林地。遗址总面积11.2万平方米，共有遗物采集区39个，遗物丰富、一般及不丰富的采集区数量分别为13、8和18个。采集遗物时代包括北辛文化、大汶口文化、龙山文化、西周、东周和秦汉多个时期，以大汶口文化、东周和秦汉时期遗物为主，其他可划分时期均为散点区（图二五九）。此外，20世纪中国社会科学院考古研究所等单位也曾调查过此遗址，亦发现了大汶口文化时期的遗存，其中清理大汶口文化残墓葬一座，随葬陶器6件[1]。遗址目前破坏情况较严重，在中部形成较大的断崖。从断崖剖面看，遗址地质基底为一座沙丘。本次调查在遗址剖面上发现多处灰坑和文化层堆积，有的含大量大汶口文化陶片；遗址中还有发现多座石室墓，形制有单室、双室两种，有的墓葬中仍有人骨，其时代应为西汉晚期至东汉初期（图版四五，2、3）。

---

[1] 中国社会科学院考古研究所山东队、滕县博物馆：《山东滕县古遗址调查简报》，《考古》1980年1期。

大汶口文化时期遗址面积8.2万平方米,共有遗物采集区34个。其中核心分布区1个,面积6.4万平方米,包括遗物采集区33个;一般分布区面积1.8万平方米,包括遗物采集区1个。采集遗物共251件,种类有陶器、石器和骨骼等,可辨器形有鼎、罐、钵、三足钵、盆、觚形杯、豆、圈足盆、器盖和穿孔石器(图二六〇)。

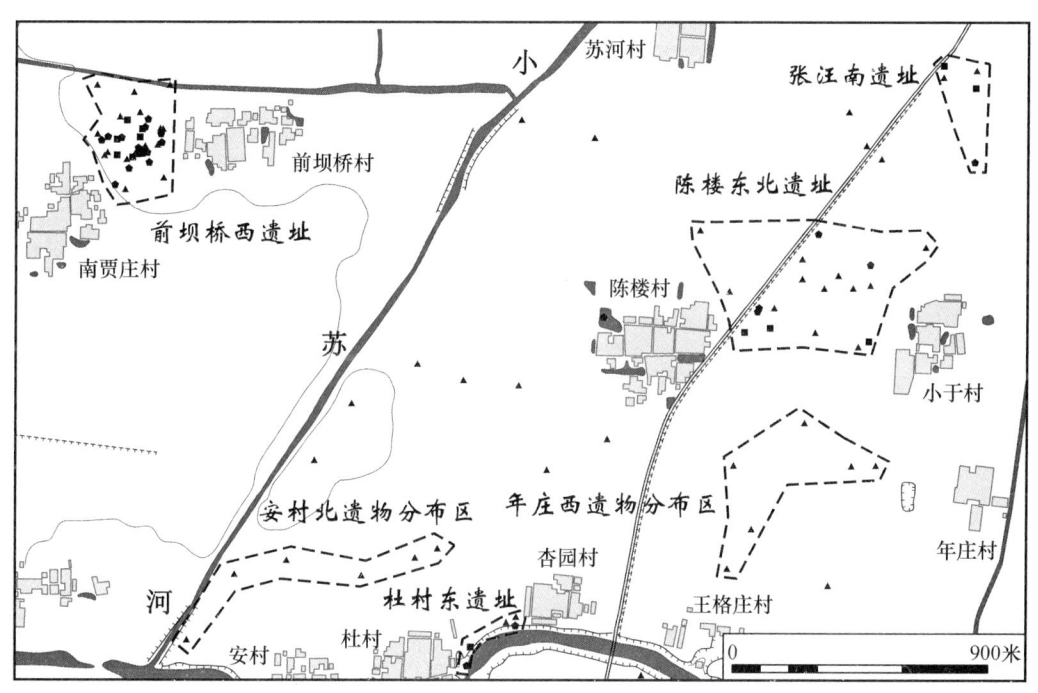

图二五九　陈楼区域遗址分布总图

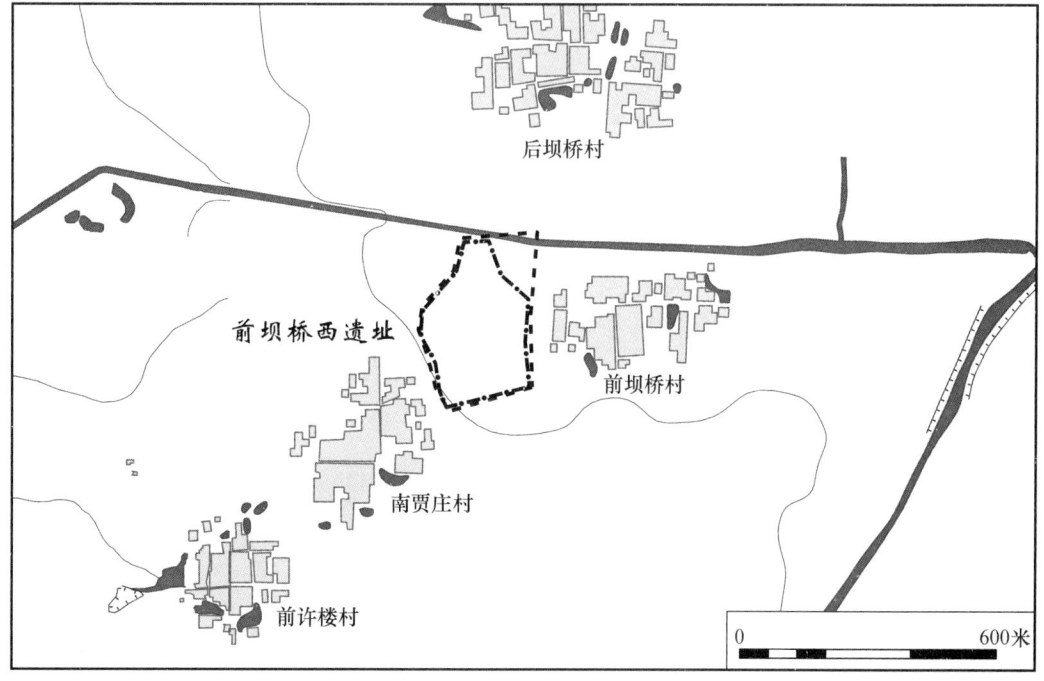

图二六〇　陈楼区域大汶口文化时期遗址分布图

东周时期遗址面积4.9万平方米,共有遗物采集区9个。其中核心分布区1个,面积1.7万平方米,包括遗物采集区6个;一般分布区面积3.2万平方米,包括遗物采集区3个。采集遗物共19件,均为陶器,可辨器形有板瓦、鬲、罐、盆和豆(图二六二)。

秦汉时期遗址面积4.6万平方米,共有遗物采集区11个。其中核心分布区1个,位置较东周时期遗址核心分布区靠南,面积2.1万平方米,包括遗物采集区9个;一般分布区面积4.5万平方

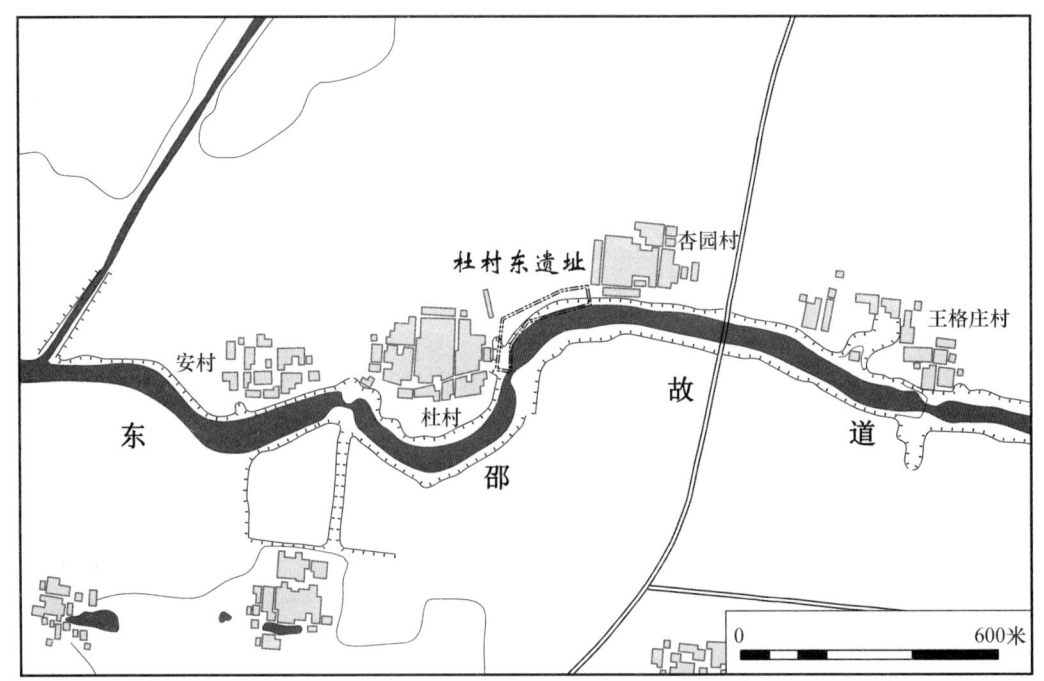

图二六一　陈楼区域西周时期遗址分布图

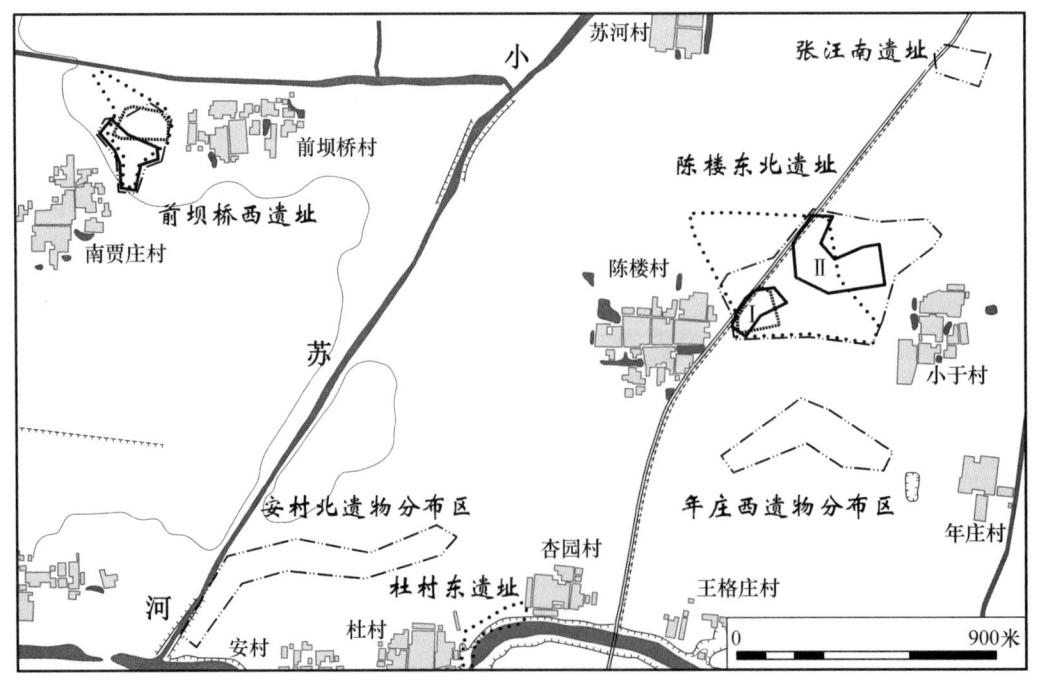

图二六二　陈楼区域东周—秦汉时期遗址分布图

米，包括遗物采集区2个。采集遗物共19件，均为陶器，可辨器形有板瓦、筒瓦、罐、盆和空心砖（图二六二）。

北辛文化时期遗物标本，3件。

120415FX012-6，罐口沿。夹砂红褐陶，内壁黑色。侈口，圆唇，卷沿，束颈，圆腹，下残。腹部有刮擦的细线纹。手制。残高5.6、残宽6.9厘米（图二六三，1）。

120415FX012-7，鼎口沿。夹蚌红褐陶，局部泛黑。直口，平沿微内凹，近直腹。腹部饰三条一组的短条形压划纹，残存两排。手制。残高7.6、残宽5.2、厚0.8厘米（图二六三，2）。

120415LQY011-6，鼎足。夹粗砂黑褐陶，内壁黄褐色，胎红褐色。应为长锥状足，残存足根部，足根饰半圈椭圆形压印窝纹。手制。残高4厘米（图二六三，3）。

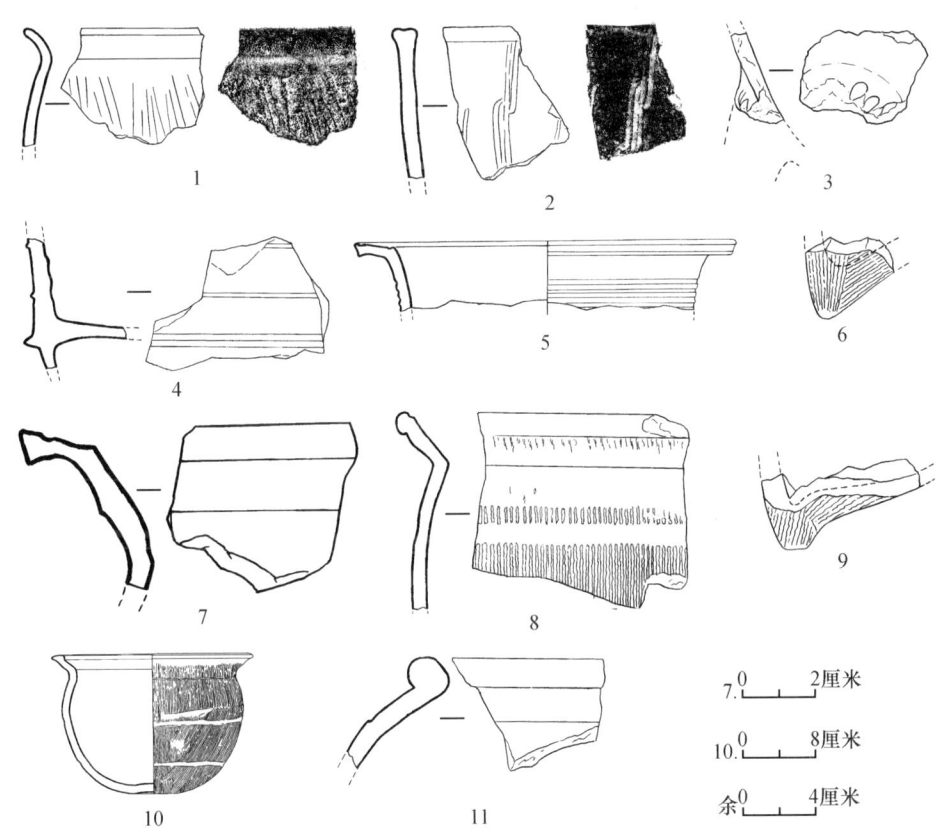

图二六三　前坝桥西遗址北辛文化等时期遗物标本

1.罐口沿（120415FX012-6）　2.鼎口沿（120415FX012-7）　3.鼎足（120415LQY011-6）　4.圈足盆（120415LQY008-2）
5.盆（120415LQY008-1）　6.鬲足（120415LQY008-3）　7.罐口沿（120415YJ010-2）　8.盆口沿（120415YJ003-1）
9.鬲足（120415LQY008-4）　10.盆（120415LQY012-1）　11.罐口沿（120415YJ003-2）

大汶口文化时期遗物标本，16件。

120415LQY006-2，鼎。夹粗砂黄褐陶，局部发黑。侈口，方唇，唇面微内凹，折沿，折腹，下残。折腹处压印一周麦粒状坑点纹。残高4、残宽6、厚0.5~0.7厘米（图二六四，4）。

120415LQY009-1，鼎口沿。泥质红褐陶，胎灰色。直口微敞，近直腹，腹饰刻划三角纹。刻划纹。手制。残高5.8、残宽5.8、厚0.5~1.8厘米（图二六四，9；图版六四，2）。

120415LQY006-1，鼎足。夹粗砂红褐陶，胎灰褐色。侧装三角形足，尖残，足根部有3个

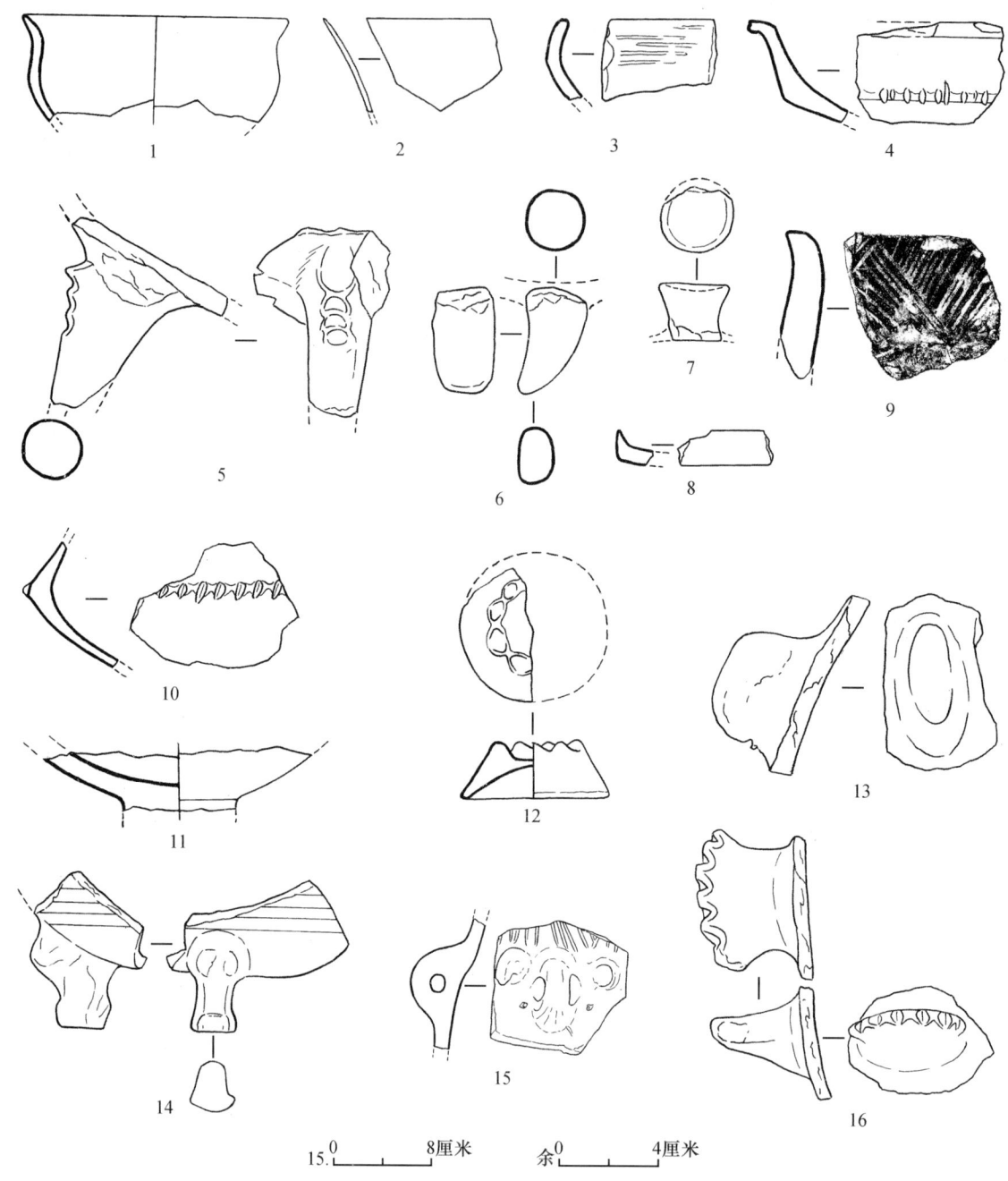

图二六四　前坝桥西遗址大汶口文化时期遗物标本

1. 罐（120415LQY010-1）　2. 杯残片（120415LQY005-3）　3. 钵（120415LJ005-1）　4. 鼎（120415LQY006-2）
5. 鼎足（120415LQY006-1）　6. 把手（120415QXN003-2）　7. 盖纽（120415FX012-2）　8. 盘（120415QXN003-1）
9. 鼎口沿（120415LQY009-1）　10. 鼎腹片（120415FX012-1）　11. 豆盘（120415YJ005-2）　12. 器盖（120415FX012-5）
13. 罐耳（120415LQY010-2）　14. 鼎（120415LJ005-2）　15. 鼓腹片（120415LJ007-3）　16. 把手（120415QXN003-5）

按窝。残高7.3厘米（图二六四，5）。

120415FX012-1，鼎腹片。夹细砂红褐陶，胎及内壁黑色。釜形，折腹。折腹处压印一圈凹窝。手制。残高5、残宽7厘米（图二六四，10）。

120415LJ005-2，鼎。夹砂夹蚌灰陶，足烧成红褐色。残存鼎足和部分腹片，下腹斜收，腹部残存三周凹弦纹，圜底，近蹄状足。残高6.3、厚0.5厘米（图二六四，14）。

120415LQY010-1，罐。夹砂灰黑陶。侈口，圆唇，卷沿，鼓腹，下残。素面。手制。口径11、残高4.2、厚0.3～0.6厘米（图二六四，1）。

120415LQY010-2，罐耳。夹粗砂红褐陶。椭圆竖条状。素面。残高7、残宽4.5厘米（图二六四，13）。

120415LJ005-1，钵。泥质灰胎橙红陶。敛口，鼓腹，以下残。上腹部有刮擦痕迹。残高3.4、残宽4.6、厚0.6～1厘米（图二六四，3）。

120415QXN003-1，盘。泥质黑陶。矮直口，浅盘，平底，内外壁经打磨。素面。残高1.3厘米（图二六四，8）。

120415YJ005-2，豆盘。泥质红褐陶胎灰色。斜腹，圜底，柱形柄残。素面。柄径（最大）5.2厘米（图二六四，11）。

120415LQY005-3，杯残片。泥质黑灰陶。侈口，斜腹微内弧，内壁可见手制刮抹痕。素面。残高3.7、残宽5.2、厚0.2厘米（图二六四，2）。

120415FX012-2，盖纽。夹细砂红褐陶，胎及内壁黑色。平顶微内凹，束腰，以下残。素面。顶径3、残高2.1厘米（图二六四，7）。

120415FX012-5，器盖。泥质红陶，胎黄褐色。覆碗形，平顶，周缘呈锯齿状。手制。口径6、残高2.3厘米（图二六四，12）。

120415QXN003-2，把手。夹砂红褐陶。牛角状把手，外端上翘。素面。残长4.2厘米（图二六四，6）。

120415QXN003-5，把手。夹粗砂黄褐陶。鸡冠状把手。残长4.5厘米（图二六四，16）。

120415LJ007-3，陶鼓腹片。泥质红陶，胎灰色。圆腹，上部刻划斜线纹，下部有一环形竖耳，左右两侧各有一鹰喙状突纽和圆形穿孔，后者在前者之下方。残高10.4、残宽10.7、厚1～1.2厘米（图二六四，15；图版六四，1）。

龙山文化时期遗物标本，1件。

120415LQY008-2，圈足盆。泥质灰褐陶。口及圈足均残，近直腹，盆底下凹，粗圈足，下残。腹饰三周凸棱纹。轮制。最大腹径24、残高6.1厘米（图二六三，4）。

西周时期遗物标本，2件。

120415LQY008-1，盆。泥质灰褐陶。侈口，方唇，唇面内凹，宽折沿，沿面有二周凹槽，斜直腹，腹饰四周凹弦纹。口径19、残宽3.4厘米（图二六三，5；图版六四，7）。

120415LQY008-3，鬲足。夹砂灰褐陶，泛红。锥状。通体饰绳纹。残高4.1厘米（图二六三，6）。

东周时期遗物标本，4件。

120415YJ010-2，罐口沿。泥质灰褐陶。侈口，方唇，折沿，沿面有两周浅凹槽，斜领，下残。领部有一周凸棱。残高4、残宽4.5、厚0.4～0.5厘米（图二六三，7）。

120415YJ003-1，盆口沿。泥质灰陶。侈口，方圆唇，斜折沿，沿面近唇部有一周凹槽，弧鼓腹，下残。沿外侧有抹绳纹，腹部饰竖绳纹，中间抹一周宽弦纹。残高9.5、残宽10.7、厚

0.1～1.1厘米（图二六三，8）。

120415LQY008-4，鬲足。夹砂黑灰陶，胎红褐色。近柱状矮实足尖。通体饰绳纹。残高5.5厘米（图二六三，9）。

120415LQY012-1，盆。泥质灰陶。侈口，圆方唇，折沿，束颈，圆鼓腹，圜底内凹。腹通体饰绳纹。口径20、底径6、高13.5厘米（图二六三，10）。

秦汉时期遗物标本，1件。

120415YJ003-2，罐口沿。夹细砂红褐陶。敛口，厚圆唇，斜弧肩。素面。残高5.4、残宽7.6、厚0.9～1厘米（图二六三，11）。

一四〇、张汪南遗址

遗址位于滕州市张汪镇张汪村南的平地上，地表主要为麦地。遗址面积5万平方米，共有遗物采集区5个，遗物丰富、一般及不丰富的采集区数量分别为1、2和2个。采集遗物时代包括西周、东周和秦汉3个时期，以秦汉时期遗物为主。其中，遗址北部一处遗物采集区中沟边断崖上发现文化层一处，内含东周时期陶盆残片3片和秦汉时期筒瓦、板瓦残片4片；南部的一遗物采集区中沟边断崖中发现灰坑1处，其中有西周陶罐、陶豆、陶盆残片7片（图二五九）。

根据文化层和灰坑发现情况判断，该区域在西周、东周和秦汉时期都应为遗址。但可能由于埋藏较深等原因，西周和东周时期的遗物发现均较少，如果仅按遗物情况分析，均为"散点区"。其中西周时期的遗物仅发现于遗址南部的灰坑中。东周时期的遗物采集区共3处，除北部发现文化层者外，另两处采集区分别有陶罐残片2片和陶罐、陶豆残片5片。秦汉时期的地面遗物也较少，如果仅按地面遗物分布情况分析，仅构成1个"一般分布区"，面积1.8万平方米，包括遗物采集区4个。采集遗物共13件，均为陶器，可辨器形有板瓦、筒瓦和盆（图二六二）。

西周时期遗物标本，2件。

110324YKK008-1，罐口沿。灰胎褐陶，外壁深灰。侈口，方唇，折沿，束颈。素面。轮制。残高3.8、残宽8.1、厚0.5～0.8厘米（图二六五，3）。

110324YKK008-2，豆盘。泥质灰黑陶。敞口，圆方唇，折腹。素面。复原口径15、残高4.2、厚0.5～0.9厘米（图二六五，2）。

东周时期遗物标本，1件。

110324YKK008-3，罐腹片。夹砂灰黑陶。束颈，圆肩，鼓腹。肩部饰斜粗绳纹，腹部饰竖绳纹。残高9.4、残宽9.5、厚0.5～0.8厘米（图二六五，4）。

秦汉时期遗物标本，1件。

110325GYF005-1，盆口沿。夹砂灰陶。近直口，方唇，卷沿，近直腹。沿下有凹凸弦纹。残高5.6、残宽17.1、厚0.8～1.1厘米（图二六五，1）。

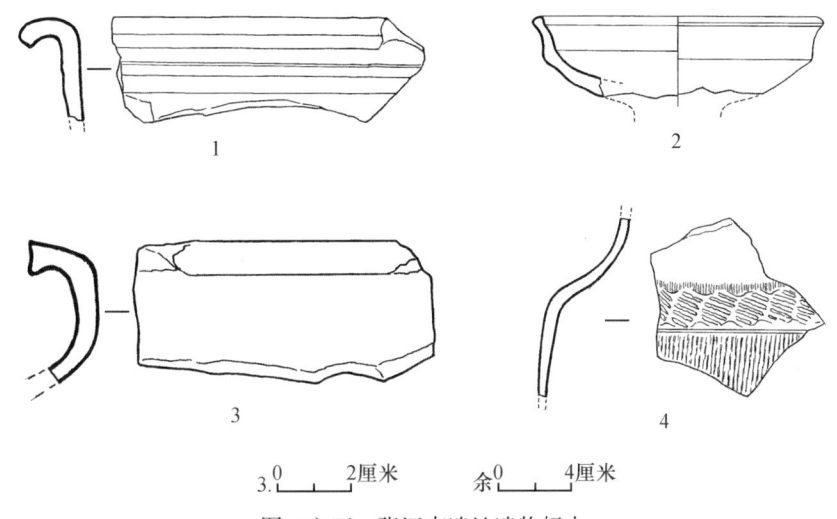

图二六五　张汪南遗址遗物标本
1. 盆口沿（110325GYF005-1）　2. 豆盘（110324YKK008-2）　3. 罐口沿（110324YKK008-1）　4. 罐腹片（110324YKK008-3）

一四一、陈楼东北遗址

遗址位于滕州市张汪镇陈楼村东北，东侧紧邻小于村，所处地形基本为平地，地表主要为林地和荒地。遗址总面积28.3万平方米，共有遗物采集区19个，遗物丰富、一般及不丰富的采集区数量分别为4、2和13个。采集遗物时代包括西周、东周、秦汉、隋唐和宋元多个时期，以东周和秦汉时期遗物为主，西周时期为散点区（图二五九）。此外，遗址东部发现石棺盖3块，可能原有汉代墓地。

东周时期遗址面积19.1万平方米，共有遗物采集区11个。其中核心分布区1个，面积1.5万平方米，包括遗物采集区4个；一般分布区面积17.6万平方米，包括遗物采集区7个。采集遗物共57件，均为陶器，可辨器形有板瓦、鬲、罐、盆和豆（图二六二）。

秦汉时期遗址面积22万平方米，共有遗物采集区16个。其中核心分布区有两区，Ⅰ区与东周时期遗址核心分布区位置相近，Ⅱ区为新增核心分布区：Ⅰ区面积1.5万平方米，包括遗物采集区4个；Ⅱ区面积4.8万平方米，包括遗物采集区8个。一般分布区面积22万平方米，包括遗物采集区4个。采集遗物共47件，均为陶器，可辨器形有板瓦、筒瓦、罐和盆（图二六二）。

东周时期遗物标本，7件。

110325SQR006-1，鬲足。夹砂红褐陶。足尖平。通体饰绳纹。残高3.7厘米（图二六六，4）。

110325YKK010-1，罐口沿。泥质黄褐胎灰皮陶。侈口，方唇，卷沿，沿面有一周凹槽，束颈，斜肩。颈下饰竖绳纹。轮制。残高7.7、残宽13.2、厚0.8～1厘米（图二六六，1）。

110325SQR006-3，罐底。夹砂红褐陶。斜腹微弧，平底。拍印不规则绳纹。残高6.85、残宽14.8、厚0.9～1.4厘米（图二六六，2）。

110325SQR006-2，罐口沿。泥质黑陶。口残，短束颈，斜弧腹。饰竖粗绳纹。残高8.6、残宽7.5、厚0.6～1厘米（图二六六，3）。

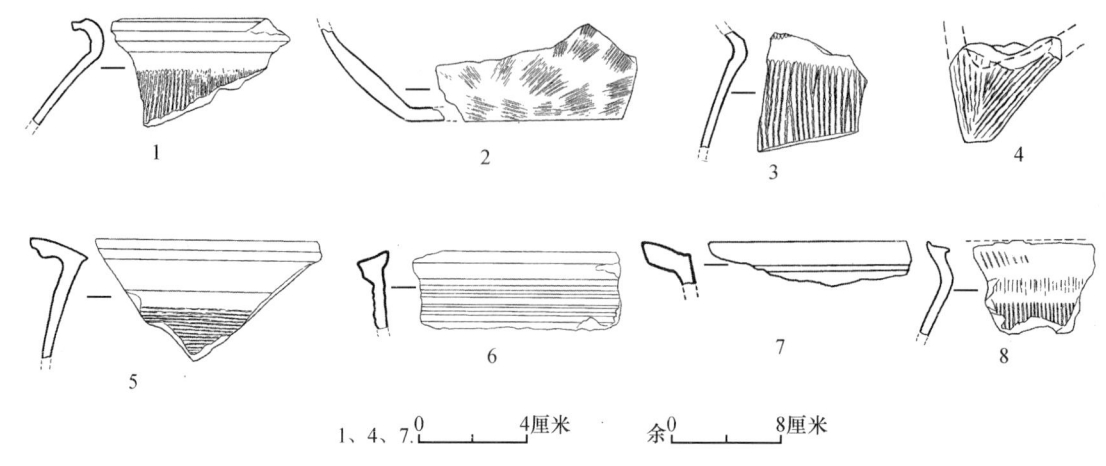

图二六六　陈楼东北遗址遗物标本
1. 罐口沿（110325YKK010-1）　2. 罐底（110325SQR006-3）　3. 罐口沿（110325SQR006-2）　4. 鬲足（110325SQR006-1）
5. 盆口沿（110325YKK011-1）　6. 盆口沿（110325HKY003-1）　7. 盆口沿（110325YKK010-2）
8. 罐口沿（110325HKY004-1）

110325HKY004-1，罐口沿。泥质灰陶。侈口，窄平沿内凹，束颈，溜肩。沿外饰抹绳纹，颈下饰弦断绳纹。残高6.7、残宽9、厚1厘米（图二六六，8）。

110325YKK011-1，盆口沿。夹砂黄褐陶。敛口，方唇，宽沿斜折，沿面微弧，短束颈，弧腹。腹饰横向绳纹。残高8.6、残宽16.7、厚0.6～1.3厘米（图二六六，5）。

110325YKK010-2，盆口沿。细砂褐胎黑皮陶。敞口，方唇，斜折沿。残高1.5、残宽7.3、厚0.5厘米（图二六六，7）。

秦汉时期遗物标本，1件。

110325HKY003-1，盆口沿。夹砂灰陶。敛口，方唇，唇面微凹，外斜沿，腹壁近直。腹饰瓦棱纹。残高5.6、残宽15.3、厚0.7～0.9厘米（图二六六，6）。

一四二、安村北遗物分布区

分布区位于滕州市张汪镇安村北，西侧紧邻小苏河，南侧紧邻薛河故道，所处地形基本为平地，地表主要为麦地。分布区面积9.9万平方米，共有遗物采集区6个，采集区遗物丰富程度全部为不丰富。采集遗物时代全部为秦汉时期。采集遗物共11件，均为陶器，可辨器形有板瓦、筒瓦和罐（图二五六、图二六二）。

一四三、杜村东遗址

遗址位于滕州市张汪镇杜村东的河流阶地上，南侧紧邻薛河故道，地表主要为荒地。遗址面积1.6万平方米，共有遗物采集区5个，遗物丰富、一般及不丰富的采集区数量分别为2、0和

3个。采集遗物时代包括商代、西周、东周和秦汉多个时期，以西周和东周时期遗物为主，秦汉时期为散点区（图二五九）。此外，在遗址靠近河边的断崖上发现文化层堆积，其中包含商代陶鬲、陶罐残片9片，西周陶鬲、陶罐、陶豆残片13片以及东周陶豆残片2片。

根据发现文化层情况判断，该区域商代、西周和东周时期均为遗址。但可能由于埋藏较深等原因，商代时期遗物仅在断崖文化层中发现。西周和东周时期地面遗物发现也较少，如果仅按地面遗物分布情况分析，也仅构成"一般分布区"。其中西周时期分布区面积1.1万平方米，包括遗物采集区3个。采集遗物共28件，均为陶器，可辨器形有鬲、罐、盆和豆（图二六一）。东周时期分布区面积1.6万平方米，包括遗物采集区4个。采集遗物共14件，均为陶器，可辨器形有罐和豆（图二六二）。

商代时期遗物标本，2件。

110325HKY002-1，鬲口沿。泥质黄褐陶。侈口，方唇，平折沿，束颈。沿面及颈部内壁数周凹弦纹，颈下饰斜绳纹。残高5.2、残宽6.9、厚0.8厘米（图二六七，5）。

110325HKY002-2，罐口沿。夹砂红褐陶，外壁灰黑。侈口，圆唇，卷沿。素面。残高3.1、残宽4.4、厚0.9厘米（图二六七，7）。

西周时期遗物标本，9件。

110325HKY002-3，罐口沿。夹砂红褐陶。口微侈，方唇，平折沿，束颈。素面。复原口径20、残高3.3、厚0.7厘米（图二六七，1）。

110325HKY002-4，罐口沿。夹砂灰褐陶。口微敛，方唇，外斜沿，沿面有三周凹槽，束颈，溜肩。颈下饰浅竖绳纹。残高11.1、残高4.3、厚0.8~1厘米（图二六七，2）。

110325YKK009-2，罐口沿。夹砂黄褐陶。侈口，方圆唇，折沿，短束颈，窄折肩，圆腹。颈部饰抹绳纹，腹饰竖绳纹。复原口径24、残高8.4、厚0.55厘米（图二六七，3；图版六四，3）。

110325YKK009-6，罐口沿。夹砂褐胎黑皮陶。侈口，方唇，平折沿，颈微束。素面。轮制。残高3.2、残宽8.3、厚0.6厘米（图二六七，8）。

110325YKK009-3，罐口沿。细砂红褐陶，局部灰黑。侈口，圆唇，卷沿，束颈，溜肩，圆腹。颈下饰竖绳纹。残高7、残宽11、厚0.5~0.7厘米（图二六七，9；图版六四，4）。

110325YKK009-5，罐。泥质深灰陶。口残，折腹，内收较甚，小平底内凹。素面。复原底径6.4、残高4.3、厚0.4~1.3厘米（图二六七，11）。

110325YKK009-1，盆口沿。泥质灰陶。侈口，方唇，宽平沿，粗颈，弧腹。颈部饰十三周细密凹弦纹。复原口径24、残高8、厚0.4~0.7厘米（图二六七，4；图版六四，5）。

110325YKK009-4，盆口沿。夹砂灰黑陶。敞口，方唇，宽折沿，斜腹。腹部残留少量竖绳纹。残高3.6、残宽8.6、厚0.7厘米（图二六七，6）。

110325YKK009-7，豆盘。泥质灰陶。近直口，沿面内凹，上腹内束，折腹以下斜内收。素面。残高4.7、残宽7.3、厚0.4~0.9厘米（图二六七，10；图版六四，6）。

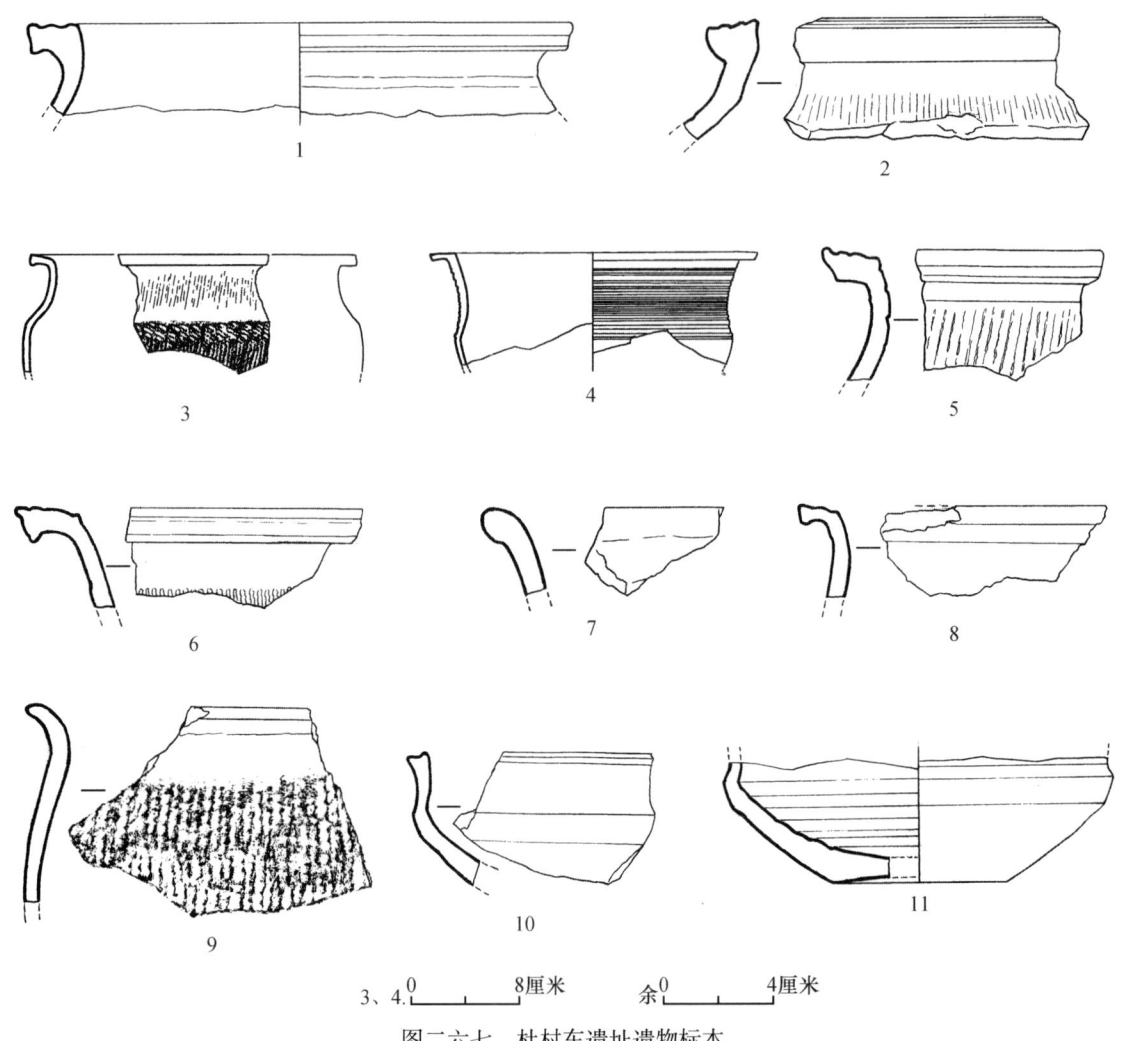

图二六七　杜村东遗址遗物标本

1. 罐口沿（110325HKY002-3）　2. 罐口沿（110325HKY002-4）　3. 罐口沿（110325YKK009-2）　4. 盆口沿（110325YKK009-1）
5. 鬲口沿（110325HKY002-1）　6. 盆口沿（110325YKK009-4）　7. 罐口沿（110325HKY002-2）　8. 罐口沿（110325YKK009-6）
9. 罐口沿（110325YKK009-3）　10. 豆盘（110325YKK009-7）　11. 罐（110325YKK009-5）

一四四、年庄西遗物分布区

　　分布区位于滕州市张汪镇年庄村西的平地上，地表主要为麦地。分布区面积13.7万平方米，共有遗物采集区6个，采集区遗物丰富程度全部为不丰富。采集遗物时代包括东周和秦汉2个时期，以秦汉时期遗物为主，东周时期为散点区（图二五九）。

　　秦汉时期遗物分布区面积7.2万平方米，包括遗物采集区4个。采集遗物共7件，均为陶器，可辨器形主要为板瓦、筒瓦和罐（图二六二）。

一四五、陶庄东北遗物分布区

分布区位于滕州市张汪镇陶庄村东北的平地上,地表主要为麦地。分布区总面积15万平方米,共有遗物采集区7个,遗物丰富、一般及不丰富的采集区数量分别为1、0和6个。采集遗物时代包括商代、东周和秦汉3个时期,以东周和秦汉时期遗物为主,商代时期为散点区(图二六八)。

东周时遗物分布区面积6.3万平方米,包括遗物采集区5个。采集遗物共15件,均为陶器,可辨器形有板瓦、筒瓦和罐(图二六九)。

秦汉时期遗物分布区面积2.6万平方米,包括遗物采集区4个。采集遗物共5件,均为陶器,可辨器形有板瓦和筒瓦(图二六九)。

一四六、杨桥遗物分布区

分布区位于滕州市张汪镇杨桥村周围,东侧跨越小魏河。从遗物分布情况看,分布区部分面积应被杨桥村占压。分布区所处地形为河流阶地和平地,南部有一台地,地表主要为麦地。分布区总面积29.2万平方米,共有遗物采集区15个,遗物丰富、一般及不丰富的采集区数量分别为1、6和8个。采集遗物时代包括东周、秦汉、隋唐和宋元4个时期,以秦汉时期遗物为主,东周时期为散点区(图二六八)。

秦汉时期遗物分布区面积29.2万平方米,包括遗物采集区17个。采集遗物共55件,均为陶器,可辨器形有板瓦、筒瓦、罐、盆和井圈(图二六九)。

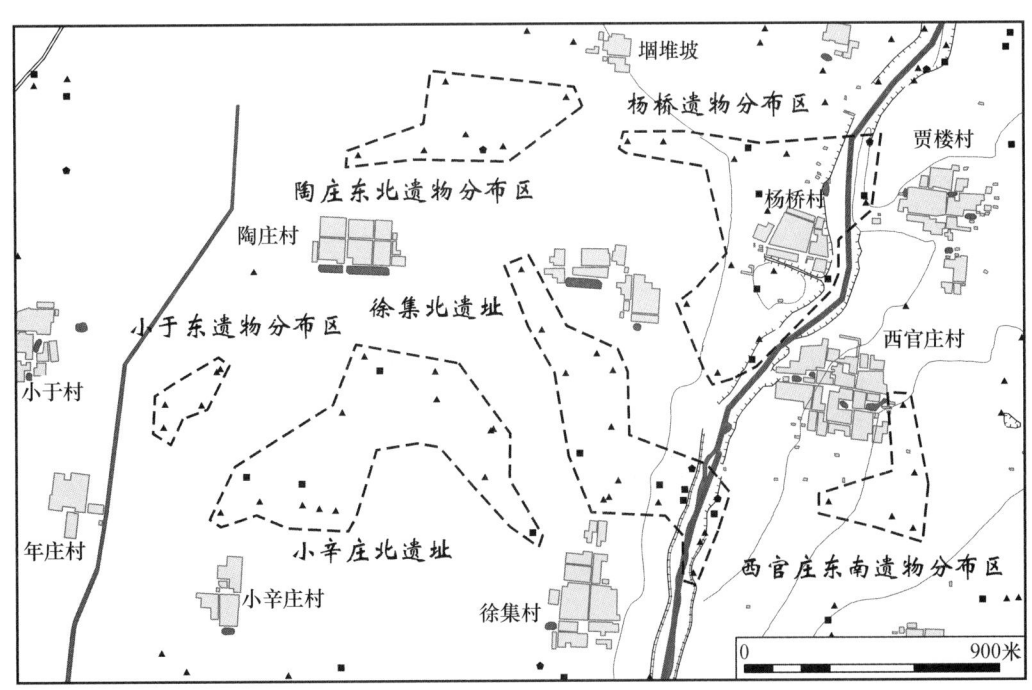

图二六八　杨桥区域遗址分布总图

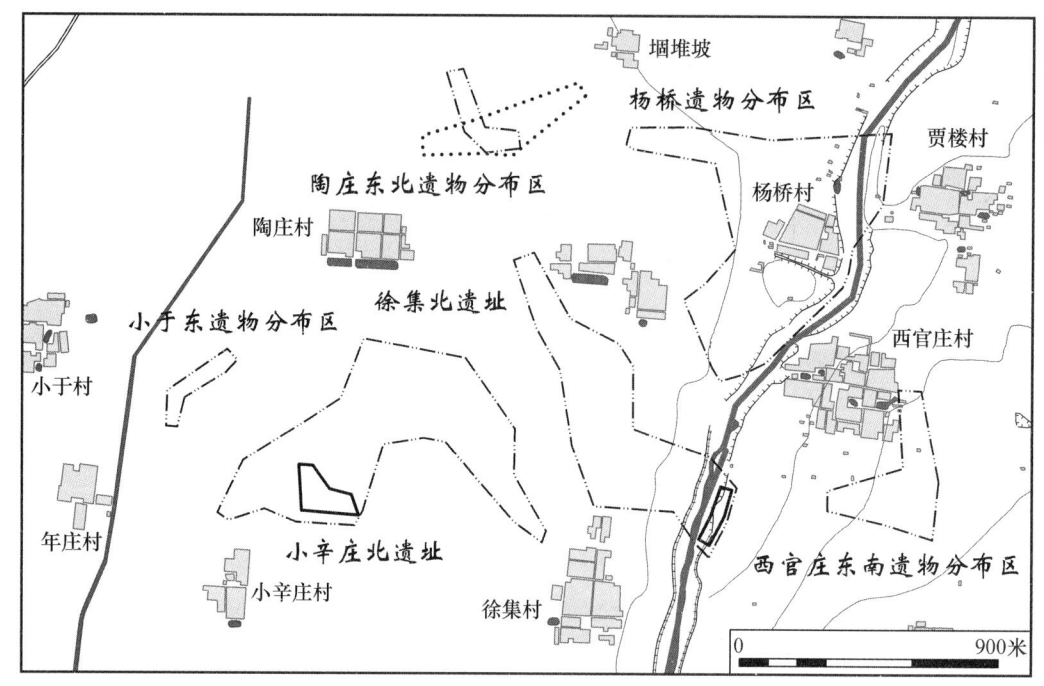

图二六九　杨桥区域东周—秦汉时期遗址分布图

一四七、小于东遗物分布区

分布区位于滕州市张汪镇小于村东的平地上，地表主要为麦地。分布区面积3.6万平方米，共有遗物采集区5个，全部为遗物不丰富采集区。采集遗物时代包括东周和秦汉2个时期，以秦汉时期遗物为主，东周时期为散点区（图二六八）。

秦汉时期遗物分布区面积1.9万平方米，包括遗物采集区4个。采集遗物共7件，均为陶器，可辨器形有板瓦、筒瓦和盆（图二六九）。

一四八、小辛庄北遗址

遗址位于滕州市张汪镇小辛庄村北的平地上，地表主要为麦地和荒地。遗址总面积34.9万平方米，共有遗物采集区16个，遗物丰富、一般及不丰富的采集区数量分别为0、4和12个。采集遗物时代包括东周和秦汉2个时期，以秦汉时期遗物为主，东周时期为散点区（图二六八）。

秦汉时期遗址面积34.9万平方米，共有遗物采集区16个。其中核心分布区1个，面积2.1万平方米，包括遗物采集区4个；一般分布区面积32.8万平方米，包括遗物采集区12个。采集遗物共53件，均为陶器，可辨器形有板瓦、筒瓦、罐和盆（图二六九）。

秦汉时期遗物标本，1件。

110325FR005-1，盆口沿。泥质灰陶。近直口，方唇，宽平沿，斜腹。唇缘饰一周索状压印纹，腹部饰瓦棱纹。残高10、残宽29、厚2.2厘米（图二七〇，1）。

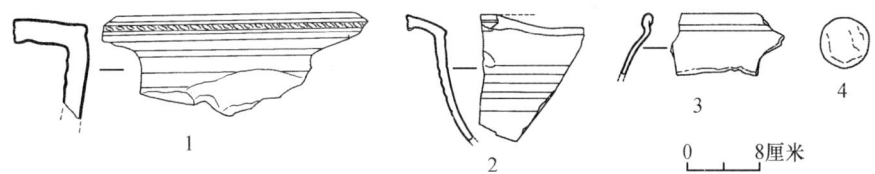

图二七〇　小辛庄北、徐集北遗址遗物标本
1. 盆口沿（110325FR005-1）　2. 盆口沿（110323NZ014-1）　3. 罐口沿（110324SQR005-1）　4. 陶球（110324SQR004-1）

一四九、徐集北遗址

遗址位于滕州市张汪镇徐集村北，东侧跨越小魏河，南侧紧邻徐集村，北侧紧邻马庄和朱村，所处地形为河流阶地和平地，地表主要为麦地和荒地。遗址总面积25.7万平方米，共有遗物采集区20个，遗物丰富、一般及不丰富的采集区数量分别为2、5和13个。采集遗物时代包括东周、秦汉、隋唐和宋元4个时期，以秦汉时期遗物为主，东周时期为散点区（图二六八）。此外，在遗址东南近河的断崖上发现汉代文化层堆积，距地表约70厘米，黄褐色土，包含红烧土和瓦片等遗物。

秦汉时期遗址面积24.7万平方米，共有遗物采集区18个。其中核心分布区1个，面积8500平方米，包括遗物采集区4个；一般分布区面积23.8万平方米，包括遗物采集区14个。采集遗物共72件，均为陶器，可辨器形有板瓦、筒瓦、罐和盆（图二六九）。

秦汉时期遗物标本，3件。

110324SQR005-1，罐口沿。泥质灰陶。口微敛，圆叠唇，短束颈，溜肩。素面。残宽12.6、残高6.7、厚0.5～1.2厘米（图二七〇，3）。

110323NZ014-1，盆口沿。泥质灰陶。口微敛，方唇，唇面内凹，宽斜折沿，圆腹。腹部饰瓦棱纹。残高13.6、残宽11.5、厚0.7～1.2厘米（图二七〇，2）。

110324SQR004-1，陶球。泥质灰陶。球形。素面。直径5.3厘米（图二七〇，4）。

一五〇、西官庄东南遗物分布区

分布区位于滕州市张汪镇西官庄东南的平地上，地表主要为麦地。分布区面积8.8万平方米，共有遗物采集区5个，采集区遗物丰富程度全部为不丰富。采集遗物时代仅含秦汉时期。采集遗物共9件，均为陶器，可辨器形有板瓦、筒瓦和砖（图二六八、图二六九）。

一五一、辛庄遗址

遗址位于滕州市柴胡店镇辛庄村四周，东侧紧邻新薛河，西南侧紧邻庵后村，所处地形基本为平地，地表覆盖主要为麦地。遗址总面积121.9万平方米，共有遗物采集区68个，遗物丰富、一般及不丰富的采集区数量分别为3、8和57个。采集遗物时代包括西周、东周、秦汉、

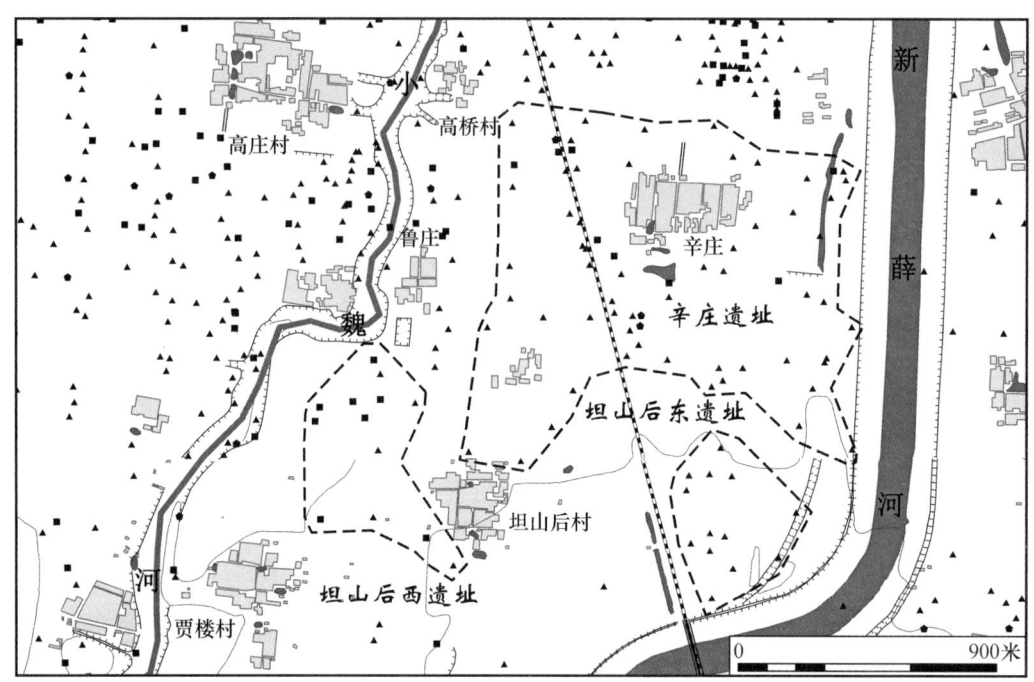

图二七一　辛庄区域遗址分布总图

隋唐和宋元多个时期，以东周和秦汉时期遗物为主，西周时期为散点区（图二七一）。此外，1957年，山东省博物馆曾在遗址东部发现石室墓24座，墓葬形制有单室、双室、三室三种，每墓多只随葬一两件陶器，时代为东汉时期[①]。本次调查，在遗址中部断崖上发现文化层堆积，其中包含东周和汉代陶片。

东周时期遗址范围向西南延伸至薛故城遗址鲁庄东南区域和坦山后西遗址，面积75.9万平方米，共有遗物采集区27个。其中核心分布区有两区：Ⅰ区面积1.6万平方米，包括遗物采集区4个；Ⅱ区面积1.6万平方米，包括遗物采集区4个。一般分布区面积72.7万平方米，包括遗物采集区19个。采集遗物共82件，均为陶器，可辨器形有板瓦、筒瓦、罐、盆和豆（图二七二）。

秦汉时期遗址面积103万平方米，共有遗物采集区51个。其中核心分布区有两区，位置与东周时期遗址两核心分布区相近，但范围均有所扩大：Ⅰ区面积4.1万平方米，包括遗物采集区7个；Ⅱ区面积2.7万平方米，包括遗物采集区7个。一般分布区面积96.2万平方米，包括遗物采集区37个。采集遗物共113件，均为陶器，可辨器形有板瓦、筒瓦、地砖、罐和盆（图二七二）。

西周时期遗物标本，1件。

110323MC001-4，罐口沿。夹砂灰褐陶，内壁黑。侈口，方唇，折沿，束颈，圆鼓腹。沿下饰抹绳纹，腹部饰两周凹槽及斜绳纹。残高8.4、残宽12.5、厚0.9厘米（图二七三，9）。

东周时期遗物标本，8件。

---

① 山东省博物馆：《山东滕县柴胡店汉墓》，《考古》1963年8期。

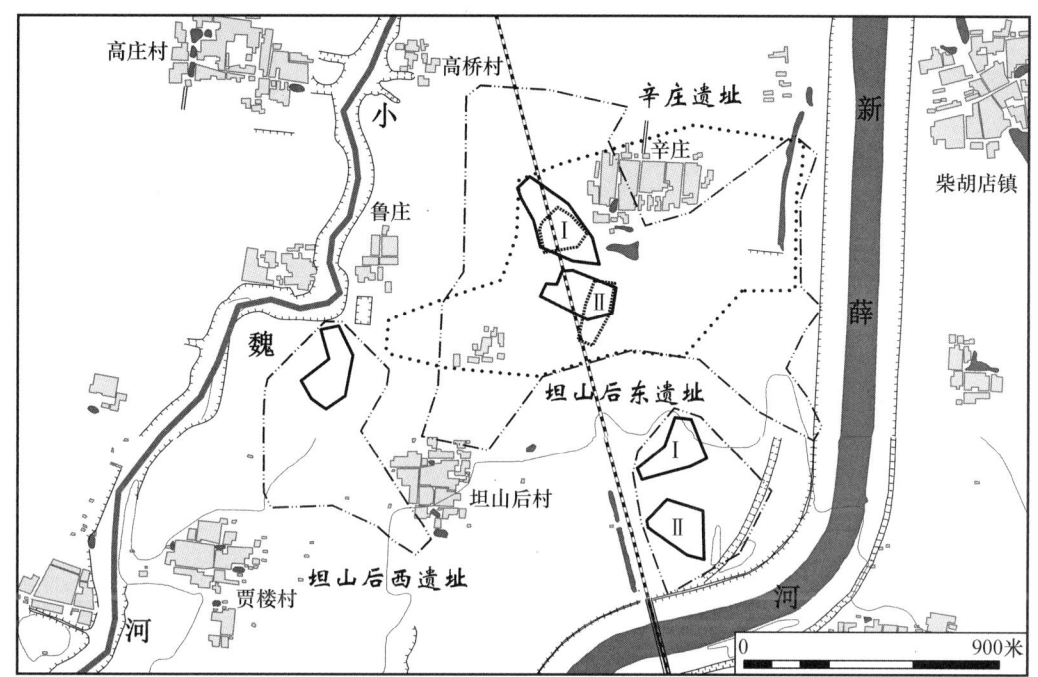

图二七二　辛庄区域东周—秦汉时期遗址分布图

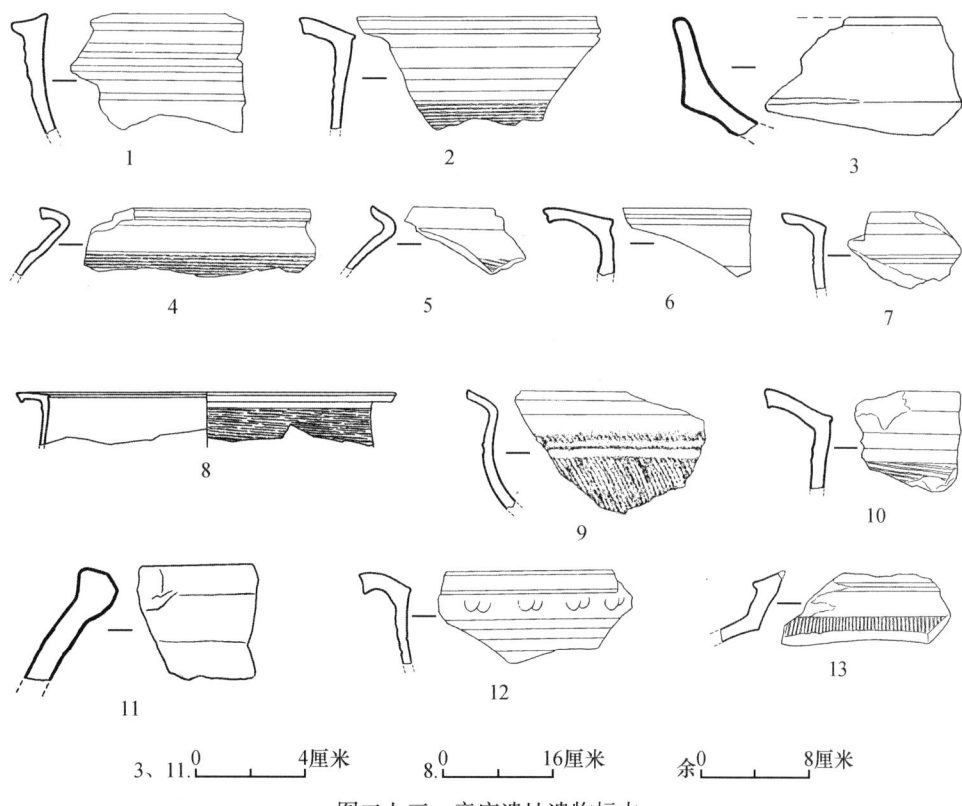

图二七三　辛庄遗址遗物标本

1. 盂口沿（110323MC003-2）　2. 盆口沿（110308YKK013-1）　3. 豆盘（110323MC001-3）　4. 罐口沿（110308YKK012-1）
5. 罐口沿（110323YKK003-1）　6. 盆口沿（110308SQR007-1）　7. 盆口沿（110308YKK010-2）　8. 盆口沿（110323MC001-1）
9. 罐口沿（110323MC001-4）　10. 盆口沿（110308YKK013-2）　11. 罐口沿（110308YKK010-3）　12. 盆口沿（110308YKK010-1）
13. 罐口沿（110323MC001-2）

110308YKK012-1，罐口沿。夹砂红陶。敛口，方唇，斜折沿，沿面微鼓，束颈，斜肩。腹部饰横绳纹。残高4.9、残宽16.8、厚0.7厘米（图二七三，4）。

110323YKK003-1，罐口沿。夹砂红陶。敛口，圆唇，斜折沿，束颈，斜肩。肩部饰横绳纹。残高4.7、残宽8.7、厚0.6~0.8厘米（图二七三，5）。

110323MC001-2，罐口沿。细砂灰陶。敛口，尖唇，外斜沿，短颈，广肩。肩部饰竖绳纹。残高5.2、残宽12、厚0.8~1.3厘米（图二七三，13）。

110308YKK013-1，盆口沿。夹砂灰陶。敛口，方唇，唇面内凹，斜折沿，斜腹微弧。腹部饰横向绳纹。轮制。残高8、残宽18、厚0.7~1.2厘米（图二七三，2）。

110308YKK010-2，盆口沿。泥质灰陶。口微敛，圆唇，斜折沿，弧腹。腹部饰凹弦纹。残高5.5、残宽8.4、厚0.8厘米（图二七三，7）。

110323MC001-1，盆口沿。夹砂灰陶。直口微敛，方唇，唇面微凹，宽折沿，弧腹。腹部饰横绳纹。复原口径55.2、残高7.7、厚0.8~2.2厘米（图二七三，8）。

110323YKK003-2，盂口沿。泥质灰陶。敛口，圆唇，斜沿内凹，斜弧腹。腹饰数周凸棱。残高8.5、残宽12.8、厚1厘米（图二七三，1）。

110323MC001-3，豆盘。泥质灰陶。敞口，盘壁微内束，盘较，折腹。素面。残高4.3、残宽7.3、厚0.6~1.8厘米（图二七三，3）。

秦汉时期遗物标本，4件。

110308YKK010-3，罐口沿。夹砂红陶。敛口，厚圆唇，斜肩。素面。残高4.1、残宽4.3、厚1厘米（图二七三，11）。

110308SQR007-1，盆口沿。夹砂灰陶。近直口，方唇，唇面内凹，宽折沿。素面。残高4.8、残宽9.5、厚1~1.2厘米（图二七三，6）。

110308YKK013-2，盆口沿。泥质灰陶。近直口，方唇，唇面内凹，斜折沿，弧腹。上部饰瓦棱纹，其下饰斜绳纹。残高7.1、残宽7.9、厚1厘米（图二七三，10）。

110308YKK010-1，盆口沿。泥质灰陶。近直口，方唇，唇面内凹，宽折沿，沿面外弧，短束颈，斜弧腹。颈下饰一排窝纹，腹部饰凹弦纹。残高6.6、残宽14.1、厚0.6~1厘米（图二七三，12）。

一五二、坦山后西遗址

遗址位于滕州市柴胡店镇坦山后村西的平地上，西北侧紧邻小魏河，地表主要为麦地。遗址总面积25万平方米，共有遗物采集区13个，遗物丰富、一般及不丰富的采集区数量分别为0、8和5个。采集遗物时代包括东周、秦汉和宋元3个时期，以秦汉时期遗物为主，东周时期为散点区（图二七一）。此外，遗址西北发现汉代文化层堆积，其中包含较多陶片。

秦汉时期遗址面积25万平方米，共有遗物采集区13个。其中核心分布区1个，面积2.8万平方米，包括遗物采集区5个；一般分布区面积22.2万平方米，包括遗物采集区8个。采集遗物共58件，均为陶器，可辨器形有板瓦、筒瓦、罐、盆和壶（图二七二）。

一五三、坦山后东遗址

遗址位于滕州市柴胡店镇坦山后村东，南侧紧邻新薛河，所处地形基本为平地，地表主要为麦地。遗址总面积19万平方米，共有遗物采集区13个，采集区遗物丰富程度全部为不丰富。采集遗物时代包括东周、秦汉和宋元3个时期，以秦汉时期遗物为主，东周时期为散点区（图二七一）。

秦汉时期遗址面积19万平方米，共有遗物采集区12个。其中核心分布区有两区：Ⅰ区面积2.5万平方米，包括遗物采集区4个；Ⅱ区面积2.6万平方米，包括遗物采集区5个。一般分布区面积14.9万平方米，包括遗物采集区3个。采集遗物共13件，均为陶器，可辨器形有板瓦、筒瓦和盆（图二七二）。

一五四、王楼北遗物分布区

分布区位于滕州市柴胡店镇王楼村北的平地上，东南侧临近新薛河，地表主要为麦地。分布区面积13.5万平方米，共有遗物采集区8个，遗物丰富、一般及不丰富的采集区数量分别为0、1和7个。采集遗物时代全部秦汉时期。采集遗物共21件，均为陶器，可辨器形有板瓦、筒瓦、罐和盆（图二七四、图二七五）。此外，分布区中部发现石室墓6座，均残破严重，从现状判断原均为单室墓，未见画像，时代应为西汉晚期至东汉初期（图版四六，1）。

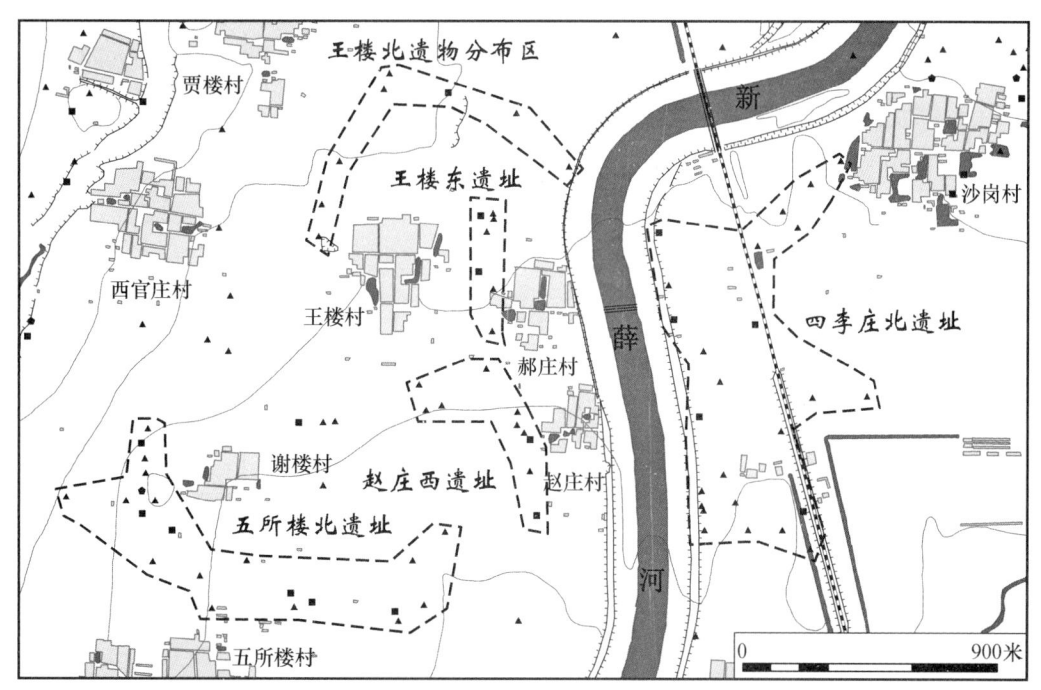

图二七四　王楼区域遗址分布总图

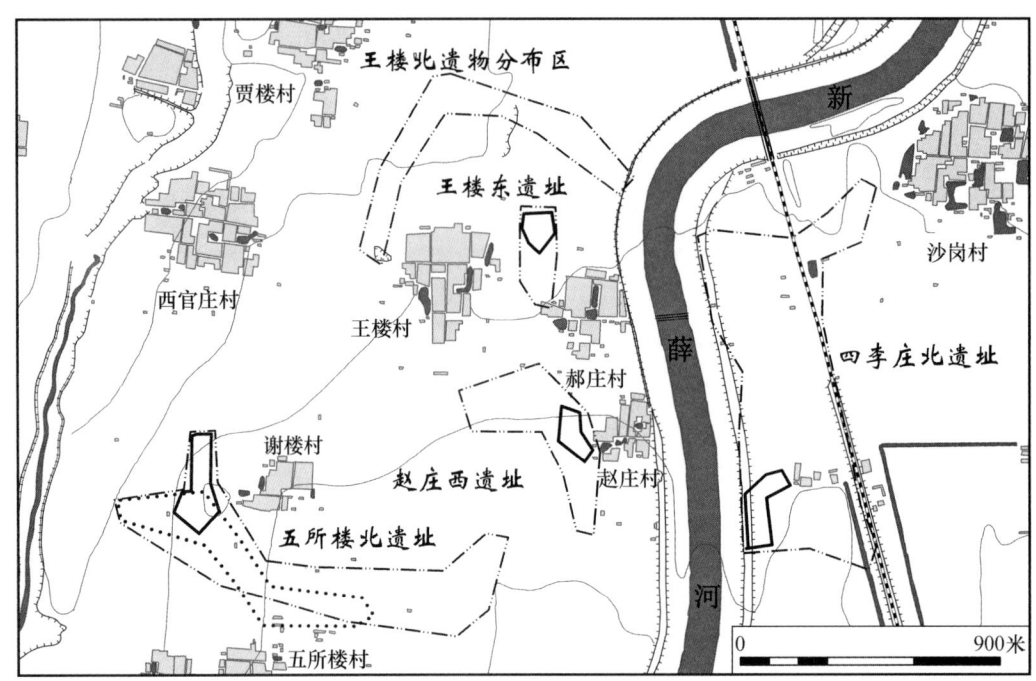

图二七五　王楼区域东周—秦汉时期遗址分布图

一五五、王楼东遗址

遗址位于滕州市柴胡店镇王楼村东北，东侧和西侧分别靠近王楼和郝庄村，所处地形基本为平地，地表主要为麦地和林地。遗址总面积5.4万平方米，共有遗物采集区7个，遗物丰富、一般及不丰富的采集区数量分别为0、2和5个。时代涵盖东周、秦汉和隋唐3个时期，以秦汉时期遗物为主，东周时期为散点区（图二七四）。

秦汉时期遗址总面积3.8万平方米，共有遗物采集区6个。其中核心分布区1个，面积1.1平方米，包括遗物采集区4个；一般分布区面积2.7万平方米，包括遗物采集区2个。采集遗物共16件，均为陶器，可辨器形有板瓦、筒瓦、罐和盆（图二七五）。

唐代时期遗物标本，1件。

110323YKK011-1，瓷碗。青白胎青釉。敞口，浅弧腹，内圜底，假圈足微内凹。内外施釉，外釉不及底。复原口径15.1、高5、厚0.5~0.6厘米（图二七六，1）。

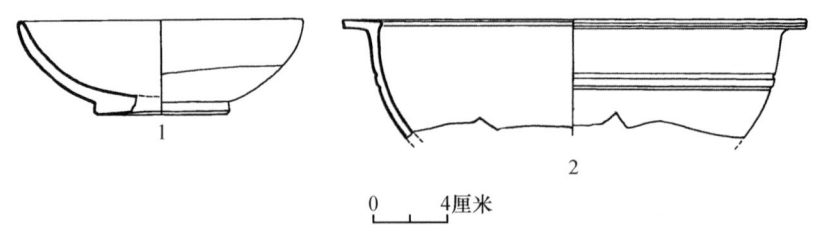

图二七六　王楼东、五所楼北遗址遗物标本
1.瓷碗（110323YKK011-1）　2.盆口沿（110323NZ018-1）

一五六、赵庄西遗址

遗址位于滕州市柴胡店镇赵庄村西的平地上，东北侧临近郝庄村，地表主要为麦地和林地。遗址总面积11.5万平方米，共有遗物采集区10个，遗物丰富、一般及不丰富的采集区数量分别为0、2和8个。时代涵盖东周和秦汉2个时期，以秦汉时期遗物为主，东周时期均为散点区（图二七四）。

秦汉时期遗址总面积11.5万平方米，共有遗物采集区10个。其中核心分布区1个，面积1.2万平方米，包括遗物采集区4个；一般分布区面积10.3万平方米，包括遗物采集区6个。采集遗物共27件，均为陶器，可辨器形有板瓦和筒瓦（图二七五）。

一五七、四李庄北遗址

遗址位于滕州市柴胡店镇四李庄村北，西侧紧邻新薛河，所处地形基本为平地，地表主要为麦地。遗址总面积55.8万平方米，共有遗物采集区25个，遗物丰富、一般及不丰富的采集区数量分别为0、5和20个。采集遗物时代包括东周和秦汉2个时期，以秦汉时期遗物为主，东周时期为散点区（图二七四）。

秦汉时期遗址面积45.3万平方米，共有遗物采集区22个。其中核心分布区1个，面积2.1万平方米，包括遗物采集区5个；一般分布区面积43.2万平方米，包括遗物采集区17个。采集遗物共61件，均为陶器，可辨器形有板瓦、筒瓦、罐和盆（图二七五）。

一五八、五所楼北遗址

遗址位于滕州市张汪镇五所楼村北，北侧紧邻谢楼村，所处地形基本为平地，地表主要为麦地。遗址总面积36万平方米，共有遗物采集区22个，遗物丰富、一般及不丰富的采集区数量分别为1、6和29个。采集遗物时代包括东周和秦汉2个时期（图二七四）。

东周时期为遗物分布区，面积11.5万平方米，包括遗物采集区7个。采集遗物共10件，均为陶器，可辨器形有板瓦、筒瓦、罐和盆（图二七五）。

秦汉时期遗址面积29.1万平方米，共有遗物采集区21个。其中核心分布区1个，面积2.8万平方米，包括遗物采集区8个；一般分布区面积26.3万平方米，包括遗物采集区13个。采集遗物共63件，均为陶器，可辨器形有板瓦、筒瓦、盆和井圈（图二七五）。

秦汉时期遗物标本，1件。

110323NZ018-1，盆。泥质灰陶。口微敛，方唇，唇面内凹，宽平沿，圆弧腹。腹部有两周凹槽。复原口径25、残高6.3、厚0.5厘米（图二七六，2）。

一五九、王格庄南遗物分布区

分布区位于滕州市张汪镇王格庄南的河流阶地上，北侧紧邻薛河故道，地表主要为荒地。分布区面积4万平方米，共有遗物采集区5个，采集区遗物丰富程度全部为不丰富。采集遗物时代包括秦汉、隋唐和宋元3个时期，以秦汉时期遗物为主（图二七七）。

秦汉时期遗物分布区面积2.8万平方米，包括遗物采集区4个。采集遗物共8件，均为陶器，可辨器形有板瓦、罐和花纹砖（图二七八）。

一六○、段楼西北遗物分布区

分布区位于滕州市张汪镇段楼村西北，跨薛河故道两岸，所处地形为河流阶地，地表主要为麦地。分布区总面积7.1万平方米，共有遗物采集区6个，遗物丰富、一般及不丰富的采集区数量分别为1、0和5个。采集遗物时代包括大汶口文化、东周、秦汉、隋唐和宋元多个时期，以秦汉时期遗物为主，其他可划分时期均为散点区（图二七七）。此外，分布区中发现墓葬5座，其中石室墓2座，年代可能为汉代或更晚；砖室墓1座，为仿木构穹隆顶，时代可能为晚唐或更晚；砖石混合结构墓2座，其中一座为孩童墓，仅存一角，但仍有孩童头骨；另一座应原应为砖券顶石壁墓，其时代可能为唐宋。分布区中还发现唐代灰坑1个和唐宋时期砖窑1座，分布区西北河道中则有后人所建魏征义墓（图版四七，1、2）。

秦汉时期遗物分布区面积5万平方米，包括遗物采集区5个。采集遗物共10件，均为陶器，可辨器形有板瓦、筒瓦、罐和瓦当（图二七八）。

此外，根据发现的唐代灰坑判断，该区域在唐代时期为遗址。

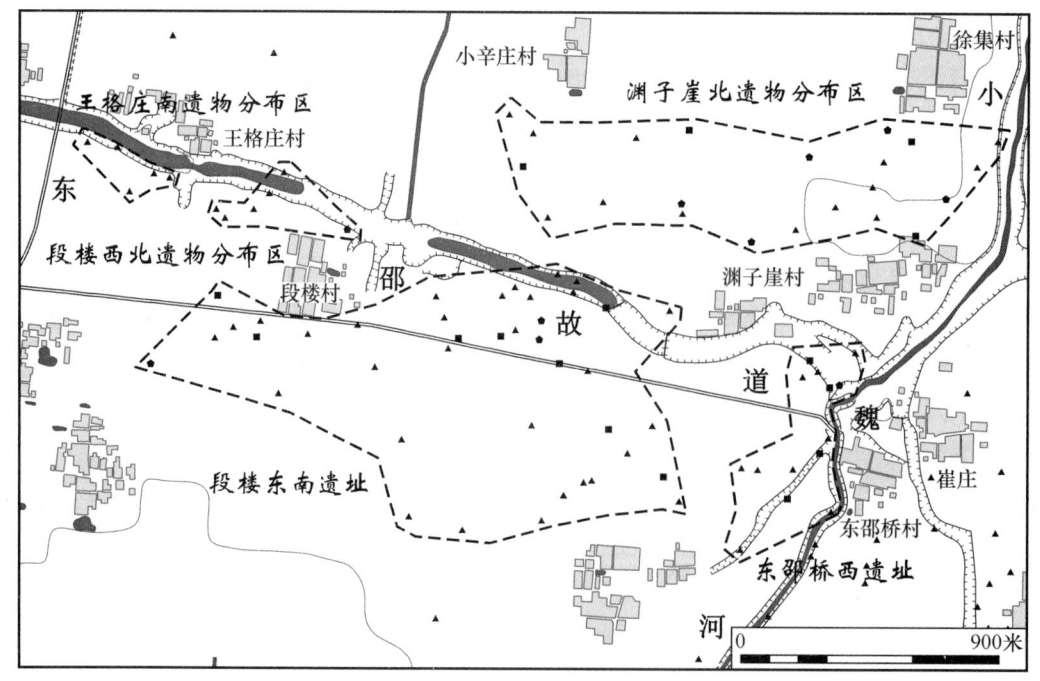

图二七七　段楼区域遗址分布总图

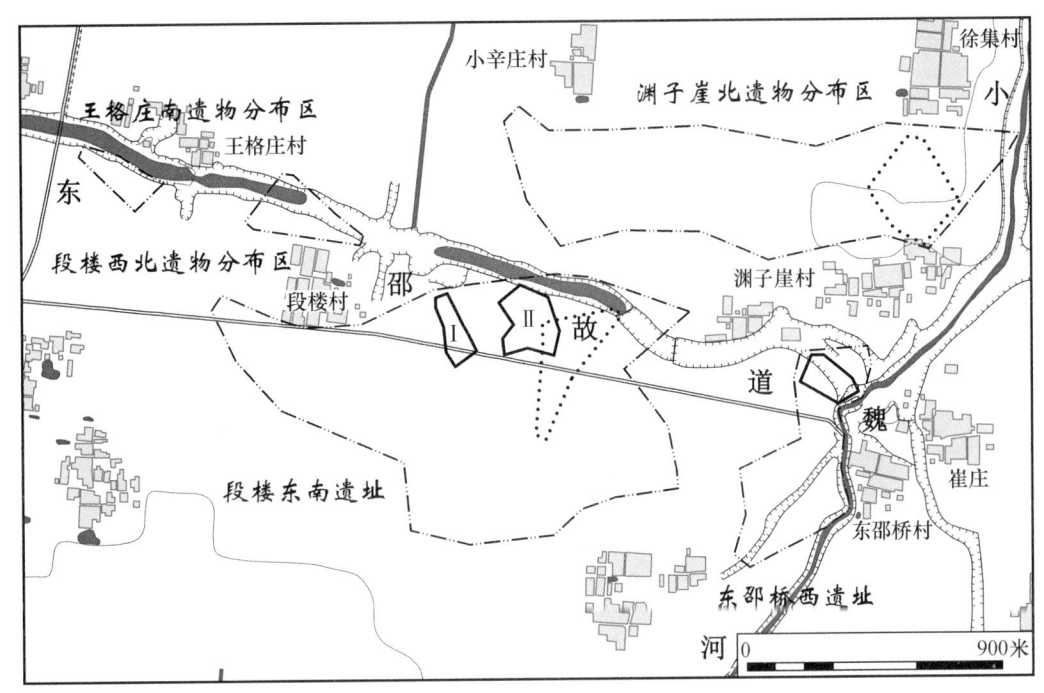

图二七八　段楼区域东周—秦汉时期遗址分布图

一六一、段楼东南遗址

遗址位于滕州市张汪镇段楼村东南的平地上，北侧紧邻薛河故道，地表主要为麦地和荒地。遗址总面积111.2万平方米，共有遗物采集区41个，遗物丰富、一般及不丰富的采集区数量分别为3、8和30个。采集遗物时代包括大汶口文化、岳石文化、东周、秦汉、隋唐和宋元多个时期，以东周和秦汉时期遗物为主，其他可划分时期均为散点区（图二七七）。此外，在遗址东部取土坑断崖上发现堆积，内含大量汉代瓦片；遗址中还有疑似砖室墓葬存在（图版四七，3）。

东周时期为遗物分布区，面积5.7万平方米，包括遗物采集区4个。采集遗物共10件，均为陶器，可辨器形有罐、盆和豆（图二七八）。

秦汉时期遗址面积93.8万平方米，共有遗物采集区38个。其中核心分布区有两区：Ⅰ区面积1.7万平方米，包括遗物采集区4个；Ⅱ区面积3.5万平方米，包括遗物采集区7个。一般分布区面积88.6万平方米，包括遗物采集区27个。采集遗物共92件，均为陶器，可辨器形有板瓦、筒瓦、瓦当、罐、盆、瓮和绳纹砖（图二七八）。

大汶口文化时期遗物标本，1件。

120415FX006-1，钵形鼎足。泥质红陶。斜腹，鸭嘴形矮足。素面。手制。残高5.2厘米（图二七九，8）。

岳石文化时期遗物标本，1件。

120414LQY008-4，尊形器底。泥质灰褐陶。斜弧腹，平底，周沿外突。素面。复原底径11、残高3.3、厚0.4厘米（图二七九，6）。

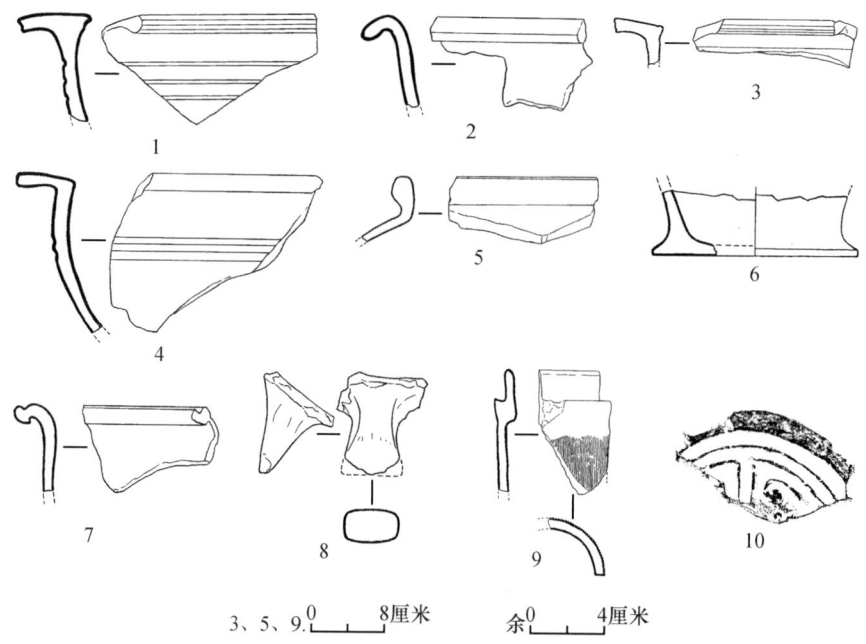

图二七九　段楼东南遗址、渊子崖北遗物分布区遗物标本

1. 盆口沿（120414LQY008-1）　2. 盆口沿（120414LQY008-2）　3. 盆口沿（120414LQY008-6）
4. 盆口沿（110323JSW003-1）　5. 瓮口沿（120414LQY008-7）　6. 尊形器底（120414LQY008-4）
7. 盆口沿（120414LQY008-5）　8. 钵形鼎足（120415FX006-1）　9. 筒瓦（120414LQY008-3）
10. 瓦当（120415LJ002-1）

东周时期遗物标本，1件。

120414LQY008-5，盆口沿。泥质灰陶。侈口，圆唇，卷沿。沿面一周凹槽。素面。残高4.5、残宽6.9、厚0.5～0.8厘米（图二七九，7）。

秦汉时期遗物标本，6件。

120414LQY008-7，瓮口沿。泥质灰陶。近直口，厚圆唇，卷沿，窄束颈，广肩。素面。残高6.9、残宽15.9、厚0.8～2.4厘米（图二七九，5）。

120414LQY008-1，盆口沿。泥质灰陶。敛口，方唇，唇面内凹，宽折沿，沿面外弧，弧腹。腹部饰三周槽。残高5.8、残宽11.6、厚0.7～1厘米（图二七九，1）。

120414LQY008-2，盆口沿。泥质黄褐陶。直口微敞，圆唇，卷沿，弧腹。素面。残高5、残宽8.3、厚0.7～0.9厘米（图二七九，2）。

120414LQY008-6，盆口沿。泥质灰陶。直口微敛，方唇，宽折沿。素面。残高4.9、残宽17.4、厚1.1～1.7厘米（图二七九，3）。

120414LQY008-3，筒瓦。夹砂灰陶。瓦舌与瓦身分界明显，其相接处有一周凸棱，瓦身饰竖绳纹。模制，内切。残长13、残宽5.9、厚1.2～2.4厘米（图二七九，9）。

120415LJ002-1，瓦当。泥质青灰陶。残，饰双线界隔的卷云纹。残长9、残宽5、厚1～1.4厘米（图二七九，10）。

一六二、渊子崖北遗物分布区

分布区位于滕州市张汪镇渊子崖村北，东北侧紧邻小魏河，北侧紧邻徐集和小辛庄村，所处地形基本为平地，地表主要为麦地。分布区总面积60.3万平方米，共有遗物采集区22个，遗物丰富、一般及不丰富的采集区数量分别为5、4和13个。采集遗物时代包括商代、东周、秦汉和宋元4个时期，以东周和秦汉时期遗物为主，商代时期为散点区（图二七七）。

东周时期遗物分布区面积6.8万平方米，包括遗物采集区4个。采集遗物共8件，均为陶器，可辨器形有罐、盆和豆（图二七八）。

秦汉时期遗物分布区面积60.3万平方米，包括遗物采集区22个。采集遗物共100件，均为陶器，可辨器形有板瓦、筒瓦、罐、盆和井圈（图二七八）。

秦汉时期遗物标本，1件。

110323JSW003-1，盆口沿。泥质灰陶。敛口，方唇，宽折沿，圆腹。腹部有两周凹槽。残高8.3、残宽11.3、厚0.5～1厘米（图二七九，4）。

一六三、东邵桥西遗址

遗址位于滕州市张汪镇东邵桥村西，东侧紧邻小魏河，北侧侧紧邻薛河故道，所处地形主要为河流阶地，中部有一冲沟，地表主要为荒地和麦地。遗址总面积18.5万平方米，共有遗物采集区14个，遗物丰富、一般及不丰富的采集区数量分别为1、4和9个。采集遗物时代包括东周、秦汉、隋唐和宋元4个时期，以秦汉时期遗物为主，东周时期为散点区（图二七七）。

秦汉时期遗址面积18.3万平方米，共有遗物采集区14个。其中核心分布区1个，面积1.9万平方米，包括遗物采集区5个；一般分布区面积16.4万平方米，包括遗物采集区9个。采集遗物共48件，均为陶器，可辨器形有板瓦、筒瓦和罐（图二七八）。

一六四、南闫楼遗址

遗址位于滕州市张汪镇南闫楼村周围，西侧紧邻小魏河，西北侧紧邻东邵桥和崔庄，南侧紧邻临薛村。遗址所处地形基本为平地，中部有一冲沟，地表主要为麦地和林地。遗址总面积108.4万平方米，共有遗物采集区45个，遗物丰富、一般及不丰富的采集区数量分别为2、5和38个。采集遗物时代包括商代、东周、秦汉和宋元4个时期，以东周和秦汉时期遗物为主，商代时期为散点区（图二八〇）。此外，在遗址中部一取土坑断崖上发现文化层堆积，其中包含汉代陶片等遗物。坑底则发现2座石室墓，M1残破较甚，其周围发现一"回"字纹画像石，时代应为东汉时期；M2相对完整，为单室墓，尚残存部分人骨，时代也应为汉代（图版四六，2）。

东周时期为遗物分布区，面积6.8万平方米，包括遗物采集区6个。采集遗物共24件，均为

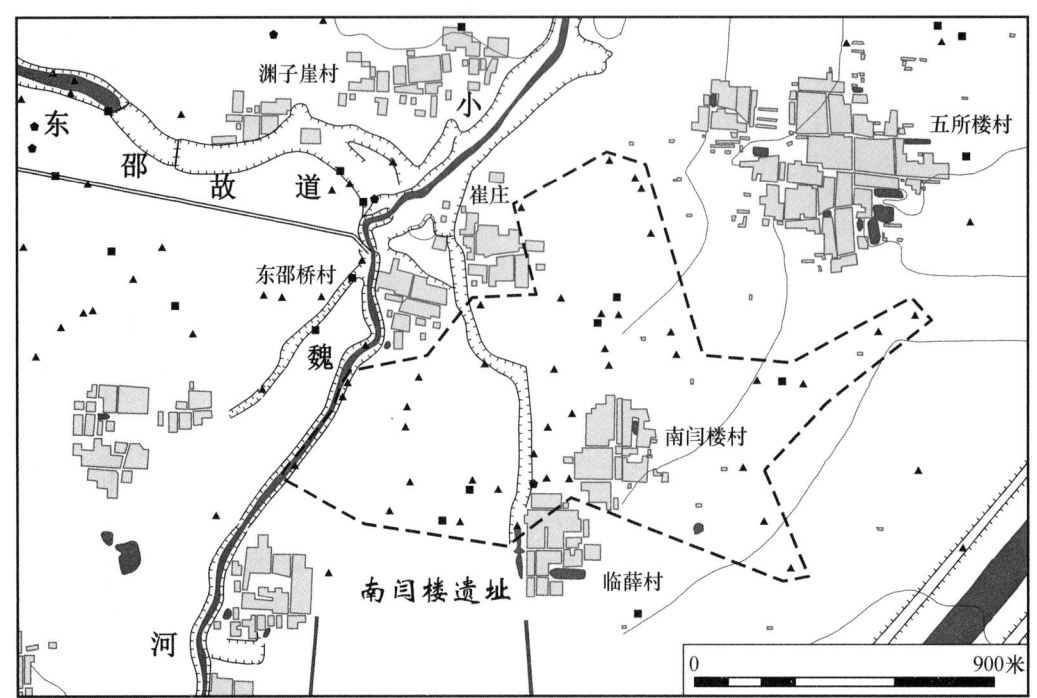

图二八〇　南闫楼区域遗址分布总图

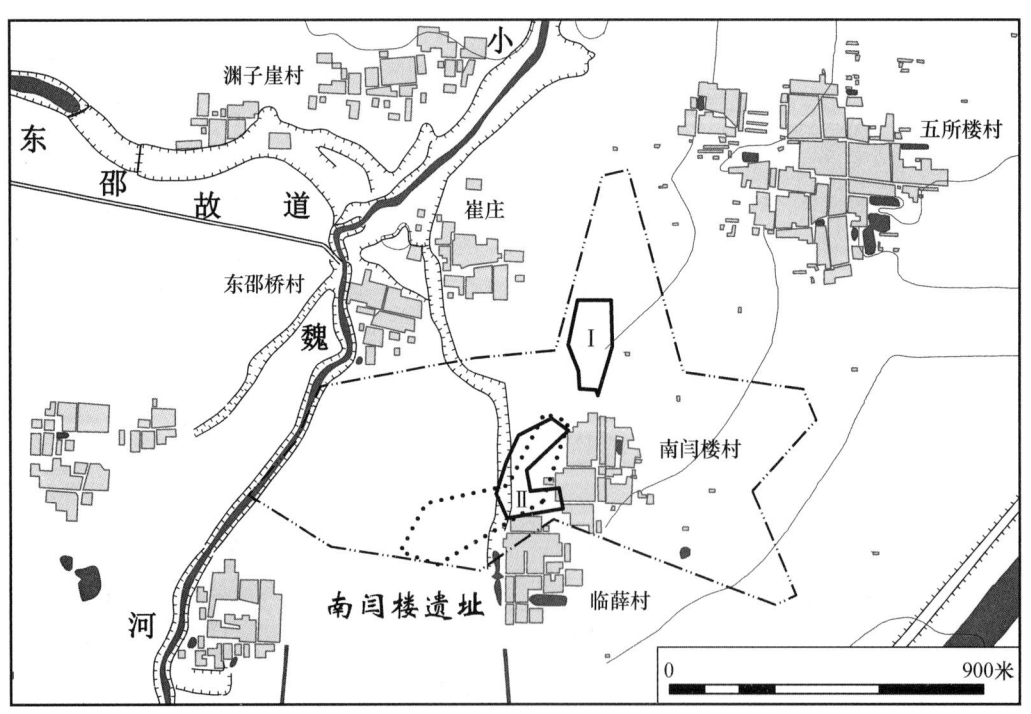

图二八一　南闫楼区域东周—秦汉时期遗址分布图

陶器，可辨器形有罐、盆、豆（图二八一）。

秦汉时期遗址面积87.3万平方米，共有遗物采集区38个。其中核心分布区有两区：Ⅰ区面积2.5万平方米，包括遗物采集区6个；Ⅱ区位置与东周时期遗物分布区相近，面积3万平方米，包括遗物采集区6个。一般分布区面积81.8万平方米，包括遗物采集区26个。采集遗物共77件，均为陶器，可辨器形有板瓦、筒瓦、罐、盆、铺地砖和绳纹砖（图二八一）。

商代时期遗物标本，1件。

120415CDL001-1，鬲足。夹砂红褐陶。锥状高实足。素面。残高5.5厘米（图二八二，5）。

东周时期遗物标本，3件。

120415FR005-2，罐口沿。细砂灰陶。口微侈，方唇，卷沿，粗颈。颈下部及肩残留少量竖向抹绳纹。残高6、残宽7.3、厚0.7~1厘米（图二八二，4）。

120415FR005-3，盆口沿。细砂灰陶。敞口，方唇，卷沿，斜弧腹。素面。残高3.7、残宽5.2、厚0.5~0.8厘米（图二八二，2）。

120415FR005-1，豆盘。细砂灰陶。敞口，盘略深，折腹，折腹处外凸明显。素面。残高4.6、残宽9.3、厚0.6~1.4厘米（图二八二，3）。

秦汉时期遗物标本，4件。

120415TDM001-1，罐口沿。泥质灰陶。盘口，尖圆唇，窄卷沿，束颈。素面。残高6.6、残宽7.3、厚1.2厘米（图二八二，6）。

120415YKK003-1，盆口沿。夹砂青灰陶。口微敛，方唇，唇面内凹，宽斜折沿，斜弧腹。唇沿有一周粗绳纹，腹部残留少量浅绳纹。残高7.7、残宽14.3、厚1~1.1厘米（图二八二，1）。

120415YFY007-2，盆。泥质灰陶。敛口，方唇，唇面微凹，宽折沿，沿面外弧，弧腹。沿下有一周戳印纹，腹饰瓦棱纹。复原口径48、残高13、厚1~2厘米（图二八二，7）。

120415TDM002-1，砖。泥质黄褐陶。平面呈长方形。一面有浅斜绳纹。长25.5、宽13、厚4厘米（图二八二，8）。

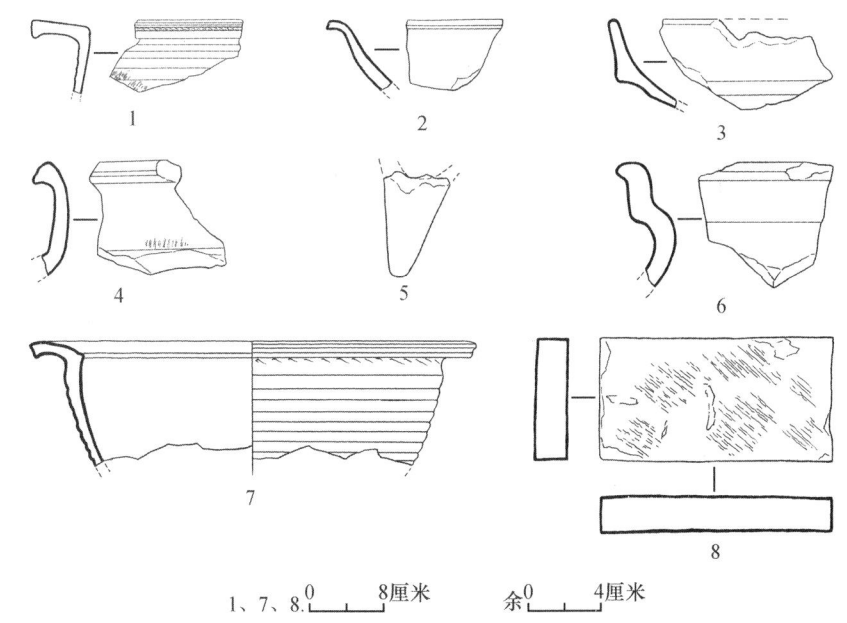

图二八二　南闫楼遗址遗物标本
1. 盆口沿（120415YKK003-1）　2. 盆口沿（120415FR005-3）　3. 豆盘（120415FR005-1）　4. 罐口沿（120415FR005-2）
5. 鬲足（120415CDL001-1）　6. 罐口沿（120415TDM001-1）　7. 盆（120415YFY007-2）　8. 砖（120415TDM002-1）

第三节　各时期遗址、遗物分布区与散点区的初步分析

上节为对调查区域所有遗址和遗物分布区的详细介绍，但正如报告第一章"遗址划分的方法"所述，本项目对遗址和遗物分布区的划分大多数是依据地表遗物采集区的密度进行的，这种方法只有概率上的判断意义，不具有决定性功能。所以本节将综合调查区域各个时期的整体情况，对划分的遗址和遗物分布区进一步分析，并对后者是否可能为"遗址"进行初步判断。此外，薛河流域调查区域还发现了大量分属各个时期的散点区，它们之中，一部分上节已划归到各个不分时代的遗址和遗物分布区中，并有所提及，另一部分则为独立的散点区。本节也将按时代顺序，对它们进行详细介绍，并对其是否为"遗址"也进行初步的判断。

一、后李文化时期

调查区域中发现的后李文化时期的遗物采集区仅有一处，采集区位于薛河中游地区杜家堂北遗址东北部，其中的遗物仅有陶釜残片1件（图一〇九，1）。遗物发现于薛河南岸缓坡的下部堆积中，但不能肯定是否为原生地层抑或坍塌堆积。如果仅按地表遗物分布情况划分，此采集区仅为"散点区"，但综合采集区周边情况分析，本项目调查区域内并无其他后李文化时期遗物发现，杜家堂北应代表一处后李文化时期的遗址。可能由于埋藏较深等原因，地表难以发现其他遗物（图二八三）。

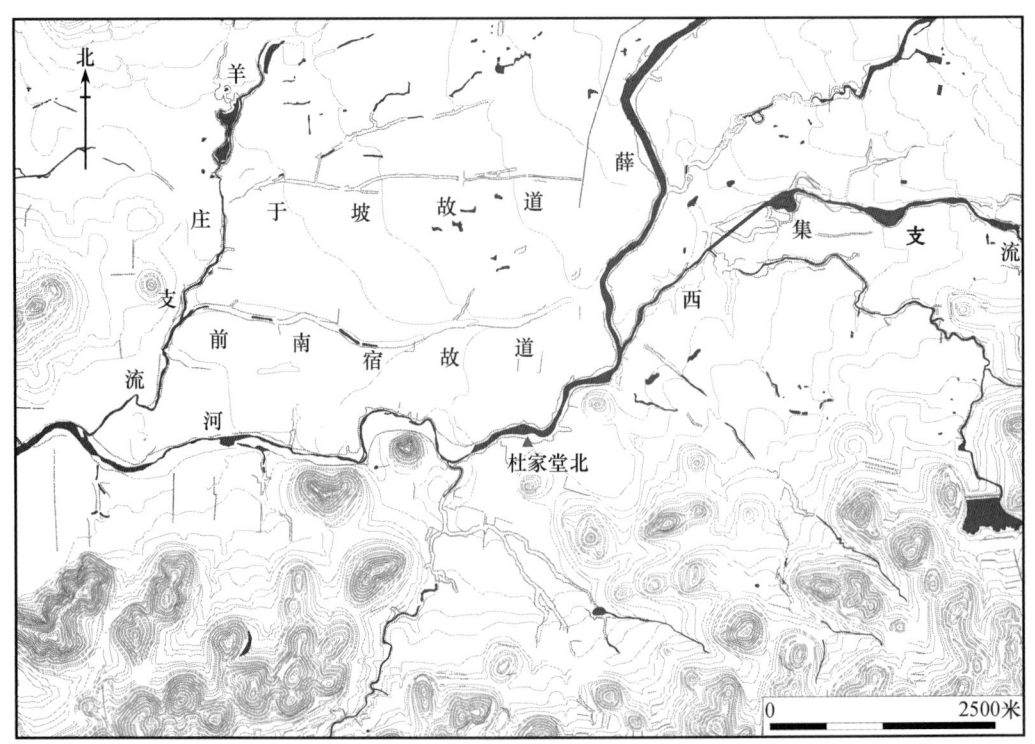

图二八三　调查区域后李文化遗物采集区分布图

根据薛河流域古代地貌研究的成果（详见下章），全新世之初古薛河出现后，后李文化时期先民应在羊庄盆地古薛河的河漫滩上过着半定居的生活，至北辛文化之初，古薛河发生了第一次比较强烈的下切，使早期的河漫滩转变为现今的二级阶地，而北辛文化至今二级阶地面一直是人们主要的活动场所，其上往往有丰厚的文化堆积。可见后李文化时期的古地貌与现代变化很大，而后期人类活动使得后李文化遗址往往埋藏很深。所以，地面调查过程中较难发现后李文化的遗物亦属正常，这也让我们可以推测杜家堂北可能不是本区域后李文化时期的唯一遗址。

二、北辛文化时期

1. 遗址

薛河流域调查区域划定的北辛文化遗址的有前台南、北辛和西康留3处，三者均依据地表遗物采集区密度划定，其中北辛和西康留遗址前期均曾发掘到北辛文化遗存。从三者地表遗物的分布情况看，西康留与前台南遗址采集区的遗物平均数量以及核心分布区的遗物平均密度相近，均在3件和10件/万平方米以上，北辛遗址则稍低，为2.1件和8.8件/万平方米。按照本报告对遗址和遗物分布区的划分标准，如果核心分布区所有采集区的平均遗物数量为2件，其平均遗物密度应为2~8件；如果遗物分布区所有采集区的平均遗物数量为2件，其平均遗物密度应为0.44~2件；但有的遗址和遗物分布区划定范围时，由于划入了较多的空白区域，上述两值则会更低（本节对其他时期遗址和遗物分布区的遗物密度分析也将重点参考此标准）。所以总体来看，3处遗址的地表采集遗物分布均较密集，其核心分布区与地下遗存可能会较好的对应。此外，除了上述3处遗址，20世纪中国社会科学院考古研究所山东队等在孟庄东地点也曾发现过北辛文化遗存，但本次调查在此区域没有发现相关遗物，此处是否有北辛文化的单独遗址还待下一步工作的开展（图二八四~图二八七；附表一）。

薛河流域古代地貌研究的成果表明，北辛文化直至现代，人们长期生活在薛河的二级阶地上，形成了连续较厚的文化堆积。其中由于北辛文化时代最早，遗存埋藏最深，上部大都有晚期堆积叠压。这一规律从本区域已发掘的北辛遗址和西康留遗址亦能看出，所以在现代地面上难以发现北辛文化的遗物实属正常。这种情况一方面可能会导致北辛文化的遗物在地面暴露不充分，地表遗物分布面积可能会小于地下文化堆积的实际范围，另一方面也暗示着薛河流域可能还有部分北辛文化的遗址由于少有遗物暴露，还尚未被发现。

2. 遗物分布区

除3处遗址外，调查区域共发现北辛文化的遗物分布区4处。综合这些遗物分布区周边区域情况分析，民庄西南遗物分布区距离其他北辛文化遗址均较远，距最近的前台南遗址亦约2千米，且其采集遗物密度很大，为26.3件/万平方米，均超过上述3处遗址。民庄西南遗物分布区遗物从其他遗址散布出来的可能较小，它可能为北辛文化时期的一处遗址。而坝上西、北辛东北和北辛南遗物分布区均距北辛遗址较近，距离均在100~500米，且它们的遗物密度均较小，

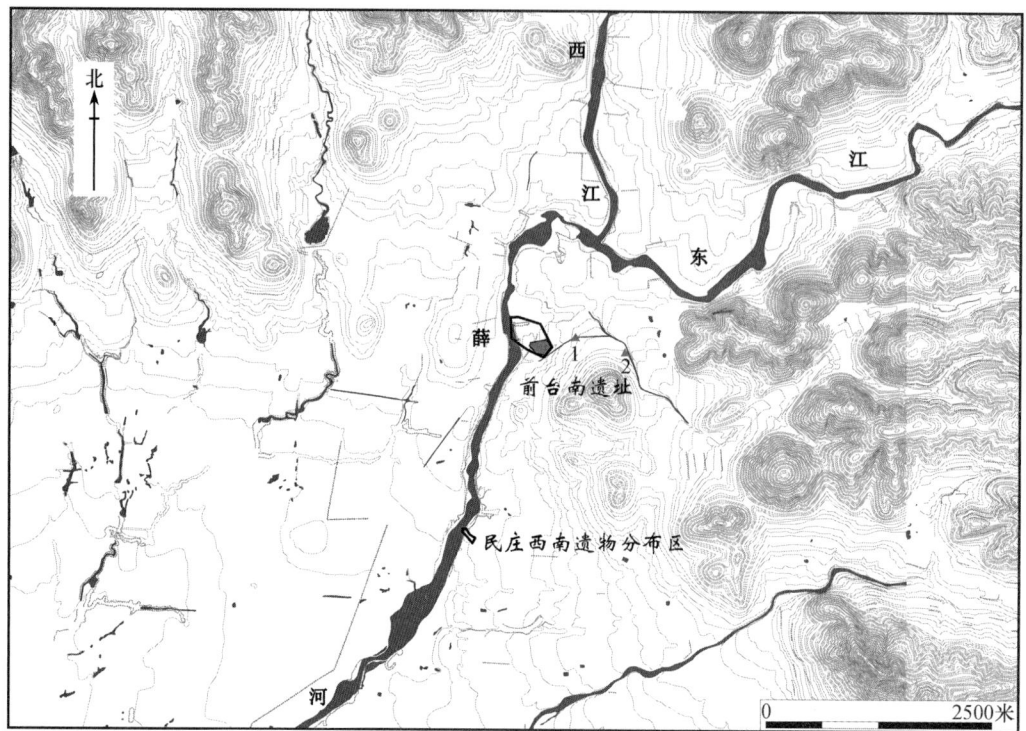

图二八四　薛河中上游地区北辛文化散点区分布图

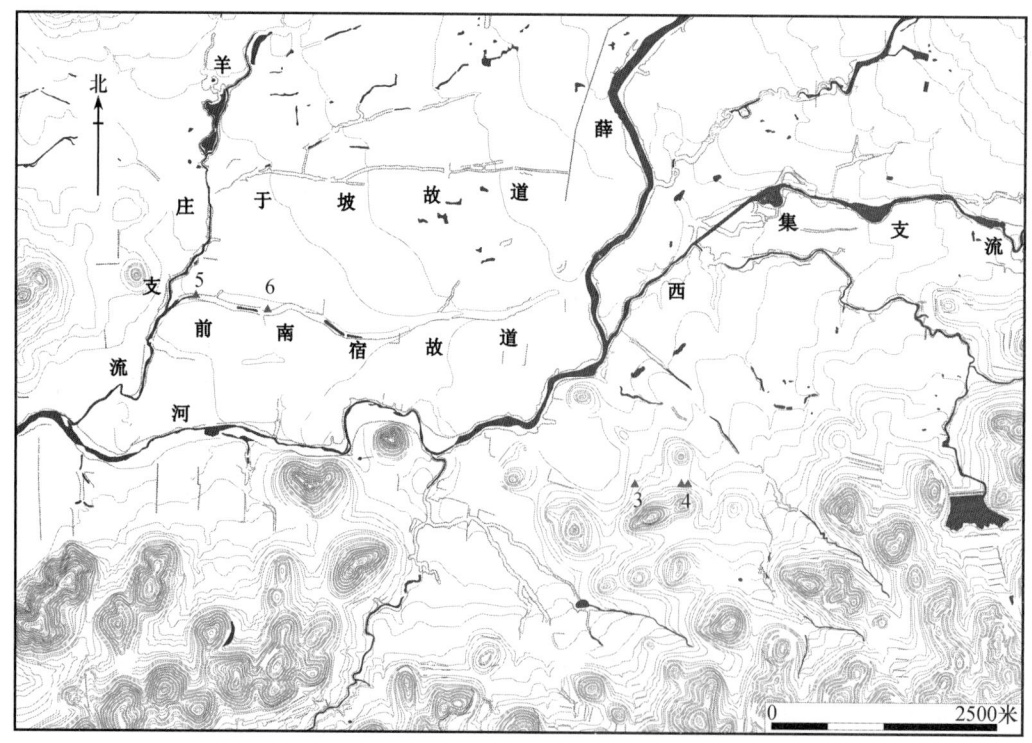

图二八五　薛河中游地区北辛文化散点区分布图

第二章　遗址、遗物分布区和散点区

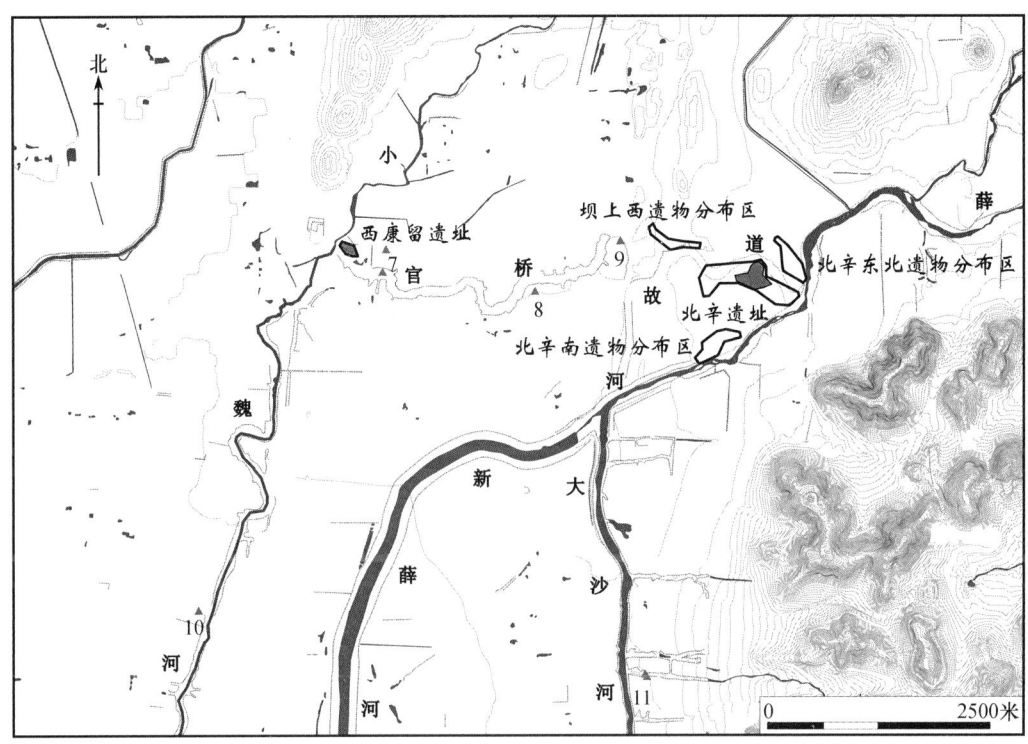

图二八六　薛河中下游地区北辛文化散点分布图

图二八七　薛河下游地区北辛文化散点区分布图

均在1～3件/万平方米之间，明显低于上述3处遗址，尤其北辛东北和北辛南遗物分布区，遗物从北辛遗址散布出来的可能较大。它们可能都不是北辛文化的遗址，只是北辛文化遗物的次生分布区（图二八四～图二八七；附表一）。

3. 散点区

除遗址和遗物分布区外，调查区域中共发现北辛文化散点区12处，分布于调查区域各处。

1、2号：均只有1个遗物采集区，分别位于不分时代的前台东南遗物分布区内及东侧，西距最近的北辛文化遗址——前台南遗址310～800米。两者遗物均为地表采集，前者有陶鼎足残片1片（图三五，3；图版四九，2），后者有陶鼎、陶罐残片3片。综合散点区周边区域情况分析，它们均距北辛文化前台南遗址较近，遗物存在从该遗址散布出来的可能，为单独遗址的可能性较小（图二八四）。

3、4号：前者只有1个遗物采集区，后者由2个遗物采集区组成，均位于不分时代的范村东南遗址内，距其最近的北辛文化遗址或遗物分布区为北侧的可能为遗址的民庄西南遗物分布区，距离约7千米。散点区遗物均为地表采集，前者有陶钵残片1片（图一〇五，1），后者有陶鼎残片和器形不明陶片各1片。综合两散点区周边区域情况分析，它们距其他北辛文化遗址或遗物分布区均较远，从中散布出来的可能性较小。范村东南可能为一处单独的北辛文化遗址，可能由于埋藏较深等原因，地面遗物发现较少（图二八五）。

5、6号：均只有1个遗物采集区，前者位于不分时代的吴小庄南遗物分布区内，后者位于其外部东南的西于村北，距其最近的北辛文化遗址和遗物分布区为西南侧北辛东北遗物分布区和北辛遗址，距离约4千米。前者遗物为地表采集，仅有器形不明陶片1片，后者采集于薛河故道北侧的断崖之上（不确定是否为文化层），有陶鼎残片1片。综合两散点区周边区域情况分析，它们距其他北辛文化的遗址或遗物分布区均较远，从中散布出来的可能较小。吴小庄南及东南区域可能为一处单独的北辛文化遗址，可能由于埋藏较深等原因，地面遗物发现较少（图二八五）。

7号：由2个遗物采集区组成，位于不分时代的西康留遗址内东南部，西康留北辛文化遗址的东侧。遗物均为地表采集，仅有器形不明陶片2片。综合散点区周边区域情况分析，遗物从西康留北辛文化遗址散布出来的可能性很大，或即便散点区区域为遗址，也很可能与西康留北辛文化遗址为一体（图二八六）。

8号：只有1个遗物采集区，位于不分时代的大康留东北遗址内偏西部，距其最近的北辛文化遗址和遗物分布区为东侧的北辛遗址和坝上西遗物分布区，距离1.5～2千米。遗物为地表采集，仅有器形不明陶片1片。综合散点区周边区域情况分析，它距其他北辛文化遗址均有一定距离，但发现遗物太少，其性质尚待进一步工作的确认（图二八六）。

9号：只有1个遗物采集区，位于不分时代的坝上西遗址西南部，坝上西北辛文化遗物分布区西侧，距其最近的北辛文化遗址为北辛遗址，距离约700米。遗物为地表采集，仅有器形不明陶片1片。综合散点区周边区域情况分析，遗物自北辛文化北辛遗址或坝上西遗物分布区散布出来的可能性很大，为单独遗址的可能性较小（图二八六）。

10号：只有1个遗物采集区，位于薛故城遗址内东南部，魏家楼村南，距其最近的北辛文化遗址为北侧的西康留遗址，距离约4.2千米。遗物为地表采集，仅有器形不明陶片1片。综合散点区周边区域情况分析，它距北辛文化其他遗址较远，但发现遗物太少，其性质尚待进一步工作的确认（图二八六）。

11号：由2个遗物采集区组成，均位于不分时代的胡楼北遗址内西部，距其最近的北辛文化遗址和遗物分布区为北侧的北辛遗址和北辛南遗物分布区，距离3.5～4.5千米。遗物采集区遗物分别采集于平地和冲沟断崖上（不确定是文化层），其一有石磨棒残块1件（图二一二，9），其一有陶钵残片1片（图二一二，10）和石磨盘残块1件。综合散点区周边区域情况分析，它距北辛文化的其他遗址较远，遗物从中散布出来的可能性很小，胡楼北可能为一处单独的北辛文化遗址，可能由于埋藏较深等原因，地面遗物发现较少（图二八六）。

12号：由2个遗物采集区组成，位于不分时代的前坝桥西遗址内中部，距其最近的北辛文化遗址为北侧的西康留遗址，距离约10千米。遗物分别采集于平地和断崖上（不确定是文化层），前者发现陶鼎和陶罐残片2片（图二六三，1、2），后者有陶鼎残片1片（图二六三，3）。综合散点区周边区域情况分析，它距北辛文化其他遗址较远，遗物从中散布出来的可能性很小，前坝桥西可能为一处单独的北辛文化遗址，可能由于埋藏较深等原因，地面遗物发现较少（图二八七）。

三、大汶口文化时期

1. 遗址

薛河流域调查区域划定的大汶口文化遗址有16处，其中杜家堂北、西王宫南、大韩村西南、孔庄北等13处遗址主要依据地表遗物采集区的密度划定，而胡村、西康留、大韩村西南和前坝桥西4处遗址前期或本次调查还在其中发现了大汶口文化时期的文化堆积。建新、北辛、胡楼北3处地点的地表遗物采集区密度虽低于划分遗址的标准，但因前期曾发掘到或本次发现了大汶口文化时期的文化堆积，也归为遗址。此外，20世纪中国社会科学院考古研究所山东队等曾在孟庄东北至东南、腰庄西、良里西发现过大汶口文化时期的遗存，本次调查虽未在相同地点发现大汶口文化的遗存，但在其附近区域发现了一些散点区，其性质下文将进行详细分析。

同北辛文化的遗址相似，大汶口文化的遗址由于时代较早，一般埋藏也较深，这从本区域已发掘的建新遗址和西康留（西公桥）遗址亦能看出。调查区域的大汶口文化遗址有的遗物暴露比较充分，有的则可能由于埋藏较深或后期发掘等原因，地面较难发现遗物。上述情况可能导致某些遗址其地表遗物分布面积小于地下文化堆积的实际范围，也可能导致调查区域内部分大汶口文化遗址由于少有遗物显露尚未被发现。

根据16处大汶口文化遗址地表遗物的分布情况分析，其情况也有较大区别。其中杜家堂北、陶山、豹山西北和南庄南4处遗址，其核心分布区的遗物分布均较稀疏，都在1.4～5件/万平方米之间，其遗址核心分布区和所有遗物采集区的遗物平均数量都在2件以下。这些遗址的核心分布区可能并不能很好地与地下遗存相对应，甚至不排除它们之中部分遗址实际只是大汶口文化遗物次生分布区的可能（图二八八～图二九一；附表二）。

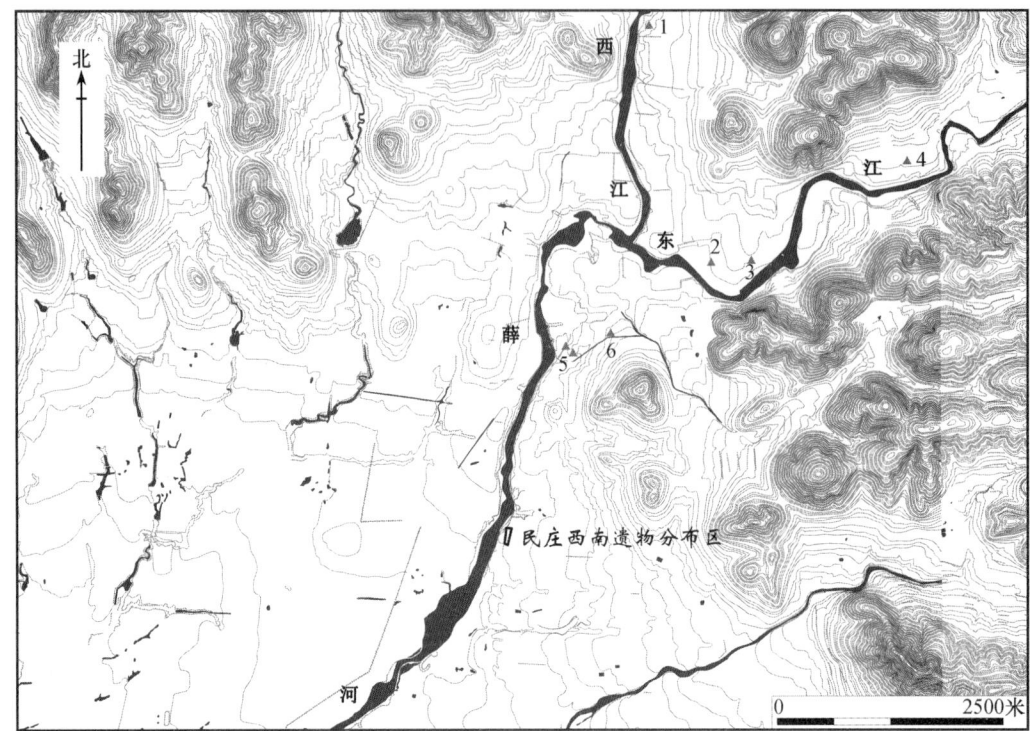

图二八八　薛河中上游地区大汶口文化散点区分布图

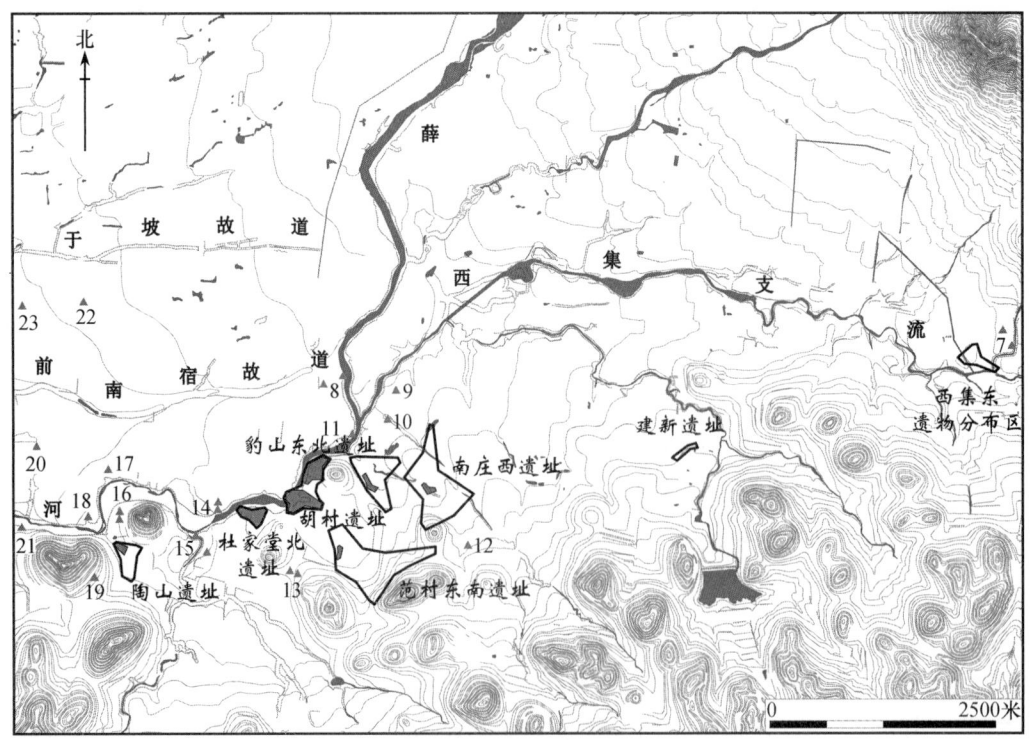

图二八九　薛河中游地区大汶口文化散点区分布图

第二章　遗址、遗物分布区和散点区 ·303·

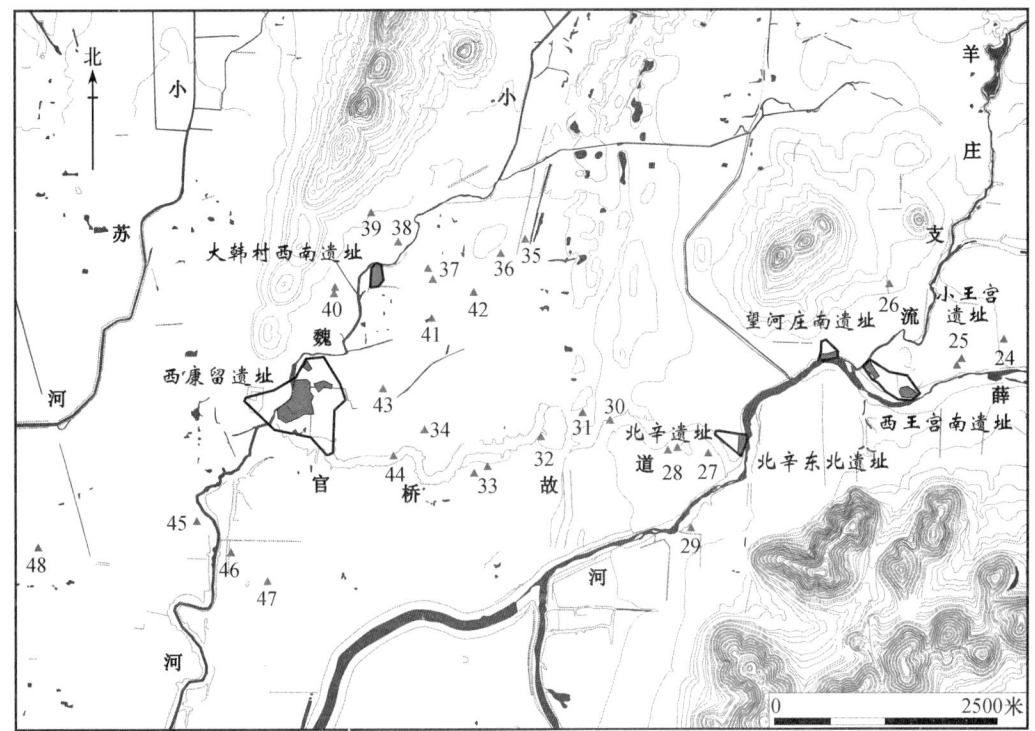

图二九〇　薛河中下游地区大汶口文化散点区分布图

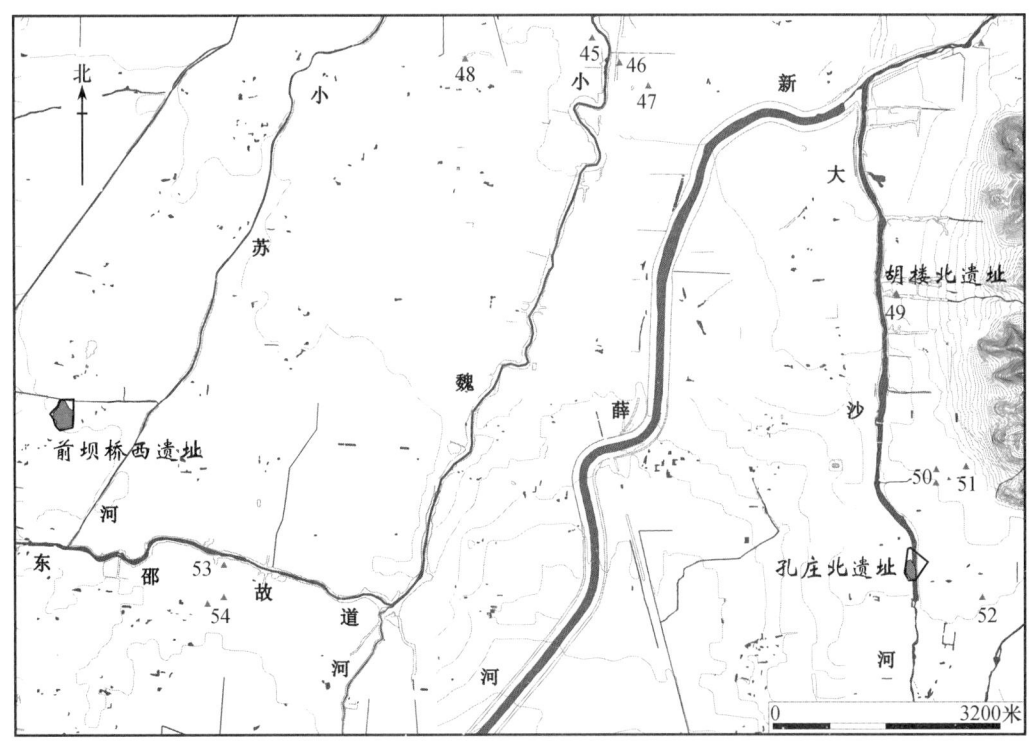

图二九一　薛河下游地区大汶口文化散点区分布图

2. 遗物分布区

调查区域中共发现大汶口文化时期的遗物分布区2处。综合遗物分布区周边区域的调查情况分析，民庄西南和西集东遗物分布区均距其他大汶口文化时期的遗址或遗物分布区较远，距其最近的建新遗址距离亦有4~6千米。两者地表采集遗物也较丰富和密集，尤其是民庄西南遗物分布区的遗物密度与核心分布区遗物密度最高的前坝桥西遗址相近，为37.8件/万平方米，西集东遗物分布区的遗物密度为5.5件/万平方米，也超过上述4处遗物分布稀疏遗址的核心分布区遗物密度。两者的遗物从其他遗址散布而来的可能性较小，均可能为大汶口文化时期的遗址（图二八八~图二九一；附表二）。

3. 散点区

除遗址和遗物分布区外，调查区域中共发现大汶口文化的散点区51处。此外，所处区域虽为遗址，但采集遗物分布情况仍以"散点区"形态呈现的3处大汶口文化遗物区也在下文插图中一并标注。

1~6号：均为散点区，除5号由2个遗物采集区组成，其他均只有1个遗物采集区，分别位于不分时代的横岭埠北遗址、东江遗址、前台南遗址、前台东南遗物分布区和大岩头遗址内，距它们最近的大汶口文化遗址或遗物分布区为南侧可能为遗址的民庄西遗物分布区，距离均在2~6千米。散点区遗物均为地表采集，除3号采集到陶鼎残片3片（图二四，1、2），5号采集到大汶口文化早期的陶钵残片2片、大汶口文化中期的陶鼎残片5片和大汶口文化晚期的鼎和罐残片5片外（图三四，8；图版四九，1），其他散点区遗物均只采集到陶鼎残片1片（图二四，7；图二七，3；图三五，2）。综合散点区周边区域情况分析，它们距其他大汶口文化遗址和遗物分布区均较远，从中散布出来的可能性均较小；而且1号、2~3号、4号、5~6号散点区之间的相互距离也均较远，多在2~2.5千米。其中3号和5号散点区遗物较丰富，推断东江（2、3号）和前台南（5号）为单独的大汶口文化遗址的可能性较大，可能由于埋藏较深等原因，地面遗物发现较少。而横岭埠（1号）和大岩头（4号）由于遗存不丰富，为单独的大汶口文化遗址的可能性较小；前台东南遗物分布区的6号散点区遗物由于距前台南区域较近，则有可能是从其中散布出来的（图二八八）。

7号：为散点区，由2个遗物采集区组成，位于不分时代的西集东遗址以内，西集东大汶口文化遗物分布区以外。遗物均为地表采集，仅有把手和陶鼎残片各1片（图九一，3、7）。综合此散点区周边区域情况分析，它可能是从西集东大汶口文化遗物分布区中散布出来的，或者即便该区域为遗址，也与可能为遗址的西集东大汶口文化遗物分布区是连为一体的（图二八九）。

8~21：均为散点区，除8、13~16号散点区由2个遗物采集区组成外，其他均只有1个遗物采集区。它们分别属于不分时代的前南宿遗址、范村东南遗址、昌虑故城遗址、杜家堂北遗址、陶山遗址和张庄东南遗址，分别位于大汶口文化时期的豹山东遗址、南庄西遗址、胡村遗址、范村东南遗址、杜家堂北遗址和陶山遗址附近，距这些遗址的距离均在350~1500米，多数都在350~500米。散点区遗物除8号东部采集区和11号采集区遗物采自薛河西岸断崖上（有疑似文化层）外，其他均为地表采集。遗物多数仅有陶片1片，少数有2片，8号东部采集区和21号采集区有陶片3片，陶片器形多数不明，少数可辨者有大汶口早期的陶鼎足和晚期的陶鼎、罐、盆（图一一九，8、10、11；图版五二，8）。综合以上散点区周边区域情况分析，它们均距其他大汶口文化遗址较近，均有从中散布出来的可能，多数散点区为单独遗址的可能性均较小，或者即使这些区域为遗址，也可能与上述遗址是连为一体的。只有位于薛河西岸的前南宿南部区域（8、11号散点区）遗物多采集自河岸断崖，昌虑故城南部区域（14、17、18、20号散点区）包含采集区较多，张庄东南区域距离其他大汶口文化遗址稍远，遗物稍多（21号散点区），三者可能存在单独的大汶口文化遗址（图二八九）。

22、23号：均为散点区，均只有1个遗物采集区，位于不分时代的东南王庄南遗址内北部和外部西北，距其最近的大汶口文化遗址为南侧的陶山遗址，距离约3千米。遗物均为地表采集，都分别有大汶口文化晚期陶鼎残片1片。综合2个散点区周边区域情况分析，它们距其他大汶口文化遗址均较远，从中散布出来的可能性很小，东南王庄可能为一处单独的大汶口文化遗址，可能由于埋藏较深等原因，地面遗物发现较少（图二八九）。

24、25号：均为散点区，前者只有1个遗物采集区，后者由2个遗物采集区组成，均位于不分时代的小王宫遗址中，距其最近的大汶口文化遗址为东侧的西王宫遗址，距离为500~1000米。前者西部的遗物采集区集中于河边断崖上的岳石文化层中，应为后期扰动，有大汶口文化晚期陶鼎残片2片，另2个采集区遗物为地表采集，均只有器形不明陶片1片。综合2个散点区周边区域情况分析，它们距西王宫和陶山大汶口文化遗址均较近，遗物从中散布出来的可能性较大，可能不是单独的大汶口文化遗址（图二九〇）。

26号：为散点区，位于不分时代的小河东北遗物分布区内北部，距其最近的大汶口文化时期遗址为南侧的西王宫遗址，距离约850米。遗物为地表采集，仅有大汶口文化晚期的鼎足1片。综合散点区周边区域情况分析，它距大汶口文化的西王宫遗址和小王宫遗址均较近，从中散布出来的可能性很大，可能不是单独的大汶口文化遗址（图二九〇）。

27、28号：为大汶口文化北辛遗址区域的遗物采集区，前者只有1个遗物采集区，后者由2个遗物采集区组成，详见北辛遗址（图二九〇）。

29~31号：均为散点区，均只有1个遗物采集区，分别位于不分时代的北辛南遗址和坝上西遗址内，距其最近的大汶口文化时期遗址为东侧的北辛遗址和北辛东北遗址，距离900~1500米。遗物均为地表采集，三者均采集到陶片2片，可辨器形有鬶和盆（图一五一，2；图二〇三，2）。综合散点区周边区域情况分析，它们距大汶口文化的北辛东北遗址和北辛遗址均较近，从中散布出来的可能性很大，可能不是单独的大汶口文化遗址（图二九〇）。

32~34号：均为散点区，33号由2个遗物采集区组成，其他两者只有1个遗物采集区，三者均位于不分时代的大康留东北遗址内，东侧距其最近的大汶口文化时期遗址北辛遗址和北辛东北遗址距离1.2~2千米，西侧距其最近的大汶口文化遗址西康留遗址距离1~1.5千米。遗物均为地表采集。32号采集遗物较丰富，有陶片7片，可辨器形有大汶口晚期陶鼎（图一七九，8），其他两散点区仅有器形不明陶片3片。综合散点区周边区域情况分析，它们距其他大汶口文化遗址均较远，从其散布出来的可能性较小，大康留东北可能为一处单独的大汶口文化遗址，可能由于埋藏较深等原因，地面遗物发现较少（图二九〇）。

35~42号：均为散点区，除37、40号由2个遗物采集区组成外，其他均只有1个遗物采集区，分别属于不分时代的大韩村东遗址、大韩村西南遗址、中韩村西南遗物分布区和西公桥北遗址，均位于大韩村西南大汶口文化遗址周围，距其350~1600米。散点区的遗物均为地表采集，多数仅有陶片1片，少数有2~3片，均无可辨器形。综合散点区周边区域情况分析，虽然它们分布范围较广，但距大韩村西南以及西康留大汶口文化遗址均较近，从其散布出来的可能性较大，其中多数散点区可能都不是单独的大汶口文化的遗址（图二九○）。

43、44号：均为散点区，都只有1个遗物采集区，分别位于不分时代的东公桥东南遗物分布区和小康留东遗址中，距其最近的大汶口文化遗址为西侧的西康留遗址，距离450~700米。遗物均为地表采集，前者有器形不明陶片1片，后者有鬶把2片。综合两散点区周边区域情况分析，它们距西康留大汶口文化遗址均较近，从中散布出来的可能性很大，可能不是单独的大汶口文化的遗址（图二九○）。

45~47号：均为散点区，分别位于薛故城遗址西王庄东南和前掌大遗址，距其最近的大汶口文化遗址为北侧的西康留遗址，距离1.3~1.6千米。其中45号散点区遗物采自路沟壁上（不能肯定为文化层），其他2个散点区遗物为地表采集。三者均仅采集到陶片1片，可辨器形有大汶口文化早期或晚期的陶鼎。综合三散点区周边区域情况分析，它们距大汶口文化时期的其他遗址均有一定距离，西王庄东南区域有可能为单独的大汶口文化遗址（图二九○）。

48号：为散点区，位于孟仓北薛故城北城墙的剖面上，距其最近的大汶口文化遗址为北侧的西康留遗址，距离为2.8千米，散点区仅采集到大汶口文化晚期陶鼎残片1片。综合散点区周边区域情况分析，它虽距其他大汶口文化遗址均较远，但由于出自城墙中，不排除是修筑薛故城时从其他大汶口文化遗址中取土而来的可能（图二九○）。

49号：为胡楼北遗址区域的遗物区，由2个遗物采集区组成，其中发现大汶口文化层，详见胡楼北遗址（图二九○）。

50~52号：均为散点区，前者由2个遗物采集区组成，后两者只有1个遗物采集区，分属不分时代的安上村和吴村南遗物分布区，距其最近的大汶口文化遗址为孔庄北遗址，距离1~1.4千米。遗物采集于缓坡或平地中，均仅有1~2片陶片，可辨器形仅有大汶口文化早期陶鼎残片1片（图二三○，2），其他均器形不明。综合这些散点区周边区域情况分析，它们距大汶口文化孔庄北遗址均较近，从其散布出来的可能性较大，可能都不是单独的大汶口文化遗址（图二九一）。

53、54号：均为散点区，前者只有1个遗物采集区，后者由2个遗物采集区组成，分别位于不分时代的段楼西北遗物分布区和段楼东南遗址内，距其最近的大汶口文化遗址为西北侧的前坝桥西遗址，距离约3千米。其中54号散点区西部遗物采集区遗物较丰富，有陶片15片，可辨器形有鼎和钵（图二七九，8），其他2个遗物采集区有陶片3片，可辨器形有鼎和罐。综合两散点区周边区域情况分析，它们距其他大汶口文化遗址较远，从其散布出来的可能性较小，段楼东南区域可能有单独的大汶口文化遗址，可能由于埋藏较深等原因，地面遗物发现较少，段楼西北的陶片可能自遗址散布而出（图二九一）。

四、龙山文化时期

1. 遗址

薛河流域调查区域划定的龙山文化遗址有15处，其中后台、望河庄南、西康留、大韩村东等8处遗址是主要依据地表遗物采集区的密度划定，而大韩村西南遗址本次调查还在其中发现了龙山文化时期的文化堆积。此外，建新、陶山、大康留东北、前掌大、薛故城东南、胡楼北、孔庄北7处地点的地表遗物采集区密度虽低于划分遗址的标准，但因前期曾发掘到或本次发现了龙山文化时期的文化堆积，也归为遗址。除上述遗址外，20世纪中国社会科学院考古研究所山东队等在西薛河东北约100米也曾发现龙山文化遗存，但本次调查没有在此发现相关遗物，其性质还有待进一步工作确定。

根据调查区域前期发掘的建新、前掌大、薛故城等遗址和本次调查清理的大康留东北遗址剖面看，本区域内很多龙山文化遗址埋藏较深，有的遗址遗存则不甚丰富，故很多遗址的地面遗物暴露较少，较难发现。这种情况一方面会导致某些遗址地表遗物分布面积小于地下文化堆积的实际范围，一方面也会导致调查区域内部分龙山文化遗址由于少有遗物暴露尚未被发现。

根据15处龙山文化遗址地表遗物的分布情况分析，其中8处主要依据地表采集区密度划定的遗址，西王宫南、北辛东北和大韩村东的地表采集遗物分布较疏散，核心分布区的遗物密度都在4.2~6.7件/万平方米之间，核心分布区采集区的平均遗物数量也在2件/万平方米左右及以下。3处遗址的核心分布区可能不能较好的与其地下遗存相对应（图二九二~图二九五；附表三）。

2. 遗物分布区

除15处遗址外，调查区域共发现龙山文化的遗物分布区5处。综合遗物分布区周边区域的调查情况看，前台南遗物分布区距后台龙山文化遗址很近，北辛遗物分布区、坝上西遗物分布区距北辛东北和大康留东北龙山文化遗址很近，中韩村西南距大韩村西南和大韩村东龙山文化遗迹很近，魏家楼南遗物分布区距薛故城东南龙山文化遗址很近，其距离均在100~800米。5处遗物分布区的遗物均较稀疏，其遗物密度大都在1件/万平方米左右及以下，所有采集区的平均遗物数量也都在1.5件及以下。5处遗物分布区的遗物从相邻遗址中散布出来的可能性较大，它们可能都不是龙山文化遗址，只是龙山文化遗物的次生分布区（图二九二~图二九五；附表三）。

3. 散点区

除遗址和遗物分布区外，调查区域中共发现龙山文化散点区46处。此外，所处区域虽为遗址，但采集遗物分布情况仍以"散点区"形态呈现的10处龙山文化遗物区也在下文插图中一并标注。

1~3号：均为散点区，均只有1个遗物采集区，分属不分时代的海子东遗址、后台遗址

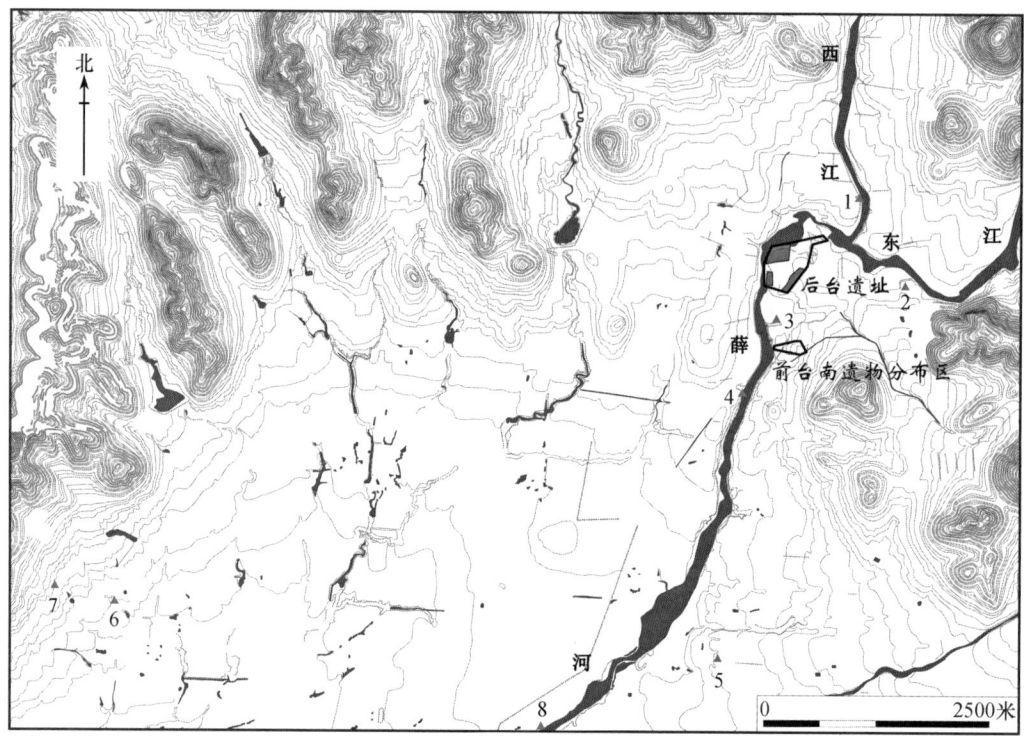

图二九二　薛河中上游地区龙山文化散点区分布图

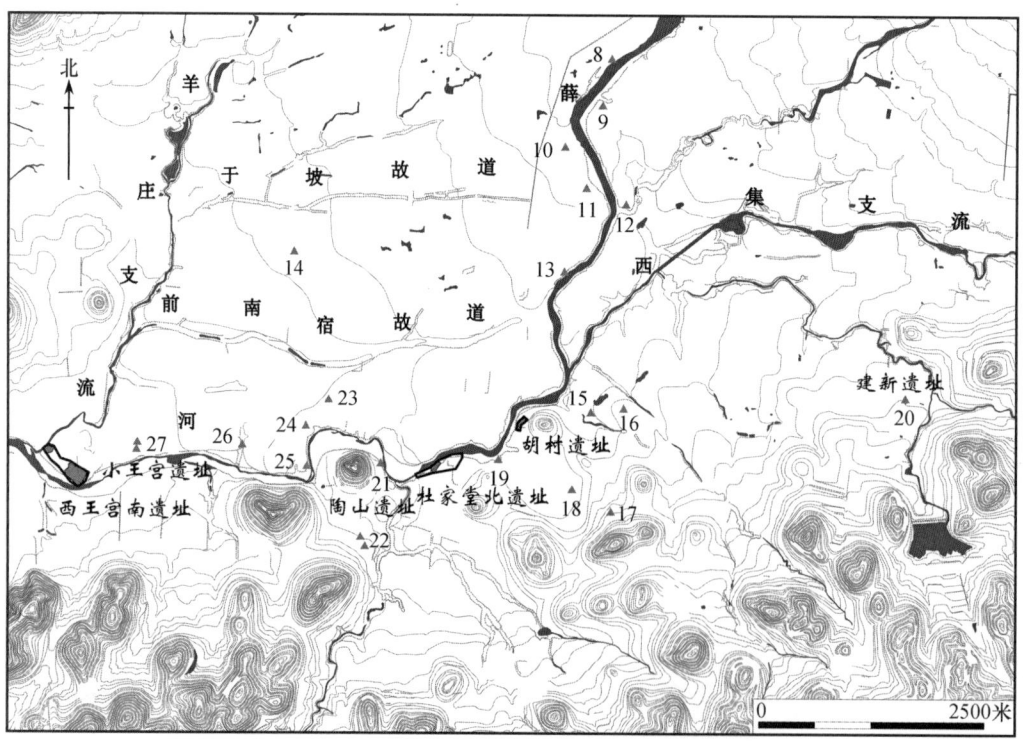

图二九三　薛河中游地区龙山文化散点区分布图

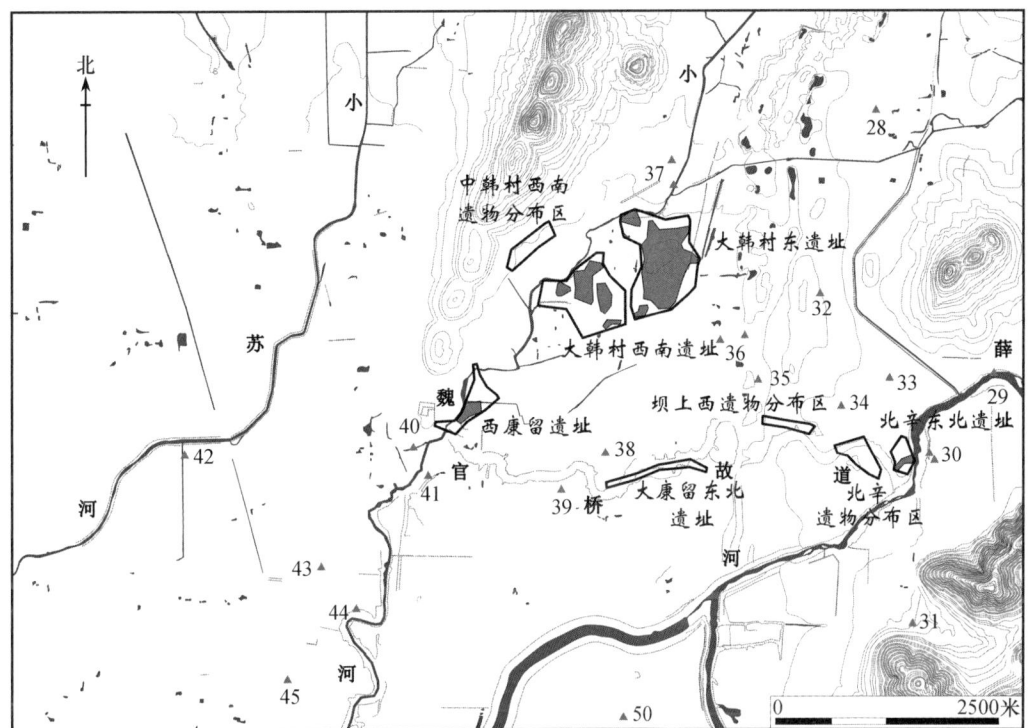

图二九四　薛河中下游地区龙山文化散点区分布图

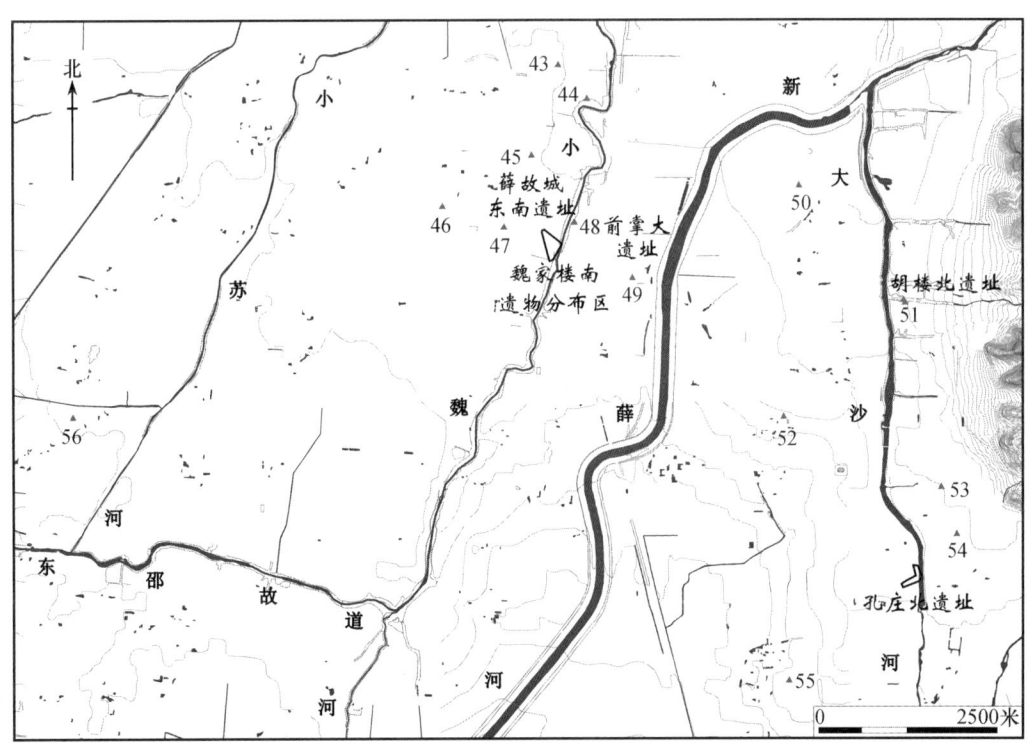

图二九五　薛河下游地区龙山文化散点区分布图

和前台南遗址，均位于后台龙山文化遗址和前台龙山文化遗物分布区附近，距离为350～1000米。遗物均为地表采集，分别有陶片1～3片，可辨器形有匜、罐和器盖（图一二，1）。综合散点区周边区域情况分析，它们距龙山文化的后台遗址和前台南遗物分布区均较近，遗物从中散布出来的可能性较大，可能不是单独的龙山文化遗址（图二九二）。

4号：为散点区，只有1个遗物采集区，位于不分时代的庄里南遗址内北部，距其最近龙山文化遗址和遗物分布区为东北侧的前台遗址和前台南遗物分布区，距离600～1200米。遗物采自一坡地上，东部紧邻薛河，遗物较丰富，有陶片23片，可辨器形有鼎、盆、匜、罐、圈足盘和鬶（图三二，2～6）。综合散点区周边区域情况分析，它与后台龙山文化遗址和前台南龙山文化遗物分布区有河道阻隔，且遗物丰富，庄里南可能为一处单独的龙山文化遗址（图二九二）。

5号：为散点区，只有1个遗物采集区，位于不分时代的前沙冯东南遗址内西北部，距其最近的龙山文化遗址和遗物分布区为北侧的后台遗址和前台南遗物分布区，距离3.5～4千米。遗物为地表采集，仅发现鼎足1片（图六五，4）。综合散点区周边区域情况分析，它与龙山文化时期的其他遗址均相距很远，但遗物发现太少，其性质尚待下一步工作的确定（图二九二）。

6、7号：均为散点区，均只有1个遗物采集区，均位于不分时代的尚屯西遗物分布区内，距其最近的龙山文化遗址为南侧的西王宫和小王宫遗址，距离约6千米。遗物均为地表采集，分别有1～2片龙山文化时期的陶片，可辨器形有鼎和罐。综合两散点区周边区域情况分析，它们与其他龙山文化遗址均相距很远，尚屯西为一处单独的龙山文化遗址，可能由于埋藏较深等原因，地面遗物发现较少（图二九二）。

8～13号：均为散点区，均只有1个遗物采集区，分属不分时代的孟庄东北遗址、东薛河北遗址和前南宿遗址，大都靠近薛河干道，距其最近的龙山文化遗址为西南侧的胡村遗址，距离1.5～4千米。20世纪中国社会科学院考古所山东队等在孟庄村东北约160米和西薛河村东北约100米（现已被村庄占压）发现的龙山文化遗存，距8号以及11号、12号散点区很近。遗物均为地表采集，均只有陶片1片，可辨器形有陶鬶、陶鼎和陶罐（图七三，3、7；图八〇，5；图版四九，11）。综合这些散点区周边区域情况分析，它们大多与龙山文化的其他遗址相距较远，尤其是遗物较多的东薛河北区域（9～11号），可能存在单独的龙山文化遗址，可能由于埋藏较深等原因，地面遗物发现较少（图二九三）。

14号：为散点区，位于不分时代的东南王庄南遗址内北部，东南距其最近的龙山文化时期遗址杜家堂北遗址约2.8千米。散点区遗物为地表遗物采集区，龙山文化时期遗物仅有一器形不明的陶片。综合此散点区周边区域情况分析，它虽与龙山文化时期其他遗址均相距很远，但遗物发现太少，其性质尚待下一步工作的确定（图二九三）。

15～19号：均为散点区，均只有1个遗物采集区，分别属于不分时代的豹山东北遗址、范村东南遗址和胡村遗址，均位于龙山文化胡村遗址和杜家堂北遗址附近，距离400～1400米。遗物均为地表采集，17、18号散点区分别采集到5片和4片陶片（图一〇八，7），其他仅有陶片1片，器形多不明，少量可辨者为鼎和罐。综合这些散点区周边区域情况分析，属豹山东北和胡村遗址的15、16和19号散点区均距龙山文化的胡村遗址和杜家堂北遗址较近，遗物从中散布出来的可能性较大，可能不是单独的龙山文化遗址；属范村东南遗址的17、18号散点区则距上述两遗址稍远，且遗物较丰富，可能存在单独的龙山文化遗址（图二九三）。

20号：为龙山文化建新遗址区域的遗物区，只有1个遗物采集区，详见建新遗址（图二九三）。

21、22号：为龙山文化陶山遗址区域的遗物区，前者只有1个遗物采集区，其中发现龙山文化的文化层，后者由2个遗物采集区组成，详见陶山遗址（图二九三）。

23~26号：均为散点区，均只有1个遗物采集区，均位于东于村四周，分别位于不分时代的昌虑故城遗址和西于南遗物分布区中，距其最近的龙山文化遗址为陶山遗址和小王宫遗址，距离1~1.8千米。除26号散点区遗物采自一冲沟内，其余均为地表采集，遗物均仅有1~3片龙山陶片，可辨器形有罐、盆和器盖（图一二四，2、7、8）。综合这些散点区周边区域情况分析，它们与龙山文化的其他遗址均有一定距离，东于区域可能存在单独的龙山文化遗址，可能由于埋藏较深等原因，地面遗物发现较少（图二九三）。

27号：为散点区，由2个遗物采集区组成，位于不分时代的小王宫遗址内，距其最近的龙山文化遗址为东侧的望河庄南遗址，距离约650米，其中南侧采集区遗物为河边断崖上采集，出自岳石文化层中，应为后期扰动的遗物，有陶罐残片2片；北侧采集区遗物为地表采集，有鼎足1片。综合散点区周边区域情况分析，它们距龙山文化的望河庄南遗址较近，遗物从中散布出来的可能性较大，可能不是单独的龙山文化遗址（图二九三）。

28号：为散点区，只有1个遗物采集区，位于不分时代的位庄西遗物分布区内中部，距其最近的龙山文化遗址为东南侧的西王宫遗址，距离约3.4千米。遗物为地表采集，仅有陶罐残片1片。综合散点区周边区域情况分析，它与龙山文化其他遗址距离均较远，但地面遗物发现太少，其性质尚待下一步工作的确定（图二九四）。

29~36号：均为散点区，除30、36号由2个遗物采集区组成，其他均只有1个遗物采集区。其中31号为独立的散点区，其他散点区分属不分时代的望河庄南遗址、东洪林南遗址、东莱东遗址和坝上西遗址。这些散点区距其最近的龙山文化遗址或遗物分布区为西王宫遗址、北辛东北遗址和北辛遗物分布区和坝上西遗物分布区，距离310~1600米。遗物除28号散点区南侧遗物采集区采自一沟内，其他均为地表采集，均只有陶片1~2片，器形大都不明，可辨者仅有陶罐残片1片。综合这些散点区周边区域情况分析，它们距龙山文化西王宫等遗址均较近，从中散布出来的可能性较大，多数可能都不是单独的龙山文化遗址（图二九四）。

37号：为散点区，由2个遗物采集区组成，位于不分时代的大韩村东遗址内北部，龙山文化时期的大韩村东遗址北侧400~650米处。遗物为地表采集，仅有龙山文化器形不明的陶片2片。综合此散点区周边区域情况分析，它们从龙山文化大韩村东遗址散布出来的可能性较大，可能不是单独的龙山文化遗址（图二九四）。

38、39号：均为散点区，均只有1个遗物采集区，分别位于不分时代的大康留东北遗址和小康留东遗址内。距其最近的龙山文化遗址为大康留东北遗址，距离320~500米。散点区遗物均为地表采集，其中39号散点区位于一取土坑内，两者均仅有器形不明陶片1片。综合散点区周边区域情况分析，它们距龙山文化大康留东北遗址较近，从其散布出来的可能性较大，可能不是单独的龙山文化遗址（图二九四）。

40、41号：均为散点区，均只有1个遗物采集区，分别位于不分时代的西康留遗址和小康留西遗址内北部，距其最近的龙山文化西康留遗址400~550米。散点区遗物均为地表采集，分别有陶片1~2片，可辨器形有罐（图一九三，2）。综合两散点区周边区域情况分析，它们从西康留龙山文化遗址散布出来的可能性较大，可能不是单独的龙山文化遗址（图二九四）。

42号：为散点区，只有1个遗物采集区，位于薛故城遗址内西北部，车站村西北，距其最近的龙山文化遗址为东侧的西康留遗址，距离约3千米。遗物为地表采集，仅有陶罐残片1片。综合散点区周边区域情况分析，它距龙山文化的其他遗址均较远，但地面遗物发现太少，其性质尚待下一步工作的确认（图二九四）。

43、44号：均为散点区，位于薛故城遗址西王庄东和孔窑西南，距其最近的龙山文化遗址1.1~1.3千米。综合两散点区的情况分析，它们均位于薛故城和前掌大遗址前期发掘区附近，遗物可能是从中散布出来的，可能不是单独的龙山文化遗址（图二九五）。

45~47号：为薛故城东南龙山文化遗址内或临近区域的遗物采集区，均只有1个遗物采集区，分别位于狄庄南、皇殿岗南、魏家楼西南，详见薛故城遗址。

48、49号：为前掌大龙山文化遗址或临近区域的遗物采集区，均只有1个遗物采集区，详见前掌大遗址。

50号：为散点区，只有1个遗物采集区，位于不分时代的刘村西遗物分布内西北部，距其最近的龙山文化遗址为南侧的胡楼北遗址，距离约2.2千米。遗物为地表采集，仅有陶罐残片1片。综合散点区周边区域情况分析，它距龙山文化的其他遗址均较远，但地面遗物发现太少，其性质尚待下一步工作的确认（图二九五）。

51号：为胡楼北龙山文化遗址区域的遗物区，由2个遗物采集区组成，南侧采集区发现龙山文化灰坑，详见胡楼北遗址（图二九五）。

52号：为散点区，只有1个遗物采集区，位于不分时代的杨庄遗址内东北部，距其最近的龙山文化遗址为东北侧的胡楼北遗址，距离约2.5千米。遗物为地表采集，仅有陶盆残片1片（图二二二，4）。综合此散点区周边区域情况分析，它距龙山文化的其他遗址均较远，但地面遗物发现太少，其性质尚待下一步工作的确认（图二九五）。

53、54号：均为散点区，均只有1个遗物采集区，分别位于不分时代的安上村和奚村北遗物分布区中，距其最近的龙山文化遗址为西南侧的孔庄北遗址，距离700~1000米。遗物均为地表采集，分别有陶片3片和1片，可辨器形有罐和匜（图二二五，4；图二三〇，1）。综合两散点区周边区域情况分析，它们距龙山文化孔庄北遗址均较近，从中散布出来的可能性较大，可能都不是单独的龙山文化遗址（图二九五）。

55号：为散点区，只有1个遗物采集区，位于不分时代的西仓桥遗址内西北部，距其最近的龙山文化遗址为东北侧的孔庄北遗址，距离约2千米。遗物为地表采集，仅有器形不明的夹砂黑陶片1片。综合散点区周边区域情况分析，它距龙山文化的其他遗址均较远，但地面遗物发现太少，其性质尚待下一步工作的确认（图二九五）。

56号：为散点区，只有1个遗物采集区，位于不分时代的前坝桥西遗址内中部，东北距其最近的龙山文化遗址为东北侧的薛故城东南遗址，距离约7千米。遗物采自断崖上（不能确定是否为文化层），仅有圈足盆残片1片（图二六三，4）。综合散点区周边区域情况分析，它距龙山文化的其他遗址均甚远，前坝桥应为一单独的龙山文化遗址，可能由于埋藏较深等原因，地面遗物发现较少（图二九五）。

五、岳石文化时期

1. 遗址

薛河流域调查区域划定的岳石文化遗址有10处，其中西集东、前南宿西南、望河庄南和西康留等6处遗址是主要依据地表遗物采集区的密度划定，而西王宫南本次调查还在其中发现了岳石文化时期的文化堆积。此外，大康留东北、小王宫、前掌大和薛故城东南4处地点的地表遗物采集区密度虽低于划分遗址的标准，但因前期曾发掘到或本次发现了龙山文化时期的文化堆积，也归为遗址。

根据调查区域前期发掘的薛故城、前掌大遗址和本次调查清理的大康留东北遗址剖面情况分析，薛河流域中很多岳石文化的遗址也埋藏较深，以至地面上难以发现遗物。这种情况一方面会导致某些遗址地表遗物分布面积小于地下文化堆积的实际范围，一方面也会导致调查区域内部分岳石文化遗址由于少有遗物暴露，所以尚未被发现。

根据10处岳石文化遗址地表遗物的分布情况分析，其中6处主要依据地表采集区密度划定。大韩村西南遗址的地表采集遗物分布均较稀疏，其核心分布区的遗物密度为7.1件/万平方米；所有采集区的平均遗物数量也仅为1.3件，其核心分布区可能并不能较好对应其地下遗存的分布情况（图二九六~图二九九；附表四）。

2. 遗物分布区

除10处遗址外，调查区域共发现岳石文化的遗物分布区4处。综合遗物分布区周边区域情况分析，西南宿西和西薛河南遗物分布区距离前南宿西南岳石文化遗址较近，距离400~900米，胡村遗物分布区距其最近的岳石文化遗址前南宿西遗址距离约1.2千米，坝上西遗物分布区距其最近的岳石文化遗址大康留东北遗址约800米，且其周边区域范围内基本无其他岳石文化遗物发现。4处遗物分布区中，西南宿西遗物分布区的遗物分布较稀疏，其密度为1.8件/万平方米，其余3处遗物分布区的遗物密度均在2.5件/万平方米及以上。分布区所有采集区的平均遗物数量则以坝上西遗物分布区最高，为5件，其余三者都在1.5件及以下。综合上述情况分析，报告认为西南宿西遗物分布的遗物从临近的前南宿西南遗址散布出来的可能性较大，可能并不是岳石文化的遗址，只是岳石文化遗物的次生分布区；西薛河南、胡村和坝上西遗物分布区则很可能为岳石文化的单独遗址（图二九六~图二九九；附表四）。

3. 散点区和遗址中散点形态的遗物采集区

除遗址和遗物分布区外，调查区域中共发现岳石文化散点区20处。此外，所处区域虽为遗址，但采集遗物分布情况仍以"散点区"形态呈现的4处岳石文化遗物区也在下文插图中一并标注。

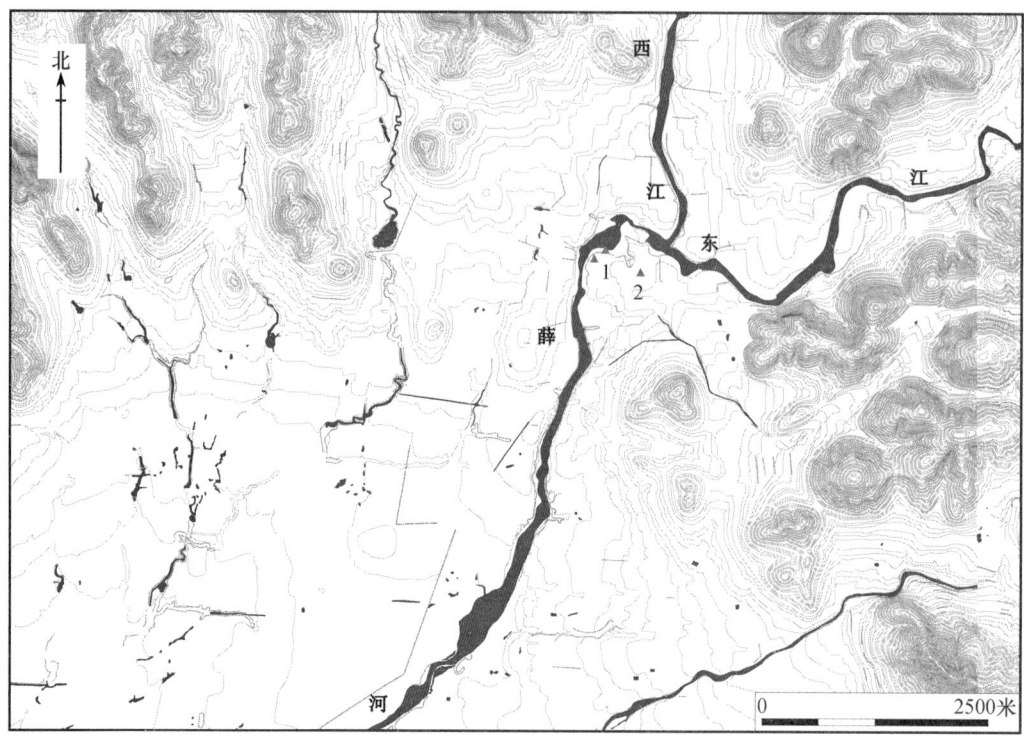

图二九六　薛河中上游地区岳石文化散点区分布图

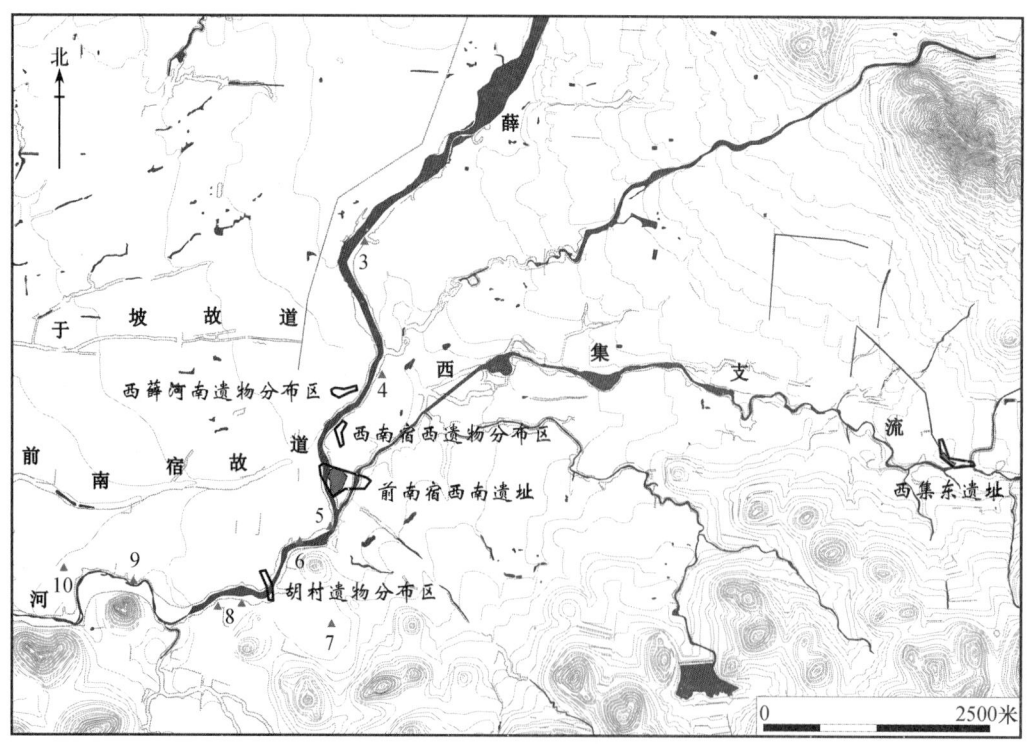

图二九七　薛河中游地区岳石文化散点区分布图

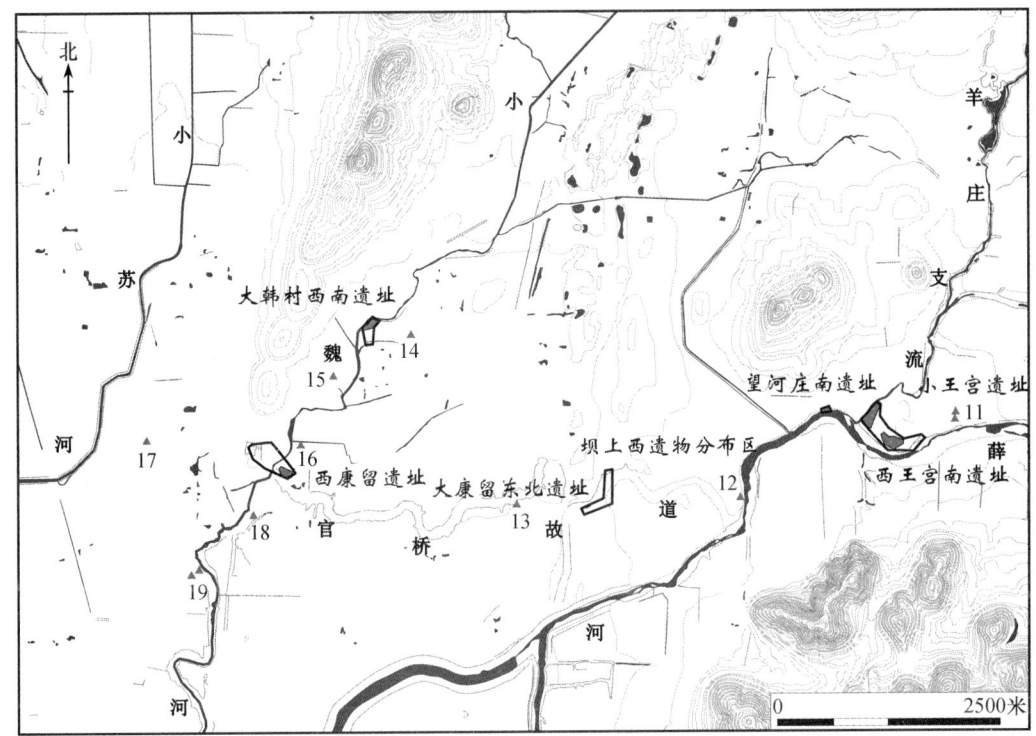

图二九八　薛河中下游地区岳石文化散点区分布图

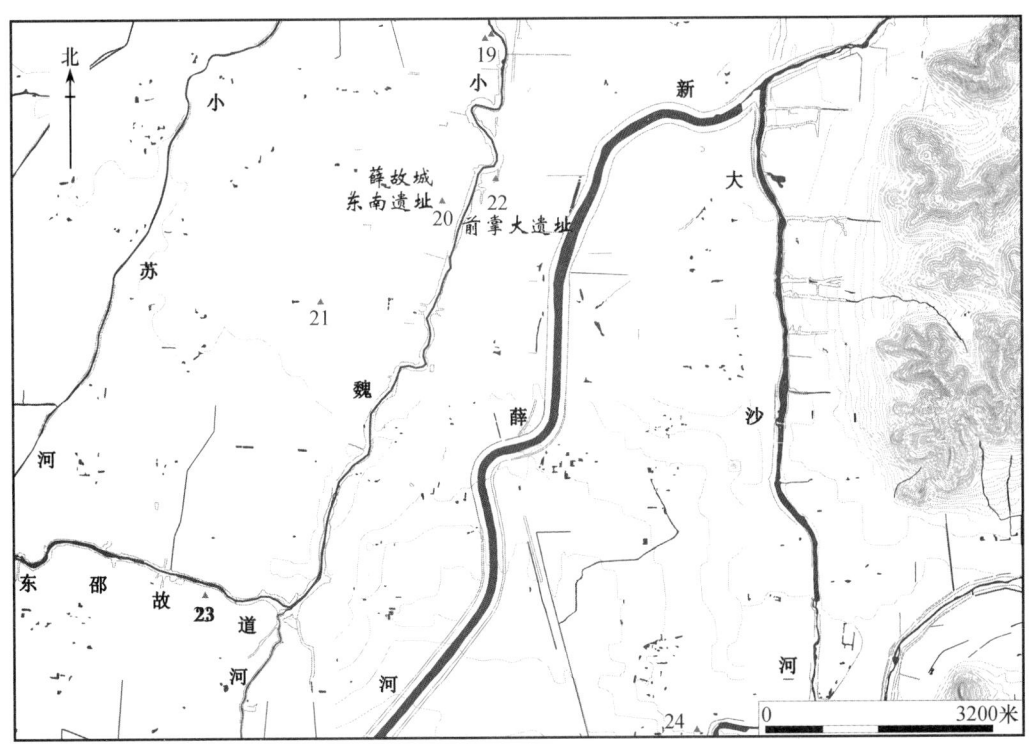

图二九九　薛河下游地区岳石文化散点区分布图

1、2号：均为散点区，前者由2个遗物采集区组成，后者只有1个遗物采集区，均位于不分时代的后台遗址中，距其最近的岳石文化遗址或遗物分布区为南侧的西薛河南遗物分布区，距离约8千米。遗物均为地表采集，仅有陶片3片，可辨器形有罐和豆（图一八，5、8）。综合散点区周边区域情况分析，它距岳石文化的其他遗址均较远，遗物从中散布出来的可能性较小，后台应为一处单独的岳石文化遗址（图二九六）。

3号：为散点区，只有1个遗物采集区，位于不分时代的东薛河北遗址北部，距其最近的岳石文化遗址和遗物分布区为西南的西薛河南遗物分布区和前南宿西南遗址，距离1.6~2.6千米。遗物采自河边断崖，有陶片2片，可辨器形有罐，还有双孔石刀残片1片（图七四，12）。综合散点区周边区域情况分析，它距岳石文化的其他遗址较远，从中散布出来的可能性较小，东薛河北可能为一处岳石文化的单独遗址，可能由于埋藏较深等原因，地面遗物发现较少（图二九七）。

4~8号：均为散点区，除8号散点区由2个遗物采集区组成，其他均只有1个遗物采集区，分别位于不分时代的前南宿遗址、范村东南遗址、杜家堂北遗址，均在岳石文化的西薛河南遗物分布区、西南宿西遗物分布区、前南宿西南遗址和胡村遗物分布区附近，与它们的距离均在310~600米。除5号散点区遗物采自河岸断崖上外，其他遗物均为地表采集。散点区均采集到1~3片陶片，可辨器形较少，仅有陶罐一种。综合以上散点区周边区域情况分析，它们均距其他岳石文化遗址或遗物分布区较近，从中散布出来的可能较大，可能都不是单独的岳石文化遗址，或者即使部分散点区存在岳石文化的遗址，也可能与周边遗址是一体的（图二九七）。

9、10号：均为散点区，均只有1个遗物采集区，位于不分时代的昌虑故城遗址内南部，距其最近的岳石文化遗址和遗物分布区为小王宫遗址和胡村遗物分布区，距离1.5~2千米。遗物均为地表采集，分别有陶片1~2片，可辨器形有甗和罐（图一二四，5）。综合两散点区周边区域情况分析，它们距岳石文化的其他遗址均较远，遗物从其中散布出来的可能性较小，昌虑故城可能为一处单独的岳石文化遗址，可能由于埋藏较深等原因，地面遗物发现较少（图二九七）。

11号：为小王宫岳石文化遗址中的遗物采集区，由2个遗物采集区组成，南侧采集区中发现文化层堆积，详见小王宫遗址（图二九八）。

12号：为散点区，只有1个遗物采集区，位于不分时代的北辛东北遗址中部偏东，西距其最近的岳石文化遗址和遗物分布区为西侧可能为遗址的坝上西遗物分布区，距离约1.5千米。遗物采集自一冲沟内，有陶片4片，可辨器形有罐、尊和豆（图一四七，2）。综合散点区周边区域情况分析，它距岳石文化的其他遗址均较远，且遗物较丰富，从中散布出来的可能性较小，北辛东北可能为一处岳石文化的单独遗址，可能由于埋藏较深等原因，地表遗物发现较少（图二九八）。

13号：为大康留东北岳石文化遗址中的遗物区，只有1个遗物采集区，详见大康留东北遗址（图二九八）。

14~18号：均为散点区，均只有1个遗物采集区，分别位于不分时代的大韩村西南遗址、西公桥北遗址、西康留遗址、官桥西北遗址和小康留西遗址中，距其最近的岳石文化遗址为大韩村西南遗址和西康留遗址，距离340~1200米。遗物均为地表采集，均只有陶片1片，器形多数可辨，有尊形器、罐和器盖。综合散点区周边区域情况分析，它们均距岳石文化的大韩村西南和西康留遗址较近，从中散布出来的可能较大，可能不是单独的岳石文化遗址（图二九八）。

19号：为散点区，由2个遗物采集区组成，位于薛故城遗址西王庄北，距其最近的岳石文化遗址为北侧的西康留遗址，距离约1.3千米。遗物采自路沟内（不确定有无文化层），有陶片4片，可辨器形有罐和豆。综合散点区周边区域情况分析，它距岳石文化的其他遗址均较远，西王庄北可能为一处单独的岳石文化遗址，可能由于埋藏较深等原因，地面遗物发现较少。

20号：为岳石文化薛故城东南遗址临近区域的遗物区，只有1个遗物采集区，详见薛故城遗址。

21号：为散点区，只有1个遗物采集区组成，位于薛故城遗址洛庄东，距其最近的岳石文化遗址为北侧的薛故城东南遗址，距离约1千米。遗物为地表采集，仅有陶豆残片1片。综合散点区周边区域情况分析，它距岳石文化薛故城东南遗址较近，遗物从中散布出来的可能较大，可能不是单独的岳石文化遗址。

22号：为岳石文化前掌大遗址区域的遗物区，只有1个遗物采集区，详见前掌大遗址。

23号：为散点区，只有1个遗物采集区，位于不分时代的段楼东南遗址内东北部，距其最近的岳石文化遗址为东北侧的西康留遗址，约10千米。遗物采自取土坑断崖上（未发现文化层），仅有陶尊残片1片（图二七九，6）。综合此散点区周边区域情况分析，它距岳石文化的其他遗址均甚远，从中散布出来的可能很小，段楼东南应为一处岳石文化的单独遗址，可能由于埋藏较深等原因，遗物发现较少（图二九九）。

24号：为散点区，只有1个遗物采集区，位于不分时代的西仓桥遗址南部，距其最近的岳石文化遗址为西北侧的前掌大遗址，距离约8千米。遗物为地表采集，有豆和尊残片2片（图二三四，8、12）。综合散点区周边区域情况分析，它距岳石文化的其他遗址均甚远，从中散布出来的可能很小，西仓桥应为一处岳石文化的单独遗址，可能由于埋藏较深等原因，地表遗物发现较少（图二九九）。

六、商代时期

1. 遗址

薛河流域调查区域划定的商代时期遗址有10处，其中前台南、胡村、望河庄南和前掌大等6处遗址是主要依据地表遗物采集区的密度划定，而前掌大和后黄庄遗址前期还曾发掘到丰富的商代遗存。此外，西集东、西康留、杜村东和薛故城东南4处地点的地表遗物采集区密度虽低于划分遗址的标准，但因前期曾发掘到或本次发现了商代时期的文化堆积，也归为遗址。

从本区域前期发掘的前掌大、薛故城、西康留和本次调查的西集东、杜村东等遗址的情况分析，薛河流域的大型商代遗址很多遗物暴露比较充分，但很多遗址也由于埋藏较深或遗存本身较少等原因，地面遗物发现的较少。由此也可以推测薛河流域调查区域内可能还有少量中小型商代遗址未被发现。

根据10处商代遗址地表遗物的分布情况分析，其中6处主要依据地表采集区密度划定，除前掌大遗址外，其他遗址地表采集遗物分布均较密集。前掌大遗址核心分布区地表采集遗物密度仅为3.7件/万平方米，核心分布区采集区平均遗物数量也仅为1.7件，这种情况的形成应与遗址前期经过较多考古工作，地表和地下遗物很多被收集有关（图三〇〇~图三〇三；附表五）。

2. 遗物分布区

除10处遗址外，调查区域共发现商代时期的遗物分布区9处。

根据遗物分布区周边区域调查情况分析，其中前南宿遗物分布区距最近的胡村商代遗址距离约为1.2千米，坝上西遗物分布区距最近的望河庄南商代遗址距离约2.7千米，大韩村东遗物分布区距最近的西康留商代遗址约3千米，洪村遗物分布区距最近的胡村商代遗址距离约800米，它们的距离都相对较远；而前沙冯东南遗物分布区距前沙冯西商代遗址很近，杜家堂北商代遗物分布区距胡村商代遗址很近，魏家楼西、高庄西北和前掌大东北遗物分布区距前掌大及薛故城东南商代遗址很近，其距离均在100~500米。9处遗物分布区中，杜家堂北、坝上西、大韩村东、前掌大东南和薛故城魏家楼西和高庄西北遗物分布区的遗物分布相对密集，其密度为2件/万平方米以上，其余3处遗物分布区的遗物分布均较稀疏，平均遗物密度均在2件/万平方米以下。这些遗物分布区所有采集区的遗物平均数量除薛故城魏家楼西和高庄西北外，都在2件及以下。综合上述情况分析，报告认为前沙冯东南和洪村距其他商代遗址很近，且遗物分布稀疏，前掌大东北以及薛故城魏家楼和高庄西北遗物分布区虽然遗物分布较密集，但距前期发掘的前掌大和薛故城大型商代遗址很近，它们的遗物从临近遗址散布出来的可能性较大，可能并不是商代时期的单独遗址，只是商代遗物的次生分布区。而杜家堂北、坝上西、大韩村东、前南宿遗物分布区则很可能为商代时期的单独遗址（图三〇〇~图三〇三；附表五）。

3. 散点区

除遗址和遗物分布区外，调查区域中共发现商代时期散点区40处。此外，所处区域虽为遗址，但采集遗物分布情况仍以"散点区"形态呈现的13处商代时期遗物区也在下文插图中一并标注。

1、2号：均为散点区，均只有1个遗物采集区，分别位于不分时代的后台遗址和庄里南遗址内，距其最近的商代遗址为前台南遗址，距离300~500米。遗物均为地表采集，分别有陶鬲残片4片和3片（图三〇，7）。综合散点区周边区域情况分析，它们均距前台南商代遗址较近，从中散布出来的可能较大，可能不是单独的商代遗址（图三〇〇）。

3、4号：均为散点区，均只有1个遗物采集区，位于不分时代的民庄西南遗址内，距其最近的商代遗址为前台南遗址和前沙冯西遗址，距离在1.5~1.8千米。采集区均紧邻薛河，前者遗物为地表采集，后者遗物采集自河岸断崖下，分别有商代陶鬲残片2片和陶罐残片2片（图五六，6、8）。综合散点区周边区域情况分析，它们均距其他商代遗址较远，从其散布出来的可能较小，且4号散点区采集遗物很可能来自民庄西南遗址剖面文化层中，民庄西南可能为商代时期的一处单独遗址，可能由于埋藏较深等原因，地表遗物发现较少（图三〇〇）。

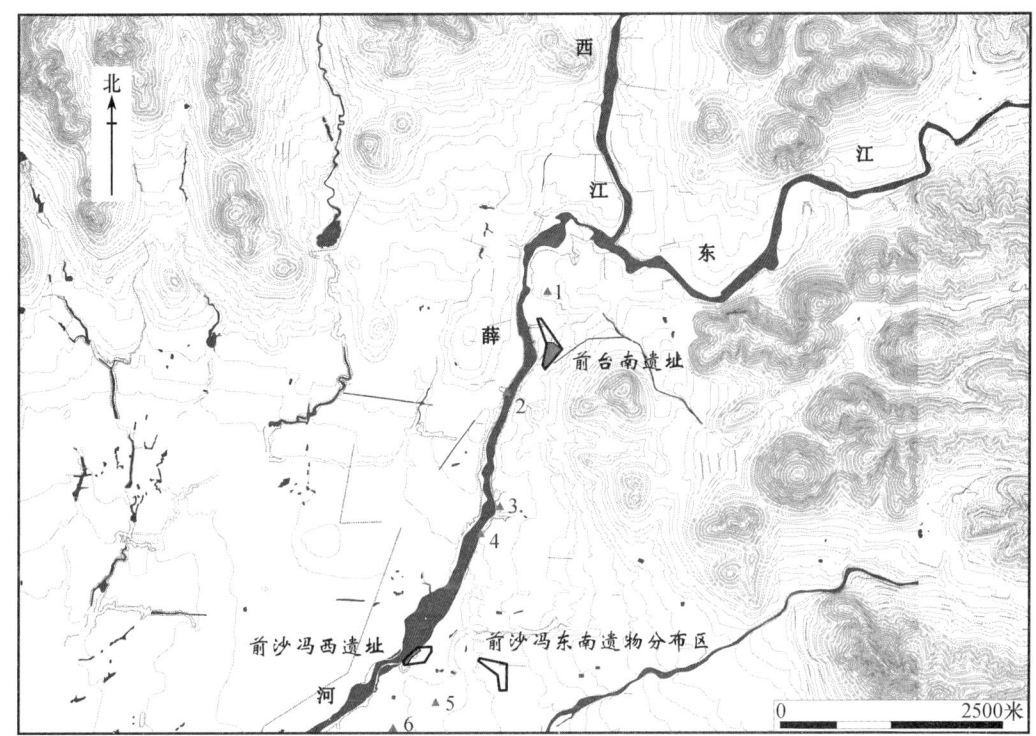

图三〇〇　薛河中上游地区商代散点区分布图

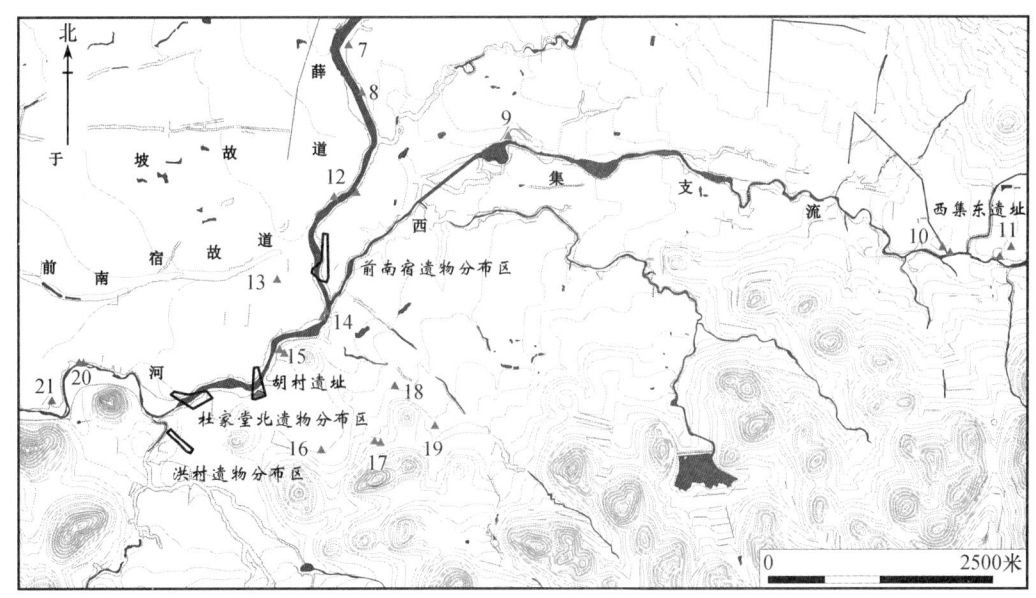

图三〇一　薛河中游地区商代散点区分布图

5、6号：均为散点区，均只有1个遗物采集区，位于不分时代的前沙冯东南遗址中，商代前沙冯东南遗物分布区外和前毛堌东北遗址内，距前沙冯西商代遗址500~700米。散点区遗物均为地表采集，均只有陶鬲残片1片。综合两散点区周边区域情况分析，它们均距前沙冯西商代遗址及前沙冯东南商代遗物分布区的较近，从中散布出来的可能较大，可能不是单独的商代遗址（图三〇〇）。

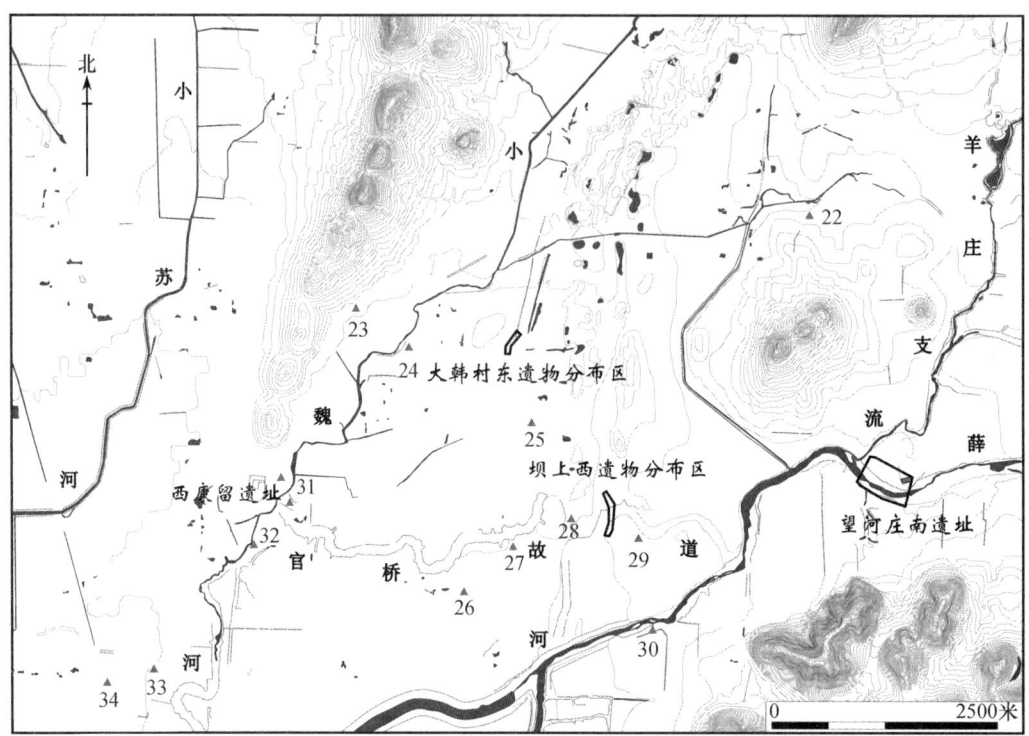

图三〇二　薛河中下游地区商代散点区分布图

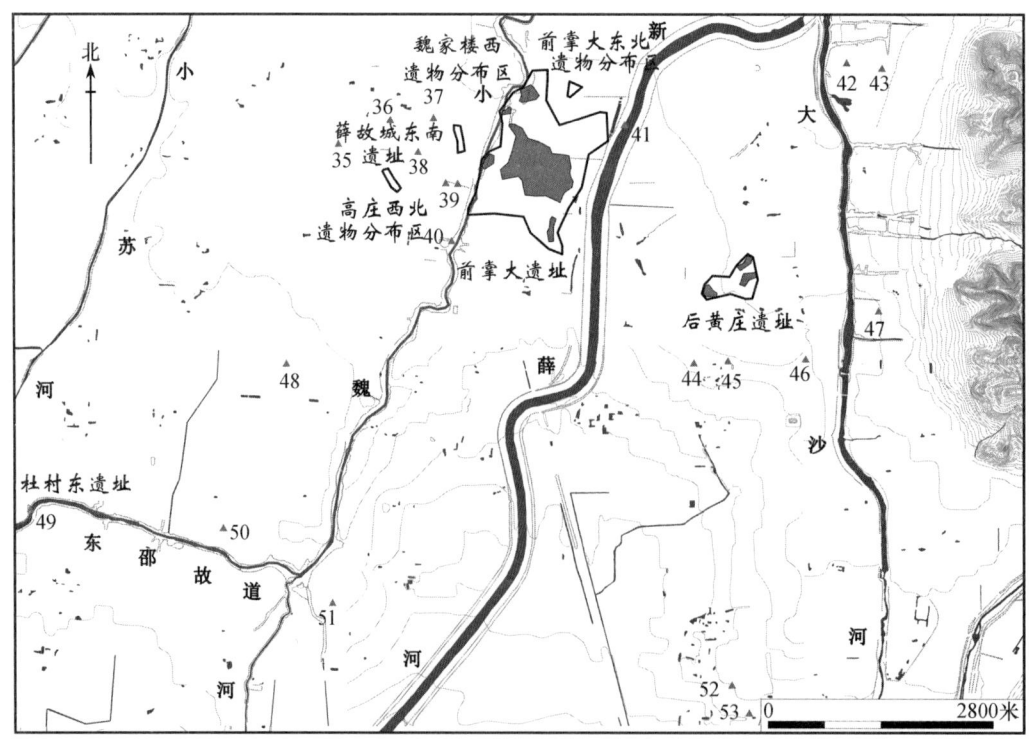

图三〇三　薛河下游地区商代散点区分布图

7~9号：均为散点区，均只有1个遗物采集区，前两者位于不分时代的东薛河北遗址内，后者位于大计河东，为独立的散点区。距其最近的商代遗址和遗物分布区为前沙冯西遗址、前沙冯东南遗物分布区和前南宿遗物分布区，距离1.5~2千米，前两者与后者的距离也在1.6千米左右。前两者遗物为河岸断崖采集，后者遗物为地表采集，三者遗物均较丰富，分别有陶鬲、陶甗残片7片，陶鬲、陶罐残片9片以陶鬲、陶甗、陶罐、陶簋残片11片。综合三散点区周边区域情况分析，它们均距其他商代遗址较远，从其散布出来的可能较小，且三者遗物均较丰富，前两者遗物还很可能来自东薛河北遗址剖面的文化层中，东薛河北和大计河东可能都是商代的单独遗址，只是可能由于埋藏较深等原因，地表遗物发现较少（图三〇一）。

10、11号：为西集东商代遗址区域的遗物区，均由2个遗物采集区组成，前者东侧遗物采集区内发现商代灰坑1处，详见西集东遗址（图三〇一）。

12~21号：均为散点区，除15、16、18、20号散点区由2个遗物采集区组成，其他均有1个遗物采集区，分别位于不分时代的前南宿遗址、胡村遗址、范村东南遗址、豹山东北遗址和昌虑故城遗址内。距周边的商代遗址和遗物分布区前南宿遗物分布区、胡村遗址、杜家堂北遗物分布区和洪村遗物分布区距离大都在900~1400米，19号散点区距离更远，有2千米左右。散点区中紧邻薛河的遗物采集区均为河边断崖或岸坡上采集，远离薛河者均为地表采集。遗物均不丰富，都只有商代陶片1~2片，器形多数可辨，大都为陶鬲，少数为陶罐、陶盆（图一二四，1）。综合散点区周边区域情况分析，它们距上述商代的遗址和遗物分布区大多较近，从中散布出来的可能较大，大多数可能都不是单独的商代遗址（图三〇一）。

22号：为散点区，只有1个遗物采集区，位于不分时代的东台东北遗址内，距其最近的商代遗址为南侧的西王宫遗址，距离约3千米。遗物为地表采集，只有陶鬲残片1片。综合散点区周边区域情况分析，它虽距其他商代遗址较远，但遗物发现太少，其性质尚待下一步的确认（图三〇二）。

23~30号：均为散点区，均只有1个遗物采集区，分别位于不分时代的中韩村西南遗物分布区以及大韩村西南、前莱西南、大康留东北、坝上西、北辛和北辛南遗址中。距它们最近的商代遗物分布区是可能为遗址的坝上西和大韩村东遗物分布区，距离300~1800米。散点区的遗物除31号为路沟中采集外，其他均为地表采集。遗物均较少，多数只有1~2片商代陶片，个别有3片者，部分器形可辨，全部为陶鬲（图一五一，8）。综合散点区周边区域情况分析，它们距上述商代遗物分布区均较近，从中散布出来的可能较大，大多数可能都不是单独的商代遗址（图三〇二）。

31、32号：前者为西康留商代遗址区域的遗物区，由2个遗物采集区组成，详见西康留遗址。后者为散点区，只有1个遗物采集区，位于不分时代的小康留西遗址内，与前者的距离约600米，遗物均为地表采集，有陶片3片，可辨器形有鬲和罐（图一九三，1、3）。根据后者周边区域情况分析，它距西康留商代遗址很近，遗物可能是从后者散布出来的，可能不是单独的商代遗址（图三〇二）。

33~40号：均为薛故城遗址中的遗物区，除39号由2个遗物采集区组成，其他均有1个遗物采集区，都位于薛故城东南商代遗址中及临近区域，与后者距离均在1500米内，详见薛故城遗址。根据遗物区周边情况分析，它们都可能自薛故城东南商代遗址或前掌大遗址中散布出来的（图三〇三）。

41号：为前掌大遗址中的遗物区，位于商代前掌大遗址外部东北，只有1个遗物采集区，详见前掌大遗址。根据遗物区周边情况分析，它可能是自前掌大商代遗址中散布出来的。

42、43号：均为散点区，均只有1个遗物采集区，位于不分时代的北辛南遗址内。距其最近的商代遗物分布区是可能为遗址的坝上西遗物分布区，距离约2.3千米。遗物均为地表采集，分别有陶片2~4片，可辨器形有陶鬲和陶罐。综合散点区周边区域情况分析，它们距商代其他遗址较远，从中散布出来的可能较小，北辛南可能为商代的一处单独遗址，只是可能由于埋藏较深等原因，地表遗物发现较少（图三〇三）。

44~47号：均为散点区，均只有一个遗物采集区，前三者分别位于不分时代的杨庄遗址和小石楼东南遗址内，后者为单独的散点区。距它们最近的商代遗址为北侧的后黄庄遗址，距离800~1500米。遗物均为地表采集，分别有陶片1~3片，可辨器形有鬲、罐和盆（图二二二，1）。综合散点区周边区域情况分析，它们距后黄庄商代遗址均较近，从中散布出来的可能较大，可能都不是单独的商代遗址（图三〇三）。

48号：为散点区，只有1个遗物采集区，位于不分时代的陶庄东北遗物分布区内。距其最近的商代遗址和遗物分布区为北侧的薛故城东南遗址和高庄西北遗物分布区，距离约2.5千米。遗物采集自一沟内，有陶片6片，可辨器形有陶鬲和陶豆。综合散点区周边区域情况分析，它距商代的其他遗址均较远，从中散布出来的可能较小，陶庄东北可能为一处单独的商代遗址，只是可能由于埋藏较深等原因，地表遗物发现较少（图三〇三）。

49号：为杜村东商代遗址中的遗物区，只有1个遗物采集区，其中发现商代文化层堆积，详见杜村东遗址（图三〇三）。

50号：为散点区，只有1个遗物采集区，位于不分时代的渊子崖北遗物分布区内。北距其最近的商代遗址为西侧的杜村东遗址，距离约2.5千米，距陶庄东北距离也超过2千米。遗物为地表采集，仅有陶鬲残片1片。综合散点区周边区域情况分析，它距商代的其他遗址较远，但地表遗物发现太少，其性质尚待下一步工地的确认（图三〇三）。

51号：为散点区：只有1个遗物采集区，位于不分时代的南闫楼遗址内。距其最近的商代遗址为杜村东和前掌大遗址，距离4.2~5千米。散点区遗物为地表采集，仅有鬲足1件（图二八二，5）。此散点区的具体性质还待下一步工作的确认（图三〇三）。

52、53号：均为散点区，均只有1个遗物采集区，位于不分时代的西仓桥遗址内。距其最近的商代遗址为北侧的后黄庄遗址，距离约4.8千米。遗物为地表采集，分别有陶片1片和9片，可辨器形有陶鬲和罐（图二三四，4、5）。综合散点区周边区域情况分析，它距商代其他遗址均较远，从中散布出来的可能较小，西仓桥应为商代的一处单独遗址，只是可能由于埋藏较深等原因，地表遗物发现较少（图三〇三）。

七、西周时期

1. 遗址

薛河流域调查区域划定的西周时期遗址共31处。其中东江、西集东、土城西、西台西、薛故城—前掌大、胡楼北等28处遗址主要依据地表遗物采集区的密度划定，而前沙冯西、坝上西、西康留和薛故城—前掌大4处遗址前期或本次调查还在其中发现了西周时期的文化堆积。除上述遗址外，20世纪中国社会科学院考古研究所等曾在南塘南和腰庄西发现过西周时期的遗存，但本次调查没有发现；20世纪中国社会科学院考古研究所和枣庄市文物管理站等曾在西薛河东、西薛河东北、前伏西南、丁楼东地点也发现过西周遗存[①]，但这些区域现已被村庄或水库占压，本次调查也没有发现相关遗存，这些地点的性质均有待进一步工作的开展。

从调查区域前期发掘的西康留、前掌大、薛故城等遗址看，调查区域的西周时期遗址埋藏多较浅，多数暴露得比较充分。但根据本次调查发现的张汪南等遗址和前期发掘的孟庄东北遗址看，个别西周遗址由于埋藏较深或遗存较少，抑或前期曾发掘等原因，地面调查发现的遗物较少。由此也可以推断薛河流域调查区内可能还有个别西周时期的遗址未被发现。

根据31处西周遗址地表遗物的分布情况分析，西集东和杜家堂北遗址的核心分布区地表遗物分布均较稀疏，都在7件/万平方米左右，核心分布区的遗物平均数量则分别为2.8件和1.7件。两者的核心分布区可能不能很好的对应地下遗存的分布情况（图三〇四~图三〇七；附表六）。

2. 遗物分布区

除31处遗址外，调查区域共发现西周时期的遗物分布区14处。根据分布区周边区域情况分析，龙塘东、前沙冯东南、东薛河北、西石楼东、小王宫、高村北、高村西、前莱西南和车站东8处遗物分布区，距西周时期其他遗址均较近，距离多在200~300米，少数远者也只有500~600米；前南宿、东台东北、大韩村西南和西仓桥4处遗物分布区距其他西周遗址均较远，其中前3者距其最近的西周遗址距离均在800~1100米，西仓桥遗物分布区距其最近的后黄庄西周遗址则为4.2千米。这些遗物分布区的采集遗物多数分布较稀疏，平均遗物密度除东莱东遗物分布区为8.4件/万平方米，其他均在1.8件/万平方米及以下。8处分布区所有采集区的平均遗物数量，除东莱东和大韩村西南外，也均在2件及以下。综合两种因素分析，报告认为前南宿、东莱东和大韩村西南遗物分布区可能为西周时期的单独遗址，其他遗物分布区可能都不是西周时期的单独遗址，只是西周遗物的次生分布区（图三〇四~图三〇七；附表六）。

3. 散点区和遗址中散点形态的遗物采集区

除遗址和遗物分布区外，调查区域中还发现有西周时期的遗物采集区87个，它们构成西周时期的散点区76处。但与之前各时期的不同，西周时期由于遗址和遗物分布区数量增多，散点

[①] 中国社会科学院考古研究所山东队、滕县博物馆：《山东滕县古遗址调查简报》，《考古》1980年1期；枣庄市文物管理站：《枣庄市南部地区考古调查纪要》，《考古》1984年4期。

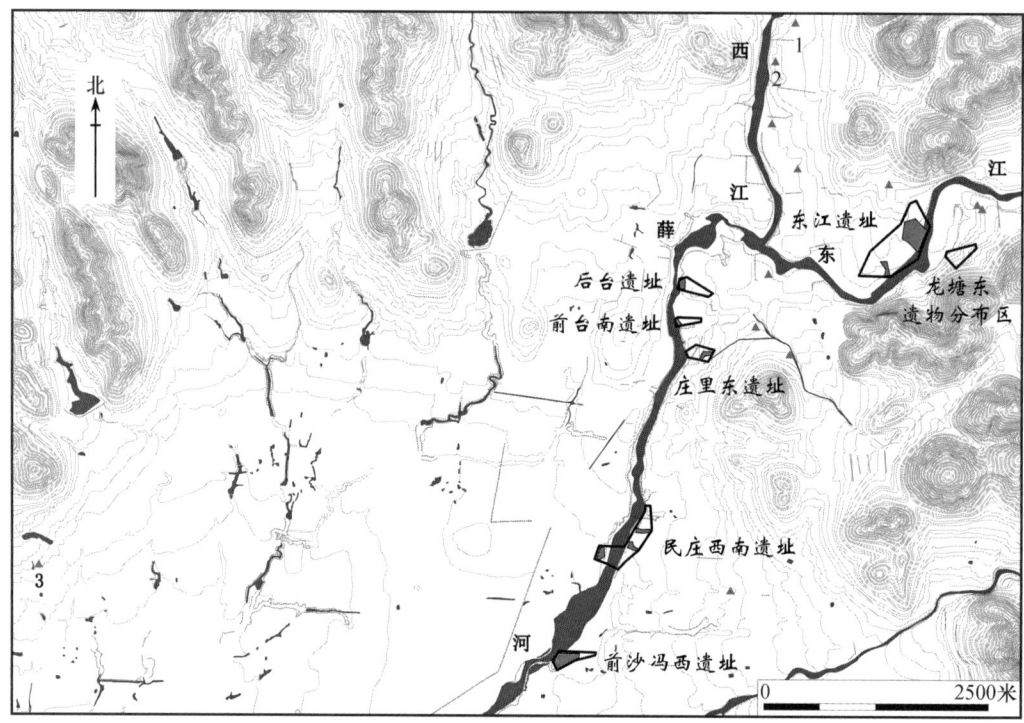

图三〇四　薛河中上游地区西周时期散点区分布图

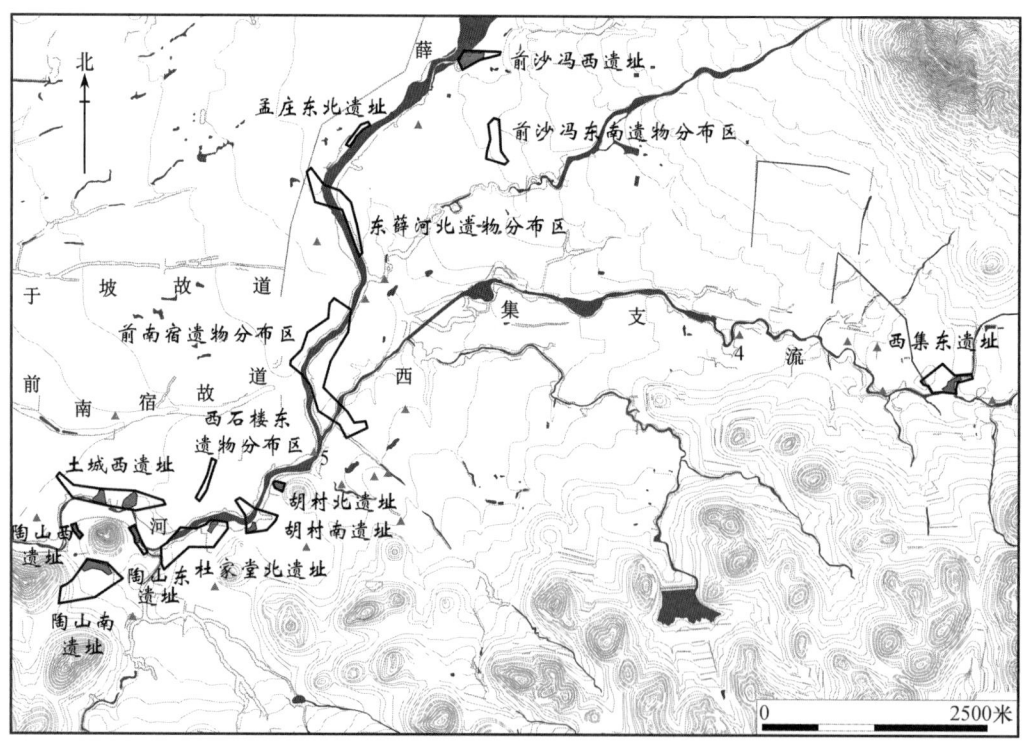

图三〇五　薛河中游地区西周时期散点区分布图

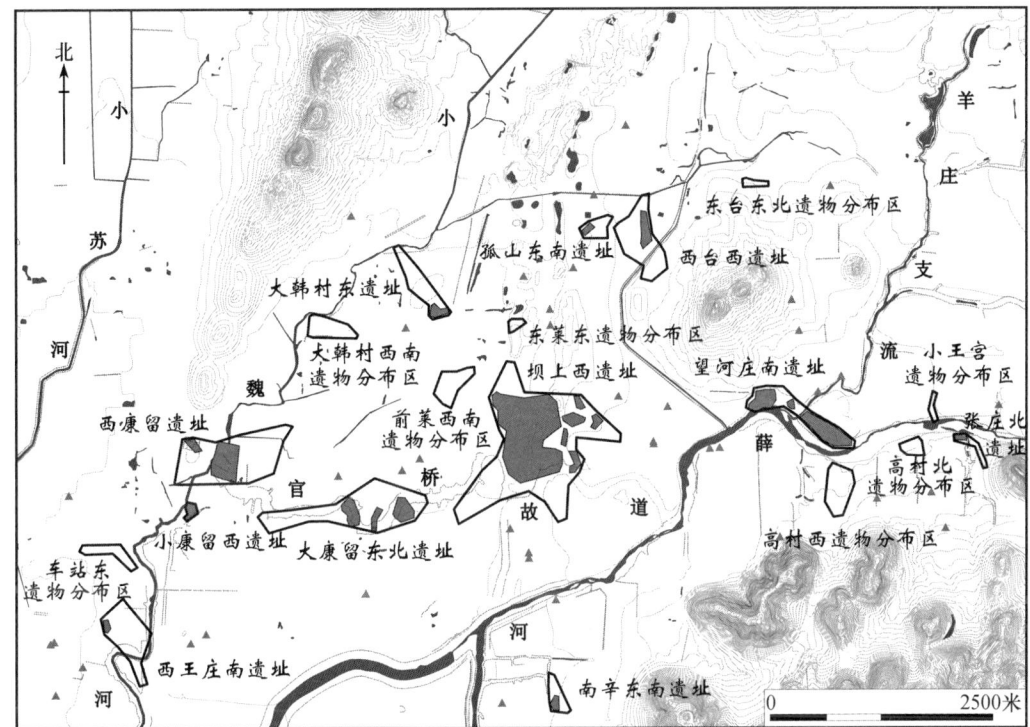

图三〇六　薛河中下游地区西周时期散点区分布图

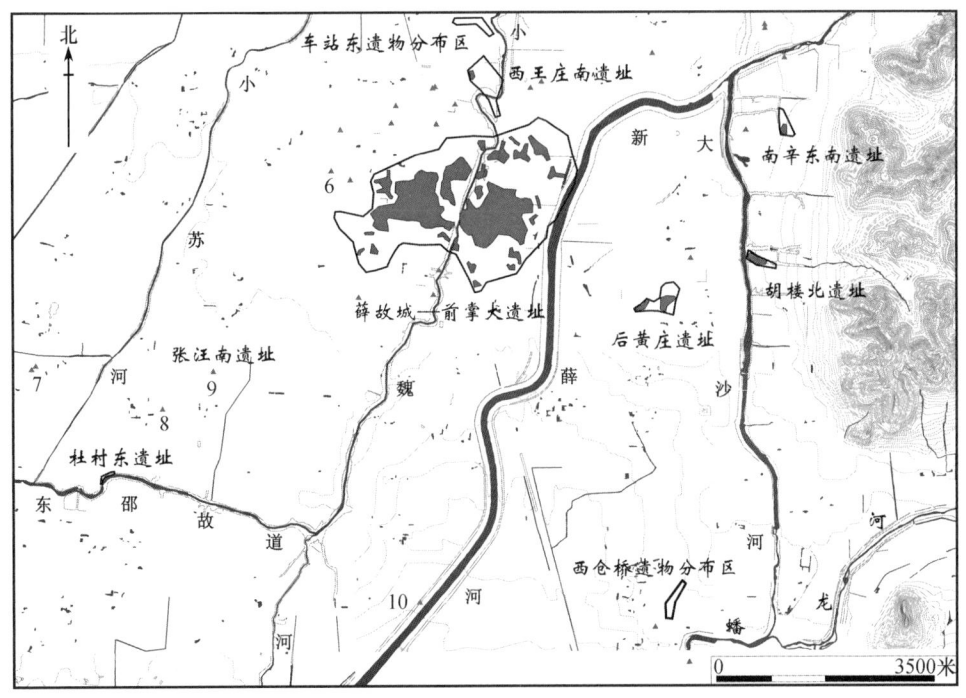

图三〇七　薛河下游地区西周时期散点区分布图

区大多数位于西周遗址和遗物分布区周边，距离多在300～1200米，只有少数散点区距离超过1500米。散点区遗物采集区的遗物也多不丰富，大多数仅有时期的陶片1片，少数有2～5片。根据上述情况分析，这些散点区遗物多数可能是从临近遗址或遗物分布区中散布出来的，或者即使这些散点区确实存在遗址，也很可能与临近遗址或遗物分布区连为一体。因此对于西周时期的散点区，报告不再一一分析，而是有选择性的介绍距离遗址和遗物分布区较远或有其他特殊情况的散点区。此外，西周时期张汪南遗址中的1处遗物采集区也在下文插图中一并标注（图三〇四～图三〇七）。

1、2号：均为散点区，均只有1个遗物采集区，位于不分时代的横岭埠北遗址内。距其最近的西周遗址为东南侧的东江遗址，距离约2.4千米。遗物为地表采集，分别有陶片1片和2片，可辨器形有鬲和簋（图九，1、2）。综合散点区周边区域情况分析，它们距西周时期的其他遗址均较远，但地表遗物发现有限，其性质尚待下一步工作的确认（图三〇四）。

3号：为散点区，只有1个遗物采集区，位于不分时代的尚屯东北遗物分布区内。距其最近的西周遗址或遗物分布区为南侧可能为遗址的东台东北遗物分布区，距离约4千米。遗物为地表采集，仅有绳纹陶片1片。综合散点区周边区域情况分析，它距西周时期的其他遗址均较远，但地表遗物发现太少，其性质尚待下一步工作的确认（图三〇四）。

4号：为散点区，只有1个遗物采集区，位于不分时代的刘庄东南遗址内。距其最近的西周遗址为东侧的西集东遗址，距离约2千米。遗物为地表采集，有陶罐残片2片。综合散点区周边区域情况分析，它距西周时期的其他遗址均较远，但地表遗物发现有限，其性质尚待下一步工作的确认（图三〇五）。

5号：为散点区，只有1个遗物采集区，位于不分时代的前南宿遗址。距其最近的西周时期遗址和遗物分布区为胡村遗址和前南宿遗物分布区，距离约450米。遗物采自东店东北的薛河西岸的断崖上，有疑似文化层，但其中仅有西周时期陶罐残片1片。据此散点区的情况分析，其所在区域可能存在西周时期的遗址，并与可能为遗址的前南宿西周遗物分布区连为一体，抑或它只是后期被扰动的西周遗物（图三〇五）。

6号：为散点区，只有1个遗物采集区，位于薛故城遗址皇殿岗南，西周时期的薛故城—前掌大遗址以外。遗物采自一路沟断面上，似为一灰沟或灰坑，以东周时期陶片为主，西周时期陶片仅有陶罐残片1片，它可能为被东周遗迹扰动的西周遗物（图三〇七）。

7号：为散点区，由2个遗物采集区组成，位于不分时代的前坝桥西遗址内。距其最近的西周遗址为西南侧的杜村东遗址，距离约2千米。遗物均为遗址中部断崖上采集（不确定为文化层），分别有陶片1片和4片，可辨器形有鬲、罐、盆（图二六三，5、6；图版六四，7）。综合散点区周边区域情况分析，它距西周时期的其他遗址均较远，从中散布出来的可能很小，前坝桥西可能为西周时期的一个单独遗址，可能由于破坏严重等原因，地表遗物发现较少（图三〇七）。

8号：为散点区，只有1个遗物采集区，位于不分时代的陈楼东北遗物分布区内，距其最近的西周时期遗址为东北侧的张汪南遗址，距离约1千米。遗物为沟中采集，仅有陶盆残片1片。根据散点区周边区域情况分析，其遗物可能是由张汪南或其他遗址散布出来的，它可能不是单独的西周遗址。

9号：为张汪南西周遗址内遗物区，只有1个遗物采集区，其中发现西周时期灰坑，详见张汪南遗址（图三〇七）。

10号：为散点区，只有1个遗物采集区，位于南闫楼东，为独立的散点区。距其最近的西周时期遗址或遗物分布区是东侧可能为遗址的西仓桥遗物分布区，距离约4千米。遗物为地表采集，仅有陶罐残片1片。综合散点区周边区域情况分析，它距西周时期的其他遗址均较远，但地表遗物发现太少，其性质还有待下一步工作的确认（图三〇七）。

八、东周时期

1. 遗址

薛河流域调查区域划定的东周时期遗址共54处。其中东江、民庄西南、东薛河北、前南宿、洪村、昌虑故城、西台西、大韩村东、西康留—北辛、薛故城—前掌大、后黄庄、西仓桥、辛庄等51处遗址主要依据地表遗物采集区的密度划定，而前沙冯西、昌虑故城（陶山东地点）、西康留—北辛（坝上西地点）、薛故城、南辛东南和辛庄6处遗址前期或本次调查还在其中发现了东周时期的文化堆积。此外，孟庄东北、杜村东和张汪南3处地点的地表遗物采集区密度虽低于划分遗址的标准，但因前期曾发掘到或本次发现了东周时期的文化堆积，也归为遗址。除上述遗址外，20世纪中国社会科学院考古研究所和枣庄市文物管理站等在前伏西南、丁楼东地点曾发现过东周遗存[①]，但这些区域现已被村庄或水库占压，其详细情况不明，具体性质还有待下一步工作的开展。

根据调查区域前期发掘的薛故城等遗址的情况看，东周时期遗址由于一般埋藏较浅，遗物大都暴露较充分，而且破坏也往往较严重。通过本次调查的数据又可以发现，这种情况一方面会导致东周遗址地面遗物的扩散分布的范围普遍较大，使得其遗址总面积往往是核心分布区面积的几倍至十几倍；另一方面则导致这一时期很多遗址的平均遗物密度较之前各时期多数遗址的遗物密度较稀疏，其核心分布区和一般分布区的范围可能不能较好地与地下遗存的分布情况相对应。

根据54处遗址地表遗物的分布情况分析，其中36处遗址核心分布区的平均遗物密度低于8件/万平方米，而前沙冯东南、孟庄北、马庄东、范村东南、豹山东北、洪村北、格山东、西辛庄北、高村北、张庄东南、东洪林南、东台东北、官桥西、前管庄西、北辛南、后官路口北以及薛故城的堆坡西北和车站北18处遗址，其核心分布区遗物平均密度均在4件/万平方米左右及以下，核心分布区采集区的遗物平均数量均在在2件以下。这些遗址核心分布区的位置和范围可能并不能很好地反映其地下遗存的真实分布情况，甚至不排除它们之中部分遗址实际只是东周时期遗物次生分布区的可能（图三〇八~图三一一；附表七）。

---

① 中国社会科学院考古研究所山东队、滕县博物馆：《山东滕县古遗址调查简报》，《考古》1980年1期；枣庄市文物管理站：《枣庄市南部地区考古调查纪要》，《考古》1984年4期。

2. 遗物分布区

调查区域共发现东周时期的遗物分布区38处。根据遗物分布区周边区域情况分析，龙塘东、前台东南、庄里西北、庄里西南、后沙冯西南、前毛堌东北、西薛河西、南庄南、张庄西南、高村西、小王宫、三山、小河东北、官桥北、东公桥东南、刘村西、小石楼北、前闫村东南、沙岗东、杨庄北、丁楼北、张汪东北、陶庄东北、段楼东南和南闫楼25处遗物采集区均与东周时期的临近遗址距离较近，多数都在300~400米，远者亦仅有500~800米；而横岭埠北、宋屯西南、尚屯西、自庄西北、史屯西、前伏西北、大庙东南、安上村、孔庄北、五所楼北、渊子崖北、段楼东南和南闫楼13处遗物分布区距与其最近的东周遗址超过1千米，均在1~4千米。根据遗物分布区采集遗物的情况划分，庄里西北、庄里西南、前毛堌东北、西薛河西、张庄西南、高村西、小河东北、小王宫、东公桥东南、刘村西、小石楼北、前闫村东南、沙岗东、孔庄北、安上村、五所楼北16处遗物分布区，遗物分布较稀疏，分布区总体遗物密度均在1件/万平方米及以下，所有遗物采集区平均遗物数量均在2件及以下；而横岭埠北、龙塘东、龙塘西、前台东南、西江南、宋屯西南、尚屯西、史屯西、自庄西北、后沙冯西南、前伏西北、南庄西南、三山、官桥北、大庙东南、杨庄北、张汪东北、丁楼北、陶庄东北、渊子崖北、段楼东南、南闫楼22个遗物分布区，遗物分布较密集，分布区总体遗物密度均在1.5件/万平方米及以上，所有遗物采集区平均遗物数量多在2件及以上。

在没有进一步工作的情况下，目前判断这些遗物采集区是否为东周时期的单独遗址尚存在较大困难。但仅依据现有资料，报告认为距其他东周遗址较近而且遗物分布稀疏的庄里西北、庄里西南、前毛堌东北、西薛河西、张庄西南、高村西、小河东北、小王宫、东公桥东南、刘村西、小石楼北、前闫村东南、沙岗东13处遗物分布区是东周时期单独遗址的可能性较小，其余25处遗物较密集或距其他东周时期遗址较远的遗物分布区为东周时期单独遗址的可能性较大（图三〇八~图三一一；附表七）。

3. 散点区

除遗址和遗物分布区外，调查区域内还发现东周时期的遗物采集区236个，构成散点区173个。与之前各时期相比，这一时期的散点区数量大大增多，但与西周时期相似，它们也大多位于东周各遗址和遗物分布区周边，与其距离基本都在400~1800米。散点区遗物采集区的遗物也多不丰富，大多数仅有东周时的陶片1~2片，少数有3~4片。根据上述情况分析，这一时期散点区的遗物大多数也可能是从临近遗址或遗物分布区中散布出来的，或者即使散点区域确实为东周时期的遗址，也大多可能与临近的遗址或遗物分布区连为一体（图三〇八~图三一一）。因此下文仅选择性的介绍距东周遗址和遗物分布区较远或有其他特殊情况的散点区。此外，东周时期张汪南遗址中的3处分布呈"散点状"的遗物采集区也在下文插图中一并标注。

1号：为散点区，由3个遗物采集区组成，位于不分时代的海子北遗物分布区内。距其最近的东周时期遗址为南侧的海子东遗址，距离约550米。采集区均靠近薛河西江，遗物均为地表采集，均较丰富，分别有陶片8、42、7片，可辨器形有鬲、罐、盆（图一〇，1~6）。综合散

第二章 遗址、遗物分布区和散点区

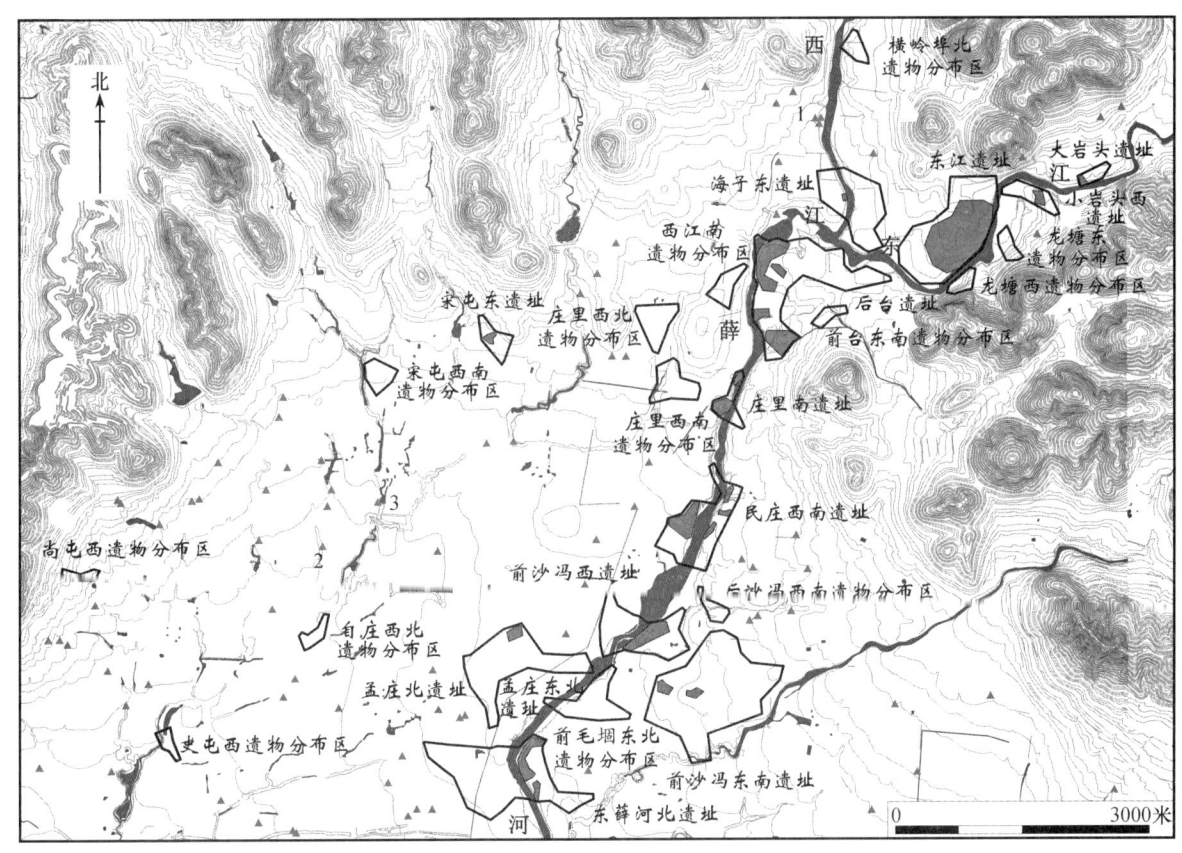

图三〇八 薛河中上游地区东周时期散点区分布图

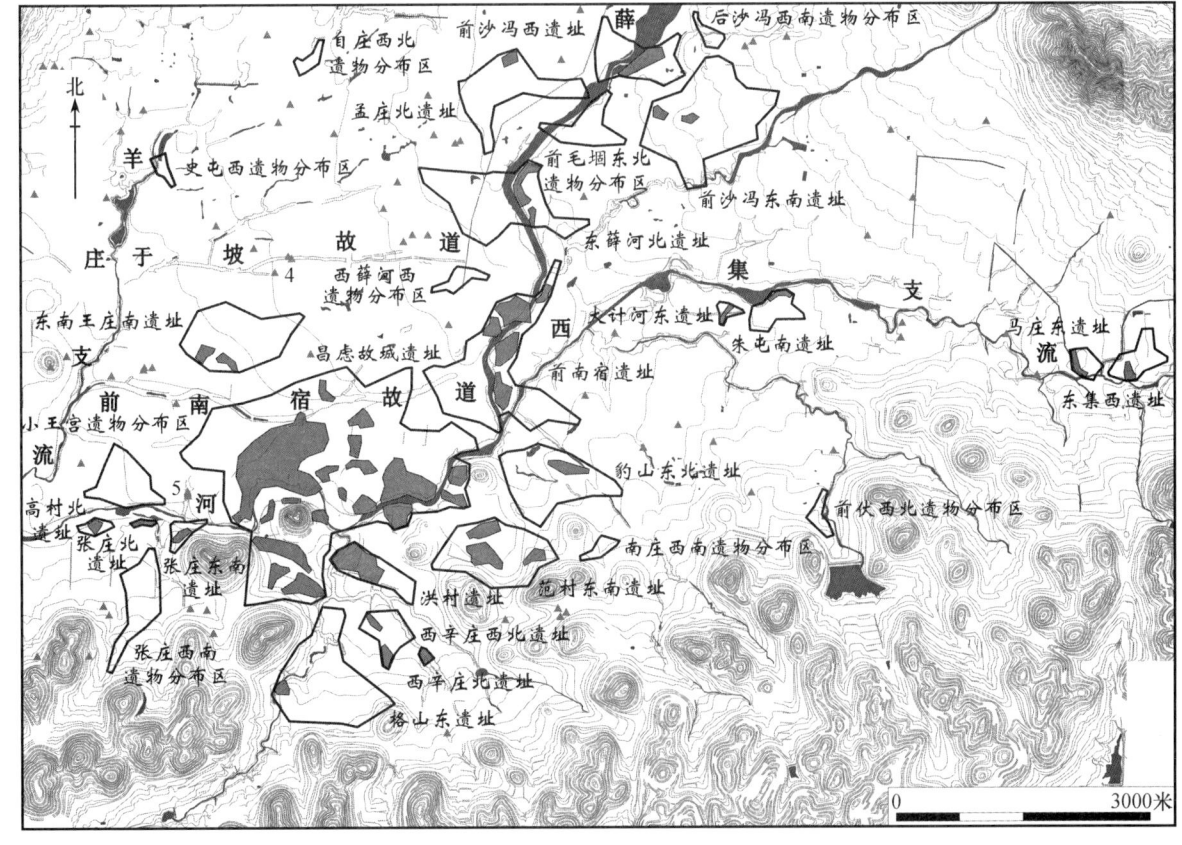

图三〇九 薛河中游地区东周时期散点区分布图

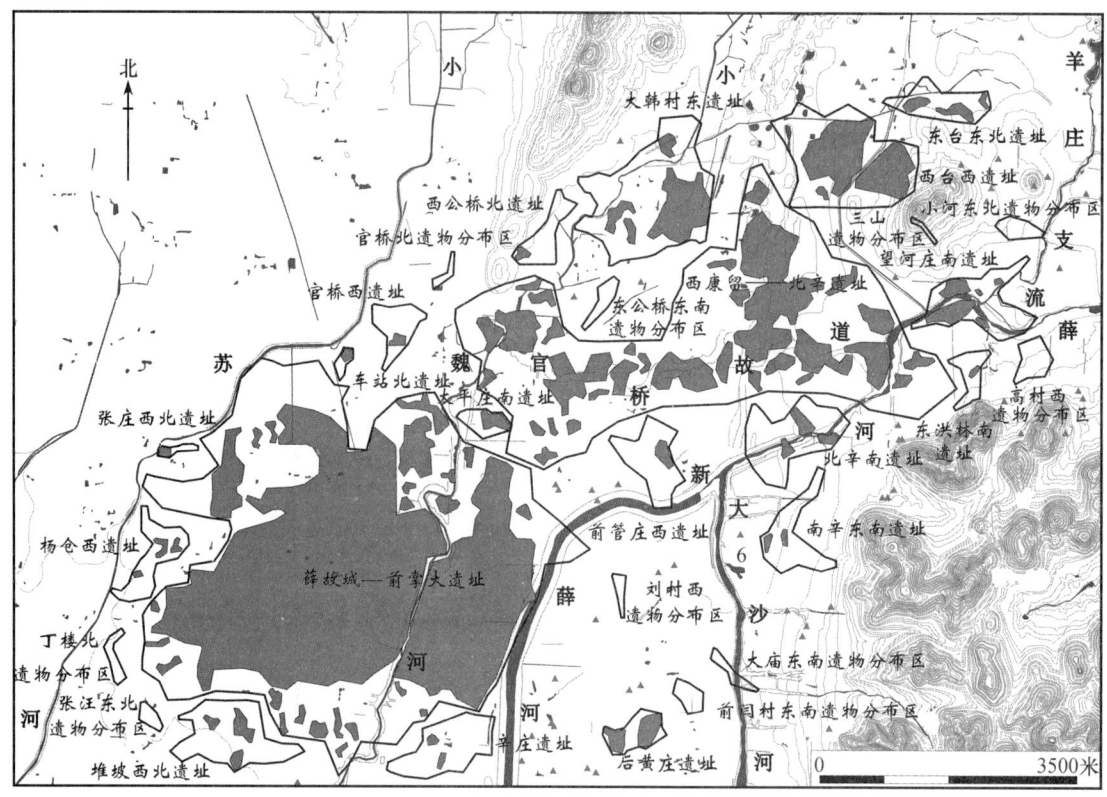

图三一〇 薛河中下游地区东周时期散点区分布图

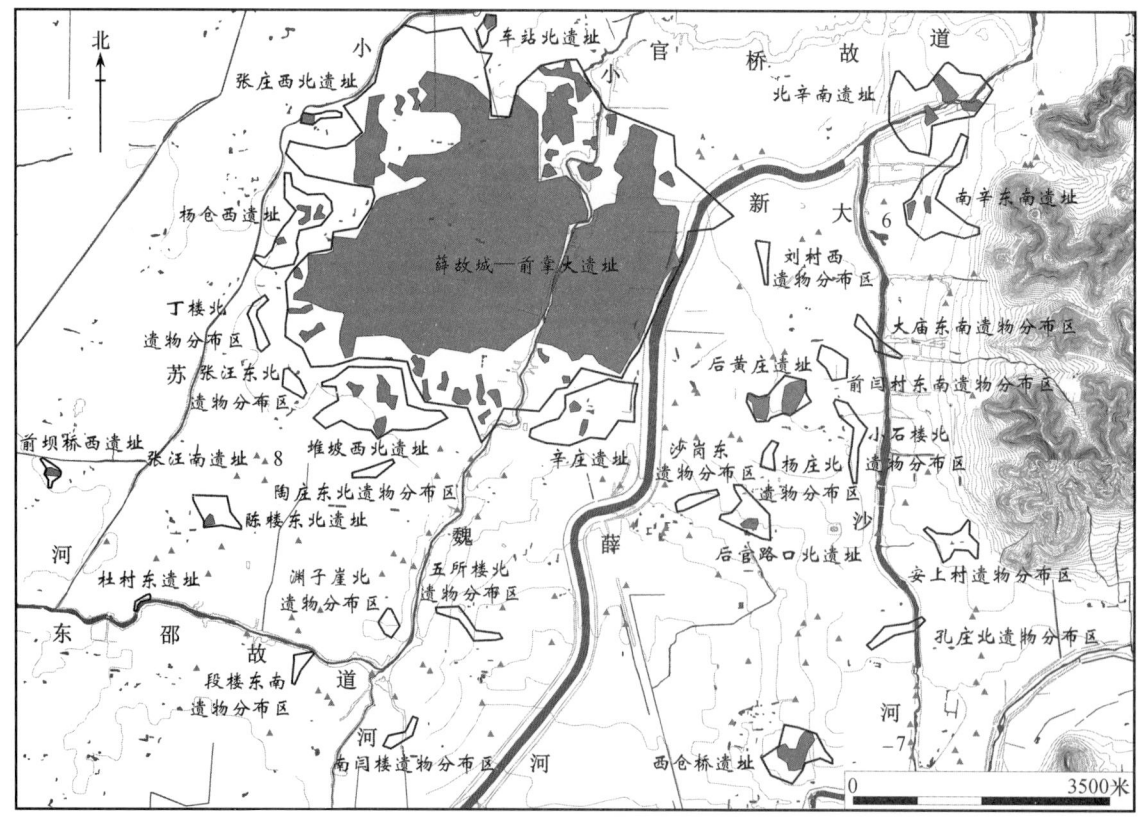

图三一一 薛河下游地区东周时期散点区分布图

点区情况分析，其遗物非常丰富，从其他东周遗址散布出来的可能很小，海子北可能为一处东周时期的单独遗址（图三○八）。

2、3号：落凤山东麓的沈井、西南庄、尚屯、王杭区域有较多的东周时期散点区，它们多数均由1个遗物采集区组成，少数由2~3个遗物采集区组成。距离它们最近的东周时期遗物分布区为宋屯西南、尚屯西、自庄西北和史屯西遗物分布区，距离多在500~1800米。散点区遗物多为地表采集，多数仅有东周时代的陶片1片。综合这些散点区周边区域情况分析，它们虽距东周时期的其他遗址或遗物分布区均有一定距离，但多数遗物很少，可能大都不是东周时期的单独遗址。其中只有2、3号散点区可能是东周时期的单独遗址。两者距最近的东周时期遗物分布区——宋屯西南和自庄西北遗物分布区的距离分别为800米和1200米，两者均只有1个遗物采集区，2号散点区位于不分时代的西南庄西南遗物分布区中，遗物为断崖上采集，有疑似文化层，有陶片4片，可辨器形有筒瓦、板瓦、罐；3号散点区位于东南庄南，为单独的散点区，与2号散点区临近，遗物也采集于断面上，有陶片4片，可辨器形有罐。根据两散点区的情况判断，西南庄西南区域可能存在东周时代的单独遗址（图三○八）。

4号：为散点区，由3个遗物采集区组成，位于不分时代的东南王庄东北遗物分布区内，距其最近的东周时期遗址为东南王庄南遗址，距离约650米。3处采集区的遗物，2处为地表采集，分别有陶盆和陶罐残片1片；1处为地沟剖面上采集，有疑似文化层，有筒瓦残片3片。根据散点区情况分析，东南王庄东北可能有东周时期的遗址（图三○九）。

5号：为散点区，由3个遗物采集区组成，位于不分时代的西于南遗物分布区中，距其最近的东周时期遗址和遗物分布区为昌虑故城遗址和小王宫遗物分布区，距离约350米。3处采集区的遗物，1处为地表采集，有筒瓦和陶罐残片3片；2处为冲沟剖面上采集，有疑似文化层，分别有板瓦残片1片和陶盆、陶豆残片4片。根据散点区情况分析，西于南可能有东周时期的遗址（图三○九）。

6号：为散点区，仅有1个遗物采集区，位于不分时代的南辛东南遗址之内，东周时期的南辛东南遗址之外。遗物为地表采集，遗物较丰富，有陶片7片，可辨器形有罐和豆。根据散点区的情况分析，此区域可能有东周时期的遗址，并与南辛东南东周遗址连为一体（图三一○）。

7号：在大沙河下游两岸的后湾、后井亭、皇殿、吴村区域内有较多东周时期的散点区，它们多数由2个遗物采集区组成，少数由1个或3个遗物采集区组成。距离它们最近的东周时期遗址为西仓桥遗址和孔庄北遗物分布区，距离多为400~1800米。散点区的遗物多为地表采集，多数散点区仅有东周时代的陶片1~2片。综合散点区周边区域情况分析，它们距东周时期的其他遗址和遗物分布区虽然有一定距离，但多数遗物很少，可能大都不是东周时期的单独遗址。只有7号散点区可能为东周时期的单独遗址。此散点区由3个遗物采集区组成，位于不分时代的皇殿东北遗址内，距其最近的东周时期遗址为西仓桥遗址和孔庄北遗物分布区，距离均在1200米左右。散点区遗物采集于河滩地中，分别有陶片2、2、4片，可辨器形有罐。根据散点区的情况判断，皇殿东北可能有东周时期的单独遗址（图三一一）。

8号：为张汪南东周遗址内的遗物区，由3个遗物采集区组成，其中发现东周时期的文化层和灰坑，详见张汪南遗址。

九、秦汉时期

1. 遗址

薛河流域调查区域划定的东周时期遗址共98处。其中横岭埠北、东薛河北、昌虑故城、北辛东北、后黄庄、西仓桥、薛故城、陈楼东北等96处遗址主要依据地表遗物采集区的密度划定，而东江、后台、羊庄西北、东莱东、西康留、大康留东北、昌虑故城（胡村西地点）、坝上西南、前掌大东北、薛故城（多处地点）、大庙、柴胡店南、后井亭东北、后黄庄、西仓桥北、沙岗东、坦山后西、徐集北、段楼东南、南闫楼20处遗址还在前期或本次调查中发现了秦汉时期的文化堆积。此外，北辛和张汪南2处地点的地表遗物采集区密度虽低于划分遗址的标准，但因本次调查发现了秦汉时期的文化堆积，也归为遗址。

根据调查区域前期发掘的薛故城、西康留和本次调查的大康留东北等遗址看，薛河流域秦汉时期遗址由于一般埋藏较浅，其遗物大都暴露较充分，而且很多遗址破坏较严重。根据本次调查的结果分析，上述情况一方面会导致秦汉时期遗址地面遗物的扩散分布范围普遍较大，遗址总面积往往是核心分布区面积的几倍至十几倍，另一方面则导致与东周时期遗址相似的结果，很多遗址地表遗物分布较稀疏，其核心分布区和一般分布区的范围可能不能较好地与地下遗存的分布情况相对应。

根据98处遗址地表遗物的分布情况分析，68处遗址的核心分布区平均遗物密度均低于8件/万平方米。其中东江、大北塘南、后毛堌东南、孟庄西、孟庄北、豹山东北、范村东南、南庄西南、西台西、东台南、东台东北、东洪林南、落凤山南、西公桥北、大韩村西南、前掌大南、辛庄北、坦山后东18处遗址，其核心分布区平均遗物密度较低，均在4件/万平方米以下，核心分布区采集区的遗物平均数量都在2件以下。这些遗址核心分布区的位置和范围可能并不能很好地反映其地下遗存的分布情况，甚至不排除它们之中少数遗址实际只是秦汉时期遗物次生分布区的可能（图三一二~图三一五；附表八）。

2. 遗物分布区

除98处遗址外，调查区域共发现秦汉时期的遗物分布区59处。根据遗物分布区周边区域情况分析，与东周时期情况相似，大多数秦汉时期遗物分布区与秦汉时期遗址距离较近，多为300~400米，部分为500米左右；仅有落凤山东麓的宋屯西、宋屯西南、小赵庄西、东南村东南、尚屯东北、沈井东南、杨坡北、西集东北、前伏西北、安村北共10处遗物分布区与秦汉时期遗址的距离在1千米左右或稍远，但基本无超过2千米者，且落凤山东麓的7处遗物分布区之间距离均较近。根据遗物分布区采集遗物情况划分，海子西北、海子北、西江西、大岩头西北、羊山东南、羊山东北、尚屯东北、东南庄东南、前伏西北、太平庄南、沙庄东南、西官庄东南、奚村北、后湾北、年庄西15处遗物分布区，其遗物分布较稀疏，分布区总体遗物密度均在1件/万平方米及以下，所有遗物采集区平均遗物数量均在2件左右及以下；其他44个遗物分布区，遗物分布较密集，分布区总体遗物密度均在1件/万平方米以上，所有遗物采集区平均遗

第二章 遗址、遗物分布区和散点区

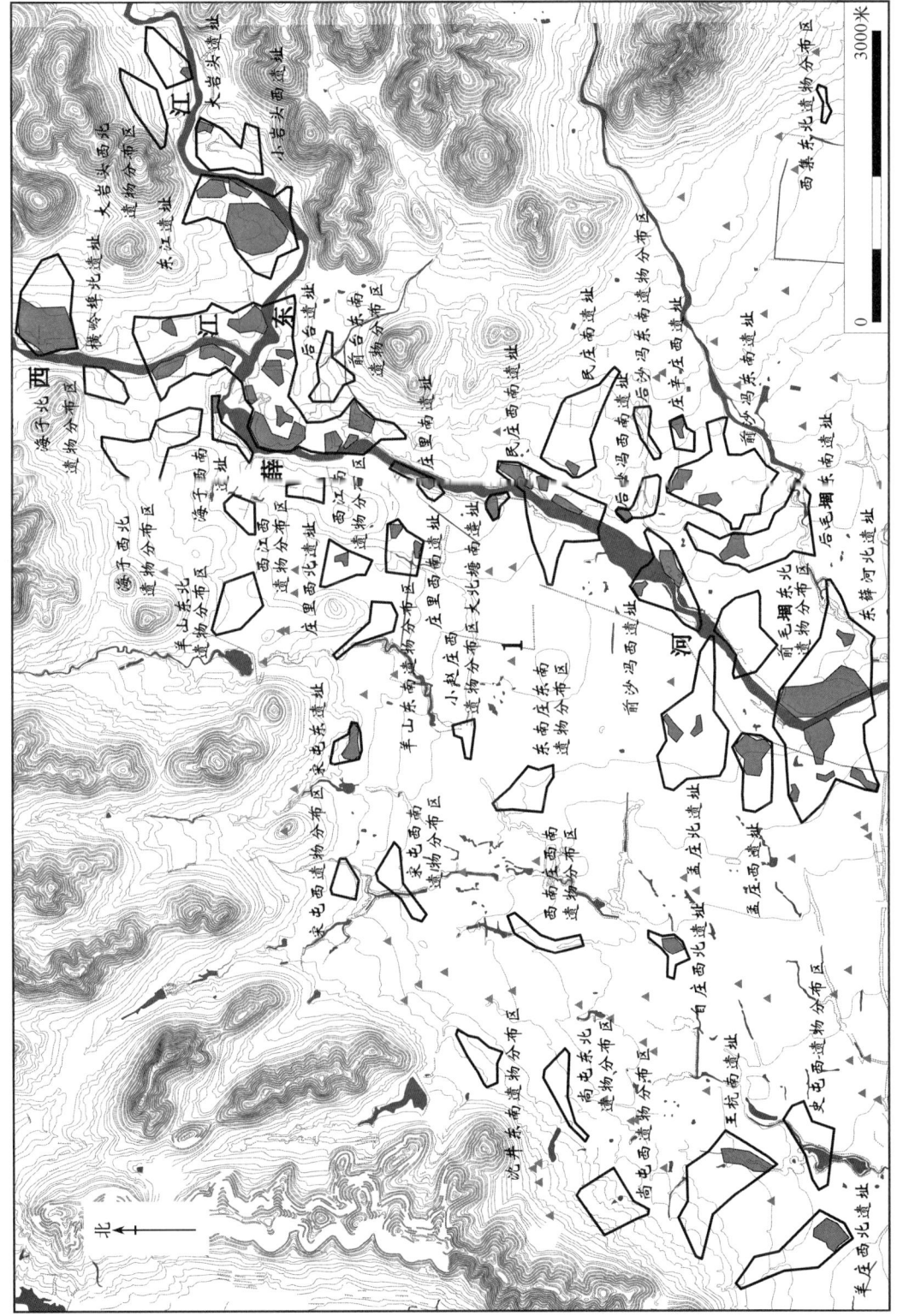

图三二二 薛河中上游地区秦汉时期散点区分布图

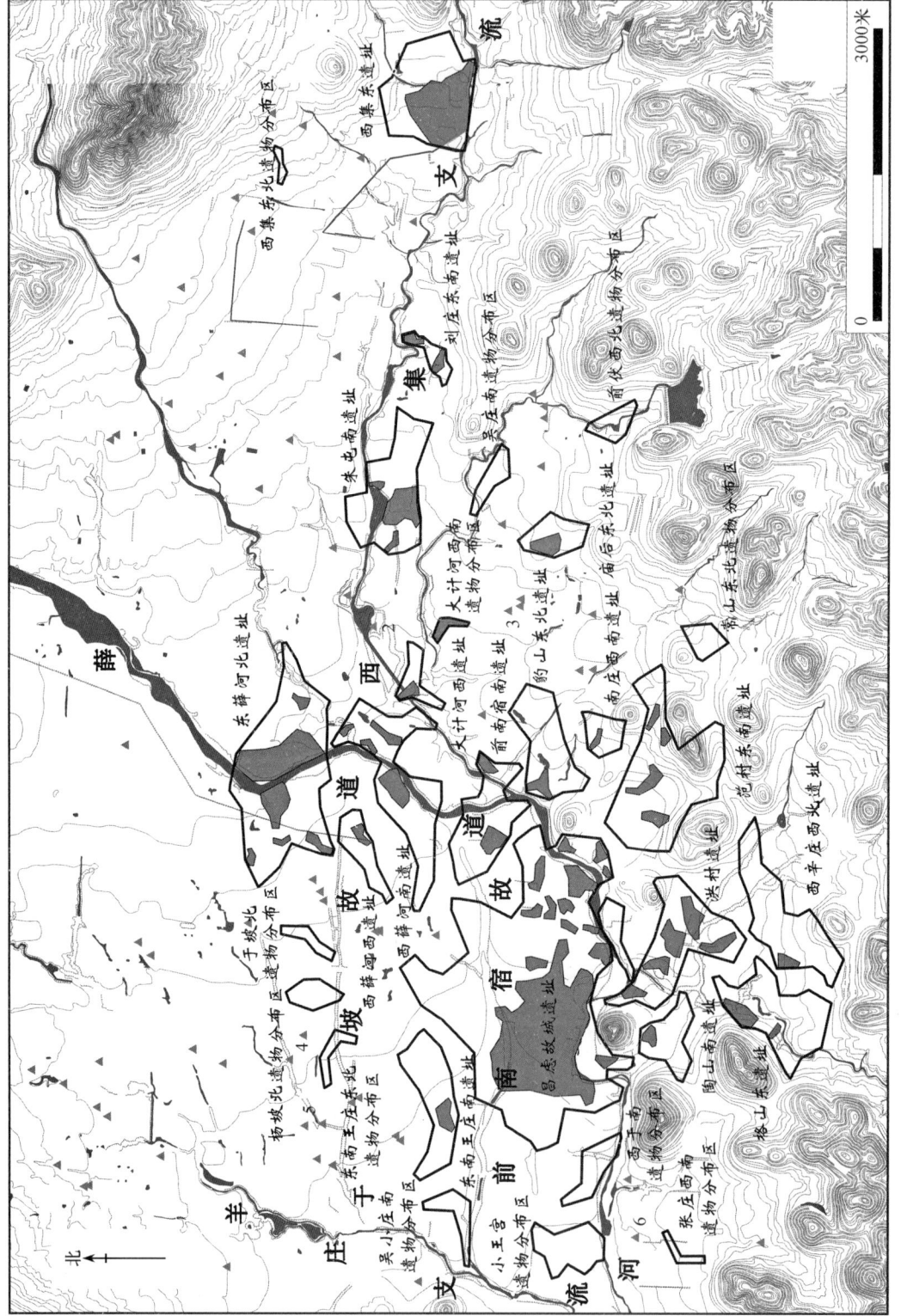

图三一三 薛河中游地区秦汉时期散点区分布图

图三一四 薛河中下游地区秦汉时期散点区分布图

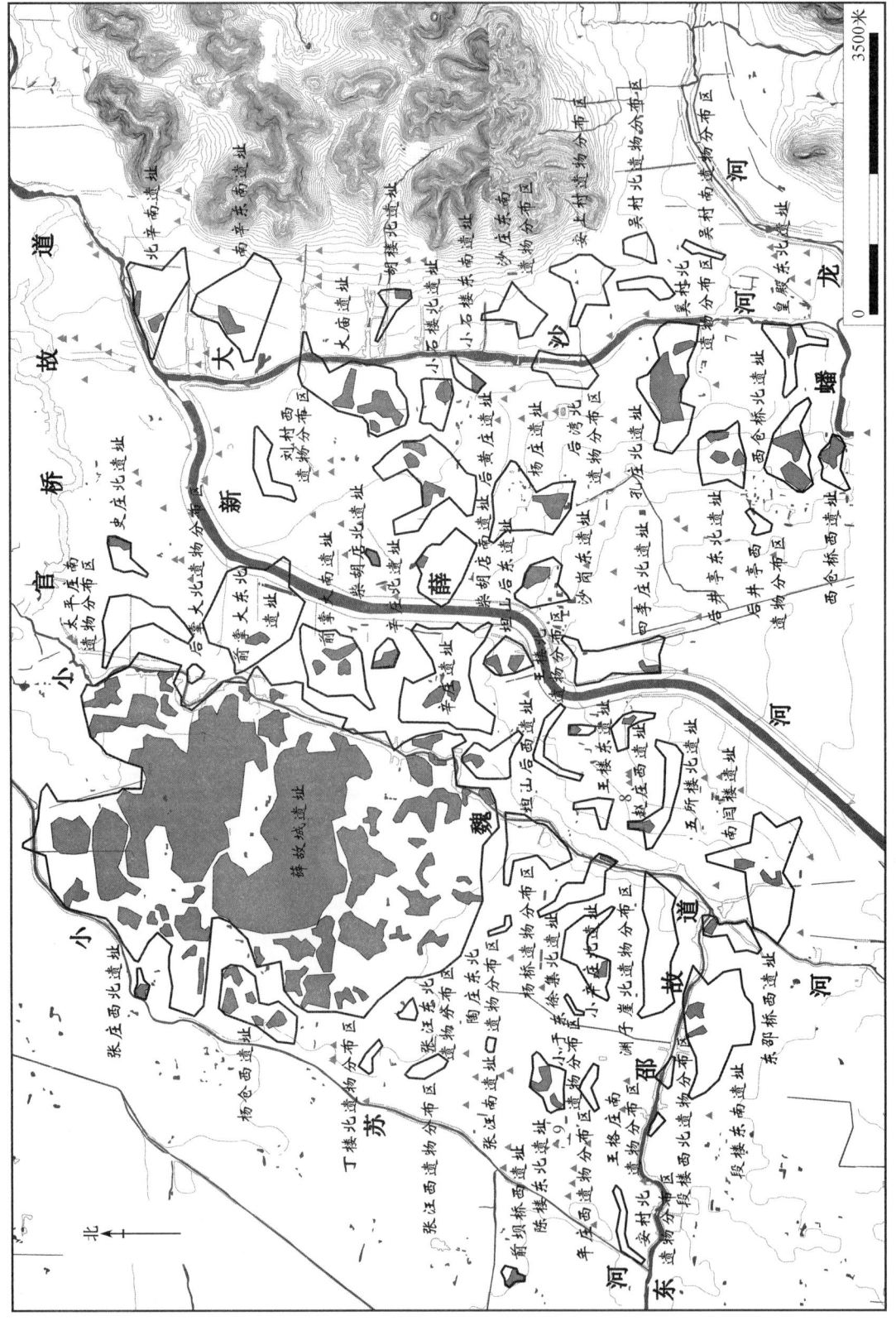

图三二五　薛河下游地区秦汉时期散点区分布图

物数量多在2件及以上。

总之在没有进一步工作的情况下，目前判断这些遗物采集区是否为秦汉时期的单独遗址尚存在较大困难。但仅依据现有资料，报告认为海子西北、海子北、西江西、大岩头西北、羊山东南、羊山东北、尚屯此、太平庄南、沙庄东南、西官庄东南、奚村北、后湾北、年庄西13处距离其他秦汉遗址较近且遗物分布较稀疏的遗物分布区，为秦汉时代单独遗址的可能性较小，其余46处遗物丰富或距其他秦汉时期遗址较远的遗物采集区为秦汉时期单独遗址的可能性较大（图三一二~图三一五；附表八）。

3. 散点区

除遗址和遗物分布区外，调查区域内还发现秦汉时期的遗物采集区238个，构成散点区198处。与东周时期情况相似，秦汉时期的散点区也大多位于秦汉时期遗址和遗物分布区周围，距离基本都在400~1800米。散点区遗物也多不丰富，大多数遗物采集区仅有陶片1~2片，少数有3~4片，可辨器形主要是板瓦、筒瓦和陶罐残片。根据上述情况分析，秦汉时期多数散点区的遗物可能都是从临近遗址或遗物分布区中散布出来的，或者即使散点区域确为遗址，也大都可能与附近的遗址或遗物分布区连为一体（图三一二~图三一五）。因此下文仅重点介绍距秦汉时期遗物和遗物分布区距离较远，或有其他特殊情况的散点区。

1号：由1个遗物采集区组成，位于小赵庄东南，为单独的散点区。距其最近的秦汉时期遗址为小赵庄西遗物分布区，距离约800米。采集区遗物采自一路沟中，遗物较丰富，有秦汉时期陶片8片，可辨器形有板瓦和筒瓦。根据散点区情况判断，小赵庄东南可能存在秦汉时期的单独遗址或建筑（图三一二）。

2号：由1个遗物采集区组成，位于大计河北，为单独的散点区。距其最近的秦汉时期遗址为大计河西遗址，距离约500米。采集区遗物采自河边断崖上，有疑似文化层堆积，有秦汉时期板瓦5片。根据散点区情况判断，大计河北可能存在秦汉时期的单独遗址或建筑（图三一三）。

3号：由3个遗物采集区组成，位于南庄北（庙后西北），为单独的散点区。距其最近的秦汉时期的遗址或遗物分布区为大计河西南遗物分布区，距离约550米。采集区遗物采自地表和路沟中，分别有陶片1片、2片和7片，可辨器形有板瓦、筒瓦、罐和盆。根据散点区情况判断，南庄北区域遗物较丰富，可能存在秦汉时期的单独遗址或建筑（图三一三）。

4、5号：两者均由2个遗物采集区组成，均位于杜屯东南，均为独立的散点区。距其最近的秦汉时期遗址或遗物分布区为杨坡北和东南王庄东北遗物分布区，距离320~400米。前者采集区遗物采自洼地和麦地中，有陶片7片和1片，可辨器形有筒瓦和板瓦；后者采集区遗物采自地表和断崖剖面上，遗物丰富，分别有陶片8片和19片，可辨器形有板瓦、筒瓦、盆、瓮和罐。根据两散点区情况判断，其遗物较丰富，杜屯东南可能有秦汉时期的单独遗址存在，并可能与东南王庄东北或杨坡北遗物分布区连为一体（图三一三）。

6号：由1个遗物采集区组成，位于不分时代的高村北遗址中。距其最近的秦汉时期遗址为张庄南和小王宫遗物分布区，距离约350米。采集区内有一台基状遗迹，遗物为地表采集，遗物较丰富，有陶片10片，可辨器形有板瓦、筒瓦和瓮。根据散点区情况判断，高村北可能有秦汉时期的单独遗址或建筑，并可能与张庄南遗物分布区连为一体（图三一三）。

7号：由2个遗物采集区组成，位于孔庄南，为独立的散点区。距其最近的秦汉时期遗址孔庄北遗址约350米。采集区遗物采自地表和河岸阶地上，分别有陶片1片和7片，可辨器形有板瓦和筒瓦。根据散点区情况判断，其遗物较丰富，此区域可能存在秦汉时期的单独遗址或建筑，也可能与孔庄北遗址连为一体（图三一五）。

8号：由3个遗物采集区组成，位于谢楼东，为单独的散点区。距其最近的秦汉时期遗址为赵庄西遗址，距离约320米。采集区遗物采自冲沟中和地表，遗物较丰富，分别有陶片4、4、1片，可辨器形有板瓦、筒瓦、盆。根据散点区情况判断，谢楼东可能存在秦汉时期的单独遗址或建筑，也可能与赵庄西遗址是连为一体的（图三一五）。

9号：由1个遗物采集区组成，位于陈楼西北，为单独的散点区。距其最近的秦汉时期遗址为陈楼东北遗址，距离约400米。采集区遗物采自一取土坑中，遗物丰富，有陶片10片，可辨器形有板瓦、筒瓦、盆、瓮和井圈。根据散点区情况判断，陈楼西北可能存在秦汉时期的单独遗址或建筑，可能与陈楼东北遗址是连为一体的（图三一五）。

第三章 结 论

第一节 薛河流域古代聚落的宏观形态

一、各时期聚落的宏观形态

通过前章对薛河流域调查区域遗址、遗物分布区和散点区的介绍分析，我们已对这一区域史前时代至宋元时期古代聚落的宏观形态有了一些基本的认识，各时期的情况可归纳如下。

1. 细石器遗存及后李文化时期

薛河流域本次调查并未发现旧石器时代的遗存，但其他单位前期在调查区域及周边地区曾发现3处细石器遗存地点，即东江、前掌大和夏庄。其中前两处地点处于调查区域内，东江地点的细石器出于"原生红土层"中，前掌大地点只发现了少量细石器，没有相关地层和遗迹；夏庄地点位于薛河下游调查区域边缘，具体情况尚不明确[①]。虽然上述地点的资料非常有限，且它们可能并不代表薛河流域细石器文化时期人类社会的全貌，但至少可以说明旧石器时代末期这一区域已有先民活动了（图三—六）。

调查区域中发现后李文化遗物的地点也仅有杜家堂北遗址一处，但如前所述，它无疑代表了一处后李文化时期的聚落。目前鲁北地区已发现了新石器时代早期的扁扁洞一类遗存以及新石器时代中期后李文化的诸多遗址，苏北和皖北地区也发现了顺山集、小山口一类新石器时代中期的遗存，且两地区的文化面貌表现出一定相似性，这种情况应暗示着位于两者之间的鲁南地区也应存在一定数量的同期遗址。杜家堂北遗址应该就是这一时期薛河流域先民生活的地点之一，而且通过上章的分析，我们可以推测薛河流域可能还有其他后李文化遗址的存在（图三—六）。

2. 北辛文化时期

薛河流域本次调查直接确定的北辛文化遗址有前台南、北辛和西康留3处，而据上章分析，调查区域发现的北辛文化遗物分布区和散点区中，民庄西南遗物分布区以及范村东南、前坝桥西散点区等4处地点，也很可能是北辛文化的单独遗址。如此，调查区域北辛文化时期的聚落应有8处左右。

---

① 燕生东、尹秀娇、王琦：《20世纪枣滕地区考古发现与研究》，《枣庄师专学报》2001年1期。

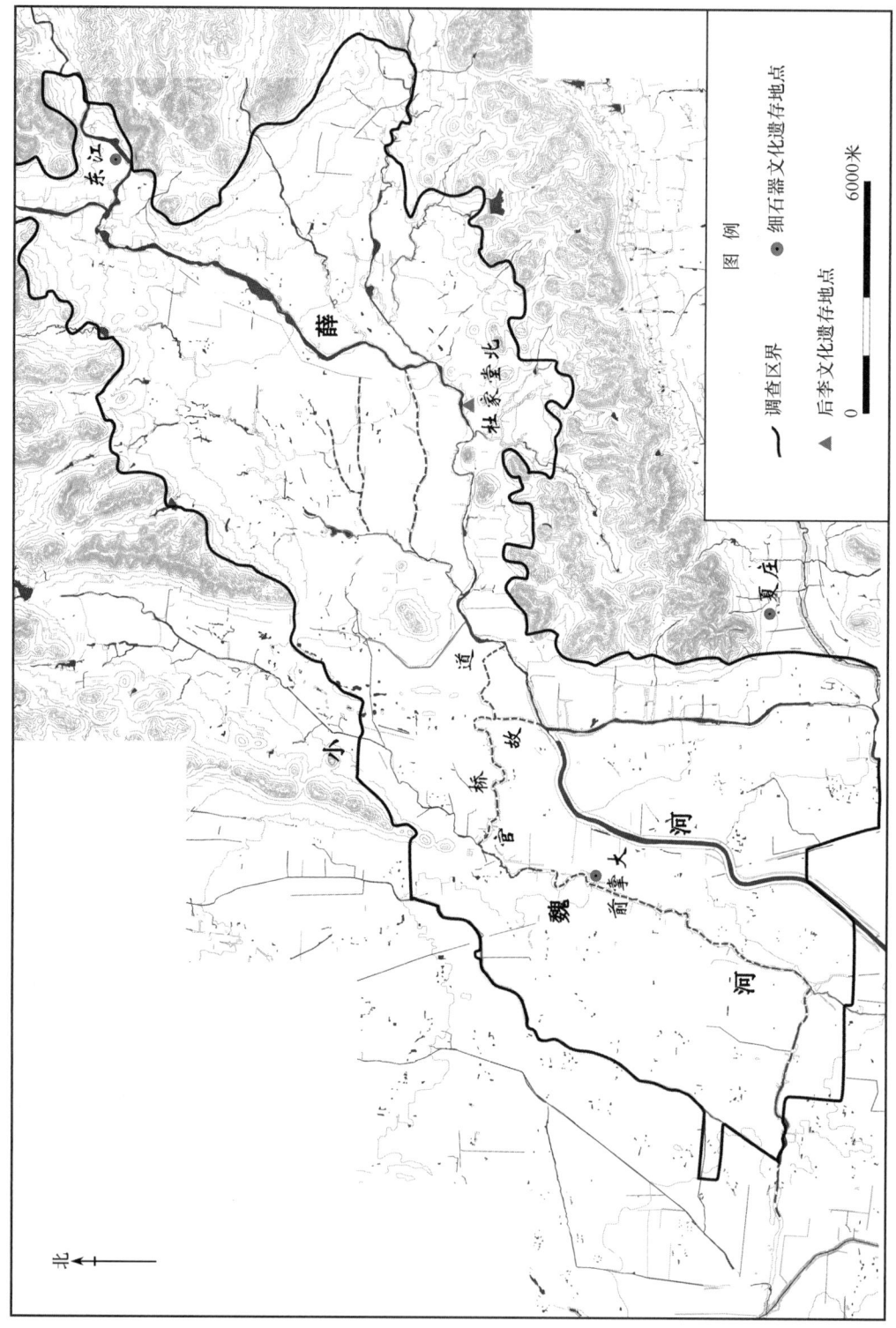

图三二六 薛河流域调查区域细石器文化—后李文化聚落分布图

根据3处面积明确的北辛文化聚落的情况分析，这一时期聚落的规模已有一定差异。按照本次调查确定的核心分布区面积划分，3处聚落可以分为两级。其中北辛聚落的核心分布面积为5.8万平方米，上世纪发掘确定的遗址面积也接近此数，为一级聚落；西康留聚落的核心分布区面积为1.1万平方米，钻探面积为2万~3万平方米，前台南聚落的核心分布区面积调查为2.5万平方米，两者为二级聚落。

北辛文化时期的聚落多数紧邻或靠近海子—前南宿—北辛—小康留—东邵桥一线的古薛河主干道，少数靠近薛河支流，总体分布较为均匀，相邻聚落间距多在2~4千米，少数远者可达7千米左右或更远。调查区域北辛文化的聚落基本不见聚群现象，只有北辛遗址周边有坝上西、北辛东北和北辛南3个遗物分布区，上文曾推测它们可能只是北辛文化遗物的次生分布区，但如果三者确为北辛文化遗址，则北辛区域会形成1个北辛文化时期的聚落小群。而在北辛区域外，根据目前资料分析，其他区域的聚落均为独立分布的模式（图三一七）。

3. 大汶口文化时期

薛河流域本次调查直接确定的大汶口文化遗址有建新、胡村、西王宫南、大韩村西南、前坝桥西、孔庄北等16处。而据上章分析，调查区域发现的大汶口文化遗物分布区和散点区中，民庄西南、西集东遗物分布区以及横岭埠北、昌虑故城散点区等11处地点，很可能也是大汶口文化的单独遗址。如此，薛河流域调查区内大汶口文化的聚落应有27处左右，数量较北辛文化时期增加了两倍有余。

根据14处面积明确的大汶口文化聚落的情况分析，这一时期聚落规模的分化已较明显。按照本次调查确定的核心分布区面积划分，这些聚落可分为三级：一级聚落有前坝桥、胡村、西康留3处，面积可达6万~14万平方米；二级聚落有西王宫南、建新等4处，面积2万~4万平方米；三级聚落有陶山、孔庄北等7处，面积在1万平方米左右或者更小。

这一时期聚落的分布范围较北辛文化时期有所扩大，但多数聚落仍然分布在古薛河主干道两侧，尤其以中下游的胡村至西康留段两侧最为集中，少数聚落则靠近支流。由于这一时期聚落的数量明显增多，聚落之间的距离较北辛文化时期也普遍变小，胡村至西康留段古薛河主干道两侧的聚落，距离近者多在500米左右，远者则在1千米左右；其他区域的聚落间距则稍远，多在2~4千米或更远。

根据本时期不同等级聚落的分布情况分析，胡村至西康留段古薛河主干道两侧的大汶口文化聚落已有聚群之势，它们似可分为3~4个聚落小群，每个群似以面积较大的胡村、西王宫南和西康留为中心，周围分布有若干面积较小的聚落。胡村至西康留段以外，东江—前台区域似乎也有类似的聚落群，但其中聚落的情况均不明确。除两者之外，其他区域这一时期的聚落似乎仍为独立分布的模式（图三一八）。

4. 龙山文化时期

薛河流域本次调查直接确定的龙山文化遗址有后台、建新、大韩村东、薛故城东南、胡楼北、孔庄北等15处，而据上章分析，调查区域发现的龙山文化散点区中，庄里南、前坝桥西等6处很可能也是龙山文化的单独遗址，如此薛河流域调查区内的龙山文化聚落数量应有21处左

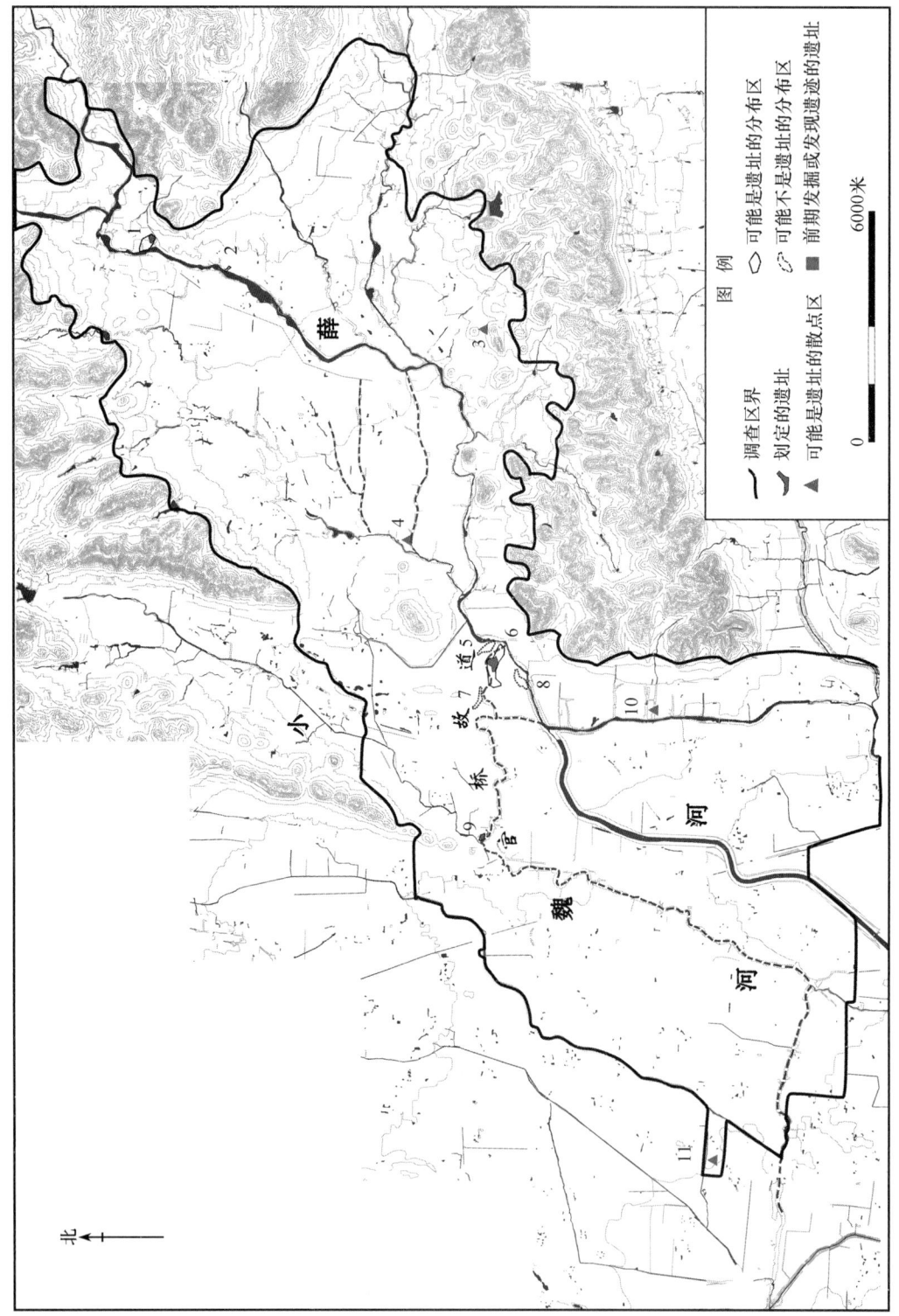

图三一七 薛河流域调查区北辛文化聚落分布图

1. 前台南 2. 民庄西南 3. 范村东南 4. 吴小庄南 5. 北辛东北 6. 北辛 7. 坝上西 8. 北辛南 9. 西康留 10. 胡楼北 11. 前坝桥西

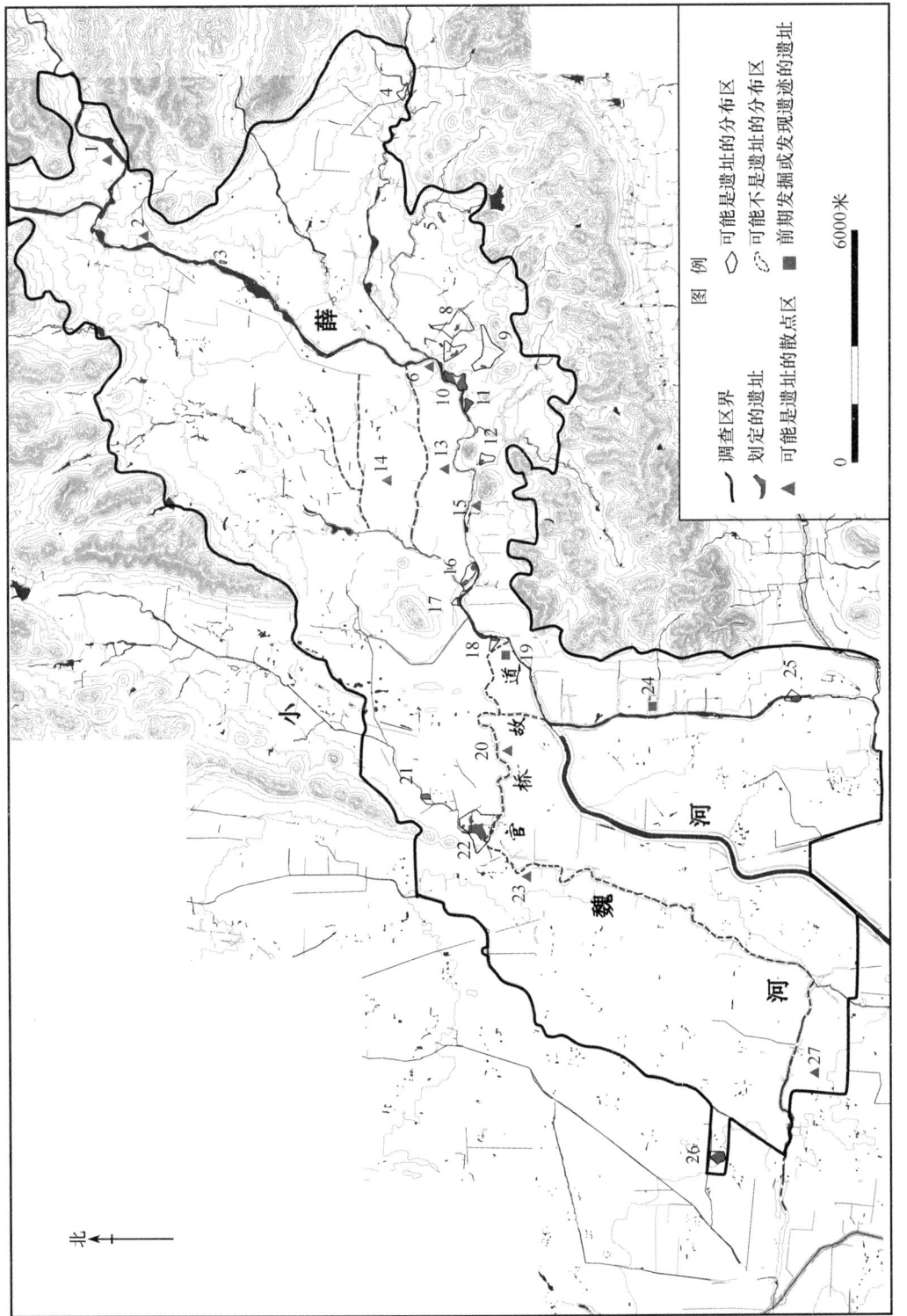

图三一八 薛河流域调查区大汶口文化聚落分布图

1. 东江 2. 前台南 3. 民庄西南 4. 西集东 5. 建新 6. 前南留 7. 豹山东北 8. 南庄西 9. 范村东南 10. 胡村 11. 杜家堂北 12. 陶山 13. 昌息故城
14. 东南王庄侧 15. 张庄东南 16. 西王宫南 17. 望河庄南 18. 北辛东南 19. 北辛 20. 大康留东北 21. 大韩村西南 22. 西康留 23. 西王庄南 24. 胡楼北
25. 孔庄北 26. 前坝桥西 27. 段楼东南

右，较延续时间更长的大汶口文化时期，龙山文化的聚落数量有所减少。

这一时期面积明确或前期曾钻探发掘的10处聚落，按照本次调查确定的核心分布区面积划分，可分为四级：一级聚落仅有大韩村东1处，面积为42万平方米；二级聚落有大韩村西南、后台和薛故城东南3处，面积为10万平方米左右；三级聚落有西王宫南和西康留2处，面积在3万～4万平方米；四级聚落有胡村、杜家堂北、北辛东北、建新4处，面积在1万平方米左右。

这一时期聚落的分布范围也有所扩大，出现了尚屯西这样距薛河主干道较远的近山聚落。但由于这一时期调查区域内情况明晰的遗址数量有限，胡村至西康留段古薛河主干道两侧聚落的间距似乎变得稍远，多数在1～2千米，其他区域的聚落间距则多在2～4千米或更远。

基于同样的原因，这一时期不同等级聚落的分布模式也并不清晰，但若干聚落以一个大型聚落为中心聚群的情况似乎仍然存在，且这一现象似乎扩展到整个调查区域中，后台、昌虑故城、北辛东北、大韩村以及魏家楼区域似乎都有这样的聚落群，整个调查区域中独立分布的龙山文化聚落较少。其中，位于调查区中心区域的两个面积最大的聚落——大韩村东和大韩村西南，距离非常接近，而且很有可能为同一个遗址，它们无疑是这一区域甚至包括调查区域在内的周边地区的一处大型中心聚落（图三一九）。

5. 岳石文化时期

薛河流域本次调查直接确定的岳石文化遗址有前南宿西南、西集东、西王宫南、西康留、大韩村西南、前掌大等10处，而据上章分析，调查区域发现的岳石文化遗物分布区和散点区中，胡村、坝上西遗物分布区及后台、北辛东北、段楼东南散点区等10处地点，也可能是岳石文化的单独遗址。如此，调查区域内岳石文化时期的聚落应有20处左右，与龙山文化时期聚落数量相近。

根据面积明确的6处岳石文化聚落统计，这一时期聚落的规模普遍缩小，按照调查确定的核心分布区面积划分，它们仅能分为两级：一级聚落为前南宿西南和西王宫南聚落，面积为4万～5万平方米；而本次调查清理的大康留东北遗址剖面上，岳石文化遗存延续250米左右，因此推测大康留东北也应为一级聚落；二级聚落有望河庄南、西集东等4处，面积则在1万平方米以下。

这一时期聚落的分布区范围也有所收缩，多集中在古薛河主干道两侧，与前期相似，以前南宿至西康留段最为集中。岳石文化时期的聚落间距与龙山文化时期相比变化不大，前南宿至西康留段薛河主干道两侧聚落的间距仍多在1～2千米，其他区域则多在2～4千米或更远。

岳石文化时期不同等级聚落的分布情况似乎与大汶口文化时期比较相似，前南宿至薛故城段古薛河主干道两侧区域内，似有若干聚落小群，但由于这一时期情况明晰的聚落有限，其中详情多不甚明确（图三二〇）。

6. 商代时期

薛河流域本次调查直接确定的商代时期遗址有前台南、西集东、西王宫南、前掌大、后黄庄、杜村东等10处，而据上章分析，调查区域发现的商代时期遗物分布区和散点区中，杜家堂北、前南宿等遗物分布区以及民庄西南、西仓桥散点区等10处地点，也很可能是单独的商代遗

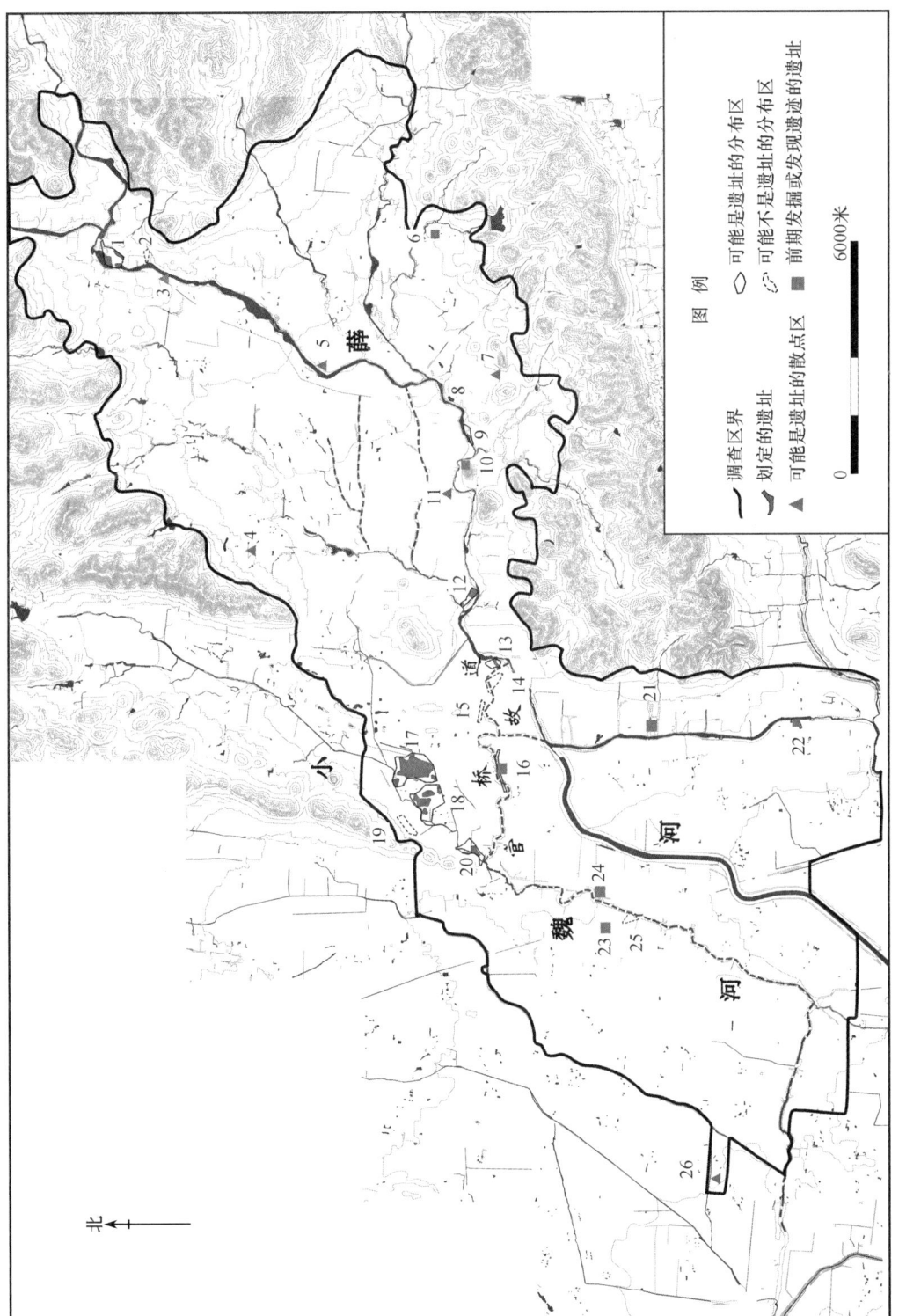

图三一九 薛河流域调查区龙山文化聚落分布图

1. 后台 2. 前台南 3. 庄里南 4. 尚屯西 5. 东薛河北 6. 建新 7. 范村东南 8. 胡村 9. 杜家堂北 10. 陶山 11. 东于 12. 西王营南 13. 北辛东北 14. 北辛 15. 坝上西 16. 大康留东北 17. 大韩村东 18. 大韩留南 19. 中韩村西南 20. 西康留 21. 胡楼北 22. 孔庄北 23. 薛故城东南 24. 前掌大 25. 魏家楼南 26. 前坝桥西

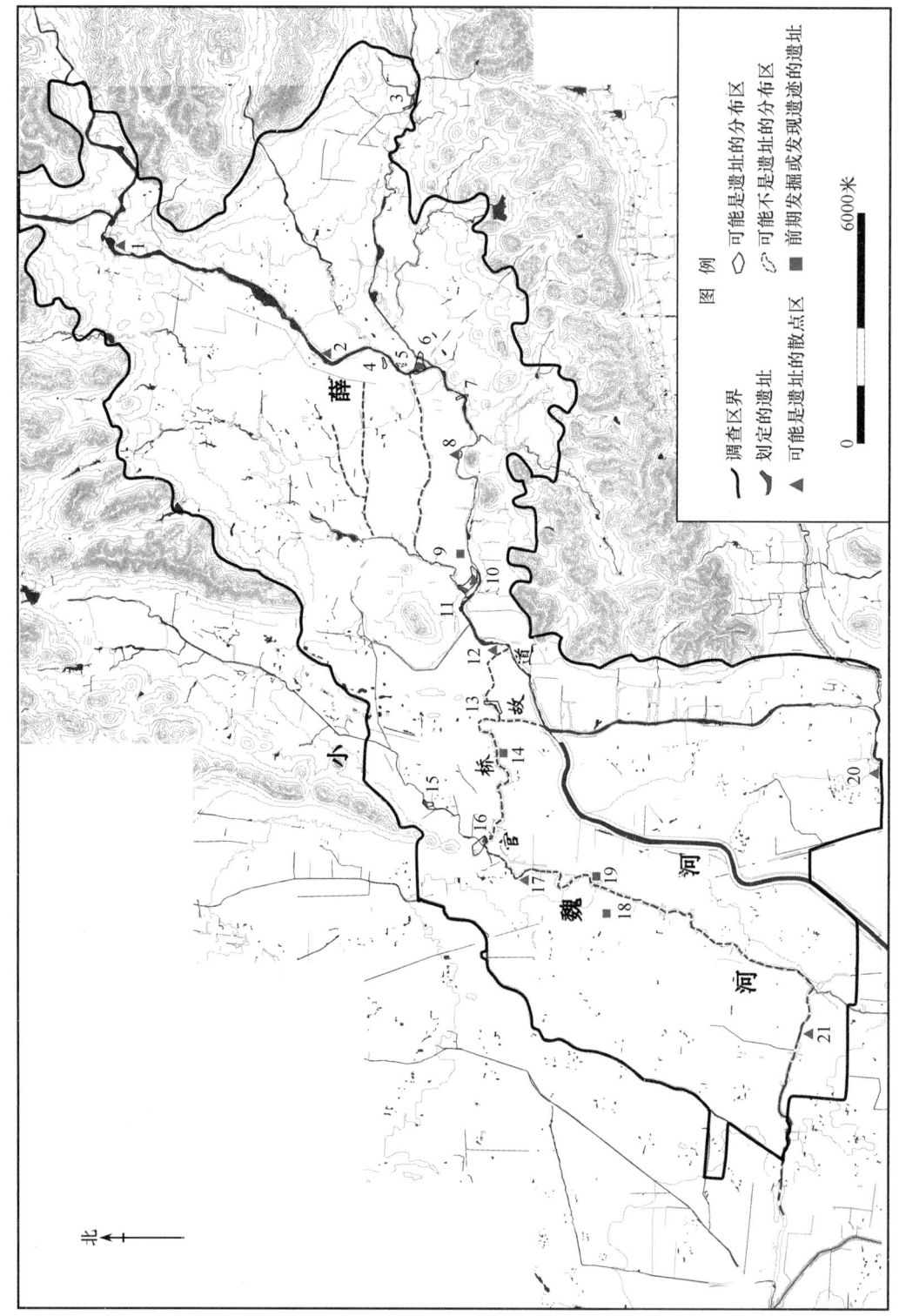

图三二〇 薛河流域调查区岳石文化聚落分布图

1. 后台 2. 东薛河北 3. 西集东 4. 西薛河西 5. 西南宿西南 6. 前南宿西南 7. 胡村 8. 昌虑故城 9. 小王官 10. 西王官南 11. 望河庄南 12. 北辛东北
13. 坝上西 14. 大康留东北 15. 大韩村西南 16. 西康留 17. 西王庄北 18. 薛故城东南 19. 前掌大 20. 西仓桥 21. 段楼东南

址。如此，调查区域内的商代聚落有20处左右，与岳石文化时期的聚落数量相近，且商代时期多数聚落的遗物也都不丰富，规模也不甚清晰。

商代时期8处面积明确或前期钻探的聚落，按照本次调查确定的核心分布区面积划分，可分为三级，但各级之间的差别较大。明确的一级聚落仅有1处，即前掌大聚落，其面积约55万平方米；此外，薛故城东南小城的面积与它相当，如果其始建年代可早至晚商时期，它也应为一级聚落，甚至它还可能与前掌大遗址为一体。二级聚落有前台南、后黄庄和西康留3处，聚落面积2万～3万平方米；但其中后黄庄遗址部分面积被现代村庄占压，其聚落实际面积可能超过此数。三级聚落有西王宫南、胡村、前沙冯西3处，聚落面积为0.5万～1万平方米。

这一时期聚落的分布范围较前期变化不大，但分布格局有较大变化，虽然大多数聚落仍沿古薛河主干道两侧分布，但大型聚落如西康留、前掌大和后黄庄聚落，开始转移到薛河下游地区。商代时期聚落间的距离也相对稀疏，除个别遗址外，薛河中上游区域的商代聚落间距多在1～2千米，下游地区聚落的间距则多在2～3千米。

商代时期调查区域内的聚落总体分布较均匀，可能由于情况明晰的聚落数量有限，聚落聚群现象不明显，这也显得薛河下游区域的特大聚落——前掌大呈"遗世独立"的形势。根据鲁南地区商代聚落目前的发现情况，可知前掌大聚落是这一地区最大的聚落之一。根据调查情况可知，它也应为薛河流域商代时期的中心聚落，而距它较近的后黄庄聚落和薛故城东南聚落面积也较大，它们构成掎角之势，之间可能有更加密切的联系。除上述3处聚落外，薛河流域中上游的商代聚落均规模较小，可能均为一般性聚落（图三二一）。

7. 西周时期

薛河流域本次调查直接确定的西周时期遗址有东江、西集东、土城西、西台西、薛故城—前掌大、胡楼北、杜村东等31处，而据上章分析，调查区域发现的西周时期遗物分布区和散点区中，东莱东、西仓桥等遗物分布区以及前坝桥西散点区等5处地点，也很可能是西周时期的单独遗址。如此，调查区域西周时期的聚落应有36处左右，数量较此前的龙山文化至商代时期增加了近一倍。

根据面积明确的28处西周时期聚落情况分析，这一时期聚落规模的分化十分明显。按照本次调查确定的核心分布区面积划分，它们可分为四级或五级：调查区域面积最大的西周时期聚落为在商代前掌大聚落上扩建成的薛故城—前掌大聚落，其面积为200万平方米，其次为坝上西聚落，面积达61.4万平方米，两者可同归为一级聚落或划为两级。东江、西王宫南、大康留北和西康留4处聚落，面积均在5万～15万平方米，为二级聚落；西集东、陶山南、后黄庄等9处聚落，面积多在1.5万～5万平方米，为三级聚落；前台南、胡村南、杜家堂北、西台西等13处聚落，面积都在0.3万～1.5万平方米，为四级聚落。

这一时期聚落的分布仍主要位于古薛河主干道和支流两侧，其中前南宿至西康留段古薛河主干道两侧仍是聚落分布最密集的区域，仅有少数聚落距薛河及其支流河道较远。由于聚落数量的增加，西周时期聚落间距明显缩小，前南宿至西康留段古薛河故道主干道两侧的聚落间距，近者多在300～500米，远者则为1～2千米，此区以外聚落的间距则多在1～5千米。

与商代时期相似，西周时期几乎所有的大型聚落都位于薛河下游地区。这一时期聚落聚群

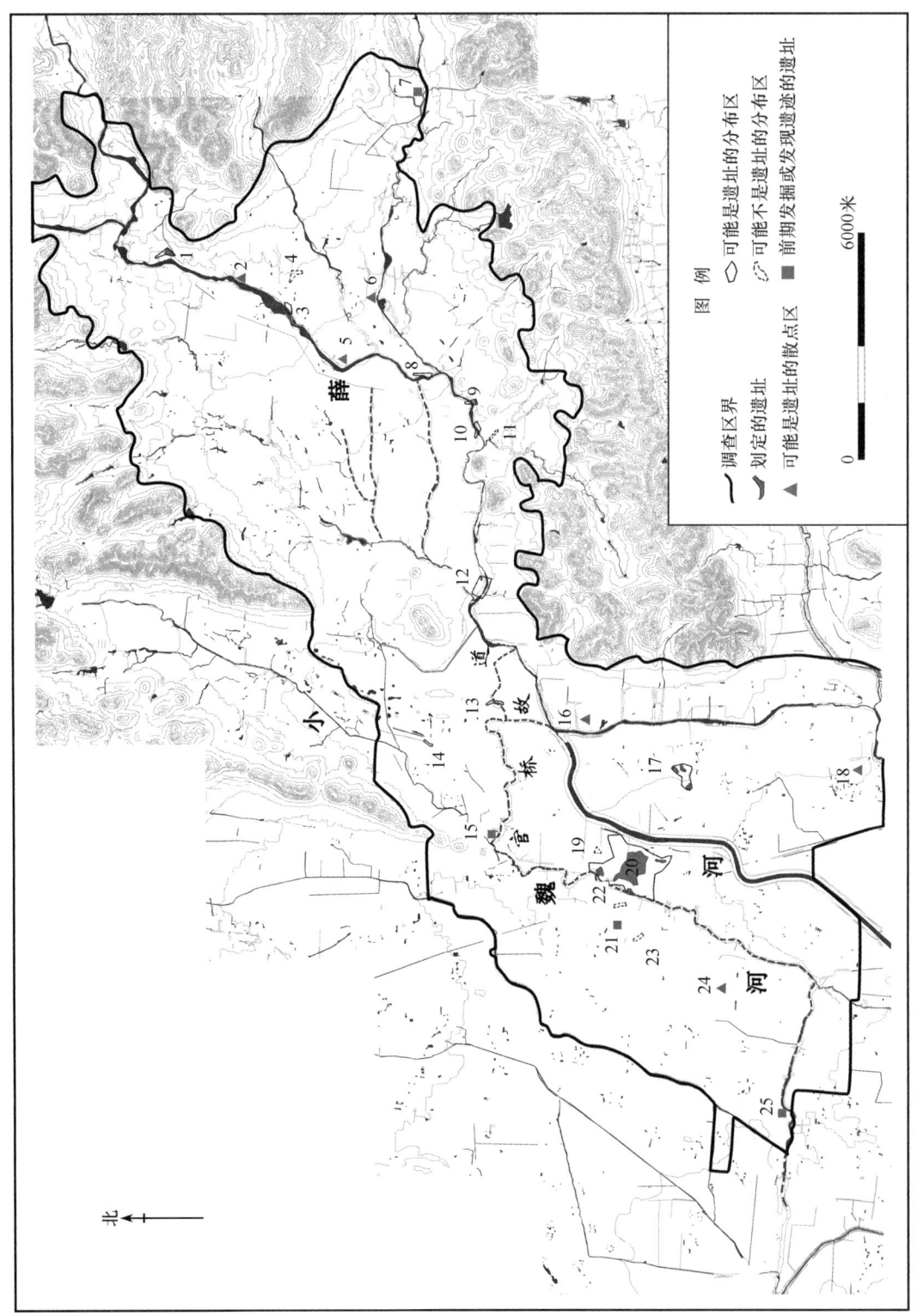

图三二一 薛河流域调查区商代聚落分布图

1. 前台南 2. 民庄西南 3. 前沙冯西 4. 前沙冯东南 5. 东薛河北 6. 大计河东 7. 西集东 8. 前南宿 9. 胡村 10. 杜家堂北 11. 洪村 12. 西王营南 13. 坝上西 14. 大韩村东 15. 西康留 16. 北辛南 17. 后黄庄 18. 西仓桥 19. 前掌大东北 20. 前掌大东南 21. 薛故城东南 22. 魏家楼西 23. 高庄西北 24. 陶庄东北 25. 杜村东

现象在东江、昌虑故城及坝上西区域较为明显。这3个区域分别以上述三聚落为中心，形成聚落群。不过三聚落群的聚落数量和规模差异较大，其中以坝上西为中心的聚落群，周围环以望河庄南、东台东北、西台西、孤山东南、东莱东、大韩村东、大韩村东、西康留、小康留西、大康留东北、南辛东南等较多聚落，且其中的聚落不乏面积较大者；以东江和昌虑故城（土城西）为中心的聚落群则聚落有限，且其中聚落的规模大都较小。除上述三区域外，其他区域的西周聚落则分布较零散，包括薛故城——前掌大聚落在内，各聚落都明显较独立。关于这一时期各个聚落的具体性质，通过前期考古发掘和对应少量文献记载，可知薛故城—前掌大聚落可能为西周时期薛国的都邑所在，它应为调查区域及周边地区最主要的中心聚落，其周边的很多中小型聚落都应在薛国控制范围内（图三二二）。

8. 东周时期

薛河流域本次调查直接确定的遗址有东江、民庄西南、东薛河北、前南宿、洪村、昌虑故城、西台西、大韩村东、西康留—北辛、薛故城—前掌大、后黄庄、西仓桥、辛庄等54处，而根据上章分析，西江南、前伏西北、官桥北、段楼东南和南闫楼等25个遗物分布区和海子北、西南庄西南、东南王庄东北、西于南、皇殿东北5处散点区也可能是东周时期的遗址。如此，调查区域东周时期的聚落数量应有84处左右，较西周时期又增加了一倍有余。

东周时期薛河流域的大型聚落进一步增多，而且前期很多相对独立的聚落这时都可以归并为一体，如后台、前南宿、望河庄南、昌虑故城、西康留—北辛等。52处面积明确的东周时期遗址，按照调查划定的核心分布区面积，其聚落规模可划分为六级：一级聚落有2处，薛故城—前掌大聚落面积约1300万平方米，西康留—北辛聚落的面积为363.4万平方米；二级聚落有昌虑故城、西台西和大韩村东3处，聚落面积都在60万～140万平方米；三级聚落有东江、后台、望河庄南、前南宿4处，聚落面积都在20万～40万平方米；四级聚落如东薛河北、民庄西南、后黄庄等10处，聚落面积多在7万～17万平方米；五级聚落如庄里南、太平庄南等12处，聚落面积多在2.5万～5.5万平方米；六级聚落如宋屯东、前坝桥、马庄东等21处，聚落面积则多在1万～2万平方米。

从东周时期聚落的分布格局看，这一时期的聚落仍主要分布在古薛河的主干道两侧，尤其是海子至薛故城一线主干道两侧聚落非常密集；同时，这一时期调查区内近山地带和薛河支流两侧的遗址也明显增多。与商代和西周时期相似，东周时期的大型聚落仍主要分布在薛河下游地区，但薛河中上游地区、小魏河中游地区和羊庄支流地区也有东江、昌虑故城、大韩村东、西台西等大型聚落。这一时期古薛河主干道两侧的聚落间距基本都在300～1000米之间，尤其是前南宿至薛故城一线，遗址大都连缀成片，甚至密不可分。古薛河主干道区域外，聚落的间距则较大，多在在1～2千米，甚至更远（图三二三）。

东周时期的各级聚落，在东江至薛故城的古薛河主干道两侧分布基本呈连续状态，虽仍有以东江、昌虑故城和薛故城—前掌大等大型遗址为中心的聚群现象存在，但由于聚落密集，各聚落群之间的界限没有之前时期明显。这一时期调查区域内各个聚落的性质，据文献记载及考古发掘证明，薛故城—前掌大应为薛国都邑，东江和昌虑故城可能对应文献记载中的小邾国早期都邑——郳以及滥邑，其他聚落则多应为两国控制下的各级聚落；至于其具体性质则需要下

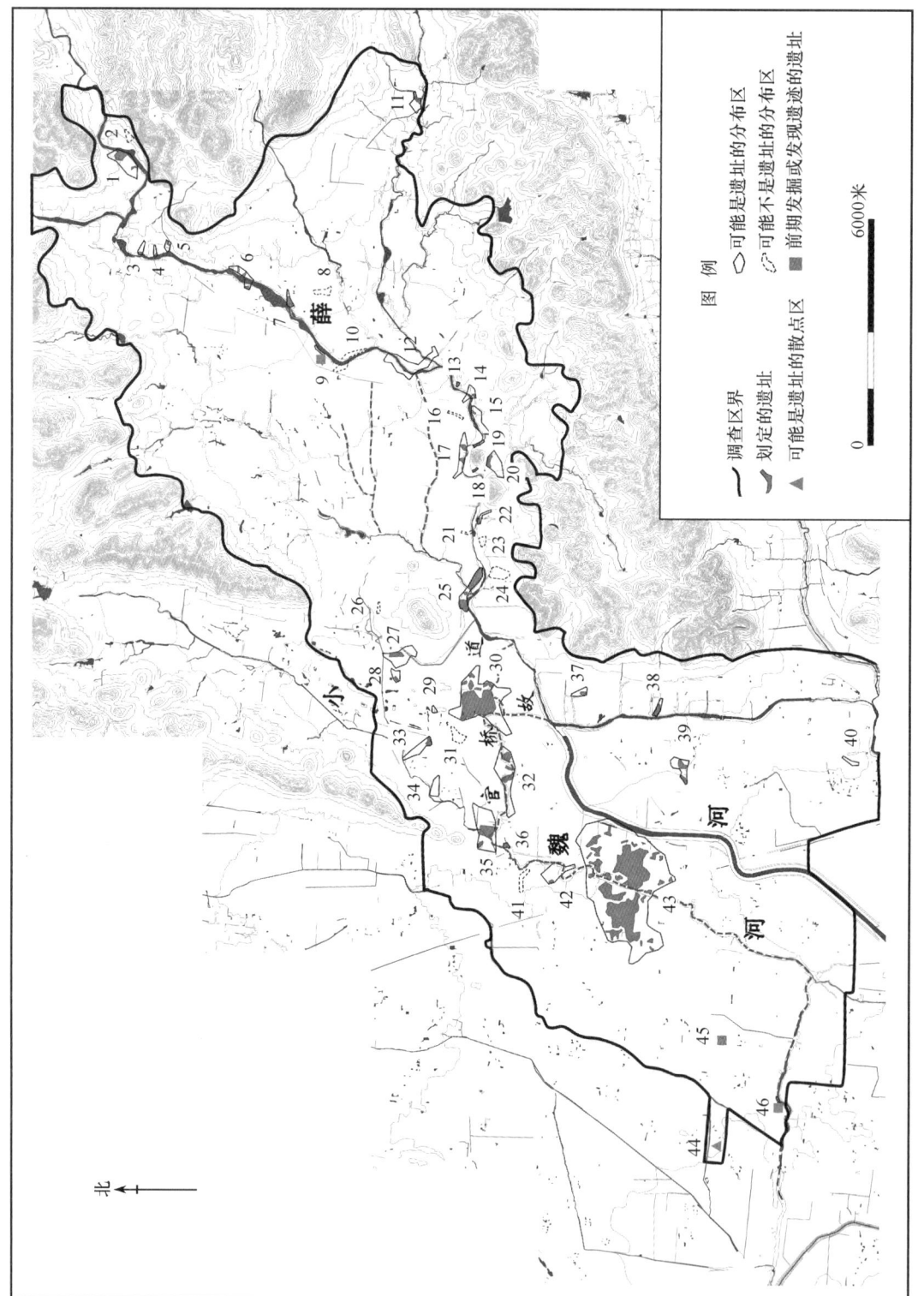

图三二二 薛河流域调查区西周时期聚落分布图

1. 东江 2. 龙塘东 3. 后台 4. 前台南 5. 庄里东 6. 民庄西南 7. 前沙冯西 8. 前沙冯东南 9. 孟庄东北 10. 东薛河北 11. 西集东 12. 前南宿 13. 胡村北 14. 胡村南 15. 杜家堂北 16. 西石楼东 17. 土城西 18. 陶山西 19. 陶山南 20. 陶山东 21. 小王宫 22. 张庄北 23. 高村北 24. 高村南 25. 望河庄南 26. 东台东北 27. 西台南 28. 孤山东南 29. 大康留东南 30. 坝上西 31. 前来西南 32. 大康留东北 33. 大韩村东 34. 大韩村西南 35. 西康留 36. 小康留西 37. 南辛东南 38. 胡楼北 39. 后黄庄 40. 西仓桥 41. 车站东 42. 西王庄南 43. 薛故城—前掌大 44. 前坝桥西 45. 张汪南 46. 杜村东

现象在东江、昌虑故城及坝上西区域较为明显。这3个区域分别以上述三聚落为中心，形成聚落群。不过三聚落群的聚落数量和规模差异较大，其中以坝上西为中心的聚落群，周围环以望河庄南、东台东北、西台西、孤山东南、东莱东、大韩村东、大韩村东、西康留、小康留西、大康留东北、南辛东南等较多聚落，且其中的聚落不乏面积较大者；以东江和昌虑故城（土城西）为中心的聚落群则聚落有限，且其中聚落的规模大都较小。除上述三区域外，其他区域的西周聚落则分布较零散，包括薛故城——前掌大聚落在内，各聚落都明显较独立。关于这一时期各个聚落的具体性质，通过前期考古发掘和对应少量文献记载，可知薛故城—前掌大聚落可能为西周时期薛国的都邑所在，它应为调查区域及周边地区最主要的中心聚落，其周边的很多中小型聚落都应在薛国控制范围内（图三二二）。

8. 东周时期

薛河流域本次调查直接确定的遗址有东江、民庄西南、东薛河北、前南宿、洪村、昌虑故城、西台西、大韩村东、西康留—北辛、薛故城—前掌大、后黄庄、西仓桥、辛庄等54处，而根据上章分析，西江南、前伏西北、官桥北、段楼东南和南闫楼等25个遗物分布区和海子北、西南庄西南、东南王庄东北、西于南、阜殿东北5处散点区也可能是东周时期的遗址。如此，调查区域东周时期的聚落数量应有84处左右，较西周时期又增加了一倍有余。

东周时期薛河流域的大型聚落进一步增多，而且前期很多相对独立的聚落这时都可以归并为一体，如后台、前南宿、望河庄南、昌虑故城、西康留—北辛等。52处面积明确的东周时期遗址，按照调查划定的核心分布区面积，其聚落规模可划分为六级：一级聚落有2处，薛故城—前掌大聚落面积约1300万平方米，西康留—北辛聚落的面积为363.4万平方米；二级聚落有昌虑故城、西台西和大韩村东3处，聚落面积都在60万~140万平方米；三级聚落有东江、后台、望河庄南、前南宿4处，聚落面积都在20万~40万平方米；四级聚落如东薛河北、民庄西南、后黄庄等10处，聚落面积多在7万~17万平方米；五级聚落如庄里南、太平庄南等12处，聚落面积多在2.5万~5.5万平方米；六级聚落如宋屯东、前坝桥、马庄东等21处，聚落面积则多在1万~2万平方米。

从东周时期聚落的分布格局看，这一时期的聚落仍主要分布在古薛河的主干道两侧，尤其是海子至薛故城一线主干道两侧聚落非常密集；同时，这一时期调查区内近山地带和薛河支流两侧的遗址也明显增多。与商代和西周时期相似，东周时期的大型聚落仍主要分布在薛河下游地区，但薛河中上游地区、小魏河中游地区和羊庄支流地区也有东江、昌虑故城、大韩村东、西台西等大型聚落。这一时期古薛河主干道两侧的聚落间距基本都在300~1000米之间，尤其是前南宿至薛故城一线，遗址大都连缀成片，甚至密不可分。古薛河主干道区域外，聚落的间距则较大，多在在1~2千米，甚至更远（图三二三）。

东周时期的各级聚落，在东江至薛故城的古薛河主干道两侧分布基本呈连续状态，虽仍有以东江、昌虑故城和薛故城—前掌大等大型遗址为中心的聚群现象存在，但由于聚落密集，各聚落群之间的界限没有之前时期明显。这一时期调查区域内各个聚落的性质，据文献记载及考古发掘证明，薛故城—前掌大应为薛国都邑，东江和昌虑故城可能对应文献记载中的小邾国早期都邑——郳以及滥邑，其他聚落则多应为两国控制下的各级聚落；至于其具体性质则需要下

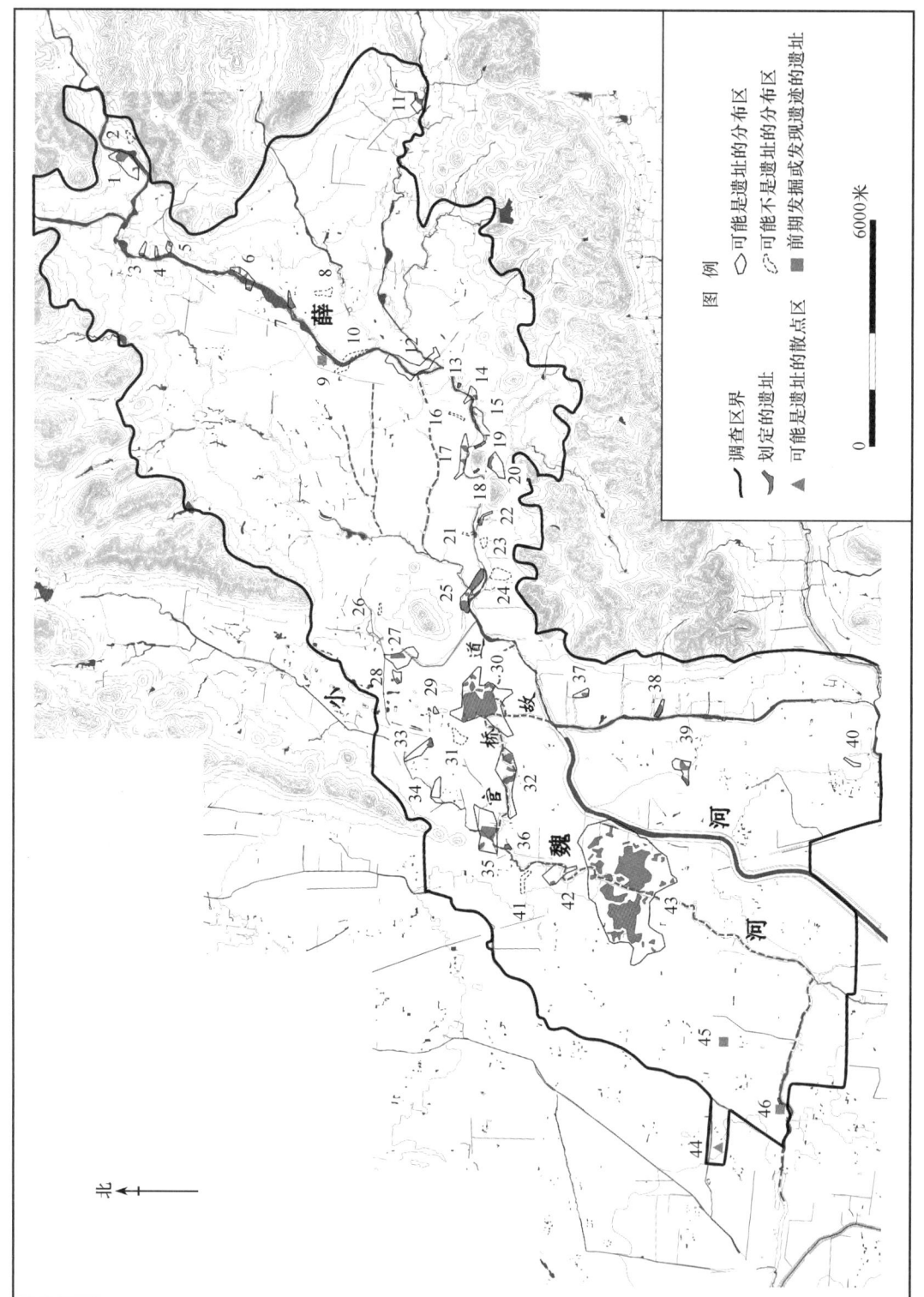

图三二二 薛河流域调查区西周时期聚落分布图

1.东江 2.龙塘东 3.后台 4.前台南 5.庄里东 6.民庄西南 7.前沙冯西 8.前沙冯东南 9.孟庄东北 10.东薛河北 11.西集东 12.前南宿 13.胡村北 14.胡村南 15.杜家堂北 16.西石楼东 17.土城西 18.陶山西 19.陶山南 20.陶山东 21.小王宫 22.张庄北 23.高村北 24.高村西 25.望河庄南 26.东台东北 27.西台西 28.孤山东南 29.东莱西南 30.坝上西 31.前莱西北 32.大康留东南 33.大韩村东 34.大韩村西南 35.西康留 36.小康留西 37.南辛东南 38.胡楼北 39.后黄庄 40.西仓桥 41.车站东 42.西王庄南 43.薛故城—前掌大 44.前坝桥西 45.张汪南 46.杜村东

一步工作的开展，尤其是后台、望河庄南、昌虑故城、西康留—北辛等由多个核心分布区连缀而成的大型聚落，其各个核心分布区是否真为"一体"，其功能和地位如何，都需要进一步工作和研究确定。

9. 秦汉时期

薛河流域本次调查可直接确定的秦汉时期遗址有横岭埠北、东薛河北、昌虑故城、北辛东北、后黄庄、西仓桥、薛故城、陈楼东北等98处，而根据上章分析，前台东南、杜家堂北、中韩村西南、安上村等41处遗物分布区和小赵庄东南、大计河北等3处散点区也可能是秦汉时期的聚落。如此，薛河流域调查区内秦汉时期的聚落约142处，较东周时期又增加了近一倍。

延续东周时期聚落归并的趋势，秦汉时期聚落的归并现象更加常见，很多前期临近的遗址这一时期均可归并为一体，如后台、东薛河北和北辛东北等聚落都归并了前期的一些独立聚落。96处面积明确的秦汉时期遗址，按调查确定的核心分布区面积统计，其聚落规模可分为六级：第一级聚落为面积约840万平方米的薛故城；第二级聚落为面积约140万平方米的昌虑故城；第三级聚落有横岭埠北、西康留、东薛河北、西集等9处，面积多在25万~50万平方米；第四级的聚落面积多在5万~20万平方米，共36处，其中又可分为两个次级，东南宿北、大韩村东、洪村等10处聚落，面积多在12万~20万平方米，大康留东北、东台东北、后黄庄等26处聚落，面积为5万~10万平方米；第五级聚落如前坝桥西、落凤山南、大韩村西南等30处，面积多在2万~4万平方米；第六级聚落如大岩头、庄里南、皇殿东北等19处，面积多在1万~2万平方米。

这一时期的聚落的分布遍及调查区内，除古薛河主干道两侧外，薛河支流两侧甚至大沙河两侧也较密集，只有距离河道较远的山前地区遗址数量相对较少。这一时期的聚落，除了面积最大的薛故城仍位于薛河下游地区外，薛河中上游、各支流和小魏河流域也都有较大的遗址存在。这一时期由于聚落数量激增，其分布也变得更加密集，多数聚落的核心分布区间距都在500~1000米，只有少数聚落间距为1~2千米。很多聚落的一般分布区则相互连在一起，甚至难以截然区分（图三二四）。

秦汉时期各等级聚落的分布模式与东周时期非常相似，但由于这一时期的聚落更加密集，基本难以划分出界限明显的聚落群。本时期的大型聚落中，薛故城应为秦汉时期的薛县县治所在，昌虑故城应为汉末昌虑县县治所在，其他聚落则大多应为两聚落管辖下的一般性聚落，但其具体性质、功能和地位可能会有一定区别。

此外，除了各级秦汉时期聚落，本次调查及其他单位前期在薛河流域均发现过数量众多的石室墓，而这些石室墓的年代除少量为宋代之后和明清时期，大多数也均属两汉时期。上章中，我们在各遗址和遗物分布区中已对大多数石室墓的情况进行了详细介绍，而在各遗址和遗物分布区外，民庄东北的对山山顶也曾发现西汉早期的单室石室墓1座，随葬陶器和铁器共8件[1]；车站村东200米和第五中学前也曾发现可能为汉代的石室墓各1座[2]；范村西南小山和东

---

[1] 滕州市博物馆：《山东滕州市羊庄镇对山西汉墓的清理》，《考古》2003年2期。
[2] 孔繁银：《山东滕县井亭煤矿等地发现商代铜器及古遗址、墓葬》，《文物》1959年12期。

南的凤山山顶据悉也有石室墓群发现；本次调查还在宋屯村北、曹王墓村西的凤凰山上发现4座石室墓，周边还有被破坏的画像石；在小北塘村东北近山处，发现一块刻画半圆纹的画像石（图三二五）。相对于遗址，石室墓的发现具有一定偶然性，因此调查区域中目前发现的石室墓可能仅为部分汉代墓葬，也可能还有更多的石室墓未被发现和记录。但仅从现有发现情况分析，可见薛河流域调查区域的汉代石室墓分布比较普遍，它们亦多集中于古薛河主干道两侧，而且与秦汉时期聚落的分布呼应，其中又以东江、昌虑故城、薛故城等大型聚落所在区域最多，这可能在一定程度上反映了这些区域汉代时期的人口情况。

10. 汉代之后至宋元时期

对于薛河流域汉代之后的遗物，本次调查仅有选择性地采集了瓷片、铁器、钱币等较特殊的遗物，对砖瓦等数量更多的遗物则基本未采集，虽然这些遗物并不能完整体现调查区这一时期的聚落全貌，但仍能对这一时期古代聚落的宏观形态有一个大致了解。

调查区域内有这一时期遗物的遗物采集区共546处。由于这一时期跨越时段较长，采集遗物的时段也不均衡。其中魏晋北朝时期由于瓷器等遗物原本数量较少，因此调查采集的魏晋北朝遗物也很少，仅有数个采集区有这一时段的遗物。这一时期绝大多数遗物采集区的遗物属于隋唐宋元时段，其中包含隋唐时期遗物的采集区有153个，占这一时期采集区总数量的28%；采集区遗物时代特征不明显但应属唐宋时期的采集区176个，占这一时期采集区总数量的32.2%；包含宋元时期遗物的采集区224个，占这一时期采集区总数量的41%，数量最多。

总体考察这一时期的遗物采集区，可以发现它们的间距均较大，如按之前时期地表采集遗物的划分标准，大部分区域应属于"遗物分布区"或"散点区"。当然这种情况并不意味着这些区域大都不存在遗址，更不能说明这一时期的遗址数量大大减少。因为，首先，我们并未系统采集这一时期的遗物，如果做系统采集，这一时期遗物的数量和采集区密度肯定会有所增加；第二，由于汉代以后，尤其是隋唐以来，瓷器等器物逐渐得到普及，它们更加坚固耐用，使用寿命相对较长，必然会导致遗物总量的减少；第三，这一时期的遗址由于时代较晚，埋藏较浅，后期的破坏十分严重，而且很多遗址可能被现代城镇和村落占压，导致在地表发现的遗物较少。

从这一时期采集区的分布情况整体分析，薛河流域隋唐宋元时期的聚落总体应仍延续秦汉时期格局。遗物采集区仍多分布于古薛河主干道两侧及主要支流地区。前期的很多大型聚落范围内，如薛故城、昌虑故城、东莱东、前南宿、西集东等，仍有较多的采集区；按照前期遗址的划分标准，很多地区如庄里南、昌虑故城、西王宫南、北辛东北、前掌大等，在这一时期仍然为"遗址"；而根据前期发掘和本次调查的情况可知，大康留东北和西康留也存在这一时期的遗址（图三二六）。

二、宏观聚落形态的变迁及其特点

综合薛河流域各个时期聚落宏观形态的分析，可以将其变化趋势总结为：自后李文化时期

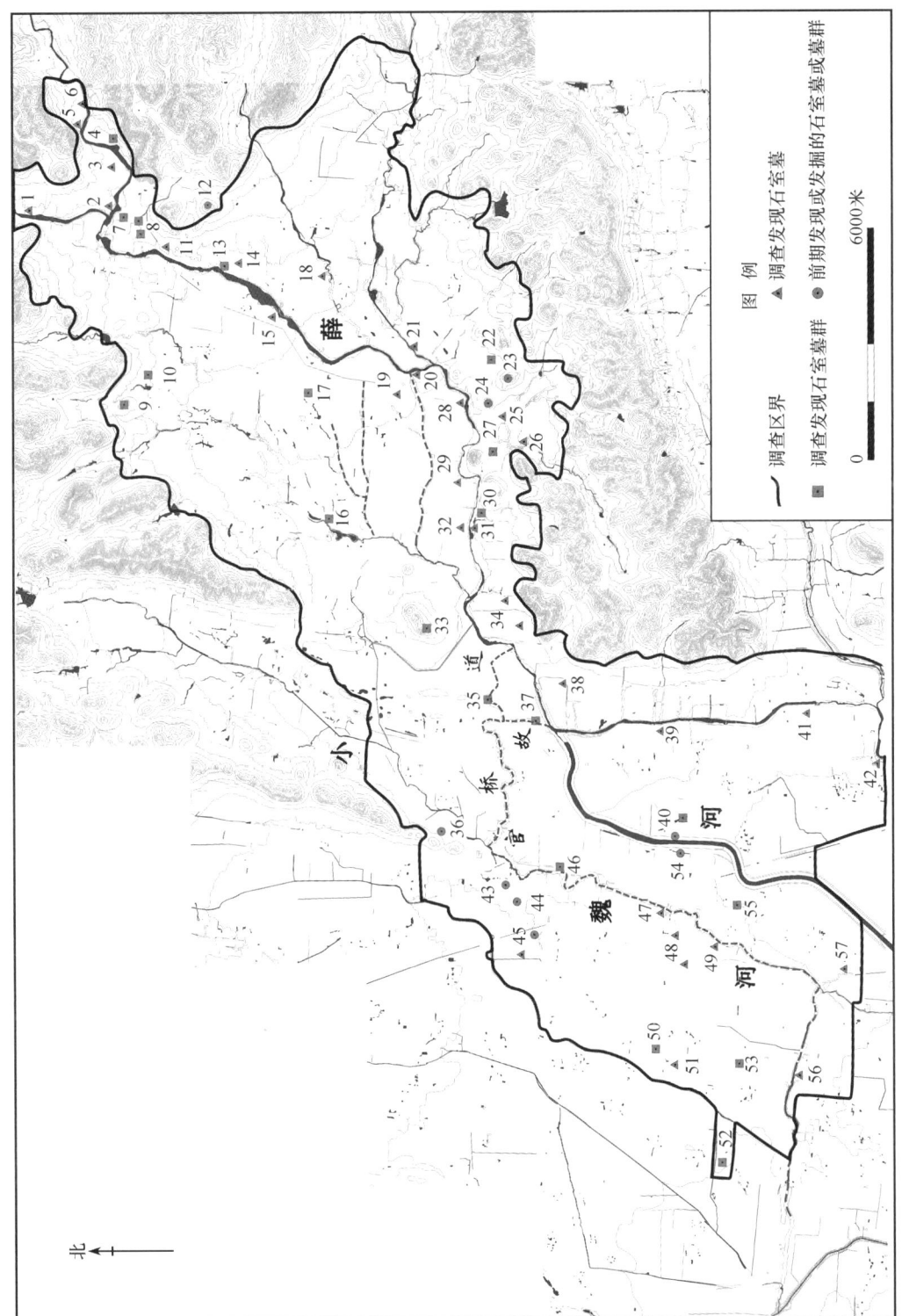

图三二五 薛河流域调查区域石室墓分布图

1. 横岭埠北 2. 海子东 3. 东江 4. 龙塘东 5. 大岩头西北 6. 大岩头 7. 后台 8. 前台东南 9. 凤凰山 10. 宋屯东 11. 前台南 12. 对山山顶 13. 民庄西南
14. 民庄南 15. 格山 16. 前沙冯西 17. 史屯西 18. 前沙冯东南 19. 许坡东 20. 东店东北 21. 东南宿东北 22. 范村东南 23. 凤山山顶 24. 坝上顶 36. 西公桥北 48. 洛庄东南
25. 洪村 26. 陶山 27. 余粮店南 28. 余粮店南 29. 东于东 30. 张庄东南 31. 张庄北 32. 西于南 33. 三山 34. 东洪林南 35. 坝上西
37. 后管庄东 38. 管庄东 39. 大庙 40. 北辛南 41. 孔庄东 42. 西仓桥 43. 后朱桥镇 44. 西仓桥 45. 车站东 46. 后掌大北 47. 高村北
49. 马庄南 50. 丁楼北 51. 张汪西 52. 前坝桥东南 53. 陈楼东北 54. 辛庄 55. 王楼北 56. 段楼西北 57. 南闫楼

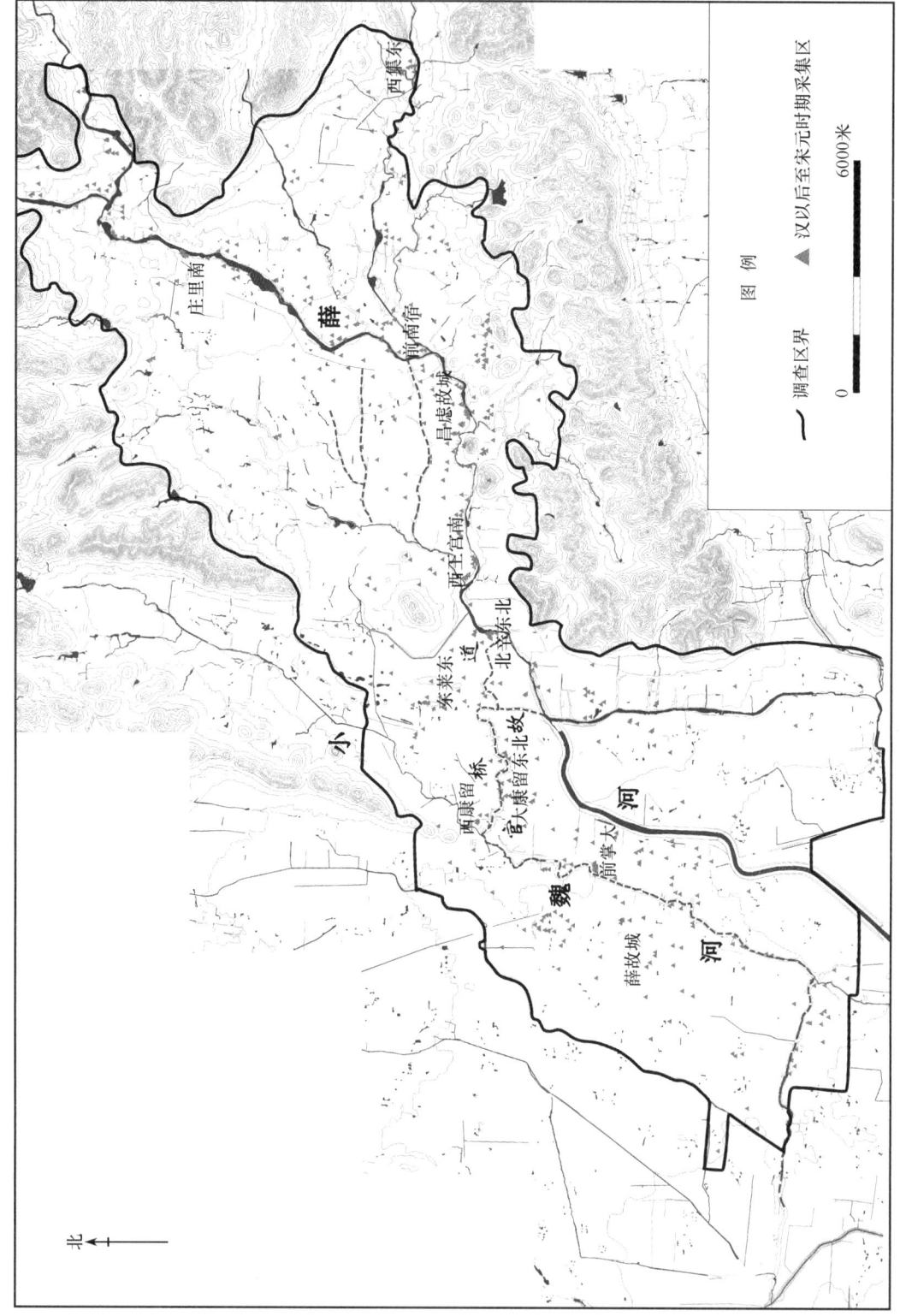

图三二六 薛河流域调查区汉代以后至宋元时期遗物采集区分布图

至秦汉时期，聚落数量不断增多，聚落分布的范围和密度逐步增大，聚落规模的差别越来越明显，聚落间的分化日益明晰。聚落数量和聚落规模的增长应是人口增多和生产力水平提高的必然结果和具体体现，其在社会层面的表现就是社会分化开始出现并日趋明显和加剧，最终导致以"金字塔"状结构为代表的分层社会的产生和发展。这样一部区域社会发展和演变的历史，是薛河流域古代宏观聚落形态及变迁所显现的基本社会信息。

而具体分析薛河流域各个时期古代聚落的情况，可以整理出其各自的特点和具体的变化过程。

旧石器时代末期和后李文化时期，薛河流域已经有人类活动，但由于这一时期的遗址发现甚少，具体情况尚不清楚。

北辛文化时期，调查区域发现的聚落已有一定数量。总体来看，这一时期的聚落规模相对较小，均仅有几万平方米。各聚落的间距也相对较远，大都为独立分布的状态。聚落间似乎已经有一定分化，但尚不清晰。

大汶口文化时期，本区域的聚落数量迅速增多，很多情况逐渐明晰起来。与之前时期相比，大汶口文化时期聚落分化比较明显，形成了3个等级的格局，最高等级聚落的面积可达十几万平方米。这一时期聚落的分布范围也有所扩大，胡村至西康留一线古薛河主干道两侧则成为调查区内聚落最密集的区域。聚落数量的增长使调查区内的聚落间距普遍缩小，尤其是胡村至西康留古薛河主干道两侧区域还出现了聚落聚群的现象，出现了3~4个聚落小群。

龙山文化时期，本区域聚落的数量虽有所下降，但仍呈发展之势。这一时期宏观聚落格局有一定变化，一是聚落的分布范围又有扩大，出现了远离薛河主干道的聚落；二是薛河下游地区（小魏河中游地区）出现了面积巨大的大韩村东聚落。大韩村东聚落的面积达40余万平方米，与本时期其他聚落的分化空前显明，同时也使得这一时期的聚落分化成为4个等级。这一时期聚落聚群的现象仍然延续，而且扩展至整个调查区域，但由于情况明晰的聚落有限，各聚落群的详细情况不甚明晰。

岳石文化时期是本区域古代聚落一个明显的"衰退期"，这一时期的聚落数量虽变化不大，但聚落分布范围也有收缩，聚落规模更是普遍缩小，聚落的分化也只能形成2个等级的格局，面积最大的聚落也仅有5万平方米左右。聚落聚群的现象似仍存在，但仅集中于前南宿至薛故城段古薛河主干道两侧区域，且各聚落的情况也多不明晰。

商代时期本地区的聚落数量变化不大，聚落分布范围、聚落间距以及中小聚落的规模也与岳石文化时期相近，整个调查区域内聚落聚群的现象也不明显。但这一时期薛河下游地区又一次出现了前掌大这样的特大型聚落，而且它与周边的后黄庄以及薛故城东南聚落呈掎角之势，它们之间应有更紧密的关系。

西周时期开始，本地区的聚落数量又一次迅速增长，进而使本地区的聚落间距又一次明显缩小。西周时期本地区聚落的分布范围也进一步扩展，又出现了一些远离薛河主干道的聚落。前南宿至西康留一线的古薛河主干道两侧虽仍是调查区域聚落最密集的区域，不过这一时期几乎所有的大型聚落都位于薛河下游地区。西周时期调查区域内的聚落分化为4个等级，其中在晚商前掌大聚落上发展起来的薛故城—前掌大聚落仍是面积最大的聚落，其面积已达200万平方米。东江至西康留段古薛河主干道两侧的聚落则形成了3个较大的聚落群，而其中以坝上西聚落为中心的聚落群更是聚落众多，规模宏大。

东周时期，本区域的聚落继续维持高速发展的趋势，随着聚落数量的大幅增加，其分布范围已基本遍布本地区除山地丘陵之外的所有区域。这一时期本区域的聚落规模也整体变大，各个小区内均出现了面积较大的聚落，而很多聚落都是由前期相对独立的几个聚落归并而来，不过薛河下游地区的薛故城—前掌大仍是本区域不可匹敌的最大聚落。由于大型聚落的普遍出现，本时期聚落的分化进一步演变成为6个等级的格局，且由于聚落数量的增多，这一时期调查区域内多数聚落之间的距离变得更加紧密，聚落群之间的界限不甚明晰。

秦汉时期，本区域聚落快速发展的趋势不减，并达到了一个前所未有的高度。聚落数量又一次翻倍，聚落的分布已遍布调查区域各地，聚落密度更是达到紧密相连的程度。这一时期的聚落分化仍然为6个等级的格局，但与之前各个时期均不同的是，此时期不同等级聚落的比例关系发生了变化，即各个等级聚落的数量不再是由高级聚落到低级聚落依次递减，而是以中低等级的第四级和第五级聚落数量最多。这种格局已经接近薛河流域现代聚落的比例（之前的龙山文化时期的聚落也有类似的比例模式，但由于这一聚落数量太少，也可能是形成的统计误差）。本时期由于绝大多数聚落均距离紧密，已更难以划分出界限明晰的聚落群（图三二七、图三二八）。

整体概括薛河流域后李文化至秦汉时期的聚落发展过程，又可以将其分为三个大的阶段。第一阶段为后李文化和北辛文化时期。这是本地区聚落的萌发期，这一阶段发现的聚落尚少，聚落聚群和聚落分化等现象也不明确，很多问题都有待下一步工作的开展。第二个阶段为大汶口文化至西周时期，是本地区聚落的稳定发展期。这一阶段除岳石文化时期出现了明显的衰退外，聚落数量总体稳定，聚落间距形态和聚落分布范围变化不大，而且聚落分化多表现为3~4个等级的格局。这一时期前南宿至西康留一线的古薛河主干道两侧是聚落最密集的区域，而各个时期最大的聚落均位于薛河下游区域。这一时期古薛河主干道两侧区域，中小型聚落环绕大型聚落形成聚落小群的现象总体比较明显，此外区域则多有一些独立分布的聚落。第三个阶段为东周至秦汉时期，是本地区聚落的高速发展期。此时聚落数量、聚落密度、分布范围、聚落分化等指标都高速发展，并达到了历史顶峰。这一时期聚落数量连续翻番，其分布基本已遍布调查区各处，且大多数大中小型聚落均呈紧密相连的格局，难以划分出界限明晰的聚落小群。这一时期大型聚落数量更是明显增多，规模与前期亦不能同日而语，形成了6个等级的聚落分化格局。

结合调查区域各个时期主要聚落的地理位置分析，我们可以发现本区域古代聚落的变迁还有一个非常显著的特点，即很多遗址和小区域被古代先民沿用的时间非常之长，大都从史前时代沿用至秦汉时期，而且各个时期的大型聚落也都基本位于这些遗址和小区域中。从薛河上游至下游，这样的遗址和小区域有18个，即后台—前台南、民庄西南、东薛河北、西集东、前南宿、胡村—杜家堂、东南王庄南—昌虑故城、陶山、望河庄南、北辛东北—北辛、坝上西—大康留东北、西康留、大韩村西南、前掌大—薛故城、胡楼北、西仓桥、段楼东南和前坝桥西。它们多数位于前南宿至薛故城一线的古薛河主干道两侧，少数紧邻薛河主干道或主要支流，其地貌部位大多是薛河及支流的二级阶地。根据调查结果，上述重要遗址和小区分布的宏观格局，自北辛文化和大汶口文化时期就已基本奠定；此后它们构成的薛河流域古代聚落宏观格局

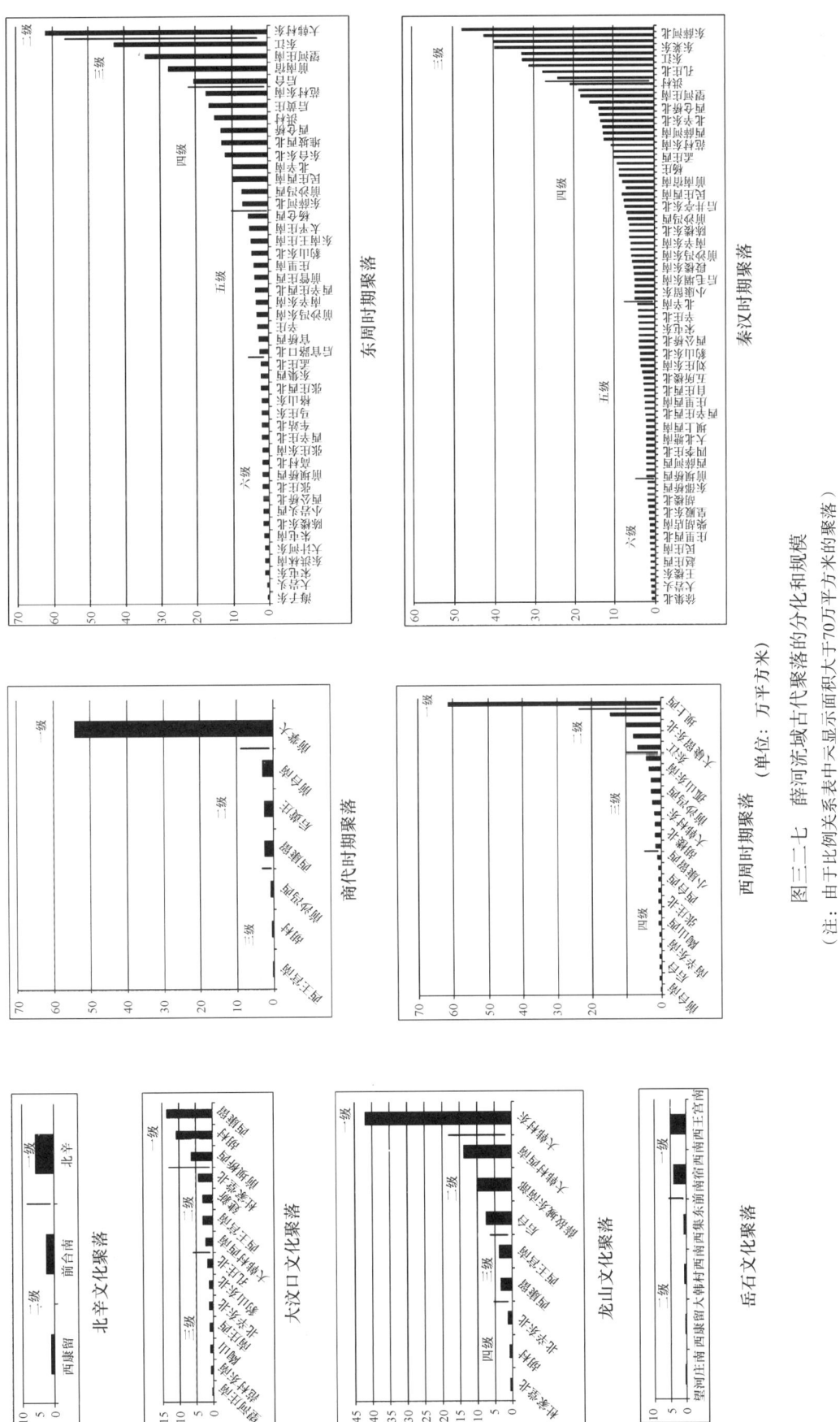

图三二七 薛河流域古代聚落的分化和规模（单位：万平方米）
（注：由于比例关系表中只显示面积大于70万平方米的聚落）

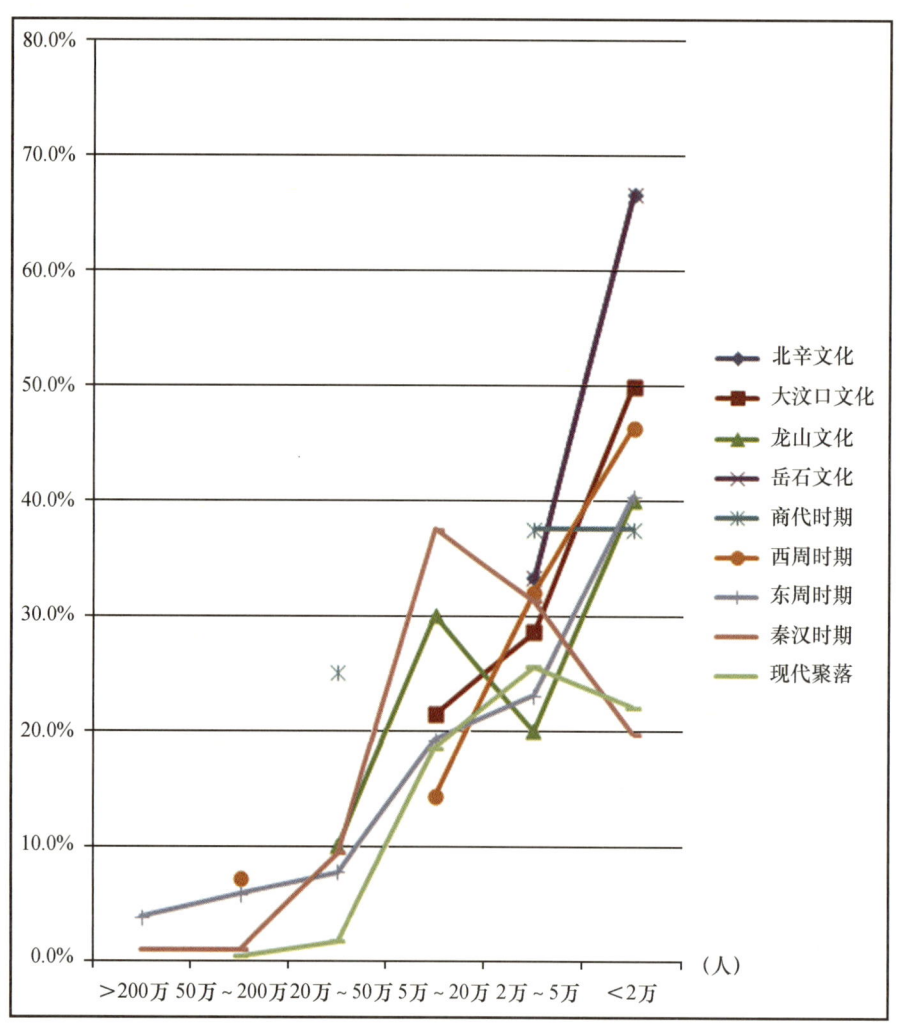

图三二八　薛河流域各个时代不同等级聚落的比例

的主体框架，直至历史时期也总体变化不大；其变化也多数只是超大型聚落的迁移和聚落等级的变迁等细节问题。简言之，薛河流域古代聚落的演变以稳定和继承为主要特点。而这些区域之所以被长期沿用，笔者认为应与它们优越的地理条件和重要的历史地位有关。其中，对于其地理条件，夏正楷教授认为，由于薛河流域"地壳稳定、阶地不发育、人类只能在同一个阶地面上长期生活"，而且他将这种人类遗址分布与河流地貌部位的对应关系归纳为"薛河模式"[①]。

当然，除了稳定和继承为主外，薛河流域古代宏观聚落的形态也有一些变化的特点。其中最突出的现象就是，薛河下游地区，尤其是现小魏河中游区域自龙山文化时期开始出现越来越多的大型聚落，如大韩村东、前掌大、薛故城等。这种变迁笔者认为明显有政治上的原因。如在商代，前掌大和后黄庄两个大型聚落的迅速崛起，与西部商王朝政治势力的进入必然存在一定关系，而它们在兴盛了一段时期后，至秦汉时期又变为一般的中小型聚落了。但薛河下游地

---

① 夏正楷：《环境考古学——理论与实践》，北京大学出版社，2012年，60页。

区龙山文化以来的繁荣，也应如地貌研究指出的一样，与其本身环境上的优势有关。根据本项目地貌研究的成果，薛河下游地区，尤其是由薛河和小魏河汇合共同形成的冲积扇平原"由于上游的水系多汇聚于此，因此冲积扇堆积厚度较大，且冲积扇后缘山麓地带黄土分布广泛，因此这里的水土条件较好"，"到历史时期，随着薛河下游地貌环境的改善，人类的活动中心开始从相对比较闭塞狭小，水土条件较差的山间盆地转移到地势开阔，水土条件较好的山前冲洪积平原，文化得到极大的发展"（详见下节）。

第二节　薛河流域全新世地貌演变

为配合薛河流域的区域考古系统调查，我们分别于2010年和2011年以薛河中游为主，开展了该流域的环境考古调查。考察重点是薛河流域的地貌格局和文化遗址分布的关系，试图了解薛河流域全新世地貌演变对区域史前文化发展的影响。

一、薛河流域的区域地貌特征

薛河源于山东省枣庄市山亭区，属山地河流。其上游分东西两支，西支名西江，源自水泉乡柴山前；东支名东江，源自徐庄乡米山顶。东西两支汇合于山亭镇海子村东南，向西流经滕州市、薛城区和微山县，最终注入微山湖。薛河总长81千米，河宽80~120米，总流域面积约960平方千米，因流经周代的薛国而得名。

薛河自东北向西南从工作区流过，注入南四湖（微山湖），全程大体上可以分为上游、中游和下游三段。其中上游和中游的分界大致在海子—后台村附近，中游和下游的分界大致在北辛—西洪林村附近。不同河段具有不同的地貌特征（图三二九）。

1. 薛河上游段地貌特征

后台村以上为上游段，这里薛河深切于尼山山地的基岩之中，河床坡度较大，河水流速较急，除山亭区驻地有小片较宽阔的河谷平原分布之外，河谷比较狭窄。

2. 薛河中游段地貌特征

薛河中游流经尼山西麓的羊庄盆地。羊庄盆地是由寒武—奥陶纪石灰岩地层构成的向斜盆地，盆地南北宽约10千米，东西长10千米，底部海拔在50~60米，平面上呈向西南开口的马蹄形。盆地东侧为海拔300余米的尼山山脉，山势比较陡峭，南北两侧为海拔100~200米的低缓圆浑状石灰岩低山丘陵。羊庄盆地在西南端的洪林村附近变窄，北有落凤山余脉，南有龙山，龙凤对峙形成宽度不足2千米的东西向谷地，是羊庄盆地的西南出口。薛河从东北端的后台村进入羊庄盆地，南行至陶山后转向西流，最后由此谷地流出羊庄盆地，称薛河中游段。

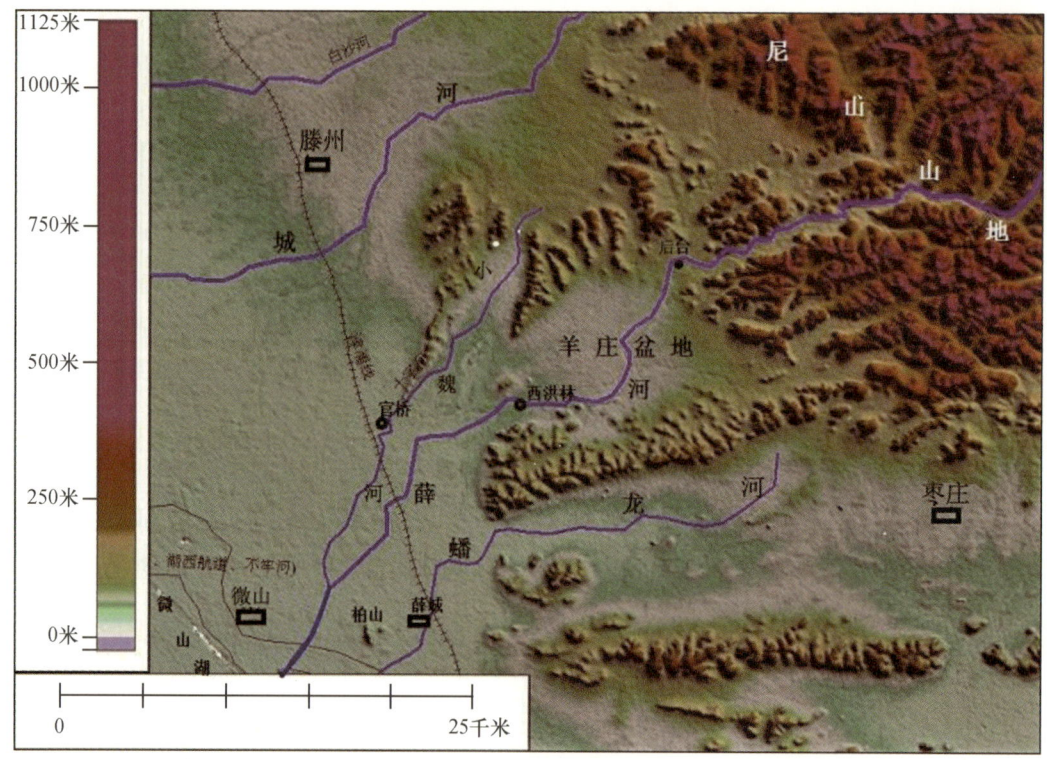

图三二九　薛河流域三维立体图

这里地处构造稳定的鲁西南低山丘陵区，自第三纪以来构造运动一直处于稳定状态，在剥蚀、侵蚀和溶蚀等外营力的共同作用下，形成平缓的石灰岩剥蚀面，呈现一派波状起伏的平原景观，这一平原在成因上不同于外力作用形成的堆积平原，而是基岩被外力作用夷平形成的剥蚀平原，故称"准平原"。薛河中游段流淌在这一准平原之上，河床切割不深，在盆地中形成以平缓的基岩剥蚀面为基底的冲洪积平原，平原上基岩面埋藏浅，沉积物仅厚4~5米，有的地方可见大面积的基岩裸露，以及突兀于平原之上的基岩孤丘。从羊庄盆地的中心到盆地周边，依次出现冲洪积平原—山前洪积扇—黄土覆盖的丘陵和低山（图三三〇）。

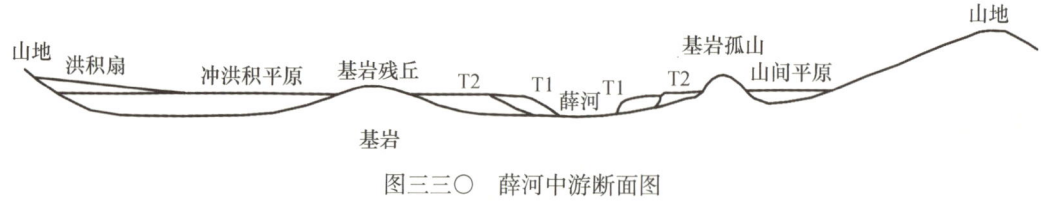

图三三〇　薛河中游断面图

薛河中游段沿河两岸可见两级河流阶地，其中二级阶地（T2）拔河5米左右，阶地面比较宽阔，阶地堆积物主要为细粒的漫滩相沉积，河床相砂砾石不甚发育，底部常有基岩出露，属基座阶地。一级阶地（T1）略低于二级阶地，两者高度相差不大，堆积物也以细粒的漫滩相沉积为主，底部有河床相的砂砾石堆积，砂砾石层之下有基岩出露，也属于基座阶地。由于一级阶地（T1）的基座面与二级阶地（T2）的基座面基本等高，应属于内叠—基座阶地，表明一级阶地（T1）在形成时河流下切的深度恰好达到二级阶地形成时河流的下切深度。通常认为此类阶地的形成与气候变化的关系更为密切，属气候阶地。

薛河的上述两级阶地构成了盆地中部的冲洪积平原，由于基岩埋深很浅，且以石灰岩为主，地下喀斯特发育，基岩面上堆积物不厚，因此尽管这里地势平坦，河流冲积层土质肥沃，但土层相对较薄，基岩漏水严重，地表水缺乏，由此造成的水资源不足，是影响当地古代文化发展的重要原因。

3. 薛河下游段地貌特征

薛河从洪林村出羊庄盆地西南口之后，北面有支流——小魏河（又称沂河）在西康留村附近汇入，共同形成复合型冲积扇平原，其中薛河洪积扇的扇顶在洪林村附近，小魏河洪积扇的扇顶在大韩村附近，扇缘大致在50米等高线附近（官桥镇—柴胡店一线），冲积扇坡度较缓，平面形态不甚明显。洪积扇平原上保留有薛河故道，位于现代薛河（称新薛河）以北1.5千米处，沿故道两岸可见两级河流阶地，与盆地内薛河的两级阶地彼此相连，其中二级阶地的堆积物略有变粗，出现较多的砂层，靠近底部还普遍见有一层灰褐色的湖沼相堆积。由于这里属于中、上游水系汇聚的地方，地表水和地下水都比较丰富，比较适宜于人类居住。而沿新薛河两岸，未见阶地发育，河道所揭示的均为二级阶地的堆积物，说明新薛河河道是开挖在薛河二级阶地之中的人工渠道，其年代很晚，是1957～1958年兴修水利的产物（图三三一）。

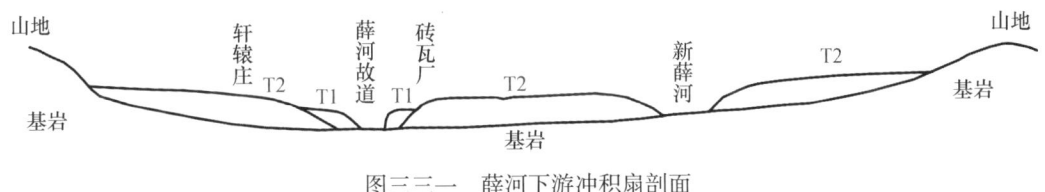

图三三一　薛河下游冲积扇剖面

冲积扇平原向西为山前冲洪积平原。冲洪积平原海拔在50～40米之间，这里地势东高西低，略向西南倾斜，坡度在1/2000～1/4000，是南四湖与尼山西侧之间南北延伸的汶泗剥蚀冲积平原的一部分。这一地区平原面略有起伏，平原、高阜和洼地相间出现，其分布格局大致呈东北—西南向排列，与现代河流走向基本一致。平原的基底是仍是基岩剥蚀面，但受峄山断裂（通过官桥西的南北向正断层）的控制，剥蚀面埋藏较羊庄盆地要深，基岩面之上覆盖有十余米到数十米的冲洪积层，其中夹有较多厚度不一、规模不等的砂质透镜体，属古河道堆积，目前是当地村民采砂的场所。个别地区见到有低缓的基岩残丘突兀在平原之上。表明这一地区属沉降区，剥蚀面埋藏较深，第四纪堆积较厚，河流改道频繁，古河道发育。沿薛河故道，即现在小魏河中下游，河谷宽浅，沿河仅见拔河高程仅2～3米的一级阶地（亦即平原面），二级阶地不发育，这可能与这里地处沉降区，二级阶地被一级阶地堆积物埋藏有关。山前冲洪积平原地势开阔，土层较厚，地下多砂层，浅层地下水丰富，适宜于古代人类居住。但由于二级阶地属埋藏阶地，故一般的地面考古调查难以发现分布在埋藏阶地面上的古代文化遗存（图三三二）。

山前冲洪积平原的向西南方向过渡为薛河等河流和南四湖共同形成的三角洲平原。这里

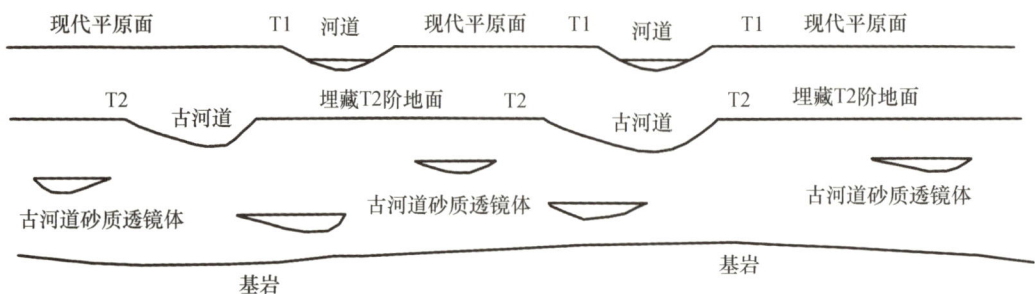

图三三二　薛河下游冲洪积平原地貌结构示意图

地势平坦，海拔在40～34米之间。受差异性断块活动的影响，这里基底埋深更大，第四纪堆积物厚度大于60米，湖区最厚可达180米左右，主要由冲洪积物和湖沼堆积组成，说明第四纪时期（包括全新世的新石器时代），这里属南四湖断陷洼地，来自断陷洼地西侧的黄河三角洲与东侧的尼山西麓诸多山地河流三角洲或冲积扇在此交汇，堆积了厚层的河湖相沉积。张祖陆等人的研究表明，现代南四湖的雏形最早出现于2450a BP（相当于东周），统一大湖形成于120a BP（清朝道光年间），并延续至今。在南四湖东岸，由于河流和湖泊的共同作用，形成三角洲平原，平原地势低下，河流纵横，河道宽浅，每逢汛期，湖水上涨，河湖泛滥，水患严重，目前平原上普遍发育有一层厚约1米的湖积层（或泥炭层），被认为是近现代南四湖泛滥的产物。自历史时期以来，人们在开发利用这块土地的过程中，修筑了大量的人工堤坝和渠道，以防水患之害（图三三三）。

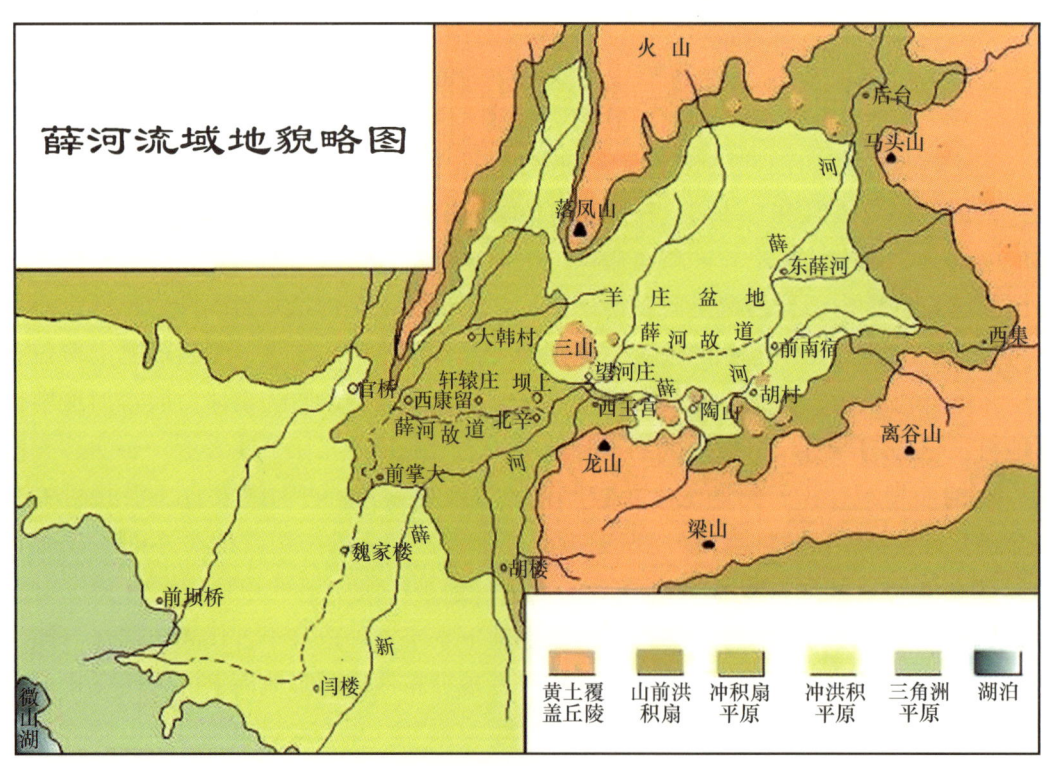

图三三三　薛河流域地貌图

二、遗址的地貌分析与分布格局的演变

1. 主要遗址的地貌分析

人类对于栖息地的选择，首先考虑的是地貌环境，尤其是在新石器时期，农业生产的发展和定居的生活方式，要求先民们更加注重对栖息地宜居性的考虑。遗址的地貌分析，就是通过遗址分布的地貌部位分析，复原人类居住时期的生态环境，包括地貌、水文和植被等，探讨地貌演变过程对遗址分布的影响。薛河中、下游段不但遗址数量丰富，延续时间比较长久，而且地貌结构清楚，是开展遗址地貌分析的良好场所。为此，我们配合本次流域考古调查，选择了部分遗址，进行了遗址地貌分析（图三三四）。

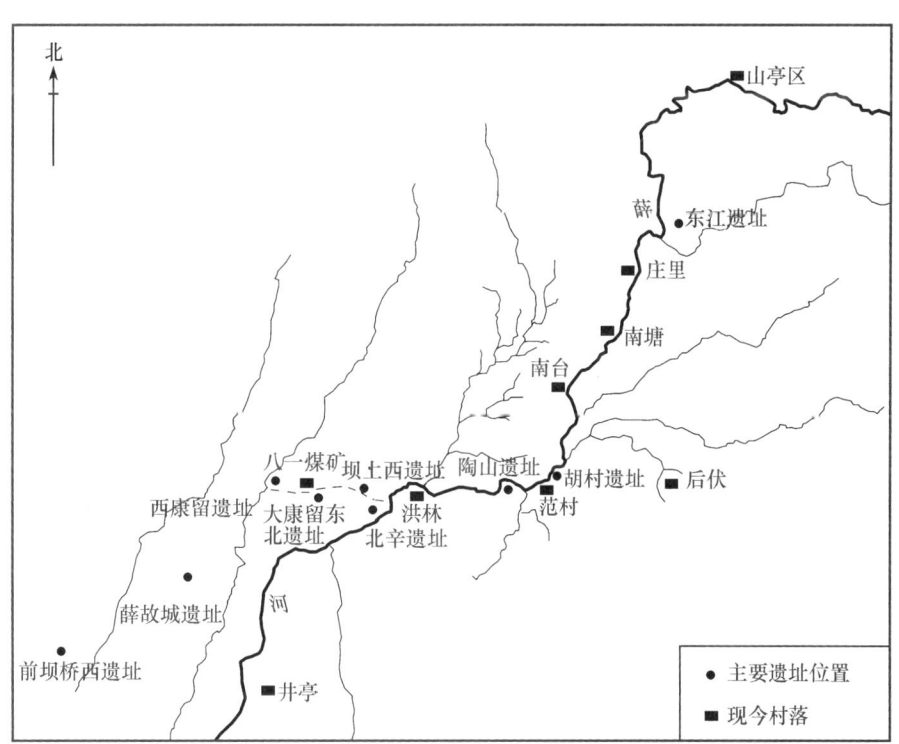

图三三四 薛河流域地貌分析涉及的主要遗址

（1）胡村遗址：位于羊庄盆地东南胡村西北约150米的薛河东岸，地理坐标34°55′51.83″N，117°17′39.07″E，其东紧靠海拔99米的石灰岩孤丘（豹山）。薛河从北而来，到此突然转向西流，河流水量不大，床面上基岩裸露。

遗址西北的薛河东岸发育有两级河流阶地，其中二级阶地（T2）高于河床5米左右，为基座阶地，基座有灰岩组成，阶地堆积物主要为漫滩相的黄褐色黏质粉砂，底部为河床相的砂砾石，呈明显的二元结构，厚5米左右。在二级阶地（T2）的上覆堆积物中发现有大汶口时期的文化层和龙山、岳石和商周时期的文化遗物，总厚1~2米，分布面积约1万平方米。在阶地堆积物中没有发现文化遗物。一级阶地（T1）略低于二级阶地，高于河床不足5米，阶地堆积主

要为褐灰色黏质粉砂—粉砂质黏土，底部为砂砾石，堆积物之下偶有石灰岩出露，与二级阶地（T2）的基座面以及基岩河床共同构成一个统一的略有下凹的基岩面，属内叠阶地。由于二级和一级阶地的阶地面和缓过渡，形成一个缓倾斜的平台，其间没有明显的地形转折或陡坎出现，因此两者在形态上不易区别，野外主要根据阶地堆积物的性状，尤其是颜色加以辨认：二级阶地（T2）堆积物主要为黄褐色，而一级阶地（T1）堆积物主要呈褐灰色，两级阶地之间的侵蚀面不甚清楚。我们在一级阶地（T1）的阶地堆积物底部，发现有大汶口晚期的文化层和陶片，中部发现龙山时期的陶片，顶部发现岳石时期的陶片（图三三五）。

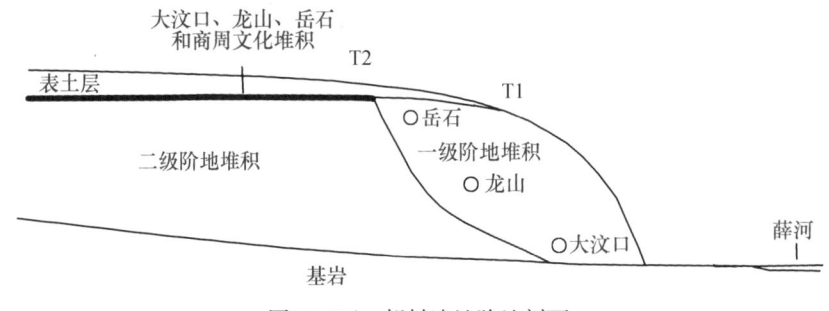

图三三五　胡村遗址阶地剖面

以上情况说明，胡村二级阶地（T2）至少形成于大汶口文化之前，从大汶口到商周时期，人类一直生活在这一级阶地面上，这里土地肥沃，汲水方便，又无洪泛之患，可以定居和从事农业活动。至于目前见到一级阶地（T1），当时还没有形成，还是经常遭受季节性洪水泛滥侵袭的河漫滩环境，从大汶口到岳石时期，先民们也可以在河流的平水期到漫滩上活动，但这里的生活环境极不稳定，不适宜于人类长期居住和从事农业生产活动，因此只能是流动—半定居的人类活动场所。根据靠近一级阶地（T1）堆积物顶部发现有岳石时期的遗物，推测一级阶地（T1）形成于岳石文化之后，阶地的形成为历史时期的先民提供了适宜的定居环境，岳石文化时期之后的先民们，不仅在原有的二级阶地（T2）上生活，也可以到新生的一级阶地（T1）上定居生活。

（2）陶山遗址：陶山遗址位于羊庄镇陶山村周围，地理坐标：34°55′54.75″N，117°20′25.36″E，其东南有一海拔153.3米的孤丘（陶山），薛河绕孤丘北侧流过，河床上见有基岩大面积出露。

在陶山村东，薛河两岸发育有两级阶地，其中二级阶地（T2）高出河床约5米，主要由黄褐色黏土质粉砂组成，阶地顶面上覆盖有含龙山时期陶片和东周时期灰坑的文化层。说明龙山时期与东周时期的先民曾经在二级阶地（T2）的阶地面上生活（图三三六）。

（3）坝上西遗址和北辛遗址：坝上西遗址位于官桥镇坝上村西薛河故道北，地理坐标34°55′45.85″N，117°16′45.66″E。北辛遗址位于薛河故道南，两者隔河相望。

这一带薛河故道的河谷形态保留得比较完整，在河谷南北两岸均发育有一级高于河床约5米的阶地，南岸阶地前缘北岸略低1米，可能与后期破坏有关。阶地堆积物均由黄褐色黏质粉砂组成。根据区域对比，可以认为属于薛河的二级阶地（T2）。在北岸二级阶地（T2）的阶地面上分布有北辛文化、龙山文化、岳石文化和商代时期的遗物，大汶口文化的遗物也有少量发

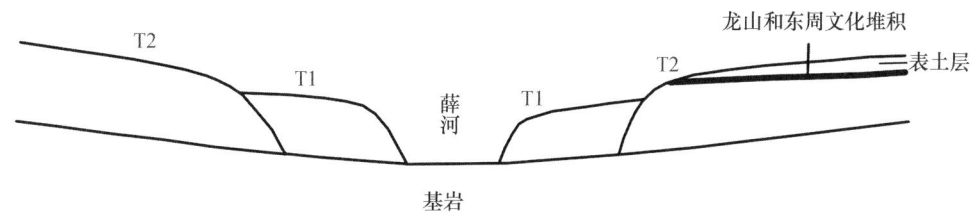

图三三六 陶山遗址示意剖面图

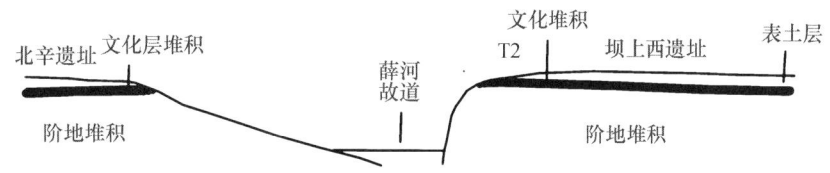

图三三七 坝上遗址和北辛遗址示意剖面图

现，还发现了西周和汉代文化层，称坝上西遗址。南岸的二级阶地（T2）面上分布着北辛文化和大汶口文化的堆积、龙山文化的遗物以及汉代的文化层，称北辛遗址。在两地的二级阶地堆积物中都没有发现文化遗物或文化遗迹，说明二级阶地形成于北辛文化时期之前，两岸的二级阶地（T2）面上从北辛—大汶口—龙山—岳石以及商周和汉代一直有先民们生活。沿薛河故道还有一级阶地（T1）断续分布，但发育不佳，阶地堆积以灰褐色粉砂质黏土为主，其中没有发现文化遗存（图三三七）。

（4）大康留东北遗址：主要位于官桥镇轩辕庄薛河故道南岸，海拔50米左右的河流二级阶地上，地理坐标34°55′31.04″N，117°15′22.69″E。在遗址附近的废弃砖窑，可以见到人工开挖的二级阶地完整堆积剖面，剖面厚5米以上。根据我们的野外观察，并结合郭明建等人的剖面清理情况，可以把剖面划分上下两部分（图三三八）。

上部：

①表土层：黄褐色—灰褐色粉砂质黏土。上部无包含物，下部混杂有较多的碎小陶片和石块。此层下开口的遗迹有汉代和宋元的灰坑多处，以及瓦砾层。此层应为近现代堆积，厚50厘米左右。

②红褐色粉砂质黏土。部分地段缺失，质地较疏松，此层包含物很少，推测其形成年代可能为东周时期或更晚，厚30~70厘米。

③褐红色—红褐色砂质黏土。土质较硬，本层东段包含物较少，仅发现有少量岳石文化的陶片，西段含较多的岳石时期的陶片，并有岳石文化和龙山文化的灰坑开口于本层之下，推测本层年代应属岳石文化时期。底面不平整，为二级阶地的阶地面。总厚100厘米左右。

下部：

④棕黄色—黄灰色黏土质粉砂—细砂，质地较硬，其中夹有3~4层中粗砂层和透镜体，为河流堆积。此层包含物极少，仅在个别地点的砂层中发现含有少量"疑似"龙山时期的小陶片，推测本层中可能包含有龙山时期的河流堆积。厚30~80厘米。

⑤黑褐色粉砂质黏土，有机物含量较高，颜色较暗，质地坚硬，裂隙发育，为漫滩堆积或

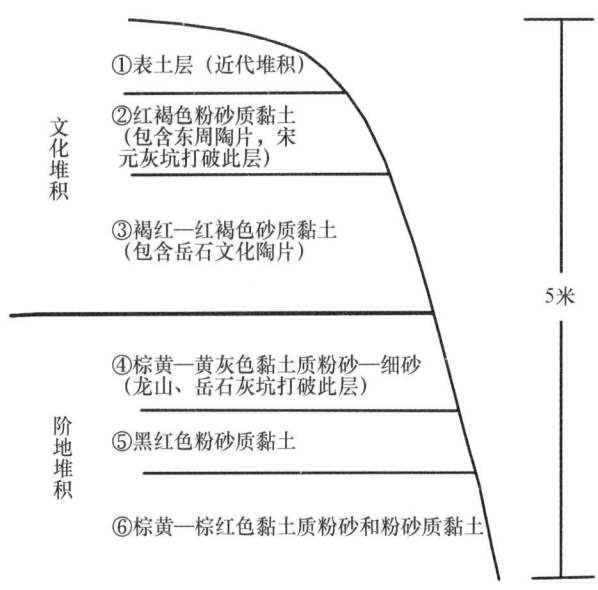

图三三八　大康留东北遗址T2阶地沉积剖面

泛滥平原堆积，其中未发现文化遗物。厚度50厘米。

⑥棕黄—棕红色黏土质粉砂—粉砂质黏土，具有不明显的微细层理等水成黄土的特征，为阶地堆积。其中未见文化遗物。根据区域对比，本层的形成年代可能与鲁北大辛庄遗址的黑色淤土层相当，年龄大致在距今8000～9000年前后。可见厚度大于100厘米，未见底。

本剖面下部的第4层、第5层和第6层为河流沉积，属于二级阶地（T2）的堆积层，其中第4层顶面即为二级阶地（T2）的阶地面。剖面上部的第2层和第3层中分别含有东周时期和岳石时期的陶片，并有汉代灰坑开口于第1层之下，有岳石和龙山时期的灰坑开口于第3层之下，应该属于覆盖在二级阶地面之上的龙山时期—汉代的文化堆积。说明阶地应形成于龙山时期或更早，至少在龙山时期人类开始在二级阶地（T2）面上生活，从龙山时期开始直到汉代这里一直是先民们生活的地方。至于在阶地堆积（第4层）中发现的少量疑似龙山文化时期的陶片，这一情况有悖于根据其他遗址地貌调查得出的薛河二级阶地形成于北辛初期的结论。不过，由于目前第4层阶地堆积中发现的陶片数量极少，性质尚难确定，此矛盾的解决还有待进一步的工作。

（5）前坝桥西遗址：这里属于薛河下游的冲洪积平原前缘。该遗址位于张汪镇前坝桥村西50米的薛河二级阶地（T2）的阶地面上。阶地堆积物主要为较厚的砂层，是当地村民挖沙的场所。在二级阶地（T2）的阶地面上，分布有大汶口时期的遗迹，以及北辛文化、岳石文化、西周、东周和汉代时期遗物，文化遗存比较丰富。组成阶地的砂层中没有发现文化遗存。说明阶地形成于大汶口时期之前，至少在大汶口时期先民已经在二级阶地（T2）上生活。

2. 地貌演变与遗址分布

以上有关主要遗址的地貌分析表明，薛河流域的遗址具有如下的分布规律：北辛—岳石时期的人类遗址集中分布在薛河两岸的二级阶地（T2）阶地面上和一级阶地（T1）的堆积物之中，在二级阶地（T2）的堆积物中没有发现这一时期的文化遗址（至于目前在阶地堆积中见到的极个别后李和龙山时期等遗物，与此结论存有一定的矛盾，有待对其性质和出土层位的进一步厘定）。而商周—秦汉时期的遗址在二级阶地（T2）和一级阶地（T1）的阶地面上都有分布，但在一级阶地（T1）的堆积物中没有发现这一时期的文化遗物。

根据区域地貌调查和遗址地貌分析的结果，我们可以把全新世薛河的发育过程划分为5个阶段，上述人类遗址的分布规律明显受这5个演化阶段的控制。

（1）薛河早期河漫滩发育时期（后李时期）：鲁西南地区属于山东准平原的一部分，晚新生代以来，这里始终处于构造稳定的状况，长期的风化侵蚀作用形成了波状的准平原地貌，地势起伏不大，基岩裸露，缺乏第四纪沉积。

在全新世之初，古薛河出现，它蜿蜒在这一准平原上，下切作用比较微弱，因此河床比较宽浅，床面基岩裸露，是河漫滩发育的时期，这一过程一直延续到后李文化时期之末，在基岩面上形成了厚4~5米的河漫滩堆积层。在这一时期，已经有先民来到羊庄盆地，他们生活在古薛河的河漫滩上，从事渔猎和采集活动，由于河漫滩经常会受到季节性洪水的威胁，因此，古人需要不断改变自己的栖息地，过着半定居的生活（图三三九）。

（2）薛河第一次下切时期（北辛之初）：在北辛时期之初，古薛河发生了第一次比较强烈的下切，下切幅度在5米左右，河流切穿漫滩堆积层，达到下伏的基岩面。这一次下切使早期的河漫滩转变为河流阶地，也就是现今的二级阶地（T2）（图三四〇）。

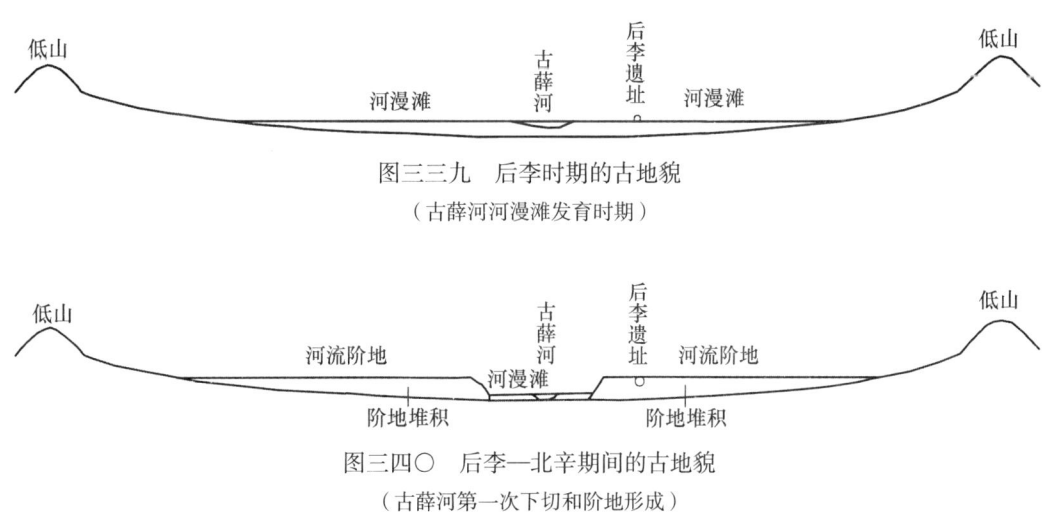

图三三九　后李时期的古地貌
（古薛河河漫滩发育时期）

图三四〇　后李—北辛期间的古地貌
（古薛河第一次下切和阶地形成）

（3）T2阶地出现和新河漫滩发育时期（北辛—岳石时期）：北辛期间之初由于河流下切形成的薛河河流阶地（T2），不但地势平坦，广阔，冲积物土质肥沃，而且取水方便，无水患之害，为先民的生活和生产活动提供了适宜的环境，从北辛开始直到岳石文化时期，人们一直定居在这一级阶地面上，从事以农业生产为主的生产活动。与此同时，在薛河下切形成的新河道中，河流加积作用再次活跃，在河床两侧形成新的河漫滩，北辛—大汶口—龙山—岳石的先民们有时也会到漫滩上活动，并在漫滩堆积层中留下自己活动的遗迹（图三四一）。

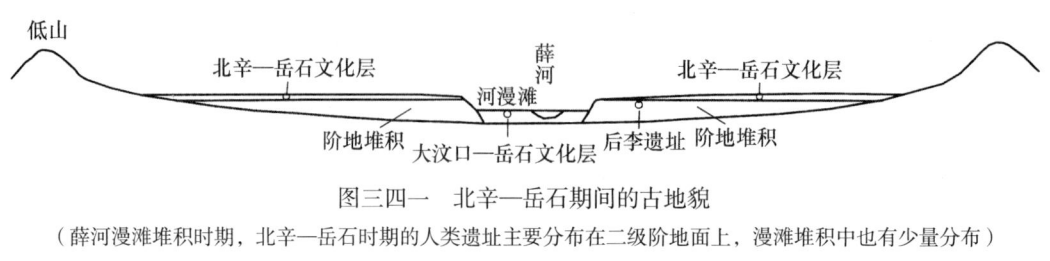

图三四一　北辛—岳石期间的古地貌

（薛河漫滩堆积时期，北辛—岳石时期的人类遗址主要分布在二级阶地面上，漫滩堆积中也有少量分布）

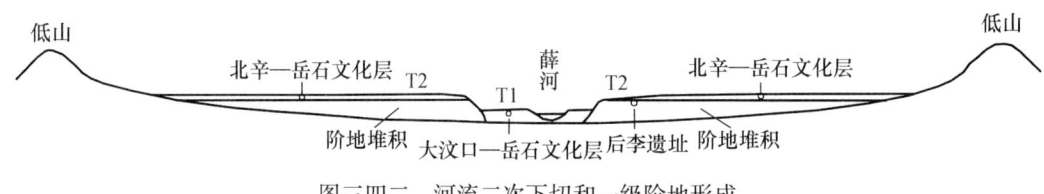

图三四二　河流二次下切和一级阶地形成

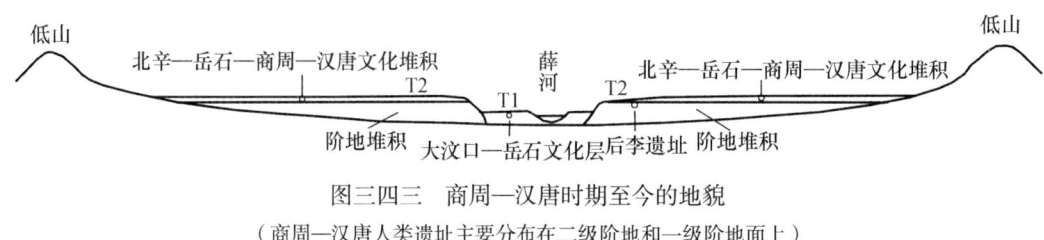

图三四三　商周—汉唐时期至今的地貌

（商周—汉唐人类遗址主要分布在二级阶地和一级阶地面上）

（4）薛河再次下切时期（岳石时期晚期）：岳石晚期，古薛河又一次下切，这一次薛河下切的幅度与前一次相当，下切深度再次达到基岩面。北辛—岳石时期的河漫滩转变为一级阶地（T1），并形成新的薛河河道（图三四二）。

（5）T1阶地出现和现代漫滩发育时期（商周—现代）：薛河于岳石时期晚期的下切造就了一级新的阶地（T1），拓宽了人类生活的空间，商周—现代的人类不仅继续生活在二级阶地面上，而且也生活在一级阶地面上。但由于一级阶地规模比较狭小，因此二级阶地仍是历史时期至今人类的主要活动场所（图三四三）。

三、遗址分布的区域差异

薛河流域古文化遗址的区域调查表明，由于所处区域地貌特征的不同，不同地貌区的文化发展状况也有明显的差异（表一）。

1. 上游段

多山地峡谷，不利于古人生活，古代人类主要集中在面积较小的山亭盆地，由于遗址数量相对较少，本次调查涉及极少。

表一 调查区域各地貌区聚落统计表

时代	聚落	羊庄盆地山前洪积扇区域	中游冲洪积平原	下游冲积扇平原	下游冲洪积平原
后李文化时期	可能为遗址的散点区		1		
北辛文化时期	一级聚落			1	
	二级聚落	1		1	
	可能为遗址的遗物分布区和散点区		3	1	1
	合计	1	3	3	1
大汶口文化时期	一级聚落		1	1	1
	二级聚落	1	2	1	
	三级聚落		4	2	1
	等级不明聚落			2	
	可能为遗址的遗物分布区和散点区	3	5	2	1
	合计	4	12	8	3
龙山文化时期	一级聚落			1	
	二级聚落	1		1	1
	三级聚落			2	
	四级聚落	1	2	1	
	等级不明聚落		1	3	1
	可能为遗址的遗物分布区和散点区	1	4		1
	合计	3	7	8	3
岳石文化时期	一级聚落		1	1	
	二级聚落	1		3	
	等级不明聚落		1	1	2
	可能为遗址的遗物分布区和散点区	1	4	2	3
	合计	2	6	7	5
商代时期	一级聚落				2
	二级聚落	1		2	
	三级聚落		2	1	
	等级不明聚落	1			1
	可能为遗址的遗物分布区和散点区		5	3	3
	合计	2	7	6	5

续表

时代	聚落	羊庄盆地山前洪积扇区域	中游冲洪积平原	下游冲积扇平原	下游冲洪积平原
西周时期	一级聚落			1	1
	二级聚落	1		3	
	三级聚落	1	5	3	
	四级聚落	3	6	4	
	等级不明聚落		1		2
	可能为遗址的遗物分布区和散点区	0	1	2	2
	合计	5	13	13	5
东周时期	一级聚落			1	1
	二级聚落		1	2	
	三级聚落	2	1	1	
	四级聚落		6	2	2
	五级聚落	1	4	4	3
	六级聚落	7	7	4	2
	等级不明聚落			1	2
	可能为遗址的遗物分布区和散点区	8	9	1	12
	合计	18	28	16	22
秦汉时期	一级聚落				1
	二级聚落		1		
	三级聚落	4	1	3	1
	四级聚落	3	12	8	13
	五级聚落	1	13	6	9
	六级聚落	6	7		7
	等级不明聚落			1	1
	可能为遗址的遗物分布区和散点区	12	17	5	15
	合计	26	51	23	47

2. 中游段

薛河中游主要位于羊庄盆地，属山间盆地，薛河从盆地东侧和南侧通过。

盆地边缘地带为山麓剥蚀面，其上分布有黄土覆盖的孤立残丘以及山地河流形成的洪积扇，这里黄土堆积覆盖广泛，适宜于旱作农业，因此在新石器时期就一直有人类活动。西周时期开始，这里的遗址数量增多，至东周和秦汉时期出现多个较大的三级聚落。

盆地中心为广阔的冲洪积平原，地势平坦，虽土层不厚，但土质比较肥沃。从后李到秦汉时期，基本都是薛河流域遗址最多的区域，都有先民在羊庄盆地中生活，他们主要定居在薛河两岸的二级阶地上，从事农耕生活。由于基岩埋藏较浅，且以石灰岩为主，漏水严重，再加上土层较薄，造成这里水资源比较短缺，并直接影响到这里古文化的发展。总体来看，在气候环境较好的时期，区内文化会出现较大的发展。例如，大汶口时期处于全新世大暖期，遗址数量较其他区域明显较多，并有较大的聚落；相对比较暖湿的东周和秦汉时期，遗址数量再一次明显增多，为全流域最多，而且出现了多个高等级聚落，甚至出现了昌虑古城（东周和秦汉）这样的大型城邑。除了社会政治原因之外，良好的气候环境所导致的水资源状况改善，可能是区域内文化发展的重要原因。

3. 下游段

包括冲积扇平原、山前冲洪积平原和湖泊三角洲平原三部分。

薛河出山后和沂河汇合共同形成冲积扇平原，虽然两山相夹的喇叭形地貌使这里地势不够开阔，但由于上游的水系多汇聚于此，冲积扇堆积厚度较大，且冲积扇后缘山麓地带黄土分布广泛，因此这里的水土条件较好，是人类活动比较集中的地区。在新石器时代，从北辛—岳石时期一直都有人类活动。尤其是龙山文化时期，不但遗址数量较多，而且聚落等级普遍较高，并有大韩村东这样的特大型聚落。进入历史时期之后，在岳石—商代时期，区域内遗址数目相对稳定，西周和东周时期，这一地区人类活动再次兴旺起来，虽然遗址数量有所减少，但出现了坝上西等高等级聚落，秦汉时期本区域的聚落规模有所缩小，出现向沂河冲积扇集中的趋势。

冲积扇之外的山前洪积倾斜平原区，地势开阔，地面波状起伏，基岩埋藏较深，沉积地层较厚，多埋藏古河道，水资源丰富，水陆交通方便，适宜于进行大规模的农业生产和人员往来，也有利于较大城镇的建立。目前在这一地区发现的新石器时期遗址相对较少，并且聚落等级总体不高，可能与这里地处沉降带，二级阶地（T2）都被深埋于平原之下有关。到历史时期，这里一级阶地广泛发育，形成广阔的平原面，在商周时期，此区遗址数量明显增多，薛河西岸崛起了作为鲁西南地区中心的前掌大--薛故城聚落，并有后黄庄、西仓桥等大型聚落，秦汉时期，以薛故城为中心，此区遗址数量也大增，几乎遍布了整个冲洪积平原。

靠近湖区的湖泊三角洲平原，新石器时期，这里地势更加低洼，诸多河流汇聚，再加上黄河三角洲的影响，不适于人类生活。到历史时期，南四湖出现，受黄河影响，湖泊水位变化频繁，水患严重，也不适宜人类生活。因此，这一地区虽然也曾发现有各时期的遗址，尤其以商周遗址较多，但相对于全区来讲，仍是遗址数量较少的地方。

本区域考古发现的情况表明，薛河流域从新石器—历史时期的文化遗址，主要集中在中游羊庄盆地的薛河沿岸和周边黄土丘陵、下游的薛河—沂河冲积扇平原和冲洪积平原中部三个地区。其中羊庄盆地薛河沿岸和周边黄土丘陵，从北辛文化开始到秦汉基本都是薛河流域遗址最多的地区。进入东周之后，遗址不但数量明显增多，而且成片集中分布，分布范围也逐渐扩大到整个盆地，还出现了昌虑故城这样的大型城邑；薛河—沂河冲积扇平原从北辛文化开始也有遗址分布，龙山时期则在沂河冲积扇上出现了超大型的大韩村东聚落，岳石—商时期冲积扇上遗址数量稳定，西周时期出现了坝上西这样的大型聚落，东周—秦汉时期遗址数量虽有所减少，但扩张到整个冲积扇；下游冲洪积平原新石器时期的遗址数量较少，岳石至西周时期遗址数量开始有所增多，且在平原中部地区出现了作为地区性中心的薛故城—前掌大聚落，在东周、秦汉时期不但遗址数量剧增，超过了薛河—沂河冲积扇区域，而且扩展到整个平原，薛故城遗址作为地区性中心的地位也一直未变。

试比较薛河流域不同区域新石器时期和历史时期的人类活动情况，可以看出，薛河流域的人类活动，在新石器时期主要以中游的羊庄山间盆地为中心，向西延伸到盆地出口处之外的冲积扇平原。岳石至商代时期，流域内遗址数量有所减少。商代之后，薛河不同地段普遍出现遗址数量明显增多，集中成片分布日趋明显的状况，这种变化以下游冲洪积平原最为明显，这里不但遗址数量较新石器时期有极大的增长，而且遗址分布范围宽广，且出现了前掌大—薛故城这样的大型都邑。说明在新石器时期，受区域地貌特征的影响，先民们主要选择地势较高的薛河中游羊庄盆地生活，但这里水资源比较短缺，史前文化的发展受到气候变化的影响。到历史时期，随着薛河下游地貌环境的改善，人类的活动中心开始从相对比较闭塞狭小，水土条件较差的山间盆地转移到地势开阔，水土条件较好的冲洪积平原，文化得到极大的发展。

第三节　余论：对调查方法和结论的一些思考

仅依靠对某一地区地面考古调查所得的资料并不能全面反映该区域古代遗址和社会的全貌，这已经是很多学者的共识。在前文的分析中，尽管我们试图尽量还原地面采集遗物之下古代遗存分布的真实情况，并根据调查结果对各时期的聚落及其反应的社会情况进行了初步分析，但对于影响通过地面调查揭示古代遗址和社会全貌的各种因素，我们仍缺乏系统的分析。下文我们就针对这一问题，结合薛河流域的具体情况，进行一些初步的分析。

一、影响地面调查全面揭示古代遗址的因素

在薛河流域调查区域内，除本次调查外，前期其他单位曾开展了较多的调查、钻探和发掘工作。本次调查中，除采集地面遗物外，我们也在少数遗址的剖面上得以窥视其地下遗存的分布情况。此外本项目还开展了古代地貌演变的研究。这些工作都为我们分析地面调查在揭示古代遗址方面的局限性提供了有力参考。

总体而言，地面调查不能全面揭示古代遗址的全貌有主客观两个方面的原因。

1. 主观方面的限制

尽管本项目在调查过程中要求调查队员尽量系统地收集遗物，但由于一些主观条件的限制，使得我们不能全面收集到所有遗物。这些限制可以大体归纳为两点。第一，虽然区域系统调查是一种地毯式的地面调查，但在实际操作中它对古代遗物的采集仍只是抽样采集。在田野

调查中，每个调查队员行进的路线仍只是一条直线或曲线，其视野范围也大致只有左右两侧5米的距离，并不能将一个采集区内所有的遗物看到并收集。第二，即使是在系统抽样采集的前提下，调查队员也很可能由于其他主观原因遗漏掉某些遗物。如限于调查经验等因素误把古代遗物当作现代遗存舍弃；或者由于某些调查区域比较危险，为了安全起见没有采集其中的遗物等。

2. 客观条件的制约

客观条件的制约主要是遗址后期被埋藏和破坏。

其中遗址的后期埋藏又可以分为自然埋藏和人工埋藏两种。自然埋藏多与一个地区的地貌变迁相关。在薛河下游地区，根据本项目地貌研究的成果，薛河下游的冲洪积平原"属沉降区，剥蚀面埋藏较深，第四纪堆积较厚，河流改道频繁，古河道发育。沿薛河故道，即现在小魏河中下游，河谷宽浅，沿河仅见拔河高程仅2～3米的一级阶地（亦即平原面），二级阶地不发育，这可能与这里地处沉降区，二级阶地被一级阶地堆积物埋藏有关"。"由于二级阶地属埋藏阶地，故一般的地面考古调查难以发现分布在埋藏阶地面上的古代文化遗存。"河流下游地区的沉降现象导致的古代遗址深埋是一种普遍现象，大多数河流的下游地区可能都会有这种情况，如黄河下游黄泛区内遗址被深埋的现象已被大家熟知。而薛河下游区域，尤其是西康留以下区域遗址分布相对稀疏、早期遗址少见的现象应该与此有较大关系。而在田野调查中，除薛河下游地区外，我们在薛河中游羊庄盆地的山前洪积扇区域也发现遗址被深埋的现象，如羊庄西北遗址的汉代冶铁遗迹距地表深0.5米左右，上有一层很厚的淤土层，这应该是山区边缘的洪积现象导致的埋藏。总体观之，自然埋藏现象在薛河流域比较普遍，而在这些区域，如果不是由于后期的意外破坏或者考古发掘，那些深埋的遗址是很难被发现的。

除了自然埋藏，薛河流域很多遗址中近现代地层和晚期文化层之下叠压早期文化层的现象也非常普遍，这也会导致早期遗址很难被发现。如上文介绍的大康留东北遗址的岳石文化遗存、西康留遗址的北辛文化遗存、薛故城和前掌大的龙山文化遗存都是如此。而根据夏正楷教授的研究，薛河流域"地壳稳定、阶地不发育、人类只能在同一个阶地面上长期生活"。这种地貌背景下，人类频繁活动——如近代平整土地、古代铺垫生活区等——使晚期地层叠压和破坏古代地层的情况更为常见。这些人为原因导致的早期遗存的埋藏都可以归纳为人工埋藏。

薛河流域另外一个导致古代遗址现代很难被发现的客观原因即后期人类活动对它们的破坏。这种现象在现代更容易被观察到，如西康留东南部的台地1975年修整农田时就曾被削掉1米左右[①]，官桥镇薛河故道两岸现代砖瓦厂挖掘的巨大取土坑更是对坝上西、大康留东北、小康留东等遗址造成了不可挽救的破坏。而在历史上，古人对遗址破坏的力度虽不及现代，但由于历时漫长，破坏程度应不亚于现代。人为的破坏对于地面考古调查会有两个较大的影响，一是会使遗址部分或彻底消失，二是会使遗物散布的面积更广，有时形成面积巨大的遗物分布区。此外，通过对建新和孟庄东北遗址的考察，我们发现考古发掘可能也会对遗址地表遗物的

---

① 山东省文物考古研究所、枣庄博物馆：《山东滕州西康留遗址调查、钻探、试掘简报》，《海岱考古》（第三辑），科学出版社，2010年。

分布造成较大影响，经发掘和回填的遗址区域可能由于遗物收集较系统，有时难以再有遗物发现。

整体考察薛河流域的情况，可以发现在这一区域客观原因是妨碍我们全面调查揭示古代遗址的主要因素。其中后李文化至岳石文化等时代较早时期的遗址以及薛河下游地区的遗址，受后期埋藏影响较大，目前发现的此类遗址可能仍数量偏少，部分遗址可能仍深埋于地下未被发现；时代相对较晚的遗址，尤其是东周时期和秦汉时期的遗址，则受后期破坏的影响较大，它们往往因破坏严重形成面积巨大的遗物分布区，部分遗址的遗物分布区范围和面积可能不能很好对应地下遗存的分布情况。而上文我们根据调查结果进行的相关分析，虽然已经考虑了上述部分因素，但仍主要是根据目前发现遗址的情况做出的，其结论也必然会随着下一步的更多发现和工作得到进一步的修正。

二、对聚落形态和聚落性质的解释

考古调查揭示了薛河流域古代遗存的分布情况，而对这一区域古代社会各个方面的解读，则必须在考察古代遗存的基础上，或结合文献记载，进行详细比对，或参考人类学研究案例及各种考古学理论，进行演绎推断。尤其对于这一区域新石器时代至秦汉时期社会的考察，由于历史文献的记载较少等原因，聚落考古就成为我们解释当时社会的组织结构、各个聚落的性质和地位等相关问题的主要手段。而从这一角度分析，聚落考古的局限性及其应用中的某些问题就成为了我们认识薛河流域古代社会的另一种主要限制。

不同社会和地区人群拥有不同的聚落模式，这已在人类学、民族考古学、历史学和人文地理学等领域中被广泛而详细的揭示出来，如包括大本营、季节性营地、狩猎采集地点等在内的游猎民族的聚落形态，包括定居村落、农田、祭祀地点等在内的农业或半农业部族的聚落形态，以及包括都城、城镇、村落、军事堡垒、手工业区等在内的古代国家的聚落形态等。然而，如果将目前考古学中发现或描述的古代聚落形态——尤其是史前时代的聚落形态，与上述我们已了解详情的聚落形态相比，可以发现两者仍存在一定差异，有时甚至差异很大。这种差异的形成，一方面固然与古代遗存不能全部保存至今，不能全部被我们揭示有关；一方面则与古代遗存是"沉默的证据"，聚落考古理论仍有一定局限性有很大关系。

在前文的分析中，对于薛河流域各个时代的聚落，我们均按照面积对其进行了分级，并对每个时代不同等级聚落分布的模式以及聚落聚群等现象进行了初步分析。按照目前学界对于古代聚落的主要解释手段，即以聚落面积为主要指标，利用不同聚落模型，对不同聚落间的关系进行探讨。其中典型者如XTENT模型，即将聚落"依其规模划归于一些中心。这样做是假定大型中心支配小型中心（如果它们靠得很近的话）。在这种所谓支配情况下，较小遗址的区域可以划归到较大遗址区域的研究中去：从政治角度而言较小的遗址不会自治或独立存在"，"在XTENT模型中，每个中心的大小被认为与它施与影响的区域呈正比。每个中心的影响范围被认为像是一个钟或钟楼形的：中心的规模越大，钟楼就越高。如果与某些中心共生的钟楼完全处于一个更大中心的范围之内，那么这些中心就被认为是从属于后者的。如果它们超出这个范围，那么它们就会有作为政治单位存在的自己的中心。"①

然而，众所周知，任何模型都是从具体情况中抽象出来的，其代表了一种理想化的状态，而且一种模型可能并不适合所有的实际案例，模型在实际应用中也会产生若干问题。对于XTENT等目前在我国考古研究中应用较广的模型，薛河流域的具体情况就与之有抵牾之处，并提出了一系列应用中的问题。例如在薛河流域东周时期的聚落中，通过前期的考古发现和文献记载的印证，可知薛故城和东江遗址分别为薛国和小邾国两个独立的诸侯国的都邑所在，两者都是一个独立政体的最高政权治所所在。但这一史实则是仅仅依靠聚落模式难以复原出的，仅从两聚落的情况看，两者的面积和聚落等级均有较大差距，它们是否有隶属关系或相对独立难以判断。而至于东周时期薛国和小邾国的具体边界，尤其是与两者距离相近的某些聚落到底是归属于哪一国家，恐怕也是仅仅依靠聚落模式难以回答的。又如，对于商代时期的后黄庄、西周时期的坝上西、东周时期的西台西、秦汉时期的东薛河北等聚落的具体性质究竟如何，它们是否是地区中心控制下的次级行政中心，抑或是具有特殊功能的大型聚落，甚至为某些诸侯国的早期都邑，仅依靠聚落考古模式也难以判断。再如，前文分析中我们指出薛河流域的聚落在大汶口文化、龙山文化、岳石文化、西周和东周时期等均存在聚落聚群的现象，而这种聚落群的性质是什么？它是否可以代表一个政体或某种关系紧密的团体？位于其中心的大型聚落是否是其行政中心或者只是面积较大的居民点？事实也可能并未如上述模式解释一样简单和统一。因为在很多古代文献记载和对薛河流域现代聚落的调查中②，经常可以看到某一区域的行政中心并非是其最大聚落，某一具有经济、交通等优势的聚落反而规模巨大；相邻行政区之间边界错综复杂，其确定有一系列的地理、历史等原因，难以简单地以距离行政中心远近划分等现象。上述时期各聚落群中的大型聚落有可能是其主要的中心聚落，但它们与周边聚落的具体关系，其实际控制和影响范围，则还需要进一步的考古发掘提供更多的信息加以确认。

---

① 科林·伦福儒、保罗·巴恩著，中国社会科学院考古研究所译：《考古学理论、方法与实践》，文物出版社，2004年，178～182页。
② 郭明建：《山东薛河流域古今聚落的对比研究与启示》，《聚落考古通讯》2016年1期。

附 表

附表一 北辛文化遗址、遗物分布区和重点散点区汇总表

性质	名称	聚落等级	面积（万平方米）		遗物采集区数量（个）		采集遗物数量（件）		采集区遗物平均数量（件）		采集遗物平均密度（件/万平方米）		可辨器形	备注
			核心分布区	总面积	核心分布区	遗址	核心分布区	遗址	核心分布区	遗址	核心分布区	遗址		
遗址	西康留	二级	1.1	1.1	4	4	13	13	3.3	3.3	11.8	11.8	鼎、钵	遗址前期钻探面积2~3万平方米
	前台南	二级	2.5	12.2	10	14	39	46	3.9	3.3	15.6	3.8	鼎、罐、钵	
	北辛	一级	5.8	24.8	24	32	51	84	2.1	2.6	8.8	3.4	鼎、罐、钵、石镰	
可能是遗址的遗物分布区	民庄西南	不明	—	0.8	—	3	—	21	—	7	—	26.3	鼎、罐、小口双耳壶	
可能不是遗址的遗物分布区	坝上西	—	—	4	—	6	—	11	—	1.8	—	2.8	鼎、釜、钵、残石磨盘	
	北辛东北	—	—	6.7	—	6	—	7	—	1.2	—	1	鼎、钵	
	北辛南	—	—	7.3	—	6	—	8	—	1.3	—	1.1	鼎、小口双耳壶、磨石	
	范村东南	不明	—	—	—	3	—	3	—	1	—	—	鼎、钵	
可能为遗址的散点区	吴小庄南	不明	—	—	—	2	—	2	—	1.0	—	—	鼎	
	胡楼北	不明	—	—	—	2	—	3	—	1.5	—	—	钵、磨棒、磨盘	
	前坝桥西	不明	—	—	—	2	—	3	—	1.5	—	—	鼎、罐	

附表二　大汶口文化遗址、遗物分布区和重点散点区汇总表

性质	名称	聚落等级	面积（万平方米）		遗物采集区数量（个）		采集遗物数量（件）		采集区遗物平均数量（件）		采集遗物平均密度（件/万平方米）		可辨器形	备注
			核心分布区	遗址	核心分布区	遗址	核心分布区	遗址	核心分布区	遗址	核心分布区	遗址		
遗址	陶山	三级	0.9	7.4	3	7	3	7	1	1	3.3	0.9	鼎足	
	豹山东北	三级	1.2	16.8	4	8	5	12	1.3	1.5	4.2	0.7	罐、大口尊、杯	
	南庄西	三级	1	34.3	3	11	5	17	1.7	1.3	5	0.4	鼎、罐	
	望河庄南	三级	0.4	3.3	3	4	4	6	1.3	1.5	10	1.8	鬶	
	范村东南	三级	0.7	38.7	3	13	7	20	2.3	1.5	10	0.5	鼎足、罐、钵、石锛	
	孔庄北	三级	1.6	7.8	7	9	35	39	5	4.3	21.9	5	鼎、罐、盆、盖纽	
	北辛东北	三级	1.2	4.6	7	8	34	35	4.9	4.4	28.3	7.6	鼎、罐	
	杜家堂北	二级	4.3	4.3	6	6	6	6	1	1	1.4	1.4	鼎、罐、盆、三足钵	
	西王宫南	二级	3	12.7	13	17	38	44	2.9	2.6	12.7	3.5	鼎、鬶、罐、盆、器盖	
	大韩村西南	二级	2.2	2.2	10	10	43	43	4.3	4.3	19.5	19.5	鼎、鬶、罐、盆	遗址发现大汶口文化层
	胡村	一级	10.9	16.4	30	30	159	159	5.3	5.3	14.6	9.7	鼎、鬶、罐、盆、钵、壶、大口尊、豆、杯、器纽	遗址发现大汶口文化层
	西康留	一级	13.7	57.7	64	78	348	370	5.4	4.7	25.4	6.4	鼎、鬶、罐、盆、匜、口尊、筹子、器盖、圈足石斧、石凿	遗址前期曾发掘
	前坝桥西	一级	6.4	8.2	33	34	248	251	7.5	7.4	38.8	30.6	鼎、罐、三足钵、器盖、瓠形杯、豆、努孔石器	遗址发现大汶口文化层和灰坑
	建新	二级	—	3	—	3	—	21	—	7	—	7	鼎、鬶、大口尊	根据发掘面积判断
	胡楼北	不明	—	—	—	2	—	3	—	1.5	—	1.5	罐、豆	遗址发现文化层
	北辛	不明	—	—	—	3	—	7	—	2.3	—	2.3	鼎、罐、豆	遗址前期曾发掘

续表

性质	名称	聚落等级	面积（万平方米）		遗物采集区数量（个）		采集遗物数量（件）		采集区遗物平均数量（件）		采集遗物平均密度（件/万平方米）		可辨器形	备注
			核心分布区	遗址	核心分布区	遗址	核心分布区	遗址	核心分布区	遗址	核心分布区	遗址		
可能为遗址的遗物分布区	民庄西南	—	—	0.9	—	3	—	34	—	11.3	—	37.8	鼎、罐、钵、器盖	
	西集东	—	—	5.5	—	5	—	30	—	6	—	5.5	鼎、鬶、罐、钵、背壶、豆、石刀、石饼	
	东江	—	—	—	—	2	—	4	—	2	—	—	鼎	
	前台南	—	—	—	—	2	—	12	—	6	—	—	鼎、罐	
	前崖东南	—	—	—	—	3	—	5	—	1.7	—	—	鼎、钵	
可能为遗址的散点区	张庄东南	—	—	—	—	1	—	3	—	3	—	—	陶片	
	昌慮故城	—	—	—	—	5	—	6	—	1.2	—	—	盆	
	东南王庄东南	—	—	—	—	2	—	2	—	1	—	—	陶片	
	大康留东北	—	—	—	—	4	—	10	—	2.5	—	—	鼎	
	段楼东南	—	—	—	—	2	—	17	—	8.5	—	—	鼎、钵	
	西王庄东南	—	—	—	—	3	—	3	—	1	—	—	陶片	

附表三　龙山文化遗址、遗物分布区和重点散点区汇总表

性质	名称	聚落等级	面积（万平方米）		遗物采集区数量（个）		采集遗物数量（件）		采集区遗物平均数量（件）		采集遗物平均密度（件/万平方米）		可辨器形	备注
			核心分布区	总面积	核心分布区	遗址	核心分布区	遗址	核心分布区	遗址	核心分布区	遗址		
遗址	杜家堂北	四级	0.7	5.8	3	6	21	24	7	4	30	4.1	鼎、罐、圈足盘、盆、钵、杯、器盖	
	胡村	四级	0.8	0.8	4	4	8	8	2	2	10	10	鼎、鬶、罐	
	北辛东北	四级	1.4	6.9	4	7	6	10	1.5	1.4	4.3	1.4	鼎、罐	
	西康留	三级	3.3	14.6	10	15	27	41	2.7	2.7	8.2	2.8	鼎、鬶、罐、豆、杯、匜	
	西王宫南	三级	3.9	7.9	13	14	26	27	2	1.9	6.7	3.4	甗、罐、盆、器盖	

续表

性质	名称	聚落等级	面积（万平方米）		遗物采集区数量（个）		采集遗物数量（件）		采集区遗物平均数量（件）		采集遗物平均密度（件/万平方米）		可辨器形	备注
			核心分布区	总面积	核心分布区	遗址	核心分布区	遗址	核心分布区	遗址	核心分布区	遗址		
遗址	后台	二级	7.5	24.9	21	23	96	100	4.6	4.3	12.8	4	鼎、甗、盆、杯、盘、三足盆、匜、器盖、圈足盘、纺轮	
	大韩村西南	二级	13.8	45.6	37	48	133	169	3.6	3.5	9.6	3.7	鼎、甗、罐、盆、钵、豆、碗、杯、高柄杯、圈足盘、器盖	遗址发现龙山文化层
	大韩村东	一级	42	66.9	80	87	178	190	2.2	2.2	4.2	2.8	鼎、甗、罐、豆、杯、碗、圈足盘、箅子、器盖、把手、石刀	
	薛故城东南部	二级	—	约10	—	3	—	4	—	1.3	—	0.4	罐	面积根据前期发掘情况推测
	建新	四级	—	<2	—	1	—	5	—	5	—	—	罐、杯	据发掘情况，面积应小于2万平方米
	前掌大	不明	—	—	—	2	—	2	—	1	—	—	罐	遗址前期曾发掘
	胡楼北	不明	—	6.6	—	2	—	5	—	2.5	—	—	鼎、甗、罐、器盖	遗址发现灰坑
	大康留东北	不明	—	不明	—	7	—	8	—	1.1	—	—	鼎、罐、器盖，剖面遗物有平底盆、双耳罐	遗址发现灰坑，一般分布区面积6.6万平方米
	陶山	不明	—	不明	—	3	—	3	—	1	—	—	环足盘	遗址发现文化层
	孔庄北	不明	—	2.1	—	5	—	28	—	5.6	—	—	罐、盆、壶、杯、盘	遗址发现文化层，一般分布区面积2.1万平方米

续表

性质	名称	聚落等级	面积（万平方米）		遗物采集区数量（个）		采集遗物数量（件）		采集区遗物平均数量（件）		采集遗物平均密度（件/万平方米）		可辨器形	备注
			核心分布区	总面积	核心分布区	遗址	核心分布区	遗址	核心分布区	遗址	核心分布区	遗址		
可能不是遗址的遗物分布区	前台南	—	—	3.3	—	4	—	6	—	1.5	—	1.8	鼎、罐、器盖	
	坝上西	—	—	4.1	—	4	—	4	—	1	—	1	罐	
	北辛	—	—	7.7	—	5	—	6	—	1.2	—	0.8	罐、豆、杯	
	中韩村西南	—	—	8.2	—	5	—	5	—	1	—	0.6	罐	
	薛故城魏家楼南	—	—	5.7	—	3	—	4	—	1.3	—	0.7	罐	
可能为遗址的散点区	庄里南	—	—	—	—	1	—	23	—	23	—	—	鼎、盆、匝、罐、圈足盘、鬶	
	尚屯西	—	—	—	—	2	—	3	—	1.5	—	—	鼎	
	范村东南	—	—	—	—	2	—	9	—	4.5	—	—	罐	
	东薛河西北	—	—	—	—	3	—	4	—	1.3	—	—	鬶、罐	
	东于	—	—	—	—	4	—	7	—	1.8	—	—	罐、盆、器盖	
	前坝桥西	—	—	—	—	1	—	1	—	1	—	—	圈足盆	

附表四　岳石文化遗址、遗物分布区和重点散点区汇总表

性质	名称	聚落等级	面积（万平方米）		遗物采集区数量（个）		采集遗物数量（件）		采集区遗物平均数量（件）		遗物平均密度（件/万平方米）		可辨器形	备注
			核心分布区	总面积	核心分布区	遗址	核心分布区	遗址	核心分布区	遗址	核心分布区	遗址		
遗址	望河庄南	二级	0.3	0.3	3	4	4	4	1.3	1.3	13.3	13.3	瓶、碗	
	西康留	二级	0.4	8.6	4	8	12	19	3	2.4	30	2.2	罐、器盖	
	大韩村西南	二级	0.7	2.1	4	5	5	6	1.3	1.2	7.1	2.9	罐、瓶、尊、器盖	
	西集东	二级	0.8	3.6	3	5	7	13	2.3	2.6	8.8	3.6	罐、瓶、豆	

续表

性质	名称	聚落等级	面积（万平方米）		遗物采集区数量（个）		采集遗物数量（件）		采集区遗物平均数量（件）		遗物平均密度（件/万平方米）		可辨器形	备注
			核心分布区	总面积	核心分布区	遗址	核心分布区	遗址	核心分布区	遗址	核心分布区	遗址		
遗址	前南宿西南	一级	4	10.9	15	18	90	98	6	5.4	22.5	9	罐、瓿、豆、尊、器盖	
	西王宫南	一级	4.9	13.7	16	18	54	56	3.4	3.1	11	4.1	鼎、瓿、罐、盖纽	遗址发现岳石文化灰坑
	大康留东北	应为一级	—	—	—	1	—	2	—	2	—	—	地表无可辨器形，剖面遗物有瓿、豆、罐、尊、盘、碗、磨盘、石铲、骨镞	遗址发现岳石文化层和遗迹
	小王宫	不明	—	—	—	2	—	19	—	9.5	—	—	鼎、瓿、罐	遗址发现岳石文化层
	前掌大	不明	—	—	—	1	—	1	—	1	—	—	尊	遗址前期曾发掘，但面积不明
	薛故城东南	不明	—	—	—	2	—	2	—	1	—	—	豆	遗址前期曾发掘，但面积不明
可能为遗址的遗物分布区	胡村	—	—	2	—	4	—	5	—	1.3	—	2.5	罐、尊	
	坝上西	—	—	3.5	—	3	—	15	—	5	—	4.3	罐、豆	
	西薛河南	—	—	1.9	—	4	—	6	—	1.5	—	3.2	罐、瓿	
可能不是遗址的遗物分布区	西南宿西	—	—	1.7	—	3	—	3	—	1	—	1.8	无	

续表

性质	名称	聚落等级	面积（万平方米）		遗物采集区数量（个）		采集遗物数量（件）		采集区遗物平均数量（件）		遗物平均密度（件/万平方米）		可辨器形	备注
			核心分布区	总面积	核心分布区	遗址	核心分布区	遗址	核心分布区	遗址	核心分布区	遗址		
可能为遗址的散点区	后台	—	—	—	—	3	—	3	—	1	—	—	罐、豆	
	东薛河北	—	—	—	—	1	—	2	—	2	—	—	罐	
	昌桥故城	—	—	—	—	2	—	3	—	1.5	—	—	瓶、罐	
	北辛东北	—	—	—	—	1	—	4	—	4	—	—	罐、尊、豆	
	薛故城西王庄北	—	—	—	—	2	—	4	—	2	—	—	罐、豆	
	西仓桥	—	—	—	—	1	—	2	—	2	—	—	尊	
	段楼东南	—	—	—	—	1	—	1	—	1	—	—	尊	

附表五　商代时期遗址、遗物分布区和重点散点区汇总表

性质	名称	聚落等级	面积（万平方米）		遗物采集区数量（个）		采集遗物数量（件）		采集区遗物平均数量（件）		平均遗物密度（件/万平方米）		可辨器形	备注
			核心分布区	遗址	核心分布区	遗址	核心分布区	遗址	核心分布区	遗址	核心分布区	遗址		
遗址	胡村	三级	0.6	3.2	3	4	6	7	2	1.8	10	2.2	鬲、瓶	
	前沙冯西	三级	0.9	3.8	4	6	15	24	3.8	4	16.7	6.3	鬲、罐、簋	
	望河庄南	三级	0.5	19.4	3	7	6	11	2	1.6	12	0.6	鬲	
	后黄庄	二级	2.5	17.1	10	14	61	82	6.1	5.9	24.4	4.8	鬲、簋、罐、豆、骨料	遗址前期曾发掘
	前台南	二级	3	6.4	6	7	30	31	5	4.4	10	4.8	鬲、瓶、鼎、盆、豆、簋	
	前掌大	一级	54.2	192.4	119	146	201	232	1.7	1.6	3.7	1.2	鬲、瓶、罐、盆、豆、簋、石镰	遗址前期曾发掘

续表

性质	名称	聚落等级	面积（万平方米）		遗物采集区数量（个）		采集遗物数量（件）		采集区遗物平均数量（件）		遗物平均密度（件/万平方米）		可辨器形	备注
			核心分布区	总面积	核心分布区	遗址	核心分布区	遗址	核心分布区	遗址	核心分布区	遗址		
遗址	前南宿西南	一级	4	10.9	15	18	90	98	6	5.4	22.5	9	罐、瓶、豆、尊、器盖	
	西王宫南	一级	4.9	13.7	16	18	54	56	3.4	3.1	11	4.1	鼎、罐、盖钮	遗址发现岳石文化灰坑
	大康留东北	应为一级	—	—	—	1	—	2	—	2	—	—	地表无可辨器形，剖面遗物有瓶、豆、罐、尊、盘、碗、磨盘、石铲、骨镞	遗址发现岳石文化层
	小王宫	不明	—	—	—	2	—	19	—	9.5	—	—	鼎、瓶、罐	遗址发现岳石文化层和遗迹
	前掌大	不明	—	—	—	1	—	1	—	1	—	—	尊	遗址前期曾发掘，但面积不明
	薛故城东南	不明	—	—	—	2	—	2	—	1	—	—	豆	遗址前期曾发掘，但面积不明
可能为遗址的遗物分布区	胡村	—	—	2	—	4	—	5	—	1.3	—	2.5	罐、尊	
	坝上西	—	—	3.5	—	3	—	15	—	5	—	4.3	罐、豆	
	西薛河南	—	—	1.9	—	4	—	6	—	1.5	—	3.2	罐、瓶	
可能不是遗址的遗物分布区	西南宿西	—	—	1.7	—	3	—	3	—	1	—	1.8	无	

续表

性质	名称	聚落等级	面积（万平方米）		遗物采集区数量（个）		采集遗物数量（件）		采集区遗物平均数量（件）		遗物平均密度（件/万平方米）		可辨器形	备注
			核心分布区	总面积	核心分布区	遗址	核心分布区	遗址	核心分布区	遗址	核心分布区	遗址		
可能为遗址的散点区	后台	—	—	—	—	3	—	3	—	1	—	—	罐、豆	
	东薛河北	—	—	—	—	1	—	2	—	2	—	—	罐	
	昌虑故城	—	—	—	—	2	—	3	—	1.5	—	—	瓶、罐	
	北辛东北	—	—	—	—	1	—	4	—	4	—	—	罐、尊、豆	
	薛故城西王庄北	—	—	—	—	2	—	4	—	2	—	—	罐、豆	
	西仓桥	—	—	—	—	1	—	2	—	2	—	—	尊、豆	
	段楼东南	—	—	—	—	1	—	1	—	1	—	—	尊	

附表五　商代时期遗址、遗物分布和重点散点区汇总表

性质	名称	聚落等级	面积（万平方米）		遗物采集区数量（个）		采集遗物数量（件）		采集区遗物平均数量（件）		平均遗物密度（件/万平方米）		可辨器形	备注
			核心分布区	遗址	核心分布区	遗址	核心分布区	遗址	核心分布区	遗址	核心分布区	遗址		
遗址	胡村	三级	0.6	3.2	3	4	6	7	2	1.8	10	2.2	鬲、瓿	
	前沙河冯西	三级	0.9	3.8	4	6	15	24	3.8	4	16.7	6.3	鬲、罐、簋	
	望河庄南	三级	0.5	19.4	3	7	6	11	2	1.6	12	0.6	鬲	
	后黄庄	二级	2.5	17.1	10	14	61	82	6.1	5.9	24.4	4.8	鬲、簋、罐、骨料	遗址前期曾发掘
	前台南	二级	3	6.4	6	7	30	31	5	4.4	10	4.8	鬲、鼎、罐、豆、簋	
	前掌大	一级	54.2	192.4	119	146	201	232	1.7	1.6	3.7	1.2	鬲、瓿、罐、簋、豆、石镰	遗址前期曾发掘

附　表

续表

性质	名称	聚落等级	面积（万平方米）		遗物采集区数量（个）		采集遗物数量（件）		采集区遗物平均数量（件）		平均遗物密度（件/万平方米）		可辨器形	备注
			核心分布区	遗址	核心分布区	遗址	核心分布区	遗址	核心分布区	遗址	核心分布区	遗址		
遗址	薛故城东南小城	一级	—	前期钻探发掘面积为60~70	—	9	—	17	—	1.9	—	—	鬲、罐、鼎	薛故城东南区域及周边有独立的遗物采集区9处
	西康留	二级	—	2~4	—	2	—	2	—	1	—	—	鬲、瓿	总面积根据前期钻探情况
	西集东	不明	—	不明	—	4	—	10	—	2.5	—	—	鬲、罐	遗址发现灰坑
	杜村东	不明	—	不明	—	1	—	9	—	9	—	—	鬲、罐	遗址发现文化层
可能为遗址的遗物分布区	大韩村东	—	—	1.5	—	3	—	3	—	1	—	2	鬲	
	坝上西	—	—	2.9	—	5	—	7	—	1.4	—	2.4	鬲、豆	
	杜家堂北	—	—	4.5	—	5	—	9	—	1.8	—	2	鬲、罐	
	前南宿	—	—	4.6	—	5	—	8	—	1.6	—	1.7	鬲、罐	
	前沙冯东南	—	—	4.6	—	4	—	5	—	1.3	—	1.1	鬲、罐	
可能不是遗址的遗物分布区	洪村	—	—	1.8	—	3	—	3	—	1	—	1.7	无	
	前掌大东北	—	—	1.8	—	3	—	4	—	1.3	—	2.2	无	
	薛故城高庄西北	—	—	2.5	—	4	—	8	—	2	—	3.2	鼎、鬲、罐	
	薛故城魏家楼西	—	—	2.7	—	3	—	10	—	3.3	—	3.7	鬲	
可能为遗址的散点区	民庄西南	—	—	—	—	2	—	4	—	2	—	—	鬲、罐	
	东薛河北	—	—	—	—	2	—	16	—	8	—	—	鬲、瓿、罐	
	大计河东	—	—	—	—	1	—	11	—	11	—	—	鬲、瓿、甗、罐	
	北辛南	—	—	—	—	2	—	6	—	3	—	—	鬲、罐	
	西仓桥	—	—	—	—	2	—	10	—	5	—	—	鬲、罐	
	陶庄东北	—	—	—	—	1	—	6	—	6	—	—	鬲、豆	

附表六　西周时期遗址、遗物分布区和重点散点区汇总表

性质	名称	聚落等级	面积（万平方米）		遗物采集区数量（个）		采集遗物数量（件）		采集区遗物平均数量（件）		遗物平均数（件/万平方米）		可辨器形	备注
			核心分布区	遗址	核心分布区	遗址	核心分布区	遗址	核心分布区	遗址	核心分布区	遗址		
遗址	前台南	四级	0.3	2	3	4	4	5	1.3	1.3	13.3	2.5	鬲、罐	
	后台	四级	0.6	4.1	4	5	16	17	4	3.4	26.7	4.1	鬲、罐、盆	
	胡村南	四级	0.6	8.3	3	9	17	26	5.7	2.9	28.3	3.1	鬲、罐、甑、钵、盆	
	庄里东	四级	0.6	3.7	5	7	28	38	5.6	5.4	46.7	10.3	鬲、罐	
	杜家堂北	四级	0.7	17.3	3	13	5	24	1.7	1.8	7.1	1.4	鬲、罐、豆	
	南辛东南	四级	0.7	4.2	4	7	31	41	7.8	5.9	44.3	9.8	鬲、罐、盆	
	张庄北	四级	0.8	3.7	3	5	3	5	1	1	3.8	1.4	鬲、盆	
	陶山西	四级	0.8	0.8	3	3	5	5	1.7	1.7	6.3	6.3	罐	
	陶山东	四级	0.8	2	3	4	12	18	4	4.5	15	9	鼎、罐	
	薛故城西王庄南	四级	0.9	20.8	3	10	3	10	1	1	3.3	0.5	罐	
	胡村北	四级	0.9	0.9	4	4	8	8	2	2	8.9	8.9	罐、豆	
	西台西	四级	0.9	10.4	6	13	11	20	1.8	1.5	12.2	1.9	鬲、罐	
	小康留西	四级	1.1	1.1	7	7	26	26	3.7	3.7	23.6	23.6	鬲、罐、盆、豆	
	西集东	三级	1.6	9.2	4	9	11	25	2.8	2.8	6.9	2.7	鬲、罐	
	民庄西南	三级	1.8	13.5	10	12	30	38	3	3.2	16.7	2.8	鬲、簋、罐	
	胡楼北	三级	1.8	3.6	6	7	42	45	7	6.4	23.3	12.5	鬲、罐、盆、钵	遗址发现西周文化层
	大韩村东	三级	1.9	14.6	6	12	21	31	3.5	2.6	11.1	2.1	鬲、罐	
	陶山南	三级	2.5	19.1	6	11	9	15	1.5	1.4	3.6	0.8	鬲、罐	
	前沙沟西	三级	2.9	4.8	5	6	13	15	2.6	2.5	4.5	3.1	鬲、罐、豆	遗址发现西周文化层
	土城西	三级	2.9	16.3	8	11	22	27	2.8	2.5	7.6	1.7	鼎、鬲、罐	
	孤山东南	三级	3.5	18.4	3	9	16	31	5.3	3.4	4.6	1.7	鬲、罐	
	后黄庄	三级	4.3	17.1	9	15	68	79	7.6	5.3	15.8	4.6	鬲、罐、簋、盆	

续表

性质	名称	聚落等级	面积（万平方米）		遗物采集区数量（个）		采集遗物数量（件）		采集区遗物平均数量（件）		遗物平均密度（件/万平方米）		可辨器形	备注
			核心分布区	遗址	核心分布区	遗址	核心分布区	遗址	核心分布区	遗址	核心分布区	遗址		
遗址	东江	二级	6.8	31.2	12	19	37	46	3.1	2.4	5.4	1.5	鬲、罐、豆	
	西康留	二级	7.9	40.5	32	41	69	81	2.2	2	8.7	2	鬲、罐、豆	遗址前期曾发掘
	大康留东北	二级	9.8	47.7	20	31	45	66	2.3	2.1	4.6	1.4	鬲、罐、豆	
	望河庄南	二级	14.5	23	68	69	316	317	4.6	4.6	21.8	13.8	鬲、甑、罐、簋、豆、壶、板瓦	
	坝上西	一级	61.4	132.2	118	136	462	496	3.9	3.6	7.5	3.8	鬲、罐、盆、瓮、豆、硬陶罐	遗址发现西周文化层
	薛故城—前掌大	一级	192	553.3	463	510	1117	1205	2.4	2.4	5.8	2.2	鬲、钵、簋、豆、盆、盂、石斧	遗址前期曾发掘
	张汪南	不明	—	—	—	1	—	7	—	—	—	—	罐	遗址发现文化堆积
	杜村东	不明	—	1.1	—	3	—	28	—	—	—	—	鬲、盆、豆	遗址发现文化层，分布区面积1.1万平方米
	孟庄东北	不明	—	1.6	—	4	—	12	—	—	—	—	鬲、罐	前期曾发掘，分布区面积1.6万平方米
可能是遗址的分布区	西仓桥	—	—	4	—	5	—	9	—	1.8	—	2.3	罐	
	前南宿	—	—	44.6	—	19	—	36	—	1.9	—	0.8	鬲、罐、豆	
	东莱东	—	—	1.9	—	3	—	16	—	5.3	—	8.4	鬲、罐、豆	
	大韩村西南	—	—	9.6	—	7	—	17	—	2.4	—	1.8	鬲、罐	

续表

性质	名称	聚落等级	面积（万平方米）		遗物采集区数量（个）		采集遗物数量（件）		采集区遗物平均数量（件）		遗物平均密度（件/万平方米）		可辨器形	备注
			核心分布区	遗址	核心分布区	遗址	核心分布区	遗址	核心分布区	遗址	核心分布区	遗址		
	龙塘东	—	—	4.3	—	3	—	5	—	1.7	—	1.2	鬲	
	前沙冯东南	—	—	7.2	—	5	—	9	—	1.8	—	1.3	鬲、罐、豆	
	东薛河北	—	—	14.4	—	8	—	15	—	1.9	—	1	鬲、罐、盆	
	西石楼东	—	—	2.5	—	3	—	4	—	1.3	—	1.6	鬲、罐	
可能不是遗址的遗物分布区	小王营	—	—	1.8	—	3	—	3	—	1	—	1.7	豆	
	高村北	—	—	4	—	4	—	6	—	1.5	—	1.5	罐	
	高村西	—	—	13.6	—	5	—	5	—	1	—	0.4	罐	
	东台东北	—	—	2.1	—	3	—	3	—	1	—	1.4	鬲	
	前莱西南	—	—	10.2	—	5	—	8	—	1.6	—	0.8	罐	
可能为遗址的散点区	薛故城车站东	—	—	5.5	—	4	—	5	—	1.3	—	0.9	陶片	
	前坝圻西	—	—	—	—	2	—	5	—	2.5	—	—	鬲、盆、罐	

附表七 东周时期遗址、遗物分布区和重点散点区汇总表

性质	名称	聚落等级	面积（万平方米）		采集区数量（个）		采集区遗物数量（件）		采集区遗物平均数量（件）		遗物平均密度（件/万平方米）		可辨器形	备注
			核心分布区	遗址	核心分布区	遗址	核心分布区	遗址	核心分布区	遗址	核心分布区	遗址		
遗址	海子东	六级	0.4	46	4	18	22	47	5.5	2.6	55	1	板瓦、筒瓦、鬲、罐、盆、钵	
	大岩头	六级	0.7	5	4	6	14	17	3.5	2.8	20	3.4	罐、盆	
	东洪林南	六级	1.2	20.5	4	14	4	24	1	1.7	3.3	1.2	板瓦、罐	
	宋屯东	六级	1.2	10.2	4	7	8	16	2	2.3	6.7	1.6	板瓦、筒瓦、罐、豆	
	大计河东	六级	1.2	4.2	4	6	18	28	4.5	4.7	15	6.7	筒瓦、罐、盆、甑、豆	

续表

性质	名称	聚落等级	面积（万平方米）		采集区数量（个）		采集区遗物数量（件）		采集区遗物平均数量（件）		遗物平均密度（件/万平方米）		可辨器形	备注
			核心分布区	遗址	核心分布区	遗址	核心分布区	遗址	核心分布区	遗址	核心分布区	遗址		
遗址	朱屯南	六级	1.4	17.9	4	11	11	23	2.8	2.1	7.9	1.3	板瓦、筒瓦、罐、盆、豆	
	陈楼东北	六级	1.5	19.1	4	11	43	57	10.8	5.2	28.7	3	板瓦、鬲、罐、盆、豆	
	西公桥北	六级	1.6	27	4	19	8	30	2	1.6	5	1.1	板瓦、筒瓦、罐、甑	
	小岩头西	六级	1.6	11.6	1	5	16	27	16	5.4	10	2.3	板瓦、筒瓦、铺地砖、鬲、罐	
	高村北	六级	1.7	5.2	4	6	5	8	1.3	1.3	2.9	1.5	板瓦、筒瓦、罐、盆	
	张庄北	六级	1.7	1.7	5	5	14	14	2.8	2.8	8.2	8.2	板瓦、罐、盆	
	前坝桥西	六级	1.7	4.9	6	9	15	19	2.5	2.1	8.8	3.9	板瓦、鬲、罐、盆、豆	
	张庄东南	六级	1.8	7.9	4	7	5	9	1.3	1.3	2.8	1.1	板瓦、鬲、罐	
	格山东	六级	2	100.6	3	28	4	38	1.3	1.4	2	0.4	板瓦、筒瓦、罐	
	马庄东	六级	2	9.7	5	10	6	18	1.2	1.8	3	1.9	罐、盆、豆	
	西辛庄北	六级	2	2	4	4	6	6	1.5	1.5	3	3	板瓦、罐	
	薛故城车站北	六级	2	6.2	5	8	6	12	1.2	1.5	3	1.9	板瓦、筒瓦、罐、盆	
	孟庄北	六级	2.1	60.3	4	24	4	47	1	2	1.9	0.8	板瓦、筒瓦、罐、盆、钵	
	张庄西北	六级	2.1	5.8	5	10	16	27	3.2	2.7	7.6	4.7	板瓦、罐、盆、豆	
	东集西	六级	2.1	19.8	6	15	23	41	3.8	2.7	11	2.1	板瓦、筒瓦、罐、盆、甑	
	后官路口北	五级	2.6	24.7	4	10	4	15	1	1.5	1.5	0.6	板瓦、筒瓦、罐、盆	
	官桥西	五级	2.7	33.2	6	22	8	30	1.3	1.4	3	0.9	板瓦、筒瓦、罐	
	辛庄	五级	3.2	75.9	8	27	53	82	6.6	3	16.6	1.1	板瓦、筒瓦、盆、罐、豆	遗址发现东周文化层
	前沙冯东南	五级	3.3	124.2	8	52	14	102	1.8	2	4.2	0.8	板瓦、筒瓦、罐、豆	
	南辛东南	五级	3.4	53.6	9	24	76	109	8.4	4.5	22.4	2	板瓦、鬲、罐、盆、豆	遗址发现东周文化层
	西辛庄西北	五级	3.7	22	8	13	16	21	2	1.6	4.3	1	板瓦、筒瓦、鬲、罐、盆	

续表

性质	名称	聚落等级	面积（万平方米）		采集区数量（个）		采集区遗物数量（件）		采集区遗物平均数量（件）		遗物平均密度（件/万平方米）		可辨器形	备注
			核心分布区	遗址	核心分布区	遗址	核心分布区	遗址	核心分布区	遗址	核心分布区	遗址		
遗址	前管庄西	五级	3.9	60.5	6	27	9	47	1.5	1.7	2.3	0.8	板瓦、筒瓦、罐、盆	
	庄里南	五级	4.1	11	15	16	66	68	4.4	4.3	16.1	6.2	板瓦、筒瓦、鬲、罐、盆、豆	
	豹山东北	五级	4.7	71.7	6	21	11	36	1.8	1.7	2.3	0.5	板瓦、筒瓦、罐、盆	
	东南王庄东南	五级	4.9	74.3	11	25	22	45	2	1.8	4.5	0.6	板瓦、筒瓦、罐	
	太平庄东南	五级	5.2	14.6	11	17	29	36	2.6	2.1	5.6	2.5	板瓦、筒瓦、罐	
	杨仓西	五级	5.5	46.9	16	35	36	73	2.3	2.1	6.5	1.6	板瓦、筒瓦、罐、盆、豆	
	东薛河北	四级	7.1	88.9	23	58	63	127	2.7	2.2	8.9	1.4	板瓦、筒瓦、罐、盆、甑、尊、钵	遗址发现东周文化层
	前沙冯西	四级	7.3	46.1	18	37	56	98	3.1	2.6	7.7	2.1	板瓦、筒瓦、罐、盆、盂、豆	
	北辛南	四级	9.9	95	19	45	32	86	1.7	1.9	3.2	0.9	板瓦、筒瓦、罐、盆、瓮、盂	
	民庄西南	四级	9.9	50.7	32	44	91	122	2.8	2.8	9.2	2.4	板瓦、筒瓦、鬲、罐、盆、甑	
	东台东北	四级	11.9	46.7	23	30	37	50	1.6	1.7	3.1	1.1	板瓦、筒瓦、鬲、罐、盆	
	薛故城堆坡西北	四级	12.8	98.8	20	55	35	115	1.8	2.1	1.2	1.2	板瓦、筒瓦、罐、盆、豆	
	西仓桥	四级	13	38.7	20	30	65	81	3.3	2.7	5	2.1	板瓦、筒瓦、罐、盆、豆、器盖	
	洪村北	四级	14.7	29	23	28	43	52	1.9	1.9	2.9	1.8	板瓦、筒瓦、罐、盆、瓮	
	后黄庄	四级	16.3	30.8	35	38	82	90	2.3	2.4	5	2.9	板瓦、筒瓦、罐、盆、豆	
	范村东南	四级	17	73.9	33	53	61	103	1.8	1.9	3.6	1.4	板瓦、筒瓦、罐、盆、瓮、盘、豆	
	后台	三级	20.5	87.4	53	76	155	197	2.9	2.6	7.6	2.3	板瓦、筒瓦、鬲、罐、盆、甑、豆	

续表

性质	名称	聚落等级	面积（万平方米）		采集区数量（个）		采集区遗物数量（件）		采集区遗物平均数量（件）		遗物平均密度（件/万平方米）		可辨器形	备注
			核心分布区	遗址	核心分布区	遗址	核心分布区	遗址	核心分布区	遗址	核心分布区	遗址		
遗址	前南宿	三级	27.6	128.8	72	95	261	295	3.6	3.1	9.5	2.3	板瓦、筒瓦、鬲、甑、罐、盆、豆	
	望河庄南	三级	34.1	86.8	115	125	327	350	2.8	2.8	9.6	4	板瓦、筒瓦、鬲、罐、盆、豆	
	东江	三级	42.7	86.9	54	68	238	265	4.4	3.9	5.6	3	板瓦、筒瓦、瓦当、鬲、盆、豆、瓮、钵、纺轮	
	大韩村东	二级	62	222.2	135	187	437	53:	3.2	2.8	7	2.4	板瓦、筒瓦、罐、盆	
	西台西	二级	96.8	195	150	183	427	495	2.8	2.7	4.4	2.5	板瓦、筒瓦、鬲、盆、豆	
	昌虑故城	二级	141.7	511.6	255	344	777	960	3	2.8	5.5	1.9	板瓦、筒瓦、铺地砖、罐、盆、瓮、匜、钵、井圈	陶山东北发现东周文化层
	西康留—北辛	一级	363.4	1040	770	876	2731	2963	3.5	3.4	7.5	2.8	铜戈、板瓦、筒瓦、鼎、罐、瓮、盂、豆、钵、动物骨骸	坝上西发现东周文化层
	薛故城—前掌大	一级	1278.6	1740.3	2293	2430	7156	7469	3.1	3.1	5.6	4.3	铜戈、板瓦、筒瓦、瓦当、鬲、罐、盂、甑、豆、钵、器盖、铺地砖	遗址前期曾发掘
	孟庄东北	不明	—	—	—	1	—	2	—	2	—	—	陶片	遗址前期发掘
	杜村东	不明	—	1.6	—	4	—	14	—	3.5	—	8.6	罐、豆	遗址发现文化层，分布区面积1.6万平方米
	张汪南	不明	—	—	—	3	—	10	—	3.3	—	—	罐、盆、豆	遗址发现文化堆积
可能是遗址的遗物分布区	三山	—	—	3.5	—	4	—	7	—	1.8	—	2	板瓦、鬲、罐	
	尚屯西	—	—	3.7	—	5	—	8	—	1.6	—	2.2	筒瓦、罐、豆	
	官桥北	—	—	4.7	—	4	—	7	—	1.8	—	1.5	板瓦、筒瓦、盆	

续表

性质	名称	聚落等级	面积（万平方米）		采集区数量（个）		采集区遗物数量（件）		采集区遗物平均数量（件）		遗物平均密度（件/万平方米）	可辨器形	备注
			核心分布区	遗址	核心分布区	遗址	核心分布区	遗址	核心分布区	遗址	遗址		
可能是遗址的遗物分布区	前台东南	—	—	4.8	—	4	—	8	—	2	1.7	筒瓦、鼎、罐、盆	
	史屯西	—	—	4.8	—	6	—	31	—	5.2	6.5	板瓦、筒瓦	
	杨庄北	—	—	5.3	—	5	—	7	—	1.4	1.3	罐、盆、豆	
	龙塘西	—	—	5.6	—	6	—	13	—	2.2	2.3	罐、盆、豆	
	自庄西北	—	—	5.7	—	7	—	10	—	1.4	1.8	板瓦、罐	
	段楼东南	—	—	5.7	—	4	—	10	—	2.5	1.8	板瓦、罐、豆	
	南庄西南	—	—	5.8	—	5	—	8	—	1.6	1.4	筒瓦、罐	
	后沙冯西南	—	—	6.1	—	7	—	13	—	1.9	2.1	板瓦、筒瓦、罐	
	龙塘东	—	—	6.2	—	8	—	43	—	5.4	6.9	板瓦、罐、盆、陶拍	
	陶庄东北	—	—	6.3	—	5	—	15	—	3	2.4	鬲、罐、豆	
	横岭埠北	—	—	6.8	—	4	—	8	—	2	1.2	罐、盆、豆	
	渊子崖北	—	—	6.8	—	4	—	8	—	2	1.2	罐、盆	
	南闫楼	—	—	6.8	—	6	—	24	—	4	3.5	鬲、罐、豆	
	前伏西北	—	—	7.1	—	6	—	28	—	4.7	3.9	筒瓦、罐	
	张汪东北	—	—	7.2	—	5	—	11	—	2.2	1.5	罐、豆	
	大庙东南	—	—	8.7	—	8	—	23	—	2.9	2.6	板瓦、筒瓦、罐	
	丁楼北	—	—	9.4	—	7	—	17	—	2.4	1.8	筒瓦、罐	
	宋屯西南	—	—	9.8	—	9	—	16	—	1.8	1.6	罐、盆、豆	
	西江南	—	—	9.9	—	4	—	16	—	4	1.6	罐、盆	

续表

性质	名称	聚落等级	面积（万平方米）		采集区数量（个）		采集区遗物数量（件）		采集区遗物平均数量（件）		遗物平均密度（件/万平方米）		可辨器形	备注
			核心分布区	遗址	核心分布区	遗址	核心分布区	遗址	核心分布区	遗址	核心分布区	遗址		
可能不是遗址的遗物分布区	孔庄北	—	—	10	—	6	—	7	—	1.2	—	0.7	板瓦、筒瓦、罐、盆	
	五所楼北	—	—	11.5	—	7	—	10	—	1.4	—	0.9	板瓦、罐、盆	
	安上村	—	—	17.8	—	8	—	16	—	2	—	0.9	鬲、罐、盆	
	庄里西北	—	—	16.3	—	5	—	5	—	1	—	0.3	板瓦、筒瓦、罐	
	高村西	—	—	20.6	—	7	—	8	—	1.1	—	0.4	板瓦、罐	
	庄里西南	—	—	17.1	—	7	—	9	—	1.3	—	0.5	板瓦、筒瓦、罐	
	张庄西南	—	—	35.9	—	13	—	24	—	1.8	—	0.7	板瓦、罐、瓶	
	小石楼北	—	—	15.5	—	8	—	11	—	1.4	—	0.7	板瓦、罐	
	小河东北	—	—	12.4	—	5	—	9	—	1.8	—	0.7	板瓦、筒瓦、罐、盆	
	前闫村东南	—	—	12.2	—	8	—	9	—	1.1	—	0.7	板瓦、罐、盆	
	前毛堌东北	—	—	25.8	—	12	—	20	—	1.7	—	0.8	板瓦	
	西薛河西	—	—	8.7	—	7	—	7	—	1	—	0.8	板瓦、筒瓦、罐、豆	
	刘村西	—	—	6	—	4	—	5	—	1.3	—	0.8	板瓦、罐	
	小王营	—	—	34.8	—	17	—	31	—	1.8	—	0.9	板瓦、罐	
	东公桥东南	—	—	10.7	—	6	—	10	—	1.7	—	0.9	板瓦、罐、豆	
	沙岗东	—	—	7.8	—	5	—	8	—	1.6	—	1	板瓦、筒瓦、钵	
可能为遗址的散点区	东南王庄东北	—	—	—	—	3	—	5	—	1.7	—	—	板瓦、筒瓦、罐	
	海子北	—	—	—	—	3	—	57	—	19	—	—	鬲、罐、盆	
	皇殿东北	—	—	—	—	3	—	8	—	2.7	—	—	罐	
	西南庄西南	—	—	—	—	2	—	8	—	4	—	—	板瓦、筒瓦、罐	
	西于南	—	—	—	—	3	—	8	—	2.7	—	—	板瓦、筒瓦、罐、盆、豆	

附表八 秦汉时期遗址、遗物分布区和重点散点区汇总表

性质	名称	聚落等级	面积（万平方米）核心分布区	面积（万平方米）总面积	遗物采集区数量（个）核心分布区	遗物采集区数量（个）总数量	采集遗物（件）核心分布区	采集遗物（件）总数量	采集区遗物平均数量（件）核心分布区	采集区遗物平均数量（件）遗址	遗物平均密度（件/万平方米）核心分布区	遗物平均密度（件/万平方米）遗址	可辨器形	备注
遗址	徐集北	六级	0.9	24.7	4	18	18	72	4.5	4	20	2.9	板瓦、筒瓦、罐、盆	遗址发现汉代文化层
	海子西南	六级	1	8.6	4	12	9	27	2.3	2.3	9	3.1	板瓦、筒瓦、铺地砖、罐、盆	
	大岩头	六级	1	16.7	4	12	17	43	4.3	3.6	17	2.6	板瓦、筒瓦、罐、盆	
	王楼东	六级	1.1	3.8	4	6	9	16	2.3	2.7	8.2	4.2	板瓦、筒瓦、罐	
	新宅子西南	六级	1.1	3.6	4	7	9	17	2.3	2.4	8.2	4.7	板瓦、筒瓦、罐	
	后沙坞西南	六级	1.1	11.4	4	11	29	69	7.3	6.3	26.4	6.1	板瓦、筒瓦、瓦当、罐	
	南庄西南	六级	1.2	14.7	4	10	5	13	1.3	1.3	4.2	0.9	板瓦、筒瓦、罐	
	赵庄西	六级	1.2	11.5	4	10	8	27	2	2.7	6.7	2.3	板瓦、筒瓦、罐	
	民庄南	六级	1.2	42.2	4	14	12	30	3	2.1	10	0.7	板瓦、筒瓦、罐	
	庄里西北	六级	1.3	14.6	4	9	6	14	1.5	1.6	4.6	1	板瓦、筒瓦、罐	
	庄里南	六级	1.3	7.8	5	12	8	22	1.6	1.8	6.2	2.8	板瓦、筒瓦、盆、罐	
	小岩头西	六级	1.4	28	4	11	6	17	1.5	1.5	4.3	0.6	板瓦、筒瓦、罐	
	柴胡店南	六级	1.4	44.4	7	20	7	30	1	1.5	5	0.7	板瓦、筒瓦、盆	
	皇殿东北	六级	1.5	25.2	5	17	8	38	1.6	2.2	5.3	1.5	板瓦、筒瓦、罐、盆	
	三山	六级	1.5	3.4	10	11	31	34	3.1	3.1	20.7	10	板瓦、筒瓦、罐、瓮	
	张庄西北	六级	1.7	4.3	5	7	11	16	2.2	2.3	6.5	3.7	板瓦、筒瓦、罐、瓮	
	胡楼北	六级	1.8	11.6	5	10	9	29	1.8	2.9	5	2.5	板瓦、筒瓦、盆	
	官桥西北	六级	1.8	72.2	5	26	38	100	7.6	3.8	21.1	1.4	板瓦、筒瓦、罐、盆	
	庄平庄西	六级	1.9	6.8	4	8	10	21	2.5	2.6	5.3	3.1	板瓦、筒瓦、盆	
	东辛庄西	六级	1.9	18.3	5	14	27	48	5.4	3.4	14.2	2.6	板瓦、筒瓦、罐	遗址发现汉代文化层
	东洪林南	五级	2.1	46.8	4	18	4	22	1	1.2	1.9	0.5	板瓦、筒瓦、罐、盆	
	四李庄北	五级	2.1	45.3	5	22	12	61	2.4	2.8	5.7	1.3	板瓦、筒瓦、罐、盆	

续表

性质	名称	聚落等级	面积（万平方米） 核心分布区	面积（万平方米） 总面积	遗物采集区数量（个） 核心分布区	遗物采集区数量（个） 总数量	采集遗物（件） 核心分布区	采集遗物（件） 总数量	采集区遗物平均数量（件） 核心分布区	采集区遗物平均数量（件） 遗址	遗物平均密度（件/万平方米） 核心分布区	遗物平均密度（件/万平方米） 遗址	可辨器形	备注
	前胡桥西	五级	2.1	4.6	9	11	16	19	1.8	1.7	7.6	4.1	板瓦、筒瓦、罐、盆、空心砖	
	西薛河西	五级	2.1	20.8	6	13	16	26	2.7	2	7.6	1.3	板瓦、筒瓦、盆	
	小辛庄北	五级	2.1	34.9	4	16	18	53	4.5	3.3	8.6	1.5	板瓦、筒瓦、罐、盆	
	大计河西	五级	2.1	13.2	6	10	33	51	5.5	5.1	15.7	3.9	板瓦、筒瓦、瓮	
	大北塘南	五级	2.2	4	4	5	5	6	1.3	1.2	2.3	1.5	板瓦、筒瓦、罐	
	小石楼东南	五级	2.2	9	5	10	10	16	2	1.6	4.5	1.8	板瓦、筒瓦、罐、盆	
	坝上西南	五级	2.2	19.6	6	17	11	32	1.8	1.9	5	1.6	板瓦、筒瓦、罐、盆、瓮	遗址发现汉代文化堆积
	陶山南	五级	2.2	27.4	8	21	18	33	2.3	1.6	8.2	1.2	板瓦、筒瓦、罐、盆	
	西辛庄西北	五级	2.3	69	5	33	12	59	2.4	1.8	5.2	0.9	板瓦、筒瓦	
	柴胡店北	五级	2.4	2.4	4	4	12	12	3	3	5	5	板瓦、筒瓦、盆、瓮	
	庄里西南	五级	2.4	17	8	13	24	35	3	2.7	10	2.1	板瓦、筒瓦、瓮	
遗址	史庄北	五级	2.6	12.5	7	11	12	20	1.7	1.8	4.6	1.6	板瓦、筒瓦、罐、盆	
	白庄西北	五级	2.7	9.2	6	12	31	48	5.2	4	11.5	5.2	板瓦、筒瓦、罐、瓮	
	五所楼北	五级	2.8	29.1	8	21	28	63	3.5	3	10	2.2	板瓦、筒瓦、盆、井圈	
	坦山后西	五级	2.8	25	5	13	29	58	5.8	4.5	10.4	2.3	板瓦、筒瓦、罐、盆	遗址发现汉代文化层
	前掌大东北	五级	3.1	116.3	6	24	13	44	2.2	1.8	4.2	0.4	板瓦、筒瓦、砖、壶	遗址发现汉代文化层
	刘庄东南	五级	3.4	10	11	13	28	30	2.5	2.3	8.2	3	板瓦、筒瓦、盆	
	豹山东北	五级	3.6	51.5	7	25	10	32	1.4	1.3	2.8	0.6	板瓦、筒瓦	
	大韩村西南	五级	3.6	40.5	7	25	11	48	1.6	1.9	3.1	1.2	板瓦、筒瓦、罐	
	西公桥北	五级	3.9	18.3	6	12	8	25	1.3	2.1	2.1	1.4	板瓦、筒瓦、罐	
	落凤山南	五级	3.9	16.3	7	10	14	17	2	1.7	3.6	1	板瓦、筒瓦、罐、盆	

续表

性质	名称	聚落等级	面积（万平方米）		遗物采集区数量（个）		采集遗物（件）		采集区遗物平均数量（件）		遗物平均密度（件/万平方米）		可辨器形	备注
			核心分布区	总面积	核心分布区	总数量	核心分布区	总数量	核心分布区	遗址	核心分布区	遗址		
遗址	小石楼北	五级	3.9	20.9	8	14	21	30	2.6	2.1	5.4	1.4	板瓦、筒瓦、盆、绳纹砖	
	东南王庄南	五级	4	48.5	7	19	19	38	2.7	2	4.8	0.8	板瓦、筒瓦	
	宋屯东	五级	4	9	9	11	46	50	5.1	4.5	11.5	5.6	板瓦、筒瓦、罐、盆	
	孟庄北	五级	4.1	64.7	9	31	12	48	1.3	1.5	2.9	0.7	板瓦、筒瓦、罐、盆	
	辛庄北	五级	4.1	9.1	9	11	13	15	1.4	1.4	3.2	1.6	板瓦、筒瓦、盆	
	北辛南	五级	4.3	53.3	10	24	19	53	1.9	2.2	4.4	1	板瓦、筒瓦、盆、瓮	
	后毛堌东南	四级	4.9	51.6	8	24	12	37	1.5	1.5	2.4	0.7	板瓦、筒瓦、罐	
	小康留东	四级	4.9	43.9	13	37	26	67	2	1.8	5.3	1.5	板瓦、筒瓦、瓮	
	庙后东北	四级	4.9	21.4	7	14	38	57	5.4	4.1	7.8	2.7	板瓦、筒瓦、盆	
	大康留东北	四级	4.9	87.4	17	42	44	101	2.6	2.4	9	1.2	板瓦、筒瓦、盆、瓮、砖	遗址发现汉代灰坑
	坦山后东	四级	5.1	19	9	12	10	13	1.1	1.1	2	0.7	板瓦、筒瓦、盆	
	段楼东南	四级	5.2	93.8	11	38	36	92	3.3	2.4	6.9	1	板瓦、筒瓦、瓦当、罐、盆、绳纹砖	遗址发现汉代文化层
	南闫楼	四级	5.5	87.3	12	38	30	77	2.5	2	5.5	0.9	板瓦、筒瓦、罐、盆、铺地砖	遗址发现汉代文化层
	前沙冯东南	四级	5.8	64.2	11	37	28	94	2.5	2.5	4.8	1.5	板瓦、筒瓦、罐、瓮	
	南辛东南	四级	5.9	79.6	8	32	37	96	4.6	3	6.3	1.2	板瓦、筒瓦、罐、盆	
	沙岗东	四级	5.9	27.4	12	21	43	76	3.6	3.6	7.3	2.8	板瓦、筒瓦、瓮、缸	遗址发现疑似汉代灰坑
	西仓桥西	四级	6.2	15.6	13	17	37	43	2.8	2.5	6	2.8	板瓦、筒瓦、盆、瓮、绳纹砖	
	陈楼东北	四级	6.3	28.3	12	16	38	47	3.2	2.9	6	1.7	板瓦、筒瓦、罐、盆	

续表

性质	名称	聚落等级	面积（万平方米）		遗物采集区数量（个）		采集遗物（件）		采集区遗物平均数量（件）		遗物平均密度（件/万平方米）		可辨器形	备注
			核心分布区	总面积	核心分布区	总数量	核心分布区	总数量（件）	核心分布区	遗址	核心分布区	遗址		
遗址	格山东	四级	6.3	67	11	37	40	87	3.6	2.4	6.3	1.3	板瓦、筒瓦、盆	
	前沙冯西	四级	6.5	36.9	18	29	52	73	2.9	2.5	8	2	板瓦、筒瓦、罐、井圈	
	辛庄	四级	6.8	103	14	51	39	113	2.8	2.2	5.7	1.1	板瓦、筒瓦、地砖、罐、盆	遗址发现汉代冶铁遗迹
	羊庄西北	四级	7.1	38.5	17	25	113	123	6.6	4.9	15.9	3.2	板瓦、筒瓦、罐、瓮	遗址发现汉代冶铁遗迹
	后井亭东北	四级	7.3	37	14	23	35	54	2.5	2.3	4.8	1.5	板瓦、筒瓦、铺地砖、罐、瓮	遗址发现汉代灰坑
	王杭南	四级	7.6	57	17	29	76	99	4.5	3.4	10	1.7	板瓦、筒瓦、罐、盆、瓮	
	前南宿南	四级	7.9	57	18	33	44	68	2.4	2.1	5.6	1.2	板瓦、筒瓦、盆	
	民庄西南	四级	8	58.5	33	50	65	203	2	4.1	8.1	3.5	板瓦、筒瓦、罐、盆、瓮	
	东台东北	四级	8.6	45.4	18	33	30	56	1.7	1.7	3.5	1.2	板瓦、筒瓦、罐	
	杨庄	四级	8.7	64.2	16	44	39	93	2.4	2.1	4.5	1.4	板瓦、筒瓦、罐、瓮、砖	
	前掌大南	四级	9.1	60.5	23	55	28	80	1.2	1.5	3.1	1.3	板瓦、筒瓦、罐、盆	
	孟庄西	四级	9.9	26.2	15	22	24	37	1.6	1.7	2.4	1.4	板瓦、筒瓦、罐	
	后黄庄	四级	9.9	76.8	23	45	55	95	2.4	2.1	5.6	1.2	板瓦、筒瓦、罐、盆	
	范村东南	四级	10.7	118.8	28	66	39	128	1.4	1.9	3.6	1.1	板瓦、筒瓦、罐、盆、瓮、白陶罐	遗址发现汉代文化层
	杨仓西	四级	12.4	49.7	28	41	64	88	2.3	2.1	5.2	1.8	板瓦、筒瓦、罐	
	西薛河南	四级	12.6	87.1	42	66	130	181	3.1	2.7	10.3	2.1	板瓦、筒瓦、罐、盆	
	西台西	四级	12.7	63	21	40	36	75	1.7	1.9	2.8	1.2	板瓦、筒瓦、罐、盆	
	北辛东北	四级	13.2	46.3	35	44	74	93	2.1	2.1	5.6	2	板瓦、筒瓦、罐、砖	
	朱屯南	四级	13.6	77	21	40	215	275	10.2	6.9	15.8	3.6	板瓦、筒瓦、罐、盆	
	西仓桥北	四级	13.7	41.5	25	33	81	95	3.2	2.9	5.9	2.3	板瓦、筒瓦、罐、盆、瓮	

续表

性质	名称	聚落等级	面积（万平方米）核心分布区	面积（万平方米）总面积	遗物采集区数量（个）核心分布区	遗物采集区数量（个）总数量	采集遗物（件）核心分布区	采集遗物（件）总数量	采集区遗物平均数量（件）核心分布区	采集区遗物平均数量（件）遗址	遗物平均密度（件/万平方米）核心分布区	遗物平均密度（件/万平方米）遗址	可辨器形	备注
遗址	大韩村东	四级	16	64.8	37	50	75	102	2	2	4.7	1.6	板瓦、筒瓦、罐	
	望河庄南	四级	18.2	70.3	65	80	170	193	2.6	2.4	9.3	2.7	板瓦、筒瓦、罐、盆、瓮	遗址发现汉文化层
	大庙	四级	18.8	87.4	37	58	92	153	2.5	2.6	4.9	1.8	板瓦、筒瓦、井圈、罐、盆	
	洪村	四级	20.9	76.8	50	72	126	159	2.5	2.2	6	2.1	板瓦、筒瓦、罐、瓮、盆	
	横岭埠北	三级	24	48.2	35	43	199	216	5.7	5	8.3	4.5	板瓦、筒瓦、井圈、罐、盆、瓮、地砖	
	孔庄北	三级	27.8	74.1	39	53	108	130	2.8	2.5	3.9	1.8	板瓦、筒瓦、罐、盆	
	东台南	三级	31.2	62.5	45	56	98	122	2.2	2.2	3.1	2	板瓦、筒瓦、罐、盆	
	东江	三级	32.7	70.4	41	50	96	112	2.3	2.2	2.9	1.6	板瓦、筒瓦、砖、罐、盆、豆	遗址前期曾发掘
	西集留	三级	33	93.2	52	75	176	216	3.4	2.9	5.3	2.3	板瓦、筒瓦、罐、瓮	遗址发现汉代文化层和灰坑
	东莱东	三级	39.7	97.5	88	104	268	302	3	2.9	6.8	3.1	板瓦、筒瓦、罐、瓮	
	西集东	三级	40	89.5	58	74	227	258	3.9	3.5	5.7	2.9	板瓦、筒瓦、罐、盆、瓮	
	东薛河北	三级	42.4	159.7	97	125	315	375	3.2	3	7.4	2.3	板瓦、筒瓦、罐、盆、瓮	遗址发现汉代文化层
	后台	三级	47.7	189.4	110	142	324	393	2.9	2.8	6.8	2.1	板瓦、筒瓦、井圈、瓮、甑	
	昌虑故城	二级	140.6	415.5	246	317	594	733	2.4	2.3	4.2	1.8	板瓦、筒瓦、罐、盆、瓮、瓦当、井圈	胡村西地点发现汉代灰坑
	薛故城	一级	838.4	1678.8	1530	1736	3853	4302	2.5	2.5	4.6	2.6	板瓦、筒瓦、瓦当、铺地砖、水管、井圈、盆、盂、瓮、白陶片、铜钱、器座、豆、杵、铁锸、铁炼渣、铁矿石、磨石	遗址发现多处文化层和遗迹

附表

续表

性质	名称	聚落等级	面积（万平方米）		遗物采集区数量（个）		采集遗物（件）		采集区遗物平均数量（件）		遗物平均密度（件/万平方米）		可辨器形	备注
			核心分布区	总面积	核心分布区	总数量	核心分布区	总数量	核心分布区	遗址	核心分布区	遗址		
遗址	北辛	不明	—	10.9	—	11	—	24	—	2.2	—	2.2	板瓦、筒瓦、罐、盆、壶	遗址发现文化层，分布区面积10.9万平方米
	张汪西南	不明	—	1.8	—	4	—	13	—	3.3	—	7.2	板瓦、筒瓦、盆	遗址发现文化堆积，分布区面积1.8万平方米
	小于东	—	—	1.9	—	4	—	7	—	1.8	—	3.7	板瓦、筒瓦、盆	
	陶庄东北	—	—	2.6	—	4	—	5	—	1.3	—	1.9	板瓦、筒瓦、盆	
	西集东北	—	—	2.7	—	4	—	7	—	1.8	—	2.6	板瓦、筒瓦、罐、盆	
	王格庄南	—	—	2.8	—	4	—	8	—	2	—	2.9	板瓦、筒瓦、罐、花纹砖	
	后掌大北	—	—	3.5	—	7	—	18	—	2.6	—	5.1	板瓦、筒瓦、罐、盆	
	大计河西南	—	—	3.7	—	7	—	24	—	3.4	—	6.5	板瓦、筒瓦、罐、壶	
	张庄西南	—	—	4	—	4	—	5	—	1.3	—	1.3	板瓦、筒瓦、盆	
	张汪东北	—	—	4	—	4	—	13	—	3.3	—	3.3	板瓦、筒瓦、罐、盆、瓮	
可能是遗址的遗物分布区	小赵庄西	—	—	4.3	—	5	—	43	—	8.6	—	10	板瓦、筒瓦、罐、瓮	
	吴村南	—	—	4.9	—	4	—	7	—	1.8	—	1.4	板瓦、筒瓦	
	段楼西北	—	—	5	—	5	—	10	—	2	—	2	板瓦、筒瓦、罐、瓦当	
	丁楼北	—	—	5	—	4	—	16	—	4	—	3.2	板瓦、筒瓦、罐、盆、瓮	
	后井亭西	—	—	5.3	—	4	—	6	—	1.5	—	1.1	板瓦、筒瓦、罐	
	位庄西	—	—	5.7	—	7	—	13	—	1.9	—	2.3	板瓦、筒瓦、罐	
	后沙冯东南	—	—	6.8	—	6	—	40	—	6.7	—	5.9	板瓦、筒瓦、瓦当、罐、瓮	
	东南王庄东北	—	—	6.9	—	5	—	14	—	2.8	—	2	板瓦、筒瓦、罐	
	西江南	—	—	6.9	—	6	—	26	—	4.3	—	3.8	板瓦、筒瓦、罐	
	于坡北	—	—	7.1	—	5	—	11	—	2.2	—	1.5	板瓦、筒瓦、井圈、罐	
	宋屯西	—	—	8.2	—	6	—	31	—	5.2	—	3.8	板瓦、筒瓦、井圈、罐、瓮	

续表

性质	名称	聚落等级	面积（万平方米）		遗物采集区数量（个）		采集遗物（件）		采集区遗物平均数量（件）		遗物平均密度（件/万平方米）		可辨器形	备注
			核心分布区	总面积	核心分布区	总数量	核心分布区	总数量	核心分布区	遗址	核心分布区	遗址		
可能是遗址的遗物分布区	张汪西	—	—	9.2	—	7	—	13	—	1.9	—	1.4	板瓦、筒瓦、罐、盆	
	安村北	—	—	9.9	—	6	—	11	—	1.8	—	1.1	板瓦、筒瓦、罐	
	吴村北	—	—	10.8	—	7	—	17	—	2.4	—	1.6	板瓦、筒瓦、盆	
	常山东北	—	—	10.8	—	4	—	12	—	3	—	1.1	板瓦、筒瓦、盆	
	西南庄西南	—	—	11.4	—	7	—	13	—	1.9	—	1.1	板瓦、筒瓦、罐、盆	
	吴庄南	—	—	11.5	—	5	—	18	—	3.6	—	1.6	板瓦、筒瓦	
	前伏西北	—	—	11.7	—	5	—	10	—	2	—	0.9	板瓦、筒瓦、罐	
	中韩村西南	—	—	12	—	10	—	18	—	1.8	—	1.5	板瓦、筒瓦	
	杜家堂北	—	—	12.6	—	13	—	40	—	3.1	—	3.2	板瓦、筒瓦、罐、盆	
	杨坡北	—	—	12.8	—	7	—	28	—	4	—	2.2	板瓦、筒瓦、罐	
	沈井东南	—	—	13.3	—	11	—	24	—	2.2	—	1.8	板瓦、筒瓦、罐、盆	
	王楼北	—	—	13.5	—	8	—	21	—	2.6	—	1.6	板瓦、筒瓦、罐	
	吴小庄南	—	—	13.6	—	8	—	15	—	1.9	—	1.1	板瓦、筒瓦	
	尚屯东北	—	—	13.8	—	6	—	9	—	1.5	—	0.7	板瓦、筒瓦	
	宋屯西南	—	—	14.1	—	9	—	20	—	2.2	—	1.4	板瓦、筒瓦、罐、盆	
	前台东南	—	—	16	—	27	—	24	—	0.9	—	1.5	板瓦、筒瓦、罐	
	西于南	—	—	17.4	—	10	—	22	—	2.2	—	1.3	板瓦、筒瓦	
	坝上西北	—	—	17.9	—	10	—	21	—	2.1	—	1.2	板瓦、筒瓦、罐、瓮	
	东南庄东南	—	—	18.2	—	6	—	13	—	2.2	—	0.7	板瓦、筒瓦	
	刘村西	—	—	19.9	—	11	—	28	—	2.5	—	1.4	板瓦、筒瓦、罐、瓮	
	史屯西	—	—	23.8	—	11	—	25	—	2.3	—	1.1	板瓦、筒瓦、罐、盆	
	小王营	—	—	29	—	23	—	57	—	2.5	—	2	板瓦、筒瓦、罐、盆	
	杨桥	—	—	29.2	—	17	—	55	—	3.2	—	1.9	板瓦、筒瓦、罐、盆、井圈	

续表

性质	名称	聚落等级	面积（万平方米）		遗物采集区数量（个）		采集遗物（件）		采集区遗物平均数量（件）		遗物平均密度（件/万平方米）		可辨器形	备注
			核心分布区	总面积	核心分布区	总数量	核心分布区	总数量	核心分布区	遗址	核心分布区	遗址		
可能是遗址的遗物分布区	前毛堌东北	—	—	33.4	—	15	—	38	—	2.5	—	1.1	板瓦、筒瓦、罐	
	安上村	—	—	33.8	—	15	—	48	—	3.2	—	1.4	板瓦、筒瓦、罐、盆	
	小河东北	—	—	33.9	—	16	—	41	—	2.6	—	1.2	板瓦、筒瓦、罐、盆、瓮	
	渊子崖北	—	—	60.3	—	22	—	100	—	4.5	—	1.7	板瓦、筒瓦、罐、盆、井圈	
	羊山东南	—	—	12.7	—	6	—	6	—	1	—	0.5	板瓦、罐	
	大岩头西北	—	—	18.5	—	5	—	9	—	1.8	—	0.5	板瓦、筒瓦、罐、盆	
	西江西	—	—	10	—	4	—	5	—	1.3	—	0.5	板瓦、筒瓦、罐	
	海子西北	—	—	38.2	—	16	—	20	—	1.3	—	0.5	板瓦、筒瓦、罐、瓮	
	羊山东北	—	—	21.7	—	7	—	13	—	1.9	—	0.6	板瓦、筒瓦、罐	
可能不是遗址的遗物分布区	高屯西	—	—	27.3	—	12	—	21	—	1.8	—	0.8	板瓦、筒瓦、罐	
	海子北	—	—	12.1	—	5	—	8	—	1.6	—	0.7	板瓦、筒瓦、罐	
	太平庄南	—	—	43.4	—	18	—	30	—	1.7	—	0.7	板瓦、筒瓦、罐、盆	
	沙庄东南	—	—	23.5	—	10	—	18	—	1.8	—	0.8	板瓦、筒瓦、罐、盆	
	后湾北	—	—	26.3	—	11	—	21	—	1.9	—	0.8	板瓦、筒瓦、罐、瓮	
	年庄西	—	—	7.2	—	4	—	7	—	1.8	—	1	板瓦、筒瓦、罐	
	西官庄东南	—	—	8.8	—	5	—	9	—	1.8	—	1	板瓦、筒瓦、砖	
	爰村北	—	—	11.5	—	8	—	12	—	1.5	—	—	板瓦、筒瓦、罐	
可能为遗址的散点区	小赵庄东南	—	—	—	—	1	—	8	—	8	—	—	板瓦、筒瓦、罐、盆	
	南庄北	—	—	—	—	3	—	10	—	3.3	—	—	板瓦、筒瓦、罐、盆	
	大计河北	—	—	—	—	1	—	5	—	5	—	—	板瓦	

后 记

　　山东薛河流域系统考古调查是中国国家博物馆田野考古研究中心与山东大学东方考古研究中心合作进行的主动性考古学研究项目，经过三年较大规模的田野调查及四年系统的资料整理，报告得以付梓出版。薛河流域虽面积不大，项目调查时间亦较短暂，但调查区域遗址分布密集，各时代和类型的遗址均有发现，加之调查方法系统严密，资料整理认真翔实，可为薛河流域的历史、区域聚落形态及考古调查方法等方面的研究提供有益的借鉴。

　　本报告各章节的编写分工如下：

　　第一章第四节"项目缘起"部分由山东大学考古学系栾丰实执笔。

　　第二章由中国国家博物馆田野考古中心郭明建，山东大学考古学系武昊执笔。

　　第三章第二节由北京大学城市与环境学院夏正楷、北京联合大学应用文理学院张俊娜执笔。此节研究还得到了国家科技支撑项目（2013BAK08B02）、国家社会科学基金重大项目（11&ZD183）和国家自然科学青年基金项目（41501216）的资助。

　　其余各节由中国国家博物馆田野考古中心郭明建执笔。

　　此外，山东省石刻艺术博物馆杨爱国研究员鉴定了本报告第二章第二节涉及的石室墓葬及石构件的年代和形制；北京大学中文系李零教授考释了本报告第二章第二节涉及的陶器印文和刻符。山东大学考古学系师生承担了本报告的田野调查和资料整理的器物断代、描述、绘图、摄影等工作，具体分工请见本报告第一章第四节"工作过程"部分。

　　本报告由中国国家博物馆郭明建负责统稿、编写，终稿由山东大学考古学系栾丰实统一审定。

　　薛河流域系统考古调查的野外工作，得到滕州市政府、文广新局、博物馆和官桥镇政府的大力支持。尤其是官桥镇的党政领导，不仅亲自过问和帮助解决调查中遇到的实际问题，如安排住处、接送人员、提供详细的地形图等，而且安排镇党委副书记张文良专门负责相关工作，文化站长徐守运到调查队驻地和现场协调工作，使考古调查工作得以顺利开展。

　　在此，对以上单位和个人的大力支持和帮助，致以衷心的感谢！

作　者

2016年7月

图版一

1. 驳山北段薛河东江（南→北）

2. 胡村西段薛河（东北→西南）

薛河河道及流域地貌（一）

图版二

1. 寒山北眺薛河、羊庄盆地及昌虑故城

2. 寒山南眺羊庄盆地及南侧丘陵山地

薛河河道及流域地貌（二）

图版一

1. 驳山北段薛河东江(南→北)

2. 胡村西段薛河(东北→西南)

薛河河道及流域地貌(一)

图版二

1. 寒山北眺薛河、羊庄盆地及昌虑故城

2. 寒山南眺羊庄盆地及南侧丘陵山地

薛河河道及流域地貌（二）

图版三

1. 西王宫南段薛河（东→西）

2. 小魏河官桥段（西北→东南）

3. 前掌大东段新薛河

薛河河道及流域地貌（三）

图版四

1. 北辛村北官桥故道

2. 幸福村南于坡故道(西→东)

3. 官桥拆除后散落的画像石

薛河故道及官桥遗迹

图版五

1. 龙堂西地点龙王庙

2. 后沙冯村清代家族墓地

3. 调查区域的一种常见石碾

薛河流域部分晚期遗迹

图版六

1. 洪林南区域现代石矿对山体的破坏

2. 现代砖瓦厂在小康留东北形成的巨大取土坑

3. 寒山前村废弃的近代聚落

薛河流域现代环境

图版七

1. 2010年第二调查小组合影

2. 2011年第一调查小组合影

调查人员合影

图版八

1. 采集遗物的断代和统计

2. 2012年部分调查人员合影

3. 观察新挖沟壁剖面

调查人员合影及工作照

图版九

1. 田野调查行进中

2. 遗物的采集和记录

3. 观察采集断崖遗物

调查工作照

图版一〇

1. 后台遗址薛河东岸断崖上的文化堆积

2. 后台遗址附近水渠上的画像石

后台遗址

1. 东江遗址（西→东）

2. 东江遗址西部台地

图版一二

1. 前台东南遗物分布区东组石室墓群

2. 前台东南遗物分布区东组石室墓群M9

前台东南遗物分布区

图版一三

1. 宋屯东遗址（南→北）

2. 宋屯东遗址石室墓

宋屯东遗址

图版一四

1. 王杭南遗址陶片堆积

2. 羊庄西北遗址冶铁遗迹

3. 史屯西遗物分布区石室墓群

王杭南、羊庄西北遗址及史屯西遗物分布区

图版一五

1. 民庄西南遗址（东→西）

2. 民庄西南遗址石室墓群M8

3. 民庄西南遗址石室墓群M10

民庄西南遗址及石室墓群

图版一六

1. 后沙冯西南遗址（北→南）

2. 孟庄西遗址多室石室墓

3. 东薛河北遗址薛河西岸断崖文化堆积

后沙冯西南、孟庄西、东薛河北遗址

图版一七

1. 前南宿遗址西薛河南区域（东南→西北）

2. 前南宿石室墓外侧崩塌后暴露的内侧小室和穿壁纹画像

3. 西集东遗址东南台地剖面上的商代灰坑

前南宿、西集东遗址

图版一八

1. 建新遗址

2. 范村东南遗址（西南→东北）

建新、范村东南遗址

1. 胡村遗址（东南→西北）

2. 胡村遗址西侧河岸断崖剖面（西南→东北）

3. 胡村遗址汉代瓦砾坑

胡村遗址

图版二〇

1. 杜家堂北遗址（西南→东北）

2. 陶山远景（南→北）

3. 陶山遗址东北侧断崖文化堆积

杜家堂北、陶山遗址

1. 昌虑故城土城西区域

2. 张庄东南遗址石室墓

3. 昌虑故城东南部的徐茂公墓

张庄东南遗址石室墓及昌虑故城

图版二二

1. 昌虑故城残存城墙

2. 昌虑故城残存城墙夯土剖面

3. 昌虑故城南部土台状堆积的文化层

昌虑故城

1. 新宅子西南遗址的砖瓦堆积

2. 西于南遗物分布区的晚期画像石墓

新宅子西南遗址及西于南遗物分布区

1. 望河庄南遗址（东南→西北）

2. 望河庄南遗址剖面的岳石文化灰坑

望河庄南遗址

图版二五

1. 三山远景

2. 三山遗址散落画像石

三山遗址

图版二六

1. 北辛遗址（西→东）

2. 北辛遗址（西→东）

北辛遗址

图版二七

1. 坝上西遗址北岸断崖东部的盗洞

2. 坝上西遗址北岸断崖暴露的筒瓦、板瓦和牛骨

坝上西遗址

图版二八

1. 西台西遗址（东北→西南）

2. 东莱东遗址剖面陶片层

3. 大韩村东遗址（西北→东南）

西台西、东莱东、大韩村东遗址

1. 大康留东北遗址路东剖面局部

2. 大康留东北遗址剖面岳石文化灰坑H5、H6

图版三〇

1. 大康留东北遗址剖面岳石文化灰坑H9

2. 大康留东北遗址剖面宋元时期灰坑H16

3. 大康留东北遗址剖面龙山文化灰坑H17

4. 大康留东北遗址路西第10地点自然剖面和砂层

大康留东北遗址（二）

图版三一

1. 西康留遗址（西→东）

2. 北辛南遗址发现的石柱

3. 北辛南遗址后管庄东墓群画像石

西康留、北辛南遗址

图版三二

1. 南辛东南遗址剖面发现的人骨

2. 大庙遗址南部石室墓

3. 胡楼北遗址（东→北）

南辛东南、大庙及胡楼北遗址

1. 柴胡店南遗址石室墓群M3

2. 后黄庄遗址发现的文化层

3. 后黄庄遗址西周墓葬

柴胡店南、后黄庄遗址

图版三四

1. 沙岗东遗址西北断崖汉代文化堆积

2. 孔庄北遗址取土坑剖面文化堆积

3. 孔庄北遗址瓦棺葬

沙岗东、孔庄北遗址

1. 后井亭东北遗址取土坑壁上的汉代灰坑

2. 西仓桥遗址（西北→东南）

后井亭东北、西仓桥遗址

图版三六

1. 前掌大遗址陆家林区域（南→北）

2. 前掌大遗址南岗子区域（南→北）

前掌大遗址（一）

图版三七

1. 前掌大遗址河崖头区域剖面（东→西）

2. 前掌大遗址河崖头区域剖面灰坑

3. 前掌大遗址村内的汉瓦堆积

前掌大遗址（二）

图版三八

1. 东城墙中段（东南→西北）

2. 南城墙高庄北段

3. 南城墙高庄西北段外侧

薛故城城墙（一）

图版三九

1. 南城墙洛庄北段（西南→东北）

2. 南城墙洛庄北段中的板瓦

3. 南城墙剖面夯土层

薛故城城墙（二）

图版四〇

1. 城墙南门（南→北）

2. 西城墙孔集北段（西→东）

3. 北城墙孟仓北段

薛故城城墙（三）

1. 城墙北门（南→北）

2. 城墙西南角（东南→西北）

3. 自城墙东南角远眺城内（南→北）

薛故城城墙（四）

图版四二

1. 狄庄北封土大墓现状（一）

2. 狄庄北封土大墓现状（二）

3. 洛庄北剖面发现的烧烤硬面

薛故城遗迹（一）

1. 城墙北门（南→北）

2. 城墙西南角（东南→西北）

3. 自城墙东南角远眺城内（南→北）

薛故城城墙（四）

图版四二

1. 狄庄北封土大墓现状（一）

2. 狄庄北封土大墓现状（二）

3. 洛庄北剖面发现的烧烤硬面

薛故城遗迹（一）

图版四三

1. 庄湾西剖面发现的瓦砾层

2. 高庄北画像石

3. 洛庄东南石室墓

薛故城遗迹（二）

图版四四

1. 薛故城遗址刘堌堆村内画像石

2. 丁楼北遗物分布区石室墓群

3. 丁楼北遗物分布区南部石室墓群画像石

薛故城遗迹及丁楼北遗物分布区

图版四五

1. 张汪西遗物分布区石室墓

2. 前坝桥西遗址剖面

3. 前坝桥西遗址剖面遗迹

张汪西遗物分布区及前坝桥西遗址

图版四六

1. 王楼北遗物分布区石室墓群

2. 南闫楼遗址剖面上的文化堆积

王楼北遗物分布区及南闫楼遗址

图版四五

1. 张汪西遗物分布区石室墓

2. 前坝桥西遗址剖面

3. 前坝桥西遗址剖面遗迹

张汪西遗物分布区及前坝桥西遗址

图版四六

1. 王楼北遗物分布区石室墓群

2. 南闫楼遗址剖面上的文化堆积

王楼北遗物分布区及南闫楼遗址

图版四七

1. 段楼西北遗物分布区砖构穹隆顶唐宋墓

2. 段楼西北遗物分布区砖室混构唐宋墓

3. 段楼东南遗址东部剖面

段楼西北遗物分布区及段楼东南遗址

图版四八

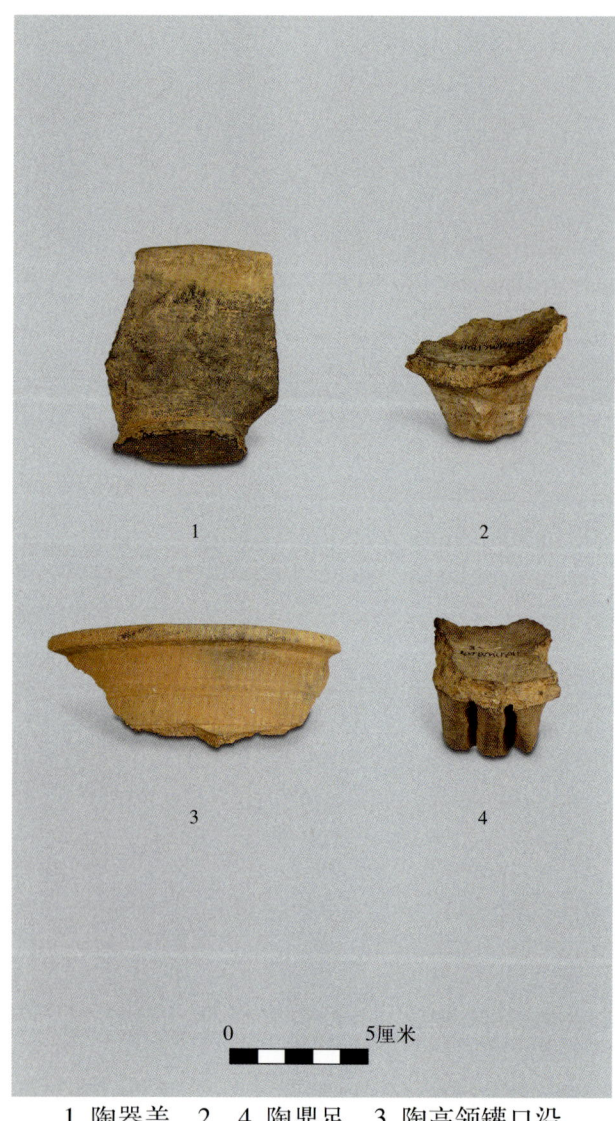

1. 陶器盖　2、4. 陶鼎足　3. 陶高领罐口沿
（后台遗址）

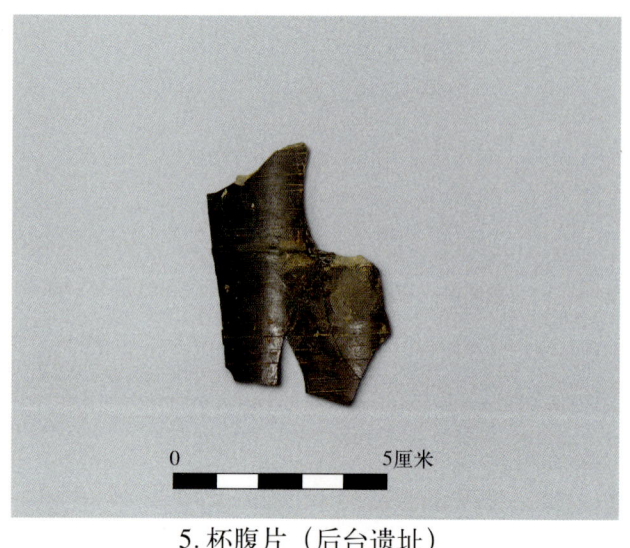

5. 杯腹片（后台遗址）

6. 陶纺轮（东江遗址）

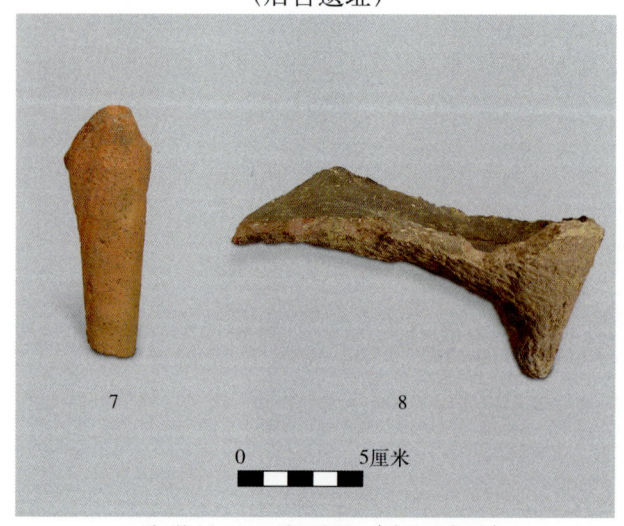

7. 陶鼎足　8. 陶鬲足（东江遗址）

9. 陶拍（庄里西南遗址）

后台、东江、庄里西南遗址遗物标本

图版四九

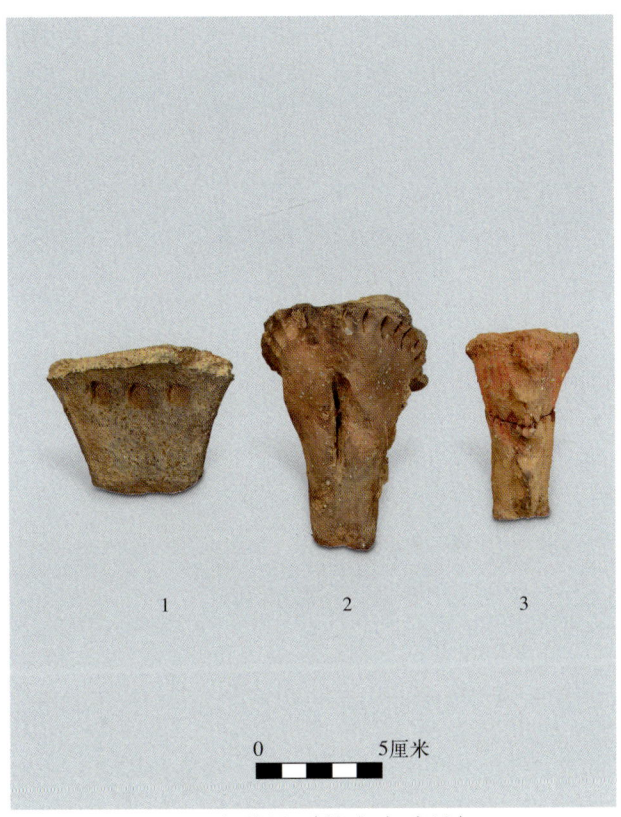

1、3. 陶鼎足（前台南遗址）
2. 陶鼎足（前台东南遗物分布区）

4. 瓦当（前台南遗址）

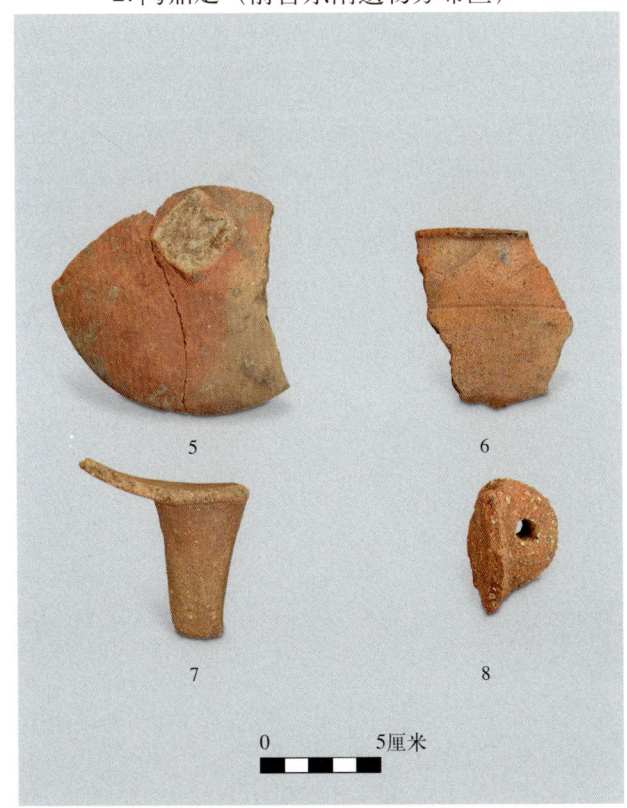

5. 陶器盖　6. 陶鼎口沿　7. 陶鼎足　8. 陶罐耳
（民庄西南遗址）

9~12. 陶罐口沿（东薛河北遗址）

前台南、民庄西南、东薛河北遗址及前台东南遗物分布区遗物标本

图版五〇

1. 陶尊（前沙冯西遗址）

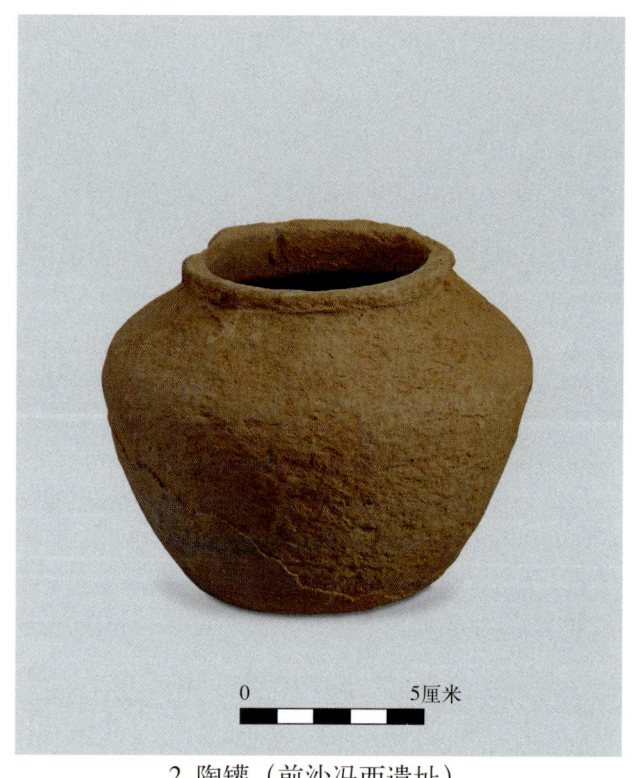

2. 陶罐（前沙冯西遗址）

3. 陶罐（前沙冯东南遗址）

前沙冯西、前沙冯东南遗址遗物标本

图版五一

1

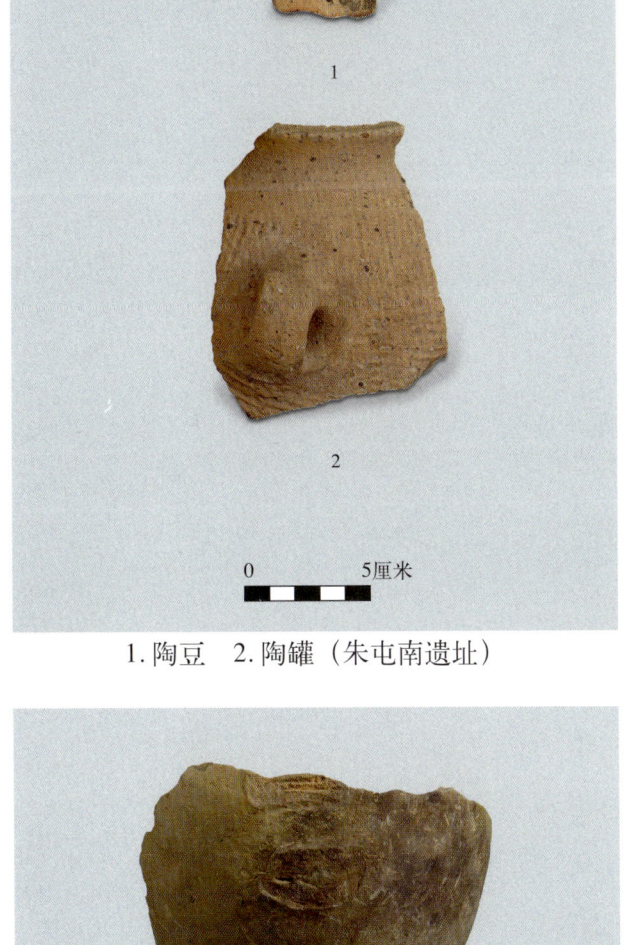
2

0　　5厘米

1. 陶豆　2. 陶罐（朱屯南遗址）

0　　5厘米

3. 陶罐腹片（前南宿遗址）

0　　5厘米

4. 石钺（西集南散点区）

0　　5厘米

5. 陶背壶（西集东遗址）

0　　5厘米

6. 陶罐（西集南散点区）

朱屯南、前南宿、西集东遗址及西集南散点区遗物标本

图版五二

1. 石钺（范村东南遗址）

2、3. 陶鼎口沿（胡村遗址）

4. 陶匜口沿（胡村遗址）

5. 陶釜口沿（杜家堂北遗址）

6. 陶豆盘　7. 陶环足盘　8. 陶鼎足　9. 陶鬲足（陶山遗址）

范村东南、胡村、杜家堂北、陶山遗址遗物标本

图版五三

1. 陶罐口沿（昌虑故城遗址）

2. 瓷碗（昌虑故城遗址）

3. 陶罐口沿（北辛东北遗址）

4. 建筑构件（北辛东北遗址）

5. 石镰（北辛遗址）

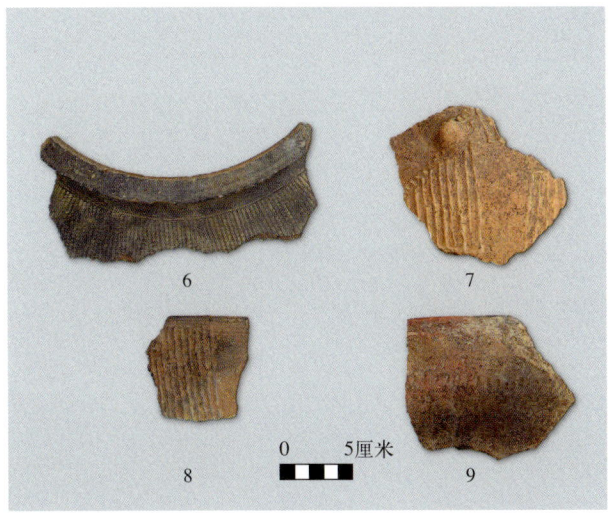

6. 陶罐残片　7. 陶罐腹片　8、9. 陶鼎口沿
（北辛遗址）

昌虑故城、北辛东北、北辛遗址遗物标本

图版五四

1. 石斧　2. 陶鼎耳　3. 石磨盘足

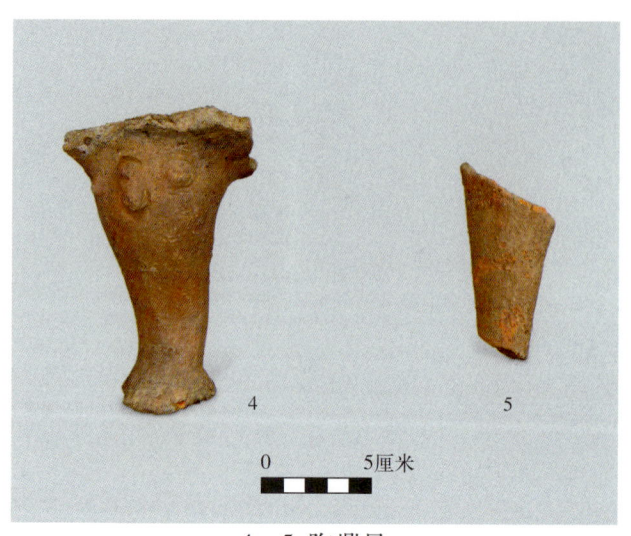
4、5. 陶鼎足

6. 青铜戈

7. 陶鬲

8. 陶罐

坝上西遗址遗物标本

图版五五

1. 陶罐（东莱东遗址）

2. 陶圈足盘　3、5. 陶罐口沿　4. 陶盆口沿
（大韩村西南遗址）

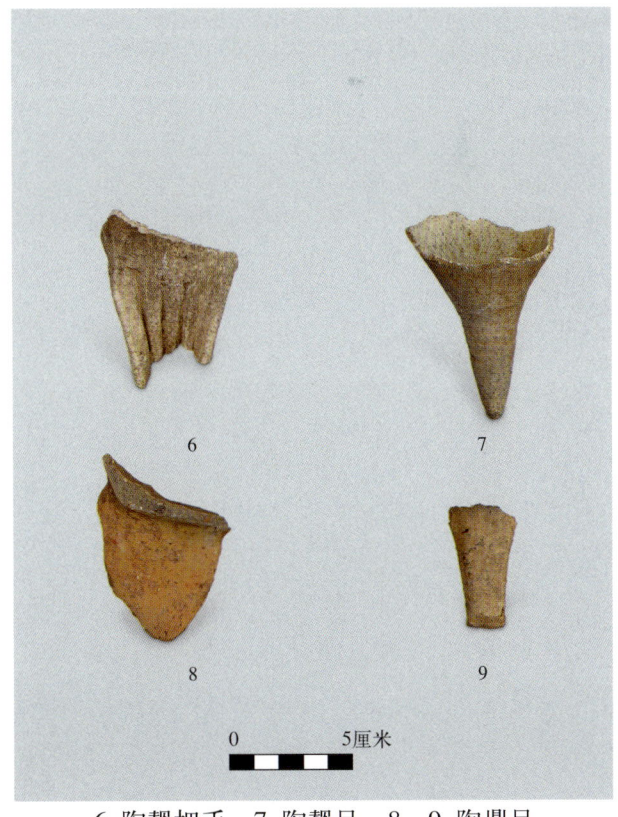

6. 陶鬶把手　7. 陶鬶足　8、9. 陶鼎足
（大韩村西南遗址）

东莱东、大韩村西南遗址遗物标本

图版五六

1、2.陶罐口沿 3.陶罐（地面采集）

4.陶盆（地面采集）

5.陶盆（剖面采集）

6.陶鬲足（剖面采集）

7.石铲（剖面采集）

8.骨镞（剖面采集）

大康留东北遗址遗物标本

图版五七

1. 高柄杯（西康留遗址）

2. 石凿（西康留遗址）

3、4. 器纽（西康留遗址）

5. 陶鼎口沿 6. 陶盆（西康留遗址）

7. 陶豆盘 8. 陶盆口沿（小康留西遗址）

西康留、小康留西遗址遗物标本

图版五八

1. 角器（后黄庄遗址）

2. 石锛（后黄庄遗址）

3. 板瓦（孔庄北遗址）

4. 陶豆（后黄庄遗址）

5. 陶鬲（后黄庄遗址）

后黄庄、孔庄北遗址遗物标本

图版五七

1. 高柄杯（西康留遗址）

2. 石凿（西康留遗址）

3、4. 器纽（西康留遗址）

5. 陶鼎口沿　6. 陶盆（西康留遗址）

7. 陶豆盘　8. 陶盆口沿（小康留西遗址）

西康留、小康留西遗址遗物标本

图版五八

1. 角器（后黄庄遗址）

2. 石锛（后黄庄遗址）

3. 板瓦（孔庄北遗址）

4. 陶豆（后黄庄遗址）

5. 陶鬲（后黄庄遗址）

后黄庄、孔庄北遗址遗物标本

图版五九

1. 腹片　2. 陶鬲足　3. 陶器盖　　　　4. 带陶文陶片

5. 陶罐口沿　　　　6. 铜片　7. 铜戈残片　8. 石镰

前掌大遗址遗物标本

图版六〇

1. 带陶文陶钵

2. 带陶文腹片

3. 带陶文陶盆口沿

4. 带陶文陶罐底

薛故城遗址遗物标本（一）

图版六一

1. 带陶文陶盆口沿

2. 带陶文陶盆口沿

3. 带陶文陶盆口沿

4. 铺地砖

薛故城遗址遗物标本（二）

图版六二

1、2、4.圆瓦当 3.半瓦当

5.半瓦当 6.筒瓦

7.圆瓦当

8.踏步砖　　　　9.铁臿

薛故城遗址遗物标本（三）

图版六三

1. 陶杵（薛故城遗址）

2. 陶豆（薛故城遗址）

3. 瓷壶（丁楼北遗物分布区）

4. 陶罐（张汪西遗物分布区）

薛故城遗址及丁楼北、张汪西遗物分布区遗物标本

图版六四

1. 陶鼓腹片（前坝桥西遗址）

2. 陶鼎口沿（前坝桥西遗址）

3、4. 陶罐口沿　5. 陶盆口沿　6. 陶豆盘
（杜村东遗址）

7. 陶盆（前坝桥西遗址）

前坝桥西、杜村东遗址遗物标本